中国近代通史

（修订版）

中国社会科学院
近代史研究所 ________ 编

张海鹏 主编

［第七卷］

国共合作与国民革命（1924—1927）

王奇生 著

江苏人民出版社

图书在版编目(CIP)数据

中国近代通史. 第七卷，国共合作与国民革命 ：1924—1927 / 张海鹏主编 ；王奇生著 ；中国社会科学院近代史研究所编. — 修订版. — 南京 ：江苏人民出版社，2024. 1(2025. 4 重印)

ISBN 978 - 7 - 214 - 28299 - 6

Ⅰ. ①中… Ⅱ. ①张… ②王… ③中… Ⅲ. ①中国历史—近代史— 1924—1927 Ⅳ. ①K25

中国国家版本馆 CIP 数据核字(2023)第 166699 号

书　　名　中国近代通史 · 第七卷　国共合作与国民革命:1924—1927
主　　编　张海鹏
著　　者　王奇生
责任编辑　李　旭
装帧设计　刘亭亭
责任监制　王　娟
出版发行　江苏人民出版社
地　　址　南京市湖南路 1 号 A 楼，邮编:210009
照　　排　江苏凤凰制版有限公司
印　　刷　苏州市越洋印刷有限公司
开　　本　718 毫米×1000 毫米　1/16
印　　张　37. 75　插页 5
字　　数　544 千字
版　　次　2024 年 1 月第 1 版
印　　次　2025 年 4 月第 3 次印刷
标准书号　ISBN 978 - 7 - 214 - 28299 - 6
定　　价　188. 00 元(精装)

再版前言

《中国近代通史》修订再版，我们感到欣喜，也感到惶恐。一部十卷本的通史性著作，出版十年之后还有再版的机会，说明学术界与社会上是需要的。据从各方面获得的消息，学习中国近代史的学生中，本科生、硕士生，尤其是博士生，读这个十卷本的人是不少的。许多教授都把这部书指定为学生们的必读书。对于作者而言，这无疑是令人欣喜的。但是，一部多卷本的集体著作，每卷的主持人都是大忙人，能否如期完成修订，能否使修订更好地满足读者的需要，这又是令我们惶恐的。

2006—2007 年，十卷本《中国近代通史》初版由江苏人民出版社推出，2009 年，凤凰出版传媒集团、江苏人民出版社又推出凤凰文库版。中国社会科学院为此书出版举办科研成果发布会和学术座谈会，在学术界与社会上引起广泛关注，不仅有多家媒体报道出版信息，而且还有不少学者在《人民日报》、《求是》杂志、《近代史研究》等报刊发表评介文章，这是始料不及的。应该说，《中国近代通史》初版的面世，在学术界产生了良好的社会反响，同时也赢得了多项荣誉(如入选首届“三个一百”原创图书出版工程、中华优秀出版物图书奖、第二届中国出版政府奖、中国社会科学院优秀科研成果二等奖等)。总体上讲，学术界和社会上的评价是正面的、肯定的，也有建设性的学术批评。所有这些，都是对我们的鼓励，都是对中国近代史学科建设的深入探讨，对推动中国近代史的学术研究是有益的。《中国近代通史》的撰写和出版，圆了近代史研究所几代人的梦想，至今也是中国近代史学界唯一一部十卷本的大型通史。出版近十年来,学术研究有了较大发展,相关的档案文献也有持续公布和新的发现,如清史编纂工程大量刊布清史档案文献史料,美国胡佛研究所公布了蒋介石的日记手稿,以及中外档案馆新发现和公布的史料等等,都为中国近代史的进一步深入研究提供了史料基础和学术路向。因此,《中国近代通史》初版在经过十年发行后,根据新材料、吸收新成果再予修订,是很有必要的。

2016 年 8 月 27 日,应江苏人民出版社的邀请,《中国近代通史》课题组多位作者到南京凤凰集团,与江苏人民出版社签订出版续约,正式启动修订再版工作。南京之行,大体确定了修订的三项原则:(1) 基本风格、基本观点、基本结构不变;(2) 字数篇幅总体不突破原版,但各卷也可以有些弹性,允许有的卷补充内容可适当突破;(3) 修订时应该注意吸收学术界有代表性的观点,不要求逐一呼应,有的可以在注释中体现。总之,考虑到各卷作者本身任务很重,大修、中修并不现实,这次修订,总体上是小修,但是允许局部大修。

自南京续约以后,各卷作者在繁忙的教学和研究工作之余,对原稿做了认真修订,在通读、通校全文后,各卷都做了不少必要的文字处理,使表述更加准确、平实,并纠正了一些明显的史实错讹,补充了部分注释的文献出处。第六、七、八、十卷还增加了第三级小标题,以与全书体例统一。除此之外,各卷还进行了若干重要修改:

第一卷调整了章节结构,把原第二章调整为第五章,原三、四、五章改为二、三、四章。也有些文字修改。

第二卷对于引用较多的李秀成的亲书供词的版本做了认真考订,对中华书局影印本《忠王李秀成自述》原有错页进行重新整理校订,改题为《李秀成亲书供词》。

第三卷深化了湘淮系洋务派关系以及张之洞从清流派向洋务派转变的分析,改写了增设洋务局的内容,补充了关于郑观应、汤寿潜、邵作舟等早期维新派思想的论述。

第四卷在第八章补写了第五节“庚子中国国会与自立军事件”。

第五卷利用新出版的《袁世凯全集》,厘清了袁世凯修改《清帝逊位诏书》的史实。

第六卷在第一章、第四章、第七章都有重要补充和修订。

第七卷在第十章增加了第三节“工农运动的中介群体”。

第八卷在第二章、第四章、第五章、第十章都有重要补充和修订。

第九卷特别说明了从1937年7月开始的全面抗战与从1931年9月开始的局部抗战，既有相当的延续性，又有极大的不同；并利用新公布的《蒋介石日记》，补充了关于中国争取苏联出兵参战、陶德曼调停、九国公约会议、“桐工作”与中日秘密接触等方面史实的论述；还在第十一章第二节增加了“收复失土与琉球问题的提出”的内容。

第十卷在第一章、第三章、第七章做了重要补充和修订。

本次修订，是在习近平新时代中国特色社会主义思想指导下进行的。原书某些带有含糊不清的、不尽准确的提法，都已经修订了。就全书而言，虽然修改幅度不是太大，尤其在补充新材料方面做得不够，但与初版相比，这个修订版还是有了一些新的面貌，为读者提供了一个更加可信的读本。

我作为《中国近代通史》全书的主编，认为有必要在序卷中阐明全书的基本的编撰原则、对中国近代史的基本观点、基本的写作体例和方法，作为各卷的原则要求。但是，在各卷写作中，不必重复这些原则和要求。这些基本的原则和要求，在课题组组成时，已提交各卷主编讨论和研究。各卷主编大体上赞成这些原则和要求。当然，这些原则主要是由本书主编提出的，体现了一种学术观点。是否妥当，还需要听取学术界批评。读者如有意见，可以提出商榷，开展正常的学术争鸣。任何学术争鸣，都是作者所欢迎的。

我们在《中国近代通史》完稿之时，就想到大概十年左右能够修订一次。这次修订，算是不忘初衷。当然，我们希望以后还有机会不断修订完善。值此修订版面世之际，我们期待能够得到学术界与社会各界人士的批评指教。

当初承担撰写任务的主要学者都是中国社会科学院近代史研究所的研究人员。现在还是这些人在参加修订，但情况已经有了很大变化。王建朗早已是近代史研究所所长，汪朝光担任了中国社会科学院世界历史研究所所长（以上两位所长新近也已退出领导岗位），杨奎松在华东师范大学担任教授，王奇生在北京大学历史系担任教授兼历史系主任，我和虞和平、姜涛、马勇、曾景忠都从近代史研究所退休了。原在华南师范大学历史文化学院担任教授的谢放也已退休。原来是副研究员的李细珠、卞修跃，如今是近代史研究所独当一面的研究员了。当初各位愉快地接受撰写任务，今天各位又愉快地接受修订任务，这是令人感动的。回顾十余年来的合作，深感这是一次很融洽的学术合作。这种合作，在一个人的学术生涯中是不可多得的。

这种合作不仅体现在本书的撰写者方面，也体现在撰写者与出版者的合作方面。当初，江苏人民出版社获悉我们正在筹划《中国近代通史》撰写的消息，立即找上门来，主动要求承担出版任务。从此，我们一拍即合。在出版《中国近代通史》的过程中，我们与江苏人民出版社的合作是非常愉快的。江苏人民出版社吴源社长和金长发主任给我们很好的支持与配合。当《中国近代通史》初版合同即将到期之时，就有几家别的出版社来联系再版事宜，我们也曾有过犹豫，但江苏人民出版社没有轻易放弃，而是努力再续前缘。徐海总经理与府建明总编辑特意到近代史研究所洽谈此事，促使我们下定了继续合作的决心。

在《中国近代通史》再版之际，我作为主持者，谨向各位合作者表示感谢！向有关单位的审读专家表示感谢！本书修订版吸收了他们提出的不少修订意见和建议。向江苏人民出版社王保顶社长、谢山青总编辑表示感谢！向阅读初版和修订版的所有读者表示感谢！

张海鹏

2018 年 2 月 21 日

2023 年 9 月 7 日修订

目　录

第一章

国民党改组与国共合作的形成

1921 年中国共产党的成立和 1924 年中国国民党的改组，是影响 20 世纪中国政治发展的两个重大事件。两者均是中国人“以俄为师”的结果。从“师夷制夷”，到“取径东洋”，再到“以俄为师”，这是近代以来中国人学习榜样的又一次大转变。

1924 年 1 月，中国国民党第一次全国代表大会在广州召开。这次大会在国民党历史上具有非常重要的意义。在这次大会上，国民党宣布改组。所谓改组，主要是对外联俄“容共”，对内进行党务革新。以此为契机，国共两党携手合作，发动和主导了以“打倒列强除军阀”为目标的国民革命。这是中国继辛亥革命之后的又一场大革命。在这场革命中，中国国民党由一个缺乏群众基础的在野党，发展成一个全国性的执政党；幼年的中国共产党也充分崭露头角，由一个少数知识精英聚集的小团体迅速成长为中国政治舞台上一支不可忽视的力量。在两党的宣传组织下，上千万工农群众被卷入到这场革命中。这在中国历史上亦是前所未有的。

这场大革命实际只持续了两三年，而且其结局颇具吊诡意味：国共两党协作进行的北伐战争一举战胜了北洋军阀，结束了袁世凯以后军阀混战和割据的局面。但两大政党亦以此为契机分道扬镳，并从此开始一场更为持久的军事内战和政治较量。

第一节　改组前的国民党

袁世凯称帝失败后，中国社会逐渐呈现出一个两极化趋向：一方面是军阀割据混战，社会祸乱相寻，政治极度失序；另一方面则是文化异彩纷呈，新思潮汹涌澎湃，新生力量茁壮成长。正是这样一种看似歧异的矛盾格局，蕴育和催生了 1924 年至 1927 年的国民革命。

从历史渊源而言，中国国民党乃延续兴中会（1894—1905）、同盟会（1905—1912）、国民党（1912—1914）和中华革命党（1914—1919）而来。自同盟会开始，国民党即是一个组织松懈、纪律欠严的组织。胡汉民曾对同盟会时期的"疏阔简易"情形有如下一番感慨："党于党员，不能收以身使臂臂使指之效，即亦不能深入群众而领导之。党员之贤者，笃于所信，其牺牲献身之精神，足令闻者兴起，而不可磨灭，然亦往往出于自动，而非党的行动。"[①]辛亥革命后，同盟会改组为公开的国民党，革命党人更多迷失革命宗旨，大批党员腐化变质，官僚政客群相涌入，党的革命性和组织性荡然无存，内聚力迅速消失。胡汉民描述当时的情形是："长衫同志变成政客，武装同志变成军阀，同时军阀加入本党做武装同志，政客也加入本党做一般同志。"[②]在这种情势下，国民党很快被袁世凯分化瓦解。

孙中山每遇重大挫折时，常以"改组""改造"党为革新之契机。1914 年，孙中山在日本成立中华革命党，其主旨虽在讨袁，但是建立一

① 《胡汉民自传》，见中国国民党中央党史史料编纂委员会编《革命文献》第 3 辑，64 页，台北，"中央文物供应社"，1955。

② 胡汉民：《从国民党党史上所得的教训》，见胡汉民《革命理论与革命工作》第 3 册，1236 页，上海，民智书局，1932。

个有强固组织和严格纪律的党,恢复民国前的革命精神,重订革命方略,开创革命新机,更是孙中山的重要考量。但孙中山在组党方式上试图树立强人威权领导,并以秘密会党的某些方式,如立誓约、按指模、讲服从、分等级等来严密约束党员,将革命党引导到一条狭隘、排他性的组织道路,引起许多党人的疑虑和抵制。一批重要党人拒绝参加中华革命党。中华革命党的实际运作效果亦距其理想甚远,其严格的组织形式妨碍了党势的扩张。加之中华革命党的活动基地主要在海外,与国内的政治文化主流相疏离。在 1915 年因“二十一条”而起的全国性反日运动中,革命党人在民族矛盾和国内政争之间处于两难境地,内部意见分歧,基本上置身事外。在护国之役前后,中华革命党并未能成为左右中国政局的力量。① 1916 年袁世凯死后,中华革命党本部移回上海。与此同时,孙中山为顾及现实环境的需要,逐步扬弃了中华革命党初期若干严格的党律,而采取较为宽松温和的组党路线,党组织又复松弛涣散。

1917 年后,孙中山在广东进行护法运动,以武力向北洋军阀争正统,论者一般认为这是革命党继辛亥之后为了维护民主共和所作的第二次大规模的奋斗。实际上,此时孙中山护法所依靠的是桂系与滇系军阀,党组织并没有发挥什么力量。当时一般人亦只知道有孙中山与西南军阀相结合的势力,“革命党”本身鲜为时人所提及,②表明此时革命党所显示的只有党魁个人之魅力,而少见党组织之群力。

由于“党力”不彰,与孙中山结合的西南地方军阀又并非真心拥戴孙中山,护法军政府因为缺乏实力而被时人讥为无土地、无人民的“空头政府”和“超然政府”。当滇桂军阀不能容忍护法政府时,缺乏凭借的孙中山便不得不怆然离去,护法斗争宣告失败。经此失败,孙中山痛感南北军阀如一丘之貉,自叹“吾三十年来精诚无间之心,几为之冰消瓦解,百折不回之志,几为之槁木死灰”。由于对时局绝望,孙中山一度卜居上海,“暂不过问”实际政治,而潜心研究革命理论,继《民权初步》之

① 吕芳上:《革命之再起:中国国民党改组前对新思潮的回应》,18 页,台北,“中央研究院”近代史研究所,1989。

② 吕芳上:《寻求新的革命策略——国民党广州时期的发展(1917—1927)》,载《“中央研究院”近代史研究所集刊》第 22 期(上),308 页,台北,1993。

后，又著《孙文学说》和《实业计划》。三书合编为《建国方略》出版。孙中山深感统一革命党思想理论之困难，提出“知难行易”学说。

孙中山探研革命理论之时，五四爱国运动和新文化运动席卷全国。孙中山自然不可能置之度外。翻检这一时期孙中山的有关批示、函电和演讲文稿，可知他对五四学生运动有过热烈的赞助，对新文化运动亦有敏锐的观察。爱国运动中，学生、工人、商人、妇女等民众纷纷组织起来，发挥了巨大的政治能量，令孙中山及其革命党人自叹不如。尽管一些革命党人积极参与和赞助了五四运动，但中华革命党并没有以一个政党的姿态，对这场运动发挥领导和引导作用。1923 年 7 月《前锋》杂志有文质问国民党曰：“民国八年学生大运动的时候，国民党在什么地方？民国四年反对日本二十一条要求的运动中有没有国民党？……无怪乎五四运动的学生把国民党忘掉，去年北京双十节纪念在中央公园开会，学生工人到者数千人，连创造民国的国民党名字多没有提起……革命党不能，而北京大学却能做革命思想的中心，这种事实实在不能令人满意。”①

1919 年 6 月 16 日中华民国全国学生联合会成立以后，与各省、各都会的学生会联成一个统一的组织。这是当时任何团体、政党所不曾有过的。国民党虽是一个有相当历史的政党，但其组织与党员之间的联络指挥，尚不如这个全国性学生组织完备和运作灵活。此事对孙中山刺激甚大。如何健全党的机器，如何使党与民众结合起来，这成为孙中山亟须应对的一个问题。1919 年 10 月 10 日，孙中山将中华革命党改名为“中国国民党”，一个重要的考虑就是希望吸纳广大青年学生加入其革命阵营。但这次改组并没有改变原来革命党那种组织涣散、纪律松弛的状况，亦没有提出具体明确的政纲。中国国民党设本部于上海，规定在各地设总支部、支部和分部，实际上各级地方组织只在海外华侨中部分建立，在国内仅广东建立支部，其他各省几乎无组织基础可言。

对于新文化和新思潮，孙中山及追随在他左右的重要革命党人的

① 孙铎：《中国国民运动之过去及将来》，见中共中央党史研究室第一研究部编《共产国际、联共（布）与中国革命文献资料选辑（1917—1925）》，523—526 页，北京，北京图书馆出版社，1997。

反应如何呢？五四运动之后不久，孙中山命戴季陶、沈玄庐、孙隶三创办《星期评论》；同年 8 月，又命胡汉民、朱执信、廖仲恺等创办《建设杂志》，参与新文化的激扬和新思潮的鼓吹。孙中山对当时流行的各种新思潮，有表欢迎者，亦有持反对和保留态度者。如他对“文学革命”即有自己的看法。一方面，他认为中国文字维系中国民族文化生命于不坠，不愿轻言放弃文言；另一方面，他又认识到白话文是宣传主义的利器，故也不反对使用白话。除孙中山本人外，胡汉民、朱执信、戴季陶、廖仲恺、叶楚伧、冯自由、汪精卫等国民党人也积极回应新文化思潮的冲击，参与新思想的介绍与研究。不过，这些国民党人的活动所表现出来的多是个体的活力，难见“党力”的整合。

1920 年 10 月，孙中山利用各派军阀混战之机，命令陈炯明率原驻福建的粤军回师广州，逐走了桂系军阀陆荣廷，并委陈炯明为广东省省长兼粤军总司令，统一领导广东军政事务。孙本人亦重返广州。此时孙中山认为光护法不能解决根本问题，因为“护法不过矫正北京政府之非法行为，即达目的，于中华民国亦无若何裨益。况护法乃国内一部分问题，对内仍承认北京政府为中央政府，对外亦不发生国际上地位之效力”，所以，必须建立正式政府。[①] 1921 年 4 月，广州非常国会选举孙中山为非常大总统，在广东建立中华民国政府。不久，桂系投顺，孙设大本营于桂林，准备北伐，以期打倒军阀，统一全国。

此次孙中山所依靠的力量本是陈炯明指挥下的党军。这支部队是孙中山从桂系手中夺过来的，是第一支真正属于国民党的部队。孙中山视之为难得的革命武力，甚至批准全体官兵宣誓入党，期望这支“党军”能达成革命任务。陈炯明原是向孙中山宣过誓、摁过指印的党员。[②] 孙对陈倚畀至深。未料陈炯明为保存实力、巩固地盘，反对孙中山北伐，并于 1922 年 6 月发动兵变，炮轰总统府。孙中山被迫离粤赴沪。陈炯明的背离，使广东革命事业毁于一旦。“变生肘腋”，使孙中山有刻骨铭心之痛：“文率同志为民国而奋斗垂三十年，中间出死入生，失败之数，不可偻指，顾失败之惨酷未有甚于此役者。盖历次失败，虽原

① 罗家伦主编、黄季陆增订:《国父年谱》下册,817 页,台北,中国国民党中央党史会,1969。
② 李剑农:《戊戌以后三十年中国政治史》,334 页,北京,中华书局,1965。

因不一，而其究竟，则为失败于敌人。此役则敌人已为我屈，所代敌人而兴者，乃为十余年卵翼之陈炯明，且其阴毒凶狠，凡敌人所不忍为者，皆为之而无恤。此不但国之不幸，抑亦人心世道之忧也。"①这一事件，使孙中山感到迫切需要一个严密组织的革命党和一支真正服膺主义的党军。

在1924年改组前，国民党的党机器，具体是一种什么样的状况？据鲍罗廷②描述，改组前的国民党，"党同党员没有任何联系，没有在他们当中散发书刊，没有举行会议，没有说明孙（中山）在各个战线上的斗争目标，特别是同陈炯明的斗争目标。国民党作为一支有组织的力量已经完全不存在"。改组前，国民党号称有党员20余万，实际多为"挂名党员"。如国民党广州分部号称有党员3万，其中交纳党费的只有6 000人，前来登记者只有3 000人。"广东人民对孙的政府持强烈反对态度"，广州的工人对政府的命运漠不关心，对其胜败根本不感兴趣；城市小资产阶级因前线时胜时败和敌军经常进犯而深受无政府状态之苦；滥征捐税，招致商人不满和仇视；至于农民，"他们把孙同陈的斗争看作是只降临到他们头上的一种不幸"。国民党"偶尔发布由孙签署的诸如民族主义、民权主义、民生主义等一般性题目的宣言，根本不涉及当前的事件，不对它们作出解释，也不利用这些事件来发展和巩固党。这些宣言作为趣闻被刊登在几家报纸上，然后国民党又沉睡一年又一年"。③

这样一个党，显然需要进行一场彻底的改组和改造了。

---

① 孙中山：《致海外同志书》（1922年9月18日），见《孙中山全集》第6卷，555页，北京，中华书局，1985。

② 鲍罗廷（1884—1951），俄国人，1903年参加俄国社会民主工党，1923年8月被俄共中央政治局派遣来华做孙中山的政治顾问，1927年7月启程回莫斯科。

③《鲍罗廷关于华南形势的札记》（1923年12月10日），见中共中央党史研究室第一研究部译《联共（布）、共产国际与中国国民革命运动（1920—1925）》，367—370页，北京，北京图书馆出版社，1997。

第二节　苏俄、国民党与共产党的早期接触

十月革命后的苏俄[①]，其实力远不能和西方列强相比，然而苏俄对中国的政治影响很快超过了英、美和日本，并在相当长的时期内改变了中国历史的进程。

晚清以来，西方列强既是中国民族主义运动所要抵制和反抗的对象，又是中国现代化运动所要学习和仿效的榜样。第一次世界大战以后，中国人的学习榜样发生了一个大的转变。巴黎和会拒绝中国的合理要求，给中国知识分子以莫大的刺激。中国知识精英在对西方列强藐视公理愤恨的同时，也对欧美资本主义的政治体制和思想文化产生了怀疑。值此之际，苏俄政府适时宣布废除沙皇俄国强迫中国签订的一切不平等条约。中国人闻之，备感兴奋和鼓舞。举国上下，洋溢着浓郁的“友俄”氛围。知识界更是交相赞颂，称许苏俄的举动“足为世界革命史开一新纪元”，“为世界外交上树立了未曾有的模范”，“是自有人类以来空前的美举”，“因为这空前的事业，实在是自有国家这个东西以来，任何民族，任何国家，所不愿做，不能做，不敢做的；又实在是今天全世界的平民，所大家希望的”。[②]

---

① 苏联共产党的名称有一个变化过程：1898 年 3 月，俄国社会民主工党正式成立；1918 年 3 月，布尔什维克党第七次代表大会决定把党的名称改为俄国共产党（布尔什维克），简称俄共（布）；1925 年 12 月，党的十四大决定将俄共（布）改称全联盟共产党（布尔什维克），简称联共（布）；1952 年 10 月，党的十九大又决定将联共（布）改为苏联共产党，简称苏共。另外，苏维埃社会主义共和国联盟于 1922 年底成立后，中国人习惯上仍称之为“俄国”或“苏俄”，称“苏联”者少。本书除引用原文时照原文称呼外，一般情况下称“苏俄”。

② 《中华民国学生联合会答复牒》，见 1920 年 4 月 13 日上海《民国日报》；《上海各路商界总联合会对苏俄对华宣言的答复文》，见 1920 年 4 月 14 日上海《民国日报》；季陶：《俄国劳农政府通告的真义》，载《星期评论》第 45 号，1920 年 4 月 11 日。

在对苏俄满怀感念的同时，社会主义思潮亦在中国知识界汹涌澎湃。当时《东方杂志》记曰：

一年来，社会主义的思潮，在中国可以算得风起云涌了。报章杂志的上面，东也是研究马克思主义，西也是讨论鲍尔希维主义；这里是阐明社会主义的理论，那里是叙述劳动运动的历史。蓬蓬勃勃，一唱百和，社会主义在今日的中国，仿佛有“雄鸡一鸣天下晓”的情景。[①]

五四时期的刊物，很少有不谈社会主义的。《东方杂志》在当时算是一个保守的刊物。1921 年，连《东方杂志》也把马克思的《政治经济学批判》序言译注刊出。社会主义在中国如此流行，自然与俄国革命的胜利有直接关联。一些中国知识分子在救国无门之时，把俄国革命，从一个专制统治下的落后国家，成为社会主义革命胜利的先例，视作中国前途的希望所在。对中国知识分子而言，一个来自西方又批判西方，并申言能解决西方问题的思想，自然容易深入人心。这个时期介绍和研究社会主义理论的，并不限于陈独秀、李大钊等一批后来成为中国共产党人的知识分子，国民党人中亦不乏热衷者。如胡汉民、戴季陶、徐苏中、林云陔、冯自由等均是。尤其是胡汉民、戴季陶，不仅阅读、翻译，且运用马克思主义的一些理论方法（如唯物史观）分析中国问题。[②] 在这样一种社会大背景下，由“友俄”发展到“联俄”“师俄”，自然是水到渠成的事。

一 孙中山联俄

孙中山晚年的联俄政策，是其 40 年革命生涯中的重要决策之一。孙中山的对俄态度，在欧战前后，有明显的转变。欧战期间，他曾深以战后俄国可能进取中国为虑。但当俄国战败、十月革命发生后，孙很快断定俄国有可以为友的条件，并致电列宁祝贺。俄国革命晚于辛亥革

① 潘公展：《近代社会主义及其批评》，载《东方杂志》第 18 卷第 4 号，1921 年 2 月。

② 吕芳上：《革命之再起：中国国民党改组前对新思潮的回应》，289—322 页，台北，“中央研究院”近代史研究所，1989。

命 6 年，孙中山乐于将中俄两国革命的情形作比较，并密切关注俄国政情的变化，初以俄国革命受中国革命影响而自喜，继又反思何以俄国革命能迅速成功，而中国革命的结果却不能令人满意。孙将俄国革命的理想和中国革命的目标等量齐观，故而对俄国革命抱有亲近和同情之感。这当是孙中山联俄的心理基础。

孙中山联俄的另一因素，是其对革命过程的现实考量。孙是一个理想主义者，也是一个现实主义者，为了达成其革命目标，向来运用灵活的政治策略和外交手腕。在此之前，孙一方面愤恨列强欺凌中国，一方面又不断谋求与列强结盟，希图从列强那儿寻求道义的支持与物质的援助。同样，孙一方面斥责军阀为中国祸乱之源，另一方面又时常与此派或彼派军阀合纵连横。孙中山联俄亦不无政治谋略的运用。

1920 年 9 月，孙中山派李章达前往苏俄，代表他本人向苏俄政府提议缔结一项军事合作的协定，请求苏俄红军于 1921 年春进兵中国新疆、甘肃，接应并援助四川的革命党人，推动中国各地的革命党人武装起义。李章达直到次年春天才抵达莫斯科。[①] 此时苏俄政府也开始在中国寻求支持和合作者，故对孙中山的这一建议，最初的反应比较积极。但未久，孙中山因重回广州组建政府，就任非常大总统。为争取国际社会亦即列强的承认，孙中山放弃了寻求苏俄援助的初衷。当共产国际代表马林[②]于 1921 年 12 月间前往桂林、广州同孙中山接触时，孙明确表示，他目前不能同苏俄公开结盟，担心过早联俄会招致列强的干涉。[③] 甚至到 1922 年 2 月苏俄外交人民委员契切林接见新任“赴俄全权代表”张秋白时，苏俄方面尚不清楚孙中山是否愿意与苏俄建立更密切的关系。

---

① 关于李章达赴苏，参见周谷《孙中山早期与俄国革命党人的来往》，载《传记文学》第 58 卷第 3 期，台北，1991。

② 马林（1883—1942），荷兰人，原名亨德立克斯・斯内夫利特（Hendricus Sneevliet），1902 年加入荷兰社会民主党，1914 年参与发起成立东印度社会民主联盟（印尼共产党的前身）。共产国际成立后，马林作为印尼共产党的代表应邀出席了共产国际第二次代表大会，并当选为共产国际执行委员会委员。共产国际第二次代表大会结束后，马林被委派为驻中国的代表，于 1921 年 4 月从欧洲前往中国，6 月抵达上海后，具体帮助中国建立共产党，并出席了中共一大。随后，马林又开始与国民党人接触，并促成和推动了第一次国共合作。1923 年 10 月回莫斯科。

③《马林给共产国际执行委员会的报告》（1922 年 7 月 11 日），见李玉贞主编、杜魏华副主编《马林与第一次国共合作》，73 页，北京，光明日报出版社，1989。

1922年6月，陈炯明兵变。孙中山刚刚建立起来的广东根据地毁于一旦。孙痛心疾首之余，复而再度寻求苏俄援助。党内同志，如蒋介石等，亦力主联俄。恰当此时(8月26日)，苏俄新任驻华全权外交代表越飞[①]致函孙中山，希望与他建立密切关系，并就与张作霖的关系等问题，探询孙的态度。未久，越飞再次致函孙中山，并派军事参赞赴上海与孙中山会谈。此时苏俄的对华政策有双重目标：一方面希望同中国的民族解放运动结成联盟，一方面希望同北京政府建立正常的外交关系，并设法维护沙俄时代取得的一些在华权益。苏俄希望北京中央政府变成一个对苏俄友好的政府。但北京政府在持续两年的对俄交涉中一直过于重视列强的态度，并在蒙古、中东铁路两个问题上不愿作出让步。由于吴佩孚在当时中国的军阀中颇有“开明”的声誉，又早与苏俄有过接触并表示“亲俄”之意向，且以反对苏俄在远东宿敌日本著称，故在苏俄看来，若以孙中山的政治威望同吴佩孚的军事力量相结合，建立一个“亲俄”的中国政府，当是最佳的选择。[②] 但此前孙中山与皖系段祺瑞、奉系张作霖已结成“三角同盟”共同对付直系的吴佩孚。苏俄试图促成吴佩孚与孙中山合作反对张作霖。因张作霖的亲日背景，苏俄视之为敌人。越飞曾通过各种努力想使孙中山放弃联张反吴的策略。孙中山则希望苏俄援助他建立自己的力量，来完成中国的统一。孙打算在中国西北创立军事基地，拥有一支自己的军队，希望俄国提供武器和物资。在与国内实力派的关系问题上，孙中山仍坚持自己的主张，认为吴佩孚“对新思想感兴趣是不容易的”，而“土匪张作霖是个可以进行加工的‘原料’”。孙表示会劝说张作霖改变对苏俄的态度，但不会同张作霖决裂。[③] 事实上，即使在越飞开始同孙中山建立联系，并极力劝说孙吴合作的时候，孙与段、张之间仍在继续磋商共同反对吴佩孚的军事计划并付诸实施。越飞与孙中山，显然各有所图。

---

① 越飞(1883—1927)，原名阿道夫·阿布拉莫维奇，俄国人，1922年7月，被苏俄政府任命为驻中国全权特使，与中国北京政府谈判。越飞来华后，一面与北京政府公开开展外交活动，一面与南方的革命领袖孙中山进行秘密联系。

② 邱捷：《越飞与所谓“孙吴合作”》，载《近代史研究》1998年第3期。

③《马林为格克尔同孙逸仙的谈话所作的记录》(1922年9月26日)，见《联共(布)、共产国际与中国国民革命运动(1920—1925)》，134—138页。

越、孙两人在策略上虽有歧见,但基本目标尚无大的冲突,故双方各派代表继续沟通。越飞锲而不舍地在孙中山和吴佩孚之间进行调解,无奈孙、吴双方均无合作诚意。孙、吴的敌对关系,并非因两人的性格、观念之歧异所致。吴佩孚当时颇有“好军阀”的声誉,许多人的心理都深恶奉系,左袒直系。孙中山联奉倒直,实与一般国人的心理相反。舆论甚至认为孙中山“联络张胡子去打吴秀才,未免近于倒行逆施”。而在孙中山看来,直系吴佩孚是当时各军阀中最强横的一个,而且控制中央,直接威胁自己的革命事业;南方反对孙中山的军阀如陆荣廷、陈炯明等都是直系军阀的同盟者或受直系的支持,“擒贼先擒王”,要打倒军阀,便要先从打倒直系下手,奉系既能俯就,不妨暂时与他合作。[①]虽然苏俄方面通过各种办法希望孙中山改变联张反吴的策略,但孙中山始终不为所动,反而一再要求苏俄改变对张作霖的态度,劝说苏俄不要在吴佩孚和张作霖的冲突中支持前者。

在调解孙、吴合作前景渺茫的情况下,苏俄面临在中国几大政治和军事实力派人物中做最后选择的问题。孙中山从1922年10月开始的旨在恢复南方革命根据地的斗争,取得了初步进展。这使孙在苏俄对华政策中的地位变得愈益重要。大约在1922年底1923年初,越飞开始由助吴联孙,转向弃吴联孙。越飞预期孙中山很可能会在不久的将来成为北京政府之外的中国的统治者,而吴佩孚所控扼者,仅为河南一省和北京周边一小块地区而已。因此,越飞申言:“我们面临着一个问题:谁是中国真正的政府,我们应该跟谁打交道?”[②]

1923年1月4日,俄共中央政治局决议,采纳越飞关于全力支持国民党的建议。1月17日,越飞前往上海,与孙中山进行正式谈判。谈判的结果,双方达成一项至关重要的协议,此即有名的《孙文越飞联合宣言》。孙中山同意维持中东路现状和苏军暂时驻扎外蒙古,越飞则承诺孙中山“可以俄国援助为依赖”,并保证“共产组织,甚至苏维埃制

① 李剑农:《戊戌以后三十年中国政治史》,333页,北京,中华书局,1965。

②《越飞给俄共(布)、苏联政府和共产国际领导人的信》(1923年1月13日),见《联共(布)、共产国际与中国国民革命运动(1920—1925)》,197页。

度，事实上均不能引用于中国”。[1]

孙、越会谈中，双方就孙中山提出的两个军事计划达成了初步共识。第一个计划是：在苏俄给予财政、军事援助下，孙中山的军队先在广东战胜陈炯明，然后从湖南和四川两个方向北伐中原，进攻吴佩孚，然后，入主北京，统一中国，号令各省。第二个计划是前一个计划失败时的应急计划，其内容是：在西北建立一支由苏俄武装的10万革命军，然后进行北伐。[2] 两个计划均以吴佩孚为讨伐对象，而以张作霖为友军。这意味着孙中山成功地说服了苏俄，使原有的反军阀斗争方略同新的计划接轨。

为了进一步讨论合作的具体问题，孙中山还派廖仲恺专门陪同越飞前往日本热海进行秘密会谈。会谈结果，苏俄政府同意向国民党提供200万金卢布的援助，并准备协助孙中山在中国北部或西部建立军事基地。孙中山自然分外欣喜。要知道，当时在以美国为首的西方列强眼中，孙中山是一个“麻烦制造者”(trouble maker)或梦想家。虽然孙中山一直寻求西方列强的援助，招致的却经常是轻蔑和侮辱。如今，苏俄热情地伸出援助之手。孙中山怀有“雪中送炭”的感念之情。孙中山当时在接受《纽约时报》记者专访时，深有感触地说：“吾人已对美、英、法或其他列强之协助丧失希望，唯一对南方表现诚意的国家是苏俄。”当记者故意提及苏俄是否民主时，孙中山意态怡然地说：“只要他们愿意协助我们推翻北京，我并不在乎他们是否民主呢！”[3]

《孙文越飞联合宣言》的发表，标志着孙中山联俄政策的正式确立。

二 马林为国共牵线

就个人关系而言，国民党人与共产党人历史上早有交往与合作。五四前后译介社会主义思潮时，国民党人胡汉民、戴季陶等曾积极投

---

① 《孙文越飞联合宣言》(1923年1月26日)，见《孙中山全集》第7卷，51—52页，北京，中华书局，1985。莫斯科发表该宣言时，有意将声明中谈及共产组织和苏维埃制度均不能引用于中国的一段删去。

② 《越飞给俄共(布)、苏联政府和共产国际领导人的信》(1923年1月26日)，见《联共(布)、共产国际与中国国民革命运动(1920—1925)》，211—215页。

③ 张忠正：《美国官方对孙逸仙与苏俄接触的态度(1920—1925)》，载《近代中国》第133期，台北，1999年10月。

人。中共发起时，戴季陶、邵力子等人曾一度参与。中共创建初期，党内对国民党的态度不尽一致。中共一大决议“对现有其他政党应采取独立的攻击的政策”，要求各级党组织和党员不同其他党派建立任何关系。但大会报送给共产国际的报告中又解释说：多数与会者相信，依据中国的现状，“我国的军阀就是社会上一切其他阶级的敌人”，共产党需要与其他党派共同行动，以反对共同敌人。① 这虽然不是专门针对国民党而发，但当时中共以外的“其他党派”中，国民党显然是最具历史和影响的。

中共成立未久，适逢共产国际邀请中国各革命团体参加远东人民代表大会，共同策划东亚的反帝革命运动。曾经在爪哇从事过工人运动、有过统一战线工作经验的共产国际代表马林，一听到这个消息，很快就萌生了联合中国各革命团体的设想。1921 年 12 月，马林在张太雷的陪同下前往桂林会晤孙中山，在那里勾留了 9 天，与孙中山长谈 3 次，并与其他国民党要人有所接触。通过此次对国民党的实地考察，马林进一步坚定了要推动国共两党合作的想法。几乎与此同时，列宁向在莫斯科参加远东人民代表大会的国共两党代表表达了同样的意愿。②

孙中山对马林的建议，最初的反应并不积极。孙告诉马林，他对苏俄革命的经验很感兴趣，但对中国一些青年知识分子刻意模仿苏俄的做法不以为然，因为这些年轻人只对社会主义感兴趣。他们的小集团“对于中国的政治生活却毫无用处”。他还直率地向为马林做翻译的共产党员张太雷说：“为什么青年要从马克思那里寻求灵丹妙药，从中国的古典著作中不是也能找到马克思主义的基本思想吗？”③在老革命家孙中山看来，五四运动之后在全国各地出现的各种倾向于社会主义的激进小组织，不过是年轻人崇洋媚外和标新立异的表现。中共自然也

---

①《中国共产党第一个决议》（1921 年 7 月），见中共中央档案馆编《中共中央文件选集》（一），9 页，北京，中共中央党校出版社，1982；《中国共产党第一次代表大会》，见中共中央党史资料征集委员会编《共产主义小组》（上），54 页，北京，中共党史资料出版社，1987。

② 邓家彦：《马丁谒总理实纪》，见中国国民党中央党史史料编纂委员会编《革命文献》第 9 辑，203—207 页，台北，“中央文物供应社”，1955。

③ 马林：《向共产国际执行委员会的报告》（1922 年 7 月 11 日），《和孙中山在一起的日子》（1926 年 2 月），见李玉贞主编、杜魏华副主编《马林与第一次国共合作》，72、373 页。

不例外。

但马林对国民党充满乐观的看法。他在事后写给莫斯科的报告中，对国民党的状况做了一番热情洋溢的描述，建议共产国际与孙中山的国民党建立密切的联系，而不是全力去帮助中共；中共力量弱小，与工人运动又毫无联系，最好的出路就是加入国民党，因为只有在那里他们才可能发挥自己的作用。

马林很快将自己的想法付诸实行。他分别同中共和国民党在上海的领导人就共产党员加入国民党的可能性进行了商谈。时任国民党宣传部部长的张继等人明确表示欢迎，但中共方面遇到了阻力。1922 年 4 月 6 日，陈独秀给共产国际东方部负责中国问题的维经斯基[①]写了一封态度强硬的信，详细表达了中共方面的不同意见。反对的理由主要有：

（一）共产党与国民党的革命宗旨不同；

（二）国民党联美国、联张作霖段祺瑞等政策和共产主义太不相容；

（三）国民党未曾发表党纲，在广东以外的各省人民视之，仍是一个争权夺利的政党；共产党倘加入该党，则在社会上尤其是青年社会信仰全失，永无发展机会；

（四）陈炯明是广东实力派，名为国民党，实则反对孙中山；中共倘加入国民党，将立即受陈派的敌视，即在广东亦不能活动。

陈独秀还称，上述意见不仅代表他本人的看法，广东、北京、上海、长沙、武昌各区同志对于加入国民党一事，均已开会议决绝对不赞成。[②]

中共虽然幼小，但基于其阶级立场和意识形态理念，对老大的国民党并不怎么瞧得起。他们坚持，两党若合作，至少要平起平坐，并且要由中共来负政治指导之责。中共二大专门通过了《关于“民主的联合战

① 维经斯基（1893—1953），又译为魏金斯基、威金斯基，在华化名吴廷康，笔名魏琴或卫金，生于俄国维切布斯克州，1918 年加入俄共（布），1920 年 4 月，经共产国际同意，受俄共（布）远东局的符拉迪沃斯托克分局的派遣，率俄共（布）党员小组来华，帮助和促进了中共的创建。1921 年春回国，先后在共产国际远东书记处、共产国际东方部工作，1923 年 11 月再度来华，接替马林任共产国际驻华代表。

②《陈独秀致吴廷康的信》（1922 年 4 月 6 日），见《中共中央文件选集》（一），15 页。

线"的议决案》,指出以目前中国无产阶级的现状,"扶助"民主派起来共同打倒封建军阀和国际帝国主义确是必要,"然亦只是联合与援助,决不是投降、附属与合并"。中共中央还强调,对与国民党的合作问题,应由自己"先行邀请国民党及社会主义青年团在适宜地点开一代表会议,互商如何加邀其他各革新团体,及如何进行"。① 亦即由中共来主持。中共显然不愿扮演一个消极、被动的角色。

但是,俄共中央政治局鉴于国共两党力量悬殊,还是接受了马林的建议。1922 年 8 月 12 日,马林带着共产国际的"尚方宝剑"来到上海,向中共中央传达共产国际的指示精神,并做陈独秀等人的工作。为了等待北京的李大钊和张国焘来上海一同讨论,中共中央的会议延至月底举行。在此期间,孙中山适因陈炯明兵变由广东退居上海,处于极度沮丧、消沉之中。当马林向他转达共产国际决定中共党员加入国民党时,孙中山欣然赞成。

获得孙中山同意后,马林又转而对李大钊、张国焘、瞿秋白等中共领导人进行说服工作。8 月 28—30 日,马林与中共领导人在杭州西湖举行秘密会议,专门讨论与国民党合作的问题。与会者对以个人身份加入国民党这一问题展开了激烈争论,但当马林以"尊重国际纪律"相责后,反对意见则偃旗息鼓。会议决定:"以个人身份加入国民党,同时保存共产党,后者对于国民党内的工作发出指示并领导工会的组织工作。"②

中共中央同意后,孙中山委托张继等与在沪国民党负责人商议,并通电国民党相关支部。国共两党领导人终于就中共党员加入国民党问题达成了初步意向。9 月初,经张继介绍并由孙中山"亲自主盟",陈独秀、李大钊等中共领导人率先加入了国民党。

尽管陈独秀等中共领导人已迈出了第一步,但共产国际和中共内部对两党"党内合作"仍存有歧见。维经斯基即担心中共加入国民党后,有丧失自身独立性的严重危险。马林对此坚决否认。他认为中国

① 《关于"民主的联合战线"的议决案》(1922 年 7 月),见中共中央统战部、中央档案馆编《中共中央第一次国内革命战争时期统一战线文件选编》,16—17 页,北京,档案出版社,1991。

② 马林:《关于国共合作的笔记》(1922 年 11 月底 12 月初),见李玉贞主编、杜魏华副主编《马林与第一次国共合作》,91 页。

并不存在真正的共产主义运动，即使存在，也只有与民族主义运动密切合作才能发展。对于马林与维经斯基等人的争论，共产国际领导人布哈林采取妥协调和的策略：一方面肯定国民党是中国“唯一重大”的民族革命集团，中共党员应当加入国民党，另一方面又指出国共党内合作不能以取消中共独特的政治面貌为代价，党必须保持自己原有的组织和严格集中的领导机构；一方面要求“全力支持国民党”，准备向国民党提供大笔援助，另一方面又坚持中共要大力组织和争取工人群众，建立强大的群众性的共产党。正是这种策略为两党以后的党际关系埋下了无穷的后患。

1923年2月7日，被中共引为骄傲的京汉铁路工会领导的罢工运动遭到直系军阀吴佩孚的武力镇压。北方工人运动受到重创，这对那些一心希望独立发展的中共领导人震动极大。他们开始重新认识孙中山国民党及其广东革命根据地的价值。同年6月，中共召开第三次代表大会。陈独秀倾向于赞同马林的观点。他在起草的决议案中承认，因为中国产业落后，劳动阶级还在极幼稚时代，工人运动尚未能强大起来成为一个独立的社会势力，自然不能产生一个强大的共产党，所以，“我们须努力扩大国民党的组织于全中国，使全中国革命分子集中于国民党，以应目前中国国民革命之需要”。但负责党的理论宣传工作的蔡和森和负责工会组织工作的张国焘，以及北方工会组织的代表仍持有不同意见。他们坚持：“在中国没有哪一支力量的发展速度能与工人力量的发展相比”，“在许多地方我们可以控制工会工作，那里没有国民党的影响”；“国民党是资产阶级的政党，是我们的敌人，我们不能帮助他们，不能扩大他们的影响”。[①] 而在马林看来，中共是个“早产儿”，是有人过早地制造出来的，它的整个工作几乎都依靠外国经费，多数党员没有职业，党同在职的工人、职员、教师等几乎没有联系。在这种情况下，“要鼓励同志们到国民党中去，并把用这个办法支持国民革命看做是中国共产党人的主要任务”，“绝不要为此目标打出共产党

① 马林：《中国共产党第三次代表大会关于国共两党关系的讨论》（1923年6月），见李玉贞主编、杜魏华副主编《马林与第一次国共合作》，227—242页；《张国焘给威金斯基、穆辛的信》（1923年11月16日），见中共中央党史资料征集委员会等编《中共党史资料》第3辑，5—8页，北京，中共中央党校出版社，1982。

的旗帜，在很长一段时间内也不能在工会的宣传中利用这面旗帜”。因为许多人“害怕共产主义”，而且会“削弱俄国同中国国民党人的合作”。[①] 由于“二七”惨案以后，中共党内的情绪已大为改变。马林的主张在党内得到较广泛的同情，蔡和森和张国焘的意见没有得到与会者的积极响应。马林最终促使中共三大作出决议：中共党员以个人身份加入国民党。

三 孙中山“容共”

孙中山为什么愿意吸纳共产党员加入国民党？中华革命党成立初期，孙中山吸收党员本有严格规定。但在袁世凯死后，孙中山为顾及现实环境和联合各方势力，改取较为宽松的“大党主义”组党路线。“五四”以后，为了吸纳更多的青年学子加入其革命行列，孙中山将中华革命党改名为中国国民党。在孙看来，党是传播主义的工具，多一些人入党，就多一些主义的传播者和同情者。何况他此时正处于事业严重受挫时期，急需外援和外力相助。中共作为“五四”之后成长起来的一支新生政治力量，其蓬勃向上的活力正是老大的国民党所缺乏的。而且中共是共产国际的下属支部，吸纳共产党员加入国民党，亦可汲取俄国革命经验，尤其是治党的经验，以振兴国民党。

另外，孙中山“容共”与其“联俄”策略密切相关。孙自然知道，让共产党员加入国民党是苏俄和共产国际的旨意。想得俄助，自有必要理顺与中共的关系。苏俄方面亦暗示，他们对国民党的支持，在很大程度上将取决于它同中国共产党的关系。[②] 对孙中山而言，让中共党员加入国民党受其约束，至少要比中共置身于国民党之外，利用苏俄和共产国际的支持，与国民党竞争政治资源来得有利。在是时孙中山眼中，中共不过是一班“中国少年学生自以为是及一时崇拜俄国革命过当”的群

---

① 马林：《致共产国际执行委员会的信》(1923年6月20日)，见李玉贞主编、杜魏华副主编《马林与第一次国共合作》，243—250页。

②《国民党代表团访问莫斯科》，见《联共(布)、共产国际与中国国民革命运动(1920—1925)》，279页。

体。① 据蔡和森回忆，孙中山当时甚至不承认有 C. P. 的党。② 孙中山称中共青年“初欲包揽俄国交际，并欲阻止俄国不与吾党往来，而彼得以独得俄助而自树一帜与吾党争衡也。乃俄国之革命党皆属有党政经验之人，不为此等少年所愚，且窥破彼等伎俩，于是大不以彼为然，故为我纠正之，且要彼等必参加国民党与我一致动作，否则当绝之。”孙中山还称：“俄国欲与中国合作者只有与吾党合作，何有于陈独秀？”③在孙中山看来，俄之所以愿与之合作，乃在于他有所凭借：“吾人稍有凭藉，乃能有所措施。若毫无所藉，则虽如吾国之青年共产党与彼主义完全相同矣，亦奚能为？所以彼等人士只有劝共产党之加入国民党者，职是故也。”④毋庸讳言，此时孙中山言词间流露出对中共的睥睨之态。孙中山自然不愿与“毫无所藉”的中共对等合作，而只容许中共党员以个人身份加入国民党，服从他的领导。⑤

孙中山的政治理想和革命目标，是要建立一个独立的主权国家和一个在政治、经济上比西方更平等的改良社会。他不同意在中国实行俄国式的社会主义和苏维埃制度。他在《孙文越飞联合宣言》中，明确声明“共产组织，甚至苏维埃制度，事实上均不能引用于中国”，尽管声明多少含有想要避免刺激列强的意图，但从其前后大量相关言论观之，亦未尝不是其本心的真实表白。在孙看来，中国的国情是患贫，中国人只有大贫与小贫之分，还不存在西方社会那样的阶级对立和冲突，所以中国的问题是如何用温和的、缓进的方法预防西方资本主义的弊病，而不是用共产主义去提倡阶级斗争。

而中国共产党人则认定社会上存在着压迫与被压迫、有产与无产等相互对立的阶级，并以被压迫阶级和无产阶级的代表自任。在他们看来，孙中山及其国民党所进行的革命如同俄国的二月革命，而他们则要发动十月革命，建立无产阶级自己的政权。他们坚信自己是当今世

---

① 孙中山：《批邓泽如等的上书》（1923 年 11 月 29 日），见《孙中山全集》第 8 卷，458 页，北京，中华书局，1986。

② 蔡和森：《中国共产党史的发展（提纲）》，见《蔡和森的十二篇文章》，北京，人民出版社，1986。

③ 孙中山：《批邓泽如等的上书》（1923 年 11 月 29 日）。

④ 孙中山：《致蒋中正函》（1922 年 11 月 21 日），见《孙中山全集》第 6 卷，616 页，北京，中华书局，1985。

⑤ 本节有关孙中山“容共”的描述，参阅了杨奎松《孙中山与共产党》，载《近代史研究》2001 年第 3 期。

界最先进阶级的代表,是人类未来命运的主宰,因而具有强烈的阶级意识和历史使命感。

当1923年中共党员开始加入国民党时,党员总数不过400多人,而此时国民党党员号称20余万。尽管如此,中共党人不仅没有顾虑可能被国民党吞并或溶化,相反抱有要充当革命动力去推动国民党革命的意图。在中共"新青年"眼中,国民党人的形象已是"老朽不堪"。曾几何时,加入同盟会的革命党精英亦曾是一批急进青年。[①] 无奈时代变换的步伐实在太快,不过10余年的时间,当年骂别人为"老朽顽锢"的"少年勇进之辈",又很快被比他们更年轻、更急进的"五四"少年视为"老朽"。

孙中山固然轻视中共弱小而不愿与之对等合作,而中共实际上更瞧不起国民党。在当时中共新青年眼中,老国民党人是前时代人物,是落伍者,加入国民党,意味着共产党退化。[②] 当时共产党潜在的社会信仰群体主要是"五四"知识青年。如以代际来划分,改组前的国民党与新生的共产党大致分别代表了辛亥一代和"五四"一代。孙中山容纳共产党人的一个重要考虑,即是要将这批"五四"新青年吸纳到他的革命队伍中来。在当时孙中山的认知中,国共两党的分别,一是"老同志",一是"新青年"。[③] 老同志固然疑虑"本党名义被彼利用",而新青年更担心与老同志合流会失去青年社会的信仰。

当共产国际强迫中共党员和青年团员加入国民党后,中共中央谆谆告诫其党员、团员:不要对国民党人"存嫌恶藐视心理"和"不屑与之为伍"的成见,亦不可有"骄矜自炫"的辞色,而应该对他们努力"扶持""诱导"和"掖进"。[④]

---

① 如1911年7月18日孙中山致邓泽如信中即称:"金山致公总堂虽系洪门,以反清复明为宗旨,然向多老朽顽锢,向无进取之气,故尝与吾党少年勇进之辈积不相宁。"见邓泽如藏《孙中山先生二十年手札》首卷,广州述志公司影印本,1927。

② 《郑超麟回忆录(1919—1931)》,北京,东方出版社,1996。

③ 中国第二历史档案馆编:《中国国民党第一、二次全国代表大会会议史料》(上),21页,南京,江苏古籍出版社,1986。

④ 《中共中央第一次国内革命战争时期统一战线文件选编》,46—47页。

第三节　国民党第一次全国代表大会

一般认为,1924 年中国国民党的改组有一个发展过程。如李剑农认为这一过程起自 1919 年,完成于 1924 年,并把这一过程分为 3 个阶段:1919 年由中华革命党改名为中国国民党,确定党的名称,是第一阶段;1923 年预备"容共联俄",是第二阶段;1924 年实行"容共联俄",完成改组,是第三阶段。[①]

1919 年至 1924 年,中国国民党的确一直处在"改组"过程中:1919 年 10 月确定中国国民党名称,颁发《中国国民党规约》;1920 年 11 月修正《中国国民党总章》及规约;1923 年 1 月在上海召集中国国民党改进大会,发表《中国国民党宣言》,宣布《中国国民党总章》,完成国民党党务改进;1924 年 1 月召开国民党第一次全国代表大会,通过《中国国民党全国大会宣言》和新的《中国国民党总章》,完成国民党改组。

五年之内,国民党二次制定新党章,一次修正党章。如此频繁、持续地进行党务革新,在国民党历史上可谓绝无仅有。尤其是 1923 年 1 月的国民党改进与 1924 年 1 月的国民党改组仅相隔一年(实际只相隔 10 个月),而两次都是郑重其事地开大会,发宣言,制定新党章,实在令人费解。学术界普遍认为 1923 年 1 月的改进是 1924 年改组的开端、前奏、过渡和预备。[②] 然而,对两次所颁党章进行文本考察,这种说法

① 李剑农:《最近三十年中国政治史》,541 页,上海,太平洋书店,1931。

② 李剑农:《最近三十年中国政治史》,541 页。后来研究国民党改组的学者大多同意李剑农的看法,如吕芳上《革命之再起:中国国民党改组前对新思潮的回应》,513—523 页;刘健清等主编《中国国民党史》,183—189 页,南京,江苏古籍出版社,1992;李云汉《中国国民党史述》第 2 编,347—348 页,台北,中国国民党中央党史会,1994。

颇觉勉强:1923 年改进时所订党章,其文本格式显然与 1919、1920 年所颁国民党规约、总章属同一"模板";而 1924 年 1 月改组时所订党章,则系以 1919 年俄共(布)第八次全国代表会议所订《俄国共产党(布尔什维克)章程》为蓝本。两者迥然有别。若改进是改组的前奏和预备,那么后者似无必要重起炉灶,制定新党章,最多在前一年所订党章的基础上修订完善即可,至少在组织形式上不应有如此大的出入。

事实上,"改进"和"改组",是国民党两次内容迥异的党务革新举动。[①] 在一年之内,国民党的组织形式何以会发生如此大的改变?

一　国民党的"改进"

1922 年 6 月,陈炯明兵变,使孙中山再次反省深思:光靠军事的进行,革命事业未必能成功,而扩张党务则是有胜无败的。于是孙中山决心再次重整党务。8 月 14 日,孙中山回到上海,9 月 4 日,孙中山召集各省在沪党员会议,确定国民党改进计划,着手国民党改进工作。9 月 6 日,孙中山指定 9 人为党的改进案起草委员。起草委员会经过长达一个半月的集议研商,纂成总章、党纲草案呈请孙中山裁定。其后又历经一个半月,两度召集各省国民党代表数十人对党纲、总章、宣言集体审查修正。1923 年元旦,孙中山正式发表《中国国民党改进宣言》,2 日召集大会宣布党纲,3 日公布总章。这次党务整顿过程即国民党官方史书中所称的"改进"。[②]

这次"改进",和以往国民党党务革新相比,有几点值得注意:

第一,以往几次党务革新,多为孙中山一人苦心积虑,独力担负,而此次改进工作,由一个专门委员会集体起草,并由各省国民党代表数十人多次集议,最后经孙中山核定,前后历时数月方才完成。除了制定、颁布总章和党纲外,这次公开向全国发表宣言,这在国民党历史上尚属首次。其郑重其事的情形,显示孙中山进行这次党务改进的初衷,并非

---

① 韩国学者闵斗基最早注意及此,但他当时囿于资料,所得结论未能尽符史实。参见[韩]闵斗基《中国国民党的"改进"与"改组"》,载《东洋学报》第 72 卷第 1、2 号,东京,1990。

② 中国国民党中央党史史料编纂委员会编:《革命文献》第 8 辑,31—47 页,台北,"中央文物供应社",1955。

只是一次“预备性”的操作。

第二，这次党务改进前后，孙中山已初步确立了联俄、“容共”政策；而且有共产党人直接参与了这次“改进”工作。9月4日，当孙中山召集各省在沪国民党党员53人，举行讨论国民党改进计划座谈会时，刚刚加入国民党的陈独秀被邀与会；9月6日，孙中山指定9人为国民党改进案起草委员，陈独秀亦名列其中，并成为参与国民党改进工作的核心人物之一。其后，孙中山又任命陈独秀为改进后的国民党参议之一，直接参与国民党中央的党务决策。除陈独秀外，参与此次国民党“改进”事务的共产党员至少还有两人：林祖涵（伯渠）、张春木（即张太雷）。林任总务部副部长，张任宣传部干事。另据马林回忆，他也参加了1922年11月15日孙中山在上海召集的审查国民党改进方案的会议。这次会议是国民党改进过程中最重要的一次高层会议。马林在会上与孙中山讨论了怎样改组国民党以推进政治宣传等问题。[①] 但马林的建议未被孙中山采纳。

第三，组党宗旨未变，仍以实施三民五权为宗旨；组党方式略有变更，如增设法制、政治、军事、农工、妇女等委员会，开始注意民众的力量，宣称要“立于民众之地位，而为之向导”，但组织体制基本仍循旧轨。

1923年的“改进”既然是孙中山一次郑重其事的正式的党务革新，且在这一过程中已初步确立了联俄、“容共”政策，何以仅相隔一年（实际只隔数月）之后，孙中山又重起炉灶，再次开大会、发宣言、订党章，进行改组？据“改组”前夕廖仲恺在一次国民党中央干部会议上所作的解释：“此次之所以必改组者，本有极大的原因，广州政治起伏之经过有三度……三次失败，皆因军人持权，党员无力，故党之主张无力。”又称：“吾党情形，目下除少数干部并无党员，虽亦有力量，然不过一部奋斗之历史而已……改造中国之责既在吾党，倘非从下层多做工夫，而徒拘泥于上层之干部，必不足以负此伟大责任。”廖仲恺在指出国民党组织存在的两大缺陷后，紧接着说：“前数年已觉本党之有缺点，但不知缺点在何处，今年始寻出，故遂决然改组。”[②]

---

① 马林：《我对孙中山的印象》，见《共产国际、联共（布）与中国革命文献资料选辑（1917—1925）》，248页。
② 《中央干部会议第十次会议记录》（1923年12月9日），见《革命文献》第8辑，77—78页。

依廖仲恺的解释,“今年始寻出”者,自当在1923年初“改进”工作完成以后。廖虽未进一步解释“今年始寻出”之原因,但从此后国民党依俄共模式进行改组这一点,不难推测其原因乃受苏俄的影响。不过,当孙中山着手“改进”工作时,联俄“容共”已初见端倪,且有陈独秀等中共党员直接参与其事,何以未在“改进”时,即仿效俄共模式进行改造,以“毕其功于一役”?这其间当另有原因在。

如果追寻孙中山联俄的思路历程,不难发现其对苏俄的认识及其联俄的兴趣点有一个发展变化的过程。在很长一段时间里,孙中山联俄的兴趣点主要在如何得到苏俄的军事和物质援助,而非引进苏维埃的政治制度或借鉴俄共的组织形式。1922年下半年,孙中山一边着手国民党“改进”工作,一边与苏俄联络如何取得其军事援助。

1923年元旦,孙中山在上海发表国民党“改进宣言”;15天后,滇桂军克复广州(1月16日);又相隔10天,《孙越联合宣言》发表,孙中山声明共产组织及苏维埃制度不能引用于中国。2月15日,孙中山离沪赴粤,2月21日在广州重建陆海军大元帅府,2月23日孙中山对外发表谈话,表示与张作霖、段祺瑞之三角同盟进展顺利。孙中山重新埋首于军政,将党务暂时搁置一旁。苏俄方面注意到这一情况,开始提醒孙中山不要专注于准备武装革命,而应该注意健全党的组织和思想政治宣传工作。1923年3月8日俄共中央政治局会议在决定资助孙中山200万墨西哥元的同时,提醒孙中山过于注重纯军事行动会损害组织准备工作。[①] 马林一再提醒孙中山加强党的组织和宣传的重要性,反对利用军阀夺取地盘的革命方式。他还在中共刊物《向导》周报上用化名发表文章,批评孙中山的这种做法只会使国民党日益背离下层民众的意愿和需要。但孙中山坚持一切必须等到军事问题基本解决之后。[②] 维经斯基亦建议俄共当局不要无条件地支持国民党,而要向孙中山提出条件:不要把主要精力放在与地方军阀建立军事联盟上,而要

---

①《俄共(布)中央政治局会议第53号记录》(1923年3月8日),见《联共(布)、共产国际与中国国民革命运动(1920—1925)》,226页。

② 孙铎:《吴佩孚与国民党》《临城案件与国民党》,分别载《向导》第24、28期,1923年5月9日、23日;《马林致越飞、达夫谦的信》(1923年6月20日),见李玉贞主编、杜魏华副主编《马林与第一次国共合作》,261—262页。

放在建立全国性的政党上。[①] 表明苏俄对国民党“改进”以后的组织体制并不满意，预示着苏俄有将列宁主义政党的组织模式向国民党输出的意向。与此同时，中共领导人陈独秀等人在马林的建议下，也向孙中山提出要“扩大和改组国民党”的主张。[②] 但孙中山在与陈独秀等人的谈话中明确表示，当前的关键问题，还是要争取建立一支自己的革命军队。陈提示孙，在国民党尚未成功地改组并扩大自己的阵地之前，如何能够建立这样一支军队？孙回答说：“党只有到紧急关头才能一马当先。现在我们必须发展我们的军事力量，在南方广东可以建立根据地，然后我们必须设法在东北或西北得到一支军事力量。靠这些力量的协作将使革命取得胜利。”[③]

1923 年 7 月 20 日，孙中山根据年初“改进”时公布的《中国国民党总章》，批准颁布中国国民党总支部、支部、分部及海外总支部、支部的组织通则。相隔半年多以后才批准组织通则，意味着国民党“改进”方案自年初制定以后一直延搁，实际并未付诸执行。

二　鲍罗廷来华

1923 年 8 月，孙中山派遣蒋介石率代表团访问苏俄。代表团此行最主要的目的是说服苏俄同意援助孙中山的西北军事计划，要求苏方尽快提供援款，并派遣军事顾问前来协助编练军队，指挥作战，并与苏方讨论有关西北作战计划的具体方案。故这次代表团的中心使命是寻求苏俄的军事援助。

就在孙中山派遣蒋介石率团赴莫斯科的同时，俄共中央政治局任命鲍罗廷前来广州做孙中山的政治顾问。一个是政治顾问，一个是军事考察团，显示此时莫斯科和广州的决策者各自的出发点和合作的兴趣点存有差异。

---

① 《维经斯基给萨法罗夫的电报》（1923 年 3 月 27 日），见《联共（布）、共产国际与中国国民革命运动（1920—1925）》，238 页。

② 《陈独秀给萨法罗夫的信》（1923 年 7 月 1 日），见《联共（布）、共产国际与中国国民革命运动（1920—1925）》，262 页。

③ 《马林致达夫谦和越飞的信》（1923 年 7 月 13 日）、《马林向共产国际执行委员会的报告》（1923 年 7 月 15 日），均见李玉贞主编、杜魏华副主编《马林与第一次国共合作》，281—288 页。

值得注意的是,蒋介石在莫斯科和鲍罗廷在广州,所受到的“待遇”判然有别。蒋抵达莫斯科后,发现苏方对他的到来并不重视。苏俄方面拒绝了孙中山所提的要求帮助国民党建立西北军事根据地的方案,并告知蒋介石:孙中山和国民党的当务之急,是要在国内全力以赴地开展政治宣传工作和党的组织工作,不然,在当今形势下,任何军事行动都注定要失败。① 11月29日,蒋介石在对苏俄进行了将近3个月的访问之后,十分失望地离开了莫斯科。他未能完成孙中山交给他的任务。②

鲍罗廷则不同。鲍于1923年8月2日离开莫斯科,辗转北京、上海,至10月6日抵达广州。出人意料的是,鲍罗廷很快得到孙中山的极大赏识和高度信任。鲍罗廷抵达广州时,恰值孙中山因为军费所累,试图强行截留广州海关的关税余款,与以英国为首的列强开始发生冲突之际;且几个月来,“广州几乎无日不在叛逆势力的围困之下与骄横军人的蹂躏之中”,“财政困难达于极点”。③ 内外交困的危急形势,增添了孙中山争取苏俄援助的紧迫感。据鲍罗廷称,孙中山与他初次见面时,所关心的是苏俄的军事援助和他本人的军事计划,并“醉心于军事冒险”。但鲍罗廷不失时机地向孙中山介绍俄国革命的成功经验,讲演关于俄国革命的历史以及俄国革命胜利的原因,介绍俄国军队中的政治工作,以及俄共的组织宣传方法。鲍罗廷到广州后不久,便很快说服孙中山接受了借助俄共经验全面改组国民党的建议。据鲍对这一过程的描述,在孙及其政府成员为他举行的几次欢迎宴会上,他就开始阐述自己的观点,这些宴会通常都变成了真正的会议——“正是在这些宴会上为国民党改组的工作奠定了基础”。此外,鲍与孙还进行过多次个别交谈,向他阐明国民党组织“缺在何处”,比较俄、中革命成败殊途的

① 《国民党代表团访问莫斯科》、《鲍罗廷同瞿秋白的谈话记录》(1923年12月16日),见《联共(布)、共产国际与中国国民革命运动(1920—1925)》,276、383页。

② 苏俄否决孙中山的西北军事计划,其根本原因在于该计划涉及苏俄最敏感的问题,即苏俄不能允许国民党借用苏俄的领土训练军队进攻乌鲁木齐,尤其不能同意孙中山利用外蒙古进行军事活动的想法。参见杨奎松《孙中山的西北军事计划及其夭折》,载《历史研究》1996年第3期。

③ 李云汉:《从“容共”到“清党”》,影印版,164页,台北,及人书局,1987。

原因。鲍的意见显然受到孙中山的高度重视。[①] 据记载,鲍罗廷抵达广州的第四天,孙中山就在双十节举行的国民党党务会议上首次公开以俄国革命为借鉴谈论国民党的问题。孙中山称:"十年来党务不能尽量发展,观之俄国,吾人殊有愧色!俄国革命六年,其成绩既如此伟大;吾国革命十二年,成绩无甚可述。故此后欲以党治国,应效法俄人。"[②]

鲍罗廷抵达广州的第五天,孙中山便电令国民党上海本部先期进行改组。又过一周,孙中山即聘鲍罗廷为"国民党组织教练员"。紧接着,孙中山于 10 月 19 日委派廖仲恺、汪精卫、张继、戴季陶、李大钊 5 人为国民党改组委员,负责国民党改组事宜。10 月 25 日在广州召开国民党改组特别会议,讨论改组计划。同日孙中山任命胡汉民等 9 人组织国民党临时中央执行委员会,全面负责改组筹备工作,标志着国民党改组工作正式启动。也就是说,鲍罗廷的到来,直接推动了孙中山改组国民党。马林与孙中山接触数月未能实现的目标,鲍罗廷仅以数日之功便顺利推动。其间除了时机等因素,鲍罗廷非凡的个人能力和魅力亦是至关重要的。

鲍罗廷是一位富有革命经验的俄共党人,16 岁起就参加了俄国的社会主义运动,1903 年即加入俄国社会民主工党,是资深的布尔什维克,与包括列宁在内的众多俄共领导人交谊甚深。1919 年共产国际成立后,鲍就一直参与共产国际的工作,并负责指导过英国共产党加入英国工党的联合战线的工作。鲍曾在美国从事社会主义运动长达 12 年,英语娴熟。

鲍罗廷在离开莫斯科赴中国之前,是否得到过俄共中央和共产国际有关改组国民党的具体指示,目前尚无直接的证据。1923 年 7 月 31 日当斯大林任命鲍罗廷为孙中山的政治顾问时,"责成鲍罗廷同志在与孙逸仙的工作中遵循中国民族解放运动的利益,决不要迷恋于在中国培植共产主义的目的"。[③] 从这项原则性的指示中,看不出莫斯科有改

---

① 《鲍罗廷关于华南形势的札记》(1923 年 12 月 10 日),见《联共(布)、共产国际与中国国民革命运动(1920—1925)》,365—373 页。

② 孙中山:《在广州国民党党务会议上的讲话》,见《孙中山全集》第 8 卷,268 页。

③ 《俄共(布)中央政治局会议第 21 号记录》(1923 年 8 月 2 日),见《联共(布)、共产国际与中国国民革命运动(1920—1925)》,266 页。

组国民党的明确意图。据鲍罗廷本人回忆,改组国民党的思想动议,形成于他由莫斯科经北京、上海至广州的旅途中。他说:“还在北京和上海时,就从同共产党人和国民党人的交谈中弄清楚,如果国民党不领导中国国民革命运动,这个运动就不会是什么现实的东西,但是现在这个样子的国民党又不能担起这个运动的领导工作。为了起到这个作用,它必须进行改组。”[①]虽然如此,鲍罗廷改组国民党的动议显然与1923年初以来莫斯科多次要求孙中山注意组织建设和政治工作的思路是基本一致的。

论者有谓孙中山在国民党改进不到一年之后,又再次改组国民党,乃由于苏俄对国民党改进不满,为了得到苏俄的援助,孙中山出于“让步”而采取的措施。[②] 这一说法显然忽视了孙中山对改组积极主动的一面。孙之所以那么快地采纳了鲍的建议,正说明鲍的建议深得孙心,而非孙迫于无奈。

事实上,从民初以来,孙中山一直在寻求一个比较完备的组党办法。从1914年孙中山将国民党改组为中华革命党,1919年又将中华革命党改名为中国国民党,再到1923年进行党务改进,这持续不断的改组工作,均是孙中山为谋求一个比较完备的组党办法而不可得的过程。1920年孙中山在总结革命成败的原因时,便认识到:“党务为革命之基础,革命乃建国之首功。九年以来革命尚未能达到目的,皆由党务不振。”[③]但如何振兴党务,孙中山虽多次整改国民党而未见成效。

1923年1月孙中山宣布“改进”国民党时,认为国民党党务不发达的原因主要是宣传不得力,而“俄国五六年来,革命成功,也就是宣传得力”。[④] 此时孙中山虽已看到了俄国革命成功与宣传的关系,但注重宣传只是俄共组织体制的特征之一。他显然尚未认识到列宁主义政党组织体制的全貌及其他优长之处。亦因为此,1923年国民党改进时,孙

① 《鲍罗廷关于华南形势的札记》(1923年12月10日),见《联共(布)、共产国际与中国国民革命运动(1920—1925)》,369—370页。

② [韩]闵斗基:《中国国民党的“改进”与“改组”》,载《东洋学报》第72卷第1、2号,东京,1990。

③ 孙中山:《复市棠函》(1920年10月27日),见《孙中山全集》第5卷,377页。

④ 孙中山:《在上海中国国民党改进大会的演说》(1923年1月2日),见《孙中山全集》第7卷,6—7页。

中山未能仿效俄共组织形式以改组国民党。直到同年10月俄国政治顾问鲍罗廷到来之前，孙中山联俄的兴趣点一直在希望得到对方的军事和物质援助上。鲍罗廷的到来，几乎在很短的时间内，就使孙中山联俄的重心由单纯的军事物质层面向政党组织层面转变。

三 国民党"改组"

国民党改组工作从1923年10月中旬开始筹备。10月19日孙中山正式委派廖仲恺、汪精卫、张继、戴季陶、李大钊5人为国民党改组委员。10月25日，在广州召开了100余人参加的改组特别会议。这次会议对国民党的改组具有非常重要的意义。会上讨论了改组计划和改组纲要，大体把新的国民党组织体系和轮廓描绘了出来。孙科在会上说明，改组纲要主要译自俄共模式。鲍罗廷在会上发表了一长篇报告，对改组的重要意义作了解释和说明，并对改组如何进行提出了建议。此后改组工作大体按照他的建议进行。是日，孙中山任命胡汉民、林森、廖仲恺、邓泽如、杨庶堪、陈树人、孙科、吴铁城、谭平山为国民党临时中央执行委员，汪精卫、李大钊、谢英伯、古应芬、许崇清为候补执行委员，组织临时中央执行委员会，全面负责改组的筹备工作。

临时中央执行委员会自1923年10月28日成立，至1924年1月19日结束，前后开会28次，议决要案400余件。主要工作是筹备全国代表大会，并在广州、上海两地进行"试点改组"，从党员登记入手，继而成立区分部、区党部，自下而上，实行"民主集中制"。到1924年1月国民党一大召开前夕，广州市共成立9个区党部、66个区分部，党员8 200余人；上海市共成立1个区党部、33个区分部，有党员1 500余人。[①] 据鲍罗廷当时的报告，广州的共产党员为国民党的"试点改组"做了大量工作。上海方面，中共成立了一个帮助国民党改组的常设委员会，委员会由10人组成，其中包括党、团中央及其地方组织的代表。[②]

孙中山对"试点改组"的成绩比较满意。1923年11月25日，孙中

① 吕芳上：《革命之再起：中国国民党改组前对新思潮的回应》，526—534页。

② 《鲍罗廷关于华南形势的札记》（1923年12月10日）、《鲍罗廷同瞿秋白的谈话记录》（1923年12月16日），见《联共（布）、共产国际与中国国民革命运动（1920—1925）》，373—374、378页。

山发表《中国国民党改组宣言》，正式向外宣布国民党改组的目的和意义，申言："吾党本其三民主义而奋斗者，历有年所，中间虽迭更称号，然宗旨主义，未尝或离。顾其所以久而不能成功者，则以组织未备、训练未周之故。夫意志不明、运用不灵，虽有大军，无以取胜。吾党有见于此，本其自知之明，自决之勇，发为改组之宣言，以示其必要。"①此前，中国报纸舆论对国民党的改组几乎完全没有关注。②

经过两个多月的筹备和试点，改组的时机已经成熟。1924 年 1 月 20 日，中国国民党第一次全国代表大会在广州举行，会期 11 天，中间休会 2 天半，开会 17 次，到 1 月 30 日闭幕。大会代表共 196 人，出席开幕式的代表有 165 人。据加拉罕③等人当时的观察，这些代表如以左、中、右来划分，右派和左派各占 30—40 人，中派 80—100 人。右派主要由海外华侨华人代表组成，追随孙中山革命多年，曾给孙中山的革命事业以财政支持，他们与孙中山之间与其说是"党的"关系不如说是私人关系；他们竭诚拥护孙中山的个人权威，担心国民党改组后实行苏俄的"委员会制"有可能降低孙的威信，所以提出了一系列赋予孙在党内拥有非常权力的修正案；他们的另一个担心是害怕国民党变成共产党，特别是反对共产党员加入国民党。按照加拉罕的说法，中派是指孙中山本人和他那些最亲密的朋友以及来自各省的大多数代表。左派主要是共产党员和工人代表。④ 共产党员代表有 23 人，其中 7 人是由孙中山指定的，即陈独秀、李大钊、谭平山、于树德、李永声、沈定一、谢晋；另外 16 人是由各省市国民党组织分别选举产生的。他们是：林伯渠、毛泽东、李维汉、夏曦、袁达时、张国焘、胡公冕、宣中华、廖乾五、朱季恂、韩麟符、于方舟、王尽美、刘伯垂、李立三、陈镜湖。⑤

---

①《中国国民党改组宣言》，载《国民党周刊》第 1 期，1923 年 11 月 25 日。

② 1923 年 12 月 16 日，鲍罗廷问瞿秋白："请告诉我，中国其他报纸上谈到了国民党改组问题吗？"瞿回答说："没有，什么也没有谈。"《鲍罗廷同瞿秋白的谈话记录》（1923 年 12 月 16 日），见《联共（布）、共产国际与中国国民革命运动（1920—1925）》，381 页。

③ 加拉罕（1889—1937），俄国人，15 岁时加入俄国社会民主工党，1918 年任苏俄外交人民委员部副人民委员，1919 年 4 月起主管该部东方司，1923 年 7 月率苏联外交代表团来华，1924 年 7 月任首任苏联驻华大使。

④《加拉罕给契切林的信》（1924 年 2 月 9 日），见《联共（布）、共产国际与中国国民革命运动（1920—1925）》，411 页。

⑤ 李新主编，萧超然等编著：《中国新民主主义革命史长编（国民革命的兴起）》，70 页，上海，上海人民出版社，1991。

孙中山在开会词中指出：这次大会“是本党自有民国以来的第一次，也是自有革命党以来的第一次。我们革命党用了三十年工夫，流了许多热烈的心血，牺牲无数的聪明才力，才推翻满清，变更国体。但在这三十年中，我们在国内从没有机会开全国国民党大会，所以今天这个盛会，是本党开大会的第一次，也是中华民国的新纪元。”[①]

如果从兴中会算起，到 1924 年，国民党已是一个长达 30 年党龄的党。但在此之前，国民党没有召开过一次全国性的党代表大会，而且在相当长的时期内，国民党实际上是由孙中山一人乾纲独断，“孙本人就是党的权力的唯一源泉、党的唯一的权威、党的纲领和策略的唯一来源”。[②] 从国民党一大的形式和规程看，几乎都是仿照俄共代表大会的形式进行的：事先起草了大会宣言和党章，组织了宣言、党章、组织宣传和党务等议案审查委员会，成立了大会主席团，最后选举产生中央执行委员会。据鲍罗廷称，当时国民党人对如何召开代表大会甚是茫然，如负责会议筹备工作的委员们不明白为什么议事日程上的每个问题都要作出决议。按他们过去的做法，一个人就某个问题提出报告，大会代表满意，就意味着全体同意了，何必还要写成什么“决议”呢？中文里连“决议”这个词都没有。委员们也不明白“宣言”和“党纲”之间的区别，不知道什么是大会的“主席团”，它有什么用，因为在中国人的会议上从未设过这种“主席团”。代表资格审查委员会亦因委员们不能理解而没有设立。[③] 很显然，“代表大会”这样一种会议程式对当时中国人而言是陌生和新鲜的。鲍罗廷确实起到了“组织教练员”的作用。

这次大会的具体议程和内容，国民党史书及各类相关史著早有详细的记述。这些记述多根据大会通过的宣言和决议案，似乎一切都是水到渠成的结果。实际上，这些宣言和决议案的幕后故事颇为曲折。作为“组织教练员”的鲍罗廷在其中扮演了十分重要的角色。最后形成的宣言和决议案既有苏俄和共产国际影响的痕迹，亦体现了孙中山的

① 《中国国民党第一、二次全国代表大会会议史料》(上)，4 页。

② 《加拉罕给契切林的信》(1924 年 2 月 9 日)，见《联共(布)、共产国际与中国国民革命运动(1920—1925)》，410 页。

③ 《鲍罗廷的札记和通报》(1924 年 2 月 16 日)，见《联共(布)、共产国际与中国国民革命运动(1920—1925)》，440—441 页。

个人意志。作为孙中山的政治顾问，鲍罗廷既充分施展了他高超的政治技巧，亦留下了与孙中山及国民党人相互妥协的记录。在1924年以前，国民党历经多次党务革新和党体变革，但这些革新和变革均缘发于内部，而这次国民党改组的特异之处，则体现在苏俄的介入和影响，因而带有浓厚的"外铄性"特征。此前孙中山多次改组国民党的努力，无论对党的自身还是对它的政策和实际活动，都没有导致实质性的变化，而这次改组，在国民党历史上堪称是一次"革命性"的转折点。

在国民党改组过程中，鲍罗廷的关键性作用是显而易见的，其中包括制定新的党纲、党章，改变党体和组党方式，建立党军等。鲍罗廷自称其任务是"从组织上扶植国民党，帮助它制订党的纪律，以便使它真正成为一个有组织的党"；同时"努力使国民党真正成为国民革命运动的领袖，使运动得到真正的发展"。鲍罗廷申称："国民党作为一个政党，是中国国民革命运动的体现，它应该执掌政权。为此首先就必须使国民党成为一个战斗的党。"①

四　大会宣言

国民党一大着重讨论并通过了两个关键性，同时也是基础性的文件：一是大会宣言，一是国民党新党章。孙中山视大会宣言为大会的"精神生命"。宣言草案由鲍罗廷和胡汉民、廖仲恺、汪精卫等人共同起草。宣言对孙中山的三民主义作了新的解释，而解释的依据则是共产国际执委会主席团于1923年11月28日通过的《关于中国民族解放运动和国民党问题的决议》。② 鲍罗廷对宣言的起草起了举足轻重的作用。据鲍罗廷称，在宣言起草的过程中，他同国民党领袖们的混乱、含糊和空洞的思想进行了艰苦的斗争，同时他也作了某些妥协让步。最后形成的宣言草案为三民主义赋予了新的社会政治内涵，如指出民族主义具有阶级性，对不同的阶级具有不同的意义，除要求中国民族自求

---

①《鲍罗廷的札记和通报》（1924年2月16日），见《联共（布）、共产国际与中国国民革命运动（1920—1925）》，460—461页。

②《共产国际执行委员会主席团关于中国民族解放运动和国民党问题的决议》（1923年11月28日）、《加拉罕给契切林的信》（1924年2月9日），见《联共（布）、共产国际与中国国民革命运动（1920—1925）》，342—345、412页。

解放外，亦强调中国境内各民族一律平等，承认少数民族拥有自决权；民权主义不是从人权和公民权的角度去分析，而是把它视为一个革命的原则，民权只赋予那些坚持革命政权观点的人，而且"为一般平民所共有，非少数人所得而私"；民生主义包括两个重要原则，即"平均地权"和"节制资本"；宣言阐明农民、工人是革命的基本力量，指出"国民革命之运动，必恃全国农夫、工人之参加，然后可以决胜"；国民党一方面当努力吸收工人、农民参加国民党，另一方面当全力扶助工农运动，发展其经济组织，以增进国民革命的实力。宣言所重新解释的三民主义，除了在"民生主义"的解释上沿袭了"平均地权"和"节制资本"的观点外，对"民族主义"和"民权主义"的解释与共产国际决议的解释几乎是一致的。鲍罗廷对此十分满意。他评价这个宣言："像是任何国家社会主义者的行动纲领。"①

大会宣言草案首先于1月20日提交大会讨论和审查。孙中山指定宣言审查委员会负责收集代表们的意见。21日审查委员戴季陶和胡汉民报告审查结果。孙中山鉴于审查结果对于"民生主义"一项尚有问题，提出对审查报告暂缓讨论。由于一些国民党"旧同志"对民生主义与共产主义的关系不甚了解，并对共产党员加入国民党发生怀疑，孙中山乃发表演讲，对"民生主义"作了解释，强调"共产主义与民生主义毫无冲突，不过范围有大小耳"。孙中山认为，民生主义之中包括了社会主义、共产主义和集产主义。

另外，国民党内一部分来自海外的华侨代表对宣言的反帝国主义内容表示疑虑和反对。他们担心国民党主张反对帝国主义，会影响他们在国外的生存，担心国民党会落入布尔什维克之手。于是他们极力劝说孙中山放弃鲍罗廷等人起草的宣言。由于这些人长年追随并效忠于孙，他们的主张和压力使孙中山一度犹豫动摇。23日当宣言即将提交大会表决前夕，孙中山告诉鲍罗廷想取消宣言而代之以他本人起草的《国民政府建国大纲》。

鲍罗廷认为，若取消宣言，就意味着召开代表大会毫无意义。在鲍

---

①《鲍罗廷的札记和通报》(1924年2月16日)，见《联共(布)、共产国际与中国国民革命运动(1920—1925)》，462—471页。

罗廷看来,“国民党并不是完全反对帝国主义的。它并不认为帝国主义有很大的危害,相反,那些本该被视为民族眼中钉的租界,实际上在许多国民党人看来,是一些应该仿效的模范城镇”。鲍罗廷还指出,国民党在其言论、纲领和宣言中有时也谈到帝国主义问题,但那是因为现实生活迫使它涉及中国的国际地位问题,而实际上,国民党始终要么竭力完全回避问题,要么设法寻求同帝国主义妥协。从主观上说,国民党不是反帝的。过去国民党的不幸,亦在于它缺乏足够的民族主义色彩,缺乏彻底的反帝精神。

鲍罗廷认为,孙中山所提出的《建国大纲》根本没有触及中国当前的局势,也没有指出摆脱这种局面的任何出路,而是充满空想和空洞的词句,诸如提出“要满足人民吃、穿、住、行这四个主要要求”,但对用什么办法来实现这一切,几乎没有提及。鲍罗廷认为,孙中山能够成为国民党的领袖,“正是因为他对国民党人无论在思想上还是在组织上,都没有任何要求。正是因为他把这个简单的公式——民族主义、民权主义和民生主义用到这个最色彩斑斓、最五花八门的国民党身上,让他们每个人随便去加以理解”。因此,鲍罗廷极力说服孙中山,宣言第一次较明确地阐明了国民党的立场、主义和党的迫切任务,如果代表大会通过这个宣言,这个宣言将会成为中国国民革命运动发展的基础。鲍罗廷毫不隐讳地告诉孙,他的纲领不适用,需要加工和完善,无论如何不能以它替代宣言,或与宣言混为一谈。鲍罗廷最后提请孙中山注意并作出选择:“是同帝国主义营垒中的2.5亿人前进,还是同遭受帝国主义压迫的12.5亿人前进?”“是做以被压迫的中国及其他被压迫国家为一方和以帝国主义世界为另一方之间的妥协者,还是当争取被压迫国家权利的冠军?”经过长时间的谈话,孙中山终于被鲍罗廷极富说服力和煽动性的言词所折服。① 在孙中山的首肯下,大会最后顺利地通过了宣言。

但当宣言全文于23日下午由大会表决通过后,鲍罗廷又收到加拉罕的来信,要求宣言中加入几点修改意见。鲍只好于27日早晨再次向

① 《鲍罗廷的札记和通报》(1924年2月16日),见《联共(布)、共产国际与中国国民革命运动(1920—1925)》,420—422页、434页、471—476页。

孙中山提出。孙中山同意了所有修改意见，并将这些意见及相应的指示交给了委员会，但委员会只向代表大会提出了一个有关军队的修正案，而对其余的修改意见采取抵制态度。经过鲍罗廷的又一番奔走和努力，孙中山指示廖仲恺于30日上午的会议上提出一项《依法连署提案》，提议在已通过的宣言政纲中再加入如下内容："一、租界制度于二十世纪之今日尚任其存在于中国，实为中国民族之耻辱，应由中国收回管理；二、外国人在中国领土内应服从中华民国之法律；三、庚子赔款当完全划作教育经费。"廖仲恺的提案提出后，引起少数代表质疑和争议。作为大会主席的孙中山当即表示支持说："本案加入政纲中，本总理非常赞成。当初起草宣言之时，本总理曾嘱于对外政策应列举事项，现在政纲中之对外政策，乃将此三件事情忘却，虽有概括之规定，犹嫌未能明白。本总理以为应将这三件事大书特书，如今虽有说收回主权的话，都是空空洞洞，一无办法，未闻有说收回租界者，我们现在有了办法，实属可喜，亟应加入以补充之。"①在孙中山的大力支持下，廖仲恺的提案被表决通过。

宣言的通过，意味着孙中山在一定程度上接受了带有共产国际决议色彩的新政纲，但我们同时也要注意到孙在接受宣言时的犹疑。国民党一大之后，孙中山即系统演讲三民主义，全面阐述了他的思想主张。若与宣言两相比对，不难发现，孙在阐述三民主义的过程中，既有接受共产国际影响之处，更有其固守不渝的一面。②

五　新党章

国民党一大的另一项重要任务是制定和通过新党章。孙中山"以

---

①《鲍罗廷的札记和通报》(1924年2月16日)，见《联共(布)、共产国际与中国国民革命运动(1920—1925)》，476—479页；《中国国民党第一、二次全国代表大会会议史料》(上)，69—71页。

② 大陆学者过于强调孙中山晚年思想"变"的一面，而台湾学者则又强调其"不变"的一面。如崔书琴即称，联俄"容共"对于中山先生的革命理论并没有产生什么影响(参见崔著《孙中山与共产主义》，32页，香港，亚洲出版社，1954)。吕芳上亦认为孙中山"晚年的言论，与他以往的见解，纵有区别，那也只是侧重的不同，而非其基本原则的抵触"；"中山先生晚年革命思想，其基本精神与1905年同盟会以来的革命理论，实相一致。五四以后他的革命理论，更见充实和完整，他的根本主张，确不曾因采取联俄'容共'政策而有改变"；"中山先生的'三民主义'，是二十年间一贯的'三民主义'，实在看不出有何'新''旧'之分。"(参见吕著《革命之再起：中国国民党改组前对新思潮的回应》，508—509页，台北，"中央研究院"近代史研究所，1989)

俄为师"改组国民党,并非"全盘俄化",而是有所取舍。孙通过鲍罗廷所借鉴的,主要是苏俄的办党建军经验。用孙中山自己的话说:"吾等欲革命成功,要学俄国的方法组织及训练,方有成功的希望。""因为要学他的方法,所以我请鲍君做吾党的训练员,使之训练吾党同志。鲍君办党极有经验,望各同志牺牲自已的成见,诚意去学他的方法。"[①]"从前在日本,虽想改组,未能成功,就是因为没有办法。现在有俄国的方法以为模范,虽不能完全仿效其办法,也应仿效其精神,才能学得其成功。"[②]

孙意甚显,国民党主要从组织技术层面学习苏俄的方法。换言之,孙中山将"师俄"的目标和范围作了明确的限定。这一点,从国民党改组之初频繁发表的"辟谣"声明,也可得到印证。1924 年 2 月间,香港报纸声称国民党已经"赤化"。对此,国民党中央宣传部发表辟谣通告,郑重申言:"国民党之本体不变,主义不变,政纲之原则不变。此次改组,乃改党之组织,采用俄国委员制。"[③]在"三不变"的前提下学习苏俄的"办党"经验,大体符合孙中山改组初期的想法。

本来,列宁主义政党的组织模式是与共产主义意识形态密切相连的。但在孙中山看来,俄国党人的共产主义并无优长新奇之处,他的三民主义比共产主义更具包容性,更适合中国国情。孙认为,俄国共产党最优长之处是善于组织,而这一点正是国民党乃至所有中国人所最不擅长之处。孙中山对中国人"一盘散沙"和不善于组织一直痛心疾首。故此,孙中山将"师俄"的目标主要限定在党务组织的技术层面上,请鲍罗廷当国民党的组织教练员,切切实实地向俄国人学习组织的功夫。

党章是一个政党的最高组织法规,是一个政党赖以运作的基本组织法则。1924 年国民党改组的最重要依据,即是新党章的制定。自同

---

① 孙中山:《在广州大本营对国民党员的演说》(1923 年 11 月 25 日),见《孙中山全集》第 8 卷,437 页。

② 孙中山:《关于列宁逝世的演说》(1924 年 1 月 25 日),见《孙中山全集》第 9 卷,137 页。

③《中央执行委员会宣传部辟谣通告》,载《中国国民党周刊》第 14 期,1924 年 3 月 30 日,广州。

盟会以来，国民党曾多次更易党章。[①] 但自1924年国民党第一次全国代表大会制定《中国国民党总章》以后，国民党的党章基本定型。其后数十年间，国民党历次全国代表大会只作修订，未再重颁。[②] 因此，1924年的国民党党章在国民党历史上具有奠基性和创制性的意义。通过对1924年《中国国民党总章》的文本[③]进行考察，发现其最初的蓝本是1919年12月俄共（布）第八次全国代表会议颁发的《俄国共产党（布尔什维克）章程》。[④] 该章程是1918年3月俄国社会民主工党改名为俄国共产党（布尔什维克）以来所制定的第一个党章。俄共章程分12章66条，国民党总章分13章86条，内容均由党员、党的组织机构、中央党部、地方党部、基层组织、党的纪律、经费、党团等几个主要部分组成，其基本结构非常相似，大部分条文几乎雷同。

党的组织系统，俄共建立了一套从中央至地方与国家行政区划相并行的层级机构，国民党亦仿行建立。俄共的各级权力机关依次为全俄代表大会、区域代表会议、省代表会议、县代表会议、乡党员大会、支部党员大会，相应的执行机关依次为中央委员会、区域委员会、省委员会、县委员会、乡委员会、支部委员会。国民党改组后的各级权力机关依次为全国代表大会、全省代表大会、县代表大会、区代表大会（或全区党员大会）、区分部党员大会，相应的执行机关依次为中央执行委员会、全省执行委员会、全县执行委员会、全区执行委员会、区分部执行委员会。

在俄共组织体制中，除各级权力机关外，还设立了从中央到地方（乡级为止）的各级检查委员会，其职能在于定期检查和监督同级委员

---

① 同盟会颁布总章2次，国民党颁布规约1次，中华革命党颁布总章1次，中国国民党在1924年一大以前，颁发规约2次、总章2次。参见《中国国民党党章政纲集》，见中国国民党中央党史委员会编《革命文献》第70辑，台北，"中央文物供应社"，1976。

② 1993年8月国民党十四大修正通过的党章，系第12次修正。见李云汉《中国国民党史述》第2编，446页，台北，中国国民党中央党史会，1994。

③《中国国民党总章》（1924年1月28日），见《中国国民党第一、二次全国代表大会会议史料》（上），91—101页。

④ 1919年和1922年俄共党章，见中共中央马恩列斯著作编译局译《苏联共产党代表大会、代表会议和中央全会决议汇编》第1分册，589—600页；第2分册，217—229页，北京，人民出版社，1964。日本学者江田宪治认为，1924年国民党党章是以1922年俄共党章为样本。此说不确。因为1922年俄共党章是1919年俄共党章的修订。参见［日］江田宪治《1920年代的民主主义——以国民党和共产党为中心》，见［日］狭间直树编《1920年代的中国》，104页，日本东京，汲古书院，1995。

会的工作。国民党也借鉴了这一体制，在各级执行委员会之外设立了从中央至县一级的监察委员会。

俄共党章中专门列有"党团"一章，规定在一切党外机关和组织中，凡有党员 3 人以上者，即成立党团。党团的任务是在各方面加强党的影响，在非党群众中实现党的政策，以及对上述一切机关和组织的工作实行党的监督；党团完全服从党；党团所在的党外组织中必须解决的每个问题，应预先在党团内讨论，作出决定；所作决定，党团的全体成员必须遵守，并必须在该党外组织的大会上表示一致意见。这是俄共体制中一个独具特色的组织机制。它既保证了党与非党群众的密切联系，加强党对非党群众的影响，更保证了党对党外组织团体的严密控制。这一独特的机制也为国民党所采纳，并正式列入其党章。

除此之外，国民党党章中专门列有"纪律"一章，要求党员严格遵守党的纪律，规定"党内各问题，各得自由讨论，但一经决议定后，即须一致进行"。这也是以往国民党旧党章中所无，而仿效俄共党章的结果。

与俄共党章相比，国民党党章略有增损之处，如总章中的"引言"和第四章"总理"。这两个部分在鲍罗廷最初拟定的国民党章程草案中原无，而为审查委员会讨论后所增列。"引言"称："中国国民党第一次全国代表大会为促进三民主义之实现，五权宪法之创立，特制定中国国民党总章如左"。增列这一"引言"的目的，主要是为了彰显其三民主义意识形态，体现其"以三民主义为体，俄共组织模式为用"的特色。国民党自兴中会一直到 1924 年改组以前，一贯采用党魁制。党魁的名称或称会长，或称总办，或称总理，始终由孙中山担任。而俄共组织体制在形式上实行委员制。俄共党章规定全党的最高权力机关为全俄代表大会和中央委员会。中央委员会设立政治局和组织局。政治局负责政治工作，组织局负责组织工作。在鲍罗廷起草的国民党党章草案中，亦仿照俄共体制实行委员制，并得到孙中山首肯。[①] 孙中山担心在他逝世以后国民党内没有人能立刻完全承继他的职位，为了他逝世以后党的工

---

① 在 1923 年 10 月 25 日中国国民党改组特别会议上，廖仲恺说明委员制是"出于中山先生之意"。参见吕芳上《革命之再起：中国国民党改组前对新思潮的回应》，528 页。

作不致中断，他同意采用委员制。[①] 但在国民党一大上审查讨论时，审查委员会鉴于孙中山在党内的历史地位，建议在党章中增列“总理”一章。这样一来，实际上成为一个非驴非马的东西，因为俄共的委员制意在分权，而国民党的总理制重在集权，两者兼收并蓄，实际上意味着国民党全党仍自愿听从孙中山独裁。党章明文规定：以孙中山为总理，总理为全国代表大会主席和中央执行委员会主席，并对全国代表大会的决议有交复议之权。这是国民党党章对俄共党章的一大修正。

国共两党的组织原则，均仿自俄共。中共称之为“民主集中制”；国民党称之为“民主集权制”，有时亦称“民主集中制”。[②] 两党对组织原则的解释基本相似，只是俄文汉译时名称略异。国民党未像俄共那样将“民主集权制”写入党章，但在国民党一大通过的“纪律问题”决议案中，明文规定以“民主主义的集权制度”为组织原则。据国民党人的解释，民主集权制的要义，一是“要实行党的德莫克拉西，凡是党员的意志，随时自由表现出来，而成为党的意志，同时要拥护党的机关，依照党的意志切实执行”；二是“要党的指导机关能够指导全体党员，并且能够执行党的整个意志”。[③] 国民党虽然声称民主是党员的权利，集权是党员的义务，但其着重强调的是后者而非前者。故国民党又称民主集权制为“民主的集权制”或“民主主义的集权制度”。[④] 这实际上是俄共民主集中制的本义，译为“民主的集权制”或“民主主义的集权制度”更符合原意。[⑤] 这是俄国革命的经验总结，也适用于各国共产党。中国共产党比国民党更强调集权，更强调纪律。中共二大通过的《中国共产党章程》是中国共产党的第一个党章。在党章的形式和结构上，中共的第一个党章不若1924年国民党总章模仿俄共章程的完备程度。因中共初建，没有仿照俄共那样建立一套与行政层级相并行的党的组织系统，

---

① 孙中山：《关于列宁逝世的演说》（1924年1月25日），见《孙中山全集》第9卷，136—137页。

② 如1927年2月23日《汉口民国日报》所刊《中国国民党党务宣传大纲》内称：“改组后组织方面唯一的精神，即是民主集中制”，并对民主集中制的含义作了解释。

③ 《中国国民党党务宣传大纲》，见1927年2月23日《汉口民国日报》。

④ 《中国国民党第一、二次全国代表大会会议史料》（上），123页。

⑤ 如第三国际的加入条件规定：“凡属于国际共产党的党必须建筑于德谟克乃西的中央集权的原则之上……共产党惟靠集中的组织，铁的纪律（即采用军队的纪律）和全体战士一致，给中央机关以广大的权力，过余的信任，使用执行一种不可抗议的职权，才能成就他的职务。”见中国人民解放军政治学院党史教研室编《中共党史参考资料》第2册，498页，北京，人民出版社，1979。

直到1927年6月中共党章第三次修正时,才真正以俄共党章为蓝本,确立一个比较完备的党章。但另一方面,中共在借鉴俄共组织体制的过程中,充分吸收了俄共组织严密性的一面。① 尽管国民党改组后也强调集权,强调纪律,但与中共相比仍逊色不少。对违反党纪的党员的处分,三党党章的规定宽严不一。国民党与俄共基本相似,而以中共的规定最为严厉。②

建立笼罩每一个党员的基层组织。这是列宁主义政党在组织结构上与西方议会政党的基本差别,也是此次国民党改组着力的重点。列宁主义政党不是由独立散漫的个体成员组成,它是以"支部"作为党的基本细胞。俄共党章规定"党支部是党组织的基础"。国民党仿照设立"区分部",规定"区分部为本党基本组织"。"支部"和"区分部",均是以党员生活居住和工作的区域来划分。这种基层细胞的特点,一在于它对每个党员个体的笼罩性,每个党员必须是某个"支部"或"区分部"的成员,连党魁也不例外;二在于它对每个党员个体的平等性,如在以地域划分的某个区分部里,属于同一区域的不同职业和不同级别的党员一起出席区分部会议,如孙中山住在甲区,即属于甲区的某区分部,逢区分部开会,便得以党员资格,和同一区党员中的花匠、司机一样列席;三在于它对每个党员个体的凝聚性,在同一区分部里,党员之间一起开会、活动,交流思想,共同行动,既相互了解,也相互监督,使每个党员对党形成凝聚力和向心力,维系每个党员对党的意识形态的认同;四在于它深入民间的渗透性,一方面"使国民党得尽力于民间",另一方面,通过基层组织考察吸收新党员,以确保党组织的群众性和严密性。

国民党在改组以前,只有上层组织,没有基层细胞,"不特党员之行为言论纯任自由,未有指导,甚至一经入党,住居何处,所执何业,

---

① 对照俄共、中共和国民党三党的党章内有关"纪律"的条文,即可发现国民党党章基本上是照抄俄共党章,而中共党章却比俄共党章规定得更细密、更严厉。俄共党章内有关"纪律"的条文,列有4条,而中共党章中有关"纪律"的条文列有9条,如规定下级机关须完全执行上级机关之命令;不执行时,上级机关得取消或改组之;地方党部不得自定政策,不得单独发表意见;不经中央特许,党员不得加入一切政治的党派,不得为任何资产阶级国家之政务官;本党一切会议均取决多数,少数绝对服从多数等,这些条文均为俄共党章中所无。参见《中共中央文件选集》(一),62—63页;《苏联共产党代表大会、代表会议和中央全会决议汇编》第1分册,597—598页,北京,人民出版社,1964。

② 如犯有下列各项之一者即开除党籍:无故连续2次不到会,欠缴党费3个月,无故连续4个星期不为本党服务等。见《中共中央文件选集》(一),63页。

亦莫之悉，故名有数十万党员，实则贤者人自为战，莫收统一之效；不肖者或挂名投机，或自由进退，组织不完，因而训练不能周到，致有党员不明党义，遑言政策”。[1] 国民党改组以前，挂名党籍的党员号称有20余万，“然按之实际，则除册籍载有姓名者外……毫无活动，衡量党力，更属微渺”。[2] 党员之间因缺乏基层组织相互联络，散漫游离如同一盘散沙。

自鲍罗廷担任国民党的组织教练员后，极力向国民党人宣传只靠干部不靠党员之弊，强调建立基层组织的重要性。1924年元旦，上海《民国日报》发表中国国民党改组专号，其中宣称：“没有区分部，上级机构等于无领土、无人民的国家。”[3]孙中山在一大后给全体国民党员的一篇训词中，对基层组织的作用阐述得更为真切：“此次新章所订之组织方法，其意义即在从下层构造而上，使一党之功用，自横面言，党员时时得有团结之机会，人人得以分担责任而奋斗；自纵面言，各级机关，完全建筑于全体党员之上，而不似往时之空洞无物，全体党员亦得依各级机关之指挥而集中势力，不似往时之一盘散沙。此种办法，在能自由办党之地，固易获效；即在不能自由办党之地，亦殊有活动之可能。本党之决心改组以此。”[4]改组重点放在基层，可以说是孙中山“以俄为师”的重心所在。

李剑农在《最近三十年中国政治史》一书中指出，国民党的改组，是中国政治新局面的开始。“因为此后政治上所争的将由‘法’的问题变为‘党’的问题了：从前是约法无上，此后将为党权无上；从前谈法理，此后将谈党纪；从前谈‘护法’，此后将谈‘护党’；从前争‘法统’，此后将争‘党统’了。”[5]

严格说来，国民党第一次全国代表大会，只是为国民党谋划了新的政治方向和奠定了新型组织体制之基础，是国民党改组之开始而非国民党改组完成之标志。对国民党改组后的前景，鲍罗廷表示不敢过于

---

① 引自吕芳上《革命之再起：中国国民党改组前对新思潮的回应》，518页。
② 孙中山：《致全党同志书》（1924年3月2日），见《孙中山全集》第9卷，540页。
③《国民党的两个过程》，见1924年1月1日上海《民国日报》。
④ 孙中山：《致全党同志书》（1924年3月2日），见《孙中山全集》第9卷，540页。
⑤ 李剑农：《最近三十年中国政治史》，531页，上海，太平洋书店，1931。

乐观。他认为大会虽然通过了新的宣言和新的党章,但“国民党能否经受住根据以劳动群众为基础的明确纲领和建立在党的纪律之上的章程所进行的彻底改组”还不敢断言。[①] 从代表大会之后国民党的实际发展情形观察,鲍罗廷的担心确非多虑。

①《鲍罗廷的札记和通报》(1924 年 2 月 16 日),见《联共(布)、共产国际与中国国民革命运动(1920—1925)》,434—435 页。

第四节　国共关系的初期形态

一　各自表述

一般认为，1923 年 6 月召开的中国共产党第三次全国代表大会和 1924 年 1 月召开的中国国民党第一次全国代表大会，各自正式确立了两党合作的政策。但值得注意的是，两党在作出这一决策的时候，各自对于相互关系的认知和表述，实际上是存有差异的。

共产国际和中共方面一开始即将两党关系称之为“合作”关系。1923 年 1 月 12 日《共产国际执行委员会关于中国共产党与国民党的关系问题的决议》称：“共产国际执行委员会认为，国民党与年轻的中国共产党合作是必要的。”①中共三大《关于国民运动及国民党问题的议决案》称：“共产国际执行委员会议决中国共产党须与中国国民党合作，共产党党员应加入国民党，中国共产党中央执行委员会曾感此必要，遵行此议决，此次全国大会亦通过此议决。”②观此可知，共产国际和中共中央从一开始就将国共关系定性为“合作”关系，并郑重其事地以决议的形式正式确立下来。

国民党方面则有所不同。在最初两年多的时间里，国民党一直没有正式认可两党关系为“合作”关系。国民党一大没有像中共三大那样

---

①《共产国际执行委员会关于中国共产党与国民党的关系问题的决议》(1923 年 1 月 12 日)，见《共产国际、联共(布)与中国革命文献资料选辑(1917—1925)》，436 页。另，郭恒钰认为，当时共产国际把无产阶级的共产党和资产阶级政党的联盟关系不说是“两党合作”，而称之为“统一战线”，进而认为 1923—1927 年的国共关系不是“第一次国共合作”，而是“国共统一战线”。(见郭恒钰《共产国际与中国革命》，2—6 页，台北，东大图书公司，1989)

②《中共中央第一次国内革命战争时期统一战线文件选编》，29 页。

通过一个关于两党关系的专门性决议。李云汉认为,国民党一大确立“容共”政策的标志,是1月28日大会讨论国民党章程审查委员会报告案。有关“容共”问题即包括在此案中。① 查该案讨论“容共”问题的原委,起因于代表方瑞麟的临时动议,要求在国民党章程中明文规定“本党党员不得加入他党”。针对方瑞麟的主张,中共代表李大钊发表了一个声明,表示中共党员以个人身份加入国民党,服从国民党的主义,并遵守其党章。经过多位代表的激烈辩论,大会最后表决,多数代表赞成“党员不得加入他党不必明文规定于章程”。② 李云汉认为,这一表决,标志着“国民党的容共政策遂告确定”。实际上,提案中并未对两党关系的相关原则作出正面、直接和具体明确的规定。

孙中山在国民党一大上先后发表过七次演说(包括开会词和闭会词)。其中关于民生主义的一次演说中,孙中山专门就共产党员加入国民党一事作出解释,既批评党内“老同志”思想稳健为“不及”,也批评“新同志”思想猛进为“太过”,强调共产主义与民生主义并无冲突,不过范围有大小而已,声称“新青年”一方已“诚心悦服本党三民主义,改共产党员为国民党员”。③ 这是孙中山在国民党一大上针对两党关系所做的唯一一次演说,其意为消泯国民党内“老同志”对接纳共产党员所产生的疑虑。除此之外,孙中山即使在开会词和闭会词中亦未提及两党关系。

与共产国际和中共中央分别就国共关系作出专门性的决议相比,国民党一大确定“容共”政策的过程带有某种消极性和含糊性。国民党一大宣言既未提及两党关系,其一大前后的舆论宣传,亦着力宣示其党务革新的意义,对与苏俄和中共的关系几乎没有正面提及。

国民党一大何以未就两党关系形成专门性决议和明文写进大会宣言?一或避免“赤化”嫌疑而有意淡化宣传;抑或此事早经孙中山定夺于前,且中共加入既成事实,大会只在化解国民党内反对意见而已。除此之外,更直接的因素,当在孙中山的意识中,并不认为国共关系是一

① 李云汉:《从“容共”到“清党”》,影印版,176页,台北,及人书局,1987。
②《中国国民党第一、二次全国代表大会会议史料》(上),50—54页。
③《中国国民党第一、二次全国代表大会会议史料》(上),21—22页。

种党际之间的“合作”关系。在孙看来，中国共产党不过是一班“自以为是”的“中国少年学生”，是“北京一班新青年”的小组织。[①] 在这种心态下，国共关系未被孙中山列为国民党改组大会中的重要议案，自是情理中事。在表述上，孙中山当时的提法是“改共产党员为国民党员”“共产党员纷纷加入本党”。[②] 所谓国共“合作”，在最初两年多的时间里，只是共产国际和中共单方面的提法。

当然，孙中山轻视中国共产党作为一个政党的存在，并未影响他对年轻有为的中共分子个人的重用。如他解释任命中共党员谭平山担任国民党中央组织部部长这一要职时，就明确表示他看重谭“有能力和有才智”。[③] 可以说，孙中山在国民党改组前后赋予部分中共党员以相当职务和权力时，更多的是看重中共党员个人的才干，而非出于两党之间职位和其他政治资源分配等方面的考虑。

国共关系确立后，中共党员和青年团员以个人身份加入国民党。对“以个人身份加入”的解释，国共两党尚无大的分歧。如李大钊在国民党一大上发表声明称：“我们加入本党，是一个一个的加入的，不是把一个团体加入的，可以说我们是跨党，不能说是党内有党。因为第三国际是一个世界的组织，中国共产主义的团体是第三国际在中国的支部，所以我们只可以一个一个的加入本党，本[不]能把一个世界的组织纳入一个国民的组织。中国国民党只能容纳我们这一班的个人，不能容纳我们所曾加入的国际的团体。我们可以加入中国国民党去从事国民革命的运动，但我们不能因为加入中国国民党，便脱离了国际的组织。”[④]依李大钊的意思，中共作为第三国际的支部，是一个世界性的组织，而国民党只是一个国内组织，后者无法容纳前者，故只能以个人身份加入。李的言意中，隐含着几分自得。此时国民党也开始接受“中国

---

① 孙中山：《批邓泽如等的上书》（1923年11月29日），见《孙中山全集》第8卷，458页；《中国国民党第一、二次全国代表大会会议史料》（上），21页。

② 《中国国民党第一、二次全国代表大会会议史料》（上），21—22页。

③ 孙中山：《与〈顺天时报〉记者的谈话》（1925年1月），见《孙中山集外集补编》，465页，上海，上海人民出版社，1994。

④ 《北京李代表意见书》，载《中国国民党周刊》第10期，1924年3月2日。

革命是世界革命一部分”之类的说法[①],作为国际组织支部的中共,无形中感觉比国内政党的国民党要高出一筹。[②] 中共的这种“国际性”,当时也为国民党人所认同。如汪精卫在李大钊声明后表示:“党员跨党一层亦可不必过虑,且从前既已许之,固经过慎重考量,矧共产党又系国际的团体,更何碍于本党乎?”[③]在汪之意,中共既为国际团体,不必顾虑中共会在国内与国民党争衡。据汪精卫追述,1922 年李大钊加入国民党时,曾向孙中山声明自己不能退出共产党,孙中山明确表示说:“这不要紧,你尽管一面作第三国际党员,一面加入本党帮助我。”[④]孙视中共党员为第三国际党员,亦认可中国共产党在国民党之外的独立存在。

1924 年 8 月,国民党中央执委会对国民党员颁发训令,其中称中国共产党员加入国民党后“仍不脱离中国共产党”,中国共产党“在本党之外”存在。“至于加入本党以后,仍不脱离中国共产党,则以中国共产党为第三国际之一支派,与国内角立之政党性质不同。”[⑤]国民党人强调中共组织的“国际性”,实含有中共不会与国民党角立争雄的某些意味。

但事实上,中共基于其阶级基础的使命感及其与世界革命的直接关联,与国民党颉颃的意识甚为明显。在中共党员加入国民党后,一再强调其自主独立性,强调两党关系是合作而非合并:“共产党人加入国民党,绝不是整个的共产党来加入国民党,而是共产党员以个人的资格加入的,并且不是共产党每个党员都加入,所加入的不过是一部分。共产党在国民党外有自己的独立组织,有自己的一切机关,有自己的政纲与策略。”[⑥]

依照国共双方的上述解释,意味着国共关系自始就存有两重性:中

---

① 这一认知非中共所独有,如汪精卫、胡汉民、蒋介石等人言论中亦常见类似提法。1926 年 12 月 27 日《现代青年》第 1 期所刊《中国国民革命与俄国无产阶级革命》一文称:“中国国民革命是世界革命的一部,这句话是现在很流行的。”

② 国共合作初期,中共党人比较强调其党的国际色彩,如 1924 年 9 月《向导》第 83 期陈独秀《我们的回答》一文称:“以一个革命的党要取消别个革命的党,已经是不应该,何况中国共产党是共产国际一个支部! 中国国民党若认真因为中国共产党党员加入了国民党之故,便要取消中国共产党;并且中国共产党若也因此自己承认取消,这岂非中国人在世界革命史上要闹出特别新奇的笑话!”

③《中国国民党第一、二次全国代表大会会议史料》(上),53 页。

④ 汪精卫:《中国国民党第二次代表大会政治报告》,载《政治周报》1926 年第 5 期。

⑤《中共中央第一次国内革命战争时期统一战线文件选编》,459—462 页。

⑥ 述之:《国民党中之左右派的争斗与共产党》,载《向导》第 138 期,1925 年12 月。

共党员个人加入国民党，即形成一种党内合作关系；与此同时，中国共产党在国民党之外独立存在，两党关系又是一种党外合作关系。若从国民党的角度言，即既是“容共”，又是联共。“容共”是“容纳共产分子”，联共乃“联合共产党”。从这个意义上说，单独称“容共”或单独称“联共”，都难以完整表述国共关系的这种两重性。

在表述上，国共双方最初并没有“容共”或“联共”之类的提法。据台湾出版的《国父全集》，最早所见“容共”的提法是孙中山于1924年3月2日发表的《通告党员释本党改组容共意义书》。[①] 但据考证，孙中山的这一通告原稿本无标题，1924年3月2日《中国国民党周刊》第10期发表时，题为《总理致海内外同志训词》。20世纪40年代国民党党史会纂修林一厂主编《总理史迹稿》时，才将标题改为《通告党员释本党改组容共意义书》。在所有孙中山著作和孙中山逝世前的国民党文件中，都不曾有过“容共”的提法。[②]

国民党文件中，最早出现与“容共”相似的提法，是“容纳中国共产党分子”。1925年5月25日，国民党一届三中全会通过《对全体党员之训令决议案》，该决议案内提到：“因容纳中国共产党分子加入本党之故，社会对于吾党之疑虑，及吾党同志间之纠纷，由是引起……任何阶级无不闻‘共产’二字而却走，及见本党容纳中国共产党分子之加入，率惊恐相顾，以为大祸之将临。”[③]这是国民党官方文件中最早有关“容纳中国共产党分子”之提法。[④] 在此后一段时间里，“容纳共产分子”之类的提法渐成习惯用语。

中共在最初一段时间里也是认同“容纳共产分子”这一提法的。其后随着中共势力的日长以及与国民党抗衡意识的增强，“联共”才逐渐

① 中国国民党中央执行委员会党史委员会编印：《国父全集》第1册，889页，台北，1973。

② 黄彦：《关于国民党“一大”宣言的几个问题》，见中国孙中山研究学会编《孙中山和他的时代》中册，1238—1239页，北京，中华书局，1989。

③《中国国民党第一、二次全国代表大会会议史料》（上），121—122页。

④ 1924年8月，中国国民党中央执行委员会曾对国民党员颁发一训令。据李云汉《从“容共”到“清党”》载，该训令名为《中国国民党关于容纳共产分子之训令》（第330、343页）。又查中国国民党党史会编《革命文献》第16辑，该训令题为《中国国民党中央执委会颁发有关容纳共产分子问题之训令》（总2773—2776页）。再查最早发表该训令的《中国国民党周刊》第40期（1924年9月28日），其标题为《中央执行委员会全体会议对于全体党员之训令》，训令标题和正文中均无“容纳共产分子”或类似提法。可知《从“容共”到“清党”》及《革命文献》两书均对原标题作了改动。

取代“容纳共产分子”的提法。“联共”一词,据笔者有限的查阅,最早见于瞿秋白在1925年秋冬间所做的一次题为《国民革命与阶级斗争》的讲演。内称:“在开会(指西山会议)以前,林森、邹鲁电汪精卫谓广州执行委员违反孙先生的联共主义,而他们现在居然联络段祺瑞在北京开会,这是不是实行中山主义?”[①]1926年3月12日,中共中央在《孙中山先生逝世周年纪念日告中国国民党党员书》中,首次在正式文件中使用“联共”一词。文中涉及孙中山和国民党对共产党的政策时,有八处用“联共”表述,一处用“容纳共产派”表述,一处用“党内合作”表述。[②] 此后,“联共”一词逐渐在中共人物的言论中频繁使用。与此同时,“联俄、联共、扶助农工”“三大政策”的概念亦逐渐形成。[③]

二 国共关系的复杂性

国共关系并非单纯的两党党际关系,实际上是国民党、共产党与苏俄的三方互动。国民党同意容纳共产党人,与共产党同意其党员加入国民党,均基于各自现实策略的考虑。同样,苏俄在援助和介入中国革命时,亦以自身利益为出发点。这种关系的错综复杂性必然带来不断的纷扰和矛盾。

如前所述,孙中山之所以吸纳共产党员加入国民党,除了欣赏共产党人的能力和为国民党注入新鲜血液外,俄国因素亦是一个重要的考虑。兹举一例:陈独秀在加入国民党后,经常在《向导》等中共刊物上著文批评国民党。孙中山对此甚为不满。他在与马林的一次谈话中,曾用英语愤愤地说:“像陈独秀那样在他的周报上批评国民党的事再也不

---

①《瞿秋白文集·政治理论编》第3卷,391页,北京,人民出版社,1989。

②《中共中央第一次国内革命战争时期统一战线文件选编》,174—178页。

③ 长期以来,大陆和台湾学者对“三大政策”的看法存有较大分歧。这种分歧,除了“联共”与“容共”的不同提法外,主要表现在对“三大政策”名词的不同诠释上。台湾学者并不否认孙中山有过联俄、“容共”(或联共)以及农工政策,但反对把这三者特定为一个历史名词,认为“三大政策”这一名词的提法,在孙中山的著述中,以及当时国民党的文件中,均无根据,是在孙中山去世一年多以后,始出自中共方面的文献(见蒋永敬《“三大政策”探源》《海峡两岸学者对“三大政策”解释的比较》,载《百年老店国民党沧桑史》,248—271页,台北,传记文学出版社,1993)。大陆学界比较普遍的提法则是:“国民党第一次全国代表大会确立了联俄、联共、扶助农工三大政策。”面对台湾学者的质疑,大陆学者认为,尽管孙中山生前未讲过“三大政策”一词,国民党一大文献中,“三大政策”亦未见诸文字,“三大政策”概念是孙中山去世后才概括出来的,但这一概括完全符合事实,符合国民党一大精神。(参见鲁振祥《三大政策研究中的几个问题》、黄彦《关于国民党“一大”宣言的几个问题》,均见《孙中山和他的时代》中册,1276、1238页,北京,中华书局,1988)

许发生。如果他的批评里有支持一个比国民党更好的第三个党的语气，我一定开除他。如果我能自由地把共产党开除出国民党，我就可以不接受财政援助。”[①]孙中山此句的意思不妨倒置来理解：“如果我可以不接受财政援助，我就能自由地把共产党员开除出国民党。”所谓财政援助，显然是指苏俄的财政援助。其言外之意，正说明孙中山“容共”与其欲得俄援密切相联。

中共党人对国民党的激烈批评，与马林在华时的策略有很大关系。马林一度想以中共党员去引导国民党执行国民革命的政策，因而鼓励共产党对国民党展开批评。1923 年 7 月下旬马林离开中国。10 月初鲍罗廷来华。鲍来华后，很快取得孙中山的信任，并成功地使孙中山改组国民党，同时也与中共建立起了良好的工作指导关系。他不像马林那样毫不隐讳地贬低中共的作用，否定中共的理想目标，而是向中共党人反复解释他们在国民党内的决定性作用和壮大国民党就是为了壮大共产党的道理。他与中共党、团领导人经常举行联席会议，共同商讨国民党的改组事宜，发挥中共在国民党改组中的作用。而中共党人亦积极配合鲍罗廷改组国民党的工作。中共中央在国民党一大前后尽量保持低调。加拉罕称赞年轻的共产党人在国民党一大前后的表现“十分出色”，他们“有高度的纪律性，没有用任何左派共产主义者的言论给党的第一次代表大会的整个组织工作和给党纲、党章的制定制造麻烦”。[②] 而出现麻烦是莫斯科的一些人所曾担心的。国民党一大召开前夕，中共与青年团在上海举行联席会议，鲍罗廷出席并作了报告。鲍指出：“现在我们的任务，就是使国民党的工作面向群众，面向人民，使国民党把国民革命运动真正建立在群众工作的基础上。”为此，他要求中共在各地的国民党组织中都要有自己的同志，“他们同自己相应的机构保持联系并在当地国民党组织中贯彻他们的决议，从而不仅不会削弱自己的党，而且会使它变得越来越强大”。中共中央向地方组织发出呼吁书，要求全体党员立即加入国民党，在各地协助国民党改组，尽可

---

①《马林致越飞和达夫谦的信》(1923 年 7 月 18 日)，见李玉贞主编、杜魏华副主编《马林与第一次国共合作》，294 页。

②《加拉罕给契切林的信》(1924 年 2 月 9 日)，见《联共(布)、共产国际与中国国民革命运动(1920—1925)》，414 页。

能帮助国民党发展,"在没有国民党组织的地方,要派我们的同志去建立支部;在有国民党组织的地方,我们的同志应该成立联合委员会,联合委员会成立后,他们应该在国民党内有组织地进行工作"。中共中央还决定,中国共产党与国民党的关系是这样一种形态,即共产党是国民党内部的"一个不合法的支部"。"全体同志尽管应该在国民党内竭尽全力为自己争取领导权,但必须通过合情合理的途径,不得暴露自己的意图。"①

中共中央对国民党内的人事安排,议定"共产党员不应该在各委员会中谋求职位"。对选举国民党中央执行委员,最初也只计划由鲍罗廷推荐两名自己的同志。

共产党人的表现得到孙中山的肯定。尽管中共党人保持低调,但最终在国民党内所得的位置仍相当突出。中共及青年团此时总人数虽然仅占国民党在册党员人数的2%,而出席大会的代表人数却占到全体代表人数的10%。大会选举产生的中央执行委员会的24名委员中,中共党员有3人入选;17名候补中央委员中,有7名中共党员入选。两者合计,中共党员占到1/4。此外,3名中央执行委员会常务委员中,亦有1名中共党员名列其中。② 会后,在国民党中央党部设立的7部1处中,中共党员占据了2个部长(组织部、农民部)和3个相当于副部长的秘书(组织部、工人部、农民部)职位。③

中共虽然力量弱小,却能利用改组后国民党地方组织新建和急谋发展的机会,在众多地方党部中担任重要职务,甚至取得支配地位。如广州是国民党最早试点改组的地区。在国民党一大召开前后,广州全

---

①《鲍罗廷的札记和通报》(1924年2月16日),见《联共(布)、共产国际与中国国民革命运动(1920—1925)》,441—443页。

② 中央执行委员名单:胡汉民、汪精卫、张静江、廖仲恺、李烈钧、居正、戴季陶、林森、柏文蔚、丁惟汾、石瑛、邹鲁、谭延闿、覃振、谭平山、石青阳、熊克武、李守常、恩克巴图、王法勤、于右任、杨希闵、叶楚伧、于树德;候补中央执行委员名单:邵元冲、邓家彦、沈定一、林祖涵、茅祖权、李宗黄、白云梯、张知本、彭素民、毛泽东、傅汝霖、于方舟、张苇村、瞿秋白、张秋白、韩麟符、张国焘;中央监察委员名单:邓泽如、吴稚晖、李石曾、张继、谢持;候补中央监察委员:蔡元培、许崇智、刘震寰、樊钟秀、杨庶堪。中央执行委员会常务委员为廖仲恺、戴季陶、谭平山。

③ 中央党部下设8个部和秘书处,其中调查部暂缓设立,后取消。其他7部之负责人如下:组织部部长谭平山,秘书杨匏安;宣传部部长戴季陶,秘书刘芦隐;工人部部长廖仲恺,秘书冯菊坡;农民部部长林祖涵,秘书彭湃;青年部部长邹鲁,秘书孙甄陶;妇女部部长曾醒,秘书唐允恭;军事部部长许崇智。不久又增设海外部,部长林森。

市共设立了9个区党部、66个区分部,其中共产党员在5个区党部和13个区分部中有影响。[①] 国民党一大闭幕后,决定派遣中央执、监委员和候补执、监委员分赴上海、北京、汉口、哈尔滨、四川组织执行部,指导和监督地方各省区的党务。后来实际只成立了上海、北京和汉口3个执行部。上海执行部管辖苏、皖、浙、赣4省,北京执行部管辖冀、晋、热(河)、察(哈尔)、绥(远)、豫、甘、新、青、蒙等10省,汉口执行部管辖两湖和陕西3省。上海执行部成立后,胡汉民、汪精卫、叶楚伧为常务委员兼组织、宣传和青年妇女部长,而日常工作多由组织部秘书毛泽东、宣传部秘书恽代英等中共跨党人员负责。北京、汉口执行部的各部部长、秘书及助理中,亦有相当一批跨党人员,如李大钊、蔡和森、朱务善、于树德、张昆弟、王尽美、林祖涵等。此外,在派赴各省开展党务的临时执行委员中,中共跨党人员亦不少。

此时,国民党内反对中共跨党的呼声从国民党筹备改组之时就已微澜泛起。随着中共力量的日渐活跃,一些老国民党人或暗生妒忌,或担心中共争夺其政治资源,其反对声浪一波强似一波。国民党一大后,广州少数国民党老党员甚至组织秘密小团体抵制共产党。其他一些省市亦有老国民党人拒绝与中共跨党党员合作,或拒不到任,或分庭抗礼。而中共中央最初在指示中要求党员"必须把主要注意力放在老的国民党员身上,因为他们是党的官僚,是他们把一些有组织能力的人和各种政客派往各地,必须同他们作斗争"。[②] 在这种情况下,双方的矛盾势必激化。北京、上海、广州、汉口等地的国共两党党员之间,都存在着严重的对立。受其影响,工人和学生组织中亦形成相互对立的不同派别。鉴于此,中共中央不得不告诫党员:对国民党人不要预存嫌恶藐视的心理,"对他们中间极腐败的分子,亦宜取敬而远之的态度,须尽力避免不必要的冲突";并尽量避免国民党内发生左右之分歧,不可勉强援引自己的同志担任国民党内各种职务,尤不应包办其党务;在发展本党组织时,须十分慎重,不要使国民党误会中共有意拉去他们的党员;

---

①《鲍罗廷的札记和通报》(1924年2月16日),见《联共(布)、共产国际与中国国民革命运动(1920—1925)》,444页。

②《鲍罗廷的札记和通报》(1924年2月16日),见《联共(布)、共产国际与中国国民革命运动(1920—1925)》,468、443页。

今后一切工作均"用国民党名义,归为国民党的工作",只有当国民党不愿用其名义活动时,才以本党名义独立活动。①

应该说,在国共合作初期,中共党人是比较谨小慎微的。据阮啸仙1924年4月间的报告,广东中共党人已经完全淹没在国民党的组织宣传工作之中了,以至于一般工人、农民只知其是"好国民党""新国民党",而不知有共产党。② 中共中央鉴于一些国民党人对中共党人在国民党内轻易取得高位不满,一度打算让谭平山和林伯渠等人主动请辞国民党中央的领导职务,以示诚意。实际上,中共党人因将主要精力投入到国民党的组织发展中,以至于影响本党自身组织的发展。在国民党改组前后一年左右的时间里,中共党员人数基本上没有增加,有些地方还有所减少。

与此同时,苏俄在国共关系问题上仍然存有不同意见。苏俄外交人民委员部认为,中共以牺牲自身的发展为代价,求得国民党的发展,是值得肯定的;但是共产国际东方部的领导人持异议。维经斯基认为,共产党人"在国民党内做工作,不是目的,而是手段";③中共必须善于把无产阶级的阶级斗争和国内的民族运动结合起来;共产党人的任务,是要在国民党内争得更多的民主,使国民党左派有较大的回旋余地。他甚至认为鲍罗廷没有必要为国民党制定严格的纪律和集权化的章程。

1924年4月,维经斯基受命来华。5月,维经斯基作为共产国际代表出席了在上海召开的中共中央执行委员会扩大会议。会上,代表们就党员在国民党内工作的问题展开了激烈的争论。许多工人代表"对共产党实际上被溶化在国民党中表示反对,甚至有人主张与国民党决裂;有一些人持相反意见,要求让国民党加入共产国际"。争论的结果,决议继续留在国民党中工作,但必须巩固和加强共产党自身的组织。④

①《同志们在国民党工作及态度决议案》(1924年2月),见《中共中央文件选集》(一),181—184页。

②《阮啸仙关于团粤区一年来的工作概况和经验》(1924年4月4日),见《广东革命历史文件汇集(群团文件)》(1922—1924),223页,中央档案馆、广东省档案馆编印,1982。

③《维经斯基给拉斯科尔尼科夫的信》(1924年4月21日),见《联共(布)、共产国际与中国国民革命运动(1920—1925)》,493页。

④《拉斯科尔尼科夫的书面报告》(1924年6月2日),见《联共(布)、共产国际与中国国民革命运动(1920—1925)》,496页。

会议针对国民党的性质以及国民党内的矛盾，提出了相当激进的主张：

第一，认为国民党的性质是“资产阶级性的民族主义和民主主义的政党”。国民党内一大部分党员属于有产阶级，并且回避反帝国主义的斗争，他们的阶级利益和劳动平民的利益不一致，他们的阶级性每易趋于妥协，很难为中国民族独立奋斗到底，由此国民党内部分化为左右派。左派由两部分人组成：一是孙中山及其一派，一是中共加入国民党的同志，后者是左派的基本力量，“因此所谓国民党左右派之争，其实是我们和国民党右派之争”，不能为了巩固扩大国民党而取调和左右派的政策，而是要巩固国民党左翼和减杀右翼势力，迫令国民党全体左倾。

第二，中共在国民党内工作，无论是组织、宣传，还是党务，都必须有非常明显的组织形式，而国民党“客观上不能有严格的集中主义及明显的组织形式”，“我们当赞助国民党办好组织机关，引进思想上接近国民党的分子，然而这不能作为我们在国民党里的唯一主要工作”。

第三，“产业无产阶级，是我们党的基础”，“凡在可能的范围内我们不必帮助国民党组织上的渗入产业无产阶级”；工人有自己的阶级意识，不必一定要先经过民族民主的政党之政治训练，才可以加入无产阶级的政党。只能使手工业的无产阶级，做国民党的群众基础，因为中共目前的能力有限，还不能在手工业无产阶级里开展很大的工作。在工会运动方面，不能帮助国民党设立工会，或者使已经成立的工会全体加入国民党。①

此次会议是中共调整国共关系政策的一个重要转折点，即由谨小慎微、自我约束，转向积极进取、主动出击。但在实际行动中，中共并没有立即和完全地执行会议精神。②

① 《中国共产党扩大执行委员会文件》(1924 年 5 月)，见《中共中央文件选集》(一)，185—202 页。

② 初期国共关系参考杨奎松《孙中山与共产党——基于俄国因素的历史考察》，载《近代史研究》2001 年第 3 期。

第二章

广州国民政府与南方军政格局

孙中山在国民党一大开幕词中申言:“此次国民党改组有两件事:第一件是改组国民党,要把国民党再来组织成一个有力量有具体的政党;第二件就是用政党的力量去改造国家。”孙中山将后者概括为两句话八个字:“以党建国”“以党治国”。他认为俄国革命的成功经验是“将党放在国上”,“俄国完全以党治,比英、美、法之政党握权更进一步”,“可为我们模范”。[①]

以此观之,似乎“以党建国”和“以党治国”的思想源自俄国经验。实际上,在俄国革命之前,这一思想在孙中山胸中早已成形。同盟会推翻清朝,创立民国,实际就是以党建国之始;1914 年组织中华革命党,将革命程序分军政、训政、宪政三个时期,明确提出:“自革命军起义之日至宪法颁布之时,名曰革命时期;在此时期之内,一切军国庶政,悉归本党负完全责任。”[②]陈之迈在《中国政府》一书中这样写道:“自从中华革命党在民国三年组成之后,一党专政的理论已经成熟。民国十二年十三年改组为中国国民党,这个理论遂成定制。”他申言:“一党治国的理论实为孙先生所创始,苏联革命的成功,不过使我们对于这个办法益增信念而已。”[③]李剑农亦认为,1917 年俄国革命的胜利,重新燃起了本来就持有“在革命期内需要一党专政”看法的孙中山对一党制的强烈兴趣。[④] 1924 年国民党一大召开,在“以俄为师”的背景下,“党治”理论正式确立。随后黄埔军校和国民政府相继成立,“党军”与“党国”体制从理论付诸实际。

---

① 中国第二历史档案馆编:《中国国民党第一、二次全国代表大会会议史料》(上),6、14—15 页,南京,江苏古籍出版社,1986。

②《中华革命党总章》,见《孙中山全集》第 3 卷,97 页,北京,中华书局,1984。

③ 陈之迈:《中国政府》第 1 册,24 页,上海,商务印书馆,1946。

④ 李剑农:《最近三十年中国政治史》,544 页,上海,太平洋书店,1931。

孙中山十分注意政权的“合法性”问题。他认为中国历史上的传统习惯是“成王败寇”，而近代文明国家则注重“政治名义”，“若有一种政治上行动，即败后也不为寇”。他认为，一般性的反抗政府的举动是犯法的，是土匪的行为，但“有一种反抗政府的举动，不是土匪，也不犯法，就是革命”。在孙看来，“革命”具有无可置疑的政治“正当性”。在此以前，他一直以“护法”为旗帜，亦是基于其行动“合法性”的考量，但事实证明“护法”不仅未能成功，反陷自己于被动。他于是决定放弃“护法”的旗帜。他宣称：“今次本总理再回广州，不是再拿护法问题来做工夫。现在的政府为革命政府”；正式宣布脱离北京政府，“不承认彼为政府”，与之处于敌对政府状态。[①]这标志着广州政府自此正式以独立的政府姿态出现于中国政治舞台上，与北京政府处于南北对峙状态。故李剑农认为，国民党的改组，是中国政治新局面的开始。此后政治中所争的，将由“法”的问题变为“党”的问题了；从前争“法统”，此后将争“党统”了。[②]

---

①《中国国民党第一、二次全国代表大会会议史料》(上)，13—14 页。
② 李剑农：《最近三十年中国政治史》，531 页，上海，太平洋书店，1931。

第一节　黄埔军校与党军的创始

孙中山认识到，要“以党治国”，先要“以党建国”；而“以党建国”不仅需要一个健全的革命政党，还有赖一支为革命政党所掌控的革命武力。

辛亥以前，孙中山虽领导多次武装起义，却没有革命的军队，起义大多是凭借革命党人奋不顾身的勇气，或联络会党、民军，或运动清军反正以举事。迨民国倾覆，军阀混战，孙中山痛感没有自己的军队来维护新生的共和政权。孙中山在其早期革命过程中亦曾尝试过组织和训练革命武力，如1903年在日本东京青山开办过一所革命军事学校，1913—1914年又在东京办过“浩然庐”，授予党人以军事训练，但均因时间短，人数少，无具体效果可言。1917年下半年，孙中山从粤督陈炳焜手中争取到20营警卫军，约5 000人，交陈炯明统率。革命党终于有了一支自己的武力，孙不惜倾全力培植之，甚至批准全体官兵宣誓入党，期望这支“党军”成为真正能达成革命任务的“革命军”，不料终因陈炯明的反叛而成泡影。

1924年国民党改组，同时也开启了国民党的建军时代，其标志就是黄埔军校的创立。

黄埔军校的创立，也是以俄为师的结果。早在1921年底共产国际代表马林会见孙中山时，曾建议创办军官学校，作为建立革命武装之基础。1923年10月，国民党党务讨论会通过设立陆军讲武堂案。11月，国民党临时中央执行委员会决议定学校名称为“国民军军官学校”，并定校长为蒋介石，政治部主任为廖仲恺。1924年1月24日，孙中山委派蒋介石为军校筹备委员会委员长，校名改为“中国国民党陆军军官学校”，校址指定在广州东面珠江口的黄埔岛上，从此这所军校就以“黄埔军校”而著称。2月6日，军校筹备处成立，随即展开建校和招生工作。5月5日，黄埔第一期学生入校，6月16日正式开学。6月16日本是两年前陈炯明反叛孙中山之日。孙中山选择这一天举行开学典礼，表明陈炯明叛变使孙中山创巨痛深，以至于孙中山要让全校师生铭记这一天。

一　军校体制

军校由校总理、校长和驻校党代表组成全校最高领导机构，直隶国民党中央执行委员会。孙中山自任军校总理，蒋介石任校长，廖仲恺任党代表。廖、蒋两人是孙中山当时的人才夹袋中最佳的文武搭配。廖仲恺自同盟会起即追随孙中山从事革命。孙中山联俄“容共”及改组国民党，廖更是极力赞助和推动，出力尤多。蒋介石则是此时孙中山身边仅有的对军事事务有相当了解的人。1920年朱执信被害之后，孙中山对蒋介石尤其寄予厚望。他在给蒋的一封信中说：“执信忽然殂折，使我如失左右手。计吾党中知兵事，而且能肝胆照人者，今已不可多得。惟兄之勇敢诚笃，与执信比，而知兵则又过之。”①1922年陈炯明兵变，蒋随侍孙中山于永丰舰而深得孙的信任。奉命赴俄考察军事后，蒋对苏俄红军的组织体制比一般人更多一层亲身感受。蒋自然成了黄埔军校校长的合适人选。廖仲恺在遇刺殒命以前，作为军校党代表，对校长蒋介石的权力是一大制衡。

黄埔军校设政治、教授、教练、管理、军需、军医各部。政治部主管政治教育、党务和宣传，先后以戴季陶、周恩来、汪精卫、邵力子、熊雄为部主任，张崧年(申府)、邵元冲、鲁易为副主任；教授部和教练部分管军事学科和术科的教学与训练，以王柏龄、叶剑英为教授部正、副主任，李济深、邓演达为教练部正、副主任。1924年11月，增设教育长一职，以胡谦任之(继任者有王柏龄、何应钦、邓演达、方鼎英等人)，承校长之任

① 《致蒋中正函》(1920年10月29日)，见《孙中山全集》第5卷，379页，北京，中华书局，1985。

处理校务；12 月又增设参谋处长一职，委钱大钧任之，以赞襄军务。1925 年 1 月，教授、教练二部合并为教育部，与政治部并立，其他各部均改为处。

按照一般的军事教育程序，初级军官教育，大约需要 3 年左右的时间。黄埔军校为适应革命形势的急切需要，将学制大大缩短，学生入学后只受一个月的入伍教育（第四期开始改为半年）和 6 个月的正式教育。黄埔第一期统为步兵科，第二期以后陆续增设工兵、炮兵、辎重兵、骑兵、宪兵以及政治、经济、交通、无线电和航空等各科。

黄埔军校招生时，注意打破地域观念，按省区分配招生名额。前 3 期学生2 259名，分别来自全国 22 个省。学生教育程度大多是高小及中学文化程度。

在联俄政策下，军校财政、武器和制度的建立，均得到苏俄的大力赞助。鲍罗廷和一批苏俄专家直接参与了军校的筹建和顾问工作。孙中山在军校开学典礼上致词说："俄国在六年之前，一经发动革命，便同时组织革命军，以后着着进行，所以能够消灭旧党和外来的敌人，大告成功。我们现在开办这个学校，就是仿效俄国。"[①]

黄埔军校不同于当时中国一般军校的最大特色是建立俄国式的政治工作制度。军事与政治训练并重，是黄埔军校的双重目标。军校不仅要养成职业军官，而且要培植革命干部。学生不仅要学习军事知识，而且要明了政治、经济和党纲、主义，"不仅知道枪是怎样放法，而且要知道枪向什么人放"。[②] 军校设立政治部和党代表，就是其独特之处。

政治部主要负责对学员进行政治教育，提高学员的政治修养，向学员灌输革命知识。蒋介石宣称："本校唯一的特点，就是有个政治部，政治部是要使军人了解现在的经济政治与明了主义。"[③]军校政治教育既讲三民主义，也讲社会主义。1925 年 10 月 27 日公布的军校党代表训令中明文规定："关于社会主义、共产主义、马克思主义书籍，以及表同情于本党或赞成本党政策而极力援助本党之一切出版物，除责成政治

① 孙中山：《在陆军军官学校开学典礼的演说》，见《第一次国共合作时期的黄埔军校》，9 页，北京，文史资料出版社，1984。

② 杨其纲：《本校之概况》，见《黄埔日刊》1927 年 3 月 1 日。

③《校长第 22 次训词》，见《精神教育》，126 页，中国国民党陆军军官学校丛书第 1 辑，出版时地不详。

部随时购置外，本校学生皆可阅读。”①军校政治课程最初开设 8 门，后增至 18 门，最多时达 26 门。所开课程除国民党的历史、主义、组织和政纲政策外，还包括国际国内政治经济状况，各国革命史和社会主义运动，政治学、经济学和其他社会科学的基本知识以及民众运动等方面的内容。学员的培养目标不是一般的职业军官，而是“革命军事人才”。

党代表的职权，主要是监督和指导各级军事长官的工作，必要时可以直接指挥军队。各级军事长官的报告和命令，必须经党代表副署。军事长官所发布的命令如有明显错误时，党代表有拒绝签字乃至撤销其命令之权。在法理上，军队长官只有治军的“能”，党代表却有管军的“权”。文职的党代表和职业军官之间的“权”“能”分开，是为了抑制后者的军权过度膨胀。当然，这一制度在具体实施过程中不可能达到设计所预期的效果，但政治部和党代表制度的推行，至少在军校的政治思想训练和精神教育方面发挥了相当的作用。

除了党代表制度，军校还建立了党的组织系统。军校规定所有员生均需加入国民党。1924 年 7 月，军校成立国民党特别区党部，1925 年 9 月，改为特别党部，直属国民党中央党部领导。校党部下设分部、小组，定期召集会议。黄埔学生军成立后，特别党部制度继续得到贯彻，连及连以上设立各级党部。学员必须同时受军纪和党纪的约束。

早期黄埔军校不仅受到苏俄的影响，还受到来自日本方面的影响。因为军校的主要教官多是日本士官毕业生。除蒋介石外，何应钦（军事总教官）、王柏龄（教授部主任）、钱大钧（军事教官）皆属之。中级教官主要由保定军校毕业生担任，其中以陈诚、张治中为首。低阶教官大部分为云南讲武堂出身。据称教官中云南讲武堂出身者占 60%，保定军校出身者占 20%。而这两所军校由于有一批留日归国教官施教而深受日本的影响，这种影响又进一步延续到黄埔军校。黄埔军校的军事教材也多来自日本。当时日本报界曾宣扬其军事训练在黄埔军校中扮演了重要的角色。②

---

①《汪代表训令》，见广东革命历史博物馆编《黄埔军校史料》，79 页，广州，广东人民出版社，1985。
② 刘馥：《中国现代军事史》，梅寅生译，12—13 页，台北，东大图书公司，1986。

二 军校与中共

黄埔军校是在国共合作下创办的。一批中共党员参加了黄埔军校的各项工作。如张崧年、周恩来、鲁易、聂荣臻、邵力子、熊雄、于树德、恽代英、陈赓等。军校的政治工作主要由共产党人主持。军校政治部从主任、副主任,到秘书、科长、科员以及政治教官,多由中共党人担任。各级党代表亦主要由共产党员担任。在黄埔军校初期,蒋介石对政治工作比较重视,对中共党人也很尊重。其时,苏俄顾问曾将冯玉祥与蒋介石作过比较:“蒋介石要求提供政工人员时,他就说:给共产党员吧,不要国民党员,而要共产党员,因为他知道,共产党员最可靠,从来不出卖人,因为他知道,这些人信得过,最忠实,从来不动摇,有人格。而对于冯来说,共产党人和国民党人都不是他完全信赖的人。”①

中共十分重视军校的招生工作,分期分批选送了许多党、团员到军校学习。据周恩来称,军校第一期学员“大部分是我党从各省秘密活动来的左倾青年,其中党团员五六十人,占学生的十分之一”。② 其后几届亦复如是。中共在黄埔军校中建有直属支部,直接受中共广东区委军委(周恩来任书记)领导。至第四期入伍生开学后,因中共党员人数增加,中共广东区委乃将黄埔支部改为黄埔特别支部,另设黄埔“党团”(成立于 1926 年 4 月),作为军校共产党组织的最高领导机关。③

黄埔军校对中共也具有重要意义。毛泽东在《战争和战略问题》一文中谈道:中共成立之初还不懂得直接准备战争和组织军队的重要性,“但是从 1924 年参加黄埔军事学校开始,已进到了新的阶段,开始懂得军事的重要了”。④ 1924 年冬,中共广东区委成立军事运动委员会。此为中共成立的第一个“军委”。它的成立,标志着中共开始注意军事工作。其后,中共广东区委又先后组建大元帅大本营铁甲车队和叶挺独

---

①《加拉罕在联共(布)中央政治局使团会议上的报告》,见中共中央党史研究室第一研究部译《联共(布)、共产国际与中国国民革命运动(1926—1927)》(上),77 页,北京,北京图书馆出版社,1998。

②《周恩来选集》上卷,116 页,北京,人民出版社,1980。

③ 参见曾庆榴《广州国民政府》,108—118 页,广州,广东人民出版社,1996。

④ 毛泽东:《战争和战略问题》(1938 年 11 月 6 日),见《毛泽东选集》第 2 卷,547 页,北京,人民出版社,1991。

立团，尝试独立掌握革命武装。在这一过程中，黄埔军校也为中共培养和锻炼了少数军事干部人才。

黄埔军校创立后，湘军、滇军等各军也都建立了军官学校或讲武堂，参照黄埔军校来整饬各自的军队。1925 年底，随着广东革命根据地的统一与巩固，国民政府军事委员会决定以黄埔军校为基础，将各军的军事学校统一起来，以打破军队的地方主义。统一后的军校定名为"国民革命军中央军事政治学校"。1926 年 3 月 1 日，中央军事政治学校举行成立典礼，由蒋介石任校长，李济深任副校长，汪精卫任党代表。以上三人组成军校校本部，直隶于国民政府军事委员会。军校改组后，规模大增。北伐军占领两湖后，先后在武昌、潮州、南宁、长沙等地设立分校。[①] 总计自 1924 年 5 月至 1927 年 7 月，黄埔军校共招收 6 期学员，共计 2 万多人。[②]

孙中山创办黄埔军校的一个重要目的，就是"要用这个学校的学生做根本，成立革命军"。故黄埔军校成立后不久，即以军校师生为骨干，开始建立革命武装。1924 年 10—12 月，黄埔军校教导团第一团、第二团相继成立。教导团的中级军官从黄埔军校教官中选任，连长由军校区队长中选任，排长、班长大多由军校第一期毕业生充任。教导团效法苏俄红军，在连以上各级设党代表。各级党代表则选择军校教官或学生中之富有政治学识者担任。教导团初成立时，孙中山称其为"新军"。1924 年 11 月 11 日，孙中山正式将其命名为"党军"。

国民党"党军"的建立，是中国近代军队建设史上一件具有划时代意义的大事。军队党化，由党来指挥枪，是中国军事史上前所未有的新事物。晚清民初以来，军队沦为私人争权夺利、割土称雄的工具。"党军"的意义，不仅意味着以党建军、以党控军，而且要求军队服从党的意识形态，将党的组织细胞渗透到军队的组织系统中，连以上建立党的基层组织，党员成为士兵之表率，军官认同党的意识形态。

1925 年 7 月 1 日，国民政府正式成立于广州，随即成立军事委员

---

① 方鼎英：《黄埔中央政治学校概述》，见广东革命历史博物馆编《黄埔军校史料》，81 页，广州，广东人民出版社，1982。

② 黄修荣：《国民革命史》，99 页，重庆，重庆出版社，1992。

会，规定军事委员会“受中国国民党之指导及监督，管理、统率国民政府所辖境内海陆军、航空队及一切关于军事各机关”，进一步从制度上确定国民党对军队的指导和控制。军事委员会成立后，为统一军政，议决编组国民革命军，取消原有各地方军的名称，一律改称“国民革命军”，并将黄埔军校“党军”的治军原则推广到整个国民革命军，标志着国民党“党军”体制全面确立。

军队党化，破除了过去军队私有化的许多弊端，为广东革命根据地的统一、巩固及北伐战争的胜利奠定了基础。但军队为政党掌控后，政党之间的竞争也随之导入武力之途，由“文斗”转为“武斗”。政权在不同政党之间的转移，最终由枪杆子来决定。

第二节　大元帅府与革命基地的奠立

1923年3月2日，孙中山在广州设立“中华民国陆海军大元帅大本营”(大元帅府)。一个以军事机关的形式出现的特殊政权宣告成立。

在此之前，孙中山在广州曾经两度建府：一是1917年建立的护法军政府；二是1921年就任非常大总统，建立的中华民国政府。

1922年8月，孙中山因陈炯明兵变而被迫离粤赴沪。孙寄寓上海期间，一面着手国民党“改进”和联俄“容共”事宜，一面策动滇、桂、粤等各军联合讨陈。1923年1月，陈炯明为“讨逆联军”所败，被迫通电下野。孙中山于2月回到广州，3月宣告成立大元帅府。

在孙中山回粤前后，围绕着政权问题发生了激烈的斗争。孙中山是1921年非常国会选出的中华民国大总统。广州收复后，孙中山立即以大总统的名义任命邓泽如为广东省省长，并命胡汉民、李烈钧、许崇智、魏邦平、邹鲁5人在其返粤前“全权代行大总统职权”。表明孙中山的初衷是回粤重建大总统府。

但此时孙中山的各方政敌、盟友均不愿看到他重登大总统宝座。政学会领袖岑春煊提出要与孙中山“分领粤桂，各为省长”。与政学会关系密切的章太炎则主张实行合议制，恢复总裁合议制的军政府，置孙中山于若干总裁之一的地位。[①] 孙中山坚决拒绝这些主张，但他也看到国内政治形势不适于他再称“中华民国大总统”。是时，北方正值直系当道，曹锟、吴佩孚控制北京政府，作“武力统一”之想，而口头却佯称

① 徐矛:《中华民国政治制度史》，169页，上海，上海人民出版社，1992。

"和平统一",先将"护法"旗帜抢夺在手,打出"恢复法统"的旗号,重新召开旧国会,并迎黎元洪回京复任大总统。在这种情况下,为了不给曹、吴等以破坏和平统一的借口,孙中山乃决定不建立正式政府和称大总统;同时也考虑争取有一个独立的、不受外来威胁的经营广东根据地的机会,有必要维持与奉张(作霖)、皖段(祺瑞)的同盟关系,尽量不刺激张、段。而且孙中山总结两次护法运动的经验教训,决定放弃"护法"的旗帜,不再使用"非常大总统"的名义,也不再召开非常国会。成立大本营这样一种特殊形式的政府,对外虽无正式政府之名,对内则实际行使正式政府之职。

大元帅府建立初期(1923 年 2 月至 1924 年 4 月),除设总参议一人和参议若干名外,分设五部(内政、财政、军政、建设、外交),三局(审计、法制、航空),三处(参军、参谋和秘书),两委员会(宣传、财政),此外还设有大理院和总检察厅等机构。这显然不是一个单纯的军事统帅机关,而是一个具有内政外交职能的组织完备的政权机关。政权所辖虽仅是南方一隅,政权形式则是一个大体完备的中央政权。大元帅具有军政的最高决策权和人事任命权,实行一长独裁制。由于放弃了"护法"的旗帜,不再召集国会,亦不设议会。大元帅无须向国会负责。

大元帅大本营因成立于内外交逼的险恶环境中,内有滇桂军把持,外有陈炯明窥伺,北方则面临直系的压力,其当务之急,是如何保护和巩固广州革命基地。大元帅府面对的第一次军事危机,是沈鸿英叛乱。接踵而起的是陈炯明部的再次反叛。大元帅府在极端困难的处境下先后赢得了讨沈、讨陈的胜利。对北方,大元帅府取"近攻远交"策略,以"和平统一"为号召,有理有节地与北京政府取抗衡和对峙之势。

在粤政治理方面,大元帅府先后制定和颁发了一系列法令法规和计划,诸如引进外资,发展实业,改革吏治,改良司法,发展教育,整饬军纪等。但由于内外环境恶劣,大元帅府在各方的掣肘下难施展布。时人形容此时的孙中山无可靠之兵,无可管之政,"号令不出大元帅府一步"。法令计划多脱离实际,往往成为一纸空文。加之广东历经变乱,经济萧条,财政极端困难。正常的财政收入根本不能满足巨大的军费开支。大本营所依靠的本是未经改造的旧军队,因军费无保障,大本营只得放任和迁就驻粤各军就地开烟庇赌,强征捐税,搜括民财。各军在各自的地盘内封官设吏,自行其是,拒不执行大本营的法令。大本营对此竟无可奈何。由于大本营实质仍未摆脱地方军阀割据的旧有模式,自然也得不到民众支持,

国民党一大筹备时,孙中山原本想通过党代表大会宣布成立全国性的中央政府,并选举自己为总统。据称孙中山之所以要在这个时候成立国民政府,事缘于1923年底与列强的"关余"之争。根据辛丑条约的规定,中国海关税收被作为向列强赔款及所借外债的抵押。除按期偿还赔款债务外,所余之关税收入称为"关余",由历来受英国人控制的税务司上交中国政府。1917年孙中山在广州建立护法政府后,曾取得外国驻华公使团的同意,从1919年起,将关余总额的13.7%,由广州税关按月交给护法政府,已先后交款6次。1920年3月,因护法军政府分裂,此款遂停止交付。1923年孙中山重返广州,再度建府后,于9月5日照会北京公使团,要求将广州税关所欠关余,全部交还广州政府。北京公使团以广州政府未经各国承认为理由,置之不理。其后,广州政府又与北京公使团几经交涉,后者又以大元帅府为"地方性"政府为由,拒绝与之直接对话,态度十分强硬。列强甚至以武力相威胁。但孙中山不为所屈,终于迫使北京公使团答应将关余如数交付广州政府。此事虽成,但对孙中山刺激极深。恰逢国民党一大召开,孙中山即想乘机宣布成立全国政府。

但孙中山的这一想法被鲍罗廷阻止。鲍认为,孙的做法,违背召开党代表大会的宗旨。在鲍罗廷看来,召开代表大会是为了改组国民党,而不是为了使孙中山成为总统。在内外交困的处境下,成立全国性政府的时机尚未成熟。鲍罗廷为此发挥了高度的说服技巧,首先使国民党的委员们相信,在党还没有巩固、健全的情况下,宣布成立全国性政府是不明智之举。最后终于说服孙中山同意取消自己的决定,只由大会通过了一项《组织国民政府之必要案》,决定先采取宣传手段,进行建立国民政府的舆论准备工作。①

---

①《鲍罗廷的札记和通报》(1924年2月16日),见《联共(布)、共产国际与中国国民革命运动(1920—1925)》,480—487页。

大元帅府虽然未能改组成为全国性的中央政府,但国民党一大召开后,大元帅府进入了一个新的发展阶段。一大宣言及其政纲政策,成为大元帅府的施政纲领和指导原则。尤其是一大所确立的"党治"体制,开始付诸实施。国民党中央执行委员会成为党的最高权力机关。总理制改为保留总理职位的委员制,由此形成以孙中山为核心的新的领导集体。1924 年 7 月,孙中山在国民党中央设立政治委员会,自任主席,并任命胡汉民、汪精卫、廖仲恺、谭平山、伍朝枢、邵元冲为委员,任命鲍罗廷为顾问。在中央政治委员会的指导下,大元帅府的对内、对外工作都采取积极的革命步骤。对外,实行联俄反帝;对内,主要致力于广东革命根据地的统一和巩固。

但大元帅府此时所面临的内外形势依然十分严峻。革命政权还无力控制广东全省。粤东掌控在陈炯明之手,南路则是另一个军阀邓本殷的地盘。大本营自身还倚赖滇、桂等西南军阀武力,政权的"成立和存在完全靠国民党领袖孙中山先生与南方各色各派小军阀的应付,所以实权并不在国民党而在军人。各军擅收税捐,自蓄饷械,大多数只想造成个人的羽翼"。[①] 即使在广州,革命政府的权威亦受到实力强大的商人团体的挑战、挤压和侵蚀。为了整合和巩固革命基地,大元帅府首先必须以强力削平商团武装和击溃陈炯明等军阀武力。

广州商团原系商人维护其政治、经济利益的自卫组织,组建于1912 年。晚清以来,广州地方社会动乱频仍,而历届地方政府在维护社会治安、保障商人权益方面都无所作为。商人们感到只有加强自身力量,包括武装力量,才能在乱世中维护商界的利益。在这样一种社会环境和理念下,广州商团逐渐发展壮大。到 20 世纪 20 年代初,广州商团发展成为全国规模最大、武器装备最精良的商团,而商团领袖陈廉伯亦成为广州最有影响力的商界头面人物。时人有称:"粤省商团,比年以来,极形发达,枪支之多,不但为他省所无,即各国亦所罕有。"[②]随着实力的日趋壮大,商团势必扩展其生存空间,遂由一个商人自卫自保的组织,逐渐发展为一个与政府相颉颃的自主性武装团体。

---

① 巨缘:《帝国主义与反革命压迫下之孙中山政府》,载《向导》第 85 期,1924 年9 月。
② 《广东扣械潮》第 2 卷,"文件",74 页,香港华字日报社编印,1924。

孙中山三度开府粤垣,所依靠的主要是滇、桂等外省军队。各路客军军纪甚差,加之包烟包赌,商人恨之入骨。庞大的军费开支,使政府不得不对商人征收各种苛捐杂税和滥发缺乏准备金的纸币。就形式而言,以孙中山革命理论为指导的广东政府可称之为当时中国最进步的政权,但在当时广东商人眼中,广东仍处于水深火热之中。面对客军滋扰,商团势必起而反抗。对政府损害商人利益的财政措施,商团有时也采取激烈的方法进行抵制。1923—1924 年间,广州商人为抗拒政府的税收政策而不断罢业罢市。由于商团实力强大,每次罢市总能迫使政府有所让步。这使商人们感到,如果进一步扩充实力,政府和军队对商人更奈何不得,于是举行全省商团大会,决议大力扩充武装,筹备成立全省商团联防,由联防总部"主持全省各埠之商团军之命令统率事项"。当时舆论认为,联防总部如同中国军队的高级司令部,其发号施令,"不啻一中央政府机关"。[①] 到 1924 年商团事变发生前夕,广州商团拥有常备军 4 000 人,后备军 4 000 人。附城商团与城中商团全副武装者,合有27 000人。全省各地商团民团总计可达十七八万人。[②] 这样一支不受政府节制的庞大民间自主性武装的存在,显然对广州革命政府构成莫大威胁。

大元帅府曾考虑通过和平手段将商团纳入自己的节制之下,如争取商团人士加入国民党,改善商团与革命政府的关系,但未能得到商团方面的积极回应。商团自恃实力强大,不愿轻易放弃民元以来所取得的独立自主地位,就范于孙中山政府的政治轨道。而在孙中山看来,为了达成全国革命目标,维持庞大的军费开支,税收不可能减少。而且一个有作为的革命政府不可能容忍这样一支人数众多、枪械精良而又抱有敌意的民间武装长期存在。在这种情况下,政府与商团矛盾的激化是迟早的事。

商团联防总部一面向省署立案,准备于 8 月中旬召开成立大会,一面筹集款项,购买军械,扩充实力。省长廖仲恺未准立案,亦不许其召开成立大会。而商团仍从国外购进大批军械。1924 年 8 月 8 日,运载

---

①《商团与政府之龃龉》,见 1924 年 8 月 18 日《申报》。
②《广州扣械潮之扩大》,见 1924 年 8 月 26 日《申报》。

商团枪械的轮船开抵虎门。孙中山获悉后下令查办。10日,长洲要塞司令蒋介石将枪械扣押,全数提存于黄埔军校。12日,广东省省长廖仲恺下令禁止商团联防总部成立。扣械事件实是政府对商团的一次主动出击。政府欲以此为契机从根本上解决商团问题。无奈商团自恃实力雄厚,不愿轻易就范,反以示威、请愿、罢市相要挟。在谈判还械的交涉中,商团自视为与政府对等的政治实体,完全漠视大元帅府的权威,甚至欲"借械潮倒孙(中山)",要求孙中山下台,声称"唯有拼为最后之牺牲,以与此祸国祸粤之共产党政府决一死活"。[①]

在这一过程中,英国驻广州代理总领事站在商团一边,警告和威胁大元帅府。据学者事后查证,这是英驻穗总领事的个人行为,英国政府实际并未介入商团事变。[②] 但当时大元帅府认定,在商团行动的背后有英帝国主义的引诱和支持。其次,当时控制北京政府的直系军阀亦十分关注事态的发展,但未直接插手和干预;陈炯明曾想借商团风潮之机进攻广州,商团与陈军将领有过联络,但双方未能取得一致意见。但在当时孙中山政府的判断中,商团受到了吴佩孚的唆使和陈炯明的煽惑。当时中国共产党的舆论宣传亦断言商团与帝国主义列强及军阀相勾结来宰割革命政府,必须采取严厉措施,决不可姑息。政府方面觉得,商团的目的既在推倒政府,"政府与商团实有不两立之势,始终总要一次解决了商团,革命政府方有立足之余地"。[③] 孙中山几度犹疑、迁就、妥协,最终下决心以武力从事。10月中旬,在政府的武力打击下,商团事变迅速平定。[④]

商团之乱虽平,但广州局势仍不稳定。各路军阀盘踞着广东大部分地区。大元帅府外受军阀挤压,内为革命阵营中的各色骄兵悍将所掣肘,其权力触角只能及于广(州)韶(关)铁路两侧和西江、粤中的有限地区。其中盘踞东江的陈炯明,实力最强,尤为大元帅府的心腹之患。陈炯明自1923年初通电"下野"后,拥兵惠州、潮州、梅县一带。为了讨

① 《广东扣械潮》第2卷,"文件",102—104页。
② 张俊义:《英国政府与1924年广州商团叛乱》,载《广东社会科学》2000年第3期。
③ 《广东扣械潮》第1卷,"事实",89页。
④ 有关商团事变史实,参见邱捷《广州商团与商团事变——从商人团体角度的再探讨》,载《历史研究》2002年第2期。

伐陈炯明,孙中山在1923年春和1924年春曾两度进军东江。但征战经年,无所进展。1924年4月起,黄居素、吴稚晖等人试图撮合孙陈关系。而陈炯明却将黄、吴等人的调解视为大元帅府的示弱之举。是年底,孙中山离粤北上,卧病北京。陈以为有机可乘,遂于12月7日在汕头重新就任"粤军总司令"职,调兵遣将,一个月后下达进攻广州的总动员令。

1925年1月15日,大元帅府以杨希闵为东征联军总司令,颁发东征动员令。1月下旬,陈炯明军所部6万之兵编为7个军,3个独立师,大举向广州进逼。2月1日,东征联军以杨希闵的滇军任右路,以刘震寰的桂军任中路,以许崇智的粤军和黄埔军校教导团任左路,出发应敌。第一次东征战役历时2个多月,大小战斗数十次,最终将陈炯明军全部逐出东江。

外患刚平,内乱又起。革命阵营内部的滇、桂两军,本是一支旧军阀部队,1922年由邹鲁策动入粤驱陈逐沈。两军于粤局底定,不无贡献,但毕竟未经革命改造,旧习未除;加之自恃有功,骄横无忌,霸占地盘,把持税收,拥兵坐大。至1924年10月,杨希闵部下的滇军由入粤前的5旅扩展至3个军,近4万人。刘震寰所部的桂军由入粤前的1个师7 000人,扩展至4个师、3个独立旅及1个独立炮兵团,共计13 000余人。各军踞地称雄,总揽军民财政,正如杨希闵晚年自我反省时说:"一师所驻之地,就总揽了整个防区的行政、财政大权;一团所驻之城,也控制了一城的财经命脉;甚至一连所驻之镇,也把持了一镇之税收。上行下效,致使中山先生统一政令不能推行。"[①]滇桂客军之跋扈不法,显然已成为革命政府的一大隐忧。孙中山对滇桂军虽早有整饬之心,无奈杨、刘势力已经坐大,而党军势力尚未养成,孙只好暂忍未发。第一次东征时,大本营最初仍倚赖杨、刘为主力,任杨为东征联军总司令。杨、刘虽奉命加入征战行列,但心怀异志,消极观战,逡巡不进。

东征期间,孙中山于1925年3月12日病逝于北京。消息传来,远居滇省的军阀唐继尧蠢蠢欲动,以为中山一去,南国无主,半壁江山,非

---

① 杨希闵:《回忆与反省》,见曾庆榴《广州国民政府》,204页,广州,广东人民出版社,1996。

他莫属，遂于3月18日发表通电，宣布就任副元帅职，企图以孙大元帅之继承人自居，篡夺南方政权的法统。唐的野心，诱发了杨、刘的异想。杨、刘遂与唐暗相纠结，互通款曲，趁孙中山逝世和政府东征后广州防务空虚之机，酝酿图粤变乱。唐以“副元帅”名义委任刘震寰为“广西军务督办兼省长”，并认可段祺瑞委任杨希闵为“广东军务督办兼省长”。5月，当东征军已取得决定性胜利的时刻，杨、刘加紧策划军事变乱。

对杨、刘谋叛，大元帅府早有觉察，但代帅胡汉民等最初欲以妥协办法挽救危局，派人与杨、刘协商，允改组大本营。但杨、刘不予理睬，声言“以武力贯彻主张”。针对这一情况，留粤国民党人始有武力驱逐杨、刘之议，商议以蒋介石为总指挥，率党军和粤军回师讨逆。6月5日，代帅胡汉民下令免除杨、刘本兼各职；7日，大本营正式宣布讨伐杨、刘。中共广东区委亦成立以罗亦农为首的“革命委员会”，协助应付杨、刘事变。13日，杨、刘叛乱迅速平定。

祸粤数年的滇桂军被消灭，消除了革命政府之心腹隐患，有利于政令统一，军民财政机关交回政府统筹，为整顿和革新庶政创造了条件。大元帅府改组为正式政府的时机亦趋成熟。

第三节　国民政府成立及其初步建制

如前所述，孙中山本想将政府的改组与党的改组同时进行，后因鲍罗廷的建议，孙中山同意先改组党，而将政府的改组延后。

1924年冬孙中山北上时，大元帅大本营仍维持旧制，以大本营总参议、广东省省长胡汉民代行大元帅职权。1925年春孙中山病重之际，国民党中央政治委员会于2月19日开会议决将广州政府改为合议制，规定以后国民党"不复有总理"，国家"不复有元首"。孙中山逝世后，因集中力量讨伐杨、刘，这些决议未能即刻实行。

杨、刘叛乱平定后，政府改组工作提上了正式议事日程。1925年6月14日，国民党中央政治委员会召开第14次会议，商讨组建国民政府事宜。会议采纳鲍罗廷的建议，决定改组大元帅府，成立国民政府。6月15日，国民党中央执行委员会举行全体会议，就成立国民政府等事，议决各重要议案，主要内容是：(1) 中国国民党中央执行委员会为最高机关；(2) 改组大元帅府为国民政府；(3) 建国军及党军改称为"国民革命军"；(4) 整顿军政、财政。6月24日，胡汉民以大本营总参议代行大元帅职权的名义，发表《接受中国国民党中央执行委员会关于政府改组决议案》之通电。7月1日，国民政府在广州正式成立。政府的改组比党的改组约晚了一年半的时间。

一　委员制与党治体制

国民党的领导体制，在1924年改组时，有一重大的转变，即由中华革命党时期所确立的党魁独裁制，改采苏俄式的委员合议制，同时又兼顾总理制，明文规定以孙中山为总理；总理为全国代表大会主席和中央执行委员会主席，并对全国代表大会的决议有交复议之权。

国民党真正实行委员制，是在孙中山逝世之后。国民党不再设总理。党和政府均采取集体领导的方式。这一方面是因为国民党内无人可以继承孙中山的地位，另一方面则是为了防止个人独裁专断。党务、国务均由委员会来执行，有别于民国以来所行使的首长制。这是中国政治制度史上的一大变革。

首届国民政府委员由汪精卫、胡汉民、张静江、谭延闿、许崇智、于右任、张继、徐谦、林森、廖仲恺、戴季陶、伍朝枢、古应芬、朱培德、孙科、程潜等 16 人组成。委员会推定汪精卫、许崇智、谭延闿、胡汉民、林森 5 人为常务委员，并推汪精卫为国民政府主席。国民政府组织法规定，国务由委员会议执行之，委员会议出席委员不足半数时，由常务委员会行使职权；主席对外代表国民政府，但并不代表有最后决定权。主席和常务委员均不能单独行使职权。

国民政府设外交部、财政部、军事部和秘书处，分别以胡汉民、廖仲恺、许崇智为部长；聘鲍罗廷为国民政府高等顾问。此外，还设有大理院、惩吏院和监察院。就职权分工而言，国民政府为行政机关，大理院为司法机关，监察院与惩吏院为监察机关。国民政府没有特设立法机关，既无国会，亦无立法院。国民党中央执行委员会及其政治委员会实际可视为最高立法机关。考试院未设立，但在监察院内特设考试科，兼行考试权。国民政府初立，尚未形成完备的五权制度，但形式上已略具五权分治之雏形。

国民政府在民国政制上是一个创新的体制，除委员制和五权分立的组织精神外，主要体现在党治上。国民政府初建，在孙中山所定的革命程序上属于军政时期。根据孙中山以党治国的遗教，国民政府是执行党治的机关。《国民政府组织法》第一条即规定："国民政府受中国国民党之指导及监督，掌理全国政务。"其后国民政府组织法虽屡经修改，此一条文始终保留未变。以党治国的原则首次正式以法律的形式确立并付诸实施。尽管国民政府初期只辖有广东一省，但它的建立，标志着中国历史上第一个"党治"政权产生。

国民党党治原则的贯彻，主要体现在 4 个方面：第一，政权由党代表国民来行使；第二，政府由党来产生，政府的组织形式由党来决定，人事亦由党来安排；第三，政府的权力来自党，政府必须向党负责，接受党的指导和监督；第四，关系国家根本的法律，由党来制定、修正及解释；政府施政的最高依据是党纲及其政策。

国民党中央执行委员会是全党的领导核心。孙中山在世时，为使党、政、军分工办理，于 1924 年 7 月成立政治委员会，其职掌是根据孙中山的意旨处理政治外交事务。国民政府成立后，政治委员会成为党与政府的连锁机关，即中央执行委员会透过政治委员会来指导国民政府。国民政府和政治委员会的关系，可由两方面来说明：一是政府的组织法规与施政，由政治委员会决定；二是政府的重要人事，由政治委员会决定。国民政府受国民党的指导监督，实际的指导监督机关即为政治委员会。政治委员会与中央执行委员会的关系，则表现为前者向后者负责。在法理程序上，前者的重要决策或任命，必须事先经后者通过，或事后经后者追认或向后者汇报。事实上，国民政府成立后，中央执行委员会对政治委员会的决定多系事后追认，而甚少由中央执行委员会交付执行者，显示决策权有逐渐向政治委员会移转之趋势。①

政治委员会委员人数时有变动，其资格不一定为国民党中央执行委员。1926 年 1 月 23 日国民党二届一中全会通过《政治委员会组织条例》，对政治委员会的地位及其与中央执行委员会的关系重新做了规定：(1) 政治委员会为中央执行委员会特设之政治指导机关，对于中央执行委员会负其责任；(2) 政治委员由中央执行委员会推派；(3) 政治委员会认为必要时，得推任同志在某地方组织分会，其权限由政治委员会定之。

国民党与国民政府在组织的关系上，是指导监督与被指导监督的关系，然而在人事上却是相通的，即党的重要干部，同时也是政府中的负责人，一人身兼数职，党政人事角色高度重叠。② 这也是国民党“党治”的一大特色。

---

① 王正华：《国民政府之建立与初期成就》，114—115 页，台北，商务印书馆，1986。
② 王正华：《国民政府之建立与初期成就》，119—124 页。

党、政之外，还有军事机构。广州国民政府时期的军事机构主要由3个部分组成：军事委员会、军事部和国民革命军总司令部。军事委员会原系中国国民党本部的组织之一，最初成立于1923年2月，翌年7月，当中央政治委员会成立时一并改组。国民政府成立后，在军政分治的原则下，军事委员会在法理上成为统辖全国军务的最高机关。军事委员会委员由汪精卫、胡汉民、伍朝枢、廖仲恺、朱培德、谭延闿、许崇智、蒋介石等8人组成，以汪精卫为主席，以加伦[①]为高等顾问。军事委员会亦为合议机关，主席不能单独行使权力。依据其组织法，军事委员会受中国国民党之指挥及监督管理，但隶属关系由党所属机构转为国民政府所属的一个机构。其全称是“中华民国国民政府军事委员会”。

军事部亦是国民政府所属行政部门，在对外军事关系上为国民政府之代表，对下指挥省政府之军事厅，但只负责军事行政，不具有军队统率权和军事决策权。军事部长同时兼任军事委员会委员。军事部长初为许崇智。许同时兼广东省军事厅长。廖仲恺被刺后，许因受牵连而离粤，由谭延闿继任军事部长。谭署理部长后，为统一事权，军事部的职权完全归诸军事委员会，谭仅以部长名义，在重要事件上和军事委员会主席共同署名，而不具实际意义。

国民革命军总司令部成立于1926年7月出师北伐之际。总司令的职权为统辖陆海空各军并对国民党中央与国民政府在军事上负完全责任。在总司令部未成立之前，军事委员会既为最高军事行政机关，又是最高军事统率机关；总司令部成立后，军委会仅是最高军事行政机关，总司令部成为军事统率机关。军委会主席由总司令兼任。北伐出征后，战地军、民、财、政各机关，均受总司令指挥。

二　地方政制

广州国民政府成立初期，只辖广东一省。1926年初，广西亦归属

---

① 加伦（1889—1938），真名汉译为布留赫尔，俄国人，1924年8月，苏联政府应孙中山的请求，派其出任广州政府军事总顾问，参与指挥了第一次东征和平定杨希闵、刘震寰叛乱。

国民政府管辖之下。其后，随着北伐胜利进军，湖南、江西、湖北等省相继置于国民政府统治之下。

国民政府成立之际，对地方政制亦作了相应的变革，规定省政府“于中国国民党指导监督之下，受国民政府之命令处理全省政务”，将党治原则贯彻到地方政府层级；其次，废除省长制，采取合议制，由各厅厅长组成省务会议，推举一人为省务会议主席。省政事务经省务会议决定后，由主席及主管厅长署名，以省政府名义公布之。1926 年 11 月修正省政府组织法，产生出一个新名词，曰“省政府委员”，其人数规定为 7—11 人，内中互推 3—5 人为常务委员，并由常务委员互推 1 人为主席。各厅厅长由省政府委员兼任。

省政府与国民政府的权限划分，采用均权原则。外交统归国民政府外交部主持；国家财政由国民政府财政部主持，地方财政由省政府财政厅负责；国防及用兵由国民政府军事部主持，绥靖地方之事则畀之省政府军事厅。省政府各厅，须受国民政府性质相同之部监督指挥。省政府于不抵触国民政府命令的范围内，可以发布省单行法规。

关于省党部与省政府的关系，据 1925 年 10 月 30 日中央政治委员会第 75 次会议决议，“广东省政府在原则上应受广东省党部之指导，惟于政治委员会在粤期间，应直接受政治委员会之指导”。① 相隔 1 年后，中央及各省区联席会议通过《省党部与省政府之关系问题议决案》，规定省政府与省党部关系，依各省情形不同，分为 3 种办法：(1) 省政府在省党部指导之下；(2) 省政府在中央特派员、政治委员及省党部指导之下；(3) 省政府与省党部合作。至于某省应采何种办法，由中央执行委员会决定。②

广东省政府是第一个依据《省政府组织法》成立的省政府，其机构初设有民政、财政、教育、建设、商务、农工、军事等厅，由古应芬、廖仲恺、许崇清、孙科、宋子文、陈公博、许崇智等分任厅长。各厅长中，除许

---

①《广东省政府公报》第 25 期，1925 年 11 月 10 日。

②《中国国民党历次会议宣言及重要决议案汇编》第 3 册，1333 页，中国国民党中央执行委员会训练委员会编印，1941。

崇清与陈公博外，余均为国民政府委员。

省以下地方行政机构分设两级，一是区行政公署，一是县政府。国民政府鉴于一省幅员辽阔，交通不便，乃于省以下县之上，划分行政区，设立行政公署以治理之。1925 年 11 月，国民政府将广东 94 县(州)划分为 6 个行政区，由国民政府派出行政委员，设立行政公署，规定其职责为:督率所属各县县长处理地方行政事宜;对于所属各县县长，得先行任免，再行报告于省政府。接着，国民政府先后任命周恩来、宋子文、甘乃光、古应芬、张难先分别为东江、广州、南路、西江和琼崖各区行政委员。

关于县政府，决定各县除县长外，加派党代表一人、财政厅代表一人，3 人合组县行政委员会，对全县负统治之责。省政府相继撤换了一批旧县长和委派了一批新县长。1926 年 6 月，广东省政府公布县政府组织法，明定县政府承省政府指导监督，处理一县地方行政事务。县政府设立县务会议，以县长为主席，辖民政、财政、土地、教育、公路五局，以县长兼民政局局长。

第四节 国民政府初期的财政和军事

国民政府成立后，致力于军政、民政和财政的统一，而整顿财政又为诸政之要端。是时，国民政府仅辖广东一省，政府财政以广东财政为基础。而广东财政历经战乱，体制紊乱，财源枯竭。孙中山三度开府粤垣，财政困局未见转机，其最大症结缘于财权割裂于各属驻军之手。政府无统筹的军需，各军分别控制驻防区域的财政机关，就地筹饷，一时权宜，演成积习。复因连年征战，军费浩繁，各军借机扩充地盘，把持税收，巧立名目，抽捐取税，包烟包赌，各自为政。而省库枯竭，不得不另立新税，财政于是日趋恶化。

1924 年国民党改组后，政治虽渐萌新机，而财政紊乱如故。是年 3 月 5 日，大元帅严申统一财政，训令各军长官，以后不得擅行征收各种杂捐，违者严行治罪。但各军视若具文。同年 9 月，孙中山督师北伐，拟将各路骄兵悍将调离粤垣，借此彻底整理广东财政，统一财权，遂任命廖仲恺为军需总监兼财政部部长。廖受命后，力谋整顿，吁请各军核实兵额，交还财权。电曰："粤省虽号富裕，而军兴以来，财政久陷分裂，厘捐粮税，悉为各军截收；赌饷烟捐，亦由各军支配，是全省税收，业已瓜分豆剖，点滴无遗。……迄今两载，财部命令不出署门；财厅五易长官，亦都束手无策。"[①]廖仲恺痛切要求各军共体时艰，上交财权，统一财政。但各军阳奉阴违，把持如故。廖仲恺无奈，任职十日即行辞职。

财权分裂既肇因于滇、桂军入粤，平定杨、刘，亦意味着扫除了统一

---

①《廖仲恺集》，107—111 页，太原，中山图书社，1925。

财政之首要障碍。大元帅府整顿财政的转机，即始自杨、刘叛乱平定之后。大元帅府改组为国民政府后，廖仲恺再度出任财政部部长兼广东省财政厅厅长。廖接事后，逐步收回各征收机关，削减苛捐杂税，本着量入为出的原则，合理分配军费和行政开支。不幸，廖仲恺掌财部不久即遇刺身亡。廖去世后，中经古应芬、邓泽如的短暂过渡，政府特委宋子文出任财政部部长，兼掌省财政厅。

宋子文就职后，继廖仲恺所立规制，厉行财权的统一。统一财政的措施分 3 个方面进行：一是建立预算制度；二是划分中央与地方财政；三是统一征收机关，将全省财政统辖于财政部。三者之中，属最后一项最切要，亦最困难。因为财权分掌于军队之手，统一财权，必须与整顿军队相配合。所幸国民革命军编成，各地骄兵悍将相继扫除。到 1926 年 1 月，宋子文发表谈话，称全省 90%的征收已归财政部直接管理，完成财政绝对统一之期望，当不遥也。

在财政统一的同时，政府改进征收，采取整顿旧税、增辟税源等办法，增加政府收入。广东财政的整理，虽自 1925 年下半年即开始进行，实自 1926 年以后才全面推展。据统计，1926 年下半年国民政府的财政收入较 1925 年增加了 2.6 倍。① 整顿财政卓有成效。

国民政府在整顿财政的同时，亦力谋军政的统一。

大元帅大本营时期，广东名为革命根据地，其实仍为军人割据的局面。当时广东共驻有 11 个省籍的 20 个军。各军来源不一，历史背景互异，各自保持其旧有的组织编制和番号，兵额枪械参差尤甚，战时难求统一步调，平时难免造成主客歧见，分裂防地，把持税收。孙中山有意改造这些旧军队，于 1924 年 10 月将各军统编为建国军，规定有地盘者，称建国军总司令；无地盘者，称建国军某省司令。但是此次统编仅是名义上的，各军仍维持原有的系统和旧习。

东江战事结束后，国民党中央执行委员会于 1925 年 5 月 30 日通过整饬军队方案，提出 4 项整军要求：(1) 军令统一，严禁军队各自为政；(2) 民政统一，严禁军队干涉用人行政；(3) 财政统一及军需独立，

---

① 王正华：《国民政府之建立与初期成就》，219 页。

严禁军队分割及霸占财政;(4)所有军队,悉须经政治训练,使成为有主义有纪律的革命军队。国民政府成立后,军事委员会于7月26日决定统一军队称号,取消以省为别的军队名称,悉称之为“国民革命军”。8月1日,许崇智率先通电解除粤军总司令职,将所辖军队统归于军事委员会。接着,湘军总司令谭延闿、滇军总司令朱培德、攻鄂军总司令程潜亦相继通电交出军权。8月26日,军事委员会议决蒋介石为第1军军长,谭延闿为第2军军长,朱培德为第3军军长,许崇智为第4军军长(旋改任李济深),分领原党军、湘军、滇军和粤军4支主力。9月,编李福林部为第5军。

1925年11月至北伐前夕,军事委员会又相继组建了国民革命军第6至第8军:第6军军长程潜,第7军军长李宗仁,第8军军长唐生智。

国民革命军的编成,标志着国民政府军事力量实现了整合。就各军地域性而言,第2军、第6军和第8军,代表湖南的革命武力;第4军和第5军,代表广东的革命武力;第7军代表广西的革命武力;第3军代表云南的革命武力。第1军以黄埔军校师生为骨干,排除了地域色彩而为全国性的革命武力。就各军关系而言,第1军与第4军关系颇为密切,因第1军军长蒋介石曾任粤军参谋长,而第4军军长李济深初任黄埔军校训练部主任,后任军校副校长。黄埔军校筹建之初,即有借才于粤军第1师者。

国民革命军编成后,军事委员会决定将黄埔军校和“党军”的一套政工制度推行于全军。因各军虽改编为国民革命军,但旧军队的积习未除,思想意志更是复杂纷繁。推行政工制度的目的,就是要改造这些旧军队,使之统一于党的领导之下,而不复为私人的军队。1926年1月19日,国民党二大通过军事工作案,要求各军注意政治训练,使革命军人完全接受革命教育,并明定党代表职权。军事委员会遂制定《政治训练部组织大纲》与《党代表条例》,由国民政府公布。这两大条例成为国民革命军政工制度的两大法规。《政治训练部组织大纲》规定:政治训练部受军事委员会指挥,以指导国民革命军之党务、政治、文化工作为职责,军队中之一切党务、政治工作人员和一切社会、政治组织,均受政治训练部及其所属政治机关之指挥。《党代表条例》规定:党代表为军队中党部的指导人,负责施行各种政治文化工作;党代表为所属军队之长官,所发命令与指挥官同;一切命令及发出之公文,凡未经党代表共同署名者,概不发生效力。党代表的任命,自团以下及与相当组织之党代表由政治训练部任命;自师以至更高级军事组织的党代表,由政治训练部提出,经国民党中央执行委员会通过,由军事委员会任命。①

初期国民革命军党代表为廖仲恺,1925 年 9 月以后改称"国民革命军总党代表",由汪精卫担任。1926 年 4 月汪精卫出国后由陈公博代理。1926 年 2 月,汪精卫向国民党中常会提议于各军中增设副党代表,代行党代表职权。政治训练部成立后,由陈公博任主任。在北伐以前,各军师政治部先后成立,师设党代表者,多兼任师政治部主任,未设师党代表者,则另委师政治部主任。团以下则不设政治部,仅设团党代表。除第 1 军团以下各级设党代表外,其他各军在团以下各级设政治指导员,担任政治训练。

国民革命军的政治工作大部分由中共党人担任。曾担任各军政治部主任和军党代表(副党代表)的共产党员有周恩来、李富春、朱克靖、廖乾五、林伯渠、黄日葵、罗汉、张善铭等;曾担任师党代表和师政治部主任的共产党员有周恩来、鲁易、李富春、方维夏、肖劲光、廖乾五、李六如、吴少默、李笠侬、梅电龙、陈雁声、李隆建等;担任团党代表的共产党员有蒋先云、金佛庄、严凤仪、张际春、包慧僧、胡公冕、王逸常等。② 据称国民革命军中共有共产党员上千人,其中 70% 在黄埔军校和第 1 军中。③

"中山舰事件"发生后,军队政工制度受到直接冲击。1926 年 4 月 1 日,蒋介石建议国民党中央,在北伐未成功以前党代表制虽不能取消,但党代表的资格应加以相当的限制,凡跨党党员,不宜任党代表之职,党代表的党龄资格也必须加以规定。随即下令要第 1 军中的共产

---

①《国民政府军事委员会颁布政治训练部组织大纲及党代表条例令》(1926 年 3 月 19 日),见中国国民党中央党史委员会编《革命文献》第 12 辑,总 1814—1821 页,台北,"中央文物供应社",1962。

② 吕芳上:《近代中国制度的移植与异化:以 1920 年代国民革命军政工制度为例的讨论》,见"中华民国"史料研究中心编《一九二〇年代的中国》,154 页,台北,编者印,2002。

③ 王宗华主编:《中国大革命史》上册,366 页,北京,人民出版社,1990。

党员全部退出。这些共产党员大部分是团以下各级的党代表。

北伐前夕，军事委员会政治训练部改组为总政治部，最初隶属于总司令部，不久改隶军事委员会，邓演达任主任。在改组成立总政治部的同时，国民党中央决定增设军人部，任命蒋介石为军人部部长。

政工制度的推行，一定程度上推动了旧军队的改造，有利于提高部队的政治素质和战斗力。北伐时期，不管局内人还是局外人，都认为党军取胜的一大要因，缘自其军队政工制度。1926 年 12 月，日本公使馆佐佐木中将在南游观察北伐军现状后发表感想说："国民革命军最为特异之点，乃在设有监察军队之机关，此即以监察军队为职责之国民党之党代表制度。质言之，此实模仿俄国赤卫军之组织。消极的刺激军队之前进，使人人能为革命而努力，积极的则为身先士卒，给彼等以良善之模范。依余个人之观察，革命军之所以能达战无不利之效果，实原由该项制度之设立。"①

张君劢在 1926 年 11 月考察南方后，也对南方军队的"政化"特色大加赞许，认为"主义之昭示""军队之政化"与"民众之合作"是南方军队取胜的几大因素。他比较南北军队之差异说："北洋兵卒，问其何为而战，必曰为饷银也；北洋兵官，问其何为而战，必曰长官之命令也，个人之功名也。反之南军之中，自军部师部，以逮团部之中，无不有政治部，以为之宣传；故军士有正确之政治知识，立于党之指导之下，努力作战，其所以战者既早有明了之目标，则掳掠之行，不待告诫自不发生，此军队之得力于政治化导者也。"②

但也不能过高估计政工制度在国民革命军中推行的实际效果。党代表虽在制度上具有与指挥官同等的地位和权力，但军队的实际指挥权仍完全控制在军事长官手中。政工人员不过是一个无足轻重的配角。由地方军阀改编而成的各军将领仍视军队为私人之工具，政工人员难以对他们实施有效的监督。人员的升迁去留，军费的调拨使用，一以指挥官旨意为准，派进去的政工人员难以置喙。各军虽然统一在"国民革命"的称号下，但其官兵由旧职业军官和雇佣士兵组成，军队中原

① 《日陆军中将南游后之革命军观察》，见 1926 年 12 月 21 日《广州民国日报》。
② 张嘉森：《一党政治之评价：一党能独治耶？》，见 1926 年 12 月 5 日《晨报》。

有的地方主义、家长作风和效忠私人的旧习仍然根深蒂固。

国民政府在整顿统一军政的同时，还进行了两次大的军事行动：一是东征陈炯明；二是南征邓本殷。

陈炯明遭受第一次东征的打击后，率残部退至闽、赣，得到闽、赣督军和北京政府的接济，也借此得到喘息和复苏。1925 年 6 月间，当东征军回师广州讨伐杨、刘时，将潮梅惠属各县让给投诚的陈炯明部下洪兆麟、林虎驻防，不料彼等利用粤局动荡之机，复行叛变，在陈炯明的指挥下，筹划进犯广州，再次对广东革命政府造成威胁。

邓本殷原是陈炯明的部属。1923 年初，当孙中山驱逐陈炯明、重新开府广州时，邓本殷独树一帜，联合广东南路各军，组成所谓高、雷、罗、阳、钦、廉、琼、崖“八属联军”，宣布“自治”，并得到北京政府的认可和支持。邓本殷割据南路、琼崖地区，所占面积几达广东全省之半，自成为国民政府实现广东统一的严重障碍。

1925 年 9 月，国民政府作出出兵东江、南路的决定。10 月 1 日，东征军出发。历时一个多月，到 11 月中旬，陈炯明大部被剿灭。南征之役亦于 10 月下旬拉开战幕，至次年 2 月中旬将邓本殷全部肃清。

此次东征和南征，彻底解决了盘踞广东的地方军阀。民国以来一直扰攘分裂的粤局，至此方得以整合。自 1917 年孙中山南下“护法”以来就称为革命根据地的广东，至此才实现真正的统一。

第五节　两广统一与革命基地的巩固

因地理的接壤，两广有唇齿相依的关系。自广东建立革命政府以来，孙中山及国民党人即对广西充满期望。1920年12月，孙中山在致吴忠信函中即申言："吾人所切望者，首在攻桂，次则进取武汉，以窥长江，而定中原。雅不欲株守一隅，使人得以察我。"[①]1922年6月，蒋介石在致许崇智函中亦谈道："吾以为果能掌握两广，则基础巩固，以后政局变迁，如元首地位不动，即可进而统一中国。虽不占据长江，只有两广基础，亦可造成强有力之政府。否则不问外事，先将西南内部平定，然后再图中原，亦未始非计。"[②]"先定西南，再图中原"是孙中山及其国民党人的长期革命策略。国民政府统一广东内部后，两广的统一自然被提上议事日程。

辛亥革命后，广西置于陆荣廷为首的旧桂系军阀统治之下。1916年3月，陆荣廷打出讨袁的旗帜，宣布独立。不久，他与孙中山等合组护法军政府，但1918年与唐继尧等一道逼迫孙中山离粤。1920年又反对孙中山返粤任非常大总统。

1921年6月，孙中山出兵讨桂，打败陆荣廷，任命马君武为广西省省长，是国民革命势力进入广西之始。是年12月，孙中山抵桂林，组织大本营，进行北伐。但次年因陈炯明谋叛，孙中山只好将入桂粤军撤回广东。旧桂系势力卷土重来。陆荣廷、沈鸿英相继于1922年9月和11月重返广西。陆荣廷出任北京政府委任的"广西边防督办"职，号令

① 《孙中山全集》第5卷，448页，北京，中华书局，1985。
② 中国第二历史档案馆编：《蒋介石年谱初稿》，88—89页，北京，档案出版社，1992。

旧部,东山再起,势力迅速膨胀。沈鸿英亦不甘示弱,遂形成陆、沈两大势力相争持的局面。

在此过程中,李宗仁与黄绍竑两股武装力量在玉林、梧州乘机崛起。李、黄合作并与广东革命力量建立联系,势力迅速壮大。广西遂形成陆荣廷、沈鸿英与李、黄鼎足而三的局面。就兵力而言,三者之中,陆最强,沈次之,李、黄最弱。针对这一局面,李宗仁与黄绍竑定下统一广西的政略与战略:先陆后沈,各个击破。

1924 年夏,李、黄利用陆、沈在桂林交战对峙之机,乘虚袭击陆的后方,占领省会南宁,掌握全省政治中心,使陆失却号召的凭借。继成立"定桂讨贼联军总指挥部",李宗仁任总指挥,黄绍竑副之,白崇禧为参谋长兼前敌总指挥,先联络沈鸿英在柳州一带击溃陆荣廷的主力。9 月,陆荣廷被迫通电下野,退走沪上。原有的三足鼎立之局,变为李、黄与沈鸿英两军对峙的态势。此时,除桂林、柳州与平乐三属为沈军占有外,广西四分之三的地盘已成为李、黄的势力范围。

广东方面见李、黄统一广西在望,希望李、黄能将广西纳入革命政府旗下。1924 年 11 月,胡汉民、许崇智电邀黄绍竑赴粤商洽,决定委任李宗仁为广西全省绥靖督办兼广西陆军第 1 军军长,黄绍竑为会办兼第 2 军军长。12 月 1 日,李、黄宣布就职,宣誓正式服膺国民政府。

李、黄受革命政府新命后,得粤军李济深的协助,于 1925 年春消灭沈鸿英的势力,将旧桂系基本肃清。其后,李、黄在革命政府的指挥和援助下,历时半年,将图粤侵桂的滇军唐继尧击溃,广西统一终告完成。

广西统一后,国民政府有意接纳广西为其辖下的第二个省。1925 年 7 月 30 日,国民党中央执行委员会议决委派李济深、李宗仁、黄绍竑等为广西省临时省党部筹备员,在广西开展国民党党务。与此同时,李宗仁、黄绍竑在南宁设立广西民政公署,直隶国民政府,以民政长为省行政最高长官,统管全省民政事务。黄绍竑任广西民政长。至 1926 年 3 月间,桂省国民党员数量增至 10 万人,成立县党部 70 余处。

1926 年 1 月,国民党二大召开,李宗仁、黄绍竑均当选为候补中央监察委员。1 月 26 日,国民政府特派汪精卫等人前往梧州会晤李、黄,协商两广统一的具体步骤。2—3 月,桂方先后派白崇禧、黄绍竑赴粤,就统一的具体方案再行磋商。国民政府专门成立统一两广特别委员会处理相关事宜。3 月中旬，两广统一议决事项经国民党中政会和中执会通过。其要点如下：

(1) 广西省政府依据省政府组织法，于中国国民党指导监督之下，受国民政府命令处理全省政务。

(2) 广西现有军队全部改编为国民革命军，按编制编为两军，有关军事政治教育计划及各种军事上的补充给予，均按照国民革命军的相关章程实施。

(3) 凡两广财政机关及财政计划，均受国民政府财政部之指挥监督。

广西军队的整编，未按原计划编为两个军，实际只编为 1 个军，即第 7 军。李宗仁、黄绍竑、白崇禧分别被任命为第 7 军军长、党代表和参谋长。全军官兵集体加入国民党。6 月，黄绍竑按照国民政府制定的《省政府组织法》改组广西省政府。国民政府任命黄为广西省政府主席。至此，广西省政府正式受辖于国民政府。

广西作为第一个在革命根据地广东以外归依国民政府的省份，其来归不是武力征服的结果。两广的统一，使革命根据地更加扩大和巩固。北伐战争得以顺利发动，实肇基于此。

第三章

北京临时执政政府与北方军政格局

袁世凯死后，中国进入军阀混战和割据时期。南北大小军阀为了地盘，几乎是无时不争，无日不战，但没有任何一派军阀能够统一全局，军阀内部再也未能产生一个足以慑服各方或维系笼络各派的强势人物。但他们在名义上仍都奉中华民国之“正朔”，未有某派军阀公然将自己的防区宣布独立于国家主权之外，故这个时期国家虽然分崩离析，却始终存在一个形式上的中央政权。中华民国的国号与法统得以维持不辍。北京政府始终为各国所承认并代表中国国家主权。

袁世凯之后的北京中央政府，直到 1928 年安福军政府倒台之前，一直控制在北洋集团手中。在 1923 年曹锟贿选总统前，军人干政一般是通过政客和政治集团（多为政治派别）间接进行；而在曹锟当选后，军事强人直接以最高政治领导人的身份操纵中央政府。直、皖、奉三大派系为争夺中央政府的控制权，先后进行了三次大规模的战争：1920 年的直皖战争；1922 年的第一次直奉战争和 1924 年的第二次直奉战争。

这个时期南方革命政权虽以中央政府的形式与北京政府相抗衡，但其政府名称始终冠以“中华民国”，如“中华民国军政府”（1917 年）、“中华民国政府”（1921 年）、“中华民国国民政府”（1925 年）等。北伐以前，南方革命政权的实际管辖区域基本上囿于广东一省，不仅未得到列强和国际社会的承认，在国人眼中，亦始终未能摆脱“地方政权”的形象。

实际上，1924年开始，南北政权在朝着相反方向发展：1924年1月国民党宣布改组，1925年7月广州国民政府宣告成立，南方革命力量在国共两党主导下逐渐发展壮大，革命根据地在历经东征、南征后亦日趋巩固。但当时北方各军阀并没有把改组后联俄"容共"的国民党和新成立的国民政府放在眼里，对南方革命派组织动员民众的政治新动向和"党军""党国"的政治新体制亦未引起足够的重视。当时国内外新闻媒体和社会舆论关注的重心，仍是北方中央政局的变化，对革新之后的南方政府仍以普通地域性政权等闲视之。

当南方革命力量蒸蒸日上的时候，北洋军阀之间的矛盾和争斗不仅没有止息，反而日趋激烈。实力较强的军阀觊觎中央政权，时怀"问鼎"北京之志；实力较弱的军阀则以"自治"相标榜，在自己的统治区域内建构一个独立王国。1923年10月曹锟贿选总统后，奉张（作霖）、浙卢（永祥）、皖段（祺瑞）和粤孙（中山）都不承认曹吴（佩孚）直系中央政权的合法性。即使暂时聚集在直系旌旗下的军阀，亦只是名义上奉中央"正朔"而已，实际仍是各自为政。1924年第二次直奉战争以后，曹吴直系中央倾覆，段祺瑞在反直各派的"拥戴"下登上"临时执政"之位。但段氏虽然出山，皖系未能东山再起，段氏自身因为早已丧失军事实力，形式上大权在揽，实际是一个被张作霖、冯玉祥等实力派所操纵的空头首脑。手无寸铁的段祺瑞只好在各大实力派之间玩弄"均势"来维持统治。中央的军权、财政和人事行政权几乎被地方实力派分掠和侵蚀一空。段记中央政府比前任曹吴中央政府更加分崩离析和软弱无力，形成"北京所发生之事实，于全国无重大影响，北京乃一隅，而非全国，且不能统治全国"的局面。① 北京政府君临天下的地位实际已不复存在。

1924—1926年间，南北军政格局均发生了快速激烈的变化。南方的变局固不待言，北洋军阀体系内新旧力量递嬗亦相当明显。老一代军阀巨头相继凋谢，相对后起的奉系张作霖很快成为影响全国政局的一大要角；冯玉祥、张宗昌、孙传芳等新兴军人亦在这一两年间脱颖而出，逐渐发展成为具有全国性影响的人物。但他们之中谁也不足以慑服群雄，一阀独大。1926年5月，许仕廉说过这样一段话，颇能反映当时中国的军政格局："目下中国心理的环境，最为悲惨，其原因就是无英雄可崇拜。现在一般大头目小头目，谁也不崇拜谁。"②自吴佩孚因北京政变受挫后，北洋体系内不复有任何军阀再有武力统一全国的实力和雄心。任何军阀都无法长久控制中央政府。当某派军阀掌控中央政府时，既是该派势力达到鼎盛的标志，往往亦是其走向败亡的契机。因为谁控制中央政府，谁就成为各派集矢之的。"北洋

---

①《唐绍仪与外报记者谈话》，见1924年11月27日《申报》。

② 许仕廉：《再论武力统一》，见1926年5月11日《晨报副刊》。

派决不愿见其中有一人，势力特别强厚，将有支配全国之势。若为此兆，则必先群起暗中结合，谋有以推倒之。”[①]最终形成“你方唱罢我登台”的局面。政府内阁更迭如同走马灯一般。中枢轮替的周期由以往的三四年缩短为一两年。军阀之间合纵连横，争斗日烈，相互之间“分”“合”变化极为迅速。昨日宣称势不两立之“敌”，今日转为同舟共济之“友”，反之亦然。临阵倒戈现象相当频繁，战争发生的频率日趋加快。往往此次战争之结束，即是下次战争之胚胎。

综观 1924—1926 年北方军政格局的演变，第二次直奉战争是转折的重要契机。

① 无聊子:《北京政变记》，见荣孟源、章伯锋主编《近代稗海》第 5 辑，434 页，成都，四川人民出版社，1985。

第一节　第二次直奉战争与北京政变

1922年第一次直奉战争的结果，直系战胜奉系，并将北京中央政府控制在手，形成"直系即中央"的政治格局。曹锟、吴佩孚也成了"直系中央"的"太上皇"。以前中央政府虚悬于各派系之上，不全为某一派势力所独掌，故尚能相对独立，而"直系中央"的建立，意味着中央政府已公开被掌控在一派之手。在直系控制中央政权的两年半时间里（1922年6月至1924年11月），先后换了3位总统：先是以"恢复法统"为名，将皖系所扶植的安福国会及其所选举的大总统徐世昌驱除，恢复1917年被解散的旧国会，迎接旧总统黎元洪复职，继而又通过"闹饷""逼宫""夺印"等手段，驱黎下台，最后利用国会贿选曹锟为新总统。

曹锟作为直系首脑，其势力建立在吴佩孚身上。第一次直奉战争后，吴佩孚手握精兵数十万，虎踞中州，威镇长江，呼风唤雨，气焰如日中天。"此时许多人的心理，都深恶奉系，左袒直系"，"觉得吴秀才总比张胡子好"。[①] 国内舆论界甚至把统一中国的希望寄托于吴佩孚。苏俄和共产国际方面也一度认为吴佩孚是中国"最好的军阀"。中共在吴佩孚镇压"二七"大罢工以前对吴佩孚也有过部分正面性的评价。相对而言，吴佩孚在当时军阀中的确要算是文韬武略兼具的人物。1923年4月，吴佩孚五十寿辰，各方前往洛阳祝寿者有六七百人之多。康有为亲撰一副寿联赠吴："牧野鹰扬，百岁勋名才一半；洛阳虎视，八方风雨

① 李剑农：《戊戌以后三十年中国政治史》，333页，北京，中华书局，1965。

会中州。”是时的吴佩孚，大有天下莫敌之慨。

但好景不长。直系的强横，很快遭到直系之外各军事实力派的联合抵制。吴佩孚的跋扈又招致直系内部的分化和分裂。曹锟的“贿选总统”更激起全国民众的一致反对和声讨，从而引发一场席卷全国的反直运动。

直奉战争后，吴佩孚公开提出“武力统一”中国的主张。对吴佩孚而言，其武力统一的障碍有三：一是退守关外的奉系张作霖；二是在广东“革命”的孙中山；三是盘踞浙江的皖系残余势力卢永祥。

张作霖自被直系打败后，退回东北，宣布独立，在关外卧薪尝胆，“日夜筹划，练兵筹饷，预备复仇”。[①] 他设立“东三省陆军整理处”，作为其整军经武的最高执行机构，其具体措施包括扩建陆军东北讲武堂，大量培训中下级军官；从国外大量购进武器弹药，创办和扩充兵工厂；设立航空学校，培养空军人才；购买国外新型飞机，成立空军司令部等。奉系经过两年多的整备，军事实力大增。张作霖势在待机而发，直奉两系再决雌雄已不可避免。

针对直系的武力统一政策，孙中山继续加强与奉皖两系在第一次直奉战争时所建立的“反直三角联盟”。此时孙中山虽已着手联俄“容共”，却未放弃以往“联军阀以倒军阀”的政治策略。在孙中山看来，直系是各军阀中最强横的一个，擒贼先擒王，要打倒军阀，便应该先从打倒直系下手。此时处于弱势的奉、皖两系为了共同反直，亦主动加强与孙中山的联络。奉张、粤孙、皖段三方信使、函电往还频仍，如汪精卫在此期间先后 6 次赴奉天，代表孙中山与张作霖联络洽谈。张作霖在经济上和军事上亦曾予孙中山以援助。与此同时，西南各省军阀为了保住各自的地盘，纷纷打起“省自治”和“联省自治”的旗帜，借以对付直系的武力吞并。

当直系外部形成“反直三角联盟”的同时，直系内部的“反吴联盟”亦在酝酿之中。在直系集团中，曹锟位居帅位，其下则数吴佩孚势力最大。在第一次直奉战争前，直系内部就已经分裂为“津保”与“洛吴”两

---

① 汪德寿：《直皖奉大战实记》，见荣孟源、章伯锋主编《近代稗海》第 4 辑，582 页，成都，四川人民出版社，1985。

派。“津保派”以驻天津的直系省长王承斌为代表;“洛吴派”以驻洛阳的吴佩孚为首领。第一次直奉战争后,吴佩孚依仗自己对直系的贡献和所掌控的兵力,在直系内部专横跋扈。吴的“兵强气骄”引起津保派的不安和忌恨。津保派人物曹锐、王承斌、高凌霨、吴毓麟、熊炳琦、王毓芝等人起而联合制吴,挑拨离间吴与曹锟的关系,致使曹吴两人一度失欢。而吴佩孚为了树立自己在直系中的绝对权威,慑服直系大小将领,在对外推行“武力统一”的同时,对内力图推行“削藩”政策。

第11师师长冯玉祥是吴佩孚“削藩”的首选目标。在直系将领中,冯玉祥本来超然于派别之外,既不属于洛吴派,也不属于津保派,与吴佩孚既无密切关系,亦无明显利害冲突。在直系军队中,冯、吴同以“模范军人”自命。冯玉祥的兵力和实际战斗力仅次于吴佩孚。第一次直奉战争中,冯玉祥军因有稳定直系后方之功,论功行赏时,冯玉祥得到了河南督军的位置。吴佩孚在直系以“老大哥”自居,视冯氏为部属,无奈冯氏个性倔强,对吴不肯俯首,吴对冯乃寻机刁难、限制,并千方百计逼冯离开河南。最后吴佩孚以中央倡导废督裁兵为借口,裁撤河南督军缺,调冯玉祥为陆军检阅使,令他率领所部移驻北京南苑。陆军检阅使本是个没有地盘,徒有其名的虚职。吴为了削弱冯的实力,只允许冯带一个师到北京上任,其余部队交由新任河南督理改编。但冯设法将其部队全部运到北京。吴未能在编制上削弱冯部,又在军饷上抑制冯。冯玉祥北调时,吴佩孚应允每月由河南协助冯军军饷20万元,但冯部到京后,吴拒不践约。北京政府也不按时拨给冯军军费,积欠冯军军饷达11月之久。坐困北京的冯玉祥遂倒向保派一边。曹锟篡位时,冯玉祥扮演了逼宫驱黎的角色,但论功行赏时,吴佩孚升任直鲁豫巡阅使,而冯为吴所扼,一无所获,徒得逼宫的恶名,至此冯玉祥对曹、吴已成势不两立之势。

为了加强对各省军队的控制权,吴佩孚于1924年初提出一个统一军权于中央的建议,即规定各省巡阅使、督理一律不再兼任师长。这个计划对各省武人无疑是一个沉重的打击。因为有兵才有发言权,剥夺各省军政大员的兵权,不亚于剥夺其饭碗。他们表示情愿不做督理而要求保留师长的职位,但吴佩孚志在必行,先后下令解除了萧耀南、王承斌、陆锦、张福来、马联甲、郑士琦等一批巡阅使、督理所兼的师长职务。

吴佩孚的做法激起直系内部诸将的公愤和内讧。1924年5月,王承斌、冯玉祥、齐燮元先后提出辞职,想用“同盟罢工”的方式来倒吴。就在4月30日,上海《新闻报》曾发表时评分析说:“直系诸将同盟示威,迫曹氏制裁洛吴耳!为曹氏计,安能允其所请?假如曹听诸将辞职,彼等必将假部下拥戴之名,起而反抗,则直系之分裂立见;或曹迎合诸将之意,告诫洛吴,洛吴不甘受,分裂亦见;即使曹模棱两可,敷衍其间,彼等知曹无能主持,必自起而与洛吴争,则分裂仍不免。”也就是说,直系内讧分裂已成不可避免之势。

1923年10月,直系通过贿选手段,将曹锟推上总统宝座。这一行径激起一场席卷全国的反曹吴、反直系运动。在此以前,吴佩孚还取得一部分舆论的同情和支持,贿选以后,舆论完全倒向了他的对立面。但吴佩孚不自知,以为既把曹锟扶上总统作他的傀儡,可以“挟天子以令诸侯”,还有谁能打倒他呢!他此时所处心积虑的就只是乘机收服南方的孙中山、卢永祥和东北的张作霖。他对南方的计划,是用孙传芳图闽以制粤,而以陈炯明为内应,又用苏、皖、赣、闽以图浙;对东北则准备自己亲自出马,大规模秣马厉兵,打到关外去。

1924年9月至10月,江苏督军齐燮元与浙江督军卢永祥在中国东南地区进行了一场激战,时称“齐卢之战”,亦称“江浙战争”。这场战争表面上是苏督齐燮元与浙督卢永祥之间的战争,实际上是直派与反直派总体战中的一环。

直皖战争后,皖系的卢永祥仍占据浙江和上海。在卢永祥地盘之外,苏、皖、赣、闽四省均为直系势力所控制。江苏督军齐燮元垂涎于上海的税收和鸦片烟土收入,视卢永祥为眼中钉。直系的孙传芳也觊觎浙江地盘。1923年下半年,齐燮元曾几次将军队开到上海附近,欲以武力夺取上海,战争大有一触即发之势。但吴佩孚鉴于直系在南方的势力尚未完全稳定,为了集中精力对付奉系,不赞成齐燮元对卢永祥过早动武。加之卢永祥握有强大的军事力量,并同孙中山、张作霖订有“攻守同盟”,齐燮元也不敢轻举妄动。

时局延宕到1924年夏秋，江浙战争终于因福建问题而引发。1924年4—5月，北洋政府任命周荫人为福建军务督理，任命孙传芳为闽粤边防督办。但所谓闽粤边防督办，实际督不到粤省去，而福建一省又难容孙、周两大势力并存，在这种情况下，孙传芳力图向浙江扩展，因而与齐燮元合谋图浙。浙江方面，卢永祥知道自己陷入了孙、齐夹攻的不利局面，因而极力与广东、奉系联络，同时为了壮大自己的实力，将被孙传芳从福建驱出的臧致平、杨化昭两部收编为浙江边防军。

卢永祥的收编举动，正好为齐燮元和孙传芳攻浙提供了借口。齐燮元指责卢永祥收容叛军，强烈要求卢永祥解散臧、杨的部队，否则以武力相向，但卢不为所屈。9月3日，江浙战争正式打响。卢永祥处于苏、皖、赣、闽三面包围之中，实力远逊于齐燮元与孙传芳。但卢永祥之所以敢于应战，乃寄希望于粤、奉两方的援助和牵制。

江、浙战端一开，粤、奉两方果然同时发动。孙中山于9月5日发表宣言，讨伐曹吴，宣称"援浙即以存粤"，决定派湘、赣、豫军参加北伐，以谭延闿为北伐军总司令，克日移师北指，13日亲往韶关准备攻赣。与此同时，张作霖也通电全国，对卢永祥反对直系予以支持，表示将率领大军，扫除民贼。但奉系内部新旧两派意见不一，旧派张作相等主张静观，俟江浙战事解决，再定行止；新派张学良、杨宇霆辈则谓直系兵力倾注东南，无暇兼顾，急宜乘虚直入，响应浙卢以为声援，乃千载一时之机，万不可失。张作霖听从了新派的主张，决计兴兵入关。

江浙战争初期，卢永祥的浙军占据主动，但因直系方面后援部队甚多，尤其是孙传芳的军队由闽入浙，形成对浙军的包围态势，浙军难于招架。卢永祥又怀疑内部有人与孙传芳相勾结，乃决定放弃浙江，率部离开杭州，集中兵力于淞沪。孙传芳部队遂长驱直入。到10月初旬，浙军败局已定。卢永祥于10月12日通电下野，出走日本。历时40天的江浙战争以卢败齐胜而告结束。由于这场战争发生在中国最富庶的江浙地区，主战场靠近上海，战争给这些地区的社会经济破坏十分剧烈。战争中大量强迫征夫、征车、征畜，使长江下游城镇昔日的繁华景象荡然无存，并在上海数度引发金融风潮；战争所造成的大量败兵、残兵、散兵在城市和乡村大肆抢掠、强奸，为所欲为，致使自太平天国以后基本未受战争破坏的江浙地区的社会秩序遭受重创，社会元气因之大伤。

江浙战事虽终，但因它所引发的更大规模的一场战争正在激烈进行中。江、浙开战未久，奉系张作霖即于9月15日向直系宣战。曹锟急忙电召吴佩孚由洛阳进京，任吴为讨逆军总司令，王承斌为副司令，彭寿莘、王怀庆、冯玉祥分别为第一、二、三军总司令，分兵三路迎击奉军。第二次直奉战争正式打响。

在这次战争中，北京中央政府第一次在军阀战争中直接公开站在其中一方（直系）的立场。这在民国以来的政治史上尚属先例。当时吴佩孚的总司令部设在后海醇亲王府，正是国务院所在地。曹锟宣令：今后中央政府文武官员一律听命于吴大帅。吴佩孚要求内阁在其司令部召开办公会议，并在会上对政府总理和部长随意指示。曾亲身与会的部长顾维钧在晚年回忆他当时的感受时，声称得到“一番新的阅历”。[①]直系以中央政府名义讨奉，企图以此增强自己一系在战争中的“正当性”，实际却使本应虚悬和超然于各派系之上的中央政府的象征性权威大量流失。

第二次直奉战争又称“甲子之役”。是役双方各出动兵力10余万人，而且都将陆、海、空军投入战斗，战争期间，北方铁路几乎全部被动用于双方军事运输，作战方式和技术据称已经达到甚或超过第一次世界大战的水平，堪称北洋战史上空前规模的“立体战”，远较此前历次军阀混战为激烈。此前的战争，通常是雷声大、雨点小，相互通电“声讨”多于实际交战，故有“宣言战”“电报战”之称，几与演戏无异，而此次战争可以称得上是直奉两系军阀间一场真正的生死大决战，双方动员的兵力是以前战争的数倍，而伤亡则数十倍之。就实力而言，直奉两军难分高下，但奉系自第一次直奉大战失败后，在强烈的复仇意识驱使下，整军经武未尝稍懈；而直系取胜奉系后，其武力统一政策招致各方的联合抵制和反击，四面树敌，陷自己于孤立境地；贿选总统丑剧复使道义、人心丧失殆尽，直系内部又四分五裂，冯玉祥与吴佩孚之间交恶甚深，

---

①《顾维钧回忆录》第1册，274页，北京，中华书局，1983。

王承斌、胡景翼、孙岳等部将对吴佩孚亦深怀不满。战前，孙中山国民党人已与冯玉祥、胡景翼、孙岳等人密切联络，以冀实行推倒曹吴的“中央革命”计划。当吴佩孚布置对奉军事时，反直派联冯倒吴的计划也在暗中加紧进行。在孙中山争取冯玉祥的同时，段祺瑞、张作霖亦利用冯、吴矛盾拉拢冯。据称战争爆发前夕，张作霖曾支给冯玉祥军费300万元以收买冯。

江浙战事发动时，冯玉祥曾请命援江苏，意在向东南谋取地盘，但吴佩孚欲为孙传芳留地盘，未允其请。直奉大战开始后，吴佩孚没有把冯玉祥的军队放到山海关的正面战场，而放在热河，意在不让冯染指东北富庶之地。分配饷械时，吴对冯部又异常刻啬。诸如此类，更加激发冯对吴的愤恨，最终促成冯下定倒戈反叛曹吴的决心。

正当直奉激战难分胜负之际，冯玉祥于10月23日率部回京，发动政变，迫使总统曹锟下令停战、撤销讨逆军总司令等职、免去吴佩孚本兼各职。冯玉祥倒戈这一突发性事件，彻底打乱了吴佩孚的军事部署。吴佩孚只好一面分兵防御关外奉军，一面率部回救北京。冯玉祥则与胡景翼、孙岳等组织“国民军”，准备迎战。获悉冯玉祥倒戈的消息后，奉军乘势大举进攻。吴佩孚腹背受敌，兵败如山倒。11月3日，吴佩孚率领残部，由大沽浮海南下。历时50余日的第二次直奉战争以直军溃败而告终。曹锟、吴佩孚所控制的直系中央亦随之倾倒。

冯玉祥的倒戈，是第二次直奉战争的一个重要转折点。在冯倒戈之前，直奉两军难分胜负，基本上处于僵持局面。倘若没有冯玉祥的突然倒戈，吴佩孚未必没有获胜的可能。如此，直系或能统一中国，中国近代史的后半部则可能因此而要重写。

第二节 临时执政政府成立

第二次直奉战争虽因冯玉祥的倒戈而以直系失败而告终，但整场战争实际并未产生出一个确定的赢家。北京政变后，中央政府暂时落入冯玉祥的掌控之中。冯玉祥最初采取暂时维持现状的办法，企图“挟天子以令诸侯”，借曹锟来压服吴佩孚和直系各督。但吴佩孚于10月25日通电声明曹锟所下停战等命令为冯玉祥所“捏造”，并宣称奉曹总统密谕，“便宜行事，贯彻戡乱”，仍借曹锟的名义号令直系各方。直系长江各督相继通电讨冯。冯玉祥乃转而决定请段祺瑞出山，以便借重段的名望促成山东郑士琦和山西阎锡山出兵阻截直系援军北上。10月26日，冯玉祥发表通电，拥段祺瑞为国民军大元帅。10月30日，张作霖与奉军各将领亦联名通电拥段为反直联军统帅。数年蛰居天津的皖系首领段祺瑞顿时成为收拾北方时局的核心人物。

10月31日，在冯玉祥的操纵下，曹锟任命黄郛代理国务总理，组织内阁。11月2日，曹锟被迫通电辞总统职。黄郛于11月5日以代理国务总理摄行总统职务。国务院摄政制度源自1913年10月的《中华民国大总统选举法》所规定的当大总统与副总统同时出缺时，由国务院摄行其职务。北洋时期，内阁摄政计有6次，此前于1923年6月黎元洪总统被逐时，由内阁阁员高凌霨等宣布摄政。黄郛的摄政内阁为第二次。

摄政内阁是正式政府成立前的过渡政权。黄郛内阁的摄政时间甚短，至11月24日“临时执政政府”成立后结束。在此期间，冯玉祥做了一件大事，即驱逐清废帝溥仪出宫，然后由摄政内阁通过《修正清室优待条例》,规定"大清宣统帝从即日起永远废除皇帝尊号,与中华民国国民在法律上享有同等一切权利",清室"即日移出宫禁"。

冯玉祥想通过黄郛内阁操纵中央政府,奉系张作霖自然不愿冯玉祥独自操纵的黄郛内阁长期存在下去。直系军队败退后,奉军大举入关。奉军与冯玉祥的国民军在争夺地盘和收编吴佩孚的败兵等问题上互不相让,冲突随时有可能发生。而此时国民军的力量远逊于奉军。冯玉祥为了不使中央政权落入张作霖之手,同时也为了缓解政变之后来自国内外各方的压力,乃积极联络段祺瑞、孙中山等各派名流,请他们出面共同主持大局。张作霖虽具有较强实力,但毕竟一介武夫,缺乏政治号召力,不足以取曹锟而自代。张作霖与段祺瑞的历史关系甚深远,张氏父子和奉军一般高级将领对段都很尊敬,把段看做是北洋元老中最有希望的人,[①]故对冯玉祥拥段出山亦表示赞同。

段祺瑞自1920年直皖战争失败后一直蛰居天津,早有东山再起之心。冯玉祥、张作霖既争相"拥戴"他,他乃乘时而出。段祺瑞复出,南方直系各督亦表示欢迎。因为齐燮元、孙传芳、萧耀南等直系将领不愿见中央政权落入冯、张之手,而宁愿让没有军事实力的段祺瑞上台。段祺瑞是北洋老前辈,拥他上台,对直系将领而言尚不为耻,吴佩孚也不便反对。

各方在北京政变之后都表示拥段的政治立场,正是当时任何一方均没有能力取代曹、吴独掌中央政权和继续武力统一政策的写照。所谓"非段莫属"的表态,在很大程度上是各方在相持不下的僵持局面下的一种应变手段。奉军将领何柱国分析说:"段以北洋元老的资格,对于北洋军阀,无论哪一个,虽然都吸不住,却都罩得下。"[②]在这种情况下,段祺瑞自然成了收拾北方时局的最合适人选。

冯玉祥在通电拥段为国民军大元帅后,于11月初多次电邀孙中山北上主持大计,并派马伯援持冯的亲笔信南下迎孙。冯玉祥与孙中山及其国民党人早有接触和联络。冯玉祥调任陆军检阅使后,徐谦等一批国民党人

---

① 何柱国:《孙、段、张联合推倒曹、吴的经过》,见《文史资料选辑》合订本第18册,25页,北京,中国文史出版社,1986。

② 何柱国:《孙、段、张联合推倒曹、吴的经过》,见《文史资料选辑》合订本第18册,28页。

与冯玉祥时相往还，企图说服冯玉祥参加国民党，在北京发动“中央革命”。孙中山甚至亲笔手书《建国大纲》赠冯阅读。但从这个时期冯玉祥的日记可以看出冯对孙中山领导的革命尚缺乏真正了解，且信心不足。[①] 直至北京政变发动前夕，孙中山和一些国民党要人对冯玉祥能否参加革命也没有把握。政变发生后，孙中山在黄埔军校发表演说称：“这回北京事变没有发生以前的五六个月，便有几位同志从北京来许多信，催我先到天津去等候，说不久他们便可在北京发起中央革命。筹划这回事变的人数很少，真是本党同志的不上十个人。他们的见解，以为本党革命二十多年，总是不成功……推究此中原因，就是由于从前革命，都是在各省，效力很小，要在首都革命，那个效力才大。所以他们在二三年前，便在北京宣传主义，布置一切……到江浙战事发生之后，他们又来催促，要我赶快放弃广东，到天津去等，说首都革命，很有把握，发动的时期，就在目前。这个时期，是千载一时的机会，万不可失。如果就广东的计划，由韶关进兵，先得江西，再取武汉，然后才想方法去定北京，那是很迂缓、很艰难的；假若放弃广东，一直到天津去发动一个中央革命，成功是很迅速、很容易的。”但孙中山当时不大以为然。当事变真正发生后，孙中山又有几分失望，因为他看到中央政权仍在官僚军人之手，“对于本党表同情的，只有几个师长旅长，普通士兵都是莫名其妙”。于是他断言北京政变“毫不能算是中央革命”，“毫没有中央革命的希望”。尽管如此，孙中山还是决定进京，因为他认为“经过这次事变之后，可信北京首都之地，的确是有军队来欢迎革命主义的。从今以后，只要有人在北京筹划中央革命，一定可以望天天进步。”除了广东之外，“北京也可以做革命的策源地”。正是基于这样的考虑，孙中山决定北上，“借这个机会，可以做宣传的工夫”。[②]

就冯玉祥而言，他深知自己的政治声望和军事实力都难以独当一

---

① 1930 年东方书社曾出版过一本《冯玉祥日记》，内载冯曾派遣参议刘之龙赴天津与段祺瑞洽谈，并约定将来“孙（中山）主政，段（祺瑞）主军”。有人查对中国第二历史档案馆所藏冯玉祥日记原稿，未见此语，疑 1930 年版的《冯玉祥日记》有加工修改之嫌。过去学者多认为，政变前夕，冯与各方联络倒吴时，要求对方同意以迎孙中山北上主政为先决条件。但其材料出处多是 20 世纪 30 年代以后冯玉祥的自述以及冯部下李泰芬所著《国民军史稿》和简又文的《冯玉祥传》等，其可信度值得存疑。冯玉祥在政变前虽与国民党人有往还，但尚无充分事实证明冯玉祥在政变前已接受孙中山的政治主张和把孙看做自己心目中的领袖。参阅张连红《大革命时期的冯玉祥与孙中山》，载《安徽史学》1994 年第 1 期。

② 孙中山：《在黄埔军官学校的告别演说》（1924 年 11 月 3 日），见《孙中山全集》第 11 卷，264—265 页，北京，中华书局，1986。

面，且其倒戈行为有悖北洋体系的传统行事准则，在操守上颇遭谴责，“社会上谅之者甚少”。[①] 故他想将各派头面人物纠合在一起，组织一个委员制的中央政权。故他在通电拥段之后不久，又电邀孙中山北上会商国是。孙中山并非冯玉祥所邀请和推戴的唯一人物。孙中山对此亦了然于胸。孙中山虽然致电冯玉祥表示择日北上，但仍迟迟其行，意在静观时局的变化。

北京政变发生后 20 天，即 11 月 13 日，孙中山才由广州起程北上。从他起程前所发表的演说来看，他对北京政变的看法有所改变，起初以为北京政变“毫不能算是中央革命”，而是时他又认为北京政变是“中央革命的头一步”。他说：“他们(指冯玉祥)这次能够发动中央革命，便可证明革命在北京已经有了力量，这次虽然没有彻底成功，但可相信革命在北京有可以运动的余地，北京可以作革命的好地盘。”“这次北京的变动，不过是中央革命的头一步；头一步通了，再走第二步、第三步，中央革命一定是可以大告成功的。”“我信这次到北京去可以自由行动，能够在北京自由活动去宣传主义，组织团体，扩充党务，我想极快只要半年便可以达到实行三民主义、五权宪法的主张，极慢也不过是要两年的工夫便可以成功。所以我这回为革命前途计，便不能不到北京去筹备。”[②]这表明孙中山对北上和在北京进行“中央革命”抱持乐观的看法。但孙中山强调他北上的目的主要不是争权位，而是宣传主义，扩大国民党的政治影响。

孙中山在北上前后，多次发表宣言。对外宣言与对内演说的内容有所不同。如他在 11 月 10 日发表的北上宣言和 19 日在上海对全沪新闻记者的谈话，都强调北上有两个目的：一是召集国民会议，一是废除不平等条约。前者是针对军阀的，后者是针对帝国主义的。[③]

中国共产党对孙中山北上，最初表示反对。蔡和森在《向导》周报上公开著文说：“中山先生肯亲身去参加他们所号召的和平会议或委员制的政府吗？那么不仅是要上帝国主义与军阀的当，而且无疑是宣告

---

① 《冯玉祥辞职原因》，见 1924 年 11 月 13 日《申报》。

② 孙中山：《在广州各界欢送会的演说》(1924 年 11 月 12 日)，见《孙中山全集》第 11 卷，308 页。

③ 孙中山：《北上宣言》《在上海招待新闻记者的演说》，见《孙中山全集》第 11 卷，294—298、331—341 页。

自己是与军阀及帝国主义的工具处于同等地位。所以在原则上与策略上,中山先生不仅要在消极方面拒绝参加,而且要在积极方面号召人民起来反抗帝国主义宰制中国的阴谋,根本否定帝国主义的工具——祸国殃民应受国民裁判之军阀有召集会议冒称解决国是之权限。"蔡还断言:"中山先生现在若上午进京,我可断定他在革命上的信用,下午就要破产,然后,再尝一次广州七总裁的味道,结果不仅是终遭军阀排斥,而且要被帝国主义玩弄奚落,迫到苦笑不能的时候下台。"[①]但 11 月以后,中共改变了态度。11 月 1 日,中共中央发出第 21 号通告,指示"中局政策略有变更,现在我们对于孙中山北上参加北方和会,并不根本反对,然我们当警告中山在和会中本着国民党的党纲政纲及北伐宣言所说,揭破帝国主义在和会中勾结宰制中国的阴谋。"[②]中共政策变更的原因,当与共产国际的指示有关,因为鲍罗廷与加拉罕均极力主张孙中山北上。[③]

国民党此时在北方,除了得到一批青年学生和少数大学教授的拥护外,尚无多大影响。北方军阀武人中,除冯玉祥较早与国民党人接近外,大都不把国民党放在眼里,对于没有多大军事实力的孙中山仍然以空发议论的"大炮"相看,没有真正与他合作的意思。但因联合反直的历史关系,未便骤然置之不理,所以当冯玉祥电邀孙中山北上时,段祺瑞、张作霖辈也致电表示欢迎之意。[④]

但未等孙中山启行北上,冯、段、张 3 人已于 11 月 10 日会晤天津。同日,直系各督联名自南京发表通电,请段祺瑞主政,加强了段的地位。13 日,齐燮元在南京召集苏、浙、皖、赣、闽、鄂、豫、陕八省及海军联防会议,组织八省同盟,并由齐燮元、萧耀南、孙传芳等联名通电,声言因中央政府中断,对北京摄政内阁所发命令概不承认。冯玉祥与张作霖为了共同对付长江流域各省直系势力的挑战,觉得有即行解决中央政权的必要。

---

① 蔡和森:《北京政变与国民党》,载《向导》第 89 期,1924 年 10 月。

② 中共中央文献研究室编:《毛泽东年谱》(上),130 页,北京,人民出版社,1993。

③《鲍罗廷〈关于国民党〉的书面报告》(1925 年 1 月 24 日),见《联共(布)、共产国际与中国国民革命运动(1920—1925)》,564—572 页。

④ 李剑农:《戊戌以后三十年中国政治史》,368 页,北京,中华书局,1965。

推倒曹锟贿选政权后，各方多主张废弃法统，重新创造，但对于新政府的组织形式问题，各方意见不一。国民党在北方的人士主张采用合议的委员制，以取代独裁的总统制。舆论亦不乏主张委员制者。第二次直奉战争后，国人普遍厌弃武力统一主义，以为借强有力人物解决国是的办法已经不再适用；实行委员制，则庶政合议，无专断偏重之弊，且可趁此废除总统，以免将来再演贿选、武力统一种种谬误。一时间，采用委员制的空气十分浓厚。但委员制具体如何实行，各方想法参差：有的主张以孙中山、段祺瑞、张作霖、冯玉祥为骨干，再加入几个名流，联合组织；有的设想每个省区各举一人为委员，组织委员会，由委员会中互选一人为委员长，行使总统职权；还有的建议中央设置 5 至 7 名行政委员，政务处理采取合议制，委员不必兼领部务，其地位犹如唐代的同平章事、明代的内阁，或清代的军机。其时政界、学界名流如唐绍仪、章太炎等均主张实行委员制。素来标榜“自治”的南方实力派如云南的唐继尧、湖南的赵恒惕、广东的陈炯明等，此时亦趁机响应委员制和复倡联省制的主张。[①]

冯玉祥最初赞成委员制，但在 11 月 10 日开始举行的天津会议上，因段祺瑞与张作霖均不赞成委员制，冯亦未再坚持。张作霖提出，在新政府产生之前，暂组临时执政政府；执政政府不设国务总理，而由临时执政召集国务会议，并推段祺瑞为临时执政。冯表示同意，并于 11 月 15 日与张作霖、卢永祥、胡景翼、孙岳等联名通电，公推段祺瑞为中华民国“临时执政”。“执政”的含义，一方面表示废除了崇高的大总统，另一方面表示不是委员制。“执政”之前冠以“临时”，又标示其过渡性和非正式特征。

11 月 24 日，段祺瑞宣布就任中华民国“临时执政”。即日还公布了一个简单的《临时政府制》6 条，规定临时执政总揽军民政务，统帅海陆军，对外代表中华民国；临时执政设置国务员赞襄临时执政处理国务；临时执政命国务员分掌外交、内务、财政、陆军、海军、司法、教育、农

① 《本埠新闻：关于北京政局之沪上昨讯》《滇唐对于时局之主张》，见 1924 年 11 月 5 日、18 日《申报》；杨天宏《地方意识兴起与中国政治的区域化：北伐前夕中央与地方政治关系分析》，载《西南民族学院学报》，总第 22 卷，2001 年第 10 期。

商、交通各部;临时执政召集国务员开国务会议。这些条文意味着临时执政兼有总统、内阁和国会之多重权力,其集权程度实为民国以来所罕见。

不过,对自身缺乏军事实力的段祺瑞而言,置身冯玉祥、张作霖两大势力夹缝之间,形式上大权独揽,实际上难施展布。段祺瑞的处境与曹锟有所不同。曹锟执政时,其权力基础寄托在直系实力派吴佩孚身上。吴佩孚在直系内部虽然相当专横,但对"老帅"曹锟却存有几分"愚忠",每逢关键时刻,"他就毫不犹豫地执行曹锟将军的命令并尊重他的权威"。[①] 而段祺瑞自身早已丧失皖系鼎盛时期所具有的军事政治基础,而"拥戴"他的各方都没有吴佩孚对待曹锟那样的"臣属"心态。尽管段祺瑞不甘受人支配,实际却摆脱不了政治傀儡的尴尬地位。

① 《顾维钧回忆录》第1册,266—267页,北京,中华书局,1983。

第三节 善后会议

政权的移转,必须得到国内实力派与国际列强的承认,才能具有“合法性”基础。段氏既获国内各方之“拥戴”,临时政府在国内被承认已不成问题。但列强方面,初时颇有几分紧急,后经日本从中斡旋,段氏又声明“外崇国信”,尊重条约,各国使节方于 11 月 28 日分班入贺,作非正式承认的表示,继于 12 月 9 日向外交部表示承认临时政府。

段祺瑞在北洋军阀中虽然要算资格最老的人物,但仅有资格而无实力。拥戴者主要是尊其资格,希望他作“虚君”式的“共主”。而段氏又不甘于此。在自身无实力可恃的情况下,段氏乃致力于“和平统一”。善后会议的召开,即是一次“和平统一”的尝试。

善后会议主张的提出,实际上是段祺瑞对孙中山召开国民会议主张的回应。孙中山北上之际,提出两项政治主张,一是召开国民会议,一是废除不平等条约。段祺瑞为取得外国列强的承认,对后者自不可能认同,而对前者,段氏觉得有大可运用的空间。段祺瑞在 11 月 21 日宣告入京就职时,声称要在 1 个月内召集善后会议,3 个月内召集国民代表会议,表示与孙中山的主张相一致。当时新闻舆论认为,段氏所提出的“制定国宪,促成省宪,改革军制,屯垦实边,整理财政,发展教育,振兴实业,开拓交通,救济民生”等政治口号,均是历来新上台人物所能言者,惟“两会”主张不无新意,足堪注意。[①] 其实段祺瑞的“两会”主旨与孙中山的国民会议主张大有出入。

---

① 《北京临时政府成立》,载《东方杂志》第 21 卷第 23 号;章伯锋主编:《北洋军阀》第 5 卷,11 页,武汉,武汉出版社,1988。

孙、段主张的分歧点集中在两个方面：一是会议的名目，是召开“善后会议”，还是召开“国民会议预备会议”；二是参加会议的主体，是以“实力派”为主，还是以“人民团体”代表为主。

依段祺瑞的设想，善后会议可兼顾解决直奉战后的时局纠纷和国民代表会议的组织筹备两项职能，而国民党方面认为，没有召开善后会议的必要，直接召开“国民会议预备会议”即可。在会议的人员构成上，段祺瑞主张由各方实力派参与，所拟定的《善后会议条例》规定会员资格如下：“一、有大勋劳于国家者；二、此次讨伐贿选制止内乱各军最高首领；三、各省区及蒙藏青海军民长官；四、有特殊之资望学术经验，由临时执政聘请或派充者，但不得逾三十人。”[①]而国民党方面则主张国民会议预备会议应由现代实业团体、商会、教育会、大学、各省学生联合会、工会、农会、反对曹吴各军及政党等9个方面代表组成。

国民党与段政府之间的分歧，实际各有其利益考量。对段氏而言，他此时的身份只是“临时执政”而非正式总统。他在就职通电中虽申言“（善后）会议完成之日，即祺瑞卸责之时”，其实际思虑则是如何名正言顺地登上总统宝座。国民党方面，虽内部意见不一，但亦有不少人期望孙中山北上“握大政权”。孙中山本人则表示说：“其实我并没有想到握大政权，就是他们要我办，我也是不能答应的。”[②]但这并不表明孙中山完全没有出任总统的意图。他即使淡泊个人名利，也不能不为国民党的利益及革命前途着想。不过孙中山十分清楚，此时“国民党力量尚未足”，在这种情况下，如何在未来全国性政权上为国民党争得先机，不能不讲求政治谋略。国民党自改组以来，在联俄“容共”的推动下，注重民众宣传和民众动员工作，党的组织细胞开始渗透到一些民众团体中。如果国民会议代表以民众团体代表为主，国民党必然占据优势。而段祺瑞显然也看到了这一点。当时社会舆论亦有如下揣测：

段本自待不菲，安福系又欲大有为于将来，因中山在民众方面之势力不可侮，恐国民会议召集之日，即中山被推为总统而率其党员占领政

① 中国第二历史档案馆编：《善后会议》，4—5页，北京，档案出版社，1985。
② 《各界欢送大元帅北上演说词》，见1924年11月6日《广州民国日报》。

治舞台之日，故殊不欲见国民会议之开幕……至于反侧(国民党方面)，则亦有其计划。一则以段乃一军阀之领袖，在民众方面全无潜势力之可言。故国民会议之列席者资格愈泛，国民会议之任务愈重，则国民党在会议席上即可愈得势。而未来之组织政府者，亦除却国民党而莫属。①

在不具备军事优势的情况下，国民党以其主义来邀结民心，扬长避短，无疑是一种明智之举。国民党与段政府主张的分歧，引起社会的广泛关注。当时社会舆论更多倾向孙中山和国民党一方。各地成立的国民会议促进会大多支持孙中山的主张。但是也有人注意到，国民党的主张虽然在很大程度上迎合民众的心理，也符合"主权在民"的政治理念，但却没有考虑到操作的可行性；认为在军阀未被彻底打倒之前，欲将实力派撇开，而以"人民团体"为主召开会议、解决国是，显然是不现实的。即使国民会议开成，其所形成的一纸决议，对军阀实力派亦毫不构成约束力。不如屈就现实，先召开以实力派为主的善后会议，让实力派之间达成妥协，更为实际可行。②

值得注意的是，孙中山最初只是正面宣传自己的国民会议主张，并未对善后会议提出批评。段祺瑞于 12 月 2 日拟出《善后会议条例》草案后，曾数次派人赴天津征求孙中山的意见。但直至 12 月 24 日《善后会议条例》正式公布前夕，孙中山一直以抱病为辞，迄无任何明确表示，既不表示赞成，亦不表示反对。在此期间，孙还训令北京国民党人不得擅贴"打倒"段、奉等系人物的传单，认为若对于友军人物不能以诚恳之辞互相勉励，良非本党应取之态度。③ 此时孙中山显然尚寄希望于段政府能对《善后会议条例》草案进行比较完满的修改。

《善后会议条例》公布后，孙中山才对新闻界坦言：善后会议实质是"善军阀官僚之后，非善民国之后"，表示继续坚持其国民会议预备会议的主张。但孙中山此时仍无意与段祺瑞决裂。此时孙中山因病滞留天

---

①《段孙意见不同之点》，见 1925 年 1 月 6 日《申报》。
② 春木：《善后会议与国民会议》，见 1925 年 1 月 10 日天津《大公报》。
③ 吴元康：《孙中山何时公开反对段祺瑞善后会议》，载《安徽史学》2000 年第 1 期。

津，外间传言孙中山不赴京，系因孙、段不能合作，甚至有孙将因此折返上海的传闻。为了消弭谣言，证明孙、段尚保持昔日关系，孙中山于12月31日力疾赴京。[①] 孙中山同时又声明本人"虽已入京，决不列席善后会议"。1925年1月3日、6日，在京的国民党中央委员开会，讨论对于善后会议的态度，因内部意见各殊，未能达成一致意见。"反对参加者以此会与真正民意无涉，吾党不宜参与；主张参加者以必须加入后方可防止其包办国民会议，且对各省军事财政为报告之性质，亦有益。"[②] 此时，一部分孙中山随从在国民党员中宣布两大原则："绝对不妥协，又不决裂。"所谓"不决裂"，具体乃指"不与段作露骨之反对"。[③] 这两大原则可能即是孙中山本人心态的反映。

与孙中山的犹疑暧昧态度不同，中国共产党始终认为段祺瑞召集善后会议是军阀官僚愚弄国民的阴谋，如果得逞，中国政治必将倒退，因此对善后会议持极端反对的态度，并多次撰文敦促孙中山毅然发表反对善后会议的宣言。1925年1月中旬，《向导》第98期发表彭述之的署名文章，对孙中山公开提出批评。文章写道：段祺瑞公布善后会议条例后，"我们以为代表国民革命的领袖中山必然出来抗议，可是中山先生终未正式发表一言！然而我们还以为中山先生尚未进京，也许进京以后一齐发表，可是现在中山先生抵京又十日了，仍旧是噤若寒蝉！我们忍不住要问了，不知道中山先生的态度究竟如何？"

1月下旬，随着善后会议的开幕日期日趋临近，苏俄顾问鲍罗廷、加拉罕与中共中央决定改变策略，认为国民党与其站在会外消极抵制，不如积极参加进去，变善后会议会场为宣传国民党政治主张的讲坛。但孙中山及部分国民党人对中共的建议难以接受。孙中山表示"最好是抵制"。后经过反复思考后，认识到直接拒绝参加会议将对国民党不利，乃于1月17日致电段祺瑞，表示可以接受善后会议，但要求会议能兼纳人民团体代表。至于"兼纳"多少，国民党方面并未提出人数的比例。当时舆论认为这是孙中山对段政府的重大让步。

---

① 学界过去有一种说法，《善后会议条例》公布后不久，国民党发表了反对善后会议的通电。后来有学者考证，这一说法缺少事实根据。参见吴元康《孙中山何时公开反对段祺瑞善后会议》。

② 陈锡祺主编：《孙中山年谱长编》下册，2109—2110页，北京，中华书局，1991。

③ 罗敬：《北方最近之政情》，载《向导》第98期，1925年1月。

段祺瑞接电后，连日召开会议讨论。此时段政府内也有不同意见。一派以许世英为代表，主张调停，部分采纳孙中山的意见，将各省省级教育会、农会、商会等"法定团体"的会长吸纳入会，其他如工会、学生会等暂不纳入；另一派以林长民等人为代表，力持异议，认为这样做，会使加入善后会议的法定团体代表人数多达130余人，占全部与会代表之半，势必引起奉系张作霖的反对。21日，段政府再次开会，经过激烈争论后，最终采纳了许世英的折中调和办法，认为"中山既有明白之表示，自不能不予以尊重；但中山之意见，固须尊重，而执政府之威信，亦必须保全"。29日，段祺瑞复电孙中山，正式表达了21日会议的意见。段在解释了不便修改条例、延缓会期的原因之后，允聘各省及特别行政区议会、教育会、总商会、省农会等四会会长以及京津沪汉四大商埠商会会长为善后会议"专门委员"。也就是说，段政府对孙中山提出的"九法团"打了一个对折，以"四法团"取而代之。应该说，段政府还是作出了一定让步，并非完全拒纳国民党的要求，在一定程度上拓宽了善后会议代表的社会基础。当时有舆论认为，此次会议的代表"较从前所有之会议扩大"，①亦属实言。

接到段祺瑞的复电后，在京国民党要人开会讨论，一致认为段氏未完全容纳孙中山的主张，决定对善后会议予以抵制，通告要求所有国民党系的善后会议代表不得出席善后会议。但同时又议决"再力争加入人民代表"。2月1日，善后会议开幕，绝大多数国民党系会员自觉服从党的决议。3日，国民党中央执行委员会根据孙中山的意旨通电全国，解释国民党不能赞同善后会议的缘由。7日，在京国民党政治委员会再次开会讨论对善后会议的态度及应对执政府的方针，与会委员"大致对执政府仍主友谊的规劝，对善后会议认其无讨论国民会议组织法之权，同时促全国国民会议促进会从速自行召集，草定国民会议组织法大纲"。② 可见国民党至此仍未下定决心要与段政府决裂。"欲迎还拒"是当时大多数国民党人和孙中山的态度。

但段祺瑞方面实际无意容纳国民党的主张，自2月9日起召集法

---

①《汇丰主席论中国事》，见1925年2月23日《申报》。
② 王仰清、许映湖标注：《邵元冲日记》，113页，上海，上海人民出版社，1990。

制院起草国民代表会议组织法,准备提交善后会议表决。至此,孙中山及其国民党人完全绝望。2月10日,国民党中央通电声明:国民会议组织法,不得由善后会议制定。反对由善后会议产生国民会议,同时正式号召人民团体自动制定国民会议组织法,以与善后会议相抗。该电的发表,可以视作孙中山公开反对善后会议的标志。自此,孙中山与段祺瑞在政治上彻底决裂了。

国民党中央虽然完全否定了善后会议,但后来仍有少数急欲接近北京政权的国民党人参加了会议。①

在善后会议召开前夕,国民党与段政府之间在"江西地盘问题"上亦产生了分歧和矛盾。自段祺瑞入京主政后,对各实力派的防区和地盘分别作了划定:奉张控制天津并向津浦铁路沿线扩展,冯玉祥的国民军则控制京畿及京汉路沿线。孙中山作为反直三角同盟的一方,从广东挥师北上,意欲夺得江西。但当北伐军进入江西时,段政府却以"南军师出无名"为由致电孙中山制止,并任命素与国民党不睦的方本仁督办江西军务。孙中山对此极为不满,要求段政府任命李烈钧为江西省省长,段未照允。江西地盘之争亦是导致国民党与段政府关系紧张并直接影响国民党对善后会议态度的一个重要原因。②

尽管遭到国民党的抵制,善后会议仍照常举行。各方实力派虽对善后会议表示积极支持者少,但亦无人坚决反对。多数代表对会议之预期结果虽不无怀疑,但仍抱尝试而乐观其成的心理。到会议开幕前夕,各方所派代表或允派之代表达130余人。在会议拟聘会员名单中,段祺瑞最为看重,认为最不可少的有7人,即代表国民党的孙中山,代表奉系的张作霖,代表国民军的冯玉祥,代表西南联治派的唐继尧,代表旧直系的萧耀南,代表政学系的岑春煊和代表研究系的梁启超。这

① 据杨天宏考证,实际出席会议的国民党代表有以下9人:彭养光、冯自由、马君武、石青阳、张铮(熊克武的代表)、唐瑞铜(樊钟秀的代表)、卢启泰(杨希闵的代表)、邓之诚(范石生的代表)、李岳渊(胡思舜的代表)。吴元康则认为,杨天宏的考证不确,出席过善后会议的国民党代表应为以下12人:彭养光、冯自由、马君武、张铮(熊克武的代表)、王鼎洛(樊钟秀的代表)、卢启泰(杨希闵的代表)、邓之诚(范石生的代表)、李岳渊(胡思舜的代表)、常恒芳(柏文蔚的代表)、林知渊(方声涛的代表)、严端(李宗仁的代表)、蒙经(黄绍竑的代表)。杨天宏:《国民党与善后会议关系考析》,载《近代史研究》2000年第3期;吴元康:《出席善后会议的国民党党员考》,载《安徽史学》2001年第4期。

② 有关善后会议一节的描述,参阅了杨天宏《国民党与善后会议关系考析》,载《近代史研究》2000年第3期。

7人大概要算是此时中国最具实力或名望的人物。7人中,梁启超拒绝与会,乃因已宣布脱离政治,并非故意与段氏为难;唐继尧、岑春煊虽不主动,但允派代表参加;真正抵制不加入者主要是国民党方面。

段祺瑞最终不顾国民党的抵制而按其预定计划召开善后会议,表明此时国民党在全国的政治影响和发言地位还相对有限。国民党亦自知力量不足,故而对善后会议的抵制采取"欲迎还拒"的态度。表面观之,国民党未能成功制止段祺瑞的善后会议,似有所损。但我们可以推想,若果真段祺瑞接受了孙中山的主张,召开国民会议,亦未必有何实际结果,因为在各方军阀没有被推倒以前,和平统一只是一种幻想。其最终的出路,仍只有进行"打倒列强除军阀"的国民革命。事实上,国民党通过与段政府在善后会议问题上的斗争和较量,大大扩大了国民党在全国民众中的政治影响,这才是国民党的最大斩获。

善后会议自2月1日开幕后,中经休会、延会,至4月21日闭幕,历时两月有余。段政府想通过善后会议集中军权、财政于中央,以巩固临时政府的基础。而参加会议的各地方实力派则想通过善后会议谋求扩张本派系的利益。会议开始后,段祺瑞即以临时执政的身份向会议提交了包括《收束军事大纲案》《整理财政案》《国民代表会议条例》等议案。段知道这些议案将触动各省军阀的既得利益,乃仅定大纲,未提出具体办法,企图蒙混通过后,再自由确定办法。各实力派代表洞悉其谋,群起攻击,声称整理全国财政、军事,关系何等重大,而中央在事前不征询各代表的意见,表明中央对各省毫无诚意。

奉系自恃军事实力最强,在会议上亦最霸道。为了让段政府满足己派的要求,动辄以退会相要挟。奉系代表占有21席,如果退席,会议将不足法定人数。西南联治派的幕后人物为云南的唐继尧和湖南的赵恒惕。会上,西南联治派代表提出议案,要求改组临时政府,中央实行"合议制",各省实行"联省自治制",以保持其地方割据状态。他们与一些不满于段政府的名流政客如熊希龄、梁士诒等相串联,颇能左右会场,形成一股要求改组政府的强大声势。但奉系对此表示反对。由于各派系均以自我利益为中心,致使会议历时逾月,而段政府所提议案无一通过。奉系代表邴克庄在致张作霖的密电中如此形容段政府的窘态："政府近来步骤颇形紊乱，遇一问题发生，元首则朝拒而夕纳，左右则甲是而乙非，欲赞助而苦无定向，欲解脱而又违初衷，既防南以谋我，又觉进退维艰。"①

为了打开困局，段政府一方面宣布休会、延会，同时派人与各方实力派疏通，试图以地盘换取奉系的支持，并联合奉系共同扼制和搁置西南联治派提出的议案。对冯玉祥的国民军，答应以孙岳为河南省省长，以岳维峻为河南军务督办。尽管如此，段政府有关整理军事、财政的两个大纲仍未能获得通过。当时社会舆论担心，"善后会议恐不能自善其后"。对段政府而言，如果所提议案不能通过，将大损政府威信。在这种情况下，段政府退而求其次，不管实际如何，首先得在形式上保全政府体面。著名报人邵飘萍在《京报》发表评论称："时局不因善后会议而善后，然善后会议本身却因面子关系而有善后之必要。故延期以后之善后会议，非图时局之善后也，乃图会议之善后而已。若无面子关系，则一月期满，即宣告毫无结果而散会可也。今因毫无结果散会与面子大过不去，始不得已而出于延期。然则此二十日以后之成绩，至多为会议善后耳，与时局之善后又有何关系耶？"②

经过与各方实力派协商，后者终于同意协助政府圆场：凡政府所视为在体面上必须议决而又无损各实力派利益的议案，如国民代表会议条例，同意修正议决；对有损各实力派既得利益的议案，如整理军事、财政两个大纲，名义上分别并入《军事整理委员会条例草案》和《财政整理委员会条例草案》内，实际则取消。③

对段政府而言，为了撑住体面，不致陷入塌台的境地，只好委曲求全。段政府最后的底线竟是：议案的内容尽可让步，或改变面目，甚至无形取消，但议案在形式上必须通过。对各方实力派而言，只要会议的议决案对他们的行动自由不加约束，会上殊不必对段政府作拆台的举

---

①《郝克庄致张作霖等电》（1925年3月27日），载章伯锋主编《北洋军阀》第5卷，25页，武汉，武汉出版社，1988。

② 邵飘萍：《时局之善后与善后之会议及会议之善后》，原载1925年3月19日《京报》，引自方汉奇主编《邵飘萍选集》下册，500页，北京，中国人民大学出版社，1988。

③ 孙彩霞：《军阀与善后会议》，载《近代史研究》1989年第6期。

动。[1] 善后会议以“解决时局纠纷”为初衷，最后以敷衍圆场而结束，对时局的善后毫无裨益。

如果说，第二次直奉战争是北洋军阀内部最后一次“武力统一”之举的话，那么，善后会议则可视为南北各方最后一次“和平统一”的努力，但两者的结局均以失败而告终。

① 《善后会议之终场》，载《东方杂志》第 22 卷第 10 号；见章伯锋主编《北洋军阀》第 5 卷，19—20 页。

第四节　国会的衰亡

曹锟贿选总统被揭露后，曹锟与国会同时成为全国舆论的众矢之的。当时国人认为，贿选乃国会腐败的表征，因而在大力声讨曹锟的同时，对国会亦大张挞伐。曹吴政权倾覆后，舆论再次掀起一场对国会的攻击浪潮。如当时颇具社会影响力的上海总商会在有关时局的通电中，指责贿选议员“长恶助乱，百喙难辞，应予按名诉追惩治，借伸法纪”。北京公联会更是历数国会十大“罪恶”与“万万不能存立”的十大理由，主张趁此推翻曹吴政权之机，将“祸乱之媒”的国会消灭。[①]《国闻周报》亦发表社评，主张从国家与社会两方面对受贿议员予以制裁：国家方面，应将其逮捕审判，依法定罪，并追缴其所受贿赂；社会方面，凡各种公私团体及公共事业机关，对贿选议员概不许其参加，断绝其在政治上和社会上的活动空间。[②] 当时国人的批评焦点主要集中在议员的道德层面，如称贿选议员为“猪仔”，视接受贿赂为出卖道德良心。对议员个人品行的谴责，亦难免连带怀疑甚至否定国会制度，视国会为令人厌恶的东西。

这样一种社会舆论环境，为政治家根据自身利益需要任意处置国会提供了条件。曹吴政权崩溃后，反直各方在国会问题上各有其利益考虑。孙中山及其领导的国民党对旧国会大多倾向于解散。孙中山北上途中，曾对新闻界发表谈话称：“余对于现在北京之国会主张解散，因

---

① 《总商会对于时局之两电》《北京公联会对于国会问题之通电》，见 1924 年 11 月 17 日、27 日《申报》。

② 诚夫：《处置贿选议员之我见》，载《国闻周报》第 1 卷第 19 期，1924 年 12 月。

年来所有战事皆为不良国会所酿成。非去此不良之国会，中国殆无统一之希望。”[1]孙认为，国会之不良在于“选举议员的方法太草率”，所选议员道德太低下，致使国民对议员完全失望。孙主张召开国民会议，寻求“根本解决”。孙中山在经历长期的“护法”斗争之后，此时已放弃“护法”的旗帜。孙中山之所以抛弃“法统”，一个重要原因在于，此时国民党议员在国会中的人数已十分有限，国会议席对国民党实现自己的政治理想已没有多大价值。如召开国民会议，国民党则可通过党团加以操纵和控制。

冯玉祥在政变之初曾打算将国会一举取缔，故其政变后第一次通电，并无参、众两院之衔。起事当天下午，冯玉祥派兵驻守两院，做好了取缔的准备。嗣经商询王正廷、张耀曾等人，王、张皆主张慎重，认为此番班师主和，当以改良政治为立足点，而不可自居“革命”地位，认为通过“革命”建立的新政府，将面临外交承认问题。如果对于政府只采取改良姿态，那么，对于政府所由产生之国会，自应保全。冯氏听从了王、张的意见，乃将主和通电补送两院，后来黄郛代阁之建立，仍经曹锟任命，继而胁迫曹锟退位，亦令其向国会辞职。

在对待国会问题上，张作霖的态度最为强硬。政变不久，他便主张将包办贿选的吴景濂捉拿归案，予以严惩。当时报上多见“天津某强有力人物”反对恢复法统的记载，所说的人物即指张作霖。唯实力是视的张作霖本来对国会素不看重。对张作霖而言，无国会可随心所欲，有国会亦可凭借实力加以操纵。相对而言，段祺瑞对国会的态度一度游移不定，如其出山通电中有“法统已坏，无可因袭”之语，表明段氏最初对国会亦有唾弃之势。段氏倾向集权，不喜欢国会束缚其手脚，当可理解。但段之左右仍主张迁就法统。受其影响，段祺瑞对国会表现出模棱两可的态度。

国会参、众两院面临如此严峻的形势，势必为维持自身的存在而努力拼争。是时国会实际上已一分为二：一部分留在北京的旧国会议员，一部分因反对贿选而南下驻沪的议员。未曾参加曹锟贿选的议员为了

---

① 《与日本大阪〈每日新闻〉记者的谈话》(1924 年 11 月 8 日)，见《孙中山全集》第 11 卷，290 页。

避免“玉石俱焚”,一面极力与曹锟划清界限,一面活动反直各方实力派寻求支持。1924 年 11 月 10 日,移沪国会议员召开会议,作出三项决议:(1) 贿选分子及伪国会议员应立即驱除;(2) 在天津设立反对贿选议员办事处;(3) 响应天津同志会电召,陆续北上。22 日,未曾参加贿选的 279 名议员在北京召开“国会非常会议”,揭举拥护《临时约法》的旗帜,并推选代表谒见段、张、冯等人,表示当此政变之际,非有一民意机关,不足以维持一切。将来临时政府与国民会议之组织法,希望由非常国会制定,纵或不能,亦须经国会通过,并建议由非常国会选举段祺瑞为临时总统。25 日,制定《国会非常会议组织大纲》11 条,规定国会非常会议由未参加贿选的议员组成,职权为制定一切临时法规,议决关于政治之重要事件。非常会议不设正、副议长,而由每省议员互选一名行政委员,组成行政委员会,执行非常会议的一切事务,轮流充任非常会议开会时的主席。

同时,涉嫌受贿的国会议员在举国唾弃和讨伐声中,面临穷途末运。政变后不久,众议院召开秘密会议,讨论“国会自卫”问题,议员们为保持自身饭碗计,或主张选举议长,自固势力,或主张联络南派议员,与之迁就妥协。11 月 5 日,众议院召开紧急会议,出席议员 301 人,就议长等问题展开了讨论,但因内部意见分歧,会议无果而终。11 月 19 日,反直各方实力派在天津开会,议决解散旧国会,并剥夺贿选议员的选举权与被选举权。11 月底,临时政府司法部下令逮捕贿选议员,出动军警大事搜捕,受贿议员闻风而逃。其中逃往天津的部分议员发表宣言,声称“国会”已移天津。12 月 14 日,北京临时执政府会议正式作出推翻“法统”的决定,并拟就三项命令:(1) 撤消 1923 年 10 月曹锟所公布的“伪宪法”;(2) 民国元年的《临时约法》,失其效力;(3) 参众两院除拒绝贿选议员参与建国大计外,两院所有机关立即取消。

因各方反对意见强烈,临时政府未敢遽然发布上述三项命令。当时未参加贿选的议员正在京沪等地集会,宣称“护法”,提出“民国之成,基于约法”,除由总民意机关另行制定根本法替代外,无论何人,均无加以毁弃或变更之权。执政府内部亦意见不一,有人以事关重大,主张交由将来的国民会议解决，不必由临时政府负此重大责任。如财政总长李思浩即认为，现在的执政府系临时性质，并非国家之主人，譬若看房人，断无主人外出未归时越俎代庖，主动更改房内陈设布置之理。而司法总长章士钊则认为："国会、宪法、约法三者，在现时革命政府之下，无一可以幸存。如稍持调停迁就说，或变相保留之说，则现在革命政府，失法律上之根据，非驴非马，徒与反对者以口实。故为巩固现政府地位起见，非首先打破法统不可。欲打破法统，则国会、宪法、约法三项，绝对不可存在。"①

反对取消法统者，主要还是为《临时约法》而争。三项命令中，曹锟宪法应该废弃，多无疑义；旧国会早已届满，且多数议员参与贿选，其不应存续，亦无大的分歧。惟约法系规定中华民国国体与政体的根本大法，故大多主张不应轻言废弃。由于反对之声强烈，段政府推翻法统的命令一度搁置未发。尽管如此，段政府仍在暗中进行废弃法统的准备工作。其具体部署是：先召集善后会议，制定国民代表会议条例，然后根据国会代表会议条例，召开国民代表会议通过宪法。

1925 年 4 月 24 日，段政府鉴于善后会议已通过国民代表会议条例，国民代表会议的筹备工作已提上议事日程，乃正式发布废弃法统的命令，明确宣布"民国法统，已成陈迹"。《临时约法》与曹锟宪法同归于尽，以当时司法总长章士钊的话说"曹锟宪法革临时约法的命，执政府革曹锟宪法的命"。约法既废，旧议员的法理依据不复存在，国会非常会议亦因政府的压迫而陷于停顿。

废除旧国会后，临时执政府成立"临时参政院"作为新的民意机构，为临时政府提供咨询、建议并就临时政府所指定事项作出决议。临时参政院的职责仅是辅佐临时执政，对行政没有监督权，其议决范围仅限于临时执政所提议案，亦即只能被动议决而不能主动议决，而且议决案和建议案，必须经临时执政认可后，才能交各主管官署执行。1925 年 7 月 30 日，临时参政院正式成立，共有参政 193 人，规定由各省区军民长官各派代表 1 人及由临时执政"钦点"之代表组成，其中大部分是出席

① 《推翻法统之三令尚难即下》及《取消法统命令已搁浅》，见 1924 年 12 月 16、17 日《顺天时报》。

善后会议的代表。临时参政院设议长、副议长各1人,均由临时执政特派。议长赵尔巽,副议长汤漪,两人亦系善后会议正副议长。因此,临时参政院相当于善后会议闭会后的常设机构。

段祺瑞废弃法统后,声称要另颁宪法。为此,他规定由两个机构进行,一为国家宪法起草委员会,负责起草宪法;一为国民代表会议,负责议决宪法。

《国宪起草委员会规则》于1925年5月3日公布。委员由各省区军民长官各推1人及临时执政选聘20人组成,总计70人,以林长民为委员长,于8月3日起开会。至12月,提出《中华民国宪法案》,咨文政府交付国民代表会议议决施行。宪法草案规定,在未来的正式国家机关中,国会制度仍将保留。

在起草宪法的同时,国民代表会议亦在着手进行。《国民代表会议条例》于4月18日经善后会议通过。条例规定,国民代表会议以议决宪法为职权。国民代表会议议员总额为500人,由选举产生。选举分一般选举和特别选举两种。一般选举按行政区域进行,以县为初选区,以道为复选区,凡属成年,能通晓文字、明白事理者,一般皆有选举权,无财产限制。特别选举是在一般选举之外,另依大学、商业、实业三者设立选举区,分别由大学教员、学生、商人以及实业人员直接选举。① 7月1日,段祺瑞下令,定8月为议员初选期,9月为复选期。10月29日又下令已当选议员于1926年1月15日前晋京参加会议。但国内舆论对国民代表会议多表不满。到1926年1月初,执政府自身已是风雨飘摇,段祺瑞拟通电下野,无心召集国民代表会议。未久,执政府被推翻。国民代表会议亦随之流产。宪法未能产生。段祺瑞原打算待制宪完成后依法重新组建国会。制宪既未成,正式国会因此亦不能成立。民初的议会政治至此告一段落。1925年以后,中国未再建立国会。

国会政治是西方近代民主制度移植于中国的一项重要政治实践。但国会在民初仅仅延续了13年,就在近乎举国一致的声讨中寿终正

---

①《国民代表会议条例案》,见章伯锋主编《北洋军阀》第5卷,30—32页。

寝。民初国会政治如此迅速地走向消亡，其原因自然是复杂的，如人们通常所说的国会议员道德腐败，国民政治训练不够，军阀与各实力派的自身利益考虑等。就其消亡过程而言，段祺瑞本有重建国会的打算和可能，只是由于段政府自身面临统治危机，国会才消亡于无形。从这一事实看，国会的消亡具有一定的偶然性。但是段祺瑞之后的历届政府未再致力于国会的重建，而国人亦安之若素。这其中又寓示着国会制度在中国水土不服和不得不消亡的必然因素。一种政治制度从建立到完善，大凡需要一个相当长的过程。一种外来政治制度从移植到本土化，更非一蹴可就。议会政治在西方各国的实施，本来就经历了一个漫长的逐渐成熟的过程。民初议会政治的短暂尝试，其表现的确不如人意，但当时国人在审视这一外来政治制度时，难免有急功近利和急于求成的想法，并且将自身历史文化传统和时代环境等方面的制约因素，亦皆归咎于制度之错，从而从根本上彻底否定。另外，清季以还，国人思想日趋激进，急切向西方学习“最新最好”的东西，不断更新学习样板。到 20 世纪 20 年代初，中国人的学习榜样已由欧美、日本转向俄国，政治体制上的兴奋点，亦由西方议会民主政治转向苏俄式的党治体制。当国会制度在中国北方趋于消亡之际，恰是苏俄党治体制在中国南方开始试行之时。两者在时间上出现惊人的衔接。这一过程大体是在 1924—1925 年之间完成的。这绝非历史的巧合。①

---

① 有关民初国会衰亡过程的描述，主要参阅了杨天宏《走向衰亡的民初国会》，载《四川师范大学学报》2001 年第 2 期。

第五节　国民军的崛起

从北方军政格局的演变来看，第二次直奉战争是一个重要的转折点。北洋军阀中最具实力的直系在此次战争中惨败之后，吴佩孚力图再起，却挽救不了直系江河日下的颓势；段祺瑞在北京政变之后虽然出山执政，老牌皖系并未乘此中兴。相对后起的奉系和新兴的国民军一度成为主宰北方政局的要角。

冯玉祥在1922年被取消河南督军，转任陆军检阅使，进驻北京南苑，当时一般人均认为是吴佩孚有意与他为难，因为陆军检阅使是一个没有地盘的闲职。冯玉祥本人亦觉吃亏不小。焉知祸福相倚，两年后冯玉祥发动兵变，一举推倒曹吴政权，进而挟制中央，暴得大名，造成了远超过其军事实力的影响，显然与他进据京畿这一特殊的战略性的地理优势有着直接关联。这恐怕出乎当时多数人，也包括冯玉祥本人的预料。

北京政变后，冯玉祥将自己和胡景翼、孙岳的部队改名为“国民军”。国民军的名称，冯玉祥自称是为了表明所部“拥护中山先生主义”，为国为民的意思。[①] 但未久，冯玉祥于1924年12月14日又通电取消了国民军的名号，还多次写信给国民军第二军和第三军，让他们也赶快取消国民军的名号。冯之所以取消国民军名义，是考虑到名称与“赤化”的国民党相近，容易招致列强和其他军阀的攻击。随后在李大钊及徐谦的劝说下，冯又认识到该名称便于得到苏俄援助和接近国民

① 冯玉祥：《我的生活》（下），404页，哈尔滨，黑龙江人民出版社，1981。

党，故在军中没有真正禁用该名，对内仍称国民军。1926 年初，国民军处境再度逆转，冯在通电下野的同时，又对外宣告“不再沿用国民军的名义”，但未久，他又分别授予魏益三和方振武以国民军四军和五军的名义。名称的反复，在某种意义上是冯玉祥政治谋略的运用，但也反映了这个时期冯玉祥政治态度的摇摆不定。

国民军在北京政变后自成一系，虽然脱离了直系，但还没有脱离北洋军阀集团。国民军其实是一个松散的军事联盟，其第一、二、三军之间互不统属。冯玉祥虽然一举成为具有全国性影响的人物，但其羽毛毕竟尚未丰满，根基亦未巩固，其实力自不能与踞有东三省丰厚地盘的奉系相比拼。奉系也不把冯玉祥的国民军放在眼里。冯自知不是张作霖的对手，只好以退为进。当段祺瑞入京就职之际，冯玉祥向段提出辞职，并且发表下野通电。段祺瑞明白其心机，极力敷衍他，表示决不偏袒一方。此时段也需要利用冯去牵制张作霖，以免受张的挟持。在这种情况下，段祺瑞顺着两军已成的形势，划定两军的势力范围：以津浦线区域归奉军，以京汉线的豫省及西北区域归国民军。段政府于 1925 年 1 月 3 日任命冯玉祥为西北边防督办。从此国民军主要以西北为地盘，世人亦渐称其为“西北军”。

每一场军阀之间的战争，其结局必然是一次地盘资源的再分配。而在再分配的过程中，往往又酝酿着一场新的战争。第二次直奉战争中，冯玉祥与张作霖联手将吴佩孚打败。战争一结束，奉军与国民军之间在收编直系残兵和地盘分配上的明争暗斗即提上议事日程。1925 年上半年，因两军各就其势力范围分途发展，各忙其事，相互之间的矛盾尚未演化为大规模的军事冲突。此时国民军自知实力不如奉系，对奉系基本上持一种忍让求安的态度。在此期间，国民军主要向西北内陆省区扩张地盘，而奉系则沿津浦线向东南地区拓展。在此过程中，两军均遭遇到地方原有军阀的抵制。不同的是，奉军南扩所遇到的对手是十分强悍的北洋正统部队，而国民军在西北所遇到的对手则是较为弱小的北洋边缘部队，故相较而言，国民军的西北开拓更具实际成效。

当胡景翼率领国民军第二军进入河南时，与同样觊觎豫省的陕军将领刘镇华发生冲突。1925 年 2—3 月间，战争在胡景翼与刘镇华的部将憨玉琨之间展开，时称“胡憨之战”。战争结果，刘镇华、憨玉琨失败。从此河南正式收并入国民军的势力范围。

战后不久，胡景翼病逝。胡临死前保荐岳维峻继任河南督办。岳接任后，大肆扩编军队，不到半年时间，将国民军第二军扩充到 20 万人。由于扩编太快，军械粮饷难以为继，加之岳的威信和能力均不及胡，军队战斗力实际有限。

刘镇华兵败后，国民军想趁机夺取陕西的地盘。冯玉祥等一方面电请段政府惩办刘镇华，一方面保荐孙岳任陕西军务督办。但段祺瑞和张作霖均不同意更换陕督。刘镇华败走后，自知无法回陕，电请段政府任命吴新田为陕督。吴原属皖系，又与段氏有亲戚关系。段政府遂于 5 月 1 日任命吴新田为陕西督办。国民军的目的没有达到，决定以武力图陕。7 月中旬，孙岳的军队与吴新田的军队交火。吴军战败。陕西从此亦为国民军所控制。段政府尽管很不情愿，但也只好承认既成事实，于 8 月底任命孙岳为陕西督办。至此，国民军第一、二、三军控制了北京、察哈尔、绥远、河南和陕西的大部分地盘。

国民军的地盘虽然日趋扩大，无奈地处西北，资源贫瘠，仍然无法与占据东三省的奉系相抗衡。加之缺乏出海港口，无法从海外购买急需的军火。这是国民军在地理上的一个致命的战略弱势。自袁世凯以来，强大的军阀派系都集中于中国东部，内地军阀大多势力弱小。其中一个重要因素即是军阀的军火战略物资大多仰赖海外进口。远离海岸线，妨碍与外国军火商进行交易，即使自办兵工厂，也遭到同样不可克服的困难，因为外国机器和原材料也面临进口和运输问题。冯玉祥深知自己所处的战略弱势。他一方面将拓展方向指向山东和直隶，企望打开一个通往海外的港口通道，一方面考虑向与西北陆地相邻的苏俄设法。

在苏俄看来，代表英美在华利益的直系吴佩孚失败以后，以日本为靠山的奉系成为中国最具实力的军阀。与苏俄交恶的日本和亲日反苏的张作霖势力的扩张，势必威胁到苏俄在远东地区的利益与安全。因此，苏俄想通过加强冯玉祥的国民军来抗衡和抑制奉系的扩张。

北京政变后的第四天，苏俄驻华大使加拉罕即主动与冯玉祥联系并会谈。在此后的一段时间里，加拉罕和跟随孙中山北上的鲍罗廷又多次与冯晤谈。1925 年 2 月底，冯玉祥邀请李大钊和孙中山的代表徐谦到张家口，洽商争取苏俄援助的具体内容。随后，冯再派人到北京与加拉罕谈判。3 月 12 日，孙中山在北京逝世。次日，俄共（布）中央政治局召开紧急会议，一面致电吊唁孙中山，同时研究如何应对冯玉祥。苏俄方面综合分析北京政变以来的中国形势，认为国民军已是北方一支不可忽视的军事力量。如援助国民军，对北方的政治局势可能产生良好的影响。苏俄方面希望通过加强冯玉祥的力量，筑起一道反对张作霖和日本势力扩张的防波堤。会议因此决定援助冯玉祥，并拟定了初步的援助计划。其中最重要的有两项：一是在洛阳和张家口建立两所军事学校，为此组织两个军事教官团，并在一年内拨给 100 万卢布作为开办军校费用；二是有偿装备国民军。[①] 4 月 21 日，在李大钊的安排下，鲍罗廷和苏俄驻华武官、前陆军总司令格克尔将军来到张家口，同冯玉祥商谈具体援助事宜。冯因为可以得到紧缺的军火，同意聘用苏俄顾问，并准许国民党政治工作人员加入国民军，宣传反对帝国主义。此后，苏俄军援陆续运抵冯部，两个军事顾问团共计 105 人也先后到达张家口和开封，分别在国民军第一军和第二军中工作。苏俄顾问不仅对国民军进行战术教练，亦进行政治训练。国民军中设有国民党政治工作机关。从这时起，苏俄在继续援助南方国民党的同时，对北方国民军的支持占有越来越大的分量。

苏俄对国民军的援助，有两点值得注意：一是援助大多是有偿性的，即冯玉祥必须用货币或原料向苏俄换取军火，连运费亦须算清，无偿援助是少量的；二是援助是有条件的，即苏俄要求冯玉祥书面承认外蒙古受其控制，并在国民军势力范围内向苏俄提供租界等。[②] 冯玉祥对此虽有不满，但基于军事援助的考虑，只好表示接受。就此而言，苏俄和冯玉祥各有自身的实际利益考虑。苏俄并非单纯从世界革命和中国革命的利益着眼；冯玉祥与苏俄的交往，亦非出于对苏俄意识形态的

---

① 《俄共（布）中央政治局会议第 52 号记录》（1925 年 3 月 13 日），见《联共（布）、共产国际与中国国民革命运动（1920—1925）》，582—583 页。

② 《俄共（布）中央政治局中国委员会会议第 1 号记录》（1925 年 4 月 17 日），见《联共（布）、共产国际与中国国民革命运动（1920—1925）》，603—604 页。

认同,与孙中山的"联俄"政策亦有一定的区别。

有意思的是,苏俄加大对冯玉祥的军事援助,不是基于对冯玉祥倾向革命的判断,而是基于相反的理由。其时苏俄驻张家口顾问组组长普特纳认为,如果冯玉祥真是中国北方反抗帝国主义的国民革命运动的代表者,苏俄则无须以物质援助作为操纵冯玉祥的手段;反之,如果冯玉祥只是普通军阀,则其友俄只是暂时的和有条件的。在这种情况下,苏俄对冯玉祥的物质援助必须占首要地位,目的是"使其军队一旦无吾人之参与,即不免回复其原来之状态",这样就可以控制冯玉祥按苏俄的意愿行事。普特纳判断冯玉祥属于第二种情况,认为冯玉祥既往的政治态度反复无常,与国民党的关系也游移不定,对美国有明显感情等。鉴此,他建议莫斯科对冯玉祥采取第二种方案,使冯玉祥在军火上"仰赖我国之供给","使该军无我国之协助,其指挥能力即大感缺乏"。① 普特纳的这一建议,被莫斯科方面采纳。据统计,自 1925 年 4 月至 1926 年 7 月,国民军从苏俄得到的军事援助共计:步枪38 828支,子弹约4 600万发,大炮 48 门,山炮 12 门,炮弹约 2.2 万发,手榴弹 1 万余枚,机枪 230 挺,迫击炮 18 门,掷弹机 10 架,炸弹1 000枚,指挥刀 1 000把,刺刀 500 把,飞机 3 架,药品若干等,总价值约1 100万卢布。②

苏俄的援助,使国民军迅速发展壮大。国民军从北京政变时的 3 个军、4 万余人,发展到 1926 年 1 月最盛时的 5 个军、30 万人。其势力范围扩展到京、津、冀、豫、热、绥、察、陕、甘、鲁等地区。尽管如此,苏俄对国民军的援助,仍然无法与日、法、美等国向奉系的军火输出相比。据统计,仅 1925 年一年和 1926 年的头两个月,日、法、美三国共供给奉系步枪 20.4 万支,马枪 1.5 万支,子弹 7 000 万发,飞机 4 架等;除此之外,英国还给予张作霖 500 万英镑的军用贷款和给吴佩孚 1.5 万支枪,远远超过苏俄给国民军的援助。

另外,冯玉祥最初允许苏俄顾问和国共两党宣传员在国民军中设立俱乐部,开展政治工作,但因既畏张作霖之压迫,又深恐于其军中输

① 《苏联利用冯玉祥之阴谋计划》(1925 年 6 月 6 日),见张国忱编《苏联阴谋文证汇编》线装本,国民军事项类,第 10—12 页,北京,1927。

② 杨雨青:《国民军与俄共(布)中央政治局中国委员会》,载《近代史研究》2000 年第 3 期。

入共产主义，于 1925 年 11 月下令关闭俱乐部，停止军队中的政治工作。苏俄从军事、政治两方面改造国民军的计划实际没有得到顺利实施。俄共中央政治局亦承认对国民军的工作，成果是不够的。1926 年 4 月 15 日，俄共中央决定召回在国民军中的大多数教官，5 月和 6 月，又两次拒绝了正在莫斯科访问的冯玉祥所提增加军援的要求，只同意转交按原计划尚未提供的武器和弹药。

北京政变以后，冯玉祥及其国民军的动向，引起了中国共产党的注意和重视。1924 年底，中共北京区委分析了北方复杂的政治形势和冯玉祥的政治态度，确立了争取国民军、打击段祺瑞和张作霖的策略。李大钊亲自出面做冯玉祥、胡景翼及国民军其他高级将领的联络工作。五卅运动爆发后，冯玉祥数次发表宣言，声称要废除不平等条约，实行关税自主，并在一定程度上允许和支持国共两党在北京地区开展政治活动。以李大钊为首的中共北方区委和国民党北京执行部，利用国民军控制北京的有利时机，组织民众掀起声势浩大的反帝反军阀的群众运动。陈独秀认为，国民军有一定的革命倾向，是一支有别于奉直军阀、"较为进步，较接近民众的军事势力"，是"从旧军阀分化出来的左派，在近数个月中的事实上，已颇表现其反帝国主义反对反动军阀之倾向，并能相当接近民众"。① 瞿秋白甚至断言，北方国民军的形成，是"中国军阀战争史中最重要的现象"，在"中国军阀之中，居然发现一派较与民众接近的武力——虽然他们不能直接算是国民的武力，然而他们在四围复杂的环境里，全国民众的反帝国主义和反军阀的要求里，不能不如此表示，始终可以说，即使不是民众武力的形成，至少也是军阀武力的崩溃；即使不是民众方面增加一部分武力，至少也是军阀方面减少一部分武力"。因此，"这是中国革命史上一个较重要的关键"。② 中共注意到冯玉祥国民军与民众的接近，也看到"在国民军政权下，比较容许民众自由"。正是利用这一条件，中共在北方各省组织工会、农会，发动工农运动和反帝运动。中共对此予以肯定。

---

① 独秀：《国民军与北方政局》，载《向导》第 150 期，1926；《中共中央特别会议文件》，见《第一次国共合作在北京》，299 页，北京，北京出版社，1989。

② 瞿秋白：《国民会议与五卅运动——中国革命史上的一九二五年》，载《新青年》第 3 号，1926。

当然,冯玉祥对民众运动的态度,亦含有政治谋略和现实利益的考虑。段祺瑞政府虽由国民军与奉系联合扶植上台,但段氏本人更接近奉系。对冯玉祥而言,民众的示威游行,能给段政府形成压力,使段不得不借重和倚靠国民军的力量。由于国民军自身没有独掌和操纵中央政府的实力,必须让段祺瑞维持局面,故对民众的反政府行为有必要控制在一定限度内,即以不推翻段政府统治为限。1925 年 11 月下旬,中共北方区委和国民党北京执行部决定策动一场名为"首都革命"的行动,计划以群众起义的方式,推翻段祺瑞政府,然后组织国民委员会,建立革命政权。这是一次大胆的设想和行动,其缘起与北京政变前国民党人策划"中央革命"有些类似,其不同之处是,"中央革命"寄希望于冯玉祥这样的实力派军人;而"首都革命"则借助民众的力量。事前,国民军将领、北京警备司令鹿钟麟表示支持民众的反段斗争,但到事发当日,在冯玉祥的指示下,鹿钟麟改变初衷,不仅下令保护段政府,而且禁止群众集会,并逮捕数十名示威群众,从而使"首都革命"流产。这个时期,冯玉祥的政治倾向明显处于一种游移不定的状态。故中共在肯定他接近民众的同时,仍将其视为"军阀"的一部分,称之为军阀中的"左派",以区别于军阀中的"反动派"。

第六节 军阀之间的循环混战

当国民军向西北内陆拓展时，奉军沿着津浦线自北向南推进。段祺瑞就职后，张作霖要求以奉系的李景林取代国民军系的鹿钟麟为北京卫戍司令，以取得对北京的控制权，同时还要求奉军南下夺取江苏，但均未得到段政府的同意。

1924 年 12 月 7 日，张作霖召集奉军将领在天津开会，讨论如何夺取长江下游各省的地盘。鉴于卢永祥要报齐燮元之仇，张作霖决定调拨一部分奉军交卢永祥指挥，助卢永祥驱逐齐燮元取得江苏地盘。12 月 11 日，段政府下令罢免齐燮元，裁撤江苏督军一职，同时派卢永祥为苏皖宣抚使。此令发布后，江苏士绅唯恐惹起战端，纷纷通电反对卢永祥南下。齐燮元表面上表示服从，将江苏军务事宜交省长韩国钧接收，自己离职去沪。卢永祥随即南下，奉军亦沿津浦线向南挺进。1925 年 1 月 10 日，卢永祥偕奉系将领张宗昌同入南京。

卢永祥的目的不止于逐齐图苏，还有谋浙之意。对奉军的南下，直系孙传芳自然十分警觉。为了防止卢永祥和奉军侵入浙江，孙传芳乃决意与齐燮元联合抗奉。1 月 11 日，齐燮元、孙传芳联名通电组织江浙联军，控制上海，宣言反对奉军南下。作为应对，卢永祥在南京组织宣抚军，以奉军军长张宗昌为总司令，准备向上海进击。上海总商会深恐上海成为奉浙两军的战场，乃出面提议上海不驻兵。孙传芳态度虽强硬，但自知军备未充，恐敌不过奉军，便表示赞成上海总商会的意见。段祺瑞为安定孙传芳、孤立齐燮元，也表示赞成总商会的提议，并于 1 月 14 日下令裁撤淞沪护军使，废止兵工厂，规定此后上海永不驻兵。

16 日，段政府一方面下令斥责齐燮元挑起战端，派员予以查办，一方面在任命卢永祥兼苏督、方本仁为赣督、郑士琦为鲁督的同时，任命孙传芳为浙督、周荫人为闽督，表示对浙、闽并无侵害之意。孙传芳鉴于自己的地盘有了保障，乃对奉军攻打齐燮元持观望态度。齐燮元势孤，节节败退。1 月 28 日，齐燮元由苏州经上海，逃往日本。29 日，张宗昌率奉军进抵上海。

2 月 3 日，张宗昌与孙传芳在上海签订和平协定，双方同时从上海撤兵。张宗昌于 3 月 19 日返抵南京，将所部移调徐州。东南的战争风云，一时渐形稀薄。

张宗昌在长江下游未能达到目的，便转而想取得山东的地盘。对奉系而言，想要向长江下游扩张，必须先将山东收为己有，以确保津浦线畅通。在张作霖的压力下，段政府于 4 月 24 日任命张宗昌为山东督办，而将郑士琦调任安徽督办。奉系取得了山东地盘，意味着取得了经营长江下游的第一个基地。

但张作霖并不满足。他一方面等待时机向长江下游地区扩张势力，一方面想将占领京师各要地的国民军驱逐，由奉军取而代之。5 月中旬，奉军大批入关，以“巩卫中枢”为名，分布北京近畿，逼令国民军将所驻通州、北苑、南苑各地让出。国民军各将领虽有意与奉军决一雌雄，但冯玉祥考虑到势力不敌，力主退让。于是奉军进驻北苑、西苑。国民军则保留南苑。

五卅惨案发生后，张作霖又借口维持秩序，令张学良率奉军2 000人于 6 月 13 日进驻上海，作废弃江浙和平条约中上海永不驻兵之约的试探。6 月 21 日，又令邢士廉等率大部奉军入沪驻扎。上海再次成为奉军的势力范围。孙传芳自然又大起恐慌，不得不急修战备。战争的风云再次在江浙上空弥漫。

随着奉军的大批入关，张作霖的野心亦日趋膨胀。他企图进一步控制中央政府，向段祺瑞推荐梁士诒组织责任内阁，并提出苏皖两省地盘的要求。段祺瑞以张作霖挟迫太甚，颇为不满。经过近 3 个月的讨价还价，最后段于 8 月 29 日任命杨宇霆任苏督，姜登选任皖督，满足了张作霖索要苏皖两省地盘的要求，而梁士诒组阁计划则未如所愿。

奉系取得苏、皖及上海地盘后，直接危及长江流域各省直系军阀的统治，首当其冲的是浙江督办孙传芳。杨宇霆、姜登选皆系奉军健将。两人于9月下旬分赴苏、皖接任后，浙江的孙传芳备感威吓。孙传芳感到与奉军决战势所难免，与其被动受其来攻，不如先发制人。于是暗中联络同样感受奉系威胁的苏皖地方军阀陈调元、白宝山、马玉仁、张仁奎等，结成反奉联盟。孙传芳还与冯玉祥相约两路出兵夹攻奉军，先由孙军在南方发动，把奉军主力吸引到江浙一带，待孙军攻至徐州后，冯军立即在北方发动。为此孙冯二人互换兰谱，结盟为兄弟。

1925年10月7日，孙传芳在杭州召集浙、闽、苏、皖、赣五省代表举行秘密会议，商讨联合出兵讨奉事宜。会议推举孙传芳为五省联军总司令，揭举"拥段反奉"旗帜，立即发动讨奉战争。10月10日，孙传芳假检阅为名调集大军，秘密出动。次日孙传芳通电指责奉系在上海压迫工人及破坏淞沪永不驻兵的协议，作为出兵讨奉的口实。15日，孙传芳宣布就任五省联军总司令，下令分兵五路向奉军进攻。孙传芳发难后，鄂、苏、赣、皖等省军阀萧耀南、白宝山、马玉仁、陈调元、方本仁等纷纷通电响应，形成长江中下游各省的反奉联合战线，声势相当浩大。反奉联合战线的形成，固因奉系的扩张直接威胁到各自的实际利益，但当时许多军阀确实对奉系不欣赏。奉系入关后，在直、鲁、苏、皖等省横征暴敛，纵兵扰民，贩卖烟土，颇遭舆论指责。"五卅"之际，奉军进驻上海，宣布戒严，禁止民众示威集会，其后又在上海、南京、青岛等地压制和镇压工人学生爱国运动，激起民愤。中国共产党将奉系张作霖定为反动军阀的第一目标。在中国共产党的宣传鼓动下，北京、上海等大城市相继形成了空前规模的"反奉倒段"运动。国民党中央及广州国民政府亦发表宣言，声讨奉系。孙传芳正好利用这一有利时机，并试图在反奉的旗帜上染上点民族主义色彩，以赢得舆论的同情。

奉系北起榆关，南至上海，纵跨大半个中国，战线绵延过长，兵力非常分散。加之担心国民军拦腰截击，造成首尾不能兼顾。在这种情况下，奉系只好采取退让的方针。杨宇霆按照张作霖的指示，缩短战线，保全兵力，令邢士廉率所部奉军从上海撤退。10月18日，杨宇霆离开南京北上，23日姜登选离开蚌埠。所有奉军迅速向徐州方面后撤。因奉军主动撤退，孙军进展顺利。20日，孙军进占南京。

当浙奉两军相峙之际，国民军处于举足轻重的地位。冯玉祥虽与孙传芳有约在先，但并未如约出兵讨奉，而是静观战局的演变，企图以最小的付出赢取最大的收益。张作霖为了摆脱孤立局面，派人赴包头会晤冯玉祥，试图将冯拉入自己一边。冯玉祥乃脚踏两只船，坐山观虎斗，一面敷衍张作霖，一面敷衍孙传芳，准备在"两方激战至于气尽力竭时，执政府如果有命令，吾再出而以武装调停也"。①

当孙传芳进占南京后，吴佩孚于10月21日从岳州到达汉口，通电自称受14省推戴，就任讨贼军总司令。长江直系各督拥戴吴佩孚出山，本意是希望他联冯讨奉，而吴意则欲联奉讨冯。所以当吴佩孚提出派兵假道河南，与孙传芳会攻徐州时，遭到岳维峻的拒绝。此时孙传芳也不愿再作吴佩孚的部属，一面对吴佩孚假意表示推崇，一面暗中却谢他的援助。

由于奉军主动撤退，孙传芳军进展顺利，冯玉祥感到配合孙传芳攻打奉军的时机成熟。未料吴佩孚忽然东山再起，冯恐吴佩孚进攻自己，只好继续按兵不动，静观待变。国民军最佳的反奉战机转瞬即逝。孙传芳不得不单独担当起攻奉任务。两军经过一番激战，至11月8日，徐州落入孙传芳之手。至此，孙传芳统率的五省联军在不到一个月的时间里，将奉系势力逐出苏、皖、沪。心满意足的孙传芳决计以徐州为止境，不再继续北上。东南的奉浙战争，遂告一段落。

11月15日，陈调元通电推戴孙传芳为苏、皖、赣、闽、浙五省领袖，开府南京，凡联军范围内的军政大计，均由孙传芳决断。孙传芳派人进京，向段祺瑞表示拥护中央。由于吴佩孚之再起，段祺瑞感到威胁，孙传芳向段表示绝对不与吴佩孚合作。段祺瑞乃于25日下令任命孙传芳为江苏军务督办。是月底，孙传芳在南京正式宣布成立"五省联军"，自任"五省联军总司令"。从此，苏、皖、赣、闽、浙五省全为孙传芳所宰制。孙成为直系后期最具实力的首领。吴佩孚远逊于他了。

东南的奉浙战争，孙传芳成了最大的赢家，而冯玉祥的国民军则错

① 中国第二历史档案馆编：《冯玉祥日记》（二），127页，南京，江苏古籍出版社，1992。

过了最佳的反奉战机。国民军虽然受奉军的压迫已久，但冯玉祥总以敌不过奉系而退让。当孙传芳举兵反奉时，本为国民军提供了一次复仇的良机，但惯于投机的冯玉祥想在奉、浙两败俱伤时坐收渔翁之利，结果坐失良机。冯玉祥既失好于孙传芳，意味着失去了一个反奉盟友。而奉系张作霖则以国民军为头号对手，时刻提防着国民军。奉、浙战争时，张作霖之所以主动撤退，主要担心国民军袭其后背。所以他宁可放弃苏、皖，而以大部精锐防备国民军。奉、浙战争结束后，孙传芳全心经营苏、浙、闽、皖、赣五省地盘去了，奉系乃转而专一对付国民军。故当奉浙战事告一段落之际，奉系与国民军的战机又酝酿成熟了。

奉国两系对峙，形势对国民军甚为不利。因国民军的地盘与山西阎锡山相邻，在地缘上对晋阎构成直接威胁，故晋阎欲图自保，势必与奉系联合。吴佩孚再起后，对倒戈的冯玉祥欲思报复。张作霖亦派人到汉口主动与吴佩孚取得联络。冯玉祥面临张作霖、阎锡山和吴佩孚联合进击的局面。

冯玉祥自知国民军实力不足以敌奉，乃设法离间奉军部下作为制奉之策。奉系内部素有老派、新派之分，老派以张作相、张景惠等为骨干；新派则又分为士官派（洋派）与大学派（土派），前者以出身日本士官学校的杨宇霆、姜登选为中坚，后者以毕业于北京陆军大学和保定军官学校的郭松龄、李景林为领袖。各派之间倾轧已久。当第一次直奉战争时，老派势力最大；失败后，新派渐受张作霖信任，势力亦随之升扬。新派中，郭松龄最为张学良赏识。奉军精锐名义上掌握在张作霖之子张学良手中，实际上为郭松龄所把握。郭以是见忌于同侪，与杨宇霆、姜登选尤不相睦。奉军入关后，张宗昌、杨宇霆、李景林、姜登选等皆得地盘，独郭松龄一无所得。郭氏心中颇为不满。冯玉祥遂与郭松龄暗相结纳，并与之签订反奉密约。密约内容除几条空洞的政治条文外，核心是双方协议打败张作霖之后各自的地盘分配。在奉系内，郭松龄与李景林较为投合。郭知要想反奉成功，必须得到李景林的支持。李在奉系中非嫡系，对张作霖也有些不满，是否倒戈，态度并不明朗。郭松龄清楚国民军对直隶怀有野心，而为了拉住李景林，必须保证李景林在直隶的地盘不受冯玉祥的侵犯。所以郭松龄在密约中把维护李景林的地盘摆在突出的位置。密约成后,冯、郭与李协商,求李合作。李问事定后,直省地盘如何处置?冯答词含糊。李知冯将不利于己。但郭既与冯一致,又握有重兵,李无可如何,不敢反对。①

1925年11月22日,郭松龄通电要求张作霖下野,推张学良继任,并历数杨宇霆罪状,要求将其即日免职。翌日,郭松龄在滦州召开秘密军事会议。会后,郭将所部7万人编组为4个军,并制定了进军计划。郭军起事后,仍以张学良名义号令全军。25日,冯玉祥、李景林宣布"中立",并分别发表通电,敦促张作霖下野。冯电严词历数张作霖种种罪行;李电虽也指责张作霖"好争喜战",但言词甚为委婉。尽管如此,李电毕竟已宣布支持郭松龄。李还致电国民军表示希望与其合作,并愿将直隶作为双方的缓冲区域。

面对郭松龄倒戈,张作霖起初想用安抚办法制止事态发展,未达目的,继而发表讨伐宣言,以武力阻击郭军。郭松龄为表示与张作霖父子彻底决裂,乃改称所部为"东北国民军",不再用张学良的名义发号施令。郭军一路出击,所向无敌。奉军节节溃败,沈阳震动。奉系军阀的统治几乎摇摇欲坠。张作霖甚至将下野通电都起草好了。绝望中的张作霖将最后的希望寄托在日本的援助上。双方达成密约:张作霖同意日本人在东三省及东部内蒙古享有与当地中国人一样的居住和经营工商业的权利,并移让间岛地区的行政权与日本等;日本方面则出兵助张反郭。在日本军队的武力干涉和直接支持下,张作霖的部队很快扭转败势。12月23日,郭松龄的东北国民军彻底失败。郭松龄夫妇被擒,次日被处决。据称郭松龄倒戈的背后,也有来自苏俄方面的支持。当郭部军事吃紧时,加拉罕要求苏俄出兵,但苏俄方面怕触怒日本而未批准。

郭松龄倒戈,对国民军的存亡具有重大意义。以国民军的实力显然无法对付强势的奉系。但冯玉祥过于考虑自己一方的利益得失,当郭起事后,冯玉祥没有充分利用郭松龄反奉的有利时机,及时援助和配合郭松龄进攻张作霖,反而趁机攻打郭松龄的盟友李景林的直隶地盘。

① 李剑农:《戊戌以后三十年中国政治史》,380—381页,北京,中华书局,1965。

这一“违约”行为导致李景林部由支持郭而转向支持张作霖。李景林最初答应与郭松龄、冯玉祥一起共同反奉，态度本属勉强。冯玉祥有意进占直隶地盘，李景林自然不肯放弃，双方矛盾迅速激化。12月4日，李景林通电讨伐冯玉祥，并电请张作霖与之前后夹攻郭松龄，随即扣留了郭部在天津购置的军用物资。李景林的反目，对郭松龄反奉及国奉两系的力量对比，都发生了重大影响。而李景林之所以反目，又与冯玉祥违约抢占地盘有关。冯玉祥后来也承认自己“反友为敌，以私演公，开出了一场莫明其妙的战争”。[①]

国民军与李景林军激战近20天，最后以李景林部败退山东而告终。有论者谓“倾向革命的国民军战胜属于奉系的军阀李景林，应该说是有进步意义的”。[②] 实际上，此时的冯玉祥与李景林之间抢夺地盘，与一般军阀战争并无二致，甚少“进步”可言。国民军虽然占领了华北第一大商埠天津，取得了直省的完整地盘，也算得了一个局部胜利，但其利用郭松龄打倒张作霖的总体战略未能成功，其局部胜利亦只能是短暂的。

从国民军的长远战略分析，如郭松龄倒戈成功，在相当一段时期内必致力于巩固东北，必无暇顾及关内。国民军可以独自挟制中央政权，其在华北的地位也许相当优越。从冯玉祥的角度看，他的“违约”进攻李景林，也许正是他的谋略所在：利用郭部倒戈之机，占领直隶的地盘，打开国民军与海外联络的通道。郭松龄倒戈能迅速取胜，大概很少会在当时人的预料中。对冯而言，援郭倒奉可能需要国民军全力以赴，而胜败尚难逆料。他不援郭，或因其对全国性战略地位竞争的冒险性考虑较多。

在奉浙战争中，冯玉祥的谋略是想待张作霖与孙传芳两败俱伤时坐收渔人之利，结果错过了倒奉的最佳战机；此次冯玉祥又故伎重施，想让郭松龄与张作霖两败俱伤，自己则一面巩固西北，一面趁机扩大在华北的势力范围。而其结果，再一次错过倒奉的良机。这不能不说是冯玉祥缺乏战略眼光、太顾及眼前地盘和惯于投机之个性所致。

---

① 冯玉祥：《我的生活》（下），441页，哈尔滨，黑龙江人民出版社，1981。
② 王宗华主编：《中国大革命史》上册，571页，北京，人民出版社，1990。

郭松龄失败后，国民军不得不面临奉、直、晋三系的夹击。东山再起的吴佩孚将矛头指向冯玉祥与段祺瑞，自在意料之中。郭松龄倒戈事件发生后，吴佩孚致电张作霖，大意说：从前冯玉祥倒戈，令我痛心；现在郭松龄的倒戈，想必你也是很痛心的；我生平所最恨的就是这些反复无常的小人，现在我很愿意援助你。①

国民军自身只是一个松散的军事联盟，其内部凝聚力不强。胡景翼、孙岳曾参与同盟会反清革命，自视有"主义"、有信仰，较纯北洋出身的冯玉祥略高一筹；而在冯玉祥看来，国民第二、第三军成分复杂，唯利是图，久为世人所诟病，与自己十数年心血教练而成的第一军不可同日而语。国民军战胜李景林后，不仅没有增强相互之间的团结，反而因地盘分配不均而引发内部的矛盾和斗争。冯玉祥占领天津后，将直督一职让给国民军三军的孙岳，引起国民军一军将领张之江等人的强烈不满。内部的不和谐，自然会影响国民军一致对外的力量。

奉直军阀结盟，国民军势单力薄。冯玉祥权衡内外形势，于 1926 年 1 月 1 日向段政府提出辞呈，请免去本兼各职，并通电各方，宣布下野出洋游历。1 月 9 日，段政府正式发表派冯玉祥前往欧美考察实业，任命张之江继冯玉祥为西北边防督办。这是冯玉祥为了缩小和掩蔽目标，转移敌方视线，借以削弱直奉军阀联盟的一种政治谋略。冯玉祥认为，吴佩孚与张作霖是死敌，不可能认真长久合作。冯的如意算盘是，直奉之间必会冲突，届时自己坐山观虎斗，待其两败俱伤时再回来收拾残局。② 冯的打算不无所见，但从当时的形势看，奉直双方都视冯玉祥为更可怕的敌人。他们之间的冲突只会在先共同"解决"国民军之后爆发。

事实证明，冯玉祥下野后，直奉两方并没有中止对国民军的联合进攻。1926 年 1 月 5 日，张作霖致电吴佩孚表示谅解。奉直结盟对抗国民军之势正式形成。李景林虽被国民军打败，其兵力大部尚存。李将退入鲁境的残部改编，与张宗昌联合，称为"直鲁联军"，伺机反攻直隶国民军。1926 年 1 月 11 日，张作霖通电向关内出兵。1 月 19 日，吴

---

① 李剑农：《戊戌以后三十年中国政治史》，382 页。

② [苏]勃拉戈达托夫著，李辉译：《中国革命纪事》，109 页，北京，生活·读书·新知三联书店，1982。

佩孚在汉口召集军事会议。次日，吴佩孚发出讨冯通电，下令兵分三路向河南国民军进攻。1 月 23 日，吴佩孚部属靳云鹗与奉系张宗昌、李景林在山东泰安会晤，签订联盟条约。与此同时，晋系阎锡山亦伺机出击。于是国民军的地盘京畿和直、豫两省处于奉、直、晋三系的包围中。

1926 年 3 月初，河南的国民军在吴佩孚的进攻下失败。吴佩孚占领郑州后，令靳云鹗分三路向北挺进。3 月 18 日，前锋抵达石家庄。国民军见形势日非、三面受敌，被迫将津浦、京奉线军队一律向北京撤退，放弃天津。直鲁联军和奉军乘胜追击，直逼北京。国民军将领鹿钟麟、张之江等尚想固守北京，试图谋求与直系吴佩孚妥协。吴佩孚仍然坚持联奉讨冯，但其部将靳云鹗、田维勤等主张联冯讨奉。奉军直逼北京，吴佩孚自不愿奉军独占胜利果实。4 月 2 日起，国民军与直系双方派出代表进行接洽，共同议定以释放曹锟、恢复法统、国民军让出京汉线为合作条件。无奈吴佩孚始终不肯信任国民军。国民军张之江又转而向奉系谋和，但张作霖坚持要国民军彻底缴械，方能议和。这样，国民军联吴抗奉或停战议和的谋略未能成功。

再说段祺瑞政府在初期为冯玉祥与张作霖两方所挟制。及至郭松龄倒戈，奉系败退，国民军占据京津，段政府只得唯冯玉祥之命是奉。但不久，冯玉祥宣布下野，段祺瑞一无所倚，临时执政府也摇摇欲坠。及北京被围，国民军处于危难之际，段祺瑞还幻想依靠奉系保持其地位，遂与奉系相勾结，图谋作奉军的内应。国民军察觉段氏的异动，乃先发制人，发动政变，于 4 月 9 日深夜派兵包围段宅和执政府。段祺瑞遁入东交民巷避难。10 日，鹿钟麟以总司令的名义签发布告，一面宣布段祺瑞的罪状，一面提出恢复曹锟自由，并电请吴佩孚入京主持一切。接着又电促直系靳云鹗、田维勤迅速入京，愿将北京部分地区划归直系驻防。

鹿钟麟驱段、复曹、迎吴之举，是按冯玉祥的指示和计划进行的。冯玉祥在下野之后，出国之前，制定了一个最后的应急方案，计划在必要时推翻段祺瑞政府并释放曹锟，借曹之力与吴佩孚讲和。如果讲和失败，就迅速撤出北京，从而一时造成中央政府权力真空，诱使奉直两大军阀为争夺中央政权而火并，自己充作鹬蚌相争之后的渔翁。[①]

但是国民军此举有点两不讨好。奉系对国民军联吴反奉固然切齿痛恨，吴佩孚对鹿钟麟政变亦不满意，对国民军的求和持强硬态度，要国民军无条件投降。直、奉、晋三方高层此时达成了一致消灭国民军的共识。吴佩孚致电张作霖，表示坚持国民军必须全部缴械；阎锡山亦连电吴佩孚，主张迅速合力灭冯。国民军无奈，于 4 月 15 日撤离北京。国民军联吴反奉和指望奉、直军阀为争夺中央政权而反目的希望一一落空了。

国民军于 1924 年 10 月发动政变推翻曹吴政权，拥戴段祺瑞上台；相隔一年半以后，国民军再次发动政变，将段政府推翻。这一行为严重损害了国民军在北方军政界的形象和声誉。如李景林通电攻击冯玉祥说："前日拥段，今日驱段；前日捉曹，今日放曹"，"好恶无常，恩仇不定"。[②] 实际上，"好恶无常，恩仇不定"已成为当时军阀共同的行事规则。国民军的反复纵横，均以维持自身生存为前提，不过是其实用主义谋略的运用；军事上如此，政治上亦然。郭松龄反奉失败后，国民军势单力薄。面对奉直两系的联合进攻，国民军不仅不敢进一步与南方革命派接近，反而在政治上明显右转，先后向直奉军阀谋求妥协，并追随段祺瑞政府公开镇压民众运动。1926 年 3 月 18 日，段祺瑞政府制造震惊中外的"三一八"惨案，国民军附随其后，颇受当时进步舆论的谴责。如国民党北京市党部即认为："国民军现在一反以前所为，为民众所唾弃，国民军实无一自解于民众。"[③]

国民军退出北京后，奉直联军围剿国民军的战争并未停息。1926 年 5 月 10 日，奉直联军进一步与晋、陕、甘等地方军阀联盟，在北京成立"讨赤联军办事处"。5 月底至 6 月底，直奉两方分别罢免了各自内部倾向于联合国民军的靳云鹗和李景林。吴佩孚和张作霖于 6 月底会晤北京，决定由吴佩孚亲自指挥南口一线直奉联军与国民军的决战。

---

① [苏]维・马・普里马科夫著，曾宪权译：《冯玉祥与国民军》，162—163、182—183 页，北京，中国社会科学出版社，1982。

② 见 1926 年 4 月 19 日《晨报》。

③《党声》(北京)第 3 期，1926 年 5 月 1 日；刘敬忠、王树才：《试论冯玉祥及国民军在 1925—1927 年的政治态度》，载《历史研究》2000 年第 5 期。

但此时中国政局出现了颇具戏剧色彩的场面。冯玉祥及国民军在政治上一再倒退，仍想留在北洋军阀体系中。而奉直军阀不谙南方正在迅速高涨的革命大势，根本没有把广东革命政府的力量放在眼中，将主力倾巢向北，视国民军为头等敌人和重点打击对象，直至将国民军逼到除非投奔南方党军，否则灭绝的境地。国民军退守南口后，还曾派人向吴佩孚乞降，而吴佩孚仍坚持国民军必须全体缴械，结果将国民军逼上"梁山"，不得不与南方北伐军联手。国民军与北伐军结盟后，直奉集全力于北方战事的方针，最终成为战略上的一大败笔。

国民军撤离北京后，段祺瑞又宣布复职。为了保住"执政"的地位，段祺瑞只好向张作霖、吴佩孚等乞哀告怜，电请张、吴、孙(传芳)、阎(锡山)公推一人组织内阁。但吴佩孚对他宿怨未解，张作霖对他亦冷漠以待。至此，段祺瑞终于领悟到"执政"的椅子坐不成了。4 月 20 日，段祺瑞发布下野通电，临时执政府也自然宣告倒台。

第四章

五卅运动与反帝高潮

中国近代史上具有重大影响的历史事件，主要有两类，一类是“战争”，一类是“运动”。这正说明战争与运动对中国近代历史进程影响之大。

1925年的五卅运动，就其规模和影响而言，较之此前的义和团运动和五四运动毫不逊色。“五卅”之初始，本是一桩近代史上常见的涉外惨案，其结果却引发为一场规模空前的全国性的反帝大风暴。“五卅”的影响，主要不在惨案如何惨烈，而在运动民众之成功。五卅运动甫一结束，中共便高度评价这场运动的历史意义，称这场运动为国民革命之肇端。如瞿秋白在1925年8月出版的《向导》周报和1926年3月出版的《新青年》上分别撰文指出：“五卅以后，中国的历史已经开始一个新时期——实行国民革命时期”，“中国的国民革命从五卅开始了！”①

“五卅”与“五四”，前后相隔6年时间。从这两次运动中，我们不难观察到历史进程的延续性、前后关联乃至因果关系。在“五四”的时候，中国共产党尚未诞生，中国国民党还没有改组。“五四”之后不久，中国共产党建立了，国民党改组了。到“五卅”的时候，中共一举成为运动的主角，在运动的推波助澜上担当了举足轻重的角色。从两次运动的中心口号看，五卅运动所提出的“打倒帝国主义”“废除不平等条约”，既是五四运动中“打倒列强除军阀”口号的延伸，又是一种新的民族主义理念的升华。张国焘回忆说：“也许有人只知道五卅运动的蓝图是中共所预拟的，但我认为民族主义的影响，即对中共本身说来，也是超过一切的。而在我的亲身经历中，五卅运动的民族情绪，其感人之深，尤胜于当年的五四运动。”②从五卅运动的

---

① 秋白：《五卅后反帝国主义联合战线的前途》，载《向导》第125期，1925年8月；瞿秋白：《国民会议与五卅运动——中国革命史上的一九二五年》，载《新青年》第3号，1926。

② 张国焘：《我的回忆》(二)，30页，北京，东方出版社，1991。

影响看，国民革命的蓬勃开展，中共自身的成长壮大，北伐战争的迅猛推进，乃至北洋军阀的覆亡，“五卅”均是一个很大的推动力量，亦是一个重要契机。从“五四”到“五卅”和省港大罢工，运动的中心地由北京、上海而广州，由北向南依次推进；其后北伐战争又迅速由南向北，从珠江流域扩展到长江流域，最后推进到北京。时空转换之迅速，亦是中国近代史上所仅见。

第一节　反帝废约与国民会议运动

中国自鸦片战争以来，即深受列强之侵略与欺凌，并被迫订立了一系列不平等条约。中国官民亦进行了各种各样的抵制和反抗。但值得注意的是，“打倒帝国主义”和“废除不平等条约”作为政治口号提出来，并迅速普及于广大民众之中，则是“五卅”前后的事。

在20世纪初叶，中国某些精英对帝国主义的一般看法是：帝国主义源自“民族之力充沛于内不得不溢于外”；帝国主义是“民族主义发达的最后阶段”；帝国主义者对中国虽然不好，民族主义却是中国所急需的思想，当中国民族主义发展到精力充沛不得不溢于外的阶段，中国也就变成了像英、美、日、法那样富强康乐的国家；那时的中国也许变为帝国主义列强之一，找几个弱小国家发泄它过剩的精力，但那不要紧，欺负别人总比被人欺负舒服些，要紧的是“神州大国”“神明贵种”能像日本一样跻身“列强”行列。在那时的中国精英看来，中国衰弱是因为自己不争气，自己的缺点太多，并不是因为列强的侵略和压迫。中国要富强，必须消除自身种种造成分崩离析的衰弱原因。“物竞天择，适者生存”的社会达尔文主义和“人必自侮而后人侮之，国必自伐而后人伐之”之类的自省式民族主义在当时的中国知识阶层中颇为流行。[1]

但到20世纪20年代初，自省式的民族主义很快为反帝的民族主义所取代。第一次世界大战和俄国十月革命之后，中国人发现“西方”

① 陈志让：《军绅政权》，96—97、102页，香港，生活·读书·新知三联书店，1979。

在分裂、在破产。特别是苏俄发表放弃所有旧俄时代条约权利的《加拉罕宣言》后，中国各界对苏俄产生了极大的好感。1923 年 12 月，北京大学进行民意测验，其中一题为“俄国与美国谁是中国之友？为什么？”测验结果，有 59％的人认为俄国是中国之友，只有 13％的人认为美国是中国之友。那些认俄国为友的人所持的理由主要是：（一）因其为社会主义国家，以不侵略为原则；（二）因其为反帝国主义国家，中国正好与之联合，抵制英美；（三）因其为被压迫民族，与中国情形相同。[①] 也就是说，“不侵略”和“反帝”是当时相当一部分中国人对“新俄”的认知，亦是他们主张“友俄”的重要考虑。对那时一般并未深入研习社会主义理论的人来说，马克思列宁主义的一个重要吸引力，是它既来自西方，同时又号召世界人民进行反对以西方为主的帝国主义的“世界革命”。

一　反帝废约口号

在中国，最早提出“打倒帝国主义”这一口号的是中国共产党。一般认为，中共二大便制定了反帝反封建的民主革命纲领。“二大宣言”中，中共提出的奋斗目标，第一项是“打倒军阀”，第二项是“推翻国际帝国主义的压迫”。一年以后，中共三大通过的《党纲草案》，明确提出“反对帝国主义反对军阀”的口号。今人听来，“帝国主义”“军阀”这类名词早已耳熟能详，而在 20 世纪 20 年代初，一般中国人对“帝国主义”“军阀”这类名词还相当陌生。陈独秀在中共三大的报告中说：“我们是在‘打倒帝国主义和军阀’的口号下工作的。打倒军阀的口号已得到中国社会上大多数人的响应，而打倒帝国主义的口号还没有产生很大的影响。党员应该更加注意反对帝国主义的口号。”1923 年 11 月底出版的《中国共产党党报》第 1 号所载中共中央报告内称，由于《向导》等刊物的宣传，“社会上反帝国主义的空气，大会后比大会前渐渐浓厚起来”。同时又指出：“反帝国主义的运动，在中国国民运动中，比反军阀运动更为切要。在军阀与帝国主义者有冲突时，吾人得助军阀以抗外人，断不

① 朱务善：《本校二十五周年纪念日之“民意测验”》，载《北京大学日刊》，1924 年 3 月 4—7 日。

可借外力以倒军阀。"1924 年 5 月 14 日中共中央的报告又谈道："我们政治的宣传，自一九二三年起，即是打倒国际帝国主义及国内军阀两个口号。在一九二二与一九二三年间，'反对军阀'已成了全国普遍的呼声；到一九二三与一九二四年间，列强对华进攻日急，全国知识阶级中进步分子，已采用'反抗帝国主义'的口号；而且最近在北京、上海、汉口、广州、奉天等处，已渐渐有反帝国主义的民众运动发生。"中共中央再次强调，"我们反对帝国主义，比反对军阀还要注重"。[①] 中共将反对帝国主义放在首位，认为反帝是国民革命的中心工作。1924 年陈独秀在一篇文章中声称："国民革命和民族解放是两个意义相类的名词，所以反抗国外帝国主义之压迫是国民革命运动之中心工作。"[②]中共在同期的理论宣传中，亦强调"我们国民革命中只是反帝国主义运动是我们最初步的而且是根本的办法，其余都是治标的罢了"。[③]

在中共的大力宣导下，仅一两年时间，反帝国主义的口号便很快为知识精英，尤其是青年知识分子所接受。与清末民初自省性的民族主义不同的是，反帝国主义口号的魅力，在于它将中国的一切贫穷落后都归咎于帝国主义，故而具有强大的政治号召力和民族主义煽动性。吴国桢在晚年回忆录中谈道："那时将中国的灾难全都归罪于外国经济和政治渗透的观点，确实对年轻人几乎有普遍的号召力，因此当共产党创造出'帝国主义'这个词时，他们确实掌握了进入年轻人头脑的钥匙（中国共产党人对'帝国主义'这个词有中国式的说法）。马克思主义在打动年轻人方面，没有多少影响，但'帝国主义'和'反帝国主义'则有。"[④]马克思主义对年轻人影响之大小，另可探讨，而"反帝国主义"话语之普遍魅力，则确实存在。检阅早期的中共中央文献和中共领导人的有关言论，不难发现，中共很少运用列宁关于帝国主义的经典理论对"帝国主义"这个概念加以明晰的阐释。在多数场合下，中共话语中的"帝国

---

①《国民运动进行计划决议案》，载《中国共产党党报》第 1 号，1923 年 11 月 30 日；《中央局报告（一九二四年五月十四日）》，载《中国共产党党报》第 4 号，1924 年 6 月 1 日。

② 独秀：《假革命党与反革命党》，载《向导》第 74 期，1924 年 7 月。

③ 文恭：《国民革命与反帝国主义运动》，载《向导》第 80 期，1924 年 9 月。

④《从上海市长到"台湾省主席"：吴国桢口述回忆》，274 页，上海，上海人民出版社，1999。

主义”,几乎成了“侵略主义”的代名词。[①]

当涉及反帝国主义的具体目标时,中共将火力集中于“不平等条约”。与“帝国主义”“军阀”一样,“不平等条约”亦是当时的一个新词语。不同的是,“帝国主义”“军阀”均是外来词,而“不平等条约”则为中国人自创。此词在19世纪的中国未见使用过。当时大多数中国人对根本改变中华帝国外交关系的条约制度所带来的危害还没有清醒和充分的认识,只有极少数人偶尔发表忧虑和抱怨言论。“五四”前后,因受巴黎和会的刺激和苏俄发表放弃旧约宣言的启示,中国民众才真正开始认识到不平等条约对中国发展所产生的国际障碍,开始使用“不平等条约”来表达对列强条约体系的不满。不过当时人尚未将“不平等条约”作为一个赋有特定意义的固定词组,而且使用次数极少。[②]

中国共产党首次将“废除不平等条约”作为一个政治口号和政治主张提出。其后,中国国民党起而响应。1922年6月15日中国共产党发表对时局的主张,提出“改正协定关税制,取消列强在华各种治外特权,清偿铁路借款,完全收回管理权”等。[③] 论者有谓“此乃废除不平等条约这一口号之嚆矢”,是中国近代第一次以政党名义发表的废约主张。不过其中尚未明确提出废除不平等条约。真正明确提出废约主张,是1923年6月中共三大通过的《党纲草案》,内称要“取消帝国主义的列强与中国所订一切不平等的条约”。[④] 次年1月,国民党一大宣言,亦将取消一切“不平等条约”作为其对外政策的首要主张。[⑤]

中共自二大明确提出反对帝国主义的目标后,在每次反帝斗争中,均将斗争目标引向废除不平等条约。中共将反帝作为国民革命的首要

---

① 中共的这一宣导显然产生了相当大的影响。如1927年2月上海北新书店出版的《联俄与仇俄问题讨论集》中即谈道:“老实说,中国有许多人对于帝国主义是当作侵略主义的别号。”见该书上册,31页。

② 检索五四时期刊物(光盘版)中“不平等的条约”出现的次数,《每周评论》(1918.12—1919.8)出现过2次;《新青年》(1915.9—1926.7)在1924年以前出现过1次;《少年中国》(1919.7—1924.5)和《新潮》(1919.1—1922.3)两刊则未见使用。王栋在《20世纪20年代“不平等条约”口号之检讨》一文(《史学月刊》2002年第5期)中认为,“不平等条约”一词并非五四运动的直接产物,亦非共产党的创造,推测“不平等条约”一词是1924年进入中国语言,由孙中山首次使用。此一看法显然不确。但王栋对“不平等条约”一词的语言风格、内涵及其对唤醒20年代中国民众的民族意识所具有的象征、符号和媒介作用之分析,颇有启发性。

③ 中共中央党校党史教研室选编:《中共党史参考资料》第5册,78页,北京,人民出版社,1979。

④ 《中国共产党第三次代表大会文件》(1923年6),见《中共中央文件选集》(一),112页。

⑤ 中国第二历史档案馆编:《中国国民党第一、二次全国代表大会会议史料》(上),88页,南京,江苏古籍出版社,1986。

目标，又将废约作为反帝的首要目标。[①] 这样一种政治主张的选择，不仅对孙中山、国民党，亦对同时期中国社会各阶层民众产生了直接影响。在 1920 年以后的二三十年间，没有哪个口号能比“打倒帝国主义”和“废除不平等条约”更能铸造和催化中国民众举国一致的民族主义激情，也没有哪一个语词比“帝国主义”和“不平等条约”对西方列强更具谴责和抨击力度。与“列国”“列强”等称谓相比，“帝国主义”这一带有浓烈的布尔什维克味的谴责性语言，自然更能刺激和催化中国民众的民族主义情愫。在 20 世纪 20 年代国共两党创造性地使用和强化宣导下，“帝国主义”和“不平等条约”作为非正义、侵略、压迫和威胁的象征符号，在潜移默化中被中国广大民众毫无保留地接受，从此成为中国人论说对外关系时不可或缺的，也是使用频率最高的两个关键词，不仅在中国各派政治家无数次的政治演说和各大政党的意识形态宣传中频频出现，也成为中国学术界研究近代中外关系时的主导理念和经典概念。[②]

二 反帝废约运动

1924 年夏，中国南北各大城市同时开展了一场名为“反帝国主义”和“废除不平等条约”的运动。这是近代中国首次明确揭櫫“反帝”旗帜的群众运动。这场运动的发生，一方面是因中共和国民党等新生政治力量的宣传推动，另一方面则是受到中苏协定签订的直接影响。

中苏协定的签订，经历了一个长时间的曲折过程。早在 1919 年 7 月，苏俄副外交人民委员加拉罕代表新生的苏俄政府发表了《第一次对华宣言》[③]，声明废除旧俄政府与中国所缔结的一切秘密条约，将沙皇政府从中国人民那里掠夺的一切交还中国人民，并建议与中国政府建立正式的外交关系。但当时中苏之间邮电不畅，这一宣言并未立即传到中国。次年 3 月 3 日，苏俄西伯利亚和远东外交事务全权代表在致

① 李育民：《中国共产党早期反帝目标探析》，载《湖南师范大学社会科学学报》2002 年第 1 期。

② 20 世纪 90 年代开始，中国官方宣传话语中，“帝国主义”一词逐渐为“霸权主义”一词取代。而学术界在研究近代中国政治和对外关系时则仍然使用“帝国主义”一词。其间的变化颇堪玩味。

③ 原名为《俄罗斯苏维埃联邦社会主义共和国对中国人民和中国南北政府的宣言》。

中国驻该地领事馆的照会中,转达了苏俄第一次对华宣言。北京政府于3月26日才收到领事馆转交的宣言(法文本)。

经历了巴黎和会的挫折而对列强普遍失望的中国民众,得知苏俄政府的这一宣言后反响极为强烈。国内各重要团体纷纷致电苏俄政府表示感谢;各大报纸争相刊发评论,对苏俄新的对华政策表示热烈欢迎。[①] 与民间社会的积极态度相比,北京政府的反应则十分迟疑。它担心与苏俄新政权的接触会得罪正在封锁和孤立苏俄的列强,尤其担心引起近邻日本的强烈反应。其次,北京政府对苏俄新政权的稳定及其宣言的诚意尚疑信参半。为了打探虚实,北京政府派遣以陆军中将张斯麟为团长的非正式代表团前往苏俄,进行实地考察。代表团于1920年6月出发,9月抵达莫斯科。在与俄人直接接触后,张斯麟认识到苏俄新政府刚上台,迫切希望与中国修好,乃多次致电建议北京政府利用时机,挽回国权。就在张斯麟访俄期间,加拉罕向张递交了新的照会,即《俄罗斯苏维埃联邦社会主义共和国对中国政府宣言》,史称"第二次对华宣言"。宣言进一步发展了第一次宣言中提出的原则。张斯麟回国时带回了"苏俄第二次对华宣言"的原本。北京政府于1921年2月1日回复苏俄,表示愿意寻找机会与苏俄开始谈判。苏俄提出派代表来华与中国直接交涉,但北京政府要求只能派非正式代表,且代表团不能在中国传播"与中国社会不相容之主义"。经过半年多的商讨,双方取得初步谅解。1921年10月,北京政府同意苏俄派遣商务代表来华。10月24日,苏俄向中国派出了第一个全权代表裴克斯。

但就在裴克斯来华期间,苏俄政府与外蒙古于11月5日秘密签订了《俄蒙修好条约》,承认外蒙古为一独立国家。北京政府于1922年4月确切获悉这一条约的内容后,向裴克斯提出严正抗议,指责苏俄政府违背其对华宣言,声明无论俄蒙之间私订何种条约,北京政府概不承认。

裴克斯使华未有进展,苏俄又改派越飞来华。越飞是苏俄外交界的重量级人物。越飞于1922年8月抵达北京。但双方在外蒙古和中

---

① 《对于俄罗斯劳农政府通告的舆论(附录)》,载《新青年》第7卷第6期,1920年5月1日。

东铁路这两个重大问题上存有分歧，中方提出以苏俄军队立即从外蒙古撤退为中俄举行正式谈判的先决条件，而越飞不同意会谈设立先决条件。在中东铁路问题上，中方要求苏俄履行其两次对华宣言，将该路无条件归还中国。越飞则认为，苏俄政府从未有过无条件归还中东铁路的承诺。不仅如此，越飞对苏俄政府的两次对华宣言作了新的解释。他声称：如果北京政府认为宣言意味着苏俄完全放弃在中国的利益，那实在是一种“误会”，对苏俄未免太不公允。苏俄政府抛弃的只是帝俄时代的侵略政策，但合法而公正之权利，并不能因此项宣言而消灭。①

直至1923年初，北京政府与越飞之间的交涉仍无任何结果。越飞于是将目光转向南方的孙中山。1月26日，双方发表了《孙文越飞联合声明》。宣言发表后的次日，越飞离华赴日，去交涉苏日之间的有关问题。北京政府担心日俄接近，会签订有损中国利益的协定，遂决定加强对俄交涉。1923年3月，北京政府成立了“中俄交涉督办公署”，任命前外交总长王正廷为交涉督办，并电请越飞回京开议。但越飞未回北京。7月，苏俄政府决定改派副外交人民委员加拉罕使华。加拉罕于9月2日抵达北京，4日对报界发表了一份声明，史称“苏俄第三次对华宣言”。

第三次宣言与前两次宣言有一点明显不同，即它公开声明并非放弃所有旧俄在华权益：“我们绝不会放弃我们在中国的利益，因为它们并未侵犯中国人民的主权……中国人民一定明白，我们在华的实际利益必须予以承认，因为这些利益很容易同中国人民的利益和主权协调一致起来。”②

不仅如此，加拉罕还提出以中国首先承认苏俄作为开始谈判的先决条件。北京政府认为，苏俄的目的就是要获得中国的承认，担心一旦承认苏俄，将不利于解决中苏间的若干重大悬案，因而坚持在承认苏俄之前，必须先解决悬案。中苏关于先决条件的争论，实际上反映了双方目标的分歧。苏俄的目标是改善其国际生存环境，而不急于解决旧俄

① 王建朗：《中国废除不平等条约的历程》，120—124页，南昌，江西人民出版社，2000。

② 薛衔天等编：《中苏国家关系史资料汇编（1917—1924）》，193—195页，北京，中国社会科学出版社，1993。

在华权益问题;而中国的目标则相反,即希望尽快解决旧俄在华权益问题,而不急于与苏俄建交,以免引起列强的不满。由于双方各持己见,谈判一度陷入僵局。

1924年2月,英国与意大利先后正式承认苏俄并与之建立了外交关系。这就减轻了北京政府承认苏俄所承受的列强的压力。北京政府表示可以先行承认再开正式会谈,但在正式宣布承认之前,双方代表先通过非正式会谈议定一个解决悬案的大纲,待宣布承认后,双方立即召开正式会议来解决悬案。加拉罕表示同意。至1924年3月中旬,双方达成《中俄解决悬案大纲协定》等相关草案。王正廷和加拉罕分别在草案上签了字。

但当北京政府内阁会议审议王正廷草签的大纲协定时,又出现了一场不小的波折。外交总长顾维钧等对协定草案中有关外蒙古等问题的具体细节持强烈反对意见。北京政府据此拒签协定。谈判再度陷入停顿。

北京政府的拒签之举,遭到全国各界民众的指责。各团体纷纷发表声明,主张无条件承认苏俄。地方军政大员如吴佩孚、刘镇华、孙传芳、萧耀南等亦致电北京政府,主张立即签订中俄协定。在各方的压力下,北京政府谋求重开谈判。苏俄方面亦不愿谈判就此破裂。双方经过秘密磋商后,终于达成一致意见,并于1924年5月31日正式签署《中俄解决悬案大纲》及相关外交文书。中俄邦交恢复。

《中俄解决悬案大纲协定》的主要内容是:

1. 帝俄政府与中国政府所订一切公约、条约等概行废止,两国重订平等新约;

2. 俄国自帝俄政府以来凡与第三者所订之一切条约、协定等,其有妨碍中国主权及利益者,概为无效;

3. 苏俄政府承认外蒙古为中华民国之一部分,并尊重在该领土内中国之主权;

4. 苏俄政府同意放弃帝俄政府在中国境内所得之一切租界、租借地等特权;同意放弃俄国部分之庚子赔款;同意取消治外法权及领事裁判权;

5. 苏俄政府承认中东铁路纯系商业性质，所有关系中国主权之事务，概由中国政府办理；中国可以赎回中东铁路。

中俄协定的签订，在近代中外关系史上具有重大意义。苏俄政府主动放弃旧俄在华特权，主动废除中俄之间的不平等条约。这在中外交涉史上是破天荒的。苏俄的这一举动，与列强顽固维持其对华不平等条约体系的态度形成鲜明的对比。它不可避免地对列强的不平等条约体系产生巨大冲击，其辐射性的影响远远超过中俄协定本身所带给中国的实际利益。中俄协定的签订，激励和鼓舞中国人民为废除不平等条约而斗争。以此为契机，一个要求废除不平等条约的爱国运动在中国南北各地磅礴兴起。

中俄协定签字后，北京国会议员胡鄂公等 181 人致电苏俄政府和人民，庆祝中俄恢复邦交，并认为此举是反帝国主义的胜利。北京、上海、长沙等城市的各界民众分别召开庆祝大会。庆祝大会除对中俄协定本身表示热烈欢迎外，更要求废除一切不平等条约。如上海市民集会时，致电日本新任首相加藤高明，要求“速取消二十一条，改变侵略政策”。

根据中俄协定的有关规定，北京政府外交部照会驻京九国公使，要求将其代管的旧俄使馆交还苏俄，但遭到后者的拒绝。日、美、法三国公使还向北京政府声明，对于中东铁路之发言权，不受中俄协定的约束。列强企图以此阻止中俄协定的实施。此举进一步刺激了中国民众反对帝国主义和废除不平等条约的斗志。1924 年 6 月 17 日，北京国会议员胡鄂公等 135 人发表《维持中俄协定宣言》，申言此次协定之成立，是中俄两国人民反抗列强帝国主义之结果，协定规定中东铁路由中国赎回，自不容第三国无理干涉。

7 月 8 日，上海市民对外协会等 30 公团联合发表宣言，要求废除不平等条约。次日，北京学生联合会、中国社会主义青年团等 10 余团体和胡鄂公等一批国会议员，联合发起组织北京反帝国主义运动联盟，并发表通告，趁苏俄废除不平等条约之机，向尚未废除此项条约之列强，提出同等要求，将从前所订一切不平等条约一律作废。通告发出后，社会各界迅速群起响应，参加团体扩增到 50 多个。13

日，50 多个团体在中央公园举行“反帝国主义大联盟”成立大会。大联盟的参加者既有中共和社会主义青年团成员，亦有国会议员和其他各界民众。大会通过《反帝国主义大联盟宣言》，宣布联盟的宗旨是：(一)扑灭帝国主义的侵略政策，废除压迫中国弱小民族所订一切不平等条约；(二)联络一切愿意参加反帝国主义工作的同志；(三)只从事反帝国主义事业，其他任何事务概不与闻；(四)反对帝国主义的走狗和汉奸。

7 月 18 日，北京 8 所国立专科以上学校教职员举行联席会议，响应反帝国主义大联盟，发表《废除不平等条约宣言》，呼吁开展一个“废止国际一切不平等条约之运动”。27 日，北京反帝大联盟在中央公园召开欢迎新闻记者大会，希望新闻界予以援助。全体到会记者一致加入反帝大联盟，为宣传委员。

7 月 28 日，中华学生废约同盟在北京成立。同日，上海市民对外协会、上海市民协会、机器工人俱乐部、店员联合会、各马路联合会、工团联合会、中华学生联合总会等 30 余团体联合发表废约宣言。8 月 13 日，成立上海废约运动大联盟。此后，反帝废约运动迅速扩展到全国。湖南、天津、武汉、济南、广州、青岛、杭州、太原、保定、江西、四川等省市相继成立反帝大同盟。反帝废约的怒潮几乎遍及全国。

为了壮大反帝运动的声势，北京反帝大联盟向全国发出倡议，以 9 月 3 日至 9 日为中国反帝国主义运动周，以签订辛丑和约之 9 月 7 日为国耻日，呼吁全国同胞届时降半旗吊国耻，举行全国大示威，抵制外货。在运动周内，全国各地的反帝联盟普遍举行群众集会，开展各种各样的反帝宣传活动。9 月 7 日，广州各界 100 余团体 7 万余人举行反帝大会和示威游行。上海、武昌、济南、天津、杭州、长沙、太原、哈尔滨等城市均于是日举行了各种反帝废约的宣传纪念活动。全国反帝废约运动达到高潮。

值得注意的是，与五四爱国运动中“打倒列强”的口号相比，“反对帝国主义”的口号具有更为明确的目标。反帝运动中，宣传舆论将“帝国主义”国家的人民与其政府区别开来，指出反帝国主义只反对其统治阶级，而不反对其人民；又指出“帝国主义的国家，不单是中国人的敌人，又是各弱小民族的仇敌，也是英美日法的农人工人的仇敌”。[①]

在这场席卷全国的运动中，尚处幼年的中国共产党和中国社会主义青年团站在运动的前列。各地反帝联盟的发起者和领导成员中，常有中共党人参与其间。中共中央还通过《向导》不断发表评论文章，给运动以理论指导。国民党亦积极支持了这场运动。运动的参加者虽然十分广泛，但运动主要在城市精英阶层中展开。农民固未参与，即城市工人和普通市民亦基本上没有参加。运动的形式主要以舆论宣传为主。运动的目标虽十分明确，但运动的发起者显然并未指望通过这场运动达到废除不平等条约之目的。尽管如此，运动的影响却并不因此而减损。时人称：“此一举也，终极目的为对外，而目前功效在对内，虽不遽望外人见听，要必使国人先闻之知之，憧憬之，要求之。无论如何，此事要为训练国民应有之举。”[②]换言之，运动的目标虽然对外，而实际意义则在唤起国人认清帝国主义对中国的侵略和压迫，认识到帝国主义强加给中国的不平等条约是中国一切贫困落后的祸根和症结所在。过去国人冥思苦想而难以弄清的问题，如中国积贫积弱的原因等，很快从“帝国主义”和“不平等条约”之中找到了答案。通过广泛的宣导，“帝国主义”“不平等条约”等政治话语开始为中国民众所接受，并成为中国民众痛恨和积怨的目标。这场运动实际上是即将到来的五卅反帝大风暴的序幕。它显然为后者做了广泛的舆论和思想准备。

三 国民会议运动

反帝废约运动为了将目标一致对外，声称只反对帝国主义，而不与闻其他国事。然而国事之纷乱，势必妨碍反帝运动的展开。当反帝废约运动在全国各地蓬勃兴起的时候，军阀之间的混战亦在紧锣密鼓中展开。1924 年 9 月，江浙战争和第二次直奉战争相继爆发。接着，冯玉祥发动北京政变，推翻直系曹吴政权，电邀孙中山北上主持大计。11 月 10 日，孙中山发表《北上宣言》，向国人陈述其反对帝国主义和反对

① 《反帝国主义与废除不平等条约运动》，载《东方杂志》第 21 卷 16 号，1924 年8 月。
② 见《反帝国主义与废除不平等条约运动》。

军阀的政治立场。孙中山将其北上之行的目标,重点放在革命主义的宣传上。而其政治主张的中心,一是召集国民会议,以对付军阀;一是废除不平等条约,以对付帝国主义。以此为契机,在全国范围内掀起一场声势浩大的国民会议运动。国民会议运动在时间上与反帝废约运动相衔接,而运动目标则由单纯的反帝运动扩大为反帝与反军阀相结合的运动。

孙中山于 11 月 13 日从广州出发北上,途经香港、上海,转道日本长崎、神户,于 12 月 4 日抵达天津,31 日扶病入京,其行程长达一个半月。沿途所至,孙中山频繁发表演说,广泛接见各界人士和新闻媒体,大力宣传其政治主张,将其北上行程变为一次规模空前的群众性宣传活动。与此同时,他指示国民党中央派遣数十名宣传员分赴各省区广泛开展宣传活动,还先后两次就派遣宣传员问题对 13 个省区的军民长官发出通电,要求对国民党宣传员惠予接洽。自国民党改组以来,孙中山第一次,也是他最后一次开展如此大规模的宣传活动。

召开国民会议的政治主张,最早是中国共产党于 1923 年 7 月发表的《中共中央第二次对于时局的主张》中正式提出来的。当时曹锟发动了驱逐黎元洪的政变,控制了北京中央政权,激起全国舆论的一致反对。中共针对时局发表主张,建议"由负有国民革命使命的国民党,出来号召全国的商会、工会、农会、学生会及其他职业团体,推举多数代表,在适当地点开一次国民会议",并认为"只有国民会议才真能代表国民,才能够制定宪法,才能够建设新政府统一中国"。[①] 孙中山当时仍寄希望于外国援助和军事行动,对中共的这一主张没有积极回应。直至国民党改组后,孙中山开始重视宣传群众和组织群众的工作。北上之际,孙中山接受了中共的这一政治主张。他号召通过国民会议来"打破军阀"和"打破援助军阀的帝国主义"。他指出:"中国革命以来,连年大乱,所以不能统一的原因……就是因为中国和外国有了不平等条约,每个外国人在中国总是利用那些条约来享受特别权利。"为此,他呼吁"打破列强的侵略","废除中外一切不平等条约,收回海关、租界和领事

① 《中共中央第二次对于时局的主张》(1923 年 7 月),见《中共中央文件选集》(一),133 页。

裁判权"。当他获知新上台的段祺瑞政府对外宣称"外崇国信"时，他严词质问："我在外面要废除那些不平等条约，你们在北京偏偏要尊重那些不平等条约，这是什么道理呢？"①

在孙中山北上宣传的过程中，中国共产党发动各地党团员积极响应。中共中央发出指示，要求各地党组织动员民众，联络各地公团，组织国民会议促成会，并加强对国民会议促成会的领导。在国共两党的密切合作下，声势浩大的国民会议运动在全国范围内蓬勃兴起。湖南、湖北、江西、山东、安徽、福建、热河等省以及上海、北京、汉口、广州、天津、南京、长沙、保定、济南、青岛、石家庄、太原、张家口、厦门、宁波、镇海、九江、黄梅、吉安、徐州、韶州等城市均先后成立了国民会议促成会，积极开展宣传等活动。运动的规模和声势超过了此前的反帝废约运动。运动从大城市向中小城市发展，有些地方甚至扩展到农村，如浙江萧山、绍兴和广东东莞等地。宣传的内容，除废除不平等条约、反对段祺瑞政府的善后会议等共同要求外，还结合各阶层人民的切身利益要求，推动国民会议运动向纵深发展。

为了与段祺瑞政府的善后会议作针锋相对的斗争，国共两党共同发起召开国民会议促成会全国代表大会。大会于 1925 年 3 月 1 日至 4 月 16 日在北京召开，全国 20 多个省、120 多个地区的国民会议促成会的代表共 229 人参加。代表的职业非常广泛，有工人、农民、教师、学生、记者、律师、商人和民族资本家等。大会推选顾孟余、赵世炎、朱务善等 9 人为主席团，主持大会。大会宣布的宗旨是："组织民众、宣传民众、武装民众，向掠夺和压迫阶级手中夺回人民的自由和自己建设独立之国家。"社会动员的范围和目标均超过此前的反帝废约运动。大会讨论的问题有：国际帝国主义侵略、国内军阀混战、财政实业以及国民会议运动等。大会以此组成了 4 个相应的委员会。大会共召开全体会议 19 次。其中中共代表赵世炎作了关于帝国主义侵略问题的报告，苏兆征作了工人问题的报告，朱务善、韩麟符、李勃海分别作了关税、太平洋会议和国民会议运动等问题的报告。大会最后通过《国际问题决议案》

①《孙中山全集》第 11 卷，373、374、501 页，北京，中华书局，1986。

《国内问题决议案》《国民会议预备会议条例》等文件。在《国际问题决议案》中,历述了鸦片战争以来帝国主义侵略中国的经过,指出中国废除不平等条约的迫切性;在《国内问题决议案》中,阐述了军阀统治下的九个方面的问题,号召全国人民向一切军阀施行总攻击。大会选举成立了联合总会的执行委员会,苏兆征、邓颖超、朱务善、顾孟余、王乐平等 21 人当选为执行委员。

国民会议促成会全国代表大会,是在国共两党主导下由全国各界民众代表参加的一次大集会。就影响面而言,国民会议运动的声势超过了废除不平等条约运动,但运动的参加者仍以城市上层精英为主。大会通过的决议自然无法强制段祺瑞政府执行。召集国民会议,建立民主政府的目标更不可能付诸实施,但大会的召开仍具有相当的意义和影响。它使中国共产党和中国国民党的政治主张得以向全国各界民众推广。在此以前,国共两党的政治影响主要局限于南方。反帝废约运动和国民会议运动的开展,逐渐拓展了两大政党在全国,尤其是在北方社会的政治影响。

就在国民会议促成会全国代表大会召开期间,孙中山患肝癌在北京逝世。孙中山逝世后,全国各界民众纷纷以唁电、唁函和集会等形式举行悼念活动。国民党以此为契机,通过举行盛大隆重的丧仪,大力宣传孙中山的革命主张和国民党的意识形态。由于共产党人和国民党左派人士积极参与和组织各地的追悼活动,丧仪实际成为一次大规模的政治宣传运动。正如李剑农所言:“中山所抱的主张虽未实现,但在此种丧仪中,其主张的宣传,却发生了相当的影响。”①

一般而言,民众的政治动员是两个过程互动的结果:一是民众自身政治意识在一定社会变迁基础上的觉醒;二是政党或政治利益群体对民众有意识的宣导和动员。前者往往是一个渐变和潜移默化的过程,而后者则视政治力量动员的方式和力度而定。1924 年下半年和 1925 年上半年接连发生的反帝废约运动和国民会议运动,使国共两党的政治理念得到了弘扬,并随着孙中山的北上和逝世而逐渐深入人心。如

① 李剑农:《戊戌以后三十年中国政治史》,372 页,北京,中华书局,1965。

果说 1924 年的废约运动还只是一种笼统、浮泛的宣传的话，那么，1925 年的反帝运动则得到了较为具体的落实：在北方，以北京为中心掀起了群众性的“关税自主运动”；在南方，则以上海为中心，对列强在华的租界发起了一场猛烈的攻势，并引发为一场空前的五卅反帝大风暴。

第二节　从惨案到运动

中共成立伊始，即致力于工人运动。1925 年 1 月 11 日至 22 日，中共在上海召开了第四次全国代表大会。大会分析了中国社会各阶级在革命中的地位和趋向，指出越是上层阶级越富于妥协性，只有最受压迫而最有集合力的无产阶级是最有革命性的阶级。大会明确提出了无产阶级在民主革命中的领导权问题和工农联盟问题。大会通过了《对于职工运动之议决案》，指出自国民党改组以后，尤其是北京政变以后，全国工人运动已由退守转入复兴；工人阶级当前最重要的任务，是发展自己独立的职工运动，同时参加民族革命以取得其领导地位，力求各种产业工人完全组织在中国共产党的指导之下。

中共四大结束后，积极加强对工人运动的领导。1925 年 2 月，上海日商内外棉株式会社第八厂工人因抗议厂方殴打女工而罢工。罢工发生后，中共中央成立一个由邓中夏、李立三为首的专门委员会领导这次罢工，并动员上海全体共产党员投入罢工的组织工作，使罢工风潮迅速扩大到上海 22 家日商纱厂。4 月，青岛的日商纱厂工人亦起而罢工。这两次罢工，是五卅大罢工的前奏曲。

为了指导全国工人运动，推动全国工人运动的统一和整合，中共发起了于 5 月 1 日至 7 日在广州召开的第二次全国劳动大会。[①] 大会宣布成立中华全国总工会。总工会受中国共产党的领导。总工会的委员和重要干部多为共产党员。共产党在总工会内设有党团，邓中夏任党

---

① 1922 年召开了第一次全国劳动大会，当时决定于次年 5 月在武汉举行第二次全国劳动大会，后因“二七”惨案发生，大会未能如期召开。

团书记。

一　五卅惨案

5月15日，上海内外棉第七厂工人顾正红被日本职员枪杀，激起工人义愤，引发上海日商各纱厂中国工人的同情罢工。中国共产党获悉后，及时予以声援和引导。中共中央于16、19日连续发出通告，指示各地党、团员立即号召社会各界团体一致援助罢工工人，发起一场反对日本帝国主义的大运动。

5月24日，由内外棉纱厂工会发起，举行顾正红公祭大会，参加者近6万人。工人、学生代表分头讲演，散发宣传传单，抗议日本资本家的暴行和日本帝国主义的压迫。中国共产党追认顾正红为中共党员。

5月27日，在恽代英的主持下，上海大学等32所学校的学生代表开会讨论如何声援罢工工人。28日，中共中央和上海党组织召开联席会议。会议讨论了发动和组织上海各阶层群众共同参加反对帝国主义的问题，明确提出要将工人的经济斗争与反帝斗争结合起来，将经济斗争转变为民族斗争，并作出了《扩大反帝运动和组织五卅大示威》的决议，决定于30日下午组织学生上街演讲示威。会后，中共党组织积极开展了组织和宣传活动。李立三主持的全国总工会上海办事处发表《援助沪汉青岛各厂罢工宣言》，呼吁社会各界投入反帝斗争。恽代英发动上海学生联合会开会，布置30日演讲队赴租界演讲的具体事宜。

中共中央认为，只有发起一个暴动，才能给凶横的帝国主义一个大的打击。他们分析，5月底6月初是一个顶好的暴动机会，因为是时上海工人早已情绪激昂，而上海商人亦思发起一场示威来抵制租界工部局的“三提案”。上海租界分公共租界和法租界。公共租界由英美租界合成。工部局是公共租界的行政机关，局中设董事九人，其中英人六，美人二，日人一。租界人口中，99.6%以上是华人，而工部局从来没有一个华人代表。因英国董事占绝对多数，英国人在公共租界最有权势。会审公廨是公共租界的司法机关。自辛亥革命时起，列强攘夺租界的裁判管辖权，并扩展到原告被告都是华人的案件。纳税人会是租界的立法机关，工部局如有提案，须经该会通过。1925年4月，上海公共租界纳税人会举行常年大会，工部局向纳税人会提交三个提案：一是印刷附律案，规定一切印刷品事先均须经工部局审查；二是增加码头捐案，计划将码头捐增加50%；三是交易所注册案，规定凡中国人在租界内开设交易所，必须到工部局注册，否则不许营业。[①] 这三个提案不仅侵犯了中国的主权，也有损中国商人资本家的利益。因此上海各界群众，尤其是商人强烈反对这三个提案。由于4月召开的纳税人会不足法定人数而未能通过，工部局准备于6月2日再开纳税人会。为了抵制，上海商人亦希望在6月2日前给工部局一个示威。中国共产党选择5月30日发动学生到租界去游行演讲，是想将工人反对日本资本家屠杀的罢工斗争，与商界反对租界工部局三提案的斗争结合起来，掀起一场大规模的反帝风暴。

为了组织好这次反帝宣传活动，中国共产党以上海学生联合会的名义，设立了一个秘密指挥部，事先分派党、团员到各学校进行策动。由于租界不许游行演讲，中共最初担心学生不敢冒险前往，未料5月30日，上海各校学生竟有3 000多人前往公共租界散发传单和发表演说。这使中共党人大受鼓舞。恽代英事后总结说："三十日出来的学生有了三千多个，与大家事前所揣测的，多了十倍。我们不要把革命看得太难，只要我们努力，就可以使革命成功。"[②]

学生的讲演激起了市民的反帝斗争情绪。租界工部局出动大批巡捕企图驱散学生。学生与巡捕发生冲突。巡捕拘捕学生后，更激起学生和市民的愤怒。学生和市民近万人聚集到南京路老闸捕房前示威，要求释放被捕学生。武装巡捕居然对徒手的示威学生和市民开枪射击，打死十余人，打伤数十人。是为震惊中外的五卅惨案。

惨案发生的当晚，中共中央召开紧急会议，讨论和制定反帝斗争的策略。会议决定发动全上海工人罢工、商人罢市和学生罢课，将运动扩大为各阶级和各阶层的联合斗争。为此，中共中央决定建立以瞿秋白、蔡和森、李立三、刘少奇和刘华等人组成的行动委员会来领

---

① 亦有"四提案"之说，第四个提案是"改善雇用童工案"。参见王宗华主编《中国大革命史》上册，259页，北京，人民出版社，1990。

② 恽代英：《五卅运动》，见上海社会科学院历史研究所编《五卅运动史料》第1卷，7页，上海，上海人民出版社，1981。

导这次斗争，并决议立即成立上海总工会。5 月 31 日晚，上海各工会召开联席会议，宣布成立上海总工会，推选李立三、刘华分别为正、副委员长。[①]

租界当局的暴行震动了全上海。中共中央印发告工人、兵士、警察的传单共五六十万份，激起上海各阶层民众同仇敌忾之心，很快上海民众几乎全都轰动起来。各社会团体纷纷召开紧急会议，讨论应对之方。5 月 31 日下午，上海商界团体分头集会，商议对五卅惨案的态度。由中小商人组成的各马路商界联合会总会主张罢市声援学生，上海总商会则迟疑不决。总商会由上海商界头面人物组成，中小商人往往惟其马首是瞻，若要实行总罢市，必须有总商会的命令。故上海总商会的态度关系到总罢市能否实行。最后在示威群众的强烈要求和逼迫下，总商会副会长方椒伯（会长虞洽卿时在北京）签署总罢市的命令。次日，上海公共租界大小商店都停止营业。接着华界、法租界的商店也纷起响应。

在商界罢市的同时，上海大中学校学生亦从 6 月 1 日起开始罢课。接着，上海总工会发表宣言，宣布从 6 月 2 日起实行总罢工。据李立三回忆，他们最初先动员工人总罢工，但未能罢下来，等商人总罢市以后，工人总罢工才实现。[②] 由于运动因日本资本家枪杀工人顾正红和英租界巡捕枪杀示威学生、群众而起，故英国和日本成为反帝斗争的主要目标。截至 6 月 13 日，英资工厂罢工者共 26 处，3.6万余人；日资工厂罢工者共 39 处，6.3 万余人；工部局所属系统罢工者 8 处，3 600余人。总计外资企业罢工 107 处，13 万余人。此外，中国工厂亦有 11 处、2.6 万余工人参加罢工。[③] 全上海学生、工人和商人同时以罢课、罢工和罢市的方式投身于反帝斗争，迅速形成一股巨大的民族主义洪流。是时的上海，只见满街贴的是反帝国主义的标语、口号、图画；处处都有游行

---

① 事实上，上海总工会在此前已进行了一段时间的筹备和秘密组织，1925 年 5 月 2 日，中共召集上海 24 个工会代表，发起组织上海总工会筹备会。5 月 18 日，上海总工会筹备会在闸北会文路召开上海总工会成立大会，通过了总工会暂行章程，选举李立三为会长，陈杏林为副会长。5 月 31 日之联席会议，实际上是将总工会正式对外公开。参见刘明逵、唐玉良主编，曾成贵著《中国工人运动史》第 3 卷，113—114 页，广州，广东人民出版社，1998。

②《李立三同志对二月罢工和五卅运动的回忆》，见《五卅运动史料》第 1 卷，144—145 页。

③ 刘明逵、唐玉良主编，曾成贵著：《中国工人运动史》第 3 卷，118 页。

的、演讲的、募捐的、演戏的，人人都忙着反帝国主义的工作。针对这种形势，中国共产党又制定出新的动员策略：一是成立上海工商学联合会，作为反帝运动的总领导机关，将上海社会各阶层民众在民族主义旗帜下团结和统一起来；二是将五卅运动由上海扩大到全国去，形成全国性的反帝风潮。

二　运动的组织

6月4日，上海工商学联合会成立。它由上海总工会、全国学生联合会、上海学生联合会和上海各马路商界总联合会四大团体各派六名代表组成。上海总商会不肯参加，只允站在调停的地位。从上海工商学联合会的实际运作来看，总商会不参加，反有利于中共对运动的控制。因为参加工商学联合会的四大团体中，总工会和学生团体都控制在中共党人之手，因而中共实际掌握了工商学联合会的领导权，中共可以通过它来组织、策划、引导和控制五卅运动的发展。在五卅运动的头两个月里，工商学联合会差不多成了上海地方政府，[①]其影响之大可以想见。

上海总工会在五卅运动中扮演了举足轻重的角色。总工会成立后，即大力在罢工工人中建立工会组织。五卅以前，上海工会不过20余个，参加工会的工人总计不到2万。五卅爆发后，各工厂纷纷组织工会。至6月7日，加入上海总工会的工会多达44个。到7月中旬，加入的工会增加到106个，会员30余万。[②] 依照《上海总工会简章》，各工会必须执行总工会的决议和命令；发生阶级斗争时，各工会必须一致作声势上、经济上或实力上的援助；同一产业或职业内，必须统一为一个工会。总工会成立后，为了充分发挥其工运指挥中枢的职能，在执行委员会之下，分设总务、交际、会计、宣传、组织等科，刘少奇、陈杏林、傅冠雄、吴敏、刘贯之分任各科主任。总工会还按地域分设办事处，指挥和领导各基层工会的斗争。6月19日，总工会下令在杨树浦、引翔港、

① 瞿秋白：《国民会议与五卅运动》，见《五卅运动史料》第1卷，119页。

② 参见《五卅运动史料》第2卷，516页。

浦东、小沙渡、曹家渡、南市等工人集中区域分设6个办事处。此外规定，各工会内部每10人为1小组，设组长1人；每3组以上，设支部干事会；干事会之上，设工厂委员会。上海总工会就是通过这样自上而下的层级组织系统，如身使臂、如臂使指地指挥数十万罢工工人开展反帝斗争。

上海学生联合会是五卅运动中的另一重要组织。五卅以前，上海学生界有"国民革命参与派"与"非政治性的社会运动派"之分野。前者如上海大学、南洋大学、南方大学、大夏大学、东亚同文书院等校的学生会；后者如复旦大学、圣约翰大学、沪江大学、东吴法科大学等校（多为教会大学）的学生会。五卅惨案发生后，政治主张互异的两大学生群体均作出了积极反应。五卅惨案所激起的民族情绪，迅速缓和与消融了上海学生界的分歧和矛盾。五卅以前，上海学生联合会是一个以"国民革命参与派"学生为主体的组织，参加的学校只有10多个。五卅以后，90多个中等和高等学校的大部分青年学生加入，其中亦包括教会大学的学生，使上海学联真正成为上海地区的学生联合组织。①

随着上海学联势力的迅速壮大，其影响亦与日俱增。恽代英谈道："学生会在那时很有权威。有些学校原来是反动学生所把持，反对学生联合会的，自五卅的事件发生，学生群众都要求共同联合打倒帝国主义。""假使没有学生的联合会，就不能号召民众，五卅运动就无从产生。"②五卅以前，上海学联的组织相当简单，五卅事起，感觉原有的组织已不能应付繁复的工作，乃改组执行委员会，扩大组织，增添职员，除执行委员长正副三人外，分设总务、交际、出版、宣传、纠察、筹款六部，其后又增添工商和组织两部，并设审查提案委员会、法律委员会、经济审查委员会、对英日经济绝交委员会、军事委员会、监察委员会、检查食品委员会、英文编辑委员会、夏令讲演会等。各委员会分工负责，按照事务需要设立秘书、干事等职，总计职员在200人以上。③ 上海学联组织机构之庞大，亦反映出它所担负的重要职能及其所发挥的重要作用。

---

① 郑文起：《论五卅运动前后上海学生运动的统一和分化》，载《学术月刊》2000年第3期。

② 恽代英：《五卅运动》，见《五卅运动史料》第1卷，8、10页。

③ 李健民：《五卅惨案后的反英运动》，27页，台北，《"中央研究院"近代史研究所专刊》，1986。

与上海总工会一样,上海学联和全国学联两大学生组织均接受中共党团的直接指导。

五卅时期,还有两大商人团体亦发挥了重要作用,一是上海各马路商界联合会总会,一是上海总商会。前者由中小商人组成,后者为大商人的组织。两者在五卅运动中的表现不尽一致。中小商人在五卅运动初期曾有热烈的表现,与工人、学生一致行动。工商学联合会成立时,各马路商界联合会总会(会员总数约30万)亦积极参加。上海总商会则有所不同,他们没有参加工商学联合会,表示愿在官民之间和中外之间充当调停人。上海总商会是当时上海乃至全国具有重大影响的社会团体。他们自恃有历史、有实力、有影响,不愿与工人、学生和中小商人团体平起平坐,亦不愿放弃其独立自主性。由于他们掌握整个上海的经济命脉,在沪上多是呼风唤雨的头面人物,在五卅以前的对外交涉中,当政府感到棘手时,常有赖他们出面充当调停人(如1923年的临城劫车事件)。五卅事件发生后,中外政府当局也都希望由上海总商会居间调处,以使交涉留有转圜的余地。也是基于这样的考虑,上海总商会会长虞洽卿没有接受北京执政府派任为交涉委员的命令。

当时上海资产阶级内部对于五卅运动的态度并不完全一致。不同行业的资本家都以各自利益为出发点。如工业资本家与航业资本家,起初想利用罢工打击日本和英国在华企业;而商业资本家中,国货派起初对罢市非常赞成,而洋货派则始终反对;银行资本家中,民族资本银行赞成罢市,而中外合资银行则反对。① 态度的分野与不同行业商人的利益得失密切相关。一般而言,一些处于与外商竞争环境中的工厂或公司,往往会趁机打着"爱国主义"的旗号,参与到罢市或抵制外货的行列;而一些与外商有密切合作关系的企业或行业则因自身利益受损而对运动持反对态度。总体而言,商人在民族主义运动中多处于消极被动地位,除通电抗议或提倡国货等与商人利益无损的活动外,采取其他行动则多因时势所迫,主要是为了避免更大的损失,以及保持一定的商业秩序。在激进的民族主义大潮中,"奸商"经常成为运动的攻击对

---

① 邓中夏:《五卅运动》,见《五卅运动史料》第1卷,35页。

象。为了不致成为运动中激进民众攻击的目标，罢市有时也是商人的一种自保策略。[①]

依照中共的阶级分析，学生和中小商人均属于小资产阶级，总商会则代表大资产阶级。在中共看来，小资产阶级因处于帝国主义与封建军阀的压迫之下，很容易激发其反抗性而走到革命方面来，但因其经济地位所决定，在一定条件下必然会发生分化、动摇；而大资产阶级自始即具有妥协性，当帝国主义威吓、利诱时，他们将趋于反动。中共也认为，小资产阶级和大资产阶级内部不是铁板一块，均有左、右之分。中共当时的总策略是建立“民族的各阶级的联合战线”。具体而言，即“以工商学联合会为中心，由上海总工会联络学生会的左派，去压迫他们的右派；又以整个学生会去联络各马路商界联合会左派，去压迫他们的右派；然后再以整个商界联合会联络总商会左派，去压迫他们的右派”。[②]

三 不同对策

6 月 7 日，上海工商学联合会拟定解决惨案的 17 条交涉条件，交北京政府交涉专员蔡廷干等人，而蔡等认为 17 条“太过火”，不肯提出与列强所组成的沪案调查团交涉。6 月 12 日，上海总商会另行提出 13 条，交涉专员乃将 13 条送交沪案调查团。

工商学联合会所提 17 条的主要内容是：(1) 取消戒严令；(2) 撤退海军陆战队，并解除商团与巡捕的武装；(3) 所有被捕华人一律释放；(4) 恢复公共租界内被封与被占据的各学校原状；(5) 惩凶；(6) 赔偿；(7) 道歉；(8) 撤换工部局总书记；(9) 华人在租界有言论、集会、出版之绝对自由；(10) 优待工人，外人所设各工厂不得虐待华工，并承认工人有组织工会及罢工之自由；(11) 分配华人担任高级巡捕，巡捕房应添设华捕头，巡捕中华人应占一半；(12) 撤消印刷附律、加征码头捐、交易所领照三提案；(13) 制止越界筑路；(14) 收回会审公廨；(15) 工部局董事会及纳税人代表会，由华人共同组织，代表名额以纳税多寡定

① 冯筱才：《罢市与抵货运动中的江浙商人：以“五四”、“五卅”为中心》，载《近代史研究》2003 年第 1 期。

② 邓中夏：《五卅运动》，见《五卅运动史料》第 1 卷，47 页。

比例，在纳税人年会出席投票权，与西人一律平等；（16）取消领事裁判权；（17）永远撤退驻沪的英日海陆军。

上海总商会所提13条的主要内容是：（1）撤消非常戒备；（2）释放所有因此案被捕的华人，恢复公共租界被封、被占据之各学校原状；（3）惩凶；（4）赔偿；（5）道歉；（6）收回会审公廨；（7）参与罢业罢工的洋务职工和海员工厂工人，将来仍还原职，并不扣罢业期内薪资；（8）优待工人，工人作工与否，随其自愿，不得因此处罚；（9）工部局董事会及纳税人代表会，由华人共同组织，其代表名额以纳税多寡定比例，在纳税人年会出席投票权，与西人一律平等；（10）制止越界筑路；（11）撤消印刷附律、加征码头捐、交易所领照三提案；（12）华人在租界有言论、集会、出版之自由；（13）撤换工部局总书记。

两相对比，总商会所提条件，删去了“永远撤退驻沪的英日海陆军”“分配华人担任高级巡捕”和“取消领事裁判权”；删去了“承认工人有组织工会及罢工之自由”，而代之以“工人作工与否随其自愿”。工商学联合会所提条件代表了中国共产党的激进主张，而总商会所提条件则显得温和一些。尽管如此，后者在主权的收回问题上仍然表达了相当强烈的要求。其时胡适、梁启超等著名学者大多赞同上海总商会的主张。但总商会所提13条并未为列强所组织的沪案调查团所接受。

实际上，中共与上海总商会的意图全然不同。中共的出发点是政治，总商会的出发点是经济；中共的目的是想进一步激化和扩大事态，借此刺激民众的反帝民族情绪，总商会则“以风潮不再扩大，交涉早日结束”为宗旨；中共提出17条，显然并不指望列强接受，也深知列强不会接受。如果没有中共提出17条在前，总商会所提条件可能还要低调得多。总商会的这种低调处理，实际上代表了多数商人的心理。他们虽然参与了罢市行动，却不愿漫无节制，以至于无法收拾，给自己在经济上造成重大损失。

中共提出17条后，通过发表通电宣言和举行各种民众集会等形式，大力宣传和制造强大的舆论声势。6月11日下午，工商学联合会发起召开上海各界市民大会，参加人数近10万，“悲壮激越，为历来所未有”。大会发表宣言，限政府当局于14日前将17条向列强公使团严重交涉，否则将发起全国大罢市、大罢工、大罢课。当上海总商会提出13条后，中共领导下的工人和学生团体纷纷发表宣言通电，指责总商会妥协、让步。

沪案第一轮交涉破裂后，上海总商会鉴于谈判不知何时方可恢复，而商人罢市之损失已不堪重负，在这种情况下，商界开始酝酿开市。6月19日，总商会召集76商业团体代表110余人举行秘密会议，讨论开市问题，内部分三派意见：一派认为罢市使中国商人遭受损失，于英日外商反无影响，而且端午节临近，不如一面先行复业，一面仍继续交涉；一派认为，在取消戒严令等4项先决条件未获解决之前，不应开市；还有一派则调和前两派的意见，主张有条件的开市，开市后仍一致对英日两国实施经济绝交，至交涉胜利为止。经过讨论，第三派的主张获得多数赞同，于是决定由各业各帮另行组织提倡国货会，负责办理下列三事：(1) 对英经济绝交，至"13条"解决为止；(2) 对日经济绝交，至日纱厂案解决为止；(3) 筹款接济罢工工人。[①] 最后决定于6月21日开市。

针对总商会开市的主张，中共虽不情愿，但见大部分商人要求开市，无法阻止，遂没有坚决反对。上海总工会表示："商界开市与否，工界决不依赖；工界要坚持到底，决不上工"。但中小商人多反对开市，申言"沪案尚未解决，条件尚未承认，今忽然开市，是我们商界的耻辱"。实际上中小商人内心亦希望早日开市，只是6月21日正值端午节前。按照当时上海的商业习俗，端午节为结账日期，大商人收入颇丰，而中小商人则大多付出。

6月23日，总商会与工商学联合会举行联席会议，磋商开市日期。中共为了争取中小商人，乃提议改为6月26日(农历五月六日)开市，获得通过。25日，总商会、工商学联合会和纳税华人会联合发表《开市宣言》，说明于26日先行开市，"但同时仍本初志，为伸张公理，而努力于抵制英日货物与停业工人之援助"。与工人长达3个多月的罢工相比，商人罢市25天显得有些短暂。但对商人而言，为了反帝而坚持这么长时间罢市亦属前所未有。据各马路商界联合总会的调查统计，五

---

① 李达嘉：《上海商人与五卅运动》，载《大陆杂志》(台北)第79卷第1期，1989年1月。

卅运动中上海商界因罢市而蒙受的直接经济损失合计银 367.8 万余两，大洋 775.4 万余元。罢市对金融商业所造成的间接经济损失则无法估计。[①] 具体数字未必精确，但商界损失重大则是无疑的。

1925 年 6 月份，是五卅运动声势最壮、斗志最旺的时期。在运动初期，学生激于民族义愤，表现非常勇敢和坚决。学生的斗争带动了商人资产阶级的斗争。邓中夏说："在资产阶级眼中，学生是被他们所比较重视的，此次南京路的屠杀，假使是工人而不是学生，资产阶级一定是漠不关心，一屁不放(譬如资产阶级对顾正红案的冷淡，便是眼前的证据)。惟其是因为屠杀学生，他们方慢条斯理的讨论他们对惨案的态度。所以此次学生运动有很大的作用。"[②]进入 7 月以后，形势逐渐发生变化。商界开市以后，势必给其他各界的斗争带来消极影响。加之适值学校放暑假，部分学生在家长父母的催促下(担心子弟在外闯祸)或在老师的劝导下(担心闹坏学风)纷纷离校回家。等到暑假结束，返校学生恍若隔世，热度冰消，情绪全无。剩下少数学生会代表，又常常发生问题，如一些学生会干事喜欢坐汽车，吃西餐，爱与女学生交际等，遭人非议，大损学生会的威信。学生退回，商人软化，最后只剩下工人在那里孤军奋斗。

商界开市后，租界工部局为了破坏工人罢工，于 7 月 6 日断绝对华商纺织工厂的电力供应，想以此胁迫华商纺织资本家促成复工。此前由于日商纺织企业罢工，华商纺织资本家全力投入生产，获得了丰厚的利润。工部局停止供电后，华商纱厂联合会要求电气处工人先行复工，后又致电北京政府，要求当局制止工人斗争。

7 月 23 日，奉系的淞沪戒严司令部以工商学联合会"煽惑群众，颠覆当局"为由，将上海总工会查封，同时被查封的还有海员工会和洋务工会。由于上海总工会等团体的抗议，工商学联合会于 7 月 28 日启封。但各马路商界联合会总会开始动摇，不愿再与上海总工会统一行动，试图从火热的反帝斗争前线退却。

就实际运作而言，"三罢"斗争中，数工人罢工最为艰难。商人罢市

---

① 徐鼎新等:《"五卅"运动与上海的资产阶级》，载《上海社会科学院学术季刊》1985 年第 2 期。
② 邓中夏:《五卅运动》，见《五卅运动史料》第 1 卷，43 页。

固然影响其营业收入，学生罢课也影响其学业，而工人罢工则直接影响其日常生计。工人平日工资微薄，难得积蓄，一旦罢工，生活即濒于绝境。五卅运动期间，数十万工人持续罢工数月之久，这在中国历史上是前所未有的，在世界历史上亦属罕见。罢工工人靠什么维持生活？主要靠捐款。其时罢工工人每人每日最低贴补小洋 2 角，每月总计需要 100 万至 120 万大洋，才能维持全上海罢工工人的基本生活。据统计，五卅运动期间，国内外各方为支援上海工人罢工而募集的捐款，超过 300 万大洋。[①] 300 万大洋在当时是一个多大的数目呢？据称 1925 年北京临时执政府全年实支经费 595 万。也就是说，大约相当于中央政府全年经费开支的一半。捐款数目之大，捐款人数之多，在中国历史上也是前所未有的。

但是，五卅捐款多集中在 1925 年 6 月。7 月份，各界捐款渐少。罢工日久，各方捐款热情逐渐冷却，罢工工人救济费的筹集日趋困难。筹款成为上海总工会在五卅运动后期的头等工作。7 月 5 日，上海总工会致函各报馆转各地官、商、民、学各界，呼吁捐款接济工人，以维大局。由于捐款不敷救济，或因救济费不能及时发放到罢工工人手中，生活面临困境的工人难免对运动产生厌倦情绪。数以万计的工人几乎是在一夜之间同时罢工的，众多的工会也几乎是在一夜之间成立的。是时中共自身力量还很弱小。1925 年 1 月，中共党员总数不到1 000人，其中上海区委所属的党员不过 200 多人，外加青年团员约 500 人。以如此少量的党、团员组织指挥数十万罢工工人，难免力不从心。加之工人的文化程度和政治素养较低，虽具有很好的革命潜质，并不等于天然具有阶级觉悟。工人的阶级觉悟必须中共知识精英去教育和开掘。刚成立不久的上海总工会忙于应付局面，根本来不及对工会组织进行整理和对罢工工人进行广泛的宣传教育。“办事处及工会，几乎全变成为发钱的机关，工会内负责人员，亦几完全变为发放救济费的特派员；工人入会，似亦专为救济费而来，甚至于会内要叫一工友送封信往数百步

① 李健民：《五卅惨案后的反英运动》，164—168 页。

之外的地方,亦非先给他以钱不可。”[①]7月以后,因各界捐款不足,工人索款不得而常发生骚乱事件。上海总工会和上海总商会多次被要求救济的工人围困。在内外情势的压迫下,中共中央不得不调整运动的目标和策略。7月底,上海总工会在给莫斯科的报告中已有“适时停止罢工”的倡议。[②] 苏共中央政治局乃决定“有组织地脱离罢工斗争,最大限度地巩固业已取得的成果”。[③] 上海罢工运动开始急速收束。

1925年8月10日,中共中央和青年团中央联合在《向导》周报发表文告,指出:由上海、香港引发的罢工,还不能立刻形成全国性的反抗运动,工人必须作好长期斗争的准备,“工人阶级如果不顾环境孤军独进,也不足以使帝国主义者立刻抛弃不平等条约”,“上海工人假使能满足自己的经济要求及法律要求而上工,这决不是停止与帝国主义奋斗。这不过是总斗争中之一个段落和部分的胜利”,“你们既是有组织的罢工奋斗,你们也要有组织的上工”。[④]

当日下午,上海总工会召开各工会代表大会。会议提出了复工的最低限度的9项条件:(1) 无条件交回上海会审公廨;(2) 租界内出版、言论、集会、结社自由;(3) 租界华人必须与外人享有同等参政权利;(4) 承认工人有自由组织工会之权,并承认工会有代表工人之权;(5) 工人一体复工,不得因此次罢工而开除工人;(6) 发给罢工期内工人工资的50%;(7) 增加工资15%,工资一律发给大洋;(8) 优待工人,尤须改善女工、童工工作条件;(9) 赔偿死伤学生、工人。会后,上海总工会发表宣言,向外公布9条复工条件,申言如9项条件得到认真履行,工人可以复工。9项条件主要侧重工人自身利益的局部解决。

8月中旬,上海总工会与日本资本家就日厂工人复工首先达成协议:(1) 工厂俟治安维持确定之后,承认依中国政府工会条例所组织之

① 《中共上海区委关于改组上总的通告(1925年11月30日)》,见上海市档案馆编《五卅运动》第1辑,127页,上海,上海人民出版社,1991。

② 《维经斯基给拉斯科尔尼科夫的信》(1925年8月4日),见《联共(布)、共产国际与中国国民革命运动(1920—1925)》,645页。

③ 《俄共(布)中央政治局中国委员会会议第4号记录》(1925年7月28日),见《联共(布)、共产国际与中国国民革命运动(1920—1925)》,643页。

④ 《中共中央青年团中央为坚持罢工告工人兵士学生》,见中华全国总工会编《中共中央关于工人运动文件选编》(上),76—78页,北京,档案出版社,1987。

工会，有代表工人之权；(2) 不发罢工期间工资，但对于良善工人予以相当帮助；(3) 工人工资依技术进步程度予以增加，其余则斟酌情形，与中国纱厂协议办理；(4) 工资零数转入下期，付大洋，赏金亦付大洋；(5) 日人平时入厂不带武器；(6) 工厂无故不得开除工人。另外达成3项附议：赔偿伤亡，斥退凶手，补助工人停工损失费10万元。这些条件与上海总工会前述9项复工条件显然存有相当差距。总工会虽然不满意，但权衡各方情形只好忍痛接受。

日厂工人于8月25日全体复工。日厂复工后，鉴于英国是五卅惨案的主凶，上海总工会决定英厂罢工再坚持一段时间。9月18日，上海总工会被奉系军阀封闭，英厂罢工工人顿失依恃。9月26日，上海总商会会长虞洽卿出面与英商纱厂达成7项协议，除复工后付工人大洋3元作补助金外，余均与日厂工人复工条件相同。英厂罢工工人分别于9月30日至10月8日相继复工。

长达3个多月的上海反帝大罢工就这样结束了。

第三节　北京政府的对策

五卅运动前夕，北京临时执政政府（简称“执政府”）正面临一场政治危机。段祺瑞解决“金佛郎案”的办法引起外界的广泛抨击；教育总长章士钊因对北京学潮之强硬处理受到全国学界抨击；宣传已久的“关税会议”，其召开又似遥遥无期。5 月 28 日，张作霖因对“金佛郎案”的处理不满，通电带兵入关，企图“改造”政府。当时舆论多认为，处于风雨飘摇之中的执政府，其政权生命如何维持，实属疑问。出人意料的是，五卅惨案的突然爆发，却让执政府得到了起死回生的转机。

执政府接获五卅惨案的消息后，对事件迅速作出反应：对内安抚民众的激动情绪，设法控制上海局面；对外则以强硬态度表示抗议，并借“民意”作后盾，胁迫外人让步。

段祺瑞先派许沅以外交部特派江苏交涉员身份火速南下，又派逗留在北京的虞洽卿以“淞沪市区会办”的名义速返上海进行调处。6 月 2 日，执政府国务会议紧急讨论沪案，阁员对租界当局以武力手段对付无辜学生，多表愤慨，认为有辱国体，要求政府即时彻查，并通过 4 项决议：（1）当即向列强驻京公使团领袖表示严重抗议；（2）由执政府、外交部各派一名大员驰赴上海，实地调查并妥筹处置办法；（3）指派曾宗鉴、蔡廷干二人为调查大员；（4）急电上海军警长官镇抚商民，切戒越轨行动，免贻外人口实。[①] 6 月 6 日，段祺瑞发布执政令，宣告政府对五卅事件的态度。

---

①《阁议讨论沪案办法》，见 1925 年 6 月 6 日《申报》。

五卅前夕，上海实际上处于“三不管”的状态。江浙战争结束时，段政府应上海各界团体的要求，宣布撤废淞沪护军使，迁移上海兵工厂，淞沪不驻兵。[①] 五卅事件发生后，淞沪警察厅及沪海道尹、上海县知事署、江苏交涉公署等官方机构对民众之集会、游行及学生演讲等活动未予干涉。正是在这种局面下，上海的中共党团组织得以从容发动罢市、罢工和罢课运动。

运动在全国范围内的扩散，亦与“军阀袖手旁观”有莫大关系。沪案发生后，全国各地爆发抗议及援助浪潮，其声势尤以北京为烈。执政府采取默许甚至支持态度。6 月 1 日，北京各校学生开始筹备各校沪案后援会，政府并未加以取缔。为表示对民众爱国热情的支持，北京政府一些要员亦参加了群众游行，祭吊五卅死难者。6 月 3 日，在中共北方区委的领导下，国民会议促进会、学生联合会等团体在北京召开国民大会。各校学生举行游行示威，并先后至执政府与外交部请愿。段祺瑞派人接收呈文。外交总长沈瑞麟亲自接见请愿代表，表示对学生所提要求“将尽量做去”。沈甚至派该部司长协同学生代表前往谒见公使团领袖公使，以协商学生整队通过东交民巷使馆区游行事宜。4 日起，北京各校学生均罢课讲演，据称有八九千人之多。军警方面未加干涉，甚至有加入听众者。京师警察总监朱深特邀各校校长到警厅谈话，其要旨亦仅告诫各校长“切不要由对外一转而对内，反对政府”。[②] 朱并向学生表示：“在范围内作爱国运动，警厅方面，不但不加干涉，抑且愿尽力保护。”[③]10 日，20 万人参加的雪耻大会在天安门召开，军警方面协同维持秩序。京畿警卫总司令鹿钟麟并派代表邓萃英担任大会主席之一。[④] 此后一段时间，北京不断出现大规模的群众抗议集会。执政府各相关部门密切关注事态发展，但并无压制。其他各地由学生主导的五卅宣传行动，政府当局亦基本采取放任态度。五卅运动初期，大致呈现出官界与学界合作一致对外的态势。[⑤]

---

① 慎予：《三不管的上海》，载《国闻周报》第 2 卷第 17 期，1925 年 5 月。
② 《全城学生罢课讲演》，见 1925 年 6 月 5 日《晨报》。
③ 《北京学界誓死雪耻》，见 1925 年 6 月 7 日《晨报》。
④ 《雷雨如注中之国民大会》，见 1925 年 6 月 11 日《顺天时报》。
⑤ 李健民：《五卅惨案后的反英宣传》，252 页。

五卅运动充分展示了民众的力量。北京政府和地方实力派均不敢轻拂民意,相反有些"讨好"民意,或者以"顺从民意"作幌子,打击政敌,自壮声威。执政府有意借助一致对外的民族主义浪潮,转移和消泯民众对国内政治的不满情绪。沪案发生后,执政府前所未有地向外界表示对民众舆情的重视。6 月 6 日,国务会议通过"根据民意负责办理此案"之决议。[①] 16 日,段祺瑞在接见英国公使白慕德(Charles Michael Palairet)时表示,列强在同中国政府谈判时,以前多没有将中国全体民众考虑在内,但是现在情形不同了,民众舆论是中国任何一个政府都不能忽略的。

此时北方的两大实力派冯玉祥和张作霖,对五卅运动表现出不同的应对态度。沪案发生后,冯玉祥的表现最为激烈。冯玉祥本人不但联合各将领通电支持反帝运动,更向其高级长官和部属亲自讲述惨案经过,激励士气,并令国民军官兵参与民众反帝集会,维持秩序,还派人携款 2 万元赴沪支援罢工工人。正因为此,五卅运动在国民军控制下的北京得到了积极的回应。北京执政府置身于国民军的势力之下,其对群众运动的支持,也有拉近与冯玉祥关系、加强自身地位的意图。

张作霖则不同。第二次直奉战争后,奉系势力沿津浦线由北向南扩张。上海成为奉系与直系孙传芳争夺的目标。五卅前(2 月),双方曾签订和平协定,相约上海不驻军,并各自从上海撤兵。五卅事起,张作霖以维持秩序为名,命张学良率兵进驻上海,破坏了上海不驻兵的协议。沪案前夕,张作霖进驻天津,大有改造北京内阁之势。沪案发生后,全国民意沸腾,要求政府一致对外。张作霖见此形势,对内亦只有表示缓和,以免成为舆论之的。为表示其"爱国"不落人后,张作霖亦曾发电抗议上海英人枪杀行为,要求政府"据理交涉"。传闻张还捐助罢工工人 1 万元。[②]

奉张既然表示"爱国"之意,段祺瑞乃一面向外界宣布张作霖要求对交涉采取"坚定"立场的来电,一面派员赴天津邀张作霖进京"共担国

---

① 《政府对沪案昨晚已下明令》,见 1925 年 6 月 7 日《顺天时报》。
② 上海市档案馆编:《五卅运动》第 2 辑,198 页,上海,上海人民出版社,1991。

事”。[①] 段祺瑞深悉，趁外交紧急之际，挟民意以颉颃强势军人，是暂保其地位的有效手段。执政府认识到，适度顺应民情，政府威望可能会随着举国一致的民族主义情绪而提升。

在 1925 年起初的几个月内，北京执政府一直在与列强公使团讨论条约义务的法理承认与治外法权的废除等问题，但未能得到列强的实质性答复。关税会议的召开也迟迟没有进展。五卅事件发生后，政府特派交涉员陈世光迅即到领袖领事馆表示口头抗议。31 日，陈世光又奉令向领袖领事递交了第一次书面抗议书。6 月 1 日再次递交抗议信。2 日，北京外交部向公使团送出第一次抗议照会，认为“该学生等，均青年子弟热心爱国，并不携带武器，无论其行为之性质如何，断不能以暴徒待之。乃捕房未曾采取适当方法，和平劝阻，遽用最激烈手段，实为人道及公理所不容，自应由租界官吏完全负责。”[②]照会措词之强硬，以至公使团认为该照会“似出愤激学生之手”。[③] 6 月 4 日，北京外交部未等公使团答复，又提出第二次照会，谴责租界当局“蔑视人道”，应对其开枪行为及其后果完全负责。[④] 5 日，段祺瑞接见领袖公使翟禄弟(Cerruti, Vittorio)时，表示自己“至深痛苦”，“上海巡捕如此对待学生，使中国对于国际地位攸关体面。”[⑤]8 日，外交部长沈瑞麟会晤英国代理公使，亦谓：“此次各地市民激以爱国热诚，毫无排外性质，执政日前所颁昭令，劝慰国民已有率循正轨之语，余看沪事现时最紧要者，莫过于恢复市面平时原状，即如取消戒严令，撤退海军陆战队，并解除商团巡捕之武装，释放一切被拘人等，发还被封或占据之各学校房屋。只要租界当局有所觉悟，措置公道，公愤自易平息。”[⑥]

沈氏所提取消戒严令等 4 项要求，实际上是上海工商学联合会所提“十七条”之先决条件。沈瑞麟在 10 日会见法国公使时，又重提此四点，认为如能做到，上海秩序或可恢复。使团方面则要求执政府命令学

---

①《国内专电》，见 1925 年 6 月 8 日《申报》。

② 孔另境：《五卅外交史》，17—18 页，上海，永祥印书馆，1946。

③《收驻英朱代办(莘)电》(1925 年 6 月 26 日)，见《中日关系史料——排日问题》，492 页，台北，“中央研究院”近代史研究所，1993。

④ 孔另境：《五卅外交史》，19 页。

⑤《执政接见领衔义翟使问答》(1925 年 6 月 5 日)，见《中日关系史料——排日问题》，437 页。

⑥《总长会晤英白代使问答》(1925 年 6 月 8 日)，见《中日关系史料——排日问题》，453—454 页。

生返校，静候政府解决。沈对此表示拒绝，认为“政府断不能以压力禁阻学生”。11日，北京外交部发出第三次照会，声明对于五卅及六一惨案，上海租界官吏应负责任，再次将上海工商学联合会所提的四项先决条件提出。

6月10日，各国委员团抵达上海，开始沪案的调查工作。北京外交部着令曾宗鉴对沪案中伤毙华人情形精确调查，以备提出要求之依据。经北京政府同意，上海总商会委托律师谢永森修订上海工商学联合会所提十七条。上海总商会最后将“十七条”修改成“十三条”。14日，许沅正式将“十三条”提交给公使团领袖领事。在中国外交史上，政府直接以民众团体所拟定的交涉条件对外交涉，是前所未有的。

6月15日，北京公使团电令在上海的六国委员团，正式组织沪案委员会，与中国委员迅速开议。执政府乃任命郑谦、蔡廷干、曾宗鉴、虞洽卿等人为中国政府谈判代表。为使对外交涉有所凭借，执政府对上海罢工工人给予了经济上的支持。6月11日，执政府国务会议议决先由财政部拨款10万元，以维持上海罢工工人的生活。[①] 在政府的授意下，上海总商会负责罢工工人经费的管理，并与中共领导的上海学生联合会、上海总工会等团体合作。后者的地位实际上也得到了政府的默认。

北京政府当然不愿群众运动过度逸轨。6月14日，镇江、汉口、九江等地发生民众排外事件，公使团方面向北京政府提出警告。执政府迅即召开特别会议，通过“保护外侨案”，通电全国军警，一律严密保护外侨生命财产，“随时派军警严防匪徒从中鼓煽，危及外侨”。政府此种举动既是为了敷衍公使团之抗议，亦因上海交涉正在进行中，执政府不想给列强以武力干涉的口实。

6月16日，沪案交涉会议在江苏交涉公署举行。中国政府代表即以“十三条”为交涉根据。六国委员认为中国所提条件在该委员团的职权范围之外，交涉遂告破裂。执政府之所以坚持“十三条”不让步，是想借此增强政府在国内民众中的威望。交涉成功，政府无疑取得重大外

---

①《段政府拨十万元济沪工人》，见1925年6月15日上海《民国日报》。

交胜利;失败,亦在国人心中赢得“不妥协”“不屈服”的声名。不过,当时也有一些头脑冷静的学者名流对执政府所持的“强硬”姿态表示不能理解。汤尔和就指出:“头脑最不冷静的,就是政府。自从沪案发生到现在,没有看见他们有一定的步伐,只看见他们顺着群众‘打民话’(不是打官话)。很好的机会,睁眼错过,跟着潮流,漂到哪里是哪里。”[①]汤尔和看到了执政府“顺着群众”“打民话”的一面,却未见这种“无步伐”的背后,实际隐藏着执政府运用民众的策略和心机。

沪案第一轮交涉无果后,执政府将交涉范围扩大为中外条约的修改及召开关税会议上。6 月 24 日,外交部同时递送两个照会给公使团:(1) 沪案移京交涉,正式提出“十三条”为交涉条件;(2) 提议依公平原则修正中外不平等条约。外交部的这一连串的举动,令向来轻视中国的公使团大为吃惊。但执政府的对外“强硬”,也不无“作秀”的成分。据称外交部向公使团提出“修约”照会时,甚至暗示对方不要把它看得太认真。[②] 这说明北京政府的外交举动,在相当程度上也是慑于民众运动压力的结果。

沪案发生后,各国反应不一。在具体交涉过程中,各国间的分歧更趋明显。英国在五卅事发后力图拉拢各国共同对中国施压。但其他列强并不配合。先是法国与美国的法官在工部局会审公廨上宣判被拘学生无罪,接着北京公使团又排斥上海领事团参与交涉。6 月 19 日,北京公使团表示愿意继续与中国政府谈判,但将英国代表排斥在谈判委员会主要负责者之外,英国深表不满。23 日,六国委员准备发表调查结果报告书,英国极力阻止。法国公使乃将报告书寄往巴黎公布。7 月 6 日,召开使团会议,会上,意、日、美等国公使均同意对中国稍作让步,训令上海领事团饬公共租界工部局即日实行以下 3 条:(1) 工部局总巡捕麦高云应即免职;(2) 工部局董事会应严加谴责;(3) 开枪之捕头爱活生应依法严办。但英国表示强烈反对。7 月 9 日的使团会议上,英国公使极力为工部局开脱,并指责法国公使公布调查报告。法国公使一气之下,辞去交涉代表一职。使团分裂公开化。

---

① 汤尔和:《不善导的忠告》,见 1925 年 6 月 27 日《晨报》。

② 李健民:《五卅惨案后的反英运动》,158、182 页。

针对英国的强硬态度,执政府决定集中目标对付英国。6 月 18 日执政府及外交部给各地的训令,表示事件之责任仅在英国,与其他各国无甚关系,国民如为一般的排外,反失各国对我之同情。[①] 为了单独对英,执政府有意将顾正红案及日纱厂问题设法先行解决。为尽快解决日纱厂案,执政府后来甚至同意贴补工人所要求增加的 3 个月工资共 15 万元。[②] 8 月 12 日,中日双方签字,上海日本纱厂首先复工。日本遂从五卅运动中得以脱身。

执政府单独对英策略,虽受到中共等激进党派的批评,但舆论支持更占上风。为了使单独对英策略运用成功,执政府对群众运动继续给予实质性的援助。6 月 26 日,交通部通令交通界同人各捐该月薪水的 1/30 给罢工工人;还通令各地军政长官,对赴各地串联和宣传演讲的学生准予免票。英国方面在获悉中国政府让学生免票四处串联演讲的情报后,认为中国政府有煽动排英运动之嫌。[③] 英国泰晤士报更坚称"罢工能持久,由于中国政府拨款资助"。[④]

在反英问题上,张作霖与冯玉祥的态度也显然有别。冯玉祥积极支持反英,张作霖则不太赞成反英。上海交涉失败后,张作霖与执政府间在沪案交涉及对民众运动的态度上分歧加大。张作霖反对向列强提出修改条约,对交通部免票鼓励学生到各省演讲更不表赞成。奉系所辖的天津警察厅严防各界游行与罢工、罢市。直隶省长李景林下令严查"乱党"与"共产主义者"。7 月 23 日,驻沪奉军、淞沪戒严司令邢士廉突然封闭上海工商学界联合会与中华海员公会俱乐部、洋务工会等团体。据当时上海租界工部局观察,北京政府并不支持邢士廉的举动,因为"他们自己的继续存在要靠目前排外运动长期持续下去。这个运动业已造成反对内讧的一片强有力的舆论。目前中国没有一个领袖觉得有足够的力量主动向这种排外情绪挑战。因此,只要纷乱持久,执政

---

① 《外交吃紧中之政府表示》,见 1925 年 6 月 19 日《顺天时报》。

② 《收江苏省长(郑谦)代电》(1925 年 8 月 14 日),见《中日关系史料——排日问题》,559 页,台北,"中央研究院"近代史研究所,1993。

③ 《朱兆莘关于英外相谈论中国现状电》(1925 年 7 月 23 日),见中国二历史档案馆编《中华民国史档案资料汇编》第 3 辑"民众运动",181 页,南京,江苏古籍出版社,1991。

④ 《朱兆莘致外交部电》(1925 年 6 月 20 日),见《中华民国史档案资料汇编》第 3 辑"外交",271 页,南京,江苏古籍出版社,1991。

者将能稳保地位。”①

当关税会议的召开即将成为事实时，执政府对群众运动开始由放任转为压制。8月20日，段祺瑞通令取缔罢工，“嗣后各省区遇有假借号召罢工情事，应责成各该地方长官严切制止，其行凶抗拒者即当场捕拿，尽法惩治。”②执政府秘书厅还饬令江苏省省长郑谦解散上海总工会，通缉李立三等人。③ 8月26日，执政府发布“整饬学风令”，表示“自后无论何校，不得再行借故滋事。”④ 9月19日，各校沪案后援会筹备次日在天安门召开国民大会。段祺瑞饬令严加制止，并指示“今后对于无论学生市民集会，一律禁止。”执政府对民力民气的策略运用至此告一段落。

1925年12月23日，沪案重查报告发表。上海公共租界工部局致函中国政府，表示已核准总巡捕麦高云、捕头爱活生辞职，并以7.5万元作为被难者家属的抚恤费。执政府对此结果表示不予承认。此后，沪案交涉乃成悬案。

在近代中国，群众运动从来就没有单纯的民意表达。它不仅是在野政党和政治势力借以“造势”的常规武器，有时也是执政当局运用的工具。五卅运动中，这种情况表现得格外鲜明。如果没有中共的组织领导和发动，五卅事件固然不会被激荡成如此规模的群众运动；同样，如果没有北京政府的有意放任与默认，五卅运动的声势也可能要小得多。⑤

---

① 上海市档案馆编:《五卅运动》第2辑,362页,上海,上海人民出版社,1991。

② 李振华辑:《近代中国国内外大事记》(民国十三年至十六年),4754页,台北,文海出版社影印,1979。

③ 上海市档案馆编:《五卅运动》第2辑,481—482页。

④ 孙敦恒、闻海选编:《三一八运动资料》,23页,北京,人民出版社,1984。

⑤ 本节所述,主要参考冯筱才《沪案交涉、五卅运动与1925年的执政府》,载《历史研究》2004年第1期。

第四节　五卅运动的影响

五卅运动从上海引发后，迅速席卷全国。各地各阶层民众纷纷举行声势浩大的反帝示威游行、集会通电、抵制外货和罢工、罢课、罢市等斗争。据估计，五卅运动期间，全国大约有600座城镇、1 700万人[①]、近万个民众团体[②]、近百个国家和地区的华侨直接参加了这场运动。各地为援助五卅而发生的罢工多达135次，罢工工人总计约50万。[③]

宣传是五卅运动中一项最普遍、最重要的活动。五卅运动中各地各界民众所运用的宣传方法和宣传媒体多达数十种。最常见的有座谈、演讲、话剧、歌谣、鼓词、哭泣、报纸、杂志、专书、小册、通电、宣言、启事、广告、壁报、招贴、标语、传单、信函、血书、绝命词、追悼会、照片、漫画、画报、明信片、电影、幻灯片、纪念物(如五卅面盆、五卅信笺、五卅手表、五卅肥皂、国耻毛巾)等。五卅期间，全国各大都市的重要报纸都以巨大篇幅集中报道并发表评论。据不完全统计，五卅期间，各地新出版的反帝刊物至少有67种，以五卅为主题的话剧至少有57种；北京政府外交部在1925年6—7月内，每天约收到与五卅相关的通电近百件；教育部在6月初的一周内共收到通电上千件。故有论者指出，五卅运动中，“国人的各项工作(宣传、罢工、抵制英货和募捐)，参加人数之多，地区之广，历时之久，都可谓空前；民众情绪的激昂，工作执行的严密，亦是前所未有；而募捐款项之多，罢工、抵制英货所得效果的丰硕，亦是史

---

① 任建树、张铨:《五卅运动简史》，246页，上海，上海人民出版社，1985。亦有1 200万人之估计，见刘明逵、唐玉良主编，曾成贵著《中国工人运动史》第3卷，134页。

② 李健民:《五卅惨案后的反英运动》，26页。

③ 刘明逵、唐玉良主编，曾成贵著:《中国工人运动史》第3卷，135页。

无前例,实可惊人。鸦片战争时三元里的反英运动,固不能与之同日而语,就是民国八年的五四运动,就反对帝国主义而言,其规模、效果也远逊于此。谓之中国史上空前所未有,决不为过”。[①]

五卅运动的影响是广泛而深远的。就教育而论,因受五卅惨案的刺激,更因广泛普遍的宣传,民族主义教育理念为教育界广泛信奉。出版界亦顺应潮流,修改教科书的内容,增加民族主义教育的内容。如商务印书馆出版的新学制教科书,宣称“其主旨兼以民族主义为救国方略,以民治主义为立国方针”。中华书局出版的新小学教科书国文读本,编者亦申言:“国家教育主义实为救国唯一途径,对爱国之道,外侮之侵,发扬国光,提倡国货,三致意焉!”[②]自 1922 年起,中国知识界曾掀起过一场收回教育权运动。五卅运动中,收回教育权的呼声再起。在不断的宣传声中,北京政府教育部于 1925 年 11 月 16 日公布《外人捐资设立学校请求认可办法》,规定外人在华所设学校的校长和半数以上的校董必须由中国人担任,学校不得以传播宗教为宗旨等。

五卅运动中,学生充当了先锋角色。从学运史的角度观察,五卅时期的学生运动与五四时期的学生运动已有明显不同。五四以前,学潮基本局限于校园内,所关注的亦主要是学校内部事务,学生的政治意识尚未觉醒。五四运动中,学生的政治意识在民族主义的激荡下大为高扬。到五卅时期,学运的政治色彩更加深化,学运的重心几乎完全转移到学校之外,而且明显受到政党的指导和推动,成为革命潮流的一部分。新组建的中国共产党、中国青年党和新改组的中国国民党争相吸引学生。学生与政党相互牵引的结果,“学生运动”蜕变为“运动学生”。[③] 在这一过程中,中共尤其发挥了举足轻重的作用。上海学联、全国学生联合会总会(学总)均为中共党团所控制。五卅运动期间,全国学生联合会总会在上海召开了第七次全国代表大会。大会代表和大会选举产生的学总执委会成员中,青年团代表占多数。大会所通过的宣言和重要议案,亦明显受到中共的影响。1925 年 9 月以后,中共开

---

① 李健民:《五卅惨案后的反英运动》,34、57—63、213 页。

② 1925 年 7 月 5 日、8 月 14 日《申报》广告。

③ 参见吕芳上《从学生运动到运动学生(1929 年至 1939 年)》,台北,“中央研究院”近代史研究所专刊(71),1994。

始在学总设立党团，1926 年更在学总设立党支部。这意味着学总完全接受中共的领导。五卅运动中，不仅各个学校普遍成立了学生会的组织，相当多的省、市、县还成立了学生联合会。据学总报告，到 1926 年 6 月底止，全国有 16 个省建立了省级学生联合会的组织；16 省学联下属的县市级学生联合会，总计在 320 个以上。① 五卅运动不仅促进了学生运动的政治化，亦促进了学生运动的组织化。

实际上，五卅运动推动了各阶层民众的组织化进程。恽代英在五卅周年纪念时谈道："五卅以前的工人、学生、商人等，大部分都没有组织起来；五卅运动后，各地工人、学生很多都组织起来了。"②工人组织方面，上海、北京、香港、河南、天津、济南等省市均在五卅时期成立了总工会。7 月底，上海工会由五卅前的 20 多个增加到 117 个。全国工会会员，五卅前为 54 万，到 1926 年 4 月发展到 124 万。③ 在工会组织迅猛发展的同时，工人运动亦日趋高涨。据统计，1926 年全国有报道的罢工多达 535 次，几乎接近前 8 年罢工次数的总和（698 次）。④

值得注意的是，中国共产党在总结五卅运动的意义时，特别强调这场运动在反帝和社会动员层面的广泛影响。恽代英指出："五卅以前，中国还有好多人不知道为什么要反对帝国主义，就是一般有知识的学生，也不十分明白反帝国主义的意义……但经过五卅运动以后，反帝国主义的空气就普及于全国，大多数人都知道了。"张太雷亦指出："五卅运动是中国民众普遍的、自觉的、有组织的反帝国主义运动……这样的普遍性的运动是中国从来所没有的。太平天国运动、义和团运动、辛亥革命以及五四运动，都不能算是民众自觉的反帝国主义的运动。五卅运动反帝国主义旗帜的显明，及民众参加运动目标的明白认识，是以前的运动所没有的。从五卅运动起，帝国主义要遇见有组织的全中国民众的抵抗。"⑤

与恽代英、张太雷的看法相似，瞿秋白也认为五卅运动是中国政治

---

① 杨家铭：《民国十五年中国学生运动概况》，引自李健民《五卅惨案后的反英运动》，202 页。
② 恽代英：《五卅运动》，见《五卅运动史料》第 1 卷，16 页。
③ 李健民：《五卅惨案后的反英运动》，202—203 页。
④ 陈达：《中国劳工问题》，165 页，上海，商务印书馆，1929。
⑤ 恽代英：《五卅运动》，太雷：《五卅运动之分析及纪念之意义》，见《五卅运动史料》第 1 卷，15、60 页。

运动第一次群众化。他说:"五卅后民众运动的发展,一直波及于穷乡僻壤,山西太原等处都有工会的成立,江浙则甚至于小小村镇如双林、义乌等处,都起来响应。上海的街头巷口,普通的小商人,十三四岁的儿童,争着写贴着'打倒帝国主义,废除不平等条约'的标语,争着唱五卅流血的时调山歌。"[①]瞿秋白从更广泛的角度来观察这场运动。他认为,五卅运动的意义,在于中国工人阶级开始执行自己的历史使命,中国无产阶级开始跃登历史舞台,故五卅运动标志着中国国民革命的开始。瞿可能是最早提出这一看法的人。

五卅运动中,数十万罢工工人尤其扮演了举足轻重的角色。工人阶级的介入,使中国民族主义运动获得了新的锐气。整个运动的灵魂和实际领导者是中国共产党。五卅运动是中共领导的第一场具有全国规模和影响的群众运动。是时的中共还是一个不足 4 年党龄、不足千名党员的小党。党员以青年知识分子为主,没有发动和领导大规模群众运动的经验。尽管如此,五卅运动仍能轰轰烈烈地持续达数月之久,崭露了中国共产党在民众运动方面的组织领导能力。五卅运动使中共党人的革命信心大增,觉得革命并没有原先想象的那么难。恽代英在五卅周年纪念时说:"五卅运动是全国数百万人共同联合起来的一件大运动,在普通的人一定以为是一件顶难的事情,但是有了相当的宣传和组织,并得到了相当的机会,实际是很容易号召起来的。"[②]中共在领导五卅运动的过程中,也发展和壮大了自己的组织。大批的学生和工人因敬佩中共在五卅运动中的表现而要求加入中共。1925 年 1 月,中共党员总数不到 1 000 人,到 8 月,增至 2 500 人,到 10 月,增至3 470人。

孙中山逝世后,国民党忙于肃清内部不可靠的军队和筹建广州国民政府。因此,国民党对五卅运动的领导是相当脆弱的。上海及其他各地的国民党人虽然积极参加了这一运动,但国民党的地方党务机构却没有充分发挥组织领导作用,遇事往往先由中共组织幕后策划好,再在国民党的会议上作形式的决议。[③] 据青年团上海地委的报告,五卅

① 瞿秋白:《国民会议与五卅运动——中国革命史上的一九二五年》,见《五卅运动史料》第 1 卷,118 页。

② 恽代英:《五卅运动》,见《五卅运动史料》第 1 卷,7 页。

③ 张国焘:《我的回忆》(二),37 页。

时期,领导学生运动的上海学生联合会名义上受国民党指挥,实际掌握在中共党团之手:“整个的学联受‘民校’(指国民党)党团的指挥,‘民校’党团受我们党团的支配。”[①]由于中共的很多活动是打着国民党的招牌进行的,故五卅运动亦大大扩大了国民党在全国的政治和社会影响。五卅以后,青年学生成群结队南下加入国民革命的行列。国民党亦迎来了一个组织扩充的高潮时期。

五卅运动到底在多大程度上打击了帝国主义者?英国是五卅惨案的元凶,自然也成为五卅运动的主要反对目标。反英工作主要有三大类:一是反英宣传,二是反英罢工,三是抵制英货。三者之中,直接打击英国人的是罢工和抵制英货。除英国首当其冲外,所有帝国主义列强及其不平等条约体系均受到五卅运动的巨大冲击。当时正在英国滞留的中国海关监督安格联在其备忘录中写道:“列强应该了解,数十年来用武力造成并维持的地位,已不再能由渐缩的声名保持……欲恢复秩序,条约各国应该召集一个会议以修改条约,并且列强应有做大让步的准备。”更有学者指出:“在条约制度不断发展的数十年间,列强一直认为他们能够或者从中国获得更多的特权,或者保持住对他们十分有利的状况。但是在 1925 年,这种局面经历了一次惊人的变化。中国人以出人意料的强力和决心,开始坚持要外国放弃他们在中国业已取得的特权地位……列强突然发现他们正处于守势,而不是处于攻势。问题已不再是西方各国和日本向中国要什么,而是发出了强烈的呼声和出现了强烈的民族主义情绪的中国向他们要什么。”[②]

---

① 《团上海地委学生部关于学生运动情况的报告(1925 年 10 月)》,载《历史与档案》1986 年第 4 期。
② 引自李健民《五卅惨案后的反英运动》,184、217 页。

第五节　省港大罢工

五卅运动引发于上海，波及和席卷全国各地。在全国各地的声援运动中，以华南的省港大罢工最具声势。若论运动的组织领导和持续时间，省港大罢工甚至超过了上海的五卅运动。①

"省港"是广州、香港两地的简称。当时广东是中共在上海之外的另一个重要活动基地。五卅惨案发生后，中共中央电令中共广东区委举行大示威。中共广东区委迅即联络中华全国总工会、广州工人代表大会、广东省农民协会、广东省商民协会、广东省学生联合会和青年军人联合会等团体，于6月2日在广东大学召开了一场约2 000人参加的群众大会，会后举行示威大游行，声援上海的反帝斗争。中共广东区委最初的设想是在广州和香港两地举行为期一天的三罢斗争，但因广州政局紧张而未能实现。当时广州尚为滇军杨希闵和桂军刘震寰所盘踞。国民党中央正准备武力解决杨、刘。中共广东区委一方面发动群众协助广州政府平定杨、刘，一方面派邓中夏、苏兆征等赴香港发动和酝酿罢工以声援上海。

香港的工会组织有上百个，但未形成统一的领导。获悉五卅惨案的消息后，港地工团亦有意声援，但慑于港英政府之威，不敢发动，也不知怎样发动。邓中夏等前往策动后，很快水到渠成。国民党在广东经营多年，与香港工团领袖有较为密切的联系。后者多隶国民党籍。邓

① 五卅运动有广、狭范围之分，狭义的五卅运动仅指发生在上海一地的反帝运动，而广义的五卅运动则包括全国各地的声援活动，也包括了省港大罢工。

中夏等人“多号国民党中央及革命政府之命，故收效极速”。[①] 香港工团领袖平素百业不居，以抽收会费为生，发动反英罢工，既可获得爱国虚名，又可得到克扣罢工经费之实惠，故对罢工表现积极。

平定杨、刘叛乱的战斗于6月6日至12日整整打了一个星期。趁广州回归革命政府控制之机，中共策动香港工人于6月19日举行大罢工。次日，广州沙面英法租界的2 000余中国洋务工人亦在中共的策动下起来响应。6月23日，广州工农商学兵各界和港、澳各团体10万余人举行反帝示威大游行。当游行队伍经过沙基时，遭到对岸英兵的武装袭击，当场死亡52人，重伤170余人，造成震惊全国的沙基惨案。就死伤人数而论，沙基惨案大大超过了五卅惨案。它的发生，无异于向正在熊熊燃烧的中国民族主义烈火上再浇上一桶油。以沙基惨案为契机，一场新的罢工风暴迅速席卷香港、广州。至7月2日，20余万香港工人悉数投入罢工行列，并全部离开香港和沙面，其中约2/3回乡，1/3回到广州。

省港大罢工实现后，中共广东区委的目标是如何将罢工长期坚持下去。要维持一场旷日持久的罢工斗争，关键要处理好两大问题：一是组织问题，一是经济问题。回到广州的六七万香港罢工工人分属不同的行业、工会和地域，工会中又存在不同的派系。数万罢工工人的食宿更是一个迫切需要解决的问题。

6月26日，中华全国总工会召集香港、沙面各工会代表300余人，开会讨论建立罢工的组织领导机构。会议决定成立省港罢工工人代表大会，作为罢工工人的最高议事机构。根据章程，各工会每50人推选1名代表，50人以上者递加。总计约推出800人组成罢工工人代表大会。各代表负责将代表大会的决议传达到各工会工人中去，同时将工人意见反馈给代表大会。与罢工有关的策略计划，由工人代表大会集体讨论；罢工工人内部的纠纷亦由代表大会予以解决；代表如有违法行为，由所在工会撤换。除代表外，凡罢工工人均可旁听代表大会的会议。罢工工人感到自己真正行使了“当家作主”的权利。

中共广东区委有意将代表大会作为对工人进行政治宣传、教育和

---

① 《中共广东区委关于省港罢工情况的报告》（1925年7月），见中央档案馆、广东省档案馆编《广东革命历史文件汇集（中共广东区委文件）》（1921—1926），27—28页，编者自印，1983。

训练工人政治行为能力的重要场所。中共广东区委在给中央的报告中这样写道:“吾人甚重视此大会,每次必有政治报告,报告后作一结论,当场通过。其余则为会务报告、财政报告及讨论。做政治报告,多为民校中要人,余为吾党同志。惟做结论,则全属我们。每星期原为二次,现改为二日一次,意在次数越多,则吾人宣传越大也。据以往以观,颇有进步,如再加训练,进到真苏维埃亦未可料。”[①]邓中夏更将它当做工人阶级学习掌握政权的一课,“与俄国工人苏维埃是相仿佛的”。[②] 代表大会组成以后,一直没有中断。仅 1925 年 7 月 15 日至 1926 年 3 月 31 日间,即举行了 100 次会议,总计通过决议 285 项。凡是与罢工有关的重大问题,都经过了代表大会的讨论。

为了使代表大会的决议得到很好的贯彻,又成立了一个省港罢工委员会作为最高执行机构。它可以独立处置一切与罢工相关的事务,连广东政府亦不得过问。罢工委员会由 13 名执行委员组成,苏兆征为委员长。委员会之下设干事局,具体处理日常事务,其下设文书部、庶务部、宣传部、招待部(负责接待和安排罢工工人的食宿等)、交际部(负责对外联络)、交通部(负责送信、调查、传达及发放罢工工人免费车船票和通行证等)、游艺部(负责活跃罢工工人的文化生活)等。另外还特设下列机构:财政委员会(负责经费的筹集、保管、分配),纠察队(负责维持秩序,截留粮食,缉拿“走狗”等),宣传学校(负责培训演讲宣传人才),工人医院(负责罢工工人医疗卫生),会审处(负责审判“走狗”),法制局(负责法规起草),审计局(负责制定预算及审核决算)等。另设有工人饭堂、工人宿舍。广州革命政府下令封闭广州所有赌房烟馆,连同市内所有空屋,拨作罢工工人宿舍。工人集体住宿,凭票吃饭。

省港罢工委员会每日举行会议一次。为加强宣传和教育工作,还出版了自己的机关报,将原来中华全国总工会的机关刊物《工人之路》周刊改为每日出版的《工人之路特号》,先后出版 600 多期,直至 1927 年四一二政变后才停刊。发行高峰时,每日刊印 1 万多份。该报既是

① 《中共广东区委关于省港罢工情况的报告》(1925 年 7 月)。

② 邓中夏:《工人阶级的一首功课》,见广东哲学社会科学研究所历史研究室编《省港大罢工资料》,188—189 页,广州,广东人民出版社,1980。

省港罢工的舆论阵地,亦是工人的政治教育读物。

纠察队是省港大罢工中一支重要的工人武装,在罢工中起着支柱的作用。其职能主要是维持秩序,截留粮食,缉拿“走狗”“工贼”,防止粮食流入香港,同时也防范工友返港复工。纠察队人数多达二三千人。在一年多的时间里,纠察队驻守东至汕头、西至北海的千里防线,是封锁香港、坚持罢工的一支重要力量。

与上海五卅运动相比,省港大罢工组织更完备、更严密。正如邓中夏所称:“我们的组织如此完备,差不多同政府一样组织,实真像一个工人政府的雏形。这点是很重要的,假使不然,罢工老早失败了。”①为了领导这次罢工,中共广东区委专门成立了一个“党团”。中共党团在省港罢工委员会中发挥着领导核心作用。党团每晚开会一次,“所有一切进行策略,皆取决于此”。② 省港罢工委员会另设顾问五人:汪精卫、廖仲恺、邓中夏、黄平、黄学增。据中共广东区委给中央的报告,设立顾问主要是为了应付国民党,争取国民党的支持。中共广东区委和中华全国总工会十分注意处理好与国民党和革命政府的关系。罢工得到了国民党党政当局的积极支持。这也是省港大罢工能够长期坚持的基本条件之一。

据1926年1月统计,罢工委员会每日经费支出需7 000元至9 000元,中共显然无力承受。中共广东区委在制定罢工策略时,第一条即是“与民校亲密合作,一以巩固财源,一以应付外交”。③ 据称国民政府每月拨款3万元(其中财政部拨款1万元)给罢工委员会。截至1926年6月,罢工委员会共支出500万元,其中280万元是由国民政府拨给或转来的,占全部支出的一半以上。④ 解决罢工工人的基本生活问题,是维持罢工的一个基本条件。邓中夏承认:“假如当时不取得国民党的帮助,的确罢工不到一星期便要垮台,试问十几万人的伙食经费从何取得?”⑤

---

① 邓中夏:《省港罢工胜利的原因》,见《省港大罢工资料》,748页。
② 《中共广东区委关于省港罢工情况的报告》(1925年7月)。
③ 《中共广东区委关于省港罢工情况的报告》(1925年7月)。
④ 曾庆榴:《广州国民政府》,263页,广州,广东人民出版社,1996。
⑤ 邓中夏:《中国职工运动简史》,239页,北京,人民出版社,1949。

1926年7月北伐开始后，中共鉴于国内外形势已发生重大变化，决定在维护罢工工人利益的前提下，主动结束罢工。为此，省港罢工工人代表大会于9月30日作出决议，在给予罢工工人津贴、安排工人工作、保存罢工委员会和香港各工会机关、保存纠察队的条件下，结束罢工，停止封锁。10月10日，省港罢工委员会发表《停止封锁宣言》。至此，长达16个月的省港大罢工宣告结束。

第五章

国共纷争：南方革命阵营的分化

中共党员和青年团员以个人身份加入国民党后，中共的组织系统仍然在国民党之外独立存在。中共在国民党内设有“党团”，并通过“党团”指挥其党员、团员在国民党内统一言论和行动。中共的“党团”活动是秘密进行的。国民党并不清楚中共党、团员的真实身份，分不清谁是中共跨党党员，谁是纯粹的国民党员。中共跨党党员因具有国共双重党籍，对外可以打着国民党的旗号活动，对内则接受共产党的组织领导。国民党的活动，中共一目了然；而中共的活动，国民党一无所知。国民党人感到自己在明处，而中共在暗处。这种“党内有党”的合作方式，难免引起国民党人的猜疑和担心。

作为跨党党员，原则上既要承担国民党内的工作，又要完成中共分派的任务。当两者相容相合时，固可相互兼顾；当两者发生冲突时，则以中共利益为优先。由于两党性质不同，目标有异，纲领有别，一激进、一温和，一严密、一松散，因而两党之间既有联合又有斗争。就联合而言，国共两党都相当被动；就斗争来说，有时是国民党主动，有时是共产党主动。初期以联合为多，后期以斗争为主，愈往后，斗争愈趋激烈。国共双方最初都有利用对方以完成自身革命的意图。“共党利用国党之党势，孙中山先生之人望；而国党则有需于共党之国际的后援，与其勇往迈进之气概”。① 但国民党只愿意共产党人在国民党的主义、组织和领导下行事，不希望共产党在国民党之外独树一帜，力图限制甚至消解共产党；而共产党根据共产国际的指示在国民党的旗帜下开展活动，希望借助国民党以壮大自己，进而从内部改造国民党，但中共很快发现这种“党内合作”方式不利于自身独立自主

①《“清党”之回顾》，见 1930 年 4 月 12 日天津《大公报》。

的发展，最终陷入进退两难的境地。

1924年5月中共中央扩大会议召开后，开始放弃先前在国民党内自我约束的谨慎政策，转而采取积极开拓的方针。这次会议虽然没有否认继续扩展国民党的必要性，但反对盲目扩大国民党，反对在产业工人中发展国民党。中共鉴于资产阶级的妥协性，决定将阶级斗争策略引入国民党。国民党内部对共产党的态度不尽一致，有友共、亲共、惧共、分共、反共之别。中共根据国民党人对自己态度的不同，将其区分为左、中、右三派，并制定出打击、孤立右派，争取拉拢中派，团结和扩大左派的方针。国民党右派初则防共、限共，继而分共、反共。国共之间的矛盾日深，革命阵营内部的分化与纷争日趋激烈。[①]

---

① 本章有关国共纷争的描述，主要参考了杨奎松的相关研究成果：《"容共"，还是"分共"？——1925年国民党因"容共"而分裂之缘起与经过》，载《近代史研究》2002年第4期；《走向"三二〇"之路》，载《历史研究》2002年第6期；《蒋介石从"三二〇"到"四一二"的心路历程》，载《史学月刊》2002年第6—7期。

第一节 弹劾共产党案

国民党内部对孙中山的“容共”政策，一开始就存有意见分歧。反对中共跨党的声音在孙中山“容共”之初就已传出。冯自由、马素、邓泽如、林直勉、刘成禺、谢英伯等一批人，在孙中山酝酿改组国民党时，即明确表示反对共产党跨党。据国民党一大前夕上海中央干部会议的记录，张继、彭素民、张秋白、居正、吕志伊等人在会上不同程度地对共产党加入国民党表示疑虑。北京、上海、汉口等地均有因共产党员跨党而引发的纠纷发生。综括各种反对的理由，主要有这样几种：(1) 认为中共受苏俄操纵指使，背后别具阴谋；(2) 认为两党“主义”不合，不能相容；(3) 担心中共喧宾夺主，“恐本党名义被彼利用”，国民党将因此而“失却独立之地位与组织之中心”；(4) 对大党之内包容小党的合作形式表示疑虑，譬如“孙行者跳入猪精的腹内打跟斗，使金箍棒，猪精如何受得了”；(5) 对中共党、团员加入国民党后，是否对国民党忠诚表示怀疑，认为中共“未必可以完全服从于我”，不过“借国民党之躯壳，注入共产党之灵魂”。①

中共党、团员加入国民党后，势必与国民党原有党员争夺政治资源。国民党一大代表选举时，各地中共党员“居然以少数竞选胜利”，使一些老国民党人甚感不安和不快。一大产生的国民党中央执监委员会中，新加入的共产党人占了近四分之一的席位，一些重要的职能部门亦

---

① 参见李云汉《从“容共”到“清党”》，影印版，221—245 页，台北，及人书局，1987；《邓泽如等呈总理检举共产党文》(1923 年 11 月 29 日)，见中国国民党中央党史史料编纂委员会编《革命文献》第 9 辑，65—67 页，台北，“中央文物供应社”，1955。

落入共产党人的掌控中。国民党中央党部从上海移驻广州，脱离了老党员聚集的中心地上海。党内新选任的干部大都是支持“容共”政策的中青年党员。过去长期得到孙中山倚重的一批老党员受到冷落，甚感失落和不满。如居正、谢持等人或不辞而别，或去乡下务农，以示消极抗议。另一位长期协助孙中山从事党务组织和宣传活动的田桐，在得知一大选举结果后，专程从上海赶赴广州，当面向孙中山“抗争三次”，不得结果，郁郁而归。[①]

国民党一大闭幕后，孙中山任命共产党员谭平山为国民党中央组织部部长，负责国民党的组织发展工作。谭平山在分派人员筹建和拓展各地地方党务时，自然更多地依靠共产党员和青年团员，从而使不少国民党地方党部落入共产党人的掌控中。这难免影响了相关地区国民党人的既得利益。一些地方的工会、学生会等民众团体和基层党部，相继出现两党党员的纠纷与冲突，有的展开理论争辩，有的由文斗演为武斗。

国民党改组前，其老党员主要是一批海外华侨和国内知识精英。他们的家庭出身和切身经验使他们很难接受共产党人的阶级革命理念。而激进的青年共产党人坚信自己的阶级地位和政治觉悟均优越于国民党人，有意想“改造国民党”，对国民党不时发表一些批评性言论，令国民党人甚感不快。胡汉民本是拥护和支持“容共”政策的人，但他对中共的某些说法，比如把国民党与民族资产阶级画等号，而认为自己代表无产阶级，就表示不能接受。[②] 1924 年 5 月 14 日《广州民国日报》发表文章指出：近有所谓新青年者，好规人过失，不满于民国纪元前之革命运动，尽情嘲骂，不留余地，徒震惊于俄国革命，认为创举，仅以成败论英雄，完全不把国人崇敬之先烈放在眼内云云，大致代表了国民党人对中共批评的反应。

根据共产国际的组织章程，中共作为共产国际的支部，必须服从共产国际的指挥。共产国际实际又受俄共中央的直接领导。在这种情况

---

① 参见谢幼田《联俄“容共”与西山会议》（上），125 页，香港，集成图书公司，2001；冯自由：《革命逸史》第 2 集，156—157 页，北京，中华书局，1981。

② 胡汉民：《中国国民党批评之批评》，载《中国国民党周刊》第 17 期，1924 年 4 月20 日。

下，国共两党对苏俄的态度自然有所不同。国民党人对苏俄的做法大多持激烈的批评甚至抨击态度。两党党员为此展开了一场公开的论争。国民党员孙镜亚向孙中山检控李大钊等中共党员"违反党纪承认北京政府"；朱和中亦上书孙中山批评上海《民国日报》和《新青年》等报刊在中俄条约及外蒙古问题上"出言不慎，招惹是非，影响本党甚巨"。孙中山分别指示："着中央执行委员会查明有无其事；着中央执行委员会严颁纪律，禁止本党各报之狂妄。"①

一 弹劾案的提出

1924 年 4 月，国民党老党员们寻获到一册中国社会主义青年团《团刊》(第 7 号)，内中载有 1923 年 6 月中共三大所作《关于国民运动及国民党问题的决议》、中共中央三届一中全会关于《同志们在国民党工作及态度决议案》和中国社会主义青年团第二次全国代表大会及扩大中央执行委员会会议之报告及决议等文件。严格说来，这些中共党团文件，尚是国共合作之初中共告诫党团员在国民党内谨小慎微、自我约束、注意与国民党人团结合作和帮助国民党发展组织的有关决议，对国民党并无"破坏"之阴谋。但国民党老党员们仍对这些文件反响强烈。主要是这些文件证明了中共在国民党内进行秘密的有组织的"党团"活动，并有在国民党左派中吸收党员、扩展组织的计划和指示。如文件中说道："我们加入国民党，但仍旧保存我们的组织，并须努力从各工人团体中，从国民党左派中吸收真有阶级觉悟的革命分子，渐渐扩大我们的组织，谨严我们的纪律，以立强大的群众共产党之基础。……本团(指社会主义青年团)团员加入国民党，当受本团各级执行委员会之指挥，但本团之各级执行委员会，当受中国共产党及其各级执行委员会对于团员加入国民党问题之种种指挥。本团团员在国民党中：(1) 应赞助中国共产党党员之主张，与其言语行动完全一致；(2) 本团应保存本团独立的严密的组织。"②

---

① 引自李云汉《从"容共"到"清党"》，300—302 页。
② 《中央监察委员会弹劾共产党案》，见《革命文献》第 9 辑，72—74 页。

国民党老党员们对中共在国民党内从事“党团”活动早有怀疑，但一直苦于没有证据，故当获得这批中共党团文件后，颇为兴奋。6 月 18 日，张继、谢持、邓泽如等以国民党中央监察委员的身份将上列中共党团文件提交给国民党中央执行委员会第 39 次会议，并提出弹劾共产党案。考虑到孙中山的“容共”政策不能触动，弹劾案特意申明不反对“容共”政策，只从党纪角度弹劾共产党。弹劾内容主要有以下几点：

1. 为国民党之生存发展着想，绝对不宜党中有党；“以跨党之人，同时办理两党同一之事，而其人偏重于固有之党，其结果可以想见”；中共在国民党中有党团活动，即表明不忠实于国民党，欺蒙总理。

2. 中共经常以其对于时局之主张，强加于国民党，如苏俄与北京政府签订《中俄解决悬案大纲》，相互承认对方政府为一国之合法政府，中共竟以苏俄之立场为立场，只知有第三国际，未尝计及国民党。

3. 中共党、团员既加入国民党为党员，即不应对国民党的主义及行动妄加批评和指摘，而共产党人竟在国民党报纸上作“国民革命为资产阶级不彻底之革命”之类不利于国民党的宣传。[①]

在 6 月 18 日的会议上，张继、谢持与廖仲恺为弹劾共产党案发生了激烈的争执，会议不欢而散。6 月 25 日，谢持、张继在广州东山鲍罗廷寓所，就中共“党团”问题与鲍罗廷进行了两个半小时的论辩。张继认为，中国共产党本来无足轻重，但苏俄通过中国共产党人加入国民党来操纵中国革命，中国共产党成了“俄国之子”，而中国国民党只是“俄国之友”。鉴此，张继、谢持单刀直入地质问鲍罗廷：“中国共产党不能自己作主，须受第三国际指挥，第三国际为苏俄所创造，又须受苏俄指挥。然则俄国对中国革命，究取何种态度？是否只求友于中国国民党，抑同时扶助共产党，双方并进乎？”针对张继、谢持的诘问，鲍罗廷一方面承认“第三国际认定中国革命只能用国民党党纲，不能用他种主义，故使中国共产党及社会主义青年团全部加入国民党”；另一方面鲍又历数国民党的缺点，申言“国民党已死，国民党已不成党，只可说有国民党员，不可说有国民党。加入新分子如共产党者，组织党团，可引起旧党

---

①《张继等三监察委员弹劾共产党呈文》，见《从“容共”到“清党”》，303—305 页；《中央监察委员会弹劾共产党案》，见《革命文献》第 9 辑，74—77 页。

员之竞争心，则党可复活”。张继、谢持认为中共在国民党内作“党团”活动是万不能容许的。鲍罗廷毫不含糊地回答说：“今日两者本互相利用，国民党利用共产党，共产党利用国民党，唯两相利用之结果，国民党更多利益。”[①]张继、谢持对鲍罗廷的强横态度十分不满。

在监察委员弹劾案提出前后，国民党中央还收到约20件来自北京、上海、广州等地国民党人控告共产党的案件，列名连署的党员在2 000人左右。控告的理由，不外中共在国民党内另树一帜，假借名义，操纵把持，不忠于国民党，主张两党只可合作，不可合并，要求开除共产党员的国民党党籍等。值得注意的是，在中共党内，也有人担心共产党会被国民党溶化而主张与国民党决裂者。这意味着两党内部均有人顾虑“党内合作”形式会使各自的党吃亏。

7月3日，国民党中央执行委员会召开第40次会议，张继、谢持再次提请与会委员对弹劾共产党案详加讨论。出席会议的国民党中委共10人：胡汉民、汪精卫、廖仲恺、邵元冲、林森、张继、林祖涵、邹鲁、柏文蔚、谭平山。会上，张继与谭平山展开了长达两个小时的激烈争论。张继主要提出如下几点看法：

1. 苏俄企图获取指挥和控制东方革命的权力；

2. 苏俄既与革命政府保持密切关系，又与北京政府签订协定，是一种不光彩的行为；

3. 国民党内的共产党员会控制国民党的事业和行动；

4. 自共产党加入国民党以来，只给国民党带来了麻烦。

谭平山针对张继的言论一一予以反驳。汪精卫、廖仲恺、林森、柏文蔚等亦表示不赞同张继的一些说法。胡汉民、邵元冲则建议召开专门会议来研究解决，并请总理孙中山直接征求第三国际的意见。会议最后决定提请孙中山召集中央全会讨论解决。[②] 孙中山同意在8月中旬召开一次中央全会来讨论解决共产党的问题。

---

①《谢张两监察委员与鲍罗廷问答纪要》，见孙武霞、许俊基编《共产国际与中国革命资料选辑》(1919—1924)，310—312页，北京，人民出版社，1985。

②《国民党中央执行委员会第40次会议情况通报》(1924年7月3日)，见《联共(布)、共产国际与中国国民革命运动(1920—1925)》，497—502页。

二 中共的应对

获悉国民党将开专门会议来裁决共产党问题,中共中央领导人甚表不满。7 月 13 日,陈独秀致信维经斯基,告知这一情况,认为“孙中山虽不会马上抛弃我们,但根本无意制止反动派对我们的攻击”。陈独秀对国民党内的左右派作了重新界定和划分。他认为,国民党内主要是右派反共分子在活动,如果说还有一定数量的左派,那是我们自己的同志;过去认为是左派的孙中山和另外几个国民党领导人,其实只能算是中派,而不是左派。陈独秀断言,如果现在支持国民党,就只会是支持国民党右派。陈独秀要求共产国际制定新的政策:“我们不应该没有任何条件和限制地支持国民党,而只支持左派所掌握的某些活动方式,否则,我们就是在帮助我们的敌人,为自己收买反对派。”①

7 月 21 日,中共中央向各区委、各地委和各独立组织发出通告,布置新的应对之策,强调“我们在国民党的工作,甚重要而又极困难,各地同志应有不断的注意与努力!”通告指出:自中共中央扩大执行委员会召开后,国民党内的大部分党员对我们或明或暗的攻击、排挤日甚一日,只有极少数领袖如孙中山、廖仲恺等尚未有和我们分离的决心,然亦决不愿开罪于右派分子。鉴此,“我们为图革命的势力联合计,决不愿分离的言论与事实出于我方,须尽我们的力量忍耐与之合作”,但对于国民党“非革命的右倾政策,都不可隐忍不加以纠正”。中共中央为此提出了 5 条应对之策:

1. 向国民党中央反映不满右派的意见,检举右派的错误言行;

2. 在国民党各级党部开会时,开展左右派不同政见的讨论;

3. 今后凡非表示左倾的分子,不介绍入国民党;

4. 努力争取或维持本党对工人、农民、学生及市民各团体的控制权,尽力排除右派势力的侵入;

5. 在各地组织“国民对外协会”,以形成国民党左翼或“未来的新

---

①《陈独秀给维经斯基的信》(1924 年 7 月 13 日),见《联共(布)、共产国际与中国国民革命运动(1920—1925)》,506—507 页。

国民党之结合”。①

值得注意的是，鲍罗廷在与张继、谢持谈话之后不久，其态度又有所软化。他担心让国民党左派去打击国民党右派，会导致国民党“灭亡”。7 月 15 日，他召集中共广东区委举行会议，就中国南方政治局势和中共在国民党中的工作问题作了报告。在报告中，鲍罗廷改变了 20 天前与张继、谢持谈话时所断言的“国民党已死，国民党已不成党”的看法，认为国民党还没有完全放弃一大所通过的行动纲领，因此共产党人不应该退出国民党。在鲍罗廷的授意下，中共广东区委通过了一项反对中共中央方针的决议，指出“在准备可能退出国民党的问题上，我党实际上走上了一条不正确的道路”。7 月 18 日，鲍罗廷在致瞿秋白的信中，再次强调“我们的同志现在对可能退出国民党的问题考虑太多，因此很少从事在右派和左派之间加楔子的工作”。②

三　孙中山的调停

对于国共之间的纠纷，孙中山通常扮演居中调停的角色。孙中山自信对国共两党都能慑服。他也清楚，自共产党人加入国民党后，明显推进了国民党的组织发展；年轻、激进的共产党人所表现出来的革命朝气和锐气，与那些保守的、暮气沉沉的老国民党员形成鲜明对比。他不能容忍国民党老党员们反对“容共”政策，也不能放任各地党员之间日趋激烈的纠纷，但另一方面，他又能体谅和理解老党员们的举动，不怀疑他们对自己和对党的忠诚，而且老党员们的某些做法，也未尝不是对年轻气盛的共产党人之偏激言行的一种制衡。对孙中山来说，无论是共产党年轻人，还是国民党老同志，都必须服从他的党魁权威。为此，孙中山采取了两个举动，一是设立中央政治委员会，以抑制老党员；一是设立国际联络委员会，以抑制共产党人。

中央政治委员会于 7 月 11 日宣布成立，孙中山自任主席，指派胡

---

①《中央通告第 15 号》（1924 年 7 月 21 日），见《中共中央文件选集》（一），223—224 页。

②《加拉罕给鲍罗廷的信》（1924 年 7 月 12 日）、《中共广东组织就鲍罗廷的报告作出的决议》（1924 年 7 月 15 日）、《鲍罗廷给瞿秋白的信》（1924 年 7 月 18 日），见《联共（布）、共产国际与中国国民革命运动（1920—1925）》，503、508、511 页。

汉民、汪精卫、廖仲恺、谭平山(后由瞿秋白代)、伍朝枢、邵元冲为委员,聘鲍罗廷为高等顾问。从法理上讲,国民党全国代表大会和中央执行委员会是党的最高权力机构,设立中央政治委员会在国民党党章上没有法理依据。孙中山的意图,显然是想通过中央政治委员会加强其个人集权,倚靠少数拥护其联俄"容共"政策的干部,摆脱中央执监委员会内一批保守落伍的老同志的掣肘,将后者排除在决策圈之外。张继等老同志听说设立中央政治委员会是鲍罗廷的建议,深感不安。因为鲍罗廷不仅是国民党的"组织教练员",而且是中央政治委员会的"高等顾问",有了这两重身份,鲍罗廷更可名正言顺地直接参与国民党中央的最高决策。张继曾极力反对孙中山聘鲍罗廷为政治委员会高等顾问,但未能如愿。

据陈独秀说,设立国际联络委员会,也是鲍罗廷的建议。但据鲍罗廷给莫斯科的报告,设立国际联络委员会是孙中山自己的动议。鲍罗廷分析,孙中山对于监察委员弹劾共产党案,实际上是站在中派的立场。孙中山希望既能控制民众,又能安抚帝国主义者。为此他们既需要共产党员,又需要右派,只是要共产党员服从自己的领导。孙中山声称:为什么共产党员要保守自己的秘密?如果这些秘密确实有利于国民党,不妨把它们公布于众,这样反对者就没有任何攻击共产党的理由了。孙中山怀疑中共企图通过垄断与共产国际的联系来垄断中国革命。为此,他建议成立一个直属国民党中央政治委员会的国际联络委员会,共产国际的所有指示都透过该委员会来传递。这样一来,国民党就能知道共产国际和中国共产党对自己的态度,并可切断共产国际与中共的直接联系。

为了纾解孙中山等人的疑虑,鲍罗廷同意国民党与共产国际建立直接联络的办法来解决对中共的不信任问题。8月13日,国民党中央政治委员会举行第5次会议。是日出席会议的有胡汉民、廖仲恺、瞿秋白、伍朝枢等人。鲍罗廷以顾问身份列席。会议决议由共产国际和国、共两党各举代表一人设立联络委员会,共同商议解决纠纷。

8月15日,国民党一届二中全会开幕。19日开始讨论弹劾共产党案,34件相关提案一并讨论。与会中委(包括中执委和中监委)20人,其中中共党员占五分之一。张继首先就监察委员弹劾书的旨趣及其个人意见作了一个冗长的说明，随即指责共产党人在国民党内作“党团”活动为不守信义，声称中共要对两党党员间的纠纷负责，认为中共“跨党徒滋纷扰”，国共两党“以分立为要”。张继最后还强调“革命党人应有自尊精神，以俄为挚友则可，以俄为宗旨则不可”。

对于张继的主张，覃振表示支持，认为“非速谋救济方法，恐纠纷愈形扩大”。覃振还提出两个解决办法：一是国民党员不得任意加入其他政党，凡共产党员加入国民党者，应专心从事国民党的工作，不得援引国民党党员重新加入共产党及为共产党征求党员；二是在中央党部加设国际宣传委员会，将三民主义贡献于国际，国际主张亦得以输入于中国。

瞿秋白代表中共对张继的指责和主张进行了辩驳，指出张继所建议的“分立”，实际意味着开除共产党员，而这只有在国民党改变其政治路线、不再进行反帝斗争、不再支持劳动大众的革命运动时才会发生。瞿申言：“所谓党团作用之嫌疑，实为惹起此次纠纷之端。实则既准跨党，便不能无党团之嫌疑。国民党外既然有一共产党存在，则国民党内便不能使共产派无一致之行动。况既谓之派，思想言论必有相类之处，既有党外之党，则其一致行动更无可疑。”①

19 日的讨论未有结果。20 日继续开会，仍未获任何结论。是日，国民党中央政治委员会召集第 6 次会议，亦对此问题加以讨论，拟定出两个草案：一是《国民党内共产党派问题》，一是《中国国民党与世界革命联络问题》。21 日，中央全会继续开会讨论共产派问题。汪精卫将政治委员会拟定的两个草案提交全会，并对两草案作了一个说明。汪称：“综核现在党内纠纷情形，约有三派：（甲）认共产派合作为有害；（乙）认共产派合作为有益；（丙）认共产派跨党无害，而有秘密党团作用则有害，若能使这个秘密公开，则党团作用自可消除。准此三点观察，症结所在甚属明了……再有须注意者，共产党与共产党员不同，共产党员为共产党守秘密是当然的，只有本党直接与第三国际从联络方面来

① 《瞿秋白对于三监察委员弹劾案之答辩词》，见李云汉《从“容共”到“清党”》，326 页。

协商，庶彼此不致误会，无所容其秘密矣。"会议主席胡汉民接着发言说："这次党内纠纷主要原因，即在发现团刊之后，情感愈形险恶。但细察团刊内容，用语不当处固多，而内容确无其他恶意，不能即认为是一个有阴谋的党团。现在唯一的解决方法，比较的照政治委员会草案甚为适当。"汪精卫还宣读了监察委员李石曾的来函。李函称："弟非国际共产党，亦非参与两党合作之人，但两党既合作如前，万不宜分裂于后。"讨论至此，主席胡汉民遂以政治委员会拟定的两草案提付表决，获得一致通过。草案一方面同意国民党内的共产党员对于与中共的关系，及其与共产国际的关系，仍"有守秘密之必要"；"中国国民党对于加入本党之共产主义者，只问其行动是否合于国民党主义政纲，而不问其他；至于本党之外存在之中国共产党，作为非共产主义政党之国民党，对其存在及其党员之行动，殊无监督之必要"；另一方面又决定在国民党中央政治委员会内设立国际联络委员会，负责与第三国际"协商中国共产党之活动与中国国民党有关系者之联络方法"。[①]

在反对"容共"政策的国民党人看来，成立国际联络委员会实际上毫无意义。他们既不相信共产党，亦不相信苏俄和共产国际，自然不赞成通过加强与共产国际联络的办法来解决两党纠纷。故他们对会议的结果深表失望。实际上，这一结果亦在他们的意料之中。尚在会议召开之前，他们即对通过召开中央全会讨论解决弹劾共产党案表示不信任。因为"中央执行委员中，颇多共产党员及倾向该党之人，以之解决此案，万无正当办法"。[②]

同时，中共中央对会议结果也深表不满。会议期间，远在上海的中共中央获悉将成立国际联络委员会的消息后，立即致信广州的鲍罗廷和瞿秋白：(1) 禁止在国民党会议上辩论任何有关共产党的问题，禁止瞿秋白以党的名义在国民党的会议上发言；(2) 中共中央拒绝承认国民党中政会下属的国际联络委员会；(3) 责成中共同志在国民党全会

---

① 《中国国民党第一届第二次中央执行委员会全体会议记录》，见李云汉《从"容共"到"清党"》，328—329 页。

② 《何世桢等呈中山先生请斥退共产党文》，见李云汉《从"容共"到"清党"》，322—323 页。

上对反革命分子采取进攻态势，从防御转入进攻的时机已经到来。[①] 但中共中央 8 月 27 日从上海发出的信，传递到广州鲍、瞿之手时，国民党一届二中全会已经闭幕(9 月 1 日闭幕)。陈独秀一气之下，将瞿秋白召回，斥责其“擅称代表”。9 月 7 日，陈独秀在写给维经斯基的信中抱怨说：国民党这次会议给我们一个很大的打击。陈独秀认为鲍罗廷上了孙中山等人的圈套。他请维经斯基转告共产国际：“像我们这样年轻的党，很难把工作做好。我们始终需要共产国际的好的建议和指示。请建议共产国际提醒鲍罗廷同志，同孙中山打交道必须十分谨慎，否则他还会上圈套，还要提醒他始终要同我们党进行协商。”[②]

在陈独秀看来，国际联络委员会隶属于国民党中央政治委员会，并且拥有解决两党问题的全权，等于承认国民党有权干涉共产党的活动，故不能接受。但鲍罗廷认为，国际联络委员会这项工作很难实现，它也不是孙中山等中派所期望的一个经常从莫斯科得到指示并凌驾于两党之上的组织，其任务只限于弄清楚共产国际和中共对国民党的态度。孙中山在会议闭幕时问与会者们说：“你们能否确信，在全会通过决议后，同共产党员就不会再有摩擦和争论了呢?”李烈钧和程潜回答说：“如果从这时起全体同志同心同德地积极地进行国民革命工作，我们认为不会再有摩擦。”张继回答说：“这要看今后的事实。”没想到孙中山自己实话实说：“我认为这种冲突不是这么容易消除的。”[③]

据鲍罗廷记载，在全会闭幕时，孙中山突然从中派的立场向左转，发表了一番措词严厉的讲话，申言两党党员之间的冲突，问题不在于共产党员有错误行为或言论，而在于“那些反对共产党员的人根本不了解我们自己的主义”，再次详细解释民生主义与共产主义在原则上不存在任何差别，差别只在于实现目的的方法，强调国民党党员应绝对服从自己的领袖，否则“我将抛弃整个国民党，自己去加入共产党”。为了警示

---

① 《中共中央致鲍罗廷、瞿秋白信》(1924 年 8 月 27 日)，引自杨奎松《孙中山与国民党：基于俄国因素的历史考察》，载《近代史研究》2001 年第 3 期。

② 《陈独秀给维经斯基的信》(1924 年 9 月 7 日)，见《联共(布)、共产国际与中国国民革命运动(1920—1925)》，528—529 页。

③ 《孙逸仙在国民党中央全会最后一次会议上的讲话》(1924 年 8 月 30 日)，见《联共(布)、共产国际与中国国民革命运动(1920—1925)》，524 页。

那些不听劝说,坚持分共反共的党员,孙中山当场宣布以党的主席的名义开除冯自由出党。[①] 据鲍罗廷分析,孙中山之所以由中派立场急速左转,乃因为会议召开之际,广州商团正酝酿叛乱,已呈剑拔弩张之势。孙中山及国民党中央穷于应付。大会期间,广州的局势非常紧张。在商团及英国炮火的威胁下,国民党政府不得不依靠工人群众,更不能引发两党分裂。

会议结果既令中共中央不满,又未遂国民党右派的意愿,全会在沉闷的气氛中宣告闭幕。轰动一时的弹劾共产党案,至此告一段落。但两党党员之间的纠纷与冲突不仅没有了结,相反呈愈演愈烈之势。

①《国民党中央执行委员会第二次代表全会讨论与共产党人关系问题情况通报》《孙逸仙在国民党中央全会最后一次会议上的讲话》(1924 年 8 月 30 日),见《联共(布)、共产国际与中国国民革命运动(1920—1925)》,517—527 页。

第二节　中国国民党同志俱乐部

中共对国民党一届二中全会耿耿于怀。相隔一个多月以后，中共中央还专门召开会议，就鲍罗廷和瞿秋白在国民党二中全会上所犯的“错误”作出决议。决议认为，由于鲍罗廷中了孙中山的“圈套”而导致中共“遭到两大失败”：一是“我们落到被告席上而未占有反右斗士的地位”，结果，“中派得以不声不响地回避对右派镇压措施的问题，很顺利地对我们发起攻势”；二是会议通过成立国际联络委员会，等于共产国际和中共承认国民党有权调查共产党的活动。中共对此深感屈辱。

中共中央对孙中山的派系属性又重新作了认定，不仅认为国民党中除中共党员外无左派，而且断言孙中山等中派“也未必能认为是中派”，因为他们的主要观点和行动，如试图利用反动军阀来进行战争，回避捍卫工农利益等，与右派的活动完全一致；“他们始终同右派实行妥协来镇压左派（共产党人）”。中共中央认为，不仅国民党中的许多右派分子是反动的，而且不少中派分子也很难走上革命道路，而鲍罗廷过高地估计了国民党中派的作用并同它达成了妥协，并错误地支持国民党的军事行动。①

在方针政策上，中共中央对孙中山和国民党的一些做法仍时有批评和不同意见，认为孙中山的主要精力仍放在军事行动上，一切还是以武力推翻北京政府为目标，而在中共看来，革命应以宣传和组织群众为重心，反对孙中山进行北伐去援助张作霖和卢永祥。

---

①《中国共产党（中央）执行委员会全体会议就瞿秋白同志关于广东政治路线的报告作出的决议》（不晚于 1924 年 10 月 8 日），见《联共（布）、共产国际与中国国民革命运动（1920—1925）》，532 — 534 页。

中共中央对黄埔军校也甚表不满，认为“这个军校与其他任何一个军阀的军校没有什么区别”，声称右派军官千方百计阻挠政治工作，无政府主义者在学校甚为活跃。①

当中共在报刊上公开批评国民党时，国民党人十分反感。《广州民国日报》指责《向导》周报率意批评国民党。国民党中央亦为此公开警告过《向导》。②

孙中山在二中全会闭幕式上公开斥责了反对“容共”政策的国民党员，但他在私下场合的言谈中，对中共党员亦颇表不满。据谭平山报告：“孙博士同我们的韩麟符同志谈话时公开讲，中国共产党人在共产国际面前破坏国民党的威信，说什么国民党是一个不好的党。博士说，列宁本来是想要他当共产党的创始人的，因为陈独秀在民众中没有多大的影响，而他过去和现在都有很大影响。可是，中国共产党人破坏了国民党的威信，结果陈独秀成了共产党的创始人。”③

一届二中全会后，国民党内怀疑和反对“容共”政策的势力并未收敛。上海既是中共中央所在地和共产党人的活动中心，也是国民党内反对“容共”的势力比较集中的地方。两党党员在上海的冲突亦较其他地区激烈。国民党上海执行部原本掌控在拥护改组、赞同“容共”的胡汉民、汪精卫等人之手，后因胡、汪相继赴粤，乃由另一位国民党中委、上海《民国日报》总编辑叶楚伧出掌全责。1924 年 8 月 1 日，上海部分反共党员周颂西、喻育之、曾贯五等集会讨论处置共产分子问题，引发两党党员之间一场恶性斗殴。越日，喻育之等又赴上海执行部，痛殴跨党党员邵力子，双方激成剑拔弩张之势。上海执行部组织秘书毛泽东、宣传秘书恽代英等共产党人联名上书孙中山，要求严惩打人凶手，并指控叶楚伧“主持不力，迹近纵容”。

两个多月后，上海反对“容共”的国民党人与跨党的共产党人之间因

---

①《中共中央给鲍罗廷的信》（1924 年 10 月 10 日），见《联共（布）、共产国际与中国国民革命运动（1920—1925）》，536 — 537 页。

②《告批评国民党的同志》《国民党再警告向导周报》，分别见 1924 年 11 月 4 日、11 日《广州民国日报》。

③《中共广东区委联席会议记录》（1924 年 10 月 1、3、6 日），引自杨奎松《孙中山与国民党：基于俄国因素的历史考察》，载《近代史研究》2001 年第 3 期。

对当时正在进行的江浙战争态度不合，再度发生激烈冲突。冲突中，上海大学社会系学生、社会主义青年团团员黄仁被推下讲台摔伤致死。此事引发中共方面的激烈反应，除了通电和报刊言论痛加谴责外，国民党上海执行部在瞿秋白、毛泽东等委员的坚持下，通过了惩凶、抚恤等决议，宣布开除打人者童理璋、喻育之两人的党籍，并发表宣言，宣布参与和指使凶殴的国民党员为"国民之公敌"，指称其行为"为帝国主义及军阀奸细卖国卖民之反革命行动"。上海执行部宣言发表的次日，叶楚伧遭到张继等人的激烈指责。面对来自两方面的压力，叶楚伧递交辞呈，请求辞去上海《民国日报》总编辑职务，拒绝继续负责上海执行部的工作。叶楚伧辞职后，中共中央想趁机将上海执行部和上海《民国日报》更大程度地掌握在手。

中共内部不少人感到很难同国民党继续合作下去。谭平山声称，只要共产党员仍然和国民党捆在一起，共产党就一事无成。他举例说：国民党的工人部长参与镇压工人罢工，农民部长在工作时大抽其鸦片，令在工人部和农民部的中共党员无法开展工作；在黄埔军校，虽然有不少共产党人在里面担任职务，但都没有巩固的阵地，领导权完全掌握在国民党人手中；为了反抗商团叛乱，工人纠察队和农民自卫军希望能够领到武器，但孙中山就是不愿给。谭平山认为："在不久的将来，我们很难同国民党再继续合作下去。我要说，我们最终只有两条路：要么消灭反革命的右派，根据国民党的纪律把他们开除出去，要么建立一个新的国民革命党。"①

中共中央在给谭平山等人的指示信中，态度十分明朗地说：共产党员无论如何不得同国民党中派一道去镇压罢工和压迫工人；当国民党中派领导人执意反对工农的时候，共产党员可以退出工人部和农民部，同工人农民一道进行反对中派的斗争。但鲍罗廷对此表示反对。鲍罗廷认为：只要退出一个部，那就意味着退出国民党，而退出国民党，意味着共产党已经取得的大量阵地都会白白丧失掉。中共中央十分不满鲍罗廷对孙中山的妥协让步。中共中央要求莫斯科停止在军事方面为国

---

①《中共广东区委联席会议记录》（1924 年 10 月 1、3、6 日）。

民党提供任何形式的援助，从而迫使孙中山和国民党真正左转，改变其只注重军事和与军阀结盟的错误方针。

为了抵制鲍罗廷的"错误路线"，中共中央于 1924 年 9 月下旬专门派高尚德前往广州坐镇，以便贯彻中共中央的有关决定。但因广州商团与国民党政府的冲突加剧，后者甚至面临被商团武装推翻的严重局面。在这种情况下，共产党人不得不站在国民党一边，同仇敌忾，要不要退出国民党的问题，自然退居其次了。10 月初，首批苏俄武器运抵黄埔。孙中山任命蒋介石为总司令，并发放武器武装工人和农民。在国民党领导的正规军和共产党领导的工人纠察队的配合下，商团事件一举平定。商团事件大概是孙中山逝世前国共两党最值得提及的一次合作了。孙中山对此相当满意。

冯玉祥在北京发动兵变，推翻直系曹锟政权后，电邀孙中山北上主持国家大计。中共中央反对孙中山北上，认为北京政变不过是美国把吴佩孚撤掉，代之以冯玉祥，实质上没有发生什么变化，人民不会因此受益，国家的解放事业也不会有丝毫进步。加拉罕和鲍罗廷则持不同意见，认为北京政变给国民党提供了一个登上国民革命大舞台并成为具有全国性影响的大政党的极好机会。孙中山接受了鲍罗廷等人的意见。当孙中山启程北上后，中共中央觉得再坚持自己的看法已毫无意义，只好转而配合孙中山北上，进行国民会议的宣传鼓动工作。[①]

此时，国共党员之间的纠纷仍在潜滋暗长。中共内部，出现一股要同国民党决裂的潮流。[②] 1925 年 1 月中共四大通过的决议，更加充满革命性和战斗性，如进一步强调无产阶级的地位和作用，强调中国革命与世界革命的密切联系，强调无产阶级政党参加民族运动时保持独立地位与阶级斗争目标的极端必要性，甚至提出了要争取无产阶级在国民革命中的领导地位的主张。中共中央在检讨一年来党所犯的各种"错误"之后，决定采取新的方针：(1) 反对国民党内部的阶级调和倾向，努力保存阶级斗争的成分；(2) 承认国民党是中国民族运动中的一

---

①《鲍罗廷〈关于国民党〉的书面报告》（1925 年 1 月 24 日），见《联共（布）、共产国际与中国国民革命运动（1920—1925）》，564—567 页。

②《维经斯基给季诺维也夫的电报》（1924 年 11 月底），见《联共（布）、共产国际与中国国民革命运动（1920—1925）》，556 页。

个重要工具，然亦仅仅是一个重要工具；(3) 扩大国民党左派的力量，推动中派左倾；(4) 凡是国民党政权所及之地，中共应即公开活动；对于国民党政治上的妥协政策，尤其是不利于工人、农民的行动，中共必须号召工人、农民起来反抗；今后中共的党员以及在中共指导之下的产业工人，必须有工作上的需要才加入国民党。①

国民党内冯自由等一批反对“容共”的老党员仍在积极活动。孙中山虽然宣布将冯自由开除出党，但国民党中央执行委员会实际并未执行。冯自由离开广东转赴上海，与田桐、章太炎等一批老同盟会员联络，很快聚集一批同情者。1924 年 12 月，冯自由、田桐、章太炎、居正、马君武、茅祖权、刘成禺、焦子静等在上海以“护党救国”为名，决定“重行集合”。在天津的江伟藩等人起而响应，公开声称要驱逐国民党内的共产分子。北京亦有部分国民党员组成“各省区国民党护党同志驻京办事处”，号称有成员 400 余人。

1925 年 1 月 7 日，冯自由等发起成立“国民党海内外同志卫党同盟会”，宣称其行动目标是开除国民党内的共产党员，不信任汪精卫等包办国民党党务。次日，该会与“各省区国民党护党同志驻京办事处”共同集会，并议定联合行动方针，双方决定，暂不直接提出根本否定“容共”政策和驱逐共产派的要求，由两会各自依据“护党”目的，分别公开发表文电，争取全党同情，以确保党权不落入共产党人之手。②

3 月 8 日，冯自由等在北京大学集会，宣布成立“中国国民党同志俱乐部”。其章程规定，俱乐部以孙中山先生为总理，由全国代表大会选举 60 人为总理事，组织总部理事会，辅助总理执行总部一切事务，凡前同盟会会员、民国元年国民党党员、民国 3 年中华革命党党员以及民国 9 年中国国民党党员，均可加入。这意味着将 1924 年改组后新加入的党员排除在外。据该俱乐部 1 个月后公布的消息，其推举出理事 59 人。从其章程看，“中国国民党同志俱乐部”实际上是在国民党之外另立新党，至少是另立党中央。鲍罗廷当时就指出：俱乐部实际上是一个

---

①《中国共产党第四次全国代表大会文件》(1925 年 1 月)，见《中共中央文件选集》(一)，278—280 页。

② 杨奎松：《孙中山与国民党：基于俄国因素的历史考察》，载《近代史研究》2001 年第 3 期。

新党,其章程同党章没有什么不同,差别只在于其成员资格限定为四类党员。鲍罗廷将这四类党员称之为国民党的“老近卫军”。[①]

冯自由等人的分裂行动,在国民党内引起强烈反响,既有公开声明表示同情和支持者,如章太炎、唐绍仪等在上海宣布组织“辛亥同志俱乐部”,“各省区国民党护党同志驻京办事处”宣布改组为“中国国民党各省驻京护党委员联合会”;也有一批被列名为“中国国民党同志俱乐部”理事的老党员登报声明与俱乐部无关,包括张继、田桐、柏文蔚、焦易堂、王用宾、孙科、熊克武、谭延闿、程潜、范石生、邓泽如、吴铁城、伍朝枢等。张继的表现尤为激烈。当俱乐部召开成立大会之日,他亲至会场,“拍案大骂,直斥冯等叛党无耻,丧失人格”。3 月 12 日孙中山逝世后,他甚至对自己当初反对“容共”的做法有所反省。他说:“先生在世时,我虽曾主张与共产派分家,但是如今先生刚去世,我可不忍这样主张了。回想先生生前的主意有时与我们的主意不相同,固亦偶然有他错我们对了的时候,但大半是他对我们错。他主张新弟兄们来合伙,而我们不愿意,或许是他对我们错了,亦未可定,现在决定和新弟兄们分家,我可很是怀疑。”[②]

作为国民党的创始人和党魁,孙中山自始至终强调党员对他的绝对服从。他告诫那些怀疑“容共”政策的国民党员说:“本总理受之在前,党人即不应议之于后。”[③]对于共产党员跨党,尽管有很多国民党人提出质疑和控告,但孙中山一直坚持不动摇。在其领袖魅力和强势威权震慑下,国共两党之间的矛盾和冲突受到相当的抑制和约束。也因为此,孙中山一旦撒手人寰,高居两党之上的制约力量顿时不复存在,两党关系势将陷入日趋紧张的境地。

国共合作一年多来,中共党员数量虽没有显著增加,[④]但中共的组织能量无疑大为膨胀。1925 年 4 月,斯大林在和维经斯基的一次谈话

---

① 《鲍罗廷的书面报告〈孙逸仙之死与国民党〉》(1925 年 4 月 6 日),见《联共(布)、共产国际与中国国民革命运动(1920—1925)》,597—598 页。

② 1925 年 3 月 27 日《广州民国日报》;杨奎松:《孙中山与国民党:基于俄国因素的历史考察》。

③ 《总理致海内外同志训词》,载《中国国民党周刊》第 10 期,1924 年 3 月 2 日。

④ 至 1925 年 1 月中共四大召开时,党员人数仍只有 994 人。见王健英编《中国共产党组织史资料汇编》,30 页,北京,红旗出版社,1983。

中还对中国共产党人“寄人篱下”表示忧虑。他担心共产党人已溶化在国民党中,丧失自己独立的组织,受到国民党的“虐待”。当他从维经斯基那里获知共产党不仅有自己的组织,而且比国民党更团结,共产党人在国民党内享有批评权,国民党的工作在很大程度上是由共产党人做的等等情况时,甚感惊讶。[①] 亦因为此,在孙中山去世后,鲍罗廷对国民革命的形势作了一个充满乐观的估计。他说,国民党左、右派的分裂是不可避免的,早就应该将国民党右派开除出党,只因孙中山持有不同看法,孙在世时将右派开除出党是不合适的。孙去世后,国民党右派率先挑起分裂,成立了自己的俱乐部,这种分裂将对我们有利。鲍罗廷分析说,国民党在农民和工人中开展的全部工作都是在中共领导下进行的,学生的反帝运动和军队中的政治工作,也主要是在中共领导下进行的,“可以大胆地说,国民革命运动整个战线的实际工作,无论现在还是将来都会掌握在左派手中”。鲍罗廷提出,中共的首要任务是要“把国民党的一切地方组织都掌握在我们手中”。[②]

维经斯基同意鲍罗廷对中共力量的乐观判断,但认为鲍罗廷对国民党右派的力量估计不足。在他看来,右派正在聚集自己的力量,同中共的斗争将更坚决。尽管两人对形势的判断有异,但作出的决策则基本相同。维经斯基主张“共产党人应该打着国民党左派的旗帜站在运动的最前列”。[③]

中共中央在孙中山逝世后亦决定采取积极发展的路线,提出要大力征求党员,扩充左派,准备在国民党二大上和右派决一雌雄。[④] 这意味着,孙中山逝世后,国共两党间的矛盾和对立,势将进一步释放和激化。

---

①《维经斯基给加拉罕的信》(1925 年 4 月 22 日),见《联共(布)、共产国际与中国国民革命运动(1920—1925)》,607 页。

②《鲍罗廷的书面报告〈孙逸仙之死与国民党〉》(1925 年 4 月 6 日),见《联共(布)、共产国际与中国国民革命运动(1920—1925)》,597—601 页。

③《维经斯基给加拉罕的信》(1925 年 4 月 22 日),见《联共(布)、共产国际与中国国民革命运动(1920—1925)》,608—609 页。

④《中央通告第十九号》(1925 年 4 月 4 日),见《中共中央文件选集》(一),328 页。

第三节 戴季陶主义

三民主义自20世纪初由孙中山等革命党人在日本开始宣扬，20世纪10年代一度沉寂，20世纪20年代因国民党的改组而再度成为时代思潮之一。与之前相比，20世纪20年代的三民主义显然具有了新的内涵。孙中山晚年对其革命理论的阐述相当积极。据统计，从1923年10月11日下令改组上海国民党本部起，到1925年3月12日在北京逝世止，孙中山总共发表演讲42篇、谈话12篇、宣言及文告28篇，比以前任何时候都多。尤其是1924年1月至8月的三民主义系列讲演，对社会主义、共产主义和民生主义的异同作了详尽的阐释，一方面声称“民生主义就是共产主义，就是社会主义。所以我们对于共产主义，不但不能说是和民生主义相冲突，并且是一个好朋友”，“可以说共产主义是民生的理想，民生主义是共产的实行”。另一方面他对马克思的阶级斗争理论不予认同，认为马克思以阶级争斗为因，社会进化为果，“只见到社会进化的毛病，没有见到社会进化的原理，所以马克思只可说是一个‘社会病理家’，不能说是一个‘社会生理家’”。而民生主义相信“社会进化的定律是人类求生存”，人类基于求生存的原因而努力使社会大多数人的经济利益相调和，才发生了社会进化的问题；民生主义也讲共产，但“我们所讲的共产，是共将来，不是共现在”，更不会用革命手段解决经济问题。孙中山还批评中共在中国提倡社会主义，是青年人追求时髦，脱离了中国的国情。他认为中国的问题首先是贫穷，不能按照共产党主张的那样马上来均贫富；俄国因其社会经济程度比不上英、美发达，而不得不改行新经济政策，中国更不可能实行马克思的办法。[①]

孙中山自称，在其三民主义理论中，以民生主义最为深奥，但在他逝世前，民生主义尚未讲完。[②]

孙中山逝世后，如何维系党的组织和政治凝聚力，自然摆在了国民党人的面前。为此，国民党召开一届三中全会（1925 年 5 月 18—25 日），作出两项重要决议，一是接受孙中山遗嘱，以孙之遗教作为党的最高指导原则，要求全党"一致奉行总理遗教，不得有所新创"，"三民主义之理论与实施方针，更必须以总理自著之《三民主义》为标准"。二是重申 1924 年 8 月一届二中全会关于容纳共产党员的原则，训告全体党员："中国共产党并非出于何等个人之空想，亦非勉强造作以人力移植于中国者，中国共产党乃中国正在发展之工业无产阶级自然的阶级斗争所涌现之政治组织。中国共产党之组织既系如此，则自不能不为国际无产阶级政治组织之一部。即使吾人能以人力解散现存之中国共产党，中国无产阶级必不能随之消灭，彼等必将另行组织。故中国国民党，对于加入本党之共产党者，只问其行动是否合于国民党主义政纲，而不问其他。"[③]这实际是承认中国共产党是中国社会经济条件下的历史必然产物。严格说来，国民党中央执行委员会的这一说法与不赞同阶级斗争和社会革命的孙中山之"遗教"已有所悖离。

孙中山在世时，除他本人讲述三民主义外，其他国民党人自然没有资格对三民主义加以阐释。而中共对三民主义的宣传本不积极，而且有所偏重，如规定："宣传中山的三民主义，应以一九二四年一月国民党大会的宣言、党纲、政纲为根据"；"切戒拿三民主义与共产主义或社会主义作比较，对于民生主义亦不可多作解释"。[④] 宣传三民主义而不以

---

①《三民主义·民生主义》（1924 年 8 月），见《孙中山全集》第 9 卷，355—394 页，北京，中华书局，1986。

② 孙中山自 1924 年 1 月 27 日开始系统讲演三民主义中的民族主义，3 月 9 日开始讲演民权主义，4 月 26 日讲完民权主义后，申言"民生主义的理论，比民族、民权都深奥"，需要充分时间准备，延至 8 月 3 日才开讲民生主义。民生主义原计划讲 7 讲，但在讲完前 4 讲后，因政治形势的变化而未及续讲，直至病逝。据宋庆龄云，孙中山民生主义未尽之讲题，尚拟有住、行、教育、卫生、养生、送死诸端。参见王仰清、许映湖标注《邵元冲日记》，194 页，上海人民出版社，1990。

③《中国国民党第一届中执会第三次全体会议接受孙中山遗嘱宣言》（1925 年 5 月 24 日）、《中国国民党第一届中执会第三次全体会议通过对全体党员之训令决议案》（1925 年 5 月 25 日），见中国第二历史档案馆编：《中国国民党第一、二次全国代表大会会议史料》（上），110—114、122—123 页。

④《中共中央第一次国内革命战争时期统一战线文件选编》，91—92 页。

孙中山本人亲口讲述的《三民主义》原典为准绳,而以由鲍罗廷起草、孙中山勉强接受的国民党一大宣言政纲为根据,显然是中共的宣传策略。孙中山的那句名言"民生主义就是共产主义,就是社会主义",其出发点本是为了弥合国共两党分歧,实际却不为中共所认同。1925 年 11 月中共中央在党内通告中提道:"在宣传上,我们应改变以前的态度,变消极的不谈三民主义而为积极的解释三民主义,各地可在国民党党员中组织三民主义学会,根据国民党第一次大会宣言,及我们的理论,解释三民主义。"①此后,中共中央在有关决议中又强调"不宜宣传空洞抽象的三民主义,更不要宣传什么建国方略和五权宪法","宜宣传孙中山的革命策略,如联俄、联共、拥护工农利益的民生主义"等。②

孙中山在世时,其崇高的威望足以慑服党内异议分子。中共虽对国民党的政策时有批评,但两党基本上没有在意识形态上公开对峙。孙中山去世后,这一局面被打破。最先从意识形态上向中共挑起论战的是戴季陶。

戴季陶是国民党人中最早研究马克思主义与劳工问题的人,曾将考茨基的《资本论解说》译为中文。上海共产党筹备发起时,戴季陶是参与者和赞助者之一。当孙中山决定"容共"时,戴担心"存留两党籍"将"启他日之纠纷"。国民党改组后,戴担任国民党中央常务委员兼宣传部部长及黄埔军校政治部主任,但几个月后,戴季陶辞卸一切党政职务。他自述其辞职的原因,主要是对"容共"之后的国民党充满悲观。他在给蒋介石的一封信中,叙述其经历说:

三月二十九日,祭黄花冈归,与平三(引者注:指谭平山)及香凝夫人同车到廖宅,是日所感特深,乃将数月来潜藏于胸之意见,尽量言于平三。弟(引者注:戴氏自称)云,今日最能奋斗之青年,大多数皆为共产党,而国民党旧同志之腐败退婴,已无可讳;然今日中国之需要,则又为一有力之国民党,共产党人亦既承认之矣。若于此日,共产党之同志,能牺牲其党籍,而完全做成一纯粹之国民党,使国民党中,不致同时

---

①《中共中央第一次国内革命战争时期统一战线文件选编》,151 页。
②《中共中央第一次国内革命战争时期统一战线文件选编》,280 页。

有两中心，然后一切纠纷，乃可尽除。而组织工作，乃不至受此无形的障碍。此日之谈话，在弟可谓尽吐露胸中积愫以相劝矣。平三云：此事现在绝做不到，两党之合作，能至何时，现在亦殊难逆料，将来总有分离之日。今日欲共产党抛弃其党籍，则绝不可能。平三为此说时，其决心与诚意，现于眉宇。弟之苦劝既无效，而对于党事前途之悲观，亦遂加严。盖一方则旧日同志，绝不觉悟，不合群，不努力，一方则共产党之扩张发展，日进无已；而党之基本政策，又造成一含混不清之局，组织则有两重纪律之危险，宣传又有两重理论之困难……至是而弟决然辞去一切职务，赴沪之意决矣。[①]

戴季陶赴沪半年间，对国民党党事不复闻问。直至同年 11 月 17 日，孙中山北上过沪，始以日文秘书名义，随同北上。孙中山病逝后，戴季陶感到必须迅速将孙中山的三民主义确立为国民党的“思想中心”。1925 年 5 月，戴季陶由北京赴广州出席国民党一届三中全会。会上，戴极力宣传他的这一主张。未料遭到来自左右两方的反对。国民党老同志担心“树立此政策为帮助共产党人之举，群起而反对之”，而共产党人亦有异议。据戴季陶推测，共产党方面可能担心“树立一思想之中心，则今后国民党将以一独立思想为基础，而不能为共产主义之思想所同化”。[②] 全会经数日之争论，最后仅通过几项在戴季陶看来是“不左不右之决议”。戴认为，党内各派尚未明了孙中山思想之精髓，从而影响全党在思想上的真正统一。鉴此，他在广州会议期间撰写了两篇文章：一是《民生哲学系统表》，一是《孙文主义之哲学的基础》。

戴季陶认为，孙中山的三民主义原理，全部包含在民生主义之内，其全部著作可总称为“民生哲学”；民生主义与共产主义，目的相同，而哲学的基础和实行的方法完全不同。戴声称，自同盟会以来，革命党常患幼稚病。民国成立后，老一代患幼稚病的革命党逐渐老衰。欧战以后，社会革命潮流冲入中国，后起的革命青年茁壮成长，将老衰的革命

① 《戴季陶致蒋中正函》（1925 年 12 月 12 日），引自李云汉《从“容共”到“清党”》，399—400 页。

② 《戴季陶致蒋介石先生书》（1925 年 12 月 22 日），引自杨奎松《“容共”，还是“分共”？——1925 年国民党因“容共”而分裂之缘起与经过》，载《近代史研究》2002 年第 4 期。

党注入一些新血轮，才生出一种活气和生机，但同时又生出一种新的革命幼稚病。孙中山由于受到老革命党的老衰病和新革命党的幼稚病的双重刺激，“活活气坏了”。

戴氏似乎站在“中派”的地位立言，既不赞同冯自由等国民党老“右派”的看法，也不认同共产党的急进主张。他申言：

我们所以不认阶级斗争为革命唯一的手段的原故，并不只是在国民革命时代，为维持联合战线而糊涂过去。我们是认为在阶级斗争之外，更有统一革命的原则。阶级的对立，是社会的病态，并不是社会的常态。这一种病态既不是各国都一样，所以治病的方法，各国也不能同。中国的社会，就全国来说，既不是很清楚的两阶级对立，就不能完全取阶级对立的革命方式，更不能等到有了很清楚的两阶级对立才来革命。中国的革命与反革命势力的对立，是觉悟者与不觉悟者的对立，不是阶级的对立，所以我们是要促进国民全体的觉悟，不是促起一个阶级的觉悟。知难行易说在革命运动上的意义，便是如此。并且就事实上看，我们中国数十年来的革命者，并不出于被支配的阶级，而大多数却出于支配阶级。因为在中国这样的国家里面，除了生活能够自如的人而外，实不易得到革命的知识。所以结果只是由知识上得到革命觉悟的人，为大多数不能觉悟的人去革命。……革命是由先知先觉的人发明，后知后觉的人宣传，大多数不知不觉的人实行，才能成功的，并且革命的利益，全是为不知不觉的人的利益。①

戴季陶认为，由于革命是“先知先觉”和“后知后觉”的人，为了“不知不觉”的人的利益而革命，也是“要治者阶级的人觉悟了，为被治者阶级的利益来革命；在资本阶级的人觉悟了，为劳动阶级的利益来革命；要地主阶级的人觉悟了，为农民阶级的利益来革命”，革命的意义是利他的，而非利己的。所以，他认为“仁爱是革命道德的基础”，“中山先生的思想完全是中国的正统思想，就是继承尧舜以至孔孟而中绝的仁义

① 戴季陶：《孙文主义之哲学的基础（附民生哲学系统表）》，上海，民智书局，1925。

道德的思想”。

戴氏的《民生哲学系统表》和《孙文主义之哲学的基础》两文，主要从“哲学”的层面阐述民生主义与共产主义的区别，认为前者讲“仁爱”而后者讲“斗争”，对孙中山反对阶级斗争的思想作了一番阐发。

国民党一届三中全会后，戴季陶于 1925 年 6 月离粤返沪，在法租界白来尼蒙马浪路慈安里设立“季陶办事处”，继续闭门从事理论著述，其成果是另一本名为《国民革命与中国国民党》的小册子。

在这本小册子里，戴氏开章明义提出：“凡是一个主义，必定具有独占性和排他性，同时也一定具有统一性和支配性。”要图国民党的生存，一定要充分发挥三民主义的独占性、排他性、统一性和支配性。戴氏所强调的独占性和排他性，自然是以中共为对手。他声称：“我们今天在国民革命进程中，为农民工人而奋斗，绝不须用唯物史观做最高原则，争得一个唯物史观，打破了一个国民革命，绝不是革命者所应取的途径。”戴氏虽然也批评了国民党右派之“糊涂”，但矛头主要指向共产党。他指责中共在国民党中扩张组织，排拒非 C. P. ，操纵国民党；“心里想的是共产革命，口里说的是半共产革命，手上做的是国民革命”；“只借中国国民党的躯壳，发展他自己本身组织”，“只单纯地利用国民党政治的保护力和经济的维持力，扩张自己的生命”，是一种齐天大圣对付牛魔王的“寄生政策”。戴氏对共产党时常批评国民党也深表不满。据他观察，自改组以来，国民党的机关报从没有对共产党作过任何中伤、挑拨，从不曾发表过有损共产党信用的言论，而作为友党的共产党，却总是公开批评国民党的政策和国民党的领袖，败坏国民党的信誉。

戴氏认为“党内合作”这种形式对国民党十分不利。他说：“一个大团体当中，包着一个小团体，这个小团体尽力地发挥他的组织力和排他性，旧的细胞是失了生活力，新的营养又被小团体尽量地吸去。这样一个畸形的团体，真有无从整理之苦。”他认为两个团体混在一起，必然互相排斥，不如国共两党“联合组织一个共同的最高干部，处理关于国际的问题，和对付共同的敌人”。戴也承认中国共产党人“真是为民众的幸福而奋斗的勇士”，他们虽然利用国民党，但其“目的很纯洁，心情很高尚，他们所企图的，是在中国社会的急激的进化”。但是戴氏认为，中国落后的经济和低微的文化条件还不具备实现中共理想和计划的可能性，时代还不需要共产主义。因此他劝告共产党人把三民主义认做唯一的理论，把国民党认做唯一救国的党，诚心诚意做一个纯粹的国民党员；不然的话，“你们就真正组织起一个工党，或者把你们自己的党拿出来”。戴季陶同时号召国民党党员也组织起特殊的团体与中共相抗衡。他说：“中国国民党中，已经有了一个很坚固而秘密的 C. P. 和 C. Y. 的小团体，如果我们真正的三民主义信徒，没有特殊的团结，深刻的觉悟，严密的训练和组织，是一定不能完成国民革命大事业的。”①

戴季陶自称该书“把人所要说而不能说、不愿说、不敢说的话，替大家说了出来”。在此之前，国民党内反对“容共”者虽不在少数，但公开著书立说，用文字系统表达出来者，戴氏当属第一人。身为国民党中央执行委员的戴季陶，忽然以“孙文主义”阐释者的姿态，在短期内连续发表一系列激烈批评共产党及其意识形态的言论，无异于替国民党内怀疑和反对“容共”政策的党员树立起一面政治旗帜。正如李云汉所言：“戴季陶的理论，已隐然形成了一股潜在的反共力量”，“各地孙文主义学会的成立及反共运动的酝酿，莫不深受戴氏反共理论的影响”。② 一时间，戴季陶的文章和小册子在国民党内广为流传。《国民革命与中国国民党》一书在短时间内即发送完毕。国民党中央宣传部鉴于前来索书者仍源源不绝，不得不在《广州民国日报》上接连数日发表“已无存书”的布告，大有洛阳纸贵之势。

在国民党内引起如此大的反响，戴季陶深感欣慰。但他对国民党右派利用他的言论作为攻击共产党的武器，十分不满。他认为自己的初衷是为了救国民党，而右派的目的则是“反革命”。他不愿看到那些“真正之反革命者，欲利用我之理论，而达其目的”，曲解其观点，给共产党人提供更多的批评口实，申言自己本“欲为三民主义作一忠实的拥护者，其结果只为反革命者供资料供谈助，事之伤心宁有甚于此者乎？”戴季陶还指责国民党右派“不顾大局，不明事理，不知

① 上引戴季陶言论均见戴著《国民革命与中国国民党》，上海，季陶办事处，1925。
② 李云汉：《从“容共”到“清党”》，404、408 页。

时代之关系，不解革命之意义，更不听我苦心孤诣之劝告，与痛哭流涕之批评，反欲借我彻底的为国民革命而发之理论与实际政策，达其反革命之目的”。①

鉴于戴季陶论著的广泛影响，中共自然要奋起反击。陈独秀斥责戴季陶在理论方面“只看见民族争斗的需要，不看见阶级争斗的需要”，在态度方面，“以为共产党加入国民党，不是促进国民党而是阴谋破坏国民党”。② 一时间，中共机关刊物发表大量文章，③对戴季陶口诛笔伐，把他列为与帝国主义、军阀同等罪恶的“反革命右派”。在中共猛烈的文字围剿下，戴季陶几乎没有回击的余地，但戴氏却亦因此而声名大振。“戴季陶主义”的称呼亦因之而出笼。

按照戴季陶原定的写作计划，《国民革命与中国国民党》分前、后两篇，已出版的只是前篇。在共产党的强烈要求下，国民党中央政治委员会发出通告，予戴季陶以严厉批评，并下令销毁其《国民革命与中国国民党》，其后篇也就胎死腹中了。

就在《国民革命与中国国民党》一书出版前后，国民党中央常务委员兼工人、农民两部部长、国民政府委员、财政部部长兼广东财政厅厅长廖仲恺于 1925 年 8 月 20 日遇刺身亡。廖案的发生，显示国民党内“容共”与反共之争，已达到白热化的程度。

廖仲恺本系华侨出身，早年受过西方教育，27 岁时参加同盟会。“五四”前后，廖氏曾热心于以土地分配为中心的经济、社会问题之研究。孙中山酝酿改组国民党时，廖仲恺是联俄“容共”政策的热心推动者。国民党改组后，廖对农工运动积极支持，对中共党人颇为信任。反对“容共”和反对共产党的国民党人对廖颇不谅解，甚至视廖氏为共产党员；而廖仲恺在言论上时常流露出对一部分老同志的不满，亦是招人怀恨而致杀害的一个重要原因。

廖案发生后，原来长期聚集在广州坚持反共和反“容共”政策的一批国民党员因恐受到牵连，大多逃离广州。国民党高层人事也随之发

① 引自谢幼田《联俄“容共”与西山会议》(上)，190 页；杨奎松《“容共”，还是“分共”？——1925 年国民党因“容共”而分裂之缘起与经过》。

② 唐宝林、林茂生：《陈独秀年谱》，234 页，上海，上海人民出版社，1988。

③ 据对《向导》周报光盘版检索，该刊共有 41 篇文章涉及批判戴季陶。

生变动。汪精卫的政治竞争者胡汉民和蒋介石的军事竞争者许崇智相继被排挤出局。广州出现了汪蒋合作的局面。整个国民党中央日显左倾。鲍罗廷和共产党人在国民党内的地位也更为加强。当然，这只是现象的一个侧面，另一侧面则是国民党内排拒共产党的右翼力量亦在进行新一轮的聚集和整合。

第四节 西山会议派

对一个政党而言，第一代魅力领袖逝世后的权力继替，往往是一个难以逾越的难关。由于党的创建者大都是青年人，其换代期势必拖得很长，加之创业的第一代往往能力超凡，长期在其阴影下成长起来的第二代很难脱颖而出。第一代领袖一旦逝世，继起者在能力与威望上均遥不可及，党内一时难以产生一个足以慑服各方或维系和笼络各派的强势人物。在无人足以服众的情况下，党内继承权之争亦应运而生。

按照国民党党章，全国代表大会闭会期间，中央执行委员会为党的最高权力机构，但孙中山在世时，党章赋予总理对中央执行委员会之议决有最后决定权。1924 年 7 月 1 日，孙中山又仿照俄共中央政治局，组织了一个中央政治委员会，简称"中政会"。中政会的成立，意味着中执会的权力被侵蚀。孙中山在世时，全党愿意接受他的"独裁"，全党对中政会的运作亦无异议。孙中山逝世后，中央执行委员会内部意见分歧不一，加之委员散处各地，很难有效运作，中政会乃成为实际的权力核心。当时经常出席中政会的委员仅有汪精卫、廖仲恺、胡汉民、伍朝枢以及顾问鲍罗廷等少数几人。孙中山逝世后，鲍罗廷在国民党内的权力和地位日隆。张国焘描述当时鲍罗廷的特殊地位说："他虽不是苏俄驻广州的大使或专使，却是苏俄政府非正式的代表，而且真能代表政府发言。他在国民党中，既非党员，又是外国人，职位也不过是政府顾问，但其发言却具有决定性的力量。他是一个重要的共产党员，但又不受共产国际在中国的代表的指挥。"当时苏共内部，斯大林与托洛茨基之间的争论日趋尖锐。鲍罗廷直接受斯大林指导。由于他能"通天"，加拉罕管他不了,共产国际和中共中央也不在他的眼里。中共在广东的一切政务,鲍罗廷都是先干了再说。中共中央与广东区委,在政治上不过随着他所造成的既成事实事后应付而已。在国民党方面,他以中央政治委员会顾问的身份,运用其高超的政治手腕,在孙中山逝世后的广州几乎肩负着实际领导责任。[①] 多数国民党中央执监委员很难参与机要决策。邹鲁、林森、邓泽如等一批受到冷落的"老同志"均心怀不满。[②]

孙中山北上之际,曾任命胡汉民代理大元帅职。孙中山逝世后,胡汉民亟欲成为孙中山的正式继承人。当时中共中央将胡汉民视作"中派"的领袖,但中共广东区委认为胡汉民是"右派",汪精卫、廖仲恺、蒋介石是"左派"。汪精卫挂着好几个委员的头衔,却没有担任实际职务。他显然也觊觎国民党的第一把交椅。鲍罗廷在胡汉民和汪精卫之间有意抑胡抬汪。汪精卫联络廖仲恺、蒋介石、许崇智、朱培德等重要军政领袖,私下达成政治联盟,共同孤立胡汉民。[③] 1925 年 7 月 1 日,广州国民政府成立,汪精卫在鲍罗廷的支持下,被推选为国民政府主席,而胡汉民由代理大元帅沦落为一个毫无实权的外交部长。[④] 新成立的国民政府尚未为列强所承认,所谓"外交部",其实是一个徒有其名的空头衙门。由于国民政府委员人选在中央政治会议决定后径自发表,而未提交中央执行委员会批准,引起邹鲁、林森、邓泽如、戴季陶等一批国民党老同志不满。胡汉民不甘大权旁落,亦想通过与右派结盟,召集一届四中全会反击汪精卫,未料不久因廖仲恺被刺的偶发事件,导致计划落空,反遭汪精卫算计。汪精卫利用廖案与胡汉民的堂弟胡毅生有牵连,趁机将胡汉民派赴苏俄"养病"及考察。鲍罗廷还致电莫斯科,希望共产国际留住胡汉民,不让其回国。9 月 22 日,胡氏在无奈之中启程赴俄。

---

① 张国焘:《我的回忆》(二),57 页。

② 李国祁:《邹鲁与西山会议》,见《中华民国建国八十年学术讨论集》第 1 册,208—209 页,台北,近代中国出版社,1991。

③ 苏维初:《国民革命时期的西山会议派》,见吴祖明主编《中国大革命与亚洲》,139 页,北京,档案出版社,1997。

④ 有学者认为,汪精卫之所以能跃居首席,与鲍罗廷的谋略运用密不可分。鲍罗廷以政治委员会顾问的身份操纵了政治委员会。参见李云汉《从"容共"到"清党"》,375 页。

汪精卫利用廖案逐胡并排挤国民党右派之举，在国民党高层激起波澜。《邵元冲日记》载：广州廖案发生后，在上海的戴季陶、孙科、叶楚伧、刘芦隐和邵元冲等人均对汪精卫的做法及其为人甚表愤慨，认为"此次之大狱，实系精卫欲掊去展堂，故罗织种种罪名而成之，以便自代，其阴贼险狠，振古所希，季陶痛人心之狡刻，为之大恸，同座相对，俱为唏嘘"。几天后，邵元冲从沪上报纸获知广东方面拟派胡汉民、孙科、林森、邹鲁、陈友仁、徐谦为外交委员北上的消息，他当下的判断是"此六人中除哲生、季龙、友仁皆已离粤者外，余皆精卫所欲排者，其剪伐异己之心益彰矣"。随后几天内，邵元冲又相继获悉广州方面对谢持、许崇智等亦有排挤倾向。邵氏感喟曰："粤中相煎益急，始作俑者其责任将如何耶！"①

邵元冲提到的"派遣外交委员北上"之事，乃指五卅事件和省港大罢工发生后，广州国民政府为了分化列强、孤立英国，防止北京政府与列强妥协而损及国民政府的利益，决定派遣一个外交代表团北上，与北京政府取得联络。国民党中央政治委员会最初决议派胡汉民为代表团主席。廖案发生后，胡氏身被嫌疑，被派赴苏俄，汪精卫又拟派孙科担任，孙以忙于经营其父墓地为由，辞不应命，汪遂决定改派林森（主席）、邹鲁（秘书）率代表团北上。在林森、邹鲁及一些国民党"老同志"看来，汪氏此举与派胡赴俄一样，意在排除异己。他们感到，在汪精卫的背后，定有鲍罗廷暗中支持和指使。

至于鲍、汪为何要逼迫林森、邹鲁离粤，一则因林、邹在鲍、汪看来都是国民党右派，尤其是邹鲁主持下的广东大学，当时汇聚了一批反共分子，被中共视为"反革命的大本营"。因此，广东大学毕业生被国民党左派和中共控制的各机关拒绝任用。鲍罗廷和汪精卫还将广东大学原本独立的财源收归政府统一办理。邹鲁对此深怀不满，屡向中央表示抗议。鲍、汪有意撤换其广东大学校长职务。另一个原因是，廖仲恺被刺后，国民党中央执行委员会决议推林森继任廖氏所遗常务委员职，此前担任中央常务委员者有汪精卫、廖仲恺、邹鲁、丁惟汾、于树德五人，

① 《邵元冲日记》，193、195—197 页。

丁、于长年在北京工作，实际在广州负责者，仅汪、廖、邹三人。廖在世时，汪、廖两个“左派”与邹一个“右派”对局，自居优势；若以林森继廖，则逆转为两“右”一“左”。鉴此，鲍罗廷和汪精卫有意排除林、邹。林、邹既去，林祖涵、谭平山继任为中央常务委员。这样一来，广州国民党中央便可完全控制在国民党左派与中共之手。[①]

林森原本不算太“右”。孙中山在世时，他对“容共”政策并未公开表示反对。迨孙去世后，他对汪精卫操切地剪除异己表示不满。邹鲁趁机加以拉拢，两人遂决定共同行动。当被任命为北上外交团成员后，他们将计就计，离粤以后，先至上海，联络一批中央执监委员，随后又一同前往北京西山，召开国民党一届四中全会，反击广州中央的领导。于是有了“西山会议派”之汇聚。

当时聚集在上海的有谢持、叶楚伧、茅祖权、邵元冲、沈定一（原为中共党员，大约于 1925 年 7 月公开转变为反共）、戴季陶、覃振、孙科、许崇智等人。这批人会聚，除对“容共”政策持有异议外，共同对汪精卫不满，亦是他们结盟的一个重要因素。《邵元冲日记》中所记“西山会议派”最初聚集情形，除共愤汪氏“剪伐异己”外，未见涉及“容共”问题。当然邵氏日记未记载，并不表明他们对“容共”问题没有看法，但当时在上海的这批“老同志”似乎更关注汪精卫的所作所为。张静江是唯一一个与这些人过从甚密，却没有加盟其中者。据邵元冲揭示，张静江之所以不愿加盟，“盖彼实为始终偏袒精卫者，故处处表示一种难言之隐也”。值得注意的是，这些对汪氏不满的“老同志”，并非因汪氏如何“左倾”，而更多的是“从友道信义上立论”。如戴季陶致粤中各人通电中，大谈“友道信义”，认为汪精卫“不应苛遇展堂”，谴责汪氏为人“狡刻”。许崇智之被逐离粤，本是受蒋介石的排挤，但许崇智在责备蒋介石的同时，对汪精卫似乎更不能原谅，认为“介石有时或受人挑拨，盛气难回，然精卫不为之谅解，而反投井下石，殊非对友朋之道”。[②] 由此观之，“西山会议派”的形成，至少有两个方面的因素：一是共同对“容共”政策不满；二是共同对汪精卫不满。

---

① 李云汉：《从“容共”到“清党”》，414—415 页。
② 《邵元冲日记》，222、193、198 页。

查《邵元冲日记》，邹鲁、林森、谢持、邵元冲、戴季陶、叶楚伧、孙科等人自1925年9月下旬动议“讨论党务补救办法”，到11月23日正式召开“西山会议”，大约经过了两个月的酝酿，其间多次集议协商，做了相当充分的准备。[①] 他们最初的打算是，军事寄希望于蒋介石、谭延闿负责，党务和政治则由他们集合一批中央执监委员，通过召开国民党一届四中全会，以“合法”手段处置之。但前者未能如愿，因为此时的蒋介石尚站在汪精卫一边。

会议起初打算在上海举行，后改在北京召开，可能是为了迁就在北京的中央执监委员，如吴稚晖、张继等；亦曾打算在张家口举行，寄希望于冯玉祥的支持，只是此时冯玉祥与苏俄关系密切，予以拒绝，未能如愿。他们试图拉拢于右任，于氏表示对党务乐于讨论，但对“推倒国民政府及党军等，认为自毁基础，不乐赞同”。[②]

他们本拟推举吴稚晖为中心，因为吴氏在国民党中居于元老地位，“此次会议如欲有成，必须以稚晖先生之意为从违”。吴稚晖参加了11月18日召开的预备会议，被推举为会议主席。吴在会上作了长达数小时的讲话，主张“对精卫为劝告，而勿为弹劾；对共产党之同志，宜邀守常（引注：李大钊）等为切实之协商，而勿使为片面分裂之行动”。[③] 在此前后，吴稚晖还公开在报纸上发表言论，不主张国共分家，认为“共产党鼓吹共产主义，乃是他们最后希望，未必即行共产政策”，况且“一个叫人可怕的共产党，竟能应时势的要求，降了格来进三民五权的国民党”，无疑“要算知道中国国情，不负主义，亦不负祖国了……与官僚尚可握手，独党人不能通融么？”[④]吴稚晖还与李石曾、易培基等联名致函林森、邹鲁，劝告他们谅解汪、蒋，认为汪、蒋之举动未必全出于野心，盼彼等勿过偏激。但吴稚晖的主张未为多数出席者接受。吴在参加“西

---

①《邵元冲日记》，198—214页。

②《邵元冲日记》，209页。

③《戴季陶民国十四年十二月十二日致蒋中正函》，引自李云汉《从“容共”到“清党”》，417页。

④《吴稚晖答邓家彦书》，见1925年11月16日上海《民国日报》；杨奎松《“容共”，还是“分共”？——1925年国民党因“容共”而分裂之缘起与经过》。

山会议”的预备会议后，不肯再出席正式会议。[①]

另一边，获悉邹鲁、谢持等人要在西山召开中央全会的消息后，早已公开宣布要“代行”国民党中央执行委员会职权的“中国国民党同志俱乐部”，唯恐邹鲁、谢持等人与之争夺国民党“正统”。冯自由等开始派邓家彦出面要求出席会议（11 月 16 日），遭到拒绝后又派江伟藩等人前去质询并威胁（17 日），又遭“训斥”后复由江伟藩等纠合 20 余人前往戴季陶、沈定一等人下榻的西山香云旅社，将戴、沈殴打并劫持而去，直至逼迫戴、沈二人留下“悔过书”后方将其放回（19 日）。

据《邵元冲日记》，戴、沈被绑架事件发生后，“余以同舍诸君，临事多漠不相关，极为愤愤”。[②] 邵元冲如此“愤愤”，相信戴、沈更有此感。这意味着“西山会议”尚未正式召开，而内部之裂痕已经显露。在惊吓与愤怒交加的情绪下，戴季陶未等会议开幕，即于 20 日转道天津遄返上海。22 日，叶楚伧、沈定一、邹鲁、谢持、邵元冲等商议布置次日在香山召开国民党一届四中全会的有关事宜。为了防备国民党同志俱乐部再来捣乱，决定次日一早前往香山碧云寺孙中山灵前行礼后，即转至石青阳寓开会。23 日，邵元冲以“今日会议已为形式，无到会之必要”为辞，没有与会，实则受绑架事件之惊吓而心有余悸，同时也对与会同仁之麻木而有些心灰意冷。邵氏乘当日晚车离京赴津，翌日晨转轮赴沪。故出席 23 日“西山会议”开幕式者，只有林森、邹鲁、石青阳、石瑛、覃振、沈定一、叶楚伧等数名中执委，另有中监委谢持和候补执委茅祖权、傅汝霖列席。[③] 亦因为此，“西山会议”是否符合国民党中央全会之法定人数，一直是一个争论不休的问题。

根据国民党中央执行委员会规则，中央全会开会必须超过半数的中央执行委员出席。汪精卫据此指出，24 名中央执行委员中，只有 10

---

① “西山会议”开幕前，叶楚伧与邵元冲一同前往拜访吴稚晖，邀其与会，而吴氏以“开会与否及开会能成与否，比较尚均为小事，主要者，仍在吾人之能团结旧同志及自动的负责奋斗，乃有可望云云”为辞婉拒。《邵元冲日记》，214 页。

②《邵元冲日记》，213 页。

③ 居正编：《“清党”实录》（近代中国史料丛刊三编第 3 辑，影印本，台北，文海出版社，1985）中有此次会议之记录，但所记开会日期及出席者均不真实。如开幕式日期记为 11 月 21 日，提前了两天，参加者多出居正、张继、戴季陶、邵元冲等人。参见杨奎松《“容共”，还是“分共”？——1925 年国民党因“容共”而分裂之缘起与经过》。

人支持“西山会议”，不足法定人数，故会议无效。而“西山会议派”则提出另外一种解释：24 名中执委中，有 6 人不能执行职务。这 6 人是：在苏俄考察的胡汉民，因叛乱罪被拘禁的熊克武，以及 4 名共产党跨党分子（李大钊、谭平山、于树德、林祖涵）。余下的 18 人中，有 11 人支持“西山会议”，只有 7 人反对。

“西山会议”自 1925 年 11 月 23 日宣布开幕，至次年元月 4 日宣布闭幕，前后延续达 42 天之久。在此期间断续开会 22 次。通过的议案主要有：（1）与共产派实行分离，取消共产党员的国民党党籍；（2）停止广州中央执行委员会职权，迁移中央党部于上海，改组中执委常委和中央党部各部部长人选，由林森、覃振、石青阳、邹鲁、叶楚伧五人担任中执委常委，取消中央政治委员会；（3）修改即将召开的国民党二大代表选举法；（4）开除汪精卫党籍 6 个月，解除其中执委职务，并规定其不得在国民党执政区域之政府机关服务；（5）解雇鲍罗廷。[①]

从这些议案的内容看，“西山会议派”试图改变和调整 3 个方面的关系：一是与共产党的关系，二是与广州中央的关系，三是与苏俄的关系。

与共产党的关系，“西山会议派”在 11 月 23 日所发表的宣言中这样声称：

本党总理允许中国共产党员之加入也，因其声明系以个人资格而信仰本党主义，愿于国民革命进程中努力于本党主义及宣传与工作，非以共产党党团加入而欲于本党中别取作用。乃两年以来，凡共产党员之加入本党者，在本党中一切言论工作，皆系受共产党机关决议与指挥，完全为共产党之党团作用……且益进行其妨碍本党之行为，盖其加入之意，系图利用本党，发展共产党势力，且藉以维持苏联。此不独事实昭然，抑且文字证据俱在。共产党党员忠于共产主义，虽违信誓，原无足责。在本党则自有主义，自有工作，虽推倒帝制，扫除压迫，与共产党同其步趋，然中苏之历史不同，社会之情状亦异，国民革命与阶级革命，势不并行。若共产党员，长此隐混于本党之中，使两革命团体之党

① 居正编：《“清党”实录》，50—67 页。

人,因内部问题而纷扰决裂,致妨碍国民革命之进展,不若分之,使两党之旗垒,崭然以明。各为其党之主义而努力奋斗,且于革命进程中有合作之机会,转得商洽并行,实为革命团体恒有之事实。用是本党中央执行委员会第四次全体会议,以善意的决定,凡共产党之加入本党分子,尽数取消其在本党之党籍,免使两革命团体因内部问题而相消其革命力,益以促进国民革命之成功。①

在这篇“宣言”里,“西山会议派”主张与共产党分离,并未用断然的语气,仍承认共产党为革命团体,分离后,仍视共产党为“友党”,并盼在国民革命的大目标下,两党继续“合作”“并行”,认为“理势所不得不分,而情谊未始不可合也”。12月14日,“西山会议派”在上海宣布另立“中央”。是日,已成为“西山会议派”舆论喉舌的上海《民国日报》发表社评,声称:“本党虽然和共产党解除抱合的形势,而仍不妨认他们为政见略有不同的友党。本党决不跟一般盲目地反对共产主义的信口雌黄地诬蔑共产党的人们一样,与共产党以敌意的仇视。本党此次解除抱合共产党的形势,而仍主张此后在民族主义的工作上联合起来,共同作战,是完全出于善意的。”②12月17日,上海“中央”举行第一次中央执行委员会及各部联席会议,会议再作决议:“对共产派分子,取友谊的态度,告以合则两伤,离则双美。”1926年3月29日,“西山会议派”在上海召开国民党第二次全国代表大会,大会主席张继仍主张对共产派“好意的分开”,其他代表原则上亦同意此项意见。大会闭幕后发表宣言声称:“仍然期望共产党之痛改前非,努力从事于‘反抗帝国主义’‘打倒军阀’之工作……庶几于‘合则相拒’之后,或则有‘分则相求’之可能也。”③

对于与苏俄的关系,“西山会议派”虽决议解雇鲍罗廷,却无意放弃联俄政策。他们在《取消共产派在本党之党籍宣言》中声称:“至本党对于反抗帝国主义之苏联,在革命进程工作之中,有联合之必要时,自然相

① 《中国国民党取消共产派在本党之党籍宣言》(1925年11月23日),见1925年12月13日上海《民国日报》。

② 《解除国民党和共产党抱合形势以后》(三),见1925年12月14日上海《民国日报》。

③ 李云汉:《从“容共”到“清党”》,440、446—447页。

与提携。”12 月 9 日第 11 次会议，复通过邹鲁的提案，决议“遵照总理遗嘱，联合世界上以平等待我之民族共同奋斗，如有不以平等待我者，无论其为任何国家，任何民族，皆当反对”。语气虽有所变化，但还没有要与苏俄决裂的表示。1926 年 3 月 29 日开幕的上海国民党二大宣称：“由于苏俄犹带有帝俄时代之遗传病，此遗传病不能以一度革命而根本消除，乃复演于国交上而成为结核。吾人于此，绝非贸然将苏俄列诸其他帝国主义之林，一反联苏俄政策；亦绝非盲目的以苏俄的言动皆善，而违反联俄政策之本义。吾人之责任在使苏俄遵从国际革命之正轨，而纠正其恢复帝俄时代之旧习。笼统的仇俄与盲目亲俄，皆非本党所宜也。”①

对于与广州中央的关系，“西山会议派”的做法则显得激烈得多，如宣布停止广州中央执行委员会的职权，取消汪精卫控制的政治委员会，在上海另立中央，重新分配和布置中央高层人事，公开与广州国民党中央分庭抗礼，显示“西山会议派”的举动并非单纯的国共党际之争，更是国民党内部的权力之争。② 对于汪精卫，12 月 4 日召开的第 6 次会议提出弹劾汪精卫案，宣布汪氏 9 项罪状，决议开除汪精卫党籍 6 个月，解除其党内外一切职务。但矛头仅指向汪氏一人，在政策上反汪而保蒋，有意欲拉拢蒋介石，甚至有离间汪蒋之意。

由于“西山会议派”的成员大多是国民党元老级的人物，其声望和影响远在冯自由等人之上，故当“西山会议”召开的消息传开后，各地陆续有国民党党部公开登报声明附和。上海《民国日报》也转而成为“西山会议派”的宣传阵地。“西山会议派”还另外创办《江南晚报》作为其宣传喉舌。11 月 27 日，广州国民党中央正式通电全国各级党部，宣布在北京西山召开的“一届四中全会”为“非法”，其组成分子为“反动派”。“西山会议派”不甘示弱，于 12 月 14 日在国民党上海执行部正式宣布成立中央党部机关。一时间，广州、上海两个“中央”互争“正统”，相互指责对方为“非法”，为“反革命”。双方党统之争进入白热化阶段。

---

①《上海第二次全国代表大会特刊》第 3 号，转见李云汉《从“容共”到“清党”》，82 页。

② 长期以来，国共两党以及海峡两岸学者均过分强调“西山会议派”反共的一面，忽略和遮蔽了国民党内权力斗争的一面。蒋介石“四一二”“清党”反共时，“西山会议派”不仅没有揽得反共头功，反而沦为与共产党一样受打击的对象，其设在上海环龙路的“中央党部”亦被查封。此实亦国民党内权力斗争之延续。

第五节　国民党二大与沪粤分裂

“西山会议派”另立中央的活动，造成了国民党改组以来的第一次正式分裂。此前冯自由等人在北京成立的“中国国民党同志俱乐部”虽也宣布暂时“代行”国民党中央执行委员会的职权，但其影响毕竟有限。中共中央担心，“西山会议派”的活动，有可能导致广州政府垮台，鉴于事态的严重，必须急起商讨挽救方策。据中共中央分析，“西山会议派”成员并不全是“右派”，其中也有一些“中派”人物，应该采取措施，争取他们，以分化瓦解“西山会议派”。

“西山会议派”内部确实存有意见分歧。邹鲁、谢持、林森、石瑛、覃振等人与邵元冲、叶楚伧、戴季陶、孙科等人，在处理汪精卫与共产党的问题上存有不同看法。后者的态度较为温和，他们不希望与广州中央决裂。上海“中央”宣布成立之次日，戴季陶即欲在报上公开发表与“西山会议派”脱离政治、党务关系之宣言，被邵元冲制止。邵元冲、叶楚伧、孙科等人对西山派内“有力分子之各挟私意，无团结奋斗精神，为之慨然不已”，申言“若照此大家不肯负责，则此后国民党必失败”。[①]

此时，加拉罕派维经斯基赴沪，与孙科、邵元冲、叶楚伧等接触，并安排孙、邵、叶 3 人与陈独秀、瞿秋白、张国焘会晤。孙、邵、叶表示仍承认孙中山的联俄“容共”政策，只要广东方面有所让步，他们愿去广东参加国民党二大。中共方面视孙、邵、叶为“西山会议派”内的“中派”代表，答应中共不包办国民党事务，不排斥国民党忠实党员，暂停对“西山

---

① 《邵元冲日记》，220、223 页。

会议派”的攻击，并允致电广州方面请求暂缓召开二大。[①] 广州国民党中央于 1926 年 1 月 4 日举行了二大开幕典礼。会议开幕不久，孙科即离沪返粤，转投广州中央。孙科的离开，对“西山会议派”打击不小。

鲍罗廷在广州获悉中共中央在上海争取国民党“中派”及与孙科等人会谈的情况后，甚为反感。他质问刚由上海赴粤的张国焘：“为什么广东方面将那些阴谋破坏革命的国民党右派分子驱逐出去了，现在却又要将他们请回来？”鲍氏对广东的局面表示乐观，认为国民党“左派”与中共仍应向“右派”势力进攻，此时决不能退让。他指斥中共中央“团结左派，联络中派，打击右派”的政策是死板的公式，讥讽陈独秀等人与孙、邵、叶达成的协议是错误的安抚政策。鲍氏还号召中共广东区委反对中共中央的做法。[②]

广州国民党二大对“西山会议派”进行了惩戒。多数代表同意宽大处理，结果只对谢持、邹鲁予以永远开除党籍的严厉处分。其他人如居正、石青阳、石瑛、覃振、傅汝霖、沈定一、茅祖权、邵元冲、叶楚伧、林森、张继、张知本等 12 人仅书面警告。

值得注意是，大会对戴季陶仅予以“恳切之训令，促其反省，不可再误”之处分。他虽然没有出席西山会议，但自始参与了会议筹备，且此前所撰之《国民革命与中国国民党》一书受到中共的猛烈批判，被中共冠以“新右派”头衔。令人讶异的是，大会竟以 196 票选举戴季陶为新一届中委。在 36 位新当选的中央执行委员中，戴得票数居第 20 位。依其所获票数推测，戴氏很可能还获得了部分共产党代表的选票支持。此外，受中共策动，大会开幕后才由沪赴粤的孙科也以 142 票当选为中执委；参加过西山会议预备会议的吴稚晖当选为中监委，与“西山会议

---

① 据《邵元冲日记》，1925 年 12 月 23 日，维经斯基邀邵、孙、叶 3 人至俄领署面谈，维经斯基先询“西山派”对孙中山的联俄容共两大原则有无怀疑或动摇，如无，则一切枝节问题皆可讨论。邵、孙、叶 3 人答称“对以上二原则仍承认之”，并表示若粤方有相当之让步，及中共停止对“西山派”之舆论攻击，双方可以协商。次日，维经斯基安排陈独秀、瞿秋白、张国焘与邵、孙、叶面谈。陈独秀等声称对 C. P. 分子完全退出国民党及鲍罗廷离粤回国两点持保留意见，其他可以接受。双方协定分别致电广州汪精卫、鲍罗廷、谭平山等，暂停对西山派之文字攻击及暂缓召开二大，然后再行协商。见《邵元冲日记》，223—224 页。另据张国焘回忆，双方达成了 7 点协议，内容大致是：在孙中山的三民主义和国民党改组以来的既定政策下，支持广州国民党中央；中共以国民革命为中心任务，继续与国民党共同努力，但不包办国民党事务，不排斥国民党忠实党员等。见张国焘：《我的回忆》(二)，67 页。

② 张国焘：《我的回忆》(二)，71、77—80 页。

派”过从甚密的吴铁城也当选为候补中执委。这些人事安排是广州方面有意分化“西山会议派”的举措。据张国焘回忆:大会前夕,他将中共中央与孙、邵、叶的会谈经过及中共中央的意向,向汪精卫作了说明。但汪精卫在预拟二届中委名单时,没有尊重中共中央争取“中派”的意见,未将叶楚伧、邵元冲等“中派”列入;相反,增加了中共党员数人。张国焘向汪精卫表示,这不符合中共中央不愿多占国民党中委名额的原旨。①

广州国民党二大选举产生新一届国民党中委 80 人,其中中央执行委员 36 名:汪精卫、谭延闿、胡汉民、蒋介石、谭平山、宋庆龄、陈公博、恩克巴图、于右任、程潜、朱培德、徐谦、顾孟余、经亨颐、宋子文、柏文蔚、何香凝、伍朝枢、丁惟汾、戴季陶、李济深、林祖涵、李大钊、于树德、甘乃光、吴玉章、陈友仁、李烈钧、王法勤、杨匏安、恽代英、彭泽民、朱季恂、刘守中、萧佛成、孙科。

候补中央执行委员 24 名:白云梯、毛泽东、许甦魂、周启刚、夏曦、邓演达、韩麟符、路友于、黄实、董用威、屈武、邓颖超、王乐平、陈嘉佑、陈其瑗、朱霁青、丁超五、何应钦、陈树人、褚民谊、缪斌、吴铁城、詹大悲、陈肇英。

中央监察委员 12 名:吴稚晖、张静江、蔡元培、古应芬、王宠惠、李石曾、柳亚子、邵力子、高语罕、陈果夫、陈璧君、邓泽如。

候补中央监察委员 8 名:黄绍竑、李宗仁、江浩、郭春涛、李福林、潘云超、邓懋修、谢晋。②

上列名单中,共产党员有 15 人,分别是:中执委 7 人(谭平山、林祖涵、李大钊、于树德、吴玉章、杨匏安、恽代英),候补中执委 6 人(毛泽东、许甦魂、夏曦、韩麟符、董用威、邓颖超),中监委 1 人(高语罕),候补中监委 1 人(江浩)。

中共党人在这次会议上甚为活跃。包括与会代表选举与资格审查,各类决议的起草,大会报告的发表,以至新一届中委的选举等,中共党人均担当了重要角色。如在有关政治、军事、财政及北方政治情况的

① 张国焘:《我的回忆》(二),85—86 页。
② 刘维开编:《中国国民党职名录》,42—43 页,台北,中国国民党党史会,1994。

4 项主要报告中，共产党员于树德担任了其中 1 项报告；在有关国民党中央组织工作的 7 项报告中，有 4 项的报告人为共产党员；在 14 个省市党部的党务报告中，有 6 项的报告人是共产党员；即使 12 个海外党务的报告中，共产党员也占了其中 3 个；在闭幕式上有 9 人演讲，其中 5 人是共产党员。[①] 吴玉章担任大会秘书长，更发挥了举足轻重的作用。228 名与会代表中，中共党员约占 1/3 或 1/4。[②] 他们通过“党团”统一行动，其能量超过其实际人数比例。

广州国民党二大闭幕后随即召开中央全会，选举中央常务委员及中央各部部长人选。常务委员 9 人：汪精卫、谭延闿、谭平山、蒋介石、林祖涵、胡汉民、陈公博、甘乃光、杨匏安。各部人选为：组织部部长谭平山，秘书杨匏安；宣传部部长汪精卫，秘书沈雁冰；工人部部长胡汉民，秘书冯菊坡；农民部部长林祖涵，秘书罗绮园；商民部部长宋子文（秘书未定）；青年部部长甘乃光，秘书黄日葵；妇女部部长宋庆龄，秘书邓颖超；海外部部长彭泽民，秘书许甦魂。就部长名单分析，除谭平山、林祖涵两人为共产党员外，汪精卫的宣传部部长一职随后推荐毛泽东代理。其他各部，胡汉民游俄未归，宋庆龄不愿就职，宋子文亦不愿多负责任，甘乃光和彭泽民为“左派”，实际部务工作多由相当于副部长的秘书主持，而秘书为清一色的共产党员。中共在国民党中央的影响达到了鼎盛。

在国民党历史上，广州二大可能是历次全国代表大会中最为激进的一次。作为广州中央的领袖人物，此时汪精卫的左倾化程度也达到了顶峰。作为政治委员会顾问的鲍罗廷则是整个大会的幕后指挥。张国焘回忆说：汪精卫“一切事多与鲍罗廷商谈”。“大会举行前夕，莫斯科来了一个很长的电报，鲍罗廷将它翻译出来，乃是一篇反对帝国主义的大理论。正当我和鲍罗廷阅读这篇电文时，汪精卫来了。鲍罗廷不加解释，将电文交给他；他也没有等读完全文，就说内容很好，可作大会宣言的资料。后来，这篇文章果然成为这次大会宣言的第一段。汪精

---

① 韦慕庭：《中国国民党第二次全国代表大会》，载《中华民国建国史讨论集》（三），37—60 页，台北，《中华民国建国史讨论集》编辑委员会编印，1981。

② 究竟有多少与会代表是共产党员，还无法确定，有的说有一百多人，有的说有八九十人，亦有的说四五十人。参见韦慕庭《中国国民党第二次全国代表大会》；张国焘《我的回忆》（二），84、88 页。

卫走后,鲍罗廷很得意地向我夸耀,说一切事情经他安排,都能不费唇舌的顺利解决”。鲍罗廷对自己的政治手腕颇为自赏,“他认为广州局势能由他调排,一切自有办法”。[①] 广州二大通过的宣言和决议案明显受到了苏俄和中共意识形态的影响,甚至从语言和修辞都可看出其影响的痕迹。

广州二大召开之后相隔两个多月,“西山会议派”也在上海召开了一次国民党“二大”(1926 年 3 月 29 日至 4 月 10 日),另行产生出一个“中央执行委员会”。

上海“二届中委”总计 76 人,其中中执委 25 人:林森、邹鲁、覃振、张继、谢持、胡汉民、邵元冲、李烈钧、沈定一、居正、傅汝霖、许崇智、黄复生、石瑛、张知本、桂崇基、田桐、何世桢、张星舟(厉生)、刘积学、茅祖权、管鹏、黄季陆、焦易堂、孙镜亚。

候补中执委 39 人:陈箇民、张平江、孙镜、宋镇仑、李翊东、黄英、张近芬、李次宋、高岳生、李宗邺、李东园、蒋希曾、胡文灿、宋垣忠、袁世斌、沈肃文、张善与、刘恺钟、龚村榕、刘绛英、刁文德、刘景新、毛仲衡、刘求南、翁吉云、纪人庆、陈兆彬、邓宝珊、萧异、王光辉、邓献征、陈敬修、朱霁青、梁楚三、王鸿一、姜次烈、马彬、李征植、黄振家。

中监委 7 人:李敬斋、石青阳、马叙伦、陈去病、于洪起、谢英伯、樊钟秀。

候补中监委 5 人:张秋白、郑毓秀、黄斗寅、沈素生、丁骞。[②]

对比上海与广州“二届中委”名单,发现有两人被对立的双方同时推举,一是胡汉民被双方推选为中执委,一是朱霁青被双方推选为候补中执委。胡汉民因涉嫌廖仲恺案于 4 个月前被汪精卫“放逐”苏俄。据张国焘回忆,胡汉民在广州二大竟以最多票数当选为中执委,选票统计出来后,汪精卫让大会秘书长吴玉章将胡汉民的票数减少 1 张,使之与汪精卫、谭延闿、蒋介石相同,并将其列于当选名单的第 3 位。张国焘认为:“这事令人啼笑皆非:胡氏的当选固由于事先的安排,但他得到最

① 张国焘:《我的回忆》(二),82 页。
② 刘维开编:《中国国民党职名录》,77—78 页。

多的票数，至少足以证明代表中并无坚决反胡的人。”[①]胡氏全数当选，意味着中共代表也都投了他的票。不仅如此，胡氏还当选为中央常务委员会委员、政治委员会委员兼工人部长。两个多月后，上海“二大”也选举胡为中执委。大权旁落、远在苏俄的胡汉民反而成为“左右逢源”的人物。

与广州二大浓烈的左倾气氛相比，上海“二大”则是另一番景象。张继在大会开幕词中强调：“中国国民党的主张是全国人民起来救中华民国的。换言之，是国民革命，而非阶级战斗；中国革命是国民建国问题，并非与世界各国宣战，除得各弱小民族赞助外，亦须得非侵略主义的各民族的同情。换言之，是中华民国建国运动，并非世界革命，亦非国际革命。”[②]

4 月 13 日，上海“中央”举行第一次中央委员全体会议，推举谢持、邹鲁、沈定一 3 人为常务委员，并决定中央各部部长人选：组织部部长居正，宣传部部长桂崇基，工人部部长黄季陆，青年部部长张星舟（厉生），商人部部长陈篚民，农民部部长管鹏，妇女部部长黄复生，海外部部长林森[③]。

“西山会议派”一开始即由于不足法定人数而深受党统合法性的困扰。上海“二大”又因比广州二大晚开而居于下风。既无军队，又无地盘，也无财源，由一群失意文人政客集结而成的上海“中央”显然无法与广州中央相抗衡，甚至连维持日常机构运转的党务经费都难以筹措。在“西山会议派”内部又缺少一位“登高一呼，应者云集”的领军人物，其组成分子又十分复杂，参加者猎取权位之心重于对主义的信仰，有些人只是以反共、分共作幌子，希望谋取相当职位。上海“中央”的候补中执委多达 39 人，明显带有笼络与分赃的意味。

除机构齐全的“中央党部”外，“西山会议派”也建立了自己的地方党务组织系统，其基础主要是各地的国民党右翼团体孙文主义学会。孙文主义学会在广州、成都、重庆、厦门、南京、上海、西安、北京、武汉以

---

① 张国焘：《我的回忆》（二），86 页。
②《上海第二次全国代表大会特刊》第 2 号；李云汉：《从“容共”到“清党”》，446 页。
③ 此项人事其后迭有变更。

及九江、芜湖、常德等地均有组织，另外在浙江、湖南、湖北设有省级组织。上海“中央”成立后，很多地区的孙文主义学会都与西山派各省市党部合并。西山派在河北、四川、湖北、湖南、江西、浙江、安徽、江苏、上海、北京等地建立了省市党部或临时省市党部，有的地方的组织力量甚至一度超过广州中央下属的系统。如在安徽，“西山会议派”于1926年2月22日成立临时省党部后，很快在20个县市成立地方党组织，拥有党员13 300人，而同期广州中央所属的安徽省党部只有党员3 223人。[①] 不过，多数西山派地方组织因经费困难和地方军阀的镇压，活动大受限制。上海“中央”党部自身经费维持尚成问题，自然无法接济地方党部。到1926年底，西山派的上海市党部已是人心涣散，党员甚少出席会议。上海“中央执行委员会”全体会议自1926年7月举行后未再开会。导致西山派地方组织没落的主要原因是广州政府的北伐。北伐的迅速推进，使广州国民党中央的法理地位更加稳固。西山派“中央”的号召力日趋低落，活动空间日趋狭隘，基层党组织亦随之溃散，部分党员转而投向广州国民党主流派。

---

① 苏维初:《国民革命时期的西山会议派》，载吴祖明主编《中国大革命与亚洲》，147页，北京，档案出版社，1997。

第六节　中山舰事件

广州国民党二大召开之后不久，蒋介石于1926年3月20日以其校长座舰"中山舰"出现"异动"迹象，宣布紧急戒严，软禁苏俄顾问，并逮捕一批共产党员，制造出有名的"中山舰事件"（亦称"三二〇"事件）。在此之前，国民党内包括怀疑和反对"容共"政策、主张"分共"乃至反共的人，其策略和手段基本上是"文"的而非"武"的，而"中山舰事件"直接诉诸武力，意味着国共纷争的进一步升级。[①]

中山舰事件发生以前，共产国际和中共中央将蒋介石定性为国民党"左派"。五四时期，蒋介石称得上是一个思想开通、追求进步的新派人物。据蒋介石日记，青年蒋氏不仅阅读《新青年》《马克思学说》《共产党宣言》《列宁丛书》《法国革命史》《俄国革命史》《俄国共产党史》等激进刊物和书籍，而且流露出对社会主义的同情和对十月革命后俄国的向往，多次萌生赴俄留学考察之念，并为此开始学习俄语。1920年3月，他上书孙中山，用俄国革命成功的例子，曲言批评孙中山的外交政策，建议孙中山放弃对欧美日本的期待，"以苏俄自强自立为师法"。[②]

1923年8月，蒋介石受命率团赴俄考察，在苏联居留近3个月。苏俄之行对蒋介石最大的影响，是他比较深入地了解了苏俄的军政制度，开始接受了"中国国民革命是世界革命的一部分"这样的观念，认为

① 有关"中山舰事件"的研究，参见杨天石《从蒋介石的日记看他的早年思想》，载《蒋氏秘档与蒋介石真相》，11—37页，北京，社会科学文献出版社，2002；杨天石《"中山舰事件"之谜》，载《历史研究》1988年第2期；余敏玲《蒋介石与联俄政策之再思》，载《"中央研究院"近代史研究所集刊》第34期，台北，2000；杨奎松《走向"三二〇"之路》，载《历史研究》2002年第6期。

② 中国第二历史档案馆编：《蒋介石年谱初稿》，62页，北京，档案出版社，1992。

中国必须在反对帝国主义运动上与苏俄合作。从苏俄回国后，蒋介石的思想言论明显“进步”，如公开主张民族斗争与阶级斗争同时并举，声称“中国的革命，要在阶级斗争之中，来求民族独立；在民族独立之中，来求革命成功”。[①] 但蒋介石访俄之后，对苏俄也有些不满：一是共产国际强调无产阶级和农民在中国国民革命中的重要性，而蒋认为中国不能过早地实行无产阶级革命，只有等中国独立之后，才能宣传共产主义；二是苏俄反对孙中山在西北建立军事训练基地，认为国民党应将工作重心放在政治宣传上，而不应计划在外蒙古进行军事行动，这使蒋介石怀疑苏俄有意染指外蒙古，而不让国民党的势力进入。故蒋介石此次苏俄之行，既留下了好的印象，也存有负面观感。[②]

蒋介石是一个具有强烈抱负心的人，对自己在孙中山心目中的形象和在国民党内的地位，一向十分敏感。蒋介石访俄之际，正值孙中山紧锣密鼓地改组国民党之时。联俄、师俄本是孙中山改组国民党的中心主题，作为国民党内唯一一个率团访俄的人物，蒋介石难免踌躇满志，盼望访俄归来后能得到孙中山的重视和重用，未料孙中山对苏俄顾问鲍罗廷寄予莫大的信任，将国民党改组设计的重任委付鲍罗廷。而蒋介石从上海寄给孙中山的游俄报告书却如石沉大海。蒋感到未获孙中山信任，颇为怀怨。他致信廖仲恺称：“党中特派一人赴俄，费时半年，费金万余，不可为不郑重其事，而于弟之见闻报告，毫无省察之价值，此弟当自愧信用全失，人格扫地，亦应引咎不遑也。”他曲言指责孙中山、廖仲恺及中共“只崇拜外人，而抹杀本国人之人格”。更让蒋介石不快的是，国民党一大召开，他不仅未能跻身国民党中央委员行列，连大会代表都不是。自尊心极强的蒋介石为此感到十分郁闷。他描述自己的心情说：“到粤月余，终日不安，如坐针毡，居则忽忽若忘，出则不知所往，诚不知其何为而然也。”[③]他致书孙中山，缕陈一己委屈，指责孙中山“置旧日系统于不顾”，而所信任者“皆不过趋炎附势、依阿谄谀之

① 《蒋介石言论集》第1集，197—200页，北京，中华书局未刊稿，1964。

② 过去学者多引用蒋介石于1924年3月14日给廖仲恺的信以及蒋于20世纪50年代所写的《苏俄在中国》等书，断言蒋的访苏之行“非常失望”。而杨奎松、余敏玲等学者认为，要对蒋在访苏前后的言行进行综合考察，并分析3月14日致廖仲恺信及《苏俄在中国》一书产生的特殊背景。

③ 《蒋介石年谱初稿》，167—168、160页。

徒”；自诩“如吾党同志果能深知中正，专任不疑，使其冥心独运，布展菲材，则虽不能料敌如神，决胜千里，然而进战退守，应变致方，自以为有一日之长，断不致临时纷乱，以陷危境”。他在对孙中山人事任命极度不满之余，亦提醒廖仲恺等不要“过信俄人”，认为对于俄党，“应有事实与主义之别，吾人不能因其主义之可信，而乃置事实于不顾”，认为“俄党对中国之唯一方针，乃在造成中国共产党为其正统，决不信吾党可与之始终合作”；声称苏俄的国际主义与世界革命，与凯撒的帝国主义名异而实同。[①]

蒋介石性格暴躁，好猜疑，易激愤，情过境迁之后又反复反省忏悔。当他对孙中山“过信俄人”而不信任自己的做法极度不满时，负气辞去黄埔军校筹备委员会委员长一职，并指责“俄党殊无诚意可言”。等他心平气和，正式就任黄埔军校校长之后，对联俄“容共”政策又甚表赞成，军校办学体制悉仿俄式，军事教官亦大量聘用苏俄军事顾问，并广纳共产党员任政工人员，对党代表制度极为推崇。与此同时，蒋的言论亦日趋左倾，在各种场合公开宣传世界革命的观念及其与中国革命的关系，申言“中国革命应被视为世界革命的一部分，不应视为中国内部之事。因是吾党对于世界各国革命党之联合，应速谋实现”。[②] 对内主张上，蒋不仅宣传反帝反军阀，而且常用阶级斗争的观点来鼓动和教育官兵，申言“‘节制资本，平均地权’，明白地说，就是打倒资本家，反对大地主。这明明白白是为无产阶级而奋斗的……所以民生主义到最后一步，就是共产主义”。[③] 蒋介石也很快切身感受到了联俄“容共”政策带来的实际效果，正是由于有了包括军校经费和武器装备在内的苏俄援助，以及共产党人的倾力支持，黄埔军校才得以顺利建立并发展起来。蒋将黄埔军校视作自己安身立命的资本，以此为基础建立了第一支真正属于国民党的“党军”，也第一次拥有了隶属于自己的嫡系部队。蒋很快成为国民党内最具实力的人物。

1925 年 8 月，廖仲恺被刺。在鲍罗廷的提议下，由汪精卫、蒋介石

① 《蒋介石年谱初稿》，161—162、167 页。
② 《蒋介石年谱初稿》，386 页。
③ 《蒋介石言论集》第 2 集，69—72 页，未刊稿，中华书局，1964。

和许崇智 3 人组成一个“特别委员会”,“授以政治、军事及警察一切全权,应付时局”,实际成为国民党的最高权力中心。胡汉民、许崇智相继被排挤出局,蒋介石一跃成为汪精卫之下的国民党第二号领袖人物。此时,蒋的言论更趋左倾。随后“西山会议派”有意离间蒋汪关系,提出分共、驱鲍、惩汪主张,试图拉拢蒋介石,蒋未为所动。蒋不仅在日记中对“西山会议派”的分裂行为深表“痛恨”,而且发表《告国民党同志书》,谴责“西山会议派”的所作所为违背了孙中山的意旨与党的纪律,并为鲍、汪及共产党人辩护。

1925 年 10 月,蒋经国从上海启程赴苏,11 月底入莫斯科中山大学学习,12 月,蒋经国加入中国共产主义青年团。蒋介石获悉后写信给儿子:“你于入何党,随你所愿,余不限制,但说要革命急进,有革命性之团体为重也。”蒋经国在出国前夕已经加入了国民党,蒋介石对此并不知悉。他写信给儿子说:“你从前未入国民党,今既加入了共产党,你就拿共产主义为你的事业,你拿革命为你的生涯。我虽然未加入共产党,而为纯粹的国民党员,但我自认我一生的事业是在革命。所以我们父子两人始终是立在革命战线奋斗的。我对于你名称虽为父子,在革命上说起来是一个同志,我实在是很满足的。”①

1926 年 1 月,国民党二大在广州召开。蒋介石第一次参加全党的这种盛会,并当选为新一届中央执行委员,兼中央常务委员会委员、政治委员会委员、军事委员会委员和国民革命军总监。大会前后,蒋介石的言论仍表现出相当左倾。他重申拥护联俄、“容共”政策;对于黄埔军校内部的青年军人联合会与孙文主义学会之间的摩擦和纠纷,蒋尽量从中调解,或采取各打五十大板的做法;②允许共产党员在黄埔军校内活动,但要求一切动作均得公开。③

1926 年 2 月,鲍罗廷离粤回国,途经北京时,对新从莫斯科来华考

---

①《蒋介石给蒋经国的信》,1926 年 2 月 1 日、3 月 16 日,引自余敏玲《俄国档案中的留苏学生蒋经国》《蒋介石与联俄政策之再思》,分别载《“中央研究院”近代史研究所集刊》第 29 期、第 34 期,台北,1998、2000。

② 蒋介石:《坚持最后五分钟是一切成功的要诀》(1925 年 9 月 9 日)、《团体训练的重要》(1925 年 9 月 13 日),见《蒋介石言论集》第 2 集,226、233—235 页。

③《蒋介石日记类抄·党政(一)》,载《民国档案》1998 年第 4 期。

察的布勃诺夫使团报告和介绍广州形势时，特别提到蒋介石是国民党的“左派信徒”，甚至是“极左派信徒”。[①]

在国民党二大前后蒋介石的日记中，未见他对共产党人在国民党内的活动有何不满表示，相反还任命共产党人高语罕为军校政治教官，熊雄为军校政治部主任，包惠僧为教导师党代表。但自国民党二大召开之后不久，蒋之心境开始变坏。蒋在日记中总结二大开成后，自己事绩“固可喜慰，而痛苦则非人所知也”。[②] 此时蒋氏“痛苦”之源与国民党一大前后截然相反。国民党一大之际，蒋介石是因未获党中高位而备感失落，而二大之后，蒋多半是因为“高处不胜寒”而自我危惧，忧心权位不稳。2 月 1 日，军事委员会任命蒋介石为国民革命军总监。蒋在日记中写道：“权位愈高，责任愈重，因之心思愈苦，而危险之程度，亦愈增矣，可不懔哉。”国民党二大闭幕后，支持、扶助和信任蒋介石的鲍罗廷突然辞职回国。而接替鲍罗廷的苏俄军事总顾问季山嘉在对中国革命的看法和主张上本来与鲍罗廷存有明显分歧。而季山嘉的言谈态度常令蒋介石难以接受和忍受。如季山嘉与蒋谈论中国政局和军队时，提醒蒋要以土耳其凯末尔为殷鉴，批评“中国军人尽为贪劣者”。在蒋介石听来特别刺耳，以为季山嘉有意规讽自己不要“习成军阀”。在此前后，共产党人高语罕亦在多次演讲中宣称：“我们团体里，有一个段祺瑞，要打倒北方的段祺瑞，就先要打倒这里的段祺瑞。”此话传入蒋介石的耳朵后，以为中共方面亦暗讽他为“军阀”。[③] 蒋于是表示不就军监职，继又表示辞去军事委员会委员及广州卫戍司令职，并在日记中慨叹：“苏俄同事疑忌我、侮弄我。”但蒋的这种辞职表示，显然非出乎本意，故在草拟好辞职通电稿后，又犹豫起来，是“积极进行，冲破难关”呢？还是“消极下去，减轻责任，以为下野地步”呢？苦思的结果，决定还是“忍辱负重”。但几天后，蒋又萌生赴俄考察的念头，并呈请解除东征军总指挥职，有意试探汪精卫和季山嘉的反应。汪精卫对蒋的辞职，

①《鲍罗廷在联共(布)中央政治局使团会议上的报告》(1926 年 2 月 15、17 日)，见《联共(布)、共产国际与中国国民革命运动(1926—1927)》(上)，116 页。布勃诺夫任苏联红军总政治部主任，1926 年 2 月率领一个秘密使团来华考察和评估苏联援助中国革命事宜，以作为未来政策的参考。

②《蒋介石年谱初稿》，534 页。以下所引蒋介石日记，凡未注明出处者，均引自《蒋介石年谱初稿》。

③《蒋介石年谱初稿》，573 页。

一再表示挽留，蒋有所感动。但当蒋再次表示想赴俄时，得到了汪的同意。蒋向季山嘉透露游俄的想法后，他观察季山嘉“状似不安”。

蒋介石与季山嘉的分歧，因北伐问题而趋于激烈。蒋极力主张北伐，而季山嘉却主张北伐从缓。季山嘉之所以反对北伐，乃因莫斯科有阻止广州进行北伐的明确指示，不明就里的蒋介石对季山嘉的武断干涉深表不满，以为季山嘉“厌我”，故意与自己作对。

北伐之结未解，军事委员会忽然削减了已经定好的黄埔军校经费，并将减下来的经费拨给第1军第2师。该师师长王懋功自代理广州卫戍司令以来，与季山嘉和汪精卫过从甚密，令蒋猜疑和不满。几个月前，鲍罗廷等人曾策划利用蒋氏卫戍广州之便，赶走许崇智，然后将蒋推上权力中心。蒋介石对此记忆犹新，怀疑季山嘉又将故伎重演，“思利用(王懋功)以倒我”。2月24日，国民政府成立两广统一委员会，在原有的6个军的基础上，将广西军队改编为第8军和第9军，而无故空出第7军的建制。季山嘉等人的这一奇怪举动立即引起蒋介石的高度警觉。蒋猜疑季山嘉想把王懋功的第2师从蒋的第1军中分离出去，另立第7军，进而削弱自己的力量，并夺取广州的控制权。蒋发现这一“重大阴谋”后，决定先下手为强，迅速采取行动，于2月26日将王懋功扣押，随即遣送上海。蒋在日记中写道：“一月以来，心坎憧扰，时自提防，至此略定，然亦险矣哉！”①

自认为粉碎了季山嘉的“阴谋”之后，蒋于次日找到汪精卫，要求处置季山嘉，力陈季山嘉“专横矛盾，如不免去，非惟为害党国，且必牵动中俄邦交”。下午，汪告知蒋，季山嘉已知错误，并愿辞退。蒋虽然有些半信半疑，但觉得宽慰许多，在日记有些自鸣得意地写道：“凡事皆有要着，要着一破，则一切纠纷不解自决。”②

然而，仅仅过了一天，蒋又因一件“不测”之事而复起戒心，申言“最后决用强制手段，否则为害于党国不可名状也”。因蒋在日记中没有明言，不知所称是何“不测”，但此事说明蒋之神经又处于高度紧张状态。随后接连数日，蒋猛看《革命心理》一书，从中得知“革命心理皆由神秘

---

①《蒋介石年谱初稿》，540页。
②《蒋介石年谱初稿》，540页。

势力与感情作用以成者,而理智实极微弱条件”。3月5日蒋又在日记中叹曰:“单枪匹马,前虎后狼,孤孽颠危,此吾今日之环境也。”[1]蒋以“前门驱虎,后门进狼”来形容其处境,说明他又有了新的假想敌。

3月7日,刘峙、邓演达前来告知外间有人分送反蒋的油印传单,更增加了蒋的危机感,觉得有人想陷害他、打倒他。蒋暗自忖度是谁在背后倒他,但没有在日记中明言。3月8日,蒋介石与汪精卫商讨“革命大方针”。蒋表示:“一切实权非可落外人之手,虽即与第三国际联络亦应定一限度,要当不失自主地位。”这表明他对共产国际怀有戒惧心理。3月9日,蒋在日记中慨叹:“共产分子在党内活动,不能开诚相见,办世界革命之大事,而内部分子复杂,貌合神离,则革命未有能成者,故决意辞职。”3月10日蒋听到“种种不堪入耳之谣言”,联想到近来各种反蒋传单,感到“疑我、谤我、忌我、诬我、排我、害我者,渐次显明”。“前以政治组织信人太过,故未加注意,亦毫不防范,今后若欲脱人羁绊,免受束缚,则非事事详思熟虑不可。”从这段日记看,蒋可能怀疑反蒋传单是中共所为。此后接连数日,蒋又为“进退问题扼腕终日,夜不成眠”。[2] 实际上,这些反蒋传单是“西山会议派”和广州孙文主义学会所使的离间之计。他们四处散布谣言,挑拨汪蒋关系,意在制造广东国民政府内部的不和,煽起蒋介石的疑忌之火。

3月12日,蒋介石与季山嘉因北伐问题再度发生激烈争执,以致公开“反脸”。季山嘉力陈北伐之不利,劝他往北方练兵。蒋怀疑季山嘉心怀叵测,意欲设计使他离开广东,“以失军中之重心,减少吾党之势力”。[3] 令蒋更为不安的是,3月14日,蒋与汪精卫谈话,觉得汪也“有讽余离粤意”,怀疑汪“受谗已深,无法自解”。蒋更陷入极度焦虑之中,想到汪精卫已不信任自己,中共在背后倒自己,季山嘉从中怂恿策划,后果岂堪设想。3月15日蒋在日记写道:“四面皆敌,肘腋受制,陷于重围核心,只有奋斗决战,死中求生耳。”生性多疑的蒋介石进而怀疑此前王懋功事件中,汪精卫很可能与季山嘉串通一气,后悔自己未能察言

---

① 《蒋介石年谱初稿》,541页。

② 《蒋介石年谱初稿》,542—545页。

③ 蒋介石:《复汪精卫书》(1926年4月9日),引自杨天石《“中山舰事件”之谜》,载《历史研究》1988年第2期。

观色,审慎周详,竟没有看出汪精卫其实早就卷入了这场反蒋阴谋之中。思虑及此,蒋的神经几近崩溃,难以自制。17 日日记云:"近来所受苦痛,至不能说,不忍说,且非梦想所能及者,是何异佛入地狱耶!"[①]

正在此时,又一个误会使蒋介石本已绷得至紧的神经再也无法承受。他终于将自己逼上了梁山。

3 月 18 日傍晚,一艘由上海开往广州的商轮被土匪抢劫,停泊于黄埔上游。有人求助黄埔军校调舰保护,因军校无舰可调,军校值班人员电请军校驻广州办事处派舰援助。办事处主任欧阳钟(孙文主义学会骨干)谎称"奉蒋校长命令",有紧急之事,要求海军局派两艘战斗舰开赴黄埔,听候蒋校长调遣,并称已通知"宝璧"号预备前往,要海军局再派一艘。其时海军局还有两艘舰,一为"自由"号,一为军校校长座舰"中山"号,而"自由"号刚从海南回省,机件有所损坏。海军局代局长李之龙(共产党员、青年军人联合会骨干)只好派中山舰前往。19 日晨,宝璧舰与中山舰受命出动,开赴黄埔。中山舰于上午 9 时驶抵黄埔。当日中午,李之龙获悉俄国考察团想参观中山舰,于是用电话请示因公滞留在广州的蒋介石,告以俄国考察团想参观中山舰,可否将中山舰调回广州。是日上午,恰好汪精卫已多次询问蒋介石是否去黄埔和何时去黄埔。蒋正疑心汪的用意,一听说中山舰没有他的命令已开去黄埔,顿觉内中必定有诈:"既没有我的命令要中山舰开去,而他要开回来为什么又要来问我?""中山舰到了黄埔,因为我不在黄埔,在省里,他就开回省城。这究竟是什么一回事?"[②]在此之前,蒋已听到伍朝枢等人编造的谣言,说汪精卫和季山嘉想强掳他去莫斯科"受训",又联想到自己的赴俄护照刚刚得到了批准,蒋于是怀疑汪精卫等人想将他劫持到中山舰上,然后强逼他去海参崴。

蒋介石怒不可遏。他最初的反应是,离开广州,退到他所掌握的东征军总指挥部所在地汕头。行至半途后,又自忖悄然溜走,反予人以口实,而且有失气骨,于是蒋又折回东山寓所,召集部下连夜开会,商议对策,最后决定布置反击,先发制人。20 日凌晨 4 时,蒋下令镇压"中山

① 《蒋介石年谱初稿》,546—547 页。
② 蒋介石:《关于中山舰案》(1926 年 4 月 20 日),见《蒋介石言论集》第 2 集,447 页。

舰阴谋”:在广州部分地区实行戒严,逮捕海军局代局长李之龙,占领中山舰,包围省港罢工委员会,收缴工人纠察队的枪械,解除苏俄顾问卫队的武器,拘押了卫戍广州的第2师党代表中的共产党员。

十几个小时之后,未见任何反抗,蒋感到自己的反应可能过当。事变当日下午,在初步判定并不存在特别的危险和阴谋后,他就取消了戒严,交还了收缴的武器,并释放了被软禁的中共党代表,一切恢复常态。

这就是有名的“中山舰事件”。

第七节　整理党务案

“中山舰事件”无论对于国民党左派、中共还是对于苏俄驻华代表来说，都是完全出乎预料的。就事件成因而言，主要是极端多疑的蒋介石基于其个人猜忌，误断为有一个汪精卫、季山嘉与中共联手的倒蒋阴谋，而临时采取的一次紧急军事应变行动，很难说是一次有计划、有预谋的反共政变。事变前夕，蒋在日记中尽管对季山嘉的专横擅权深为怀恨，但亦认为季的行为“决非其当局者之意”，与苏俄和共产国际无关。事变之后蒋对苏俄使馆参赞解释其行为系“对人问题”而非“对俄问题”。蒋之拘禁第 2 师中的共产党人，乃因卫戍广州的第 2 师原为王懋功所部，蒋怀疑该师与汪、季阴谋有关，蒋并未拘禁第 2 师以外的共产党人。至于对省港罢工委员会的行动，除了对其工人纠察队武装有所防备外，还因为对中山舰的占领，需要在罢工委员会门前一带实行戒严。①

对于蒋介石诉诸武力的过激举动，汪精卫愤激无比，直指蒋的行为是“造反”，是“反革命”，一度有调动军队予以反击的念头。当时在广州的国民党党政军头面人物也几乎一致对蒋介石的举动表示不满。当时国民革命军的 6 个军中，客籍的第 2 军（军长谭延闿）、第 3 军（军长朱培德）和第 6 军（军长程潜）本来就对不能获得与蒋介石第 1 军平等的待遇而有些忿忿。实力较雄厚的第 4 军（军长李济深）原系粤军系统一脉相传下来的，对第 1 军早就怀有“浙江人、外江佬排挤广东人”的反感

① 有一种说法，事变当日蒋介石下令逮捕了第 1 军中 50 余名共产党员。据杨奎松考证，此说源于上海中共中央事变后未得确切消息前的道听途说。而且当时戒严只是广州部分地区，并非全城戒严。参见杨奎松《蒋介石从“三二〇”到“四一二”的心路历程》，载《史学月刊》2002 年第 6 期。

情绪。[①] 中共广东区委负责人陈延年以及毛泽东、恽代英、周恩来等人均建议苏俄顾问对蒋采取强硬态度，削夺其兵权，开除其党籍。但他们觉得国民党中没有足以担当反蒋重任的实力人物，中共自身又没有军事武力可以与蒋抗衡，只能徒叹奈何。

当蒋介石意识到"倒蒋阴谋"其实是自己多疑、多虑，而自己的反应又过当、过激之后，转而产生了另一重心理负担和精神包袱，深恐自己的行动会造成不可预知的结果，以至于当何香凝事后去见他，并质问他时，蒋"竟像小孩子般伏在写字台上哭了"。[②] 邓演达见蒋"神色沮丧"，甚至担心他会自杀。[③]

蒋介石最担心的是苏俄方面的反应。除季山嘉外，以联共中央委员、红军总政治部主任布勃诺夫为团长的苏俄考察团此时也正在广州。事变当日，季山嘉派助手、军事顾问团副团长鄂利金去见蒋，对蒋"稍加责言"，蒋则"百方道歉"。但蒋介石随即发现，苏俄顾问团不仅没有对他兴师问罪，反而撤去了军事顾问团团长季山嘉、副团长鄂利金及顾问罗加乔夫的职务。蒋深感意外之余，亦如释重负。

因苏俄顾问团妥协、退让局面已成，汪精卫也无可奈何。怀着对蒋介石的愤慨，对苏俄代表的失望，汪精卫先是隐匿，继而出走。原本对蒋介石发动事变表示不满的谭延闿、李济深等人，又转而附和蒋介石。蒋见局势转变得如此之快，内心不禁生发出几分傲慢和轻蔑。他在日记中写道："事前反对此举者，事后奉余言为金科玉律，人心之变化，奈如此其速耶！"[④]通过王懋功和中山舰两次事件，蒋深感以铁腕对付政敌，和凭实力实现政治目的之便捷和有效。

据苏俄顾问团团长布勃诺夫的报告，他对蒋介石妥协、退让，是有自己的权衡和考量的。在他看来，中山舰事件的发生，是苏俄顾问在军事和政治领导方面的严重错误引起的。错误主要表现在苏俄顾问的过度越权和对中国将领们的过分监督。他说："中国将军们脖子上戴着五

① 张国焘：《我的回忆》(二)，104 页。
② 浮海(陈孚木)：《国民党三大秘案之一》，引自杨天石《"中山舰事件"之谜》。
③ 季方：《我所接触到的蒋介石》，载《文史资料选辑》第 73 辑，98 页。
④ 《蒋介石年谱初稿》，548 页。

个套，这就是参谋部、军需部、政治部、党代表和顾问。”[①]鉴于当时国民党左派、中共与蒋介石的力量对比，布勃诺夫使团决定，对蒋介石作出让步以赢得时间。在布勃诺夫等人看来，共产党人还没有能力承担直接领导国民革命的任务。中山舰事件之后第4天，布勃诺夫使团离开广州，季山嘉亦随同回国。接替季山嘉职务的是斯切潘诺夫，蒋介石称之为“史顾问”。史顾问对蒋介石的思想和性格进行了分析，认为“蒋氏具有革命思想，远在其他军阀之上”，同时又认为蒋氏“喜尊荣，好权力，幻想为中国英雄”。鉴此，他决定“利用蒋介石”，具体策略是，迎合和满足蒋介石的权力欲望，协助其取得更大的权力和实力，同时使蒋摆脱右派的影响，成为左派。[②] 4月16日，在国民党中央党部与国民政府联席会议上，蒋介石被选为军事委员会主席。

上海的中共中央最初对中山舰事件不知所措，希望得到莫斯科方面的指示。3月底，布勃诺夫使团归国途中经过上海。中共中央才从布勃诺夫处得知事件的详情，自然也接受了后者对事件的处理方针。陈独秀于是公开发表文章，实际上是代表中共中央表态：“蒋介石是中国民族运动中的一块柱石”，共产党人决不会阴谋去推翻他。[③] 中共中央还决定，维持汪蒋合作的局面，继续对蒋采取友好的态度，并派张国焘赴广州传达和执行这一政策，纠正广东区委的一些拖延未决的左倾错误。张国焘离开上海之后不久，中共中央于4月中旬收到陈延年的报告，又决定改变妥协退让政策，采取团结国民党左派，孤立、对抗和打击蒋介石的新方针，为此，决定在广州成立特别委员会，由彭述之、张国焘、谭平山、陈延年、周恩来、张太雷组成，以彭述之为书记。4月末，彭述之受命前往广州，传达中共中央的新政策。未料，中共中央的这一新政策，遭到刚刚回到广州的鲍罗廷的强烈反对。鲍罗廷于1926年2月“奉召回国述职”，中途获悉中山舰事件的消息后，取消返国计划，经库伦转道海参崴，在那里与从莫斯科回来的胡汉民会合，于4月29日一起回到广州。

---

① [苏]切列潘诺夫著，中国社会科学院近代史研究所翻译空译：《中国国民革命军的北伐》，374页，北京，中国社会科学出版社，1981。

② 斯切潘诺夫报告，见张国忱编《苏联阴谋文证汇编》线装本，广东事项类，36—38页，北京，1927。

③ 陈独秀：《中国革命势力的统一政策与广州事变》，载《向导》第148期，1926年。

蒋介石最初对汪精卫的隐匿不出颇为不悦，认定那正是汪心虚的表现。为了不给人留下自己有意排汪的印象，蒋宣称自己也要"休养"，以示与汪同进退。但当苏俄顾问和中共方面提出希望汪、蒋合作时，蒋又怀疑汪别有用心，是想以退为进，甚至断定汪"有急急出来之意"。于是，蒋毫不客气地致信汪，劝汪在 3 个月之内不必想出来，并有意直陈平日对汪怀疑各点，指责汪助纣为虐，使汪难堪，达到阻汪复出的目的。

当中共感到中山舰事件所造成的紧张局势渐渐缓和下来的时候，蒋介石对中共的新策略实际上正在酝酿之中。事变之初，蒋还一再解释：虽然李之龙自称是共产党员，但即使他真正有罪，也只是他一个人的问题，不能牵涉到团体的身上。[①] 但当季山嘉被撤职回国，汪精卫负气不出之后，开始独揽大权的蒋介石将目标迅速转移到如何彻底解决国共两党的纠纷问题上。4 月 3 日，蒋提出一个长达 3000 余字的建议书，要求国民党中央迅即"整军、肃党，准期北伐"。建议书中，蒋用了近一半的篇幅论述要如何处理与共产党的关系。蒋表示："二年以来，本党联合苏俄，容纳共产党，对于革命势力之增厚，革命方法之进步，唤起民众及对抗帝国主义之影响，实非浅鲜。由此观之，应认共产党为革命势力之一种。苏俄有补助中国国民革命之进行。以本党立于中国国民革命之领导地位，对于此二种势力，实有联合团结之必要。"但鉴于两党党员之间裂痕日深，蒋建议迅即召开中央全会，对共产党员在国民党内的活动加以如下限制：

其一，加入本党的共产党员，必须遵守本党纪律，实行三民主义的工作，不许诬蔑总理人格，有意抹煞总理之历史；对于三民主义，尤不准有批评与怀疑之态度及行动。

其二，共产党在国民党内一切秘密团体及一切秘密行动，完全取消；共产党对其党员一切之训令及其策略，应通知国民党最高干部；在国民党之共产党员，其名册应通知国民党最高干部；本党之内不许组织其他小团体，须事事公开，不得有秘密行动，如有运动本党党员加入共产党者，一经检举，则处以严律。

---

① 《蒋介石年谱初稿》，549 页。

其三,国民党与共产党应设联席会议,处置两党之间的一切困难问题与重要问题;共产党之应秘密之件,可提出于联席会议,本党有代守秘密之义务。

其四,凡跨党党员,不宜任党代表之职,且须限入党在若干年月以上者,方有任党代表之资格;我军既以三民主义为主义,惟有以信仰三民主义者为干部,而共产主义及无政府主义分子,应暂时退出,以求各军精神之团结,而谋革命之成功。

其五,共产党员在中央执行委员会内之人数,不得超过三分之一,除指明委员为共产党员外,如有跨党不报之委员,应另定条例,处以严刑;中央党部组织、宣传两部部长,其入党年限,须在 5 年以上。[①]

未等国民党二届二中全会召开,蒋介石已先令其第 1 军中的共产党员退出。4 月 10 日蒋介石在日记中写道:自共产党员退出军队后,心甚痛苦,“团体分裂,操戈同室,损失莫大,两年来心血,尽于此矣! 以后政治究应取何方针,方能使革命成功也”。这应该说是蒋介石此时矛盾心态的真实表达。他非常清楚两年来共产党人对其军校、“党军”的建立和发展所作出的重大贡献,但他又深感共产党人在国民党内快到了喧宾夺主的程度,如不加以限制,局面将无法收拾。4 月 21 日蒋在“宴退第一军党代表及 C. P. 官长”时坦言:“共产分子在第一军内虽然是不多,但是这些分子,一个可以当十个用的,并且是有团结的,可以随时制服其他一切的。”[②]这既是赞赏,更是担心。蒋十分清楚,虽然汪精卫与季山嘉等人的“阴谋”威胁其个人权位,但若从党的立场而言,共产党的潜在威胁更大。广州二大之后,共产党人几乎操纵了国民党中央党部的运作,若不对共产党人在国民党内的活动加以约束,国民党的权力有可能被颠覆。

另一方面,国共两党党员之间日趋激化的冲突和纷争,也到了不能不加以抑制的地步。他说:“近日第一军因本党党员与共产党员之裂痕,日深一日,几如水火之不能相容,如不从速解决,则北伐必无胜算之

① 《蒋介石年谱初稿》,555—557 页。
② 《蒋介石年谱初稿》,562、571 页。

理。”[①]为了平息纷争，蒋介石下令将青年军人联合会与孙文主义学会同时解散，但解散之后，两派之间的争斗并未止歇。5 月 1 日蒋介石日记云：为纪念劳动节，广州共产派与右派工人互相仇视，其势汹汹，蒋向双方发出警告，并派军队戒备，方得无事。5 月 7 日，广州各界举行国耻纪念大会，蒋介石亲临大会发表演讲之际，青年军人联合会与孙文主义学会会员在会场外发生斗殴，孙文主义学会的潘佑强、杨引之等人被打成重伤。鉴此，蒋介石感到国共关系的调整已刻不容缓。他对前来商谈两党关系的周恩来和苏俄顾问坦言：“今日之处境，极感左右为难。”

蒋介石之“左右为难”，也包括对国民党右派而言。中山舰事件发生后，“西山会议派”在上海召开“第二次全国代表大会”。与会代表针对如何因应广州政局的变化，进行了热烈的讨论。他们对汪精卫的被逐和共产党之受抑制狂喜不已，认为蒋介石已与他们志同道合。谢持提议致电蒋介石予以训勉，沈定一提议将全会移往广州续开，邹鲁更建议在致蒋介石电文中，要求蒋氏及国民政府一律听从上海“中央”的命令。经过数日的讨论，大会最后决定：(1) 以大会及个人名义分别致电蒋介石予以训勉；(2) 将全会移往广州继续举行；(3) 推派代表赴粤商洽。蒋介石闻悉后，于 4 月 3 日发表通电，声明中山舰事件，全系个人局部问题，指责“西山会议派”煽惑挑拨，陷害党国，摧残革命，是帝国主义的工具。4 月 5 日，蒋介石接到谢持等人来电，获知他们欲来广州开会，“恨其思利用机会以捣乱”，置之不理。同日，宋子文前来告密：右派拟开广州市党部大会，并举行示威运动。蒋急函吴铁城制止之。[②] 4 月 8 日，蒋对中央军校官生发表演说，再次申言上海“二大”是一种非法行动，西山派是本党的罪人和仇敌，号召群起而攻之。4 月 10 日，又以国民政府的名义发出通缉令：“遇有伪代表大会派人来粤煽乱，即予拿解法庭，照叛逆治罪，以肃法纪。”[③]不仅如此，蒋还于 4 月 2 日拘押舰队司令欧阳格，23 日又免除广州市公安局局长吴铁城的职务，其理由是

① 《蒋介石年谱初稿》，556 页。
② 《蒋介石年谱初稿》，554、559 页。
③ 《蒋介石年谱初稿》，560—563 页。

这两人“联合右派”“袒护右派”。

中山舰事件之后，右派本以为蒋介石已经右转，于是试图拉近与蒋的距离，并希望得到蒋的支持。但经过一个多月的观察，特别是当蒋解除吴铁城的职务后，右派感到失望了，于是他们转而寻找新的支持者。恰在这时，胡汉民从莫斯科回国，右派便将希望寄托在胡汉民身上。他们想将胡汉民扶上国民政府主席的宝座。胡汉民亦与伍朝枢、孙科、吴铁城、古应芬等人秘密晤商，并怂恿蒋介石逮捕鲍罗廷，使鲍、蒋分化对立。蒋介石显然不希望胡汉民回来搅局。在胡汉民回国之次日，蒋与之谈话，感到“其言似多挑拨，心疑不确”。5 月 8 日，胡汉民约蒋谈话，遭蒋拒绝。胡汉民显然感觉到蒋对他的“不欢迎”态度，乃于次日离开广州，转赴香港。据闻胡汉民在赴港途中，恰好与离粤赴法的汪精卫在船上相遇。蒋闻悉后，在日记中叹曰:“异哉，冤家逢对头也。”①

鲍罗廷于 4 月 29 日回到广州。蒋介石获悉鲍罗廷回广州的消息后，惴惴不安，担心支持汪精卫的鲍罗廷要和他算账。但鲍罗廷回粤之后，首要的考虑是如何消释苏俄与蒋介石之间的嫌隙，至于国共关系和汪蒋关系的调处尚在其次。鲍罗廷认为，中山舰事件表明“蒋介石显得比党强大，或更确切地说，党显然比蒋介石软弱”。② 鲍还发现蒋介石周围净是疑惧共产党的人，如张静江、邵元冲、叶楚伧等几乎天天在与蒋谈论党务问题。鲍担心右派与胡汉民相勾结发动政变，右派当时在广州四处散布共产党即将“共产”的谣言，并且正在煽动银行家和商人罢市，很多人到银行提款、挤兑，威胁到政府财政。在这种情况下，鲍罗廷决定以向蒋介石让步为代价，换取他对右派的镇压。鲍认为，蒋介石虽有很严重的缺点，但在现时的国民党人中，没有人能像他那样有力量、有决心，足以打击右派的反革命阴谋。鲍指示中共广东区委负责人陈延年召开干部特别会议。会上，鲍一再强调维持国共合作的必要，为了合作，必须向蒋介石妥协。会议接受了鲍罗廷的主张，否决了上海中

---

①《蒋介石年谱初稿》,581、586 页。

②《鲍罗廷给加拉罕的信》(1926 年 5 月 30 日),见《联共(布)、共产国际与中国国民革命运动(1926—1927)》(上),281 页。

共中央关于对抗和反击蒋介石的新政策。[①] 实际上，鲍罗廷的主张也是莫斯科的主张。4月29日，联共中央拒绝了维经斯基、托洛茨基和季诺维也夫提出的共产党人退出国民党的建议，认为国共关系破裂是"绝对不能允许的"，"必须实行把共产党保留在国民党内的方针"。[②]

如前所述，蒋介石早在4月3日即已拟就了一套"整军、肃党"方案。4月底鲍罗廷回来后，蒋与鲍多次长谈。当蒋逐渐明了鲍的真实态度后，即大胆地向鲍"摊牌"，提出他那套整理党务方案。鲍最初对蒋的方案多持异议。蒋坦言："对共条件虽苛，然大党允小党在党内活动，无异自取灭亡，能不伤心？惟因总理策略，既在联合各阶级共同奋斗，故余犹不愿违教分裂，忍痛至今也。"鲍始默然。[③]

1926年5月15日，国民党二届二中全会开幕。这实际上是蒋介石执掌国民党最高权力后主持召开的第一次中央全会。当日，蒋介石向大会提出3个议案，分别是《国民党与共产党协定事项》《整理党事案》《选举常务委员会主席案》。第一案由蒋单独提出，后两案与人联名提出。第一案与第二案的内容基本上是蒋介石4月3日建议书中限制共产党活动的内容。据蒋介石日记，当他提出第一案时，"全场相顾惊愕"，他本人也自觉"言之太过，终日不安，精神恍惚异常"，并云"连日心神憧怔，痛苦备尝，至此犹未稍定"。为了使自己过于绷紧的神经有所放松，当天下午由陈其采陪同游白云山。也就是说，蒋介石是怀着极度忐忑不安的心情提出这几个议案的。之所以如此惴惴，即因为提案对两党关系的重大调整，有可能引发难以预料的党际关系的巨大"震荡"。因为事前不知中共方面将作何种反应。在会议开幕之前日，蒋慨叹"余几因此而病神经，党国与本身存亡生死之际，其痛苦盖有如此者"。[④]

出乎蒋介石意料的是，中共并没有爆发出激烈的反弹。关于成立两党联席会议的《整理党事案》和《选举常务委员会主席案》，林伯渠和

---

① 杨天石：《中山舰事件之后》，见《蒋氏秘档与蒋介石真相》，142—145页，北京，社会科学文献出版社，2002。

② 《联共（布）中央政治局会议第22号记录》（1926年4月29日），见《联共（布）、共产国际与中国国民革命运动（1926—1927）》（上），236页。

③ 《蒋介石年谱初稿》，554、587页。

④ 《蒋介石年谱初稿》，587—588页；《蒋介石日记类抄·党政》（1926年5月15日），载《民国档案》1999年第1期。

谭平山还分别与伍朝枢、陈公博、甘乃光等人一起与蒋介石联署提出。对蒋介石单独提出的《国民党与共产党协定事项》,共产党人除了要求将个别条文的文字表达略加修饰,使之变得比较含蓄一点外,并没有提出任何颠覆性的修改意见。蒋介石也因此如释重负。大会召开的第二天,蒋介石与鲍罗廷交谈,"甚以本党党员消极抵制共产,而不能积极的奋发自强,又以两党党员混合革命,小党胜于大党为忧。并痛言革命非统制不能成功"。鲍闻之颇为感动。当晚,蒋介石至鲍公馆看影戏,其心怡然。①

大会最后在蒋介石提案的基础上,通过了《联席会议组织大纲案》和《整理党务决议案》。《联席会议组织大纲案》规定:本会议审查两党党员妨碍两党合作之行动、言论及两党党员之纠纷问题,并协定两党有连带关系之各种重要事件;国民党党员对于共产党党员,或共产党党员对于国民党党员,有怀疑或不满之处,应呈诉或报告于各该党中央执行委员会,提交本会议审查后,交各该党中央执行委员会分别执行。联席会议由 5 名国民党代表,3 名共产党代表组成,并聘共产国际代表为顾问。

《整理党务决议案》包括 4 个子决议案,内容主要有:凡他党党员之加入国民党者,对于总理及三民主义不得加以怀疑或批评;中共应将加入国民党的党员名册交由国民党中央执行委员会主席保存;加入国民党的中共党员在国民党高级党部任执行委员之人数,不得超过总数的三分之一;中共党员不得充任国民党中央机关之部长;加入国民党的共产党员,非得有国民党最高级党部之许可,不得别有政治关系之组织及行动;中共对加入国民党的共产党员所发之一切训令,应先交两党联席会议通过;国民党员未获准脱党以前,不得加入其他党籍,如既脱国民党而加入他党者,不得再入国民党;全体国民党员重新登记。②

大会根据蒋介石的提议,决定设立中央常务委员会主席,并推举蒋介石的密友张静江为首任中常会主席。张静江不过是一个名义,实权

---

①《蒋介石年谱初稿》,588 页。

② 中国第二历史档案馆编:《中国国民党第一、二次全国代表大会会议史料》(下),712—716 页,南京,江苏古籍出版社,1986。

自然落入蒋介石的掌握中。会议并根据孙科的提议,规定以后国民党完全信任蒋介石为"革命重心"。至此,蒋介石正式登上了国民党的权力巅峰,军权高于党权的格局也由此开始。

整理党务案公布后,广州的中共党员无不万分愤激,有的要求改变国共合作形式,有的要求退出国民党。而鲍罗廷则认为,中共党员既然加入了国民党,现在决不能一无所得就撤退下来。他肯定地说:"国共是要分家的,不过分得愈迟愈好;北伐打到北京的时候,可能便要实行分家;现在应继续容忍合作。"①由于鲍罗廷决定采取以妥协求团结的方针,中共方面也只好服从。5 月 23 日,中共广东区委发表宣言,声称:"为巩固革命基础和为革命前途起见,需要一部分革命利益牺牲……如果国民党的领导机关认为此种办法能减去国民党内疑虑与纠纷,而又于国民革命有所裨益,国民党内的共产党员是不宜有所异议的。"② 6 月 4 日,上海中共中央致函广州国民党中央,强调联合战线的重要,并表示整理党务案与中共的合作政策并无根本冲突。③

鲍罗廷希望以让步换取蒋介石对右派的镇压,蒋介石在这方面也给了鲍罗廷以某种满足。5 月 27 日,蒋介石与鲍罗廷商议"肃清反动派"事,30 日,蒋下令拿办吴铁城,并劝告伍朝枢离粤。鲍罗廷觉得自己的策略成功了,兴致勃勃地致函加拉罕称:"中央全会关于共产党人的决议,使右派蒙受了比共产党人更大的损失,这些决议从右派手里夺走了他们用来反对我们的武器",右派集团已受到打击,而且他们在党内连一个职位也没有捞到,几乎所有的部长都是左派,如宣传部部长顾孟余、农民部部长甘乃光、组织部部长蒋介石,唯一的变化是对中派作出了让步,让邵元冲担任青年部部长,叶楚伧担任秘书长,戴季陶担任广东大学校长。④ 在此时鲍罗廷的眼中,蒋介石仍然是国民党左派。

作为回报,鲍罗廷又"力劝"蒋介石出任国民革命军总司令。当蒋

① 张国焘:《我的回忆》(二),124 页。

②《对于中国国民党第二次中央全体会议宣言》,见《广东区党团研究史料》(1921—1926),264 页,广州,广东人民出版社,1983。

③《中国共产党为时局及与国民党联合战线问题致中国国民党书》(1926 年 6 月 4 日),见中央档案馆编《中共中央文件选集》(二),97—99 页,北京,中共中央党校出版社,1983。

④《鲍罗廷给加拉罕的信》(1926 年 5 月 30 日),见《联共(布)、共产国际与中国国民革命运动(1926—1927)》(上),272—273 页。

"惶愧力辞"时，鲍居然以个人去就相压，声言"如公不就，即当归国"。①6月4日，国民党中央执行委员会临时全会任命蒋介石为总司令，并通过迅速出师北伐案。

根据整理党务案，谭平山、林伯渠、毛泽东等分别辞去了国民党中央组织部部长、农民部部长和宣传部代理部长职务。鲍罗廷认为，除了中共党员不得担任国民党中央部长职务等规定必须遵守外，对整理党务案的其他规定不必重视，如交出中共党员名单和审查中共对党员的训令等，只是国民党的片面规定，中共中央可以在将来的联席会议中提出异议。鲍并建议中共中央用拖延的手段来对付国民党所要求的联席会议。中共中央接受了鲍罗廷的这一建议。

蒋介石在提出整理党务案前后，还发表了一系列讲话，解释他限制共产党的种种做法不是要反对共产党和共产主义，而是为国民党和国民革命的前途着想。他毫不隐讳地承认，现在最能革命、最能奋斗的，差不多都是共产党青年，而国民党的老党员暮气沉沉，差不多已成为古董，只能陈列着，不能有什么实用。他担心"C. P. 的发展太快"，痛恨"本党党员消极抵制共产，而不能积极的奋发自强"。他认为："凡是一个团体里面，有两个主义，这个团体一定不会成功的，而且一定发生冲突的，这个冲突，无论大些小些，总是不能避免的，尤其是一个团体里，有二个中心，有两个领袖，这个团体不但不能坚固，而且一定要分裂的。""革命是非专政不行的，一定要一个主义、一个党来专政的。"②

他申言，"我们要革命成功，最要注意的有三点：（一）要一个党来做个中心，统一革命的势力；（二）拿到了政权，极端的专政；（三）占领了京城，号令全国。"他说："我本以为只要中国革命势力能够统一，随便哪一党去统一都可以的，并不拘定是要中国国民党的。如果有一个党能够统一中国革命的势力和指挥，中国国民党也是可以牺牲他的地位的。……但是现在除了中国国民党以外，能够革命的就要算中国共产党，试问中国共产党在这个时候，能不能统一中国革命势力呢？无论他在中国环境上，在革命势力上，在社会一般的心理上，我相信共产党固

①《蒋介石年谱初稿》，595页。
②《蒋介石年谱初稿》，574—593页。

是能极端革命的，然而现在要统一中国国民革命的力量，在事实上还做不到的。而且中国国民党领导中国革命的地位，已是确定不能动摇的。”蒋又声称：“中国国民党若是没有共产党分子在内，一定会受很大损失的，或竟至于失败的。”“中国国民党同中国共产党，是两体一命，现在不能够分开的，一定要统一的。”为此，蒋介石直截了当地要求共产党“暂时牺牲”。“请中国国民党里的共产党同志，暂时的退出共产党，纯粹做一个中国国民党的党员。”①

为了说服共产党，国民革命暂时不需要共产党，在蒋看来，一个重要的理由是，国共两党现阶段的革命目标是同一的，而且中国革命是世界革命的一部分，“世界革命须统一，中国革命也须统一。世界革命有第三国际统一指挥，中国的革命是要由国民党统一指挥的”。基于此，蒋介石还设想要使国民党取代共产党而成为共产国际的一部分，接受共产国际的直接指导。因为他非常清楚，只要共产国际仍然只承认中国共产党是其支部（用张继的话说，共产党是苏俄之子，国民党是苏俄之友），中国革命的两个中心、两个主义的问题就难以解决。相反，若共产国际接受了国民党加入，国民党对中国革命的领导地位也就会顺理成章地确立。为此，蒋介石于同年 8 月派邵力子代表国民党赴莫斯科参加共产国际执行委员会第 7 次全体会议，正式要求加入共产国际，同时还要邵力子转达：国民党承认共产国际是世界革命的领导，要求共产国际也承认国民党是中国革命的领导。②

蒋介石公开号召跨党的共产党员退出共产党，势必激起共产党人的不满。中共广东区委领导人之一的张太雷当即发表了一篇《到底要不要国民党》的文章，针锋相对地表示，不要以为共产党对整理党务案的让步，是因为共产党要靠国民党来过寄生的生活，如果国民党要共产分子退出，共产分子绝没有硬赖着不肯走的道理，倒是担心共产分子都退出国民党以后，国民党很可能又将重新恢复到 1924 年改组以前的情形。若这样，那时的国民党已不是一个能领导国民革命的党了。③

---

① 蒋介石：《黄埔军校总理纪念周训话》（1926 年 6 月 7 日），见《蒋介石言论集》第 2 集，479—488 页。

② 在此之前，国民党曾向共产国际提出过加入申请，遭到共产国际的拒绝。共产国际执委会主席团于 1926 年 2 月 25 日写信给国民党中央执行委员会，正式通知了这一决定。

③ 张太雷：《到底要不要国民党》，载《人民周刊》第 14 期，1926 年 6 月 10 日。

中共中央也注意到了蒋介石关于“一个主义”“一个党”的言论。6月4日，陈独秀发表致蒋介石的公开信，说明国民党是各阶级合作的党，而不是单纯一阶级的党，所以“共信”之外，也应该有各阶级的“别信”。[①] 7月12日至18日，中共中央在上海召开扩大会议，提出要“与资产阶级争国民运动的指导”，“保证无产阶级政党争取国民革命的领导权”。[②] 但中共中央并未制订出如何争取领导权的具体方针。在此时陈独秀等中共领导人的认知中，蒋介石还是一个需要团结和扶助的“中派”。

而据鲍罗廷观察，蒋介石实际上处于两种势力的夹缝之中。中派和右派要求蒋介石继续镇压和限制共产党人和左派，而左派和共产党人则怀疑蒋介石日趋右倾，而与蒋形成对抗立场。蒋则一方面申明他始终是革命者，愿意为革命而献身，一方面又不得不向中派和右派作出让步。[③]

南方革命阵营内部的分化与纷争将随着北伐战争的推进而进一步激化。

---

① 《向导》第157期，1926年6月。

② 《中国共产党与国民党关系议决案》（1926年7月），见《中共中央文件选集》（二），119—122页。

③ 《鲍罗廷给加拉罕的信》（1926年5月30日），见《联共（布）、共产国际与中国国民革命运动（1926—1927）》（上），282页。

第六章

北伐战争：北方形势与南方的胜利

北伐消灭军阀，统一全国，是孙中山未能完成的夙愿。孙中山去世后，国民党新一代领导集体先是成立国民政府，继而统一两广，并通过军队国家化等手段，将两广军队统编为国民革命军。相对北洋军阀而言，国民革命军的数量虽不占优势，但因采纳苏俄红军的练军模式，特别是对军队官兵进行政治思想教育和主义灌输，战斗力与军阀部队不可同日而语。革命根据地统一后，国民政府的财政税收大增，1925 年 10 月至 1926 年 9 月的一年间，广东一省的财政收入超过 8 000 万，相当于 1924 年的 8 倍有余。国民政府的财政不仅不再有赤字，而且尚有结余。① 财力比较充裕后，革命军官兵的待遇也有所提高。如士兵月饷 10—12 元，令北洋士兵羡慕不已。优厚的待遇，也是北伐过程中诱使各军阀部队前来归附的一个重要因素。据白崇禧晚年回忆，广西归附国民政府的一个重要考量，即桂军如不参加国民革命军，即无能力调整士兵待遇。②

以“后见之明”的眼光看，1924 年 1 月的“改组”在国民党历史上是一个重要的转折点。然而对于这样一次重要的改革，最初并没有引起北方军阀的重视，甚至也没有引起全国舆论的深切关注。当时北方各军阀并没有把南方改组后的国民党和随后成立的国民政府放在眼里。北京、天津、上海等大城市的新闻媒体和社会舆论关注的重心，仍是北京中央政局的跌宕起伏。对南方国民党的革新，认为它不过是跟着苏俄“赤化”而已。甚至直到国民革命军誓师北伐，北方各军阀仍未把北伐军当成自己的一个重大威胁，或认为蒋介石的北伐也会像过去孙中山的几次北伐一

① 李国祁：《北伐的政略》，见《北伐统一六十周年学术讨论集》，212 页，台北，“中央文物供应社”，1988。

② 《白崇禧先生访问录》，33—34 页，台北，“中央研究院”近代史研究所，1984。

样半途而折。1926年2月15日，鲍罗廷在联共(布)中央政治局使团会议的报告中谈道："应该说，若是在我们来到这里(指广州)时和我们来以后很长时间，掌握政权的军阀们，知道改组国民党意味着什么，知道提高革命精神，活跃全国气氛意味着什么，并且马上把国民党说成是一支政治力量，因为它明显打击了造成中国混乱的根源——帝国主义，那就会是另一种情况了。然而当时军阀们很少注意事情的这一方面。他们以为，这些都是议论，因为这些议论实际上没有触及他们的权力。他们没有妨碍这种反帝工作，也没有妨碍做农民、工人等的工作。这是他们灭亡的原因之一。他们只注意实际力量，也就是能算出有多少支枪，多少名士兵的力量，任何这种力量的出现都会立即引起他们的不安。他们很少注意国民党一大和它后来的整个工作，也很少注意黄埔。他们不认为军队中的政治工作能帮助提高军队的纪律。"①

鲍罗廷认为，国民党改组以后，一支富有革命精神的政治力量的壮大，一支以政治工作为特征的新式党军的建立，以及国共所发动的工农运动和反帝工作等，都是一种无形的战力，而北洋军阀所重视的只是有形的战力，亦即多少支枪和多少兵力。实际上，在北伐出师前后，国共两党也没有充分认识到自己的力量与北方军阀相比占有多大的优势。共产党最初对北伐的态度曾经数度反复。当时主张北伐的一个重要考虑，是认为南方革命政府只有北伐，才能扩展生存空间。北伐军誓师之际，并未预计到后来北伐的进展会十分神速。曾经参与北伐的李品仙后来回忆说："国民革命军誓师之初，虽号称十万之众，实际上不过五六万人。而势如破竹、所向披靡，竟以前后不过八个月的时间，领有长江以南，真非始料所及。"②李氏的话大致能代表当时南北多数人的共识，当时的吴佩孚号称拥有七八省的人力物力，根本未把蒋介石的北伐军放在眼里。直到其部队一败于汀泗桥，再败于贺胜桥，紧接着汉口、武昌相继失陷，全国大局为之一变。睥睨一世的吴佩孚威名扫地，北伐军的声威震动全国，南方的党军和党政府才开始成为全国舆论关注的焦点。

以往史学界对北伐的研究，基本上是以南方北伐军为中心，较少关注北伐客体以及北洋军阀一方。"北伐"这一提法，本身即意味着立论者是站在南方国民革命军一方。这场战争从国民革命军一方而言是"北伐"，而从北洋军阀一方而言，则是"南征"。③ 当时北方报纸对这场战争的报道，多称之为南北战争，或南军与北军之

---

①《鲍罗廷在联共(布)中央政治局使团会议上的报告》(1926年2月15、17日)，见《联共(布)、共产国际与中国国民革命运动(1926—1927)》(上)，101—102页。

② 李品仙：《李品仙回忆录》，83页，台北，中外图书出版社，1975。

③ 如1926年6月9日《顺天时报》报道标题为《吴(佩孚)蒋(介石)竞唱南征北伐》；天津《大公报》1927年6月6日社评《南北势力变迁》写道："自北军观之，且以为只有南征，绝无北伐。"当时《北洋画报》上有一幅漫画，其标题亦将"南征"与"北伐"相对称。

战。在北方民众的感受中，国民革命军的“北伐”，不仅隐含着“有道伐无道”的意义，也多少带有南方人打北方人的成分。北伐出师不久，一位北方读者投书中共中央机关报《向导》说，他家乡的老百姓以为，“北伐”就是南方人打北方人，因此他觉得“北伐”二字“不能完全表示出革命的意义”，且不适合“全国普遍需要”，建议国民政府将“北伐”改名为“反吴”或“反反赤”之类，其意义更光明而不带地域色彩。[①] 李璜在北伐结束后到北方游历时亦发现，国家虽然名义上统一了，但“在精神方面，北人对于南人，在此次国民革命之后，怀着一种嫉视的心理。革命而既以主义号召，而要称作‘北伐’，这足使北人感到南宋之对金人，把北人当作异族看待。何况更将北京要改成‘北平’呢”。李璜最初以为这只是北方失意军人政客的狭隘之见，及一调查，“乃知此一误解与怨言相当的普遍于北方社会”。[②] 在北方人看来，国民党当政后将北京更名“北平”，实带有某种“征服”的意味。[③]

① 《关于“北伐”之两种不同的观念：于枫冷致记者，附记者复于枫冷》，载《向导》第 167 期，1926 年 8 月。
② 李璜：《学钝室回忆录》，165—166 页，台北，传记文学出版社，1973。
③ 参见罗志田《南北新旧与北伐成功的再诠释》，载《新史学》第 5 卷第 1 期，台北，1994 年 3 月。

第一节　北伐前夕的北方形势

1926 年春夏间，中国的政治、军事形势大致呈现出如下格局：

在华南，国民政府统一了广东、广西，拥有兵力 13 万余人。“中山舰事件”和“整理党务案”之后，蒋介石取代汪精卫成为南方革命阵营最具实力的人物。

在华北，直系嫡派的吴佩孚于 1925 年 10 月乘浙、奉战争之机东山再起。1926 年 3 月，在郑州打败岳维峻的国民军 2 军以后，踞有河南、湖北两省及直隶的大部分地区，京汉线的全部都是其势力范围，所辖军队号称 20 万。

在东北，奉系张作霖割据称雄，势力扩展至北京、天津和山东的广大地区，兵力号称 35 万，并拥有一支全国最强的空军和一家全国最大的兵工厂，是北方军阀中实力最强者。

在东南，直系后起的孙传芳控制闽、浙、苏、皖、赣五省地盘，自称“五省联军总司令”，兵力号称 22 万，实力仅次于张作霖。

在西北，国民军以察、绥、陕及晋北为根据地，东面扼守南口与奉、直军对峙，南面死争西安与刘镇华相持，首领冯玉祥已赴苏俄，其军队由部下张之江主持，设总部于张家口，尚有兵力 20 万人。

在以上几大军事强人中，除吴佩孚、张作霖外，蒋介石、冯玉祥和孙传芳等人基本上都是近两年间才崛起而成为有全国性影响人物的。以上五大势力大致划分为极不相容的两大阵营：南方国民政府与西北国民军为友，吴佩孚、张作霖与孙传芳三大军阀结盟。南方革命政府提出的口号是“打倒军阀，打倒帝国主义”；吴、张、孙则声称“讨伐南北二赤”。前者视后者为英、美、日帝国主义的走狗，后者则称前者为苏俄的帮凶。

除以上两大势力两大阵营外，还存在一些地方军阀，如山西的阎锡山，云南的唐继尧，贵州的袁祖铭，四川的刘湘、杨森、邓锡侯、刘文辉，湖南的赵恒惕等。这些地方军阀一般据守一省，不轻易参与中原逐鹿，为确保自己地位，往往采取见风使舵的政策，或揭举联省自治的旗帜以自守，或依附某一大军阀以自保。

1926 年 4 月中旬，国民军在直、奉军阀的联合进攻下，退出了北京。段祺瑞执政府随即垮台。段政府垮台后，直、奉两大势力围绕中央政权的组建，又展开了新的斗争。

直系吴佩孚提出，恢复曹锟当政时颁布的宪法及其任命的颜惠庆内阁，并由颜内阁摄行总统职权。奉系张作霖鉴于自己当年曾起兵讨伐曹锟的贿选，而当时的颜惠庆内阁又副署过讨伐自己的命令，现在如果同意恢复颜内阁，就意味着承认自己当年的讨曹是叛逆之举。所以张作霖对曹宪、颜阁绝对不肯接受。他提出恢复约法，召集新国会，让其亲家靳云鹏出来组阁。

于是直、奉两方在法统问题上发生了“护宪”与“护法”之争。旧的国会议员们也趁机出来活动，并分化为“护宪”与“护法”两大阵营。对于这场“护宪”与“护法”之争，当时有舆论评曰：“在吴方所谓护宪者，亦不过维护过去一切作为，岂有真真奉行宪法之意。他姑不论，试问吴自身在宪法上所占之地位究竟如何？天下安有在宪法上无确定地位之人，而可以发施号令者乎？……苟进一步观察，所谓护宪不护宪皆属表面问题，不护宪当然无宪，即护宪亦等无宪。护宪不必即是守宪，不护宪未必即是毁宪。护而不守，毋宁不护，较为直截了当，尚不至使人养成不守宪之恶习。”①直吴之“护宪”如此，奉张之“护法”亦不过是争夺政治资源的另一种招数。

4 月下旬，直奉双方代表在北京举行会谈，试图解决政治分歧，但会议未能达成一致。5 月 2 日，张作霖致电吴佩孚，建议召开元老及各

① 《天津会议大体决定》，见 1926 年 6 月 10 日《晨报》。

省代表会议，讨论解决宪法、约法和组织政府问题，因为张作霖估计各省代表很少会有人赞成恢复曹锟宪法。5月3日，以孙传芳为首的东南五省旧直系将领联名发表通电，表示赞成颜内阁摄政，并催吴佩孚早日北上主持大计。

为了打破僵局，北洋元老王士珍、赵尔巽出面调停，提出一个折中方案：双方赞成颜惠庆组阁，颜复职后，即任命新总理，替颜摄政；宪法与约法问题留待军事结束后公开讨论。

对这两位北洋元老的意见，张作霖不能不加以考虑，同意暂时恢复颜内阁。5月9日，颜惠庆通电复职，13日，颜内阁任命顾维钧为财政总长，施肇基为外交总长（施未到职前由颜兼代），张国淦为司法总长，郑谦为内务总长，张景惠为陆军总长，杜锡珪为海军总长，王宠惠为教育总长，杨文恺为农商总长，张志潭为交通总长。

这个内阁形式上是由吴佩孚、张作霖和孙传芳三方面人组成的混合内阁，实质上是以吴系人马为主体，内中最重要的外交、财政两席，概为吴系所掌控。奉系仅分得无足轻重的内务、陆军两席。因分赃不匀，奉张乃由消极反对转为积极拆台。奉派阁员拒不就职。张宗昌趁机提出每月要300万军饷。“猪仔议员”也吵着要恢复国会。颜阁成立伊始即陷入困境。

针对这一局面，《晨报》发表评论说：“在今日情势之下，无论何方皆无独揽中央之实力，无实力而强为之，即使对方一时不持异议，结局终难有圆满之办法。今日中央虽成鸡肋，然毕竟为一国之中央政府，发施号令，亦足以雄视天下。况对外关系，非有中央政府，不能成功，则凡有相当实力者，其不能放松，自在意中。即就现时局面而言，吴既不能无视张方意见，张亦不能抛弃中央政治，则从前纵有含混之约言，而事实上非彼此推诚协商不可。”①

6月上旬，直奉双方代表再次坐到一起，磋商“合作”事宜。双方争论的焦点，仍不外“护宪”及内阁问题。奉方以为，“护宪”既属名义，直方何必坚持？并表示对颜惠庆个人本无成见，但“依法复职”四字，太使

---

①《天津会议大体决定》，见1926年6月10日《晨报》。

奉方难堪,若直方能撇开一"法"字,则任何人组阁,奉方皆可赞同。[①]双方经过多次讨价还价,最后达成妥协:颜惠庆辞去总理及外交总长兼职,由海军总长杜锡珪兼代国务总理摄政。自此,北京就只有一个形式上的摄政内阁,守着那座古式宫殿的政府机关。

吴佩孚和张作霖在法统上虽然争持不已,在军事上却一拍即合。6月28日,吴佩孚与张作霖两人在北京会晤,双方决定在军事上联合对冯玉祥的国民军发动全面进攻。两人对冯玉祥均有不共戴天之恨。吴氏愤冯倒戈,张氏恨冯唆使郭松龄反叛。吴佩孚声称:"自冯玉祥首倡倒戈以来,起而效尤者,实繁有徒,此风不戢,纲纪荡然,为祸之烈,不至亡国灭种不止。"[②]据当时舆论分析:"吴之于张,虽属两雄相扼,究系因公成怨,若对冯则私仇既深,无可消释;张之于吴,亦复同然,对冯则因郭之变叛,无异吴之仇冯,故大势所趋……吴张遂尽捐夙嫌,合力对冯,而共树讨赤之大纛。"[③]当然,吴、张联手攻打国民军,除与冯玉祥的"私仇"外,更与国民军的倾向苏俄并与南方革命政府结盟密切相关。这也正是吴、张以"讨伐南北二赤"为号召的缘由所在。

直吴与奉张在"合力对冯"这一点上虽达成共识,并结为盟友,但若以为两大军阀"尽捐夙嫌",显然是不切实际的估计。当时北方舆论对吴、张两大军阀的评价亦颇值得注意。如《顺天时报》发表社论说:吴、张虽为左右北方政局的两大实力人物,但"两氏均为一种仅可在以专制主义为基础之北方社会雄视一切之人物,于多少倾向自由主义之南方社会之社会观上,均无合格之资格也"。况且,即使在北方社会,吴、张两人的势力亦是今不如昔,"今日之两氏,与第二次奉直战后之张氏、第二次奉直战前之吴氏,两相比较,则其依然为二大军阀也,固无所异,至于二氏之实力,则不胜有今昔之感矣"。就本性而言,两人均想睥睨一切,均欲独断专行,然而两人除妥协合作外,又都无法独力料理北方政局,亦时势使然。[④] 该社论认为北方社会以专制主义为基础,而南方社会已倾向自由主义。这样一种对南北社会异同的观察,虽然未必十分

---

①《吴将修改津会决议说》,见 1926 年 6 月 16 日《晨报》。
②《南口收复后吴佩孚之重要表示》,见 1926 年 8 月 17 日《顺天时报》。
③《新鸿门宴:吴张之今昔》,见 1926 年 6 月 28 日《顺天时报》。
④《吴张会见之史的价值》,见 1926 年 6 月 29 日《顺天时报》。

贴切，却反映了北方舆论开始对南方有所看好。

尚在4月底，奉、直、晋、鲁各军即在北京召开军事会议，达成联合“讨赤”协议，计划兵分三路攻打国民军：奉军进攻热河，吴军进攻南口，阎锡山的晋军进攻绥远，推吴佩孚为“反赤”联军总司令。

南口战场是“反赤”联军与国民军交锋的主要战场。南口位于居庸关和昌平之间，扼平绥（今京包）铁路、京张公路要冲，为京城北面之咽喉，自古即为兵家必争之地。奉军、吴军和李景林、张宗昌的直鲁联军集中主力攻打南口。晋北只有阎锡山的晋军，力量较弱。国民军针对这一局势，分东西两路应战：东路，对奉直联军取守势，坚守察东地区，置重点于南口，鹿钟麟为东路军总司令，辖第1、2、4、9各军，军长分别为郑金声、方振武、徐永昌、王镇淮；西路，对晋军取攻势，宋哲元为西路军总司令，辖第5、6、7、8各军，军长分别为石敬亭、石友三、蒋鸿遇、韩复榘。[①] 4月下旬至6月下旬，战场主要在晋北；7月初旬至8月中旬，战场主要在南口。

国民军在南口战场坚守3个多月，最后于8月10日至15日被迫撤退。在此期间，国民军牵制和消耗了北方军阀的相当兵力。吴佩孚在南口战役结束后亦承认：“此次南口、怀来战事之猛烈，实为从前所未见，即欧洲大战，视此亦当有逊色。”[②]直系吴佩孚因倾其全力对付国民军，无法南顾。趁此机会，南方北伐军长驱北上。

---

①《西北军全部之组织》，见1926年7月15日《顺天时报》。
②《南口收复后吴佩孚之重要表示》，见1926年8月17日《顺天时报》。

第二节　国共对出师北伐的歧见

1922年5月和1924年9月，孙中山曾两次举兵北伐，因种种牵制皆半途而废。到了1926年初，广东革命根据地得到巩固，两广归于统一，形成了一个相对集中的势力范围，国民革命军的实力大增。在这种情况下，蒋介石有意再举北伐大旗。4月3日，蒋正式向国民党中央提出，以3个月为准备期，拟于6月底出兵北伐。

苏俄在华顾问对北伐的意见不尽一致。1925年9月，苏俄在广州的军事总顾问加伦曾提出北伐和进军长江的主张，并就北伐的必要性、可能性和总的战略设想，拟定过一个详细的计划。1926年2月中旬，鲍罗廷在北京向前来中国的布勃诺夫使团汇报工作时，亦提出北伐是一个刻不容缓的问题，并主张北伐的口号不能仅仅是反对帝国主义和反对军阀，而且要提出土地问题纲领。但是加伦回国后，接替加伦担任总顾问的季山嘉主张北伐从缓，并因此引起蒋介石对季山嘉的强烈不满。在季山嘉看来，国民党中央不够团结和稳定，军队缺乏完善的政治组织，还不具备北伐的实力。中山舰事件发生后，布勃诺夫撤换了季山嘉的职务。布勃诺夫为了统一在华顾问的认识，在即将返国之际，于3月24日向广州的苏俄顾问团做了一次长达6小时的讲话，其中谈到，北伐问题不是要不要进行的问题，而是进行的时间和方式问题。他也强调北伐应与解决农民土地问题联系起来。

但是莫斯科方面并不主张广州革命政府迅速出师北伐。从1925年12月到1926年5月，联共(布)中央政治局曾多次作出决议，坚决阻止广州国民政府的北伐之想。莫斯科方面声称，广东政府不要热衷于扩充领土，不要急于同帝国主义国家建立正式关系，要坚决摒弃进攻性的军事征讨，目前时期应该集中全力于内部工作，应该先进行土地改革、财政改革和政治改革，动员广大人民参加政治生活，加强内部防御能力，抛弃任何足以惹起帝国主义军事干涉的行动。苏俄方面始终顾及在华中和华东方面军阀的军事力量在数量上的优势及其资源实力，顾虑军阀集团之间的结盟以及英国和日本直接干预的可能性。[①]

莫斯科方面之所以采取这种态度，与当时苏俄所处的国际环境及其对世界革命形势的估计有关。苏俄认为，在欧亚新的革命浪潮到来之前，中国革命顶不住帝国主义的联合进攻。1926 年初，冯玉祥的国民军在北方失败后，苏俄对国际环境和中国革命形势的判断更加悲观，以至认为：为了使中国革命争得喘息时间，也为了延长苏俄的喘息时间，必须向帝国主义作出让步。坚决反对进行北伐，正是这种“喘息政策”的产物。

中共方面最初对北伐具有很高的热情。1926 年 2 月下旬，中共中央在北京召开特别会议。会议分析了当时的国内形势，认为直、奉军阀将联合向国民军和国民政府进攻，如果直、奉势力取胜，全国政局必将转向极反动的局面，到那时仅广州政府孤军作战，也许失败；如果现时广州政府开始准备北伐，与北方革命势力相结合，革命的胜利则更有把握。而且广东政府只有向外发展，才能增强自己的声威，才能维持自己的存在。会议决定，现时的主要任务，是从各方面积极准备北伐，包括组织和发动北伐必经之省的农民。会后，中共各级组织开始通过各种方式推动和促使广州国民政府出师北伐。中共中央支持北伐的态度，是受鲍罗廷等人的直接影响，但共产国际在 4 月底 5 月初致函中共中央，认为目前提出北伐的问题，无论从政治角度还是从宣传角度，都是根本错误的。从政治角度看，如果广州号召北伐，那就意味着广州政府不愿维护和平，反而想要战争；从宣传角度看，这可能给予工农群众极为不良的印象，他们会认为共产党人好战。5 月 20 日联共中央政治局再次决定：“责成广州同志保证实行政治局不止一次重申的坚决谴责在

① 《共产国际、联共(布)中央与中国国民革命军的北伐》(上)，载《党的文献》1998 年第 1 期；《联共(布)、共产国际与中国国民革命运动(1926—1927)》(上)，290 页。

目前进行北伐或准备北伐的指示。”①

根据莫斯科的指示精神，共产国际远东局②主席维经斯基于6月上旬抵达上海不久，就说服陈独秀及中共中央委员会放弃支持北伐的主张。维经斯基还批评鲍罗廷对蒋介石采取妥协退让的方针，认为鲍罗廷将全部希望都寄托在蒋介石的身上，使蒋介石变得有恃无恐，得寸进尺。维经斯基认为，在国民党左派和中共还没有在工农群众中牢牢站住脚跟的情况下进行北伐，北伐必败无疑。③

但是，当维经斯基还在为自己轻而易举说服中共中央接受其主张而洋洋自得的时候，中共中央内部包括陈独秀本人实际上又很快改变了态度。6月30日，远东局在上海举行会议，就北伐问题长时间交换意见，中共中央成员多数仍然倾向于支持北伐，认为北伐是使广州摆脱内外威胁的唯一出路。陈独秀还决定以个人名义致电共产国际执委会，说明中共中央委员会一致支持北伐的主张。④

对中共中央在北伐问题上的摇摆不定，维经斯基深感不安。他在与陈独秀进行一次长谈后，似乎又一次说服了陈独秀。7月7日，陈独秀在《向导》周报上发表文章，公开表示反对北伐。据称该文的基调是维经斯基与陈独秀协商确定的。文章申言北伐只是讨伐北洋军阀的一种军事行动，不能代表中国民族革命的全部意义。北伐“必须是革命的势力向外发展，然后北伐才算是革命的军事行动；若其中夹杂有投机的军人政客个人权位欲的活动，即有相当的成功也是军事投机之胜利，而不是革命的胜利”。文章认为，北伐时机尚未成熟，当前的问题是防御吴佩孚南伐，防御反赤军扰害广东，防御广东内部买办、土豪、官僚、右派响应反赤。文章甚至批评广东国民政府因北伐而增筹战费，搜刮及

---

①《共产国际执行委员会远东书记处会议第3号记录》（1926年4月27日）、《联共（布）中央政治局会议第27号记录》（1926年5月20日），见《联共（布）、共产国际与中国国民革命运动（1926—1927）》（上），228、268页。

② 共产国际执委会远东局于1926年6月19日开始在上海进行工作，维经斯基任远东局主席。

③《共产国际、联共（布）中央与中国国民革命军的北伐》（上），载《党的文献》1998年第1期；《维经斯基给加拉罕的信》（1926年6月21日），见《联共（布）、共产国际与中国国民革命运动（1926—1927）》（上），309页。

④《共产国际执行委员会远东局会议第2号记录》（1926年6月30日）、《维经斯基给联共（布）驻共产国际执行委员会代表团核心小组的电报》（1926年7月1日），见《联共（布）、共产国际与中国国民革命运动（1926—1927）》（上），317、321页。

于平民，并剥夺人民的自由。①

7月中旬，中共中央召开第三次扩大会议。会议显然受到了维经斯基的影响，对北伐几乎只字未提。在7月12日公开发表的对时局的主张中，仍旧主张召开国民会议来解决中国的政治问题，申言广东国民政府出兵，只能是防御反赤军攻入湘粤，而不是真正革命势力充实的彻底北伐。②

陈独秀的文章引起了国民党人的不满。国民党中央政治会议决议，由张静江出面致函陈独秀，解释北伐是国民革命的唯一先着，批评陈文对北伐出师造成不良影响。蒋介石亦指责陈独秀诽议北伐，"其意在减少国民党信仰，而增进共产党地位"。③

与莫斯科方面不同，国民党人对北伐的前景大都充满乐观，并寄予莫大希望。高级将领大多表示拥护，中下级军人更是摩拳擦掌。商人和市民也为北伐而高兴。当然，北伐对不同的人群和不同的阵营有着颇不相同的意义。"右派希望蒋介石率领军队北上，部分左派和部分共产党人鉴于有必要对群众进行革命的动员，幻想把恢复原来局面的希望同战争联系起来。蒋介石则指望利用这场战争把反对派将领派到华北去和筹集资金。"商人和市民指望广东军队北上后，他们的负担可以减轻。客籍军人对广东人的排外早有不满，觉得困守广东一隅，难有用武之地，希望借北伐之机向外拓展，或可建功立业；有些粤籍将领亦不免想到如果这些外省人离开，他们就可成为广东的真正主人了。蒋介石虽然以继承总理遗志相号召，但在当时一些人看来，他更多地是想乘北伐之机，奠立个人的军事独裁地位。④

在国民党的对外宣传中，北伐是以统一全国为号召的，但北伐对许多人来说实际上是一种解决内部矛盾的权宜之计。以北伐求生存本是广东革命根据地一个长期存在的战略思路。孙中山1924年北伐的主

① 陈独秀：《论国民政府之北伐》，《向导》第161期，1926年7月。

② 《中国共产党对于时局的主张》，载《向导》第163期，1926年7月；《中央政治报告》（1926年7月），见《中共中央文件选集》（二），111—118页。

③ 中国第二历史档案馆编：《蒋介石年谱初稿》，657页，北京，档案出版社，1992。

④ 张国焘：《我的回忆》（二），128—130页。

要考虑即是“在粤有三死因”,急宜北伐谋出路。[1] 在中共看来,1926 年的北伐仍是使广州摆脱内外威胁的唯一出路。这意味着前后两次提出北伐的动机并无太大差异。

尽管国民革命阵营内部对北伐的意见不尽一致,但并未妨碍北伐的准备工作。蒋介石和国民党中央没有理会莫斯科方面反对北伐的意见。鲍罗廷因不愿在北伐问题上激化与蒋介石的矛盾,也没有坚决贯彻莫斯科的指示。据蒋介石日记,鲍罗廷和蒋介石在 5 月 1 日进行了一次长达 4 小时的谈话,对北伐问题多有争执,但是蒋介石固执己见,争论最后以鲍罗廷妥协而告终。[2]

北伐前夕,中共中央根据蒋介石的政治取向,将蒋介石定位为国民党中派和新右派。此时中共口中的中派与新右派相等同,有“新右派即是中派”之说。7 月中旬召开的中共中央扩大会议认为,国民党内有 4 种力量:一是共产派,二是以冯自由为代表的右派,三是以汪精卫为代表的左派,四是以蒋介石为代表的新右派(即中派)。会议决定今后应联合国民党左派与中派向右派进攻,扶助左派而不能代替左派,控制中派使之左倾,而不能希图消灭中派,必要时还要扶助中派,公开地反对右派。[3] 会议还提出要“与资产阶级争国民运动的指导……保证无产阶级政党争取国民革命的领导权”,[4]但会议没有明确提出对蒋介石的方针。

通过中山舰事件和《整理党务案》,蒋介石逐走了自己的对手汪精卫,适度扼制了中共在国民党内的发展态势。中山舰事件之后,苏俄军事顾问团主张妥协退让,主张满足蒋介石追求个人尊荣的欲望,协助他取得“比较现实更为伟大之权力与实力”,其具体位置即为国民革命军总司令。6 月 1 日,蒋介石当选为国民党中央组织部部长。4 日,国民党中央政治委员会及国民政府任命蒋介石为国民革命军总司令。蒋介石奉命后,着手组建总司令部:参谋长李济深,副参谋长白崇禧,秘书长

---

① 《孙中山致蒋介石》(1924 年 9 月 9 日),见《蒋介石年谱初稿》,232 页。
② 《蒋介石年谱初稿》,582 页。
③ 《中央政治报告》,见《中共中央第一次国内革命战争时期统一战线文件选编》,244 页。
④ 《中国共产党与国民党关系决议案》,见《中共中央第一次国内革命战争时期统一战线文件选编》,247 页。

部力子，兵站总监俞飞鹏，政治部主任邓演达。6 月 29 日，国民党中央党部召开会议，决定应蒋介石的要求，赋予总司令部以特权，可以监督、检查和支配宣传、印刷、运输机关，并指导农会、工会、商会、学生会等各民众团体。7 月 2 日，公布总司令部组织大纲。大纲规定：凡国民政府下之陆、海、空各军，均归总司令统辖；总司令兼任军事委员会主席；出征动员令下达后，即进入战事状态，凡国民政府所属军民财政各机关，均须受总司令之指挥，秉其意旨办理各事。

7 月 4 日至 6 日，国民党在广州召开第二届中央执行委员会临时全体会议。会议决定：常务委员会主席张静江因足疾请辞，改推蒋介石为国民党中央常务委员会主席，但在北伐期间，仍由张代理；任蒋介石为国民党中央军人部部长，有任免所辖各军及军事机关党代表之权。7 月 9 日，举行总司令就职及北伐誓师典礼。以北伐出师为契机，蒋介石初步建立起了以他个人为中心、凌驾于党权和政权之上的军事独裁体制。

1926 年 7 月 1 日，蒋介石下达北伐部队动员令，宣布其北伐战略为："先定三湘，规复武汉，进而与我友军国民军会师，以期统一中国。"7 月 9 日发表北伐宣言，亦以统一中国为目标。中共认为，北伐出师的政治主张仅揭举"统一中国"四字，不够明确具体。鲍罗廷建议在北伐宣言中提出土地政纲，如土地清丈、减租等，但蒋介石不赞成。鲍罗廷对北伐的前景提出 4 种假定：一、国民政府迁都武汉，与国民军及其他分子组成联合政府；二、一直往北打，最后定都北京；三、打到武汉后，经营云、贵、川；四、打到武汉后，只整顿内部。至于哪种前景最具有可能性，鲍罗廷亦不敢预测。①

---

①《中局致北方区信(1926 年 8 月 11 日)》，见《中共中央第一次国内革命战争时期统一战线文件选编》，254 页。

第三节　从广州到武汉

北伐虽然经过相当时间的准备和计划，而最后的促成因素，乃唐生智的突然加盟。

孙中山北伐时，赵恒惕所统治的湖南往往首当其冲，挡其去路。赵恒惕自 1923 年驱逐谭延闿取得湖南省政大权后，对外标榜联省自治的中立政策，借以阻南拒北。赵恒惕所辖湘军编为 4 个师，贺耀组、刘铏、叶开鑫、唐生智分别担任 4 个师的师长。4 个师各自把持驻地的行政与财政大权，在省内形成几个独立王国。其中叶开鑫的第 3 师比较听命于赵恒惕，唐生智的第 4 师因在省防军中实力最强而试图与赵恒惕分庭抗礼。对内，唐生智一方面借助佛教教义部勒其部属，令其官兵全部摩顶受戒，皈依佛教；另一方面在其所控制的湘南地区适度开放民众运动，企图借助民众运动的威力对付赵恒惕。对外，唐生智一面与广东方面暗通款曲，表示倾向革命，希望广东方面予以援助；与此同时，他也派人向吴佩孚表示，不会改变湖南当局的政治态度，以求吴不干涉他驱赵。

1926 年 3 月初，唐生智举兵倒赵，兵分三路由湘南向长沙推进。国民党湖南省党部为配合唐氏倒赵，在长沙发动数万民众举行示威大会，提出“打倒赵恒惕”“请国民政府北伐”等口号。赵恒惕在长沙只有 2 000卫兵，拥护他的第 3 师叶开鑫部实力远不及唐的第 4 师，而驻扎在湘西的第 1、2 师又态度暧昧。赵氏被迫向湖南省议会提出辞职，推唐生智代理省长职务。

唐生智进驻长沙后，一面派人赴汉口向吴佩孚解释，表示驱赵乃不得已之举，并无反吴之意；一面与广东方面取得联系，希望能得到广东方面的支持。广东方面派陈铭枢和白崇禧到长沙，要求唐生智服从国民政府，在国民政府指挥下出兵讨吴，广东革命政府愿意提供援助。唐生智表示同意。

既得广东方面之后援，唐氏乃正式宣布就任湖南省代省长职务，并以召开军事会议为名，将第 2 师师长刘铏等人逮捕，接着命其部下何键率兵向驻扎岳阳的湘军第 3 师叶开鑫部进攻。叶开鑫部退向湖北，投附吴佩孚。吴佩孚委任叶开鑫为"讨贼联军"湘军总司令，委任李倬章为"援湘军"总司令，宣布讨伐唐生智。

4 月 19 日，叶开鑫通电讨唐。23 日，唐生智亦发出对叶开鑫的讨伐令。叶、唐之战开始。叶氏倚吴佩孚作靠山，唐氏以广东为后盾。从双方实力言，唐生智的兵力不敌叶开鑫的湘军和吴佩孚的援湘军。战争打响后，湘军第 1 师和第 2 师见叶开鑫一方实力强大，亦参与讨唐。唐军寡不敌众，于 4 月 30 日下令放弃长沙，率部向衡阳后撤，同时向两广求援，表示愿加入国民革命军，为北伐前驱，请求广东国民政府出兵。

广东国民政府原则上同意援唐，但对于出兵问题，各军将领意见不一。谭延闿、程潜因与唐生智有旧怨，希望坐观唐军失败；蒋介石、李济深则主张援唐。李济深并表示愿派第 4 军独立团先行出发。5 月 11 日，广东军事委员会开会决定出兵入湘，随后又陆续任命唐生智为国民革命军前敌总指挥、第 8 军军长等职，兼理湖南民政。5 月 20 日，第 4 军独立团叶挺部担任广东政府北伐的先遣部队，奉命出兵援唐。北伐战争的序幕由此揭开。

第 4 军独立团团长叶挺及该团大部分军官是共产党员，团内建有中共组织，干部受中共广东区委调配。该团虽属第 4 军建制，实际上是中国共产党领导的武装力量。

6 月 15 日，国民革命军第 4 军第 12 师张发奎部自广州出发。其后，各部陆续北上。吴佩孚得知广东政府出兵援唐后，增派鄂军 3 个旅入湘作战，并调拨大批枪械弹药支援叶开鑫。但这时吴佩孚对北伐军的实力估计不足，其主力仍集中于北方对冯玉祥的国民军作战，南方则命令叶开鑫的湘军和李倬章的援湘军在湖南暂取守势。叶、李指挥下的各色部队人数虽有10多万,但内部派系复杂,各怀保存实力心理,统一指挥十分困难。

6月下旬,北伐军第4、7、8军之主力已相继集结到湘南前线,兵力总计约6万余人。自6月29日起,北伐军分左、中、右三路由湘南北上,直指长沙。7月10日,叶开鑫部从长沙北撤,北伐军于次日进驻长沙。7月25日,新的湖南省政府成立,唐生智任主席,宣布废除赵恒惕主政时期之省宪法,解散省议会,直属广东国民政府领导。7月27日,蒋介石偕苏俄顾问加伦和行营参谋长白崇禧等总部人员由广州出发,赶赴北伐前线。

随着北伐的顺利推进,西南各派地方势力开始倾向广东国民政府。6月下旬,贵州军阀袁祖铭、王天培派代表赴粤洽谈,表示愿意加入北伐队伍。7月27日,袁祖铭致电广东国民政府,正式表示投效北伐之意。国民政府随即任命他为左翼军总指挥职务。袁部之彭汉章、王天培也分别被任命为国民革命军第9、10军军长。与此同时,赣军第4师赖世璜部、湘军第1师贺耀组部见北伐入湘告捷,亦要求投附国民革命军,分别被收编为国民革命军独立第1师和第2师。四川军阀刘湘、刘文辉等亦表示愿参加国民革命,并于8月13日通电讨伐吴佩孚。

占领长沙后,下期作战方略成为北伐军将领们思考的问题,有的主张同时进攻鄂、赣,有的主张迅速进取武汉,对江西暂取监视态度。8月5日,蒋介石与加伦、白崇禧等筹议作战计划。加伦担心进攻武汉时有可能遇到列强的干涉和阻碍,主张集中兵力先取武汉,对江西暂取守势。蒋介石赞成加伦的意见,决定以第1、4、6、7、8军主攻洞庭湖以东之线,以第10军助攻洞庭湖以西之线,仅以少数兵力监视赣西。

8月12日,蒋介石率总部人员抵达长沙。据唐生智回忆,蒋抵长沙后,意欲接掌湖南各方面的权力。他向唐表示:"现在是党权高于一切,政治、军事等都要由党来决定。"而唐不愿放弃湖南省政大权。自此两人积怨以成。[①] 唐生智的第8军在北伐过程中迅速扩充至6个师,共20多个团,实力超乎各军之上。实力大增的唐生智使总司令蒋介石

---

① 唐生智:《从辛亥革命到北伐战争》,见《文史资料选辑》总第103辑,175页,北京,文史资料出版社,1995。

感到不安。加上自中山舰事件后,蒋介石的第1军因中共党员之退出,纪律大坏,“战斗力之弱,甲于各军,遂使蒋之声名一落千丈”。[①] 为了制约唐生智,蒋介石想重振第1军,以维护其总司令的威信,为此他试图借助中共和苏俄顾问的力量,招回中山舰事件后退出第1军的共产党员。对于蒋唐之间的矛盾,中共中央的态度是:“不去助长,也不去消灭,只维持其平衡,在这个平衡的维持中,还可迫他们多做点革命工作。”[②]

北伐初战告捷后,中共中央对北伐形势持乐观态度。7月31日中共中央对全党发出通告说:北伐军大有长驱而下湘赣进窥武汉形势,吴佩孚的势力已渐次崩坏,一部分小军阀有输诚革命政府的趋势。北伐军的胜利,已唤起全国革命民众的注意。北伐已成为全国民众最注意的一个问题。此语也可从另一方面理解为:在占领长沙以前,北伐尚未引起全国民众的太多关注。中共中央认为,北伐形势已由防御转为进攻,不能不重新考虑对北伐的态度以及北伐在民族革命中所占的位置,提出应该积极动员民众起来响应和推动北伐,同时利用北伐来扩大民众运动,使北伐具有更多的革命意义。不过,中共中央仍强调,不要过分宣传北伐,以免民众坐待北伐军之到来而自己不努力工作;也不可笼统宣传北伐,而应该提出中共独立的政治主张,“本党对于时局的主张,仍旧主张国民会议是解决中国政治问题的道路”。中共中央预测,北伐军事的前途不外两种局面:一是吴佩孚下野,张作霖出关,蒋(介石)冯(玉祥)孙(传芳)联盟支配全国的政局;一是奉系张作霖与新直系孙传芳妥协而抗住北伐军不能下武汉。[③] 由此观之,此时中共对北伐前途的乐观还是相当慎重的。

北伐军占领长沙虽出乎吴佩孚意外,但因北方国民军在南口牵制了他的主力部队,他一时难以抽调兵力南下,而且吴佩孚对北伐军的进

---

①《中央局关于全国政治情形及党的策略的报告》(1926年12月5日),见《中共中央文件选集》(二),373页。

②《中央局报告》(1926年9月20日),见中央档案馆编《中共中央政治报告选辑(1922—1926)》,71—72页,北京,中共中央党校出版社,1981。

③《中央通告第一号》(1926年7月31日),见《中共中央第一次国内革命战争时期统一战线文件选编》,232—236页。

攻实力仍然低估。吴的战略是“先定西北,再图西南”。据当时舆论观察:“吴佩孚对于湘赣,已以全权交孙传芳指挥,正聚精会神,应付西北,非贯彻到底,决不回汉。”“鄂督陈嘉谟等,鉴于粤军北侵,非有声威素著之大员,坐镇汉皋,诚恐万一岳阳有失,粤军饮马长江,牵动大局,迭次密陈利害,请吴(佩孚)移节汉皋,将西北军事,完全交与奉联军诸将领主持,无奈吴意务期先定西北,再图西南。”为了说服吴佩孚南下,陈嘉谟派人赴保定,向曹锟陈述利害,请求曹转劝吴移军南下,曹锟颇以为然,立即派彭寿莘赴长辛店劝吴。而吴佩孚回答说:“粤军北侵,半属空气,广东内部情形复杂,伺隙而动者正多,不久必有内讧……计我海陆各军,集中岳阳,势雄力厚,扼守汨罗,粤军断难飞渡,予已请馨帅(孙传芳)遥为主持,万无足虑。西北军事,我军步步进逼,敌方已呈日暮途穷之象,不出兼旬,必可解决。孟子曰,掘井九仞,而不及泉,犹为弃井也。故予抱定宗旨,非打数个胜仗,屈服西北军,断不轻离北方,否则徒损威信。”①

吴佩孚将西北军定为其首要打击目标,将南方战事委托给他的直系盟友孙传芳。孙传芳实际上另有自己的打算。孙之为人,素以善于观变、坐收渔人之利著称。当时舆论评述:

孙(传芳)刻下旷观大势,颇欲于短期间内,休养生息,蓄养五省之精力,不欲有事于他方,故对北吴南蒋,极尽敷衍之能事,前者深愿赵恒惕回湘,以缓冲南北。及唐生智二次反攻,长沙失守,孙不得不予以严重之注意……盖以为助吴援湘,则恐惹粤之侵犯闽赣,该二省边线太长,难于援救;用兵于南,而苏防又虑空虚;如不援湘,又恐蒋介石在湘得手之后,复侵赣西。孙于左右为难之余,决定不援湘而援赣。所谓援赣云云,即命邓如琢等陈兵赣边,而江浙整备军旅,以待江西万一之被侵。盖前此蒋介石虽宣言只援湖南,不犯闽赣,然一旦得手,孰又能保其为无逐北军过长江之意。此外,孙以岳州为湘鄂门户,岳州虽北军云集,然分子复杂,非有声望如吴佩孚者,不足以指挥裕如,此孙之所以为

①《曹锟劝吴佩孚回汉无效》,见1926年8月3日《益世报》。

> 湘事焦虑，促吴南下之苦心也。孙又恐此项办法之尚不妥当也，故又与蒋介石一再敷衍，以求达其人不犯我，我不犯人之目的，故苏粤代表频频往来，或由于此……苏粤代表在上海会议，苏孙代表所提条件，为粤方不犯闽赣云云，由此可知孙传芳之真意矣。总之，孙恐防粤难期周到，故极力与蒋周旋，而蒋之和孙，意在正当用兵湘省，不欲多方树敌以分兵力，乐得与孙相约不犯，以便专力对湘，因是外间，遂有新三角同盟之宣传，然衷考刻下之大势，苟粤方在长江得手，岂容北军有站足之地，而粤党人之作事如何，孙岂不知，焉有背吴而亲蒋之理耳。[1]

孙传芳除在“北吴南蒋”之间两面敷衍外，对北京中央政局和奉系张作霖的态度亦值得注意。据《顺天时报》观察，“孙传芳对于中央政局之态度，实欲以东南门罗主义，维持其中立，并不欲吴（佩孚）张（作霖）任何方面之强盛。若果有一方强盛时，必加以牵制，故必先维持其均势，然按目下之形势，张派之势力，远足以压倒吴派，故孙氏似有牵制奉派，暗中援助吴派之倾向。如武器、子弹、军费等等，缘有相当之援助，而对于奉派，则常取牵制计策。”[2]

北洋军阀内部之相互制衡，为北伐军的各个击破创造了有利条件。当时北伐军在战略上决定以吴佩孚为第一打击目标，在政略上决定分化孙传芳、张作霖与吴佩孚，口号是：“打倒吴佩孚，联络孙传芳，不理张作霖。”[3]北伐之所以选择吴佩孚作为首要进攻对象，一方面固然因吴佩孚的势力当时深入湖南，直接威胁到广州国民政府的安全，另一方面亦在于吴佩孚是直系的领军人物和北洋军阀正统思想的代表。北伐军最初决定先取武汉，意欲与北方冯玉祥的国民军遥相呼应，对吴佩孚形成南北夹击的局面。

1926 年 8 月 14 日，吴佩孚与张作霖联合攻占南口。国民军于南口战败后，南北夹击的计划已不可能，但北伐军重点打击吴佩孚的方针

---

① 《孙传芳援赣之意味》，见 1926 年 8 月 2 日《益世报》。

② 《孙传芳牵制奉派以助吴》，见 1926 年 7 月 1 日《顺天时报》。

③ 台湾“国防部”史政局编：《北伐战史》（二），326 页。此一口号的另一说法是：“打倒吴佩孚，妥协孙传芳，放弃张作霖”，见李国祁《北伐的政略》，载《北伐统一六十周年学术讨论集》，241 页，台北，“中央文物供应社”，1988。

并未改变。8月19日，北伐军第4、7、8军在汨罗江一线向湘北发起总攻，北军不敌，后撤到岳阳、通城一线。战线迅速推进到湘鄂边界。北军本不习惯于山地作战环境，加之当地民众因久受北军烧杀抢掠之祸，亦积极协助北伐军攻击北军。8月22日，北伐军一举占领岳阳。

岳阳一失，湖北门户洞开。吴佩孚的统治中心武汉面临北伐军的直接威胁。得知湖北告急后，吴佩孚于8月21日离长辛店南下，并将其精锐部队刘玉春、陈德麟等部南调湖北。8月25日，吴佩孚抵汉口，布置兵力固守汀泗桥一线，同时电催孙传芳由江西出兵湖南，协攻北伐军右翼。8月27日晨，吴佩孚在汉口渡江上驶，于舟中赋诗曰：

才游塞北又江南，坐罢火车上火船。
塞外风云能蔽日，江中波浪更兼天。
但凭豪气撑千古，那怕贼兵过万千。
寄语江南诸将士，奋身踏破洞庭烟。①

“千古豪气”虽属自壮声色，但刚从南口告捷归来的吴佩孚显然踌躇满志，自忖既可以打败北方的“赤军”，南方的“赤军”自亦不在话下。此前北伐军方面已截获吴佩孚密电，知其正率兵南下增援，于是决定抢在吴佩孚增援主力尚未到达以前，突破有天险之称的汀泗桥防线。汀泗桥为粤汉铁路上的一个重镇，在军事地理上号称是湖北南部的第一门户，是湖南北上湖北的一大要冲。它西南北三面环水，东面是高山，易守难攻。当时从湖南败退下来的吴佩孚部队，都集结于汀泗桥。他们把汀泗桥视为抵挡北伐军的一个可靠阵地，以为只要扼守这一天险，北伐军即无可奈何。8月25日晚，北伐军第4军主力突进到汀泗桥当面，次日拂晓即向敌人发起攻击。经过一昼夜的激战，北伐军于27日晨攻下汀泗桥。而此时此刻，吴佩孚正在汉口舟中赋诗言志。

攻下鄂南这一险要门户后，北伐军乘胜追击，又一举占领咸宁。与此同时，另一路北伐军何键部和夏斗寅部从岳阳下游的临湘相继渡过

---

①《吴佩孚渡江赋诗，态度真静逸》，见1926年9月1日《顺天时报》。

长江。由于吴佩孚集中兵力于武汉以南，长江左岸空虚，北伐渡江部队未遇到有组织的抵抗即顺利由江左湖泊地带向汉阳推进。

吴佩孚得悉汀泗桥天险失守后，又选择贺胜桥组织防御。吴佩孚亲率精锐督战，兵力号称 10 万人。北伐军投入攻击的部队虽只有 2 万多人，但因连战连捷，士气高扬，战斗力远优于吴军。经过激战，北伐军于 8 月 30 日攻下贺胜桥。吴军伤亡惨重，余部或退至武昌城，或逃过长江。

汀泗桥与贺胜桥之战是两湖战场上南北两军一次决定性的会战。数日之间，吴佩孚的部队一败于汀泗桥，再败于贺胜桥，不仅出乎吴佩孚本人意料之外，当时全国舆论也一片大哗。就此一战，吴佩孚的军队受到致命性的打击。

8 月 30 日，吴佩孚由贺胜桥败退武汉。31 日晚，北伐军第 4 军亦进抵武昌城郊。南北两军又即将在武汉展开一场大会战。

武汉三镇素有“九省通衢”之称，是华中的政治、经济中心，也是吴佩孚统治地盘内的一大重镇，拥有全国著名的汉阳兵工厂。吴佩孚自然不会轻言放弃。他任命靳云鹗为“讨贼联军”副总司令，刘佐龙为湖北省省长，陈嘉谟为武汉防御总司令，刘玉春为武昌守备军总司令，高汝桐为汉夏守备军总司令。武昌、汉口守兵各 1 万多人。

武昌为湖北省省会。武昌城墙坚固，高 3 丈有余，城外壕沟深二三米，城内蛇山横断东西，城外地势平坦，易守难攻。但鉴于此前连战皆败，武昌守军士气不振。守城将领曾以武昌城大兵单，不易守卫，向吴佩孚提议退师江北，以待后援。吴佩孚严厉斥责说：“尔等在湖北多年，当为湖北守省城。若弃省城，是弃湖北也。”①刘玉春虽知守城非计，惟感吴佩孚知遇之恩，临危受命，决定背水一战。

9 月 2 日，唐生智召集李宗仁、陈可钰等北伐军将领商议会攻武昌方案。也因为连战告捷，难免有些轻敌心理，多以为武昌城可一攻而下，未料首攻不克。9 月 3 日，蒋介石偕白崇禧、加伦等抵达武昌城外。蒋自恃在东征时有惠州攻城经验，亦低估了攻城的难度，下令再度强

① 刘玉春：《百战归田录》卷二，线装本，1930。

攻，各师挑选三五百人组成奋勇队，肉搏猛冲，无奈守城吴军居高临下，火力密集，攻城士兵虽前仆后继，死伤惨重，仍无法攻下。

武昌攻城战虽受挫折，但唐生智的第8军却分别于9月6、7日迅速攻下汉阳、汉口。汉阳守军之一、湖北省省长刘佐龙被董必武策反，宣布归顺革命军。吴佩孚狼狈北遁，经孝感退至河南信阳。

汉口、汉阳相继克复后，武昌遂成孤城一座。吴佩孚命令陈嘉谟、刘玉春在武昌固守待援。北伐军见硬攻无望，转而对武昌城实施军事封锁，断绝城内与外界的一切水陆交通和电话电报通信，随后又布置工兵挖掘坑道，试图对城墙施行爆破计划。但因工程艰巨，进展缓慢。其间，北伐军曾发动过一次试探性的攻击，守军的抵抗仍很顽强；守军亦一度试图突围而未能成功。武昌被围一个月后，城内守军弹尽粮绝，城内居民更是痛苦不堪。守军军心浮动，各部多自行向北伐军洽谈投降。但刘玉春对洽降条件不满。其部下第3师师长吴俊卿等无心再战，遂单独与北伐军接洽，相约于10月10日凌晨打开城门，与此同时，北伐军各部发起总攻。围困40天之久的武昌城终于克复。武汉三镇全部为北伐军占领。

武汉克复，不仅意味着吴佩孚大势已去，亦象征着北洋正统之终结。南北新旧两大势力的最终胜负虽尚未见晓，而基本格局却已见端倪。北伐军在极短的时间里由广州打到武汉，一路所向披靡，使全国舆论对国民党的实力刮目相看。国民政府由偏安一隅一跃成为全国政局的重心。时人甚至将北伐军克复武汉称之为“第二辛亥革命”。[①]《大公报》发表社评说：

武昌之战，可谓民国史上一大事。然吾人所重视者，尚不在于此后战局如何转移，及吴佩孚地位如何消长，而在唤醒中外，注意于两种新事实及其结论：第一，孙中山所统率之革命党，今乃有攻到武汉之武力是也。辛亥之役，党人固无兵，所以南京政府不得不与袁氏议和。自是以来，政权军权悉在北洋。洪宪之役，西南数省兴师致讨，然西南之兵，

---

① 天马：《不离其宗》，见1926年9月9日天津《大公报》。

亦非革命党之兵也。所以自民六以来，由表面言，为革命派与北洋派之对峙，而内容则为数种南北军阀之互角，与革命党无与也。孙中山两番在粤，历时五年，军队皆服从，实无一服从。号称革命军，而行动与普通军阀无异。所以中山晚年太息于"南北军人一丘之貉"，然后设军校，创党军，欲为国民党造自己的武力。此次攻鄂之役，乃孙中山等多年颠扑顿挫后之新方法、新基础，而证明其成绩者也。第二，北洋正统之消灭是也。吴佩孚自民六任援湘军总司令，迄今十年，其为北洋正统所寄者……过去十五年，武力为北洋派所专有，今则革命党亦有之，以数字或军火论，北方武力尚优于南，然北军绝非一个目的，且或全无目的。党军虽少，乃统一于一个政治的主义与目标之下，就全体而言，北方已无组织，不复有袁世凯其人者笼罩一切，故无论战局变迁如何，北洋正统从此已矣。①

武汉克复后，国民政府随即北迁，国民革命的中心亦由广州移到武汉。

① 榆民:《回头是岸》,见 1926 年 9 月 4 日天津《大公报》。

第四节 从南昌到沪宁

北伐军在两湖战场攻打吴佩孚时，孙传芳以“保境安民”为名，声称“人不犯我，我不犯人”，“不加入任何漩涡”，并派人与广东国民政府联系，洽商“和平”，企图坐山观虎斗，最后收渔人之利。尚在蒋介石出征前夕，孙传芳就派代表至广州见蒋，提出如果北伐军答应不进攻江苏和浙江，他们就不反对北伐军占领江西，甚至还表示，在北伐军占领汉口后，孙传芳希望参加国民党未来的新政府。[①]

江浙绅商害怕革命军进军江浙，也反对孙传芳出师援助吴佩孚，发起和平运动。江浙地区的国共组织为了牵制孙传芳，亦乘机推波助澜。蒋介石为了分化孙传芳与吴佩孚，指派代表何成濬与孙传芳接洽。何、孙原系日本陆军士官学校同学，两人于 8 月下旬在南京会谈两次。何氏提出两个方案：由广州政府委派孙传芳为东南五省首领，孙传芳与革命军一致行动夹击吴佩孚，会师武汉；或由孙传芳促吴佩孚下野，担保吴不复在政治上活动。孙传芳则提出：粤军应停战并退出湖南，将湖南交由湖南人自治，作缓冲地区，并以和平手段处置国事。除派代表磋商外，蒋介石与孙传芳之间还多次函电往还，但双方未能达成一致。[②]

眼见吴佩孚兵败如山倒，湖北将完全沦入革命军之手，此前一直静观待变的孙传芳开始感到革命形势的发展已直接威胁到自身的安危，唇亡齿寒，渐渐难于自安，于是一面仍虚与国民政府洽商“和平”，一面

① 《鲍罗廷同蒋介石的谈话记录》（1926 年 7 月 26 日），见《联共（布）、共产国际与中国国民革命运动（1926—1927）》（上），364 页。

② 引自杨天石主编《中华民国史》第二编第五卷，52—53 页，北京，中华书局，1996。

于8月30日颁发援赣计划，以浙军卢香亭为援赣军总司令，调集苏、浙、皖各军，准备向两湖革命军大举进攻。

北伐的最初计划是"先定三湘，规复武汉，进而与友军会晤，以期统一中国"。所谓"友军"，乃指冯玉祥的西北国民军。依此而论，武汉攻克后，应继续北上攻打河南。但蒋介石实际上早有进攻江西的想法。早在广州出征前夕，蒋介石与鲍罗廷谈到，"为了对后方和前线有利，应当占领江西省"。鲍罗廷表示同意，并问蒋何时能向江西发起攻势，蒋回答说大约在8月中旬。① 8月29日，蒋介石在日记中写道："决心亲督江西之战，实借此以避名位。盖不愿居克复武汉之殊勋。"②所谓"避名位"，其实正是蒋介石与唐生智之间"争名位"的曲折表白。北伐军进攻湖南时，蒋介石未料到湖南的胜利会如此神速，以致长沙攻克时，他的总司令部尚在广州。等蒋急趋长沙时，发现唐生智已在那里巩固自己的势力。接着攻打武汉，蒋本想抢占头功，但结果又出乎其意料。据中共中央的当下观察，"攻武汉之役，蒋自己拼命往前敌，图先得武汉以扬眉吐气，而使唐生智攻汉阳，但结果是唐先下（汉）阳、夏（口），武昌围城四十余日而后破，湘、鄂两省实权均落于唐手，蒋乃愤而转赴江西，别图发展。"③

此时中共中央对北伐的态度一如既往。中共中央认为，北伐的意义是南方革命势力向北发展讨伐北洋军阀的一种军事行动，而不能代表中国民族革命之全部意义。中共仍旧主张国民会议才是解决中国问题的道路。"我们不梦想此次北伐军事胜利就是一种革命……我们不能引导民众对于北伐存过高的希望。"中共中央认为，国民党中派（以蒋介石为代表）的北伐是意在扩大他们的政权，而"我们对于北伐是要求民权运动的扩大"。江西战事的胜败对北伐前途影响巨大，败则不但武汉不能保，广东且有为闽军夺取的危险；胜则浙江之夏超，安徽之陈调

①《鲍罗廷同蒋介石的谈话记录》（1926年7月26日），见《联共（布）、共产国际与中国国民革命运动（1926—1927）》（上），364页。

②《蒋介石年谱初稿》，667页。

③《中央局关于全国政治情形及党的策略的报告（1926年12月5日）》，见《中共中央文件选集》（二），374页。

元，江苏之白宝山等均有背叛孙传芳而归附国民政府之可能。[①]

9月5日，国民革命军正式进军江西。北伐军投入江西战场的兵力约5万人，分三路向赣西、赣西北和赣南出击，由朱培德、程潜、鲁涤平担任三路总指挥。6日，孙传芳致电蒋介石，要求革命军迅速撤退。7日，孙传芳又发出最后通牒，限革命军于24小时内撤回广东。21日，孙传芳乘江轮赴九江，亲自指挥江西战事。孙传芳将其赣军与援赣军统编为5个方面军，任命邓如琢、郑俊彦、卢香亭、周荫人、陈调元为第一至第五方面军司令，总兵力约16万人。[②] 仅从兵力而言，北伐军投入江西战场的人数远不及孙传芳投入的人数。中共中央分析："此次战争在北伐军方面，蒋纯用粤中带出军队进攻，唐生智并未参加；在孙传芳方面亦纯是孙之嫡系军队卢香亭、谢鸿勋等部作战。"两方皆以嫡系军队相搏。但相对于两湖战场，入赣北伐军的战斗力较弱，而所遇之敌孙传芳则胜过吴佩孚，对孙传芳作战比对吴佩孚作战要难得多。[③] 蒋介石急于提高自己的威望，另辟战场意在迅速取胜，不料江西战事之棘手，犹过于两湖战场。

在江西战场，北伐军与孙传芳的军队进行了长达两个月的较量。在赣西、赣南和赣西北各地，北伐军进展尚称顺利，唯在南昌，两军有过3次激烈的争夺战。南昌为江西的政治、经济、文化中心。江西的得失系于南昌，故南昌成为双方争夺的焦点。先是北伐军于9月19日首战攻下南昌，但23日被孙军夺回。10月4日，蒋介石下令再攻南昌，但数攻未下。北伐各将领对蒋多怀不满，一因蒋对各军待遇不平，其第1军的待遇优于其他各军，而第1军的纪律与战斗力却较他军为坏，二是蒋的作战方略错误，不注意先击破敌军主力而一意围城，又拒绝唐生智的第8军东下，不愿让唐生智染指江西。蒋之策略既错，而前敌将领又各有怀抱，以致江西久攻不下，蒋不得不下令撤南昌之围。

---

①《中央局报告》（1926年9月20日），见《中共中央第一次国内革命战争时期统一战线文件选编》，265—268页。

② 曾宪林、曾成贵、江峡：《北伐战争史》，145—148页，成都，四川人民出版社，1991。

③《中央政治报告》（1926年10月11日），见《中共中央第一次国内革命战争时期统一战线文件选编》，274页；《中央局关于全国政治情形及党的策略的报告》（1926年12月5日），见《中共中央文件选集》（二），372页。

中共方面鉴于赣战不仅关系蒋介石个人成败，更影响北伐全局，赣战若败，湘鄂必不能守，因此极力向北伐军各方陈说利害，说服他们和衷共济，迅速集中力量消灭孙传芳，一面劝唐生智出兵援助，一面劝蒋介石接受第 4 军和第 8 军东下参加赣战。[①] 在各方的积极配合下，11 月 2 日，北伐军发起第三次总攻。此次避免以大部队正面攻击，而是设法以主力包抄敌军，避实击虚，终于在 11 月 8 日克复南昌。次日，蒋介石在日记中写道："孙逆五省之兵力，除孟昭月旅外，鲜有孑遗。我军以二万官兵之牺牲，歼灭敌六万余人，虽痛定思痛，而东南之大患除矣。"[②]中共认为，蒋介石在江西战场的胜利半属侥幸，若无第 4 军和第 8 军东下增援，蒋介石或至一败涂地。

南昌的克复，标志着江西战事胜利结束。孙传芳在江西战场上投入的 10 余万兵力大部被歼，其在东南五省的统治大受摇动。据中共中央观察："江西下后，国民政府已得了中国的一半，革命军胜利的声浪震撼全国，虽妇人孺子亦能举蒋介石之名并附会以许多神话。向日丑诋北伐军之反赤宣传，在一般民众中已不生影响，国民政府势力所及下的群众，均已纷纷起来。这次战争的胜利，在中国革命的历史上关系是很重要，在国际上亦有意义，帝国主义者对华的态度都不能不随着北伐军之胜利而有点改变了。" [③]

在北伐进攻江西的同时，福建战场亦于 10 月 5 日拉开战幕。福建属于孙传芳所辖的东南五省之一，由周荫人执掌军政大权。周荫人虽不是孙传芳的嫡系，其战略意图与孙传芳也不尽一致，但作为联军的一部分，陈兵于闽粤边境，直接牵制和威胁广州国民政府，成为北伐军的后患。蒋介石鉴于闽粤边境敌我力量悬殊，力主稳健，反对急切进攻。何应钦则认为，由于北伐军在两湖江西战场节节胜利，周荫人闽军士气不振，加之其士兵多为北方人，不善山地野战，更兼竭力搜括，闽省民众恨之入骨，各地民军蜂起，福建战事有胜算把握，因此向蒋介石请战。

---

①《中央局关于全国政治情形及党的策略的报告》（1926 年 12 月 5 日），见《中共中央文件选集》（二），372—373 页。

②《蒋介石年谱初稿》，784 页。

③《中央局关于全国政治情形及党的策略的报告》（1926 年 12 月 5 日），见《中共中央文件选集》（二），372 页。

蒋介石表示同意，并将入闽作战的各军合编为东路军，任命何应钦为东路军总指挥。北伐军在福建的战事较为顺利。自永定开始，北伐军连克同安、泉州、仙游、莆田、永泰，一路所向披靡，闽军纷纷倒戈。闽系海军亦被策反归附革命军。12 月 2 日，北伐军占领福建省城福州，福建全省归入国民政府统治下。

北伐军在克复赣闽后，东进江浙势所必然。浙江省省长夏超一向主张“浙人治浙”，不满外省人统治，对孙传芳委派的浙江总司令卢香亭尤为反感。1926 年春，孙传芳试图行调虎离山之计，拟将夏超调往江苏。此事加深了夏孙之间的矛盾。国共两党乘机派人对夏超加以策反，允诺委夏超为国民革命军第 18 军军长兼理浙江民政事宜。夏超于是秘密联络地方派军人进行倒孙活动，酝酿独立。浙江地方武力分为三部分，一是夏超的保安队，一是陈仪的第 1 师，一是周凤岐的第 3 师。周凤岐与夏超关系比较密切，亦有倒戈之想，但事为孙传芳所警觉，周部被孙传芳调赴江西。10 月 16 日，夏超在杭州通电反孙，宣布浙江独立，并就任国民革命军第 18 军军长。孙传芳获悉夏超独立后，立即命驻防南京的孟昭月部所属第 15 旅旅长宋梅村为前敌总指挥，率部前往镇压。由于夏超的武力均为警察，缺乏实战经验。夏超的独立很快失败。夏本人被孙传芳处决。

孙传芳平息夏超独立事件后，任命陈仪为浙江省省长，并派其嫡系孟昭月为浙江总司令。赣闽战场相继失利后，孙传芳之前线将领纷起异心。自 1926 年 11 月起，陈调元、王普、陈仪等均不满于孙的控制，而与革命军暗通款曲。11 月 7 日孙传芳从江西撤退至南京，并将其在浙部队全部撤至沪杭、沪宁两线，集中整顿，以图再起，并决定联合奉、鲁军阀共同“反赤”。

见孙传芳失去江西退保江浙后，山东的张宗昌准备南下争夺江苏，而奉系张作霖则密切防范西北军的再起，反不甚注意北伐军的前进。张作霖认为北伐军久战必疲，一时无力进攻奉系，而冯玉祥势力在西北不消灭，则随时可能威胁奉系。11 月 19 日，孙传芳秘密北上，与张作霖等会晤天津，筹议共同组织一支安国军。11 月 30 日，孙传芳、吴俊升、张宗昌、阎锡山等在天津以 15 省区联盟推戴形式，领衔通电推举张作霖为安国军总司令。12 月 1 日，张作霖宣布就任安国军总司令，并委派孙传芳、张宗昌为副司令。安国军号称拥有 30 万兵力，实际只有 15 万，其编制分 4 军：第 1 军军长由张作霖兼任，统奉军全部；第 2 军军长张宗昌，统直鲁军；第 3 军军长孙传芳，统苏浙军；第 4 军军长冠英杰，统豫直军。其计划是，张学良率奉军入河南援吴佩孚，由河南反攻湖北；孙传芳军从浙江反攻江西；张宗昌率直鲁军担任苏皖北部防务，然后从安徽分两路进攻鄂东和江西。但这些军阀部队各有后顾之忧：奉系担心西北国民军再起，吴佩孚担心奉系趁机侵夺其河南地盘；孙传芳担心张宗昌借南下之机染指江南。

陈仪就任浙江省省长后，表面上拥戴孙传芳，暗中却与国民革命军频频联系。12 月 11 日，从江西战场撤退、辗转回浙的周凤岐师在衢州叛孙，宣布接受国民革命军第 26 军军长的委任。12 月 17 日，蒋介石电任陈仪为第 19 军军长，要他与周凤岐一致行动，但陈仪犹疑而没有公开表明立场，意在以浙江自治的名义既拒孙，也拒绝革命军。12 月 19 日，浙江各界联合会开会通过《浙江省政府组织大纲》，选举陈仪、周凤岐、蔡元培等为省务委员会委员，以陈仪兼民政部部长，宣布浙江自治。孙传芳一方面表示对浙江自治决不破坏，一方面指使孟昭月率部入杭州，于 12 月 22 日包围省政府，将陈仪解赴南京加以软禁，浙江自治失败。

北伐出征前夕，鲍罗廷向蒋介石建议：我们不需要进攻江苏和浙江，因为这会使我们同帝国主义发生直接冲突。① 江西战事尚未结束前，蒋介石曾致电其亲信张静江："北伐军事只到江西为止，我以后专力军事，汪（精卫）可回来任党及政府工作。"当时中共也认为，北伐军占领赣闽两省后，"北伐战事至此便可告一段落，此后政治上将趋重于内部汪蒋冲突问题。"②但当南昌克复后，中共改变此前关于进攻江西后不再东下的想法，力主继续东下，直到完全消灭孙传芳的势力为止。中共认为，如果不消灭孙传芳，全国将出现 3 种力量（张作霖、孙传芳与国民

① 《鲍罗廷同蒋介石的谈话记录》（1926 年 7 月 26 日），见《联共（布）、共产国际与中国国民革命运动（1926—1927）》（上），364 页。

② 《中央政治报告》（1926 年 10 月 11 日），见《中共中央第一次国内革命战争时期统一战线文件选编》，275 页。

政府）并存的局面。这种三足鼎立的局面，令民众难以取舍："大概一般人的心理多是觉得反赤的奉张太要不得，一面又觉得广东太红了，若果在这两者中另有一种力量存在，他是很可得着一部分人的，尤其是资产阶级。假使在这个争斗中只有两种力量，一方是代表反动势力的黑奉，一方是代表进步势力的赤粤，民众的选择更较容易。"中共还认为，为免除北伐军内部的地盘冲突，亦须赞成蒋介石东下，因为蒋介石如能拥有浙赣闽三省，也可自成一个局面，不必再回汉口与唐生智争地盘，或回广东与汪精卫发生冲突。①

1927 年 1 月 1 日至 9 日，国民革命军总司令部在南昌召开军务善后会议。蒋介石、张静江、谭延闿、唐生智、邓演达、李宗仁、朱培德、程潜、张发奎等出席了会议。会议接受了蒋介石进军长江下游的提议，决定对河南吴佩孚暂取守势，对江、浙、皖的孙传芳取攻势，先期攻取沪杭，击破孙军主力，再会师南京。会议同时决定将北伐军编为东路军、中路军和西路军 3 个战斗序列，由何应钦、蒋介石（兼）、唐生智分任三路军之总指挥，分别由闽、赣、鄂发起进攻。

东路军很快于 2 月中旬占领整个浙江，消灭了孙传芳嫡系孟昭月、郑俊彦、白宝山部的主力。浙江失守后，孙传芳将其残部 2 万余人集结于沪杭、沪宁沿线的松江、青浦、上海、苏州一线，企图守住江苏，与国民革命军做最后较量。奉军、直鲁军为确保上海、南京，也兼程南下，增援孙传芳。张宗昌于 2 月 23 日抵南京与孙传芳会晤，商议设安国军苏鲁联军总司令部于南京。2 月 25 日，孙传芳在上海召开军事会议，决定将孙军残部调回后方休养，请鲁军接替担任上海前线军事防务。

当东路军节节胜利之际，中路军也进展顺利。安徽名义上属于"五省联军"的势力范围，但陈调元与孙传芳貌合神离，实际上自成体系。孙传芳在江西战败后，陈调元即向北伐军方面自谋出路，曾派代表到南昌与蒋介石秘密接洽。3 月 4 日，陈调元、王普、叶开鑫等相继易帜，宣布加入国民革命军，分别就任第 37 军、第 27 军和新编第 5 军军长等职。陈调元等倒戈后，皖南大片地区不战而定。

① 《对于目前时局的几个重要问题》（1926 年 11 月 9 日），见《中共中央第一次国内革命战争时期统一战线文件选编》，299—300 页。

3 月 24 日，北伐军攻克南京。与此同时，中共趁北伐军兵临上海近郊之际，领导上海工人举行武装起义，组织上海特别市临时市政府，迎接北伐军入沪。3 月 26 日，蒋介石来到上海。至此，东南五省和上海、南京均为北伐军所控制。

在不过 8 个月的时间里，北伐军接连击溃吴佩孚和孙传芳两大军阀。国民政府的势力范围由珠江流域推进到长江流域，形成与北京政府平分天下的局面。中国的政治和军事格局至此为之一变。这一剧变，大出时人意料。天津《大公报》的一篇社评颇能反映当时北方社会对北伐结局的惊愕和诧异：

楚歌过河，粤讴渡江，此中国历史上之剧变，而尤为近今驯伏北洋派势力下之人民所梦想不及者。咸同之役，粤兵湘勇，转战长江上下游者十余年，黄河流域不与也。辛亥之役，止于武胜；癸丑之役，扼于临淮。后此诸役，入鄂者且未得逾汀泗桥，攻赣者终不越大庾岭。故连年战事，在北人视之，长江诚南北之天限也。而自北军视之，且以为只有南征，绝无北伐，除北洋军系外，天下无战士也。党军去秋突出武汉，今春进陷苏浙，世人惊为意外，渐认南北势力将有不可测之变化。而北洋军系中人，尚始终以为变只此耳，长江绝难飞渡，黄河曷可断流，北军进纵不得统一，退亦不失偏安也。曾几何时，长江落后，黄河当前，小站练兵数十年之积威，嫡派先零落四散，旁枝又支撑维艰，此诚奇变浩劫，宜乎某上将军之大呼天意不止也。[①]

① 《南北势力变迁》，见 1927 年 6 月 6 日天津《大公报》。

第五节　南北地域观念与宣传战

一　“无形战力”

对北伐致胜的原因，当时南北各方以及后来的研究者既有大致的共识，亦有殊异的看法。其中不容忽视之点，则为军事之外的“无形战力”对战争胜负的重要影响。《现代评论》当时就分析说：“胜利的一个条件，自然是战斗力的优强。所谓战斗力，至少包含着兵力、饷械与内部统一三个要素。以奉、直、鲁军与党军比较，兵力与饷械，优劣究竟如何，我们不愿遽下断语，就内部统一而言，奉军、豫军、直鲁军、晋军、皖军、苏军、浙军，彼此团结的程度，是否宛如他们的通电所表示，大家尽可想见，用不着说明。至于党军方面，则有一种特殊情况，应为他的敌人所不能漠视，这就是倒戈行为事实上不易发生。中国的军队，历来都是无主义的，以故倒戈行为成为中国军队的常态。党军的基本军队，多少都受了些政治训练，而中下级军官为尤甚。党军的组织，据说自军长、师长、旅长以至连长，莫不设有党代表，一则借以限制各级军官的职权，一则借以宣传党义于军队。所以在党军的基本军队中，就令上级军官有倒戈的意向，事实上恐亦无倒戈的能力。积时既久，就是党军在其占领地域内收编的军队抑或形成这种情态。”[①]

北伐期间，郭沫若先后担任国民革命军总政治部科长、副主任等职，亲身参与并领导了北伐军中的政治宣传工作。他注意到一个有趣

① 《胜利的条件》，见《现代评论》第5卷第105期，1926年12月11日。

的现象："各地方来归附的军队很多，凡是有来归附的军队，他们最先所请求的便是派遣政治工作人员。所谓政治工作在当时的旧军阀们看来，就好像和打出青天白日旗一样，是成为革命军的必要的徽章。他们并不知道工作的真意，但很知道南军和北军在组织上的重要的不同处，便是在这种工作的有无。有了这种组织的南军打了胜仗，就觉得这种东西是使军队强盛的良法，因而政治工作便成了一个时代的宠儿。"[①]

与军队政治工作相关联，"运用主义"也被认为是北伐军致胜的一个重要因素。当时舆论认为，南北相争是"无主义者与有主义者抗"，而"现在眼前明白的事，就是有组织胜过无组织，有主张胜过无主张"。[②]在这样一种认知下，北方也很快学起南方来了。孙传芳标榜"三爱主义"[③]，张作霖提出"四民主义"（在孙中山三民主义之上加了一个"民德主义"）。被张作霖聘为东三省法律顾问的赵欣伯，还计划组织标榜国权、民权、人权"三权主义"的政党。"盖奉方鉴于从来之武力万能主义，究难博最后之成功，且为南方军队精神训练之效果所刺激，故有确立主义，注重精神训练之倾向。"[④]《大公报》发表社评说："自从蒋介石抬出三民主义，大出风头以后，许多人都觉得主义是值钱的，于是乎孙传芳标榜三爱（爱国、爱民、爱敌），东三省有人主张三权（民权、国权、人权）。听说四川有些军人到处请教人替他们想个主义玩玩。料不到民国闹了十五年，大家都在没有主意的时候，'主义'两字，忽然这样行起时来。"[⑤]《大公报》还称："国民党拿出什么三民主义，五权宪法，便可以风靡南北，其实国民心理，并不是真了解主义，懂得宪法，不过他们热心，拼命向民众宣传；别一方面，又从没有一种对抗的东西，去向民众解释。"[⑥]在这种情况下，国民党的三民五权乃开始成为一种强势话语而为全国民众所认知。到1927年，连山东张宗昌亦公开表示赞同三民主义，虽然未必是真赞同，但至少说明三民主义在当时中国南北之流行程度，以

① 郭沫若：《革命春秋》，99页，北京，人民文学出版社，1979。

② 政之：《主义与饭碗》，见1926年10月10日《国闻周报》；天马：《时局的趋势》，见1926年10月15日天津《大公报》。

③《三爱主义，孙传芳之党纲》《孙传芳之三爱宣言》，见1926年9月26日、10月5日天津《大公报》。

④《赵欣伯拟组三权主义政党，以与民党抗》，见1926年10月20日《顺天时报》。

⑤ 天马：《主义值钱》，见1926年10月17日天津《大公报》。

⑥ 天马：《时局的趋势》，见1926年10月15日天津《大公报》。

至于像张宗昌这样的军阀,也不得不在口头上表示赞同。《大公报》对此发表社评说:“山东之张(宗昌)近有来电,亦表示赞成三民主义,在北方今日,此当为较时髦之口头禅。”①

北方军阀并不知道仅标示一两个“主义”是不起作用的。“主义”能否发挥作用,更有赖政党力量的组织与宣传。北伐前期,国共地方组织动员南部各省民众支援北伐,确实是北伐致胜的一大要因。

以湖南为例。1924 年 1 月国民党一大召开后,4 月湖南即成立了国民党省党部。中共党员夏曦受国民党中央委派,主持湖南省党部的工作。次年 5 月,湖南省国民党第一次代表大会在长沙秘密召开,成立以夏曦、李维汉、李荣植三人为常委的省执行委员会。会后,国民党省党部与中共湖南区委员会在全省发动声援“五卅”的反帝爱国运动,年底又掀起驱逐赵恒惕运动。1926 年 2 月,发动各界成立“湖南人民反英讨吴委员会”;3 月,在长沙举行有 3 万人参加的示威大会,谴责赵恒惕祸湘罪行,迫使赵恒惕辞职离湘。唐生智就任代理省长后,适度开放民众运动。中共湖南区委利用这一有利时机,大力发动工农运动。4 月 21 日,国民党湖南省党部组织长沙 5 万市民举行反吴示威大会,大会推选夏曦等 10 余人组成湖南人民反吴战争委员会。会后,该委员会组织讲演队、慰劳队、救护队、工人运输队等支援唐生智与叶开鑫之间的战争。北伐正式开始后,在国共两党之湘粤地方组织的领导下,两省工农群众掀起支援北伐的热潮。广东省港罢工工人组织了数千人的运输队和卫生队,随军行动。湘南各县也发动了数万农民担任运输、侦察、向导、救护等工作,有力地协助了北伐的后勤供应;有的直接组织地方农民武装袭扰敌人后方。为了迎接北伐军和保护长沙市民,中共湖南区委领导的湖南省工团联合会组织 1 000 余人的工人保安队,在市区维持治安,并动员民众欢迎北伐军。叶开鑫部撤离长沙而北伐部队尚未进城之际,工人保安队首先控制了市区。长沙克复后,国民党湖南省党部在长沙举行欢迎国民革命军北伐大会,有 200 多个团体、5 万多群众参加。会议高度评价了湖南各界民众支持北伐的功绩。胡宗铎

① 随安:《奉晋尚在接洽中》,见 1927 年 6 月 8 日天津《大公报》。

说:“惟以此次经过情形而论,进驻长沙,并未战争,完全民众力量得到。”“叶部之跑,不是打跑的,是民众在其后防,故意恐吓赶走的。”①

8 月 16 日,湖南省国民党第二次全省代表大会在长沙召开,会议通过了扶助工农运动的宣言,在当选的 29 名执监委员中,中共党员有夏曦、易礼容、谢觉哉、何叔衡等 10 余人。唐生智看到工农运动的巨大威力可资借助,公开表示支持省内工会和农会的活动。中共中央亦发出通告,要求各地党组织积极动员民众响应北伐。中共湖南区委利用省内的有利形势,加快开展工农运动。湖南工团联合会组织 5 批运送队,供北伐军差遣。安源煤矿和株萍铁路工人也组织有数千人参加的运输队、侦察队和破坏铁路队,随北伐军一起向武汉推进。在北伐军尚未到达的湘北地区,当地农民协会也组织宣传队、慰劳队、向导队、运输队、暗探队、疑兵队、破坏队等,积极迎接北伐军,并对北军后方进行袭扰破坏。8 月 3 日,蒋介石率北伐总部人员路过湘南郴州,受到当地农民协会的热烈欢迎。蒋介石在日记中写道:“一路民众欢迎,鞭爆劈拍之声不绝于耳,出村远道恭候。该地农民协会组织尤为整齐。……将来革命成功,当推湖南第一,而军人尚在梦中,可胜太息。”②8 月 19 日北伐军第 7 军在汨罗江会战中,亦得到当地农民武装的大力协助。军长李宗仁电称:“敌人曾在阵地前埋伏地雷甚多,我军得农民引导,悉数将其破坏,故得安全通过。”③同样,第 8 军进攻岳阳时,“血肉相搏,炮声隆隆,四处民众更群起响应,敌军不知虚实,无心恋战,乃弃城而逃”。④ 故中共中央总结说:“此次北伐军能迅速的荡平吴军,得力于两湖农民援助之力非常之多,尤其是湖南农会的参战更勇烈。凡战事区域,我们所组织的农会均号召农民起来实际参加战争,因参战而牺牲的农民虽尚未得确实统计,然大致不在少数。”⑤

---

① 1926 年 7 月 30 日《广州民国日报》;杨天石主编:《中华民国史》第二编第五卷,26 页。

②《蒋介石年谱初稿》,633 页。

③ 1926 年 8 月 26 日《申报》。

④ 1926 年 9 月 6 日《湖南民报》。

⑤《中央局报告》(1926 年 9 月 20 日),见《中共中央第一次国内革命战争时期统一战线文件选编》,267 页。

二　南北地缘文化

两湖民众之积极支持北伐，除了国共两党的组织动员外，南北地缘文化亦是一个相当重要的因素。[①]

在中国历史上，南北之间或显或隐一直存有某种程度的关系紧张。到民国初年，因北洋军阀的统治，南北紧张关系更为突显。时人对南北之分虽无十分严格的界说，但大体以长江流域及其以南的稻产区为南方的范围，长江流域以北为北方的范围。北伐前的一个显著现象，即是南方人的“经济北侵”和北方人的“军事南伐”。北方“各大都会最有势力的经济组织，都握在南方人的手里”，而“南方驻防军队，乃多北人”。[②] 1921年章太炎谈到，东南各省督军无一出于土著，皆是“以客军之威力，制在籍之人民”。[③] 北伐出师之际，《国闻周报》社评亦指出：“长江北洋派对于地方人民之态度，始终等于满洲驻防。全省大权在于督军，地方政柄，亦在军队。”[④]北洋军虽驻南方，兵员仍多从北方补充，并不招募南方人。北洋将领常以地缘文化的差异教育士兵，以为北方人老实，南方人狡诈，老实的北方人与狡诈的南方人打交道，只有吃亏。统治南方的北洋军人多存有浓厚的南北歧见。如直系军人李倬章在1924年任河南省省长时就公开说：“自古以来，只有北方人统治南方人，没有南方人统治北方人。”[⑤]

国共合作初期，共产党提醒国民党，在对内政策宣传时，不要以反对北方政府为唯一要义，因为这样做，有可能加深南北意见与地方主义观念。[⑥] 中共实际上是担心，国民党反对北方政府，有可能激起北方人对南方人的反感。

同样，北洋对南方的统治不仅给南方人烙有“以客凌主”的印象，北

① 本节有关南北地缘文化对北伐的影响，参考罗志田《地方意识与全国统一：南北新旧与北伐成功的再诠释》一文，见《乱世潜流：民族主义与民国政治》，上海，上海古籍出版社，2001。

② 《杂评》，《东方杂志》第23卷第21号，1926年11月。

③ 章太炎：《致川湘粤滇通电》（1921年3月11日），见1921年3月15日《申报》，见汤志钧编《章太炎年谱长编》（下），611页，北京，中华书局，1979。

④ 《东南时局感言》，见1926年11月14日《国闻周报》。

⑤ 陈序经：《中国文化的出路》，136页，上海，商务印书馆，1934。

⑥ 《共产党在国民党内的工作问题议决案》（1924年5月），见《中共中央第一次国内革命战争时期统一战线文件选编》，53页。

洋军人对南方的搜刮更激化了南方人对北方人的痛恨。当时在北方出版的《大公报》发表社评称："北方富庶向逊于南部，自袁世凯时代，以北洋军驻防东南各省，由督军以至小卒，大抵北籍，否则亦为久在北方之人，以被征服地视其辖境，公私吞蚀剥削，一督军积产，少者二三百万，多且逾千万。在督署任军需差使多年者，蓄产且往往达百十万，师旅团长相率效尤，善居积者，亦每每得数十百万，再其下则随此辈长官攀龙附凤，以吸民众之骨髓而吮其膏血之僚属，数更无算，所得亦不可以拟计。又其下马弁护兵军佐下士之徒，正当不正当之收入，年年由南中汇寄北来者，数尤无可稽纪。要之，北洋军由驻防地以资力润溉其乡里者数额必奇巨。"①

武汉克复后，《大公报》分析南胜北败的原因时指出："夫吴氏踞鄂十年，大战五次，搜刮之数，何止万万。商民怨愤，已非一朝。日前战事欠利，又杀部将多人，民心早失，军心复去。失败之祸，盖所自召。"②同样，当何应钦率领东征军进攻福建时，何应钦分析福建形势不利于北军的一个重要因素，亦是北军在闽竭力搜刮，"闽民恨之入骨"。《国闻周报》分析北伐军在江南获胜的第一理由，即为"东南一般人民反对北洋驻防"。盖"对于十余年北洋驻防长江之压迫，一般乡民不平已久"，"一旦战兴，彼宁能不助其语音相近似而纪律较佳之南军以驱逐其素所怨恨之人乎？"③

南北之地域观念，在当时对立各方的通电中亦曲折反映出来。蒋介石在任北伐军总司令的就职宣言中向北方军人说：只要他们向义输诚，即引为同志，"决无南北畛域之见，更无新旧恩仇之分"。④ 张作霖就任安国军总司令时，也宣称他只知救国，而"绝无南北新旧之见"。⑤孙传芳对蒋宣战的最后通牒电中，亦云："传芳不解南北有何深仇，士民有何大孽，而必欲遍施蹂躏以为快也"；"所谓革命，直欲革中华之命，而

① 社评：《北方之社会问题》，见 1927 年 4 月 6 日天津《大公报》。

② 社评：《武汉陷落与孙蒋开战》，见 1926 年 9 月 8 日天津《大公报》。

③ 社评：《东南时局感言》，见 1926 年 11 月 14 日《国闻周报》。

④《蒋介石年谱初稿》，612 页。

⑤《张作霖宣言》，见 1926 年 12 月 7 日天津《大公报》，见章伯锋主编《北洋军阀》第 5 卷，384 页，武汉，武汉出版社，1990。

强分南北以自解也，传芳不敏，不知南北，不问党派，惟知有民宜爱，有国当保”。[①] 三人不约而同宣称“无”南北之见，其实正是“有”的曲折反映。他们力图掩饰南北鸿沟的存在，恰反证南北地域观念正是当时人关注的焦点之一。与孙传芳指责革命军“强分南北”一样，吴佩孚从武汉败退郑州时，大量散发“南军仇杀北人”的传单[②]，意在将南方的北伐革命转化为“南方人打北方人”的地域之争。

在当时普通民众与士兵的观念中，南北之分亦确然存在。郭沫若在《北伐途次》一文中讲述了这样一个故事：当北伐军政治部人员路过鄂南的一个村子时，当地百姓称他们为“南军”，并且在“南军”之前加上“我们”两个字，以示对他们的亲切认同。与此同时，村民们对一名战败散逸的北兵捉住围殴。据郭沫若说，“我们也并没有向他们宣传，事前也不会有人向他们宣传过”，显然村民的做法纯属南北地域之见，以至于郭沫若他们不得不向村民解释说：南军里面也有北边人，北军里面也有南边人，并不是南边人就好，北边人就不好。[③]

北伐军围攻武昌城后期，双方有过议和。当时城内北兵最担心的是“南人杀北人否”。武昌城克服后，武汉百姓确有怀愤仇杀北兵的现象。北军守城将领刘玉春、陈嘉谟被俘后，曾参与调停武昌议和的商民代表赵焕章、王绳高等人担心北伐军处死刘玉春而激化南北之间的矛盾，因而上书唐生智，劝唐生智“莫植南北之恶因”，泯除南人北人之见，声称杀一刘玉春不足惜，但“南北之杀机”，将“由此而伏”，在北方数十百万鄂民的生存也将因此而受影响。[④] 旅京鄂人团体也出面营救刘玉春与陈嘉谟，通电说：“报载党军对于陈嘉谟刘玉春不履行议和条约，加以虐待，舆论颇为不满，夫统一大局，即无南北党系之分……如实为残贼，即南人也，而南人诛之不为过，北人也，而北人戮之不为非；如非残贼，则北人也，而南人亦当爱之，南人也，而北人亦当敬之，又何分于南

---

① 《孙传芳对蒋送最后警告》，见 1926 年 9 月 10 日《顺天时报》。
② 《吴佩孚初回郑时之举动，大散传单谓南军仇杀北人》，见 1926 年 9 月 27 日天津《大公报》。
③ 郭沫若：《革命春秋》，40—41 页，北京，人民文学出版社，1979。
④ 《武昌调人营救刘玉春》，见 1926 年 10 月 18 日《益世报》。

北哉!”[①]可见在当时一般人心目中,北伐战争在很大程度上表现为南北之争。

据黄郛当时的观察,长江流域及东南沿海一带人民的乡土观念及厌恶北军之心理,有助于国民革命军甚大,一旦北伐军出长江,北上至黄河流域后,这些有利条件逐渐冲淡,反之加强了北军的乡土观念,故用兵亦渐困难。[②] 在北伐军克复湘鄂赣后,《大公报》发表社评,亦注意到南北地缘因素对北伐的制约:“现在中外人士,多信南军能于数月内将长江以南之各省占领,惟此后南军是否仍继续北进,则无人敢预测之。中国南北人民,颇有一种界限,故南军若仍向北发展,似不如以前之易易。”[③]

情形确如所见。当北伐军进入河南后,各军政治部的报告均谈到对当地民众宣传的困难:“人民识字的程度非常低下,不及十分之一二。标语宣言,失其效力。”“言语不通,莫论广东福建的语言,即是湖北话也不能通用。”“只见民众对于革命军之口头应酬,未见到行动上的援助,更谈不到物质上的救济了。”[④]据顾孟余称,总政治部派到河南去的宣传列车,还没有出发的时候,大家兴高采烈,以为一到河南就要收很大的效果。谁知到了那边,没有一件事受当地民众欢迎,列车也被人砸了,东西也被人抢光了。顾孟余分析其原因说:“他们不管河南的情形同湖北有无分别,整个的将在湖北通行的各种标语拿到河南去用,结果是不但没有引起当地人民的好感,而且还受了一次教训。”[⑤]这其中一个重要因素,即河南属北方。南军北伐到此,地缘文化的优势转为了劣势。当时在第4军政治部负责宣传工作的朱具华也谈到,当他们随部队到河南宣传时,发现奉军所散发的传单,措词多是强调南北之界,如“南军是专来杀北方老乡的”,“咱们都是北方人,南军是专来打我们北

①《旅京鄂人团体营救陈(嘉谟)刘(玉春),陈嘉谟以二百万元赎命》,见1926年10月26日《益世报》。
② 沈亦云:《亦云回忆》,254页,台北,传记文学出版社,1968。
③《英国对华态度,上海字林西报论英使赴汉事》,见1926年12月8日天津《大公报》。
④ 曾广兴、王全营:《北伐战争在河南》,327、332、351—352、358—359页,郑州,河南人民出版社,1985。
⑤《中国国民党中央执行委员会政治委员会二十五次会议速记录》(1927年5月30日),见中国第二历史档案馆编《中国国民党第一、二次全国代表大会会议史料》(下),1225—1226页,南京,江苏古籍出版社,1986。

方弟兄的,咱们北方弟兄应该一致联合起来打南军,缴南军的枪,杀他们一个精光”。朱其华认为,这种宣传表面上看似笨拙,但实际上在当地老百姓中是起了相当作用的。河南民众对于武汉政府及革命军抱着怀疑态度即为明证。鉴此,政治工作人员的宣传重心,主要是向当地百姓解释革命军无南北之分。[①]

实际上,当时中国人的地缘文化观念,并不仅见于南北之间。如南方革命军内部粤系与浙系之间亦是壁垒分明。北伐前夕《晨报》指出:蒋介石“自成立党军以来,即积极实行其大浙江主义,对于粤籍将领所统之军队,久思彻底将其解决,故始则除梁鸿楷,继而灭郑(润琦)、莫(雄),再进而驱逐许崇智,至是号称粤籍军官者,仅有两李(济深、福林)一吴(铁城)。”[②]《大公报》亦指出:“广东现在完全为浙江人势力,蒋氏援引同乡,无所不至,各机关书记且多浙籍,粤人侧目久矣。所谓左右派之争犹是表面上话,实际浙人非浙人争饭碗而已。”[③]《大公报》的另一篇文章还谈道:“前月南口战事紧急的时候,北京大捕陕西人。现在武汉战事紧急,宁波人在汉口难得安身。吴子玉(佩孚)在武汉杀了二十个学生,内中十九个是湖南人。陕西人被捕,为的有人和田维勤作对;宁波人不安,为的和蒋介石同乡;湖南学生被杀,为的湖南现在成了南军的大本营。”[④]

三　宣传战

相对隐约可见的地域观念而言,政治宣传对民众动员的作用,在北伐当时更为彰显而直接。张君劢于1926年10月底到武昌考察时,感受“最触目之点有二:其一,青天白日满地红旗按户悬挂,布旗不备,以纸代之;其二,政治口号之多,超于国内各香烟公司广告之上,譬曰‘一切权力属于党’,曰‘政权归于革命的民众’,曰‘肃清反革命派’,曰‘拥护革命中心力量’,曰‘巩固革命联合战线’。总司令部有政治总部,指

① 朱其华:《一九二七年底回忆》,170—172页,新新书局,出版时间地点不详。
② 《蒋介石改编吴铁城部》,见1926年6月27日《晨报》。
③ 冷观:《武汉告警中之大局特写》,见1926年9月1日天津《大公报》。
④ 《小言》,见1926年9月6日天津《大公报》。

挥部有政治部，各军各师各旅中无不有之。此外有省党部、市党部、工会、学生会各编制标语，以炫耀其宣传之能。故武昌全城，几成一口号世界矣。"①

1927年2月，天津《大公报》记者考察武汉时，亦有同样的感受："最触目者为宣传品。宣传品种类很多，大别之为文字与图画两种。文字有印刷在墙壁者，以孙中山遗嘱和建国大纲并国民党两次代表大会议决案为多，蓝底白字，鲜艳夺目，比什么广生行双妹牌香水，或仁丹胡子牌的广告还要好看。这都是带有永久性质，所以特别加工装设。听说单这项宣传，花去五千块钱。此外各党部、各军政治部、各团体，宣传品满街都是。还有用洋布写斗大的字，仿佛一种横额似的，横挂在大街当中，临风招展，作特别点缀。至于宣传品的文字图画，随时变更，因为国民党现在是有机体的组织，随时代环境之需要，公决若干口号标语，大家根据这种口号标语，精力集中、全神一贯地，或做文章，或去演讲。这些宣传品所载口号或标语，就可表现他们在一个时期的工作。我在汉口住一礼拜，看见最新的宣传品，是'农工兵联合起来'，'农工兵是好兄弟'，'肃清党内外腐败庸劣分子'，'一切权力属于党'，'只有党的自由，没有个人的自由'，'欢迎汪主席复职'。我们从这些标语看来，就可知道最近国民党的空气，并且他们拿这些标语简单地普遍到民众方面，不知不觉大家都受这些空气笼罩起来，所以什么'打倒军阀'，'打倒帝国主义'，'打倒资本家'，举凡东洋车夫以及几岁小孩子都可以叫得出。"②

南方党军擅长宣传，在北方舆论界几乎成为一致的看法。当时《大公报》一再认定："国民党人习闻宣传之法，稍稍用之，颇奏奇效……北伐顺利，此亦一因。"③"民党攻打湖北，一半靠兵力，一半靠宣传。"④"党军自粤而湘而鄂而赣，师行所至，相传人民乐为之助，说者以为宣传之效，于是各方始皆致力于此。"⑤《现代评论》亦认为：北伐军"枪与笔联

① 张君劢：《武汉见闻》，9—10页，国立政治大学出版，1926年11月。
② 冷观：《南行视察记》，见1927年3月6日天津《大公报》。
③《宣传与革命》，见1927年6月13日天津《大公报》。
④《编辑余谈》，见1926年9月4日天津《大公报》。
⑤《书红枪会宣言后》，见1927年2月25日天津《大公报》。

合起来,所以到处如入无人之境”。[①]

北伐初期,北伐军派遣了一支多达620人的庞大宣传队,分别跟随各军进行宣传。宣传对象,一是战地平民,一是北伐士兵。其规定宣传员平时扶助民众组织团体,战时则在战地出一革命军日刊,内容专载战地消息、敌人残暴情形与战地人民之惨状,并灌输革命精神于当地人民。宣传品计分8种,包括标语、总理遗像、总司令像、画报、国旗、小册子、传单、报告等。北伐出师之际,仅画报宣传品就备有1.2万份。[②]毛泽东在《湖南农民运动考察报告》中谈道:“政治宣传的普及乡村,全是共产党和农民协会的功绩。很简单的一些标语、图画和讲演,使得农民如同每个都进过一下子政治学校一样,收效非常之广而速。”[③]

值得注意的是,当时北方军阀亦认为党军的取胜,与其擅长政治宣传有密切关系。孙传芳慨叹:“党军作战,巧为宣传,所到之处有老百姓为之帮忙,直有防不胜防之势,本人此次,受亏不少。”[④]张宗昌的鲁军总部参谋处通知其所属各机关,要求对党军的宣传特别予以注意:“赤军利用男女学生,赴乡村市镇作种种宣传,愚民最易受其鼓动,故该军到处受人民欢迎,其宣传之力不小。”[⑤]

不仅如此,北方也开始学南方设立宣传机构,组织宣传队。据当时上海一份名为《小日报》的报纸报道:“北方诸帅,鉴于南方政府宣传之力,于是有宣传队之组织。”[⑥]上海《新申报》亦报道说:直鲁联军鉴于“赤党唯一的工作,乃为宣传”,于是在“用兵之始,先之以宣传,使一般社会,皆知赤化之为害与赤党之不得不讨”。[⑦] 而《国闻周报》则批评北方“舍武力,讲宣传,东施效颦,正所以暴露弱点”。[⑧]

一般的看法,北方军阀的宣传机构形同虚设,宣传效果极为有限。其实,北军的“讨赤”宣传,也一度呈现出相当的声势。奉军的宣传部,

---

① 无名:《从南北到东西》,载《现代评论》第6卷第131期,1927年6月11日。
② 《北伐军注意战时宣传》,见1926年7月18日《中南晚报》。
③ 《毛泽东选集》第1卷,35页,北京,人民出版社,1991。
④ 《坚壁清野》,见1926年11月26日天津《大公报》。
⑤ 《官报中之党军内容》,见1926年12月9日天津《大公报》。
⑥ 四民:《南北两方的宣传》,见1927年3月13日上海《小日报》。
⑦ 遵严:《时事评林·讨赤宣传》,见1927年1月23日上海《新申报》。
⑧ 《斗力与斗智》,见1926年12月15日《国闻周报》。

人员多达数百人。张宗昌在其辖区按省别组织宣传队，省设一大组，道、区各设一分组，广招初高中毕业生和失意军人为宣传员，并对宣传员给以优厚待遇，除薪水公费从优外，另定奖励办法，每战一地，每攻一城，宣传员皆有奖励，或授以实职，或保以官阶。[①] 其时北方军阀的各类宣传品，如"讨赤"歌、"讨赤"文、"讨赤"画、"讨赤"标语以及"讨赤"演讲等[②]，均采用通俗易懂的文字或图画，甚至比南方的宣传文字更浅显，更直白，更贴近底层民众。南方的宣传文字中难免夹杂着一些时髦和洋化的语言[③]，而北方的"讨赤"宣传用的多是一些大众化的白话，讲的则是反对"共产公妻"的简单"道理"。这些"共产公妻"的"道理"尽管很荒谬，但在当时普通民众的头脑中，可能比南方的"打倒帝国主义，打倒军阀"之类的口号更容易理解和接受，也可能更深入人心。当时《新申报》报道说，北军的"宣传之术至为伙颐，或颁发小册子，或张贴告谕……惟简单标语，附以图画，读之者既易了解，尤易感动，洵为宣传最良工具。自直鲁宣传队南下，讨赤文字遍于通衢"[④]。在南京城，触目皆是"反赤"的文字和图画。[⑤] 在郑州，奉军的宣传队在"各马路，各街巷，车站近处，城门洞里，满贴黄白绿色之反赤传单，种种口号，如'认贼作父之靳云鹗，媚外卖国之蒋介石'，'保存旧礼教旧道德'等，不一而足"。"传单皆用黄白绿纸印就，绝无红色，可见用意之深也。"[⑥]

《大公报》慨叹："孙(传芳)军的宣传也很厉害。"[⑦]该报还报道说："此次党军作战，盛用宣传。孙传芳作战，于宣传上亦大下功夫，以资抵制。联军宣传部除每日公表战事情报外，并间以时评社论之类，投寄各报馆。"[⑧]孙军还出版了自己的报纸《联军日报》。

北伐时期，国共两党的宣传主要通过语言(演讲、报告)、文字(标

---

① 《张义威讨赤宣传计划大纲》，见 1927 年 1 月 22 日上海《新申报》。

② 《张效帅忠告同胞严防赤化文》《孙联帅最近对将士之训话》《直鲁联军宣讲队之标语》《平南讨赤军歌》，见 1927 年 1 月 4、14、17 日、2 月 16 日上海《新申报》。

③ 参见王奇生《从"容共"到"容国"：1924—1927 年国共党际关系再考察》，载《近代史研究》2001 年第 4 期。

④ 遵严：《时事评林・讨赤宣传》，见 1927 年 1 月 23 日上海《新申报》。

⑤ 记者：《南京特信：南京之外观》，见 1927 年 1 月 19 日上海《新申报》。

⑥ 记者：《纪郑州反赤游行》，见 1927 年 4 月 22 日天津《大公报》。

⑦ 《小言》，见 1926 年 12 月 19 日天津《大公报》。

⑧ 《孙军宣传部之和平宣传》，见 1926 年 10 月 14 日天津《大公报》。

语、传单、小册子等)和图像(漫画、总理遗像)等媒介来进行。相对语言文字而言,图像在宣传功效上有其独特性。在各地方言不一而国语又极不普遍的20世纪20年代,演讲报告对不同地域不同方言的民众未必普遍有效。而在当时底层民众识字率非常低下的情况下,标语传单的功效亦须大打折扣。相比之下,浅显的图画以其直观、通俗、有趣而较易为各地下层民众所接受。如当时中共上海区委宣传部的报告中,即认为画报和歌曲是宣传品中最有效的。[①]

北伐时期,漫画已相当流行。[②] 据当时美国《工人月刊》报道:"在上海以及广东各地,墙壁上,电灯柱上,乃至厕所里,都满布着讽刺画。"[③]可见当时南方宣传漫画之盛况。漫画评论家黄茅在回忆北伐时期漫画宣传活动时写道:

> 热情的青年漫画家与洋画家都投身到革命军的队伍,随军由粤出发直入湘鄂诸省,参加实际的战斗生活,直接发挥绘画配合作战的效能。他们印刷大量印刷品和画报,《国耻画报》《反帝画报》等都是当时的产物。另外还绘制大量布画、壁画(中国壁画之配合政治宣传,这时候可以说是一个开头)、标语等。革命军节节胜利,所到的地区,漫画和标语就马上出现在当地的墙壁上,同时在各地响应的革命军也一样由当地的画家参加工作,出版零碎张页的画刊和小册子。总之,北伐时期参加革命工作的画家一方面宣传反帝,揭露军阀的腐败无能,一方面唤起了人民对革命的理解和信心;而此时期也使漫画彻底改了旧观,宣传画开始成长,"北伐军的许多次胜利是宣传的力量",画家们在这次宣传战斗中光荣地完成其任务,在历史上印下灿烂的痕迹。[④]

黄茅所称北伐时期漫画彻底改了旧观,演进为宣传画,确是近代中国漫画史上的一大变局。漫画变为"宣传画"后,漫画本身所具有的娱

---

① 中央档案馆、上海市档案馆编:《上海革命历史文件汇集》(3),94页,编者印,1988。

② 参见王奇生《北伐中的漫画与漫画中的北伐》,载《南京大学学报》2004年第3期。

③《中国青年》1926年5月第121期插画《杀龟》的文字说明。

④ 黄茅:《漫画艺术讲话》,上海,商务印书馆,1947;转引自毕克官、黄远林《中国漫画史》,69—70页,北京,文化艺术出版社,1986。

乐怡情的一面，完全被政治教化的一面所遮蔽，以至于这个时期漫画有时直接被称作“革命画”。“漫画”这一名称源自日本，1926 年 1 月丰子恺的第一本画集《子恺漫画》出版后，“漫画”这一称呼才逐渐在中国叫开。[①] 在北伐时期，人们一般称漫画为“讽刺画”，或笼统称为“图画”。“革命画”这一名称大概始于 1926 年 5 月毛泽东在广州举办的第 6 届“农民运动讲习所”。该所当时开设的课程中，专门有“革命画”一课，讲授 14 小时。政治宣传漫画被称作“革命画”，颇能说明漫画在当时革命斗争中的重要地位。在革命被视为至高无上的神圣事业的年代，其名称被冠以“革命”二字，其意义即已非同一般。其时，“革命文学”的口号亦刚刚提出。可见漫画与文学早在 20 世纪 20 年代即被卷入到了急风暴雨的革命激流中。

不仅国共两党及国民革命军广泛运用漫画作为动员和唤起民众的宣传工具，北洋军阀方面亦运用漫画进行反宣传。漫画不仅成为革命者宣传主义和唤起民众的重要工具，亦成为“被革命”一方用来宣传“反革命”“反赤化”的新式利器。在上海，北军的宣传漫画随处可见。

北军“讨赤”漫画的表现手法，除通过色情吸引观众外，也运用隐喻、暗示等技巧。如有一幅漫画，画着一只赤鹅食秋叶，秋叶的形状是一幅中国地图，隐喻赤俄（赤鹅）将吞食中国。还有一幅漫画绘一条赤蚕藏在茧中，隐喻赤化者作茧自缚。[②] 有的漫画与标语相配合，称作“图画标语”，如有两幅“图画标语”这样写道：“赤化譬诸染缸，人陷其中，不能自拔，非将缸击破不可”，“赤党以猛烈治法施诸粤湘鄂，虽兴奋暂时，终必为人民所不堪，譬如打吗啡针，目前过瘾，终必死亡”。[③]

还有一幅漫画，其标题为《共产主义与中国国情》，画面上，一位中国旧式女子正拿着一双洋式鞋去试她那双被缠过的“三寸金莲”，隐喻外来的“共产主义”不适合中国国情。值得注意的是，当南方国民革命以“打倒帝国主义，打倒军阀”为政治诉求时，北方军阀的宣传几乎无一例外地以“反赤”为号召，攻击南方党军为“赤化”“赤党”“共产贼党”等。

① 毕克官、黄远林：《中国漫画史》，72 页。
② 小侦：《安国军直鲁联军宣讲部参观记》，见 1927 年 2 月 21 日上海《晶报》。
③《直鲁联军宣讲队之标语》，见 1927 年 1 月 17 日上海《新申报》。

表面上看,矛头似乎仅对着共产党,而非国民党。其实不然。北方军阀所谓"反赤",在很大程度上是虚指,而非实指,主要是利用"反赤"作为它对付南方"反帝""反军阀"的政治旗帜和斗争武器。正如当时《大公报》所指出的:"赤化者,北军所持以攻击南军;白化者,南军所持以诋毁北军,要其间以借题发挥之成分为多。"①当时北方各军阀的通电中,最常用的一句话就是"反赤就是救国"。"反赤"成为军阀们乐用也滥用的一个术语。有意思的是,当时作为旁观者的郑孝胥却认为吴佩孚等人在"反赤"的同时,亦不知不觉沾染了"赤化"。1927 年 1 月 14 日郑孝胥日记写道:"报载吴佩孚布告,所持政策亦剽窃'排外''护工'之语;张学良、王宠惠论汉口逐英人事,亦以收回租界为言。彼等皆染赤化,南北主义略同,实皆狂妄无知,殆甚于义和团。"②

北方的反赤宣传,在当时民众中到底有多大的影响力,亦是一个值得考察而又难以考察的问题。恐怕很难说,军阀的"反赤"只是自说自话,根本没有民众基础。当时《大公报》有社评写道:"共产党之称,出于日译,普通社会,初不知共产主义作何解,而就'共产'二字以释其义,则有类夺人之产以为己有,故共产公妻,相提并论,常人闻之,如洪水猛兽。"③所谓"常人",即是普通大众。以那时普通大众的认知能力,"共产公妻"之类的宣传,未必没有相当数量的受众。当时《大公报》即认为,孙传芳"利用社会反对共产之心理,专攻蒋介石亲俄赤化一点",乃孙高明之处。④

南北各方在竞相宣传的过程中,加强了对新闻的控制,致使新闻消息难辨真伪。在北伐军占领武汉前夕,《大公报》即谈道:"自岳州失守以后,武汉形势骤形紧张。国民党素以宣传见长,南方既居胜利地位,民党消息益多过甚之辞。如武昌陷落之说,京沪宣传已逾三日,实则迄无确报也。吴子玉(佩孚)因民党善能制造空气,故于武汉间压迫言论无所不至,而吴系机关新闻之努力宣传,更亦不在民党之下,吴系势力范围,不特无异己者言论存在之余地,举凡中外新闻电报在汉口发出,

---

①《白化与赤化》,见 1926 年 9 月 23 日天津《大公报》。
② 劳祖德整理:《郑孝胥日记》第 4 册,2130 页,北京,中华书局,1993。
③《共产党在华失败之批判》,见 1927 年 7 月 1 日天津《大公报》。
④ 天马:《孙蒋战事前途之推测》,见 1926 年 10 月 3 日天津《大公报》。

除受严重之检查以外，且每经汉口电报局删改，不利吴方之消息，往往被改为正反对而供吴方之利用。矧电报迟滞，新闻阻塞，重要专电常落快信之后，所谓方面消息之传播，殆限于不可能之境。若夫外国电报亦未可信，缘外国新闻电报之被干涉，几与中国电报相等，而外国新闻记者之受利用与欺骗，则又驾乎华人而上之，其不可信，盖非无因。至于外国海陆军人与领事馆员之报告，每因囿于闻见，所报亦未必悉确。”①

北洋军阀相互混战时，“电报战”一度十分流行。如今国民党与军阀战，“宣传战”成为军事较量之外的第二战场。“宣传战”显然是“电报战”的发展，其范围更广泛，其手段也更多元。《大公报》一再感叹：“这种时局，做报的真头痛，因为变化太快，方面太多，宣传又太厉害，电报又太检查，真是五花八门，闹不清楚，有时候简直没法判断……有些猜是假的，然不登恐万一真了，漏了新闻；有的猜是真的，又恐怕万一假了，失了信用。”②“各处皆检查电报，利于甲者，乙删之；利于乙者，甲删之，终至于无一字而后已。且访员访事，首赖官电，而官电则概不尽确，况尚有伪造官电者乎。自有‘宣传’之名词以来，业报纸者，几于专供各方官电宣传之利用。本报每遇新闻，必多方考证，而错误尚不能尽免也。”③

由于宣传急需人才，青年学生成为各方竞聘笼络的对象。其时毕业学生谋职不易，而“宣传战”正好为他们提供了一个就业机会：“学生出了学校，社会上没事给他们做，这是一个值得讨论的大问题。自从有了宣传战以后，东也招宣传队，西也考宣传员，容纳了不少学校毕业生。”④据《大公报》报道，当时南北各方还竞相募集女子宣传队。⑤

当时置身于南北对峙之外的知识界、新闻界虽然力图超然于事外，实则处于南北新旧两大势力的夹缝中艰难地求生存，稍不留心即陷入两不讨好的尴尬境地。《大公报》即慨言：“新闻界在今日，可谓无立足之地矣。盖在讨赤军范围内而载有事实有不利于讨赤军者，辄以‘赤化’目之。而同时在粤军范围内所载事实有不利于粤军者，则以‘反革

① 冷观：《武汉告警中之大局写真》，见 1926 年 9 月 1 日天津《大公报》。
② 《时事小言》，见 1926 年 10 月 20 日天津《大公报》。
③ 《与读者诸君贺年并道歉》，见 1927 年 1 月 1 日天津《大公报》。
④ 瑟瑟：《六庆》，见 1927 年 1 月 1 日天津《大公报》。
⑤ 《南北募集女子宣传队》，见 1926 年 12 月 18 日天津《大公报》。

命'目之。甚至同一地点之同一报纸,当北军掌权,则受'赤化'之嫌,及南军到来,又蒙'反革命'之祸。"[①]北军的"赤化"罪与南军的"反革命"罪虽名实俱异,但在招致杀身之后果上则是同一的。两者之诉诸暴力的任意性更是殊途而同归。

概而言之,北伐时期"宣传"之功用被南北各方视为一种"无形之战力",首次受到国人的高度重视与娴熟运用。与此同时,"宣传"之滥用亦开始受到舆论的关注与谴责,几乎视"宣传"为垄断言论、隐没事实、愚弄民众的代名词。[②] 通过北伐,"宣传"的正、负作用几乎同时为国人所认知。

---

①《赤化与反革命》,见 1926 年 9 月 17 日天津《大公报》。
②《宣传与革命》,见 1927 年 6 月 13 日天津《大公报》。

第七章

从迁都之争到宁汉分裂

随着北伐军事的节节推进，南方革命队伍的分裂迹象日渐显露。矛盾主要在国共两党之间展开，同时也牵涉到国民党内部的派系倾轧。迁都之争，迎汪复职，提高党权运动等，均是国共之间和国民党内不同派系之间激烈冲突的反映，而矛盾的焦点则集中于蒋介石一身。在军事方面，势力日涨的唐生智对蒋介石的总司令地位构成挑战和威胁。在政治方面，蒋介石极度忧虑鲍罗廷、中共和国民党左翼亲汪势力对其权位的颠覆，而后者有意想使国民党的高层权力格局回复到“三二〇”事件之前的状态。

其实，蒋介石从“三二〇”走向“四一二”，从尝试“限共”，到最终走向武力“清共”，经历了一个相当复杂的过程，其间充满着各种必然和偶然的因素。与此同时，中共和共产国际对蒋介石的认知和态度也有一个变化的过程，并非从中山舰事件之后即毫不迟疑地将斗争矛头对准蒋介石。

第一节　迎汪复职运动

大体言之，在北伐出师初期，苏俄和中共力图使国民党内的权力格局恢复到中山舰事件以前的局面，争取由国民党左派和共产党人重新联合执政。[①] 对待蒋介石，主张暂时保留蒋介石的国民革命军总司令职务，寻找办法消除他军事独裁的威胁，最终改变国民党内左派与以蒋介石为代表的中派之间的力量对比，达到孤立和削弱右派的目的；对待国民党，主张放弃自上而下建立一个强大的集中的国民党的思想，"必须放弃按一般共产党的模式，更不用说照抄联共的模式来建立国民党的思想"[②]；对待北伐，认为应当利用北伐来最大限度地发动群众运动。

1926年7月12日至18日，中共中央召开第三次扩大会议。会议批评了党内的两种错误倾向：一是认为共产党应当与国民党完全脱离组织关系，由共产党独自领导着无产阶级，来完成资产阶级的民主革命；一是认为共产党应当包办国民党机关，占领发展国民党组织及党部的工作。会议提出对待国民党的政策，仍坚持扩大和联合左派，共同应付中派和反对右派的方针。[③] 至于如何具体应付以蒋介石为代表的中派，陈独秀的说法是："'推翻蒋介石'是左倾口号，'拥护蒋介石独裁'则是右倾机会主义"，"明知其为将来之敌人，或者即是一年或三年后之敌

---

①《鲍罗廷在同共产国际执行委员会远东局委员会会晤时的讲话》(1926年8月9日)，见《联共(布)、共产国际与中国国民革命运动(1926—1927)》(上)，372页。

②《维经斯基给加拉罕的信》(1926年7月6日)，见《联共(布)、共产国际与中国国民革命运动(1926—1927)》(上)，325—326页。

③《中国共产党与国民党关系问题议决案》，见《中共中央文件选集》(二)，169页。

人，而现在却不可不视为友军，且为有力之友军”。[①] 中共既将蒋介石列为“将来之敌人”，又将蒋介石视为“现在之友军”，实际处于“既不能推翻，也不能拥护”“不联合不行，不反对也不行”的尴尬境地。当时苏俄军事顾问加伦请周恩来转询中共中央：“在北伐中是帮助蒋介石呢，还是削弱蒋介石？”上海中央的回答居然是：“是反对蒋介石，也是不反对蒋介石。”[②]

与之相对应，这个时期蒋介石对中共的政策，实际上也是既对立又联合。蒋介石强调“革命是非专政不行的，一定要一个主义、一个党来专政的”，要求共产党员“必须承认国民党是国民革命的唯一指挥者”，“绝对服从国民党的纪律，受国民党的指挥”。[③] 此时蒋仍然深信必须维护孙中山的联俄“容共”政策。此点与“西山会议派”的“分共”毕竟不同。1926 年 7 月 24 日，蒋介石在一封致张继的私函中写道：

本党与共产党合作，为总理与仲恺兄在日所确定，革命势力必求团结，共产党主义虽与本党有别，其致力革命则人所共认。本党今日策略，既与其他革命势力合作，而仍欲排除，岂非矛盾？今日吾人所以与共产党合作者，断定国民党决非共产党所能篡窃而代之也。前提决议，则无论共产党有否谋代国民党之计划，而弟以为必无可能之事。此弟所敢自信也。故本党所尚须讨论者，非与共产党应否合作之原则，而在与共产党如何合作之方法……惟爱党必以其道，因革命势力必求团结，不能怀疑及于总理所定与共产党合作之政策。[④]

蒋介石此函系答复“西山会议派”张继之私函，无须故作违心之论以刺激那些反对“容共”政策的老同志。蒋对共产党员个人的作用相当看重。对第 1 军中共产党政工人员和党代表的退出，他深感无奈。他

---

① 陈独秀：《关于中共中央一九二六年七月全会的情况报告》（1926 年 7 月 21 日），见《中共中央文件选集》（二），176 页。

②《关于 1924 至 26 年党对国民党的关系》，见《周恩来选集》（上），124 页，北京，人民出版社，1980。

③ 蒋介石：《对军官学校高级训练班讲演词》（1926 年 5 月 27 日），见《蒋介石言论集》第 2 集，475—476 页。

④ 中国第二历史档案馆编：《蒋介石年谱初稿》，624—625 页，北京，档案出版社，1992。

声称，共产党人的退出，受损失的是国民党，是黄埔军校，而不是共产党。[①] 北伐出师不久，蒋介石就发现第1军自共产党员退出后弊病丛生，尤其是部队纪律日坠，远非从前可比。他痛斥其第1军将领说："党代表存在的时候，军队多少还有些精神，党代表撤销了，弄得这样腐败，给人家笑骂，我在外面听见人家讲话，真是羞极了，不能做人！你们晓得不晓得？"[②]鉴此，蒋介石又向中共请求派100名共产党员去黄埔军校工作。陈独秀认为，这是蒋介石想抓住他所需要的优秀共产党员，然后把他们从共产党中招募过去。尽管如此，维经斯基仍同意派110名优秀共产党员去黄埔军校工作。[③]

中共对蒋介石既要联合又要反对的态度，也势必影响其对北伐的政策。1926年8月16日，鲍罗廷与共产国际远东局的维经斯基等人在广州开会讨论有关北伐的问题。鲍罗廷认为，中共既支持北伐又批评北伐的态度，实际上给国民党人造成中共反对北伐的印象，这会导致国民党蒋介石和中共的冲突，而在目前情况下，应该防止这种冲突很快出现。他告诫说："3月20日以后，来自左派和共产党人的任何明确的和激烈的反蒋立场都会意味着'三二〇'事件在更大范围内的重演。"他的计划是，与其贸然出击，不如等着国民党内部矛盾的激化。他预计，蒋介石的军队一旦进入湖南，蒋与湖南将领唐生智之间就有可能产生冲突；北伐军打到武汉，蒋就会遭到其他军事将领们的嫉妒和反对。蒋如果看出这种危险，转进江西，左派和共产党人就有理由发起迎汪运动并批评蒋介石退缩。那时，只要打出迎汪的旗帜，就能把蒋介石的所有对手都联合起来，国民党左派和共产党人就有可能重新执政，进而恢复到"三二〇"以前的局面。鲍罗廷预言，北伐虽然会在军事上取得胜利，但蒋介石在政治上的失败是不可避免的。鲍罗廷直截了当地对国民党左派顾孟余说："我们期待着汪精卫在蒋介石失败后回来。"但鲍也认为，不排除汪精卫和蒋介石有合作共事的可能性：由汪精卫主政，由蒋

---

① 蒋介石：《对军官学校高级训练班讲演词》（1926年5月27日），见《蒋介石言论集》第2集，473页。
② 蒋介石：《检阅第一军对官长训话》（1926年8月15日），见《蒋介石言论集》第3集，131页。
③《共产国际执行委员会远东局俄国代表团第14次会议第8号记录》（1926年7月15日），见《联共（布）、共产国际与中国国民革命运动（1926—1927）》（上），339页。

介石掌军。[①]

顾孟余则认为，很难指望蒋介石和汪精卫联手，也很难指望蒋介石会向左转；蒋介石在广大民众和国民党人眼里已经名誉扫地，应该通过舆论支持，使汪精卫回来重新执政。[②] 据鲍罗廷观察，国民党左派把打倒蒋介石、打倒党内军事独裁的问题提到了首位。他们试图让中共成为反蒋先锋。鲍罗廷和维经斯基不同意国民党左派的这一做法。1926年8月26日，中共中央代表团与共产国际远东局举行联席会议。会议认为，国民党左派目前在加紧敦促汪精卫回来，这一做法可能会过早地引起与蒋介石的冲突。中共和共产国际远东局显然无意支持国民党左派的这一做法，决定"不使左派轻易实现立即召回汪精卫的计划"。[③]

8月31日，顾孟余主动约维经斯基谈话，一方面希望共产党与国民党左派合作，再次表示应当让汪精卫回来；但另一方面，又指责共产党垄断和控制国民党，认为"在省里和地方党部里共产党人占多数……从全国来说，甚至在大量的基层组织中共产党人也占多数；有些地方共产党人不让其他人加入……而在另外一些地方，共产党人即使处于少数，但有自己的党团，作为有组织的少数派领导着国民党。"顾孟余对此表示不满，认为共产党人在占多数的地方应放弃多数，只占三分之一，并希望共产党人允许国民党左派在工农群众中进行工作。[④] 顾孟余所称的国民党左派，其代表人物是汪精卫、甘乃光、何香凝与他本人。

鲍罗廷认为，北伐使蒋介石所发动的推翻左派和共产党人政权的"三二〇"事件合法化，并使其军事独裁倾向神圣化。"蒋介石本人和他的那个中派在思想上决不仅仅是想限制共产党人在国民党内的作用。整个中派在其公开的言论中都表示反对共产党在中国的存在，并提出中国只有一个党将与共产国际发生联系的思想。在他们的观念中这个

---

①《共产国际执行委员会远东局委员会与鲍罗廷会议记录》（1926年8月16日），见《联共（布）、共产国际与中国国民革命运动（1926—1927）》（上），388—390页。

②《维经斯基同顾孟余谈话记录》（1926年8月17日），见《联共（布）、共产国际与中国国民革命运动（1926—1927）》（上），399页。

③《中共中央执行委员会特别委员会、中共中央执行委员会代表团和共产国际执行委员会远东局委员会联席会议记录》（1926年8月20、26日），见《联共（布）、共产国际与中国国民革命运动（1926—1927）》（上），411、414—416页。

④《维经斯基同顾孟余谈话记录》（1926年8月31日），见《联共（布）、共产国际与中国国民革命运动（1926—1927）》（上），422—424页。

党应该是国民党。当然是中派所领导的国民党。"鲍罗廷还称，以蒋介石为首的中派集团，其成员绝大多数是浙江人。中派的思想在国民党内是一股强大的思潮，其理论家和思想领袖是戴季陶。但他又认为，不能将蒋介石所代表的国民党中派与顽固的国民党右派相提并论。蒋介石本人也有意与右派划清界限并削弱右派在广东的影响，只是由于蒋介石将打击矛头主要对准共产党和国民党左派，从而为社会和政治的反动和倒退开辟了道路。后者在广东省的表现尤为明显。"三二〇"事件后，国民党在广东省的整个政策呈现右转和倒退的趋势，其最明显的表现有：以北伐需要后方稳定为由禁止工人罢工和抑制农民斗争；恢复旧的征收重税的办法，把全部税负加在农民身上；使各级政权机关和国民党本身直接服从于蒋介石的军事独裁等。①

鲍罗廷和维经斯基虽然都反对马上提出推翻蒋介石、欢迎汪精卫回来的口号，但两人在具体的策略上存有分歧。维经斯基认为，可以不刺激蒋介石来同广东的反革命派展开斗争。鲍罗廷认为这样做行不通。他告诉维经斯基，中国的问题在于，任何一个领袖都是和其学生、弟子及其各色各样的拥护者相互依存的，任何批评其下属的言行，都有可能会被看成是意在反对其领袖。因此，反对广东反革命派的斗争，注定会被理解为是反对蒋介石的斗争。

国民党左派迎汪复职，最早见于 1926 年 5 月 25 日彭泽民于国民党中常会上的提议。随后，江苏、安徽、湖北、广西等省省党部陆续发表通电，要求汪精卫回国主持北伐大计。于右任、经亨颐等还电请国民党中央催促汪回国。8 月 19 日，何香凝在中常会上临时动议，要求国民党中央对各方通电作出答复，并将有关函电转交汪精卫。8 月下旬，迎汪运动开始公开化。首先是黄埔军校的学生多数左倾化，并形成一股与蒋介石强烈对立的情绪。这种对立情绪表现在 8 月 21 日该校3 000 学生召开大会通过一项决议，该决议要求汪精卫回来。广州的工人组织也坚决抵制蒋介石禁止工人罢工的政策。以唐生智、李济深为代表

① 《共产国际执行委员会远东局使团关于对广州政治关系和党派关系调查结果的报告》（1926 年 9 月 12 日）、《共产国际执行委员会远东局使团关于广州政治关系和党派关系的调查结果和结论》（1926 年 9 月 12 日），见《联共（布）、共产国际与中国国民革命运动（1926—1927）》（上），439—444、483 页。

的北伐前线将领亦想限制总司令蒋介石的权力,甚至想把他推翻。这些将领们的意图,是想瓜分从吴佩孚和孙传芳政权下解放出来的省份。他们拥护汪精卫回来执政,是因为他们指望未来的汪政权会比独裁的蒋介石给予他们更多的独立自主性。[①] 此外,自"三二〇"之后,国民党内不少人怀有一种崇汪惧蒋心理。据陈公博后来的说法,3 月 20 日之变太莫名其妙,所以一般党人和将领都有点寒心和恐怖。"汪先生既因三月二十之变出走,虽然大家以为是一个闷葫芦,但抱不平而希望他回来的企图倒是很普遍而到处酝酿。因为汪先生的出走,大家遂想到三月二十之变;因为想到三月二十之变,大家遂不满意于蒋先生。那时虽然说不上反蒋,可是崇拜汪而惧怕蒋倒是一个显而易见的心理。"[②]

对于后方的迎汪运动,蒋介石的第一反应是共产党人在幕后操纵,意在"借此以倒蒋"。[③] 对此,他恨之"切齿"。据共产国际远东局的说法,直到 9 月初,共产党人同汪精卫之间始终没有联系。尽管中共广东区委对汪精卫十分看好,认为汪精卫作为国民党左派领袖,会毫不畏惧地同农民结成联盟,为了农民利益进行社会改革。共产国际远东局则认为,对汪精卫"这位典型小资产阶级的和相当脆弱的政治家"不能作过于乐观的评价和期望。远东局主张,目前最好的出路是汪精卫和蒋介石之间达成协议,其基础是蒋介石放弃军事独裁企图,实行明确的民主纲领,保证进行土地改革。中共的任务是扩大和加强国民党左派,但在帮助左派和参与领导工作时,共产党人不应当突出自己,也不应当试图直接从组织上领导国民党。[④]

由于中共中央直接受共产国际远东局的指导,远东局的意旨直接影响中共的政策走向。1926 年 9 月 16 日,共产国际远东局与中共中央委员会举行联席会议。会上,维经斯基认为,要向国民党左派表明,我们不希望同蒋介石发生争斗。理由很明确,争斗会给广州造成威胁,

---

① 《共产国际执行委员会远东局使团关于对广州政治关系和党派关系调查结果的报告》(1926 年 9 月 12 日),见《联共(布)、共产国际与中国国民革命运动(1926—1927)》(上),473、475 页。

② 陈公博:《苦笑录》,95 页,香港大学亚洲研究中心,1979。

③ 《蒋介石年谱初稿》,655 页。

④ 《共产国际执行委员会远东局使团关于对广州政治关系和党派关系调查结果的报告》(1926 年 9 月 12 日)、《共产国际执行委员会远东局使团关于广州政治关系和党派关系的调查结果和结论》(1926 年 9 月 12 日),见《联共(布)、共产国际与中国国民革命运动(1926—1927)》(上),477、489—490 页。

必须使蒋介石在前线安心，不能急于召回汪精卫，我们不应挑头来反对蒋介石。蒋介石也不会来进攻，因为他在前线的处境迫使他寻求支持。会议决定："我们党在汪精卫问题上的政策现在应当是，无论如何不给蒋介石以任何借口来坚决反对国民党左派和从前线撤退；因此，我们对蒋介石的政策现在应当是，在国民党十月全会上要向左派和蒋介石表明，我们确实真的希望他们进行合作。"①会后，中共中央立即向全党发出通告，解释蒋汪合作的必要性，并说明"迎汪绝不是就要倒蒋"，因为在现时内外情势之下采取"迎汪倒蒋"的政策是很危险的："一动摇了北伐的局面；二继蒋之军事首领不见比蒋好"；"我们向蒋诚恳的表示，汪回后我们决无报复行为，决不推翻《整理党务案》"，"如果蒋能执行左派政纲成为左派，我们亦可不坚持要汪回来"。②

在 9 月 20 日召开的中共中央政治局和共产国际远东局委员联席会议上，维经斯基又提出，在蒋、汪谈判中，我们不应充当汪的代表，而应当作为独立的一方，既不反对蒋，也不反对汪。张国焘提出，为了防止国民党中央过早发生分裂，应当将权力按地区来划分：江西和福建归蒋介石，湖南和湖北的一部分归唐生智，而广州和全党归汪精卫。维经斯基、瞿秋白、彭述之等人均认为应当迫使蒋介石同汪精卫在分配权力问题上达成协议，但对蒋汪之间能否达成协议表示怀疑。③

蒋介石既认为迎汪运动乃中共在幕后操纵，深知"解铃还须系铃人"，要阻止迎汪运动，非找共产党人疏通不可。他派胡公冕作其私人代表前往上海见陈独秀，请中共不要坚持让汪精卫回来，表示"汪回后将为小军阀所利用和他捣乱，分散了国民革命的势力"，"汪回则彼决不能留"。陈独秀通过胡公冕答复蒋介石说：蒋应当同汪一起工作，有三点主要理由：一是国民党领导人中剩下的人很少，廖仲恺去世，胡汉民变节，只剩下蒋汪两人，应当一起工作；二是张静江在广东的政策执行

①《共产国际执行委员会远东局委员与中共中央执行委员会委员联席会议记录》(1926 年 9 月 16 日)、《共产国际执行委员会远东局委员与中共中央执行委员会委员联席会议决议》(1926 年 9 月 16 日)，见《联共(布)、共产国际与中国国民革命运动(1926—1927)》(上)，500—503 页。

②《中央通告第 17 号》(1926 年 9 月 16 日)，见《中共中央第一次国内革命战争时期统一战线文件选编》，257 页。

③《中共中央执行委员会政治局委员和共产国际执行委员会远东局委员会联席会议记录》(1926 年 9 月 20 日)，见《联共(布)、共产国际与中国国民革命运动(1926—1927)》(上)，525—526 页。

不好,失去了在群众中的影响,需要汪精卫回来领导和整顿;三是汪精卫回来,有助于缓冲蒋介石与前线将领之间的矛盾和冲突。此外,陈独秀还阐述了让汪精卫回来的3点保证:一是蒋汪合作不是迎汪倒蒋;二是仍维持蒋之军事首领地位,愈加充实扩大蒋之实力作更远大之发展,决不主张别的军人拥汪以倒蒋;三是汪精卫回来,不撤销5月15日关于共产党人的《整理党务案》。最后陈独秀建议由蒋介石首先主动提出让汪精卫回来的倡议,以表明此事不是违背他的意志而是根据他的倡议进行的。①

除派胡公冕赴沪见陈独秀外,蒋介石还邀请共产国际远东局的负责人维经斯基赴汉口晤商,希望得到共产国际方面的帮助。维经斯基接受了蒋的邀请。在动身前往汉口前,维经斯基与中共中央政治局开会,具体研究汪蒋之间、蒋唐之间权力如何分配,才能避免他们相互间的冲突。会议决定:一、须将军权与党权分开,请汪精卫回粤,并将党权交与汪精卫;二、为避免蒋与各地小军阀发生冲突,须将地方的军队和财政与中央划分,使当地军事领袖不致因蒋为中央军事领袖而虑其自身地位之动摇;三、维持蒋之中央军事领袖地位,当使蒋知道过去的黄埔军队在此次北伐中是失败了,以后须准备在武汉作第二次更大规模的黄埔式的练兵,必须扩充至10师以上的力量以备应付未来与奉系的战争,迎合蒋好大喜功的心理,使蒋抛弃目前和汪的争持。②

国民党左派方面,以顾孟余、何香凝等人为代表,积极进行迎汪回国工作。左派准备发起召开国民党第三次全国代表大会或临时代表大会来实现迎汪复职计划,不料蒋介石先发制人,忽然在9月4日中央政治会议上决定于10月1日召开中央委员与各省区党部代表联席会议。据中共中央分析,蒋介石召集此次会议的用意,乃欲迁移中央政府(迁都),抬高党的威权,以统制实力强大的唐生智等将领,并杜绝汪精卫回广州取得国民政府领袖地位。蒋介石考虑到北伐军已攻占汉口,武昌

---

①《中共中央执行委员会政治局委员和共产国际执行委员会远东局委员会联席会议记录》(1926年9月20日),见《联共(布)、共产国际与中国国民革命运动(1926—1927)》(上),524—525页;《中央给广东信》(1926年9月22日),见《中共中央第一次国内革命战争时期统一战线文件选编》,268—269页。

②《中央给广东信》(1926年9月22日),见《中共中央第一次国内革命战争时期统一战线文件选编》,269页。

也指日可下，而武汉的实际控制权却有可能落入唐生智之手，“非有政府委员及中央委员先来数人，其权恐不能操之于中央”。分析蒋介石召集会议的动机后，中共中央积极采取对策，除一面通知各地迅速选派代表外，一面电请蒋介石展期至“双十节”开会，以便各地尽可能地选派左派去参加。对于蒋介石迁都武汉的提议，中共中央表示反对，因国民政府在广州尚有相当的左派群众基础，鲍罗廷和中共广东区委尚可对之施加一定影响，担心迁至武汉后，左派群众的影响减小，国民政府的政策和行动更将趋右。中共迎汪的意图之一是试图挽救广东这块革命根据地，寄希望于汪回来后能改造广东省政府，将广东省政府的实权由右派转移到左派之手。国民党左派顾孟余、何香凝等获悉蒋介石召集大会的消息后，亦积极运动各地左派代表出席，并决定两项应对方针：一是在大会上揭露“三二〇”事件真相；二是恢复党权，拥汪复职，并巩固左派与中共的合作。中共中央获悉左派的两项应对方针后，认为第一项太厉害了，“若把三月二十日真相说明，则蒋完全是反叛，现时尚不宜如此尽情揭露，可以含混一点”。①

中共中央认为，此时的蒋介石已是声势煊赫：“党权、政权、军权皆集中于总司令一身，蒋所在地，就是国民党中央所在地，国民政府所在地；蒋就是国民党，蒋就是国民政府，威福之甚，过于中山为大元帅时。蒋之中派分子，系以浙江人及黄埔系组成，现时党中、军中、政府机关以至广东大学握重权者，多此两系分子。”与国民党中派相比，国民党左派显得软弱得多：左派唯一的首领汪精卫远适异国，不知踪迹；一般左派要人中，顾孟余行动右倾，对中共心怀疑惧；丁惟汾任中央青年部部长后也与中共为难；陈公博则与孙科联名提议将广东的左、右两翼工会同时解散，号召“在工农运动中打倒左倾的流氓派及右倾的反动派”，实则讨厌工农运动；只有何香凝、宋子文、甘乃光、陈友仁等人还保持真正左派的面目，但他们无组织、无理论、无方法，不知怎样去进行，要中共为之领导。在中共看来，只有群众方面，左派基础反而日渐扩大，如黄埔军校学生中左派分子约占 80％以上，他们虽没有公开反蒋，但迎汪的

---

①《中央对于国民党十月一日扩大会的意心》（1926 年 9 月 20 日），见《中共中央第一次国内革命战争时期统一战线文件选编》，258—259 页。

空气非常浓厚。国民党中央党部自中共退出后，大权握于中派张静江、叶楚伧之手，除与中共为难外，并无其他工作，缺乏群众基础。上海的“西山会议派”仍以“赤化”攻击蒋。故蒋介石虽然声势煊赫，却也因此遭各派各军之嫉忌。正是在这样一种背景下，迎汪复职的声浪日趋高涨。在迎汪复职的声浪中，中共中央的方针是：极力促成迎汪复职运动，但决不是倒蒋。“我们的口号是‘蒋汪合作’，我们的态度是虽不退出 K. M. T（国民党），但不代替 K. M. T。”[①]

1926 年 10 月 3 日，中共中央致信广东区委，对汪蒋问题又作出新的决定：迎汪要万分谨慎，“迎汪决定必以蒋同意或前敌战事大胜为条件，万万不可鲁莽从事”。[②] 但就在同一天，蒋介石发出了“迎汪”之电。电中表示：“本党使命前途，非兄（指汪）与弟共同一致，始终无间，则难望有成。兄放弃一切，置弟不顾，累弟独为其难，此于兄可敝屣尊荣，岂能放弃责任与道义乎？”[③]据称此电是苏俄顾问加伦苦劝之结果，并非出于蒋之本意。[④] 除此电外，蒋另致电张静江，说明汪回的条件。电报称：“北伐军事只到江西为止，我以后专力军事，汪可回来任党及政府工作。但汪回必须附带三个条件：一、汪回当由汪精卫、李石曾、张静江组织三人合作的政府；二、汪回须听你们（引者注：指张静江等）的话；三、汪须改去以前的错误，不能做倒蒋运动。至于汪回时间，须待北伐军事稍为结束之时。”中共中央据此认为，蒋对汪的态度，似已多少受了中共的影响。中共中央同意汪回时间定在江西战事结束之后，但“汪回而与李（石曾）、张（静江）三人组织政府及蒋专任军事不涉党政均不可能，且甚危险”。中共分析，蒋介石之所以抬出李、张与汪并列，意欲以李、张制衡汪，其实汪回后，其声望足以笼罩一切，权力自然会转移于汪之手，李、张不会起其作用。虽然如此，中共认为仍须向蒋说明，只承认汪蒋

---

① 《中央局报告》（1926 年 9 月 20 日），见《中共中央第一次国内革命战争时期统一战线文件选编》，260—262 页。

② 《中央给粤区的信》（1926 年 10 月 3 日），见《中共中央第一次国内革命战争时期统一战线文件选编》，270 页。

③ 《蒋介石年谱初稿》，712 页。

④ “据加伦同志报告，关于迎汪问题，初与蒋谈未遂；后又谈三小时，蒋一言不发，听加（伦）说而已。第二日蒋发电亦未交加（伦）过目，自此以后蒋态度更不好，表现要自动，不愿听人被动。26 日曾不顾一切地乱下总攻击令，加（伦）知之力阻始罢。”《中央给粤区信》（1926 年 11 月 9 日），见《中共中央第一次国内革命战争时期统一战线文件选编》，305 页。

合作的政府，不承认由张静江代表蒋，因张、蒋虽均属中派，而张更右倾，蒋则有时左倾。另外，中共担心，若让蒋专任军事，而党政方面没有蒋参加，可能会再发生“三二〇”之类的事件。所以必须劝蒋，军事与党政不能分离，军事上当容纳汪之意见，同时蒋亦必须加入党及政府组织。中共中央立即将这些意见电复鲍罗廷，同时还表示：蒋若坚持其原议，我们也可让步，因为事实上只要汪回，声势所致，李、张均难以牵制汪，只虑汪回之后，左派与中共做得太左，难免激起蒋的反感。①

①《中央政治报告》(1926 年 10 月 11 日)，见《中共中央第一次国内革命战争时期统一战线文件选编》，275—276 页。

第二节　左派问题论争

1926年10月15日至26日，中国国民党第二届中央委员及各省区代表联席会议在广州举行。出席会议的中央执监委员（含候补委员）34人，各省区及海外代表52人。会议虽由蒋介石发起召开，却被中共和国民党左派操纵，“几乎是C.P.包办”。[①] 会议通过了一个左派的政纲，内容有四：一、拥护总理联俄联共政策；二、拥护孙中山、廖仲恺的农工政策；三、反对西山会议派；四、拥戴汪精卫为领袖。会中讨论“迎汪案”，虽有所争论，但最终顺利通过了《请汪精卫销假案》，并决定推派张静江、李石曾、何香凝、彭泽民、张曙时、简琴石等为代表前往劝行。中共中央随即发布党内通告，号召全党各级组织为“迎汪复职”运动造势，并设法运动各地国民党地方党部发表迎汪复职电报，促汪速回。[②]

中共中央对国民党的总策略是加强左派，反对右派，孤立中派并使之左倾。这一总策略来自莫斯科方面的指示。1926年7月，斯大林和布哈林明确重申中共必须留在国民党内，以及在国民党内通过加强左派和建立共产党人和国民党左派的联盟来改变国民党，使国民党急进化。但令中共失望和焦虑的是，国民党左派实在太软弱无用，简直是扶不起的阿斗。陈独秀对当时国民党左派的情形做过如下一番细致的描述：

---

① 《陈独秀关于国民党问题报告》（1926年11月4日），见《中共中央第一次国内革命战争时期统一战线文件选编》，292页。

② 《中央通告第二十六号》（1926年11月3日），见《中共中央第一次国内革命战争时期统一战线文件选编》，283页。

三月二十日后，左派几乎粉碎了，无论何事，左派均先问 C. P. 意见，C. P. 不表示，便不敢做。就是此次 K. M. T. 中央与各省党部联席会议，还几乎是 C. P. 包办，C. P. 不包他们便无法办。以上是广东情形。在上海方面，更完全是 C. P. 包办，左派领袖柳亚子，我们费了多少力气去助他，他仍不肯出来负责，一切工作皆是 C. P. 办。这种现象，使得上海资产阶级亦情愿直接与 C. P. 支配的上总（引者注：指上海总工会）合作，而觉 K. M. T. 没有什么用。广东的资产阶级，也有时以对 C. P. 比对K. M. T. 更为重视。在北京方面，K. M. T. 工作，无论左派右派均消沉，所有工作皆守常（引者注：指李大钊）同志在那里提调，几乎 K. M. T. 就是李守常。在湖南方面，最近全省代表大会，C. P. 分子占百分之四十余，左倾者百分之十余，中立者百分之二十余，右派百分之十余，湘区初取放任态度，一切议案，都让左派自己起草，一是免得说我们包办，二是借以考察左派的能力与理论，但开会一星期后，议论纷纭，无一点成绩，C. P. 分子不得不出面包办，其结果，议决案及选举均依照我们的意见通过。当大会初开时，我们同志很少说话，对于小问题，同志间发表的意见故有出入，右派以为 C. P. 也不一致，但到最后议案通过及选举结果完全照我们的预计实现，于是各派都对 C. P. 的组织一面惊赞，一面发生恐怖。①

1926 年 10 月 4 日，中共中央致信广东区委，指示对国民党左派的政策。上海中央根据来自广东、湖南等方面的最新反映，国民党左派对于 C. P. 虽表示愿意合作，但很怀疑 C. P. ，感觉 C. P. 厉害、可怕，因为 C. P. 政策老练，而且“一切群众均在 C. P. 手内”。上海中央认为，这是一种很危险的倾向，如不预先注意，则未来可能再发生“三二〇”之类的事件。中共中央强调，必须使国民党左派也感觉自己有群众，有力量，才能消除其疑虑、畏惧和防备心理；批评党内一些同志处处包办国民党，不给国民党左派以负责任和接近群众的机会，使得国民党左派完全不能独立起来。中共中央认为，过去包办国民党的结果，一方面是不能

①《陈独秀关于国民党问题报告》（1926 年 11 月 4 日），见《中共中央第一次国内革命战争时期统一战线文件选编》，291—292 页。

使左派群众组织得到更广阔的发展,一方面使斗争性质没有扩大成为国民党内左、右派之争,而变为国民党右派与中共之争。①

然而,鲍罗廷和中共广东区委有不同的看法。鲍罗廷在广州10月间召开的一次中共党团会议上报告说,只有一般被压迫的工农商学各界民众才是真正的左派,也只有为民众利益奋斗才可以做成真正的左派,而现在所认定的国民党上层某人某人为左派,是滑稽和不可靠的。围绕国民党左派问题,中共广东区委展开了一场讨论,其焦点是国民党内到底有没有真正的左派,左派的标准如何认定。粤区的同志多数同意鲍罗廷的看法。他们认为,若说国民党有左派,那么只有左派群众,没有左派领袖。国民党上层的所谓左派,只是一部分不能与中派和右派合作的分子,为了防御右派的进攻以保持其地位而形成的组织,并不是在认同左派政纲的基础上形成的一种结合。这些人是因为在某一时、某一事上表现出与右派不同,因而被中共认做左派的,实际上他们最多只能称作"准左派"。真正的左派是一般被压迫的学生、商人、农民、市民和手工业工人。粤区的同志认为,在国民党右派进攻的地方,准左派为了对付右派,不能不与中共联合,而且在主张上不能不与右派立异;中共亦需要准左派以减少与右派的直接冲突。故此,当准左派与右派争斗时,中共要给准左派以相当的尊重和援助。粤区的同志建议,鉴于准左派不愿居于C. P.的附庸地位,中共应在表面上尊重他们的独立地位,但实际上中共要取得领导他们的地位;对于真正的左派群众与准左派的结合,中共亦应在表面上尊重他们的独立,但实际上要有领导左派群众的实权。②

对于粤区同志的看法,上海中共中央承认,现时的国民党左派没有具体的政纲,没有中心人物,左派领袖与群众相隔离,但不同意国民党左派只有群众没有领袖的看法,认为粤区同志怀疑国民党左派领袖,其错误是对左派的要求太高,几乎与共产党无甚差别。中共中央的看法是:国民党左、右派与中共的不同,表现在中共直接为农工的利益奋斗,

---

①《中央致粤区信》(1926年10月4日),见《中共中央第一次国内革命战争时期统一战线文件选编》,271页。

②《粤区对于左派问题之讨论》(1926年10月),见《中共中央第一次国内革命战争时期统一战线文件选编》,295—299页。

国民党左派利用农工为自己的利益奋斗，国民党右派则摧残农工利益。"我们若以 C. P. 的观点视 K. M. T. 左派，责他们也站在工农阶级的利益上为工农奋斗，则中国便不必有 C. P. 存在。"[①]中共中央认为，国民党左、右派只是比较之词，并没有一个固定的标准，也不必严格去区分什么是真正的左派和准左派。若说只有一般被压迫的工农商学各界民众才是真正左派，恰是混淆了社会的左派和国民党左派之区别。[②]

中共中央认为，必须有国民党左派的存在，国共合作才能进行下去。哪怕只有一些和右派不同、不能和右派合作的左派，做中共与右派之间的缓冲，也有很大的作用。若否认左派的存在，则中共只有两条出路：一是与右派合作，随着右派压迫工农群众；二是由中共领导群众，直接与右派冲突，这也意味着共产党与整个国民党冲突。因此，中共中央指示："如果没有左派，我们就要造左派。"[③]

中共广东区委与上海中央之间的政策分歧，在相当程度上是鲍罗廷与共产国际远东局负责人维经斯基之间意见分歧的反映。共产国际远东局自 1926 年 6 月开始在上海进行工作，其职能是加强共产国际对中国、朝鲜和日本等国共产党革命的直接领导，其中对中共的领导是远东局的工作重心。这样一来，莫斯科在华指导机构实际形成了三足鼎立的局面：加拉罕在北京，鲍罗廷在广州，维经斯基在上海。加拉罕在 1926 年 10 月离开中国以前一直是莫斯科其他驻华代表的最高上级。鲍罗廷主要负责指导国民党中央、广州国民政府以及广东的中共组织。维经斯基及其远东局则集中领导上海中共中央的工作以及中共全党事务。这一分工，很难避免产生矛盾，因为中共中央在上海，国民党中央在广州，共产党在国民党内的工作，实际上是鲍罗廷指示广东区委在领导。远东局工作伊始，即对鲍罗廷和中共广东区委对国民党的工作提出种种指责。远东局认为，鲍罗廷与广东区委在 1925—1926 年间，在

---

① 《陈独秀关于国民党问题报告》(1926 年 11 月 4 日)，见《中共中央第一次国内革命战争时期统一战线文件选编》，292—294 页。

② 《关于国民党左派问题议决案》(1926 年 12 月)，见《中共中央第一次国内革命战争时期统一战线文件选编》，348 页。

③ 《粤区来信》(1926 年 10 月 21 日)，见《中共中央第一次国内革命战争时期统一战线文件选编》，287 页。

对待国民党和国民政府的政策上犯了严重的政治错误，这些错误导致了同以蒋介石为首的中派的过早分裂和蒋的“三二〇”武装示威，导致了蒋介石对共产党人和国民党左派的总进攻，削弱了中共在国民党内的地位，因此建议莫斯科方面撤换鲍罗廷。但莫斯科方面否决了远东局的建议（10月21日），并决定在加拉罕离开中国以后，鲍罗廷直接听命于莫斯科，要求远东局的一切决议和措施都必须同鲍罗廷协商（11月11日）。鲍罗廷从而成为联共（布）和共产国际驻华的主要政治代表。

自国民党中央与各省区联席会议召开后，中共中央对迎汪复职的态度转趋积极。11月9日，中共中央与共产国际远东局委员一起开会，共同商讨时局对策。会后，中共中央指示广东区委：“蒋既有电表示，大会又已通过迎汪复职，战争情形又好，故汪应即回。蒋、张（静江）诚意迎汪与否，愿汪得权与否，都不必顾及。汪回，左派始有中心，左派政权在广东始能建立。至于汪回的地位问题，他不必与蒋争党的名义上的主席，已经有很多的要职，即令一职不任，只要他到了广州，事实上便成为左派的中心、政治的中心，并且是党的中心，所以我们当极力设法劝汪回。蒋此时在全国迎汪高潮中，对汪亦只能有暗斗，而不能有明争，更不至于有武装的冲突。若汪不回，则蒋反得所借口，说汪自己不愿回来，不是他阻止汪回。”①

鲍罗廷和中共广东区委对于迎汪复职却不甚乐观。他们认为，汪蒋合作，现在不过是一个宣传口号而已。虽然蒋有电报请汪回来，联席会议也有迎汪决议，但在另一方面，蒋介石又把广东政权交给李济深控制以抵制汪氏。现在左派没有力量，“三二〇”事件的余威犹存，如果做得太左，是很不利的。再说，联席会议虽然通过迎汪复职案，但实际上，汪精卫如回来并无职可复。因为汪离粤前，国民党中央并无主席制度，现设主席由蒋担任，而张静江又坚决反对动摇蒋之主席位置。而汪原任的政治委员会主席，又因该会改为政治会议而无形取消。此外，由谭延闿代理的国民政府主席是一个没有实权的位置。故汪回实无职可

①《对于目前时局的几个重要问题》（1926年11月9日），见《中共中央第一次国内革命战争时期统一战线文件选编》，303页。

复。因此，他们对于迎汪复职问题，采取听其自然的消极态度。

中共中央也承认，国民党联席会议上虽然左派空气极浓厚，形成的一切决议也都好，但实际的结果并没有得到，仍然是国民党中派的胜利，并为中派造成一个有利以后反攻的基础。为此，中共中央提出必须采取补救措施，即不急于要汪回来。中共中央分析，汪如果回来，此时与蒋的关系，只会有暗潮，不会有明争，蒋绝不可能用军事行动反汪，故现时不必担心蒋介石会发生什么问题。所谓汪蒋合作只是表面的宣传语，其实仍是长期和持续的斗争。左派要与中派合作，必须先掌握政治领导权才有可能。若汪不回，左派政权难以建立，蒋却得到了反汪宣传的借口。上海中央批评粤区同志采取听其自然的消极政策是错误的，认为粤区同志一方面表现太左，一方面又表现太右。太左的表现是要求取消蒋介石的主席职务以迎汪；太右的表现是恐惧蒋"三二〇"事件的余威，不敢积极主张汪即刻回来。①

除迎汪外，中共中央认为对唐生智应采取"包围"的办法而不是抑制的办法，通过个人之间的亲密接触、民众的组织力量和俄国同志的影响等手段，促使唐生智左倾，打破革命只有一个独裁者的幻想。中共中央批评粤区同志存有"扶蒋抑唐"的观念和以蒋为独尊者的观念。在广东，无论国、共，均认为唐生智是将来最不可靠、最危险的人物，处处防范唐、疏远唐、抑制唐。鲍罗廷在致加拉罕、陈独秀和维经斯基的电报中明确说：在广州，他宁要汪而不要蒋；在汉口，则宁要蒋而不要唐。②中共中央认为这种观念是极端的错误。因为从眼前的事实看，唐比蒋表现得要好一些，蒋比唐更阴险狠毒。"蒋何尝尊重国民政府？""蒋介石目中何尝有一个党，一个政府？""倘使为革命的利益不容许蒋个人再这样专制下去，必须改变现在的局面。"③中共中央对蒋的不满与日俱增。

---

①《中央给粤区信》（1926年11月9日），见《中共中央第一次国内革命战争时期统一战线文件选编》，304—306页。

②《鲍罗廷给加拉罕、陈独秀和维经斯基的电报》（1926年9月15日），见《联共（布）、共产国际与中国国民革命运动（1926—1927）》（上），496页。

③《中央给粤区信》（1926年11月9日），见《中共中央第一次国内革命战争时期统一战线文件选编》，306—308页。

中共中央的对蒋政策致使基层党组织和党员的行动更为激烈。1926年10月22日,蒋介石接黄埔同学会报告,第四期学生"被人播弄,举动悖谬",断定"从中C. P. 或为之祟",甚为愤恨,"暴怒形诸口舌"。11月上旬末,武昌一次军民集会上,工人公开呼喊"打倒蒋介石"的口号。消息很快传到了江西九江。蒋大为恼火。与此同时,广州黄埔学生再次发出了"倒蒋"的声音。蒋闻之"不胜愤激","知后方学生为人利用,欲推倒校长",慨言"三年来受尽屈辱,忍痛至今者,纯为总理革命使命,一手所扶植学生也,而今受人愚弄,胡闹若此,尚何言哉！尚何言哉!"在此前后的一段时间里,蒋介石一直处于焦虑、激愤的状态中,几乎难以排遣和自拔。他在11月8日的日记中这样写道:"三年来酸辛泪,时自暗吞,历史无事实,事实决不能记载也。知我者,其惟鬼神乎!"①

①《蒋介石年谱初稿》,754、785、784页。

第三节　迁都之争

迎汪复职方兴未艾，迁都之争又起波澜。

迁都之议，始于蒋介石。1926年9月6日至7日，国民革命军相继克复汉阳、汉口，武昌也指日可下。革命势力正向长江流域进展，武汉因其地理位置重要，有望继广州之后成为新的革命中心，但这一中心即将落入唐生智之手。蒋介石深怀忧绪。9月8日，蒋在日记中写道："接孟潇(引者注：即唐生智)总指挥函，其意不愿余在武昌，甚明矣。"① 9月9日，蒋介石致电国民党中常会代理主席张静江与国民政府代理主席谭延闿，请政府常务委员来湖北主持党政大计。电称："汉阳汉口既克，而武昌城敌因无退路，故尚负隅，现在正在设法劝降中，城虽未下，而军事实无问题。武昌克后，中(引者注：蒋自称)即须入赣督战，武汉为政治中心，务请政府常务委员先来主持一切，应付大局，否则迁延日久，政治恐受影响，请勿失机。"②蒋所担心的"政治恐受影响"，实即恐受唐生智影响。9月14日，蒋介石在日记中称："余决离鄂向赣，不再为冯妇矣，否则人格扫地殆尽。"③次日他又记："革命环境，乃至于此乎！压迫牵制监视之难堪，回肠荡气，其能忍受以终耶?"18日，蒋介石再次致电张、谭："中离鄂以后，武汉政治，恐不易办，非由政府委员及中央委员先来数人，其权恐不能操之于中央。"④与此同时，蒋介石还电请

---

①《蒋介石日记类抄·军务》，见杨天石《蒋氏秘档与蒋介石真相》，237页，北京，社会科学文献出版社，2002。

②《蒋介石年谱初稿》，677页。

③《蒋介石日记类抄·军务》，见杨天石《蒋氏秘档与蒋介石真相》，237页。

④《蒋介石年谱初稿》，686、691—692页。

鲍罗廷、维经斯基等人赴汉。鲍罗廷明白,蒋介石之所以这么做,是担心武汉会出现政治上的麻烦,蒋在为自己寻求政治增援。“蒋请我们到汉口去,为的是以国民政府和中央在当地的声望帮助他保持住政权”;另外,广州方面正在开展迎汪运动,鲍罗廷等人如果离开广州前往武汉,既可削弱广州的左派势力,又可帮助蒋介石抑制唐生智在武汉的势力膨胀,达到一箭双雕的目的。但鲍罗廷担心,如果不应邀赴汉,势必会引起蒋介石的怀疑。①

9 月 18 日,国民党中央政治会议第 22 次会议讨论蒋介石的提议,决定在武汉组织政治会议分会,由蒋介石、徐谦、顾孟余、王法勤、李大钊、柏文蔚、邓演达、陈公博负责组织工作,并电请李大钊、柏文蔚、王法勤 3 人赴汉。在此前后,蒋介石、张静江等提议召开国民党中央与各省区代表联席会议,以决定国民政府北迁等问题。中共有意将广东建设成为一个左派革命中心,乘蒋介石不在广州而对国民党的最高权力中心施加一些影响,如政府北迁,则有可能失去这一基地。而且所有左派领袖离粤后,广东的民众组织将直接与李济深的军事力量发生冲突而无转圜余地。与广东相比,湖北左派群众的基础还非常薄弱,不能影响政府,如国民政府移鄂,必较在粤更右。中共中央担心,国民政府北迁的结果,可能得不到湖北,反而失去广东。再说,中共中央并不赞成蒋介石抑制唐生智的做法,认为:“唐生智过去虽无革命历史,现在的表现的确很左倾。蒋及国民政府应该承认唐的势力,不应再用抑制而事实上又无力抑制他,徒然逼起他的反感。国民政府的组织现在还说不到如何绝对的统一与集中,国民革命中也决不是只能有一个革命独裁者,若果勉强的做去,不是逼起唐与右派接近,便是逼起唐由左反蒋。”②故当 10 月 16 日广州联席会议讨论国民政府北迁案时,中共联合国民党左派代表一致表示反对。结果会议决议:“国民政府仍暂设于广州。”蒋介石获悉这一消息后,于 10 月 22 日致电张静江与谭延闿,又提出两个变通方案供选择:一是中央党部与国民政府机关留在广州,而将中央执

---

①《鲍罗廷给加拉罕、陈独秀和维经斯基的电报》(1926 年 9 月 15 日),见《联共(布)、共产国际与中国国民革命运动(1926—1927)》(上),495—496 页。

②《中央局报告》(1926 年 12 月 5 日),见《中共中央第一次国内革命战争时期统一战线文件选编》,325、328 页。

行委员会移至武昌；二是国民政府留粤，而中央党部移鄂，声称“广东偏于一隅，且地方界限甚深，如党部移鄂，其进行必较粤有利，如欲发展，非速移不可”。[①]

11月7日，北伐军攻克南昌。9日，蒋介石将国民革命军总司令部移设南昌。在这种情况下，鲍罗廷和中共广东区委率先改变了对国民政府北迁的看法，同意蒋介石先前的主张。理由是：江西战事结束，孙传芳已失败，国民政府将向全国发展，要以武汉为中心进行第二期北伐，巩固广东省的基础已不是当前主要的工作；其次，张作霖和日本关系紧张，不再存有对迁都武汉会和张作霖冲突的顾虑。加之鲍罗廷和粤区的同志对唐生智不信任，迁都武汉可树立党的权威，以便控制唐生智。[②] 但中共中央仍然表示反对，认为国民政府与国民党中央党部若迁武昌，不但汪精卫不能回，并且国民党左派分子势必相随赴鄂，这样一来，建立左派政权和广东模范省的计划，都将成为泡影。[③] 鲍罗廷不以为然，认为广东民众已经起来，可以独立，国民政府毋庸在此干涉一省之事，而要到武汉的适中地点去指导全国。[④] 除鲍罗廷外，俄顾问加伦亦赞同迁鄂，认为政府迁鄂后，北方问题将更容易解决，也不会与唐生智发生冲突。[⑤]

11月16日，国民政府派代理外交部部长陈友仁、司法部部长徐谦、交通部部长孙科、财政部部长宋子文为调查委员，借整顿各省党政名义，离粤经赣北上，前赴武汉做政府迁移准备。同行的有顾问鲍罗廷、中央党部秘书长叶楚伧、国民政府委员蒋作宾、中央委员宋庆龄等。11月19日，蒋介石再电张静江、谭延闿。电曰：“闻徐、宋、孙、鲍诸同志来赣，甚喜。务请(顾)孟余先生速来。中(引者注：蒋自称)意中央如不速迁武昌，非惟政治、党务不能发展，即新得革命根据地亦必难巩固。

---

①《蒋介石年谱初稿》，754页。

②《中共广东区委政治报告(二)》，见广东省档案馆、中共广东省委党史研究委员会编《广东区党、团研究史料(1921—1926)》，479—480页，广州，广东人民出版社，1983。

③《对于目前时局的几个重要问题》(1926年11月9日)，见《中共中央第一次国内革命战争时期统一战线文件选编》，303页。

④《粤区政治报告》(1926年11月23日)，见《中共中央第一次国内革命战争时期统一战线文件选编》，318页。

⑤《加同志对于国民政府迁移及对唐生智政策意见》(1926年11月22日)，见《中共中央第一次国内革命战争时期统一战线文件选编》，331页。

此非中有所私。且中以后必不能驻武昌也。如中央与政府未迁武昌以前,中亦不到武汉。以此时除提高党权与政府威信外,革命无从着手,如个人赴武昌,必有认人不认党之弊,且自知才短,实不敢负此重任也。”①

11 月 26 日,国民党中央政治会议正式作出中央党部与国民政府北迁武汉的决议。30 日,政治会议议决设立政治会议广州分会。12 月 2 日,国民党中央党部停止办公。12 月 5 日,国民政府停止办公,发表北迁通电。7 日,国民党中央发表北迁通电,宣称半月内可到武昌办事。是日,第一批中央党部和国民政府人员起程北上。

国民政府四部部长及鲍罗廷等一行于 12 月 2 日到达南昌,12 月 10 日抵达武汉。13 日,在鲍罗廷的提议下,在武汉宣布成立“中国国民党中央执行委员暨国民政府委员临时联席会议”,并正式对外宣告:“中央执行委员会政治会议未在鄂开会以前,执行最高职权。”②参加成员有孙科、徐谦、蒋作宾、柏文蔚、吴玉章、宋庆龄、陈友仁、王法勤、唐生智、邓演达、詹大悲、宋子文、董必武、于树德等,以徐谦为主席,叶楚伧为秘书长,鲍罗廷为总顾问。12 月 19 日、20 日,蒋介石两电湖北政务委员会主席、国民革命军总政治部主任邓演达,对武汉临时联席会议的议决案表示同意。1927 年 1 月 1 日,临时联席会议宣布,国民政府在武汉办公,财政、外交、交通、司法四部开始行使职权。

蒋介石对武汉临时联席会议的设置可能带来怎样严重的权力变局,最初并未十分警觉,故虽有所不满,却未公开表示反对。经过几天短暂的思虑后,他越来越觉得由以左派为中心的武汉临时联席会议代行最高职权之危险性,有可能在鲍罗廷操纵下架空自己的权力,回复到“三二〇”以前的局面,加之在武汉的实力派军人唐生智、张发奎等人都表示服膺临时联席会议,恐将来难以掌控。蒋在 12 月 15 日日记中写道:“思量处境之苦,遭忌之深,痛与泪并。革命事业艰难至于斯,感喟不已。”12 月 29 日又记:“党务政治不能自由设施,则虽胜无异于败

---

①《蒋介石年谱初稿》,800 页。
② 李云汉:《从“容共”到“清党”》,影印版,532—533 页,台北,及人书局,1987。

也。”[①]鉴此，蒋于1927年1月3日乘张静江、谭延闿等中央执行委员路过南昌之机，召集中央政治会议第6次临时会议，劝说与会者同意将中央党部及国民政府暂驻于他所直接掌控下的南昌，迁都问题以后再议。[②]

蒋介石的这一改变，出乎多数人的意料。当时普遍的宣传，认为中国可以建都的城市只有4个：北京、南京、武汉、广州。北京和南京尚未克复，而广州偏处南方，难以号召天下。国民政府既由广州北迁，武汉自然成了最适中的地点了。据陈公博回忆，当日这种宣传已融成了普遍的心理，而这种心理不止一般人所同具，就是国府的主要人物也以为理有必至，事有固然。[③]

1927年1月6日，徐谦、宋庆龄、孙科、蒋作宾、陈友仁等致电南昌，提议组织中央政治分会于武汉。徐谦、孙科还电询不迁汉的理由。7日，蒋介石主持召开中央政治会议第7次临时会议，讨论徐谦等6日来电，对于中央党部及国民政府地点问题，仍主暂设南昌；对于组织武汉政治分会问题，决议由宋庆龄、孙科、蒋作宾、陈友仁等13人组织之。武汉方面，1月7日也决定：对于政府地点问题，应俟中央执行委员会全体会议决定，在未决定以前，武汉联席会议有维持之必要。此决议由陈友仁等具衔致电南昌，认为“苟非有军事之急变，不宜变更决议。”南昌方面于8日复电谓：“组织分会一电，谅悉能从速成立，已足应付时局。”其含意是要武汉方面成立政治分会以取代临时联席会议。[④]

蒋介石对武汉联席会议的抵制态度，使鲍罗廷进退维谷。中共中央本来反对迁都，指责国民政府北迁是鲍罗廷做的一件大错事。[⑤] 如果向蒋妥协，同意暂驻南昌，中共中央更会批评他错上加错。鲍罗廷本来设想等北伐军占领武汉后，利用蒋介石与唐生智的矛盾，削弱蒋的权力，将党权和政权转移到国民党左派之手。他乘中央党部和国民政府

① 《蒋介石年谱初稿》，843、872页。

② 《蒋中正“总统”档案：事略稿本》（1），8页，台北，“国史馆”编印，2003。

③ 陈公博：《苦笑录》，98页，香港大学亚洲研究中心，1979。

④ 参见王正华《国民政府北迁鄂赣之争议》，载《近代中国》（台北）第114期，1996年8月。

⑤ 《中央致粤区信》（1926年12月4日），见《中共中央第一次国内革命战争时期统一战线文件选编》，311页。

北迁之机迅速成立联席会议，接管“最高职权”，即含有此意。未料蒋介石将中央政治会议留驻南昌，挟天子以令诸侯，形成与武汉临时联席会议对峙抗衡的局面，鲍罗廷自难善罢甘休。他在致莫斯科的电报中，声称在迁都问题上不能对蒋妥协，否则不仅会大大加强蒋的独裁地位，而且难免会被北方军阀和帝国主义看成是广州软弱的表现，自己也将因此而不得不辞职。莫斯科方面建议鲍罗廷亲赴南昌说服蒋，争取妥协解决争端。作为妥协条件，可以同意国民革命军总司令部和总司令本人驻在南昌，但国民政府和中央党部则必须迁至武汉。①

就在鲍罗廷打算前往南昌的时候，蒋介石于1月11日由南昌出发前来武汉，希望与武汉方面协商解决迁都地点的歧见。12日，蒋、鲍两人进行了数小时的私人谈话。鲍罗廷认为时局严重，为节省时间起见，提议中央政治会议在武汉开会。蒋坚持政治会议在南昌开会。② 当晚，武汉方面举行欢迎蒋介石宴会。宴会上，鲍罗廷直言不讳地批评有军人摧残党权、欺压C. P. 和妨碍工农运动的发展，进而直接对蒋说：“蒋介石同志，我们三年以来共事在患难之中，所做事情，你应该晓得，如果有压迫农工，反对C. P. 这种事情，我们无论如何要想法子来打倒他的。”还指责蒋袒护“党中老朽”张静江，丧失革命精神。鲍罗廷声色俱厉的神态，使蒋介石十分难堪。蒋在当日日记中写道：“席间受辱被讥，生平之耻，无逾于此！”翌日，蒋再叹曰：“为何革命而受辱至此？”事隔三个多月后，蒋介石还回忆当时的情景和感想说：“我校长教学生还没教得这样子严重，乃在宴会场中几百人的中间，把我一个国民革命军的领袖，又是中国国民党里面的一个领袖，来给他一个外国顾问苏俄代表当奴隶一样教训，这是怎么一回事？”③

就在蒋介石滞留武汉期间，武汉街头已经出现“打倒独裁”“打倒蒋介石”之类的标语。武汉之行，使蒋介石与鲍罗廷之间的矛盾迅速激化。蒋介石决意驱逐鲍罗廷。1月18日，蒋介石离开武汉。次日过九

① 《联共（布）中央政治局会议第78号记录》（1927年1月13日），见《联共（布）、共产国际与中国国民革命运动（1926—1927）》（下），66页。

② 蒋永敬：《鲍罗廷与武汉政权》，37页，台北，传记文学出版社，1972。

③ 蒋介石：《黄埔同学会会员大会训词》（1927年4月20日），见《蒋介石言论集》第4集，280页；《蒋中正“总统”档案：事略稿本》（1），16—17页；《困勉记》第5卷，11—12页，台北，“国史馆”藏。

江时，第 6 军军长程潜谒谈。蒋愤愤然道："余与鲍罗廷不能相容！既不能为国雪耻，何忍复为余辱国？革命至此，尚受帝国主义与外人压迫，何如及时解职，以谢国民与已死同志灵？"20 日抵庐山，蒋仍不能释怀，叹曰："夫苏俄解放被压迫民族之主义，余深信其必不误也，然而来华如鲍罗廷等最近之行动，则徒使我国人丧失人格，倍增压迫，此与其主义完全相反矣。国人有知，应驱而逐之。……余今精力已尽，策略已竭，惟有一死以谢同胞！中华民族独立自由万岁！"在此后的一段时间里，蒋在日记中仍念念不忘发泄对鲍罗廷的愤恨，一再表示"必欲去鲍"。但当他征求顾孟余、戴季陶、谭延闿、张静江等人意见时，这些人态度大多犹疑，担心去鲍将有碍联俄革命。蒋叹曰："连日见诸同志，畏忌俄国，而不敢决然逐去鲍罗廷，余亦未免消极灰心。呜呼！此我民族衰弱异甚之征象也！余如再不奋发，以图自强独立，任令亡国灭种之惨祸，贻留于我全民之子孙，诚为万世之罪矣！至个人之成败何足介怀！"又曰："夫横暴如鲍罗廷，如不速去，大有障碍于革命。众皆以为有碍俄交，余则以为惟顾联俄革命，所以必去鲍，以免两国邦交破裂，否则亦何必去鲍哉？众皆不知此理，一味退缩，可叹！"[①]

---

① 《困勉记》第 5 卷，11—13 页；《省克记》第 1 卷，10 页；《爱记》第 2 卷，7 页，台北，"国史馆"藏。另参见《蒋中正"总统"档案：事略稿本》(1)，31—32 页。

第四节　南昌与武汉的对峙

武汉临时联席会议成立后，鲍罗廷实际成为武汉政权的领军人物。鲍、蒋之间势如水火，也意味着武汉与南昌之间的对峙升级，俨然形成两个中央，一方坚持以临时联席会议代行最高职权，一方坚持以中央政治会议行使最高权力；一方试图打倒对方，一方试图驱逐对方。国民党中央党部机关也一分为二：武汉方面掌握宣传部、农民部、工人部、妇女部和海外部，南昌方面则掌握组织部、青年部和秘书处，双方形成分庭抗礼之势。1月21日，返回南昌的蒋介石与张静江、谭延闿联名致电武汉，要求遵照中央决议成立武汉政治分会，结束临时联席会议。武汉方面则认为，政治分会为一省政治指导机关，而武汉为革命中心地，应有代表中央的机关，方能处理政治外交，故联席会议有继续存在的必要，对南昌的决议不予接受。联席会议的存废，成为赣汉之争的焦点。

从赣汉两方形势分析，汉方具有一定的优势：一是孙科、徐谦、顾孟余、邓演达、宋子文、陈公博等一批中央委员多站在武汉一边，而留在南昌的中央委员，如谭延闿、何香凝等亦不愿随蒋与武汉破裂；二是唐生智等一批北伐将领表示支持武汉政权；三是财政部长宋子文在武汉掌握着蒋所需要的军费。

财政是蒋介石的军事命脉。当时每月军费预算为1600万元。宋子文表示："如果国民政府不搬汉口，我不再给钱。"蒋介石派军需处长徐桴赴武汉催领，宋子文称："湖北财富之区，筹款本易，现政府在南昌，一人办事不动。"徐桴只有电劝蒋介石："我军命脉，操在宋手，请总座迅电慰勉之，先救目前之急，再图良法，万不可操之过急，致生重大影响。"

武汉方面试图控扼财政向蒋介石施压，迫使蒋在迁都问题上让步。[①]

揆诸各方情势，蒋介石不得不重新考虑政府迁鄂问题。2月1日，蒋介石与张静江、戴季陶、顾孟余商议党务及赣汉之争。蒋表示："吾不愿为帝国主义者所诽笑，宁屈己卑志，以求革命发展，故放弃主张。"[②] 2月8日，蒋介石在南昌召开第58次政治会议，会议议决，中央党部与国民政府迁至武汉。但又借口在南昌的党部和政府委员要参加2月20日江西省政府成立典礼，有意推迟迁移时间。武汉方面则已不耐，于2月21日召开扩大联席会议，决定即日结束临时联席会议，宣布中央党部与国民政府正式开始办公。22日，武汉方面召开国民党中央常务委员会议。23日，增选唐生智、蒋作宾、宋庆龄、彭泽民、吴玉章等五人为政治委员，在武汉组织中央政治委员会。同日，南昌召开临时政治会议，议决声明国民政府仍在南昌照常办公，以纠正汉口方面宣布在武昌办公之通电。[③]

南昌、武汉僵持不下。武汉方面想通过召开中央全会来限制蒋介石的权力，乃决定于3月1日前在武汉召开二届三中全会。南昌方面洞悉武汉的用心，有意推迟全会的召开时间，议决中央全会俟东南战事告一段落后，另择日期召集。

1月19日，共产国际指示中共，应设法保证左派在国民党内拥有较大的影响，但反对任何分裂国民党的图谋，反对把右派过早地排挤出国民党的仓促步骤。[④] 2月17日，莫斯科方面又指示鲍罗廷：支持左派将武汉作为国民党新首都的要求，但不要把事态发展到与蒋介石决裂的地步，也不要突出鲍罗廷，以免人们认为这场冲突是鲍罗廷和蒋介石之间为争夺影响而进行的斗争。[⑤] 鲍罗廷可能感到有必要缓和一下与蒋介石之间的对立情绪，托宋子文与谭延闿向蒋介石致意，并表示愿赴

---

① 王正华：《国民政府北迁鄂赣之争议》，载《近代中国》（台北）第114期，1996年8月。

②《困勉记》第6卷，13页。

③《蒋中正"总统"档案：事略稿本》（1），58页。

④《共产国际执行委员会政治书记处会议第5号记录》（1927年1月19日），见《联共（布）、共产国际与中国国民革命运动（1926—1927）》（下），71页。

⑤《联共（布）中央政治局会议第87号记录》（1927年2月17日），见《联共（布）、共产国际与中国国民革命运动（1926—1927）》（下），118页。

南昌随蒋，而不过问国民党中央的事。但蒋不允，坚决表示要鲍罗廷回俄。①

共产国际远东局也不赞成革命阵营分化太快，认为鲍罗廷的“倒蒋”做法，会激化国民党内部的冲突。为此，远东局负责人维经斯基专程从上海前往武汉与鲍罗廷商谈对蒋政策，并于2月22、23日赴九江与蒋介石面谈，试图寻求蒋介石的谅解，化解武汉与南昌之间的对立情绪。蒋介石向维经斯基表示，南昌和武汉的冲突，大部分责任要由鲍罗廷来负，因为鲍执行了分裂国民革命运动的政策。蒋质问维经斯基：共产国际是否主张国民革命运动分裂？如果不是，那么作为共产国际代表的鲍罗廷为什么要实行这样的政策？鲍的做法会破坏共产国际在中国人民和一切东方弱小民族心目中的威信。蒋提出，政府任何时候都可以迁往武汉，但条件之一是鲍必须离开。蒋还表示，他很久没有和中共领导人谈话了，由于很少见面，出现了与共产党的某种决裂局面。他向维经斯基提出想见见陈独秀，以便同中共领导人建立经常的联系。②维经斯基虽然不同意鲍罗廷的做法，但无法说服鲍罗廷接受自己的主张。两人为此展开了一场激烈争论。鲍罗廷指责维经斯基的南昌之行，既未达到预期目的，反而动摇了反蒋战线，助长了蒋介石的气焰。维经斯基则反唇相讥说：“蒋介石究竟不是陈炯明，鲍罗廷更不是孙中山”，指责鲍罗廷的做法并不是什么布尔什维克的路线，而是玩弄手腕的政客行为，其结果将不利于中国革命和动摇苏俄在中国的地位。③

武汉方面，中共和国民党左派大造声势，呼吁提高党权。2月9日，部分在武汉的国民党高级干部集会，决定由徐谦、吴玉章、邓演达、孙科、顾孟余五人组成一个行动委员会，研究和从事党权集中的工作。2月15日，中央宣传委员会开会，通过《党务宣传要点》，内容有：巩固党的权威，一切权力属于党；统一党的指挥机关，拥护中央执行委员会；军队在党的指挥之下统一起来等等。随后，湖北省、武汉市两党部召开会议，通过《恢复党权，统一党的领导机关》等决议。《汉口民国日报》亦

① 《蒋中正“总统”档案：事略稿本》（1），38—39页。

② 《1927年2月22日和23日维经斯基和蒋介石在九江的谈话记录》（1927年2月26日），见《联共（布）、共产国际与中国国民革命运动（1926—1927）》（下），132—134页。

③ 张国焘：《我的回忆》（二），180—181页。

为提高党权运动大造舆论。孙科、邓演达等人亲自为该报撰稿。孙科在文章中公开指责国民党二届二中全会变更党章规定，设立中常会主席，中常会主席差不多成了一国的大总统和一党的总理。2月24日，武汉三镇举行万人大集会，拥护恢复党权运动。集会由董必武主持，徐谦发表讲话，提出"一切军事、财政、外交，均须绝对受党的指挥"。台下群情激昂，高呼"打倒张静江"等口号。①

获悉武汉方面激昂的党权运动，蒋介石异常恼怒。2月19日，他在南昌的民众集会上发表演讲，声称："我只知道我是革命的，倘使有人要妨碍我的革命，反对我的革命，那我就革他的命。我只知道革命的意义就是这样，谁要反对我革命的，谁就是反革命！"②两天后，蒋再次在南昌发表演讲，声称武汉联席会议是没有根据的，如要提高党权，首先应取消武汉的联席会议。2月24日，蒋介石派陈公博赴武汉探询各方意见。陈公博在武汉见了宋子文、孙科和顾孟余等人，打听武汉的局面到底是不是共产党在操纵。未料孙科回答说："哪里干到共产党的事，这是国民党本身的问题。蒋介石这样把持着党，终有一天要做皇帝了。"孙、顾等人均力主政府迁汉并召开三中全会，认为中央必须迁汉，才能表示蒋介石服从中央，才能免去党的分裂。③ 陈公博将这一情况电告蒋介石。蒋认为："此全由鲍罗廷一人所驱使"，"合中外共党之力以攻我，使我内部纠纷，不能统一，鲍之罪不容于天地之间"。后又闻汉口总政治部主任邓演达等人日趋左倾，蒋复叹："鲍罗廷固为小人，而一般趋炎附势，不知党国为何事者，更可杀也！"④

就在陈公博抵汉的当天，武汉中央召开会议，拟具三中全会重要议案大纲，并派第11军军长兼武汉卫戍司令陈铭枢随陈公博回赣疏通，征求蒋的同意。不料陈铭枢见蒋后，反被蒋介石说服支持其反共驱鲍。2月26日，蒋介石以国民党中央政治会议的名义致电共产国际，请共产国际自动撤回鲍罗廷。陈铭枢回汉之际，蒋交付他策动武汉要人驱

① 杨天石主编：《中华民国史》第二编第五卷，144—146页。

② 蒋介石：《在南昌总部特别党部成立大会演讲词》（1927年2月19日），见《"清党"运动》，4页，"清党"运动急进会编印，1927。

③ 陈公博：《苦笑录》，106页，香港大学亚洲研究中心，1979。

④ 《困勉记》第6卷，3页。

逐鲍罗廷的任务。陈铭枢遵命先后约谈孙科、宋庆龄、宋子文、邓演达、李宗仁等人,众皆虚与委蛇。3 月 4 日,陈铭枢奉蒋命直接与鲍罗廷约谈,表示只要鲍同意回国,蒋愿保证其安全。准备得鲍同意后,即由武汉方面发表蒋的驱鲍宣言。

然而,武汉方面徐谦、吴玉章、顾孟余、邓演达、陈友仁、孙科等人,多数反对撤换鲍罗廷,并纷纷发表不信任和攻击蒋介石的言论。蒋介石的驱鲍宣言未能发表。陈铭枢发现不仅自己失了调停的作用,连他本人亦陷入孤立围逼的境地。在鲍罗廷的安排下,唐生智派人逼陈铭枢表态支持武汉,否则去职。陈铭枢被迫辞去第 11 军军长兼武汉卫戍司令的职务,并离开武汉。

3 月 1 日,武汉国民党中央常务委员会议决二届三中全会延期一周召开,并希望南昌各委员赴汉出席。3 日,南昌中央政治会议举行第 66 次会议。会上,蒋介石发现谭延闿、何香凝、陈公博等人均已动摇,有意去武汉参加二届三中全会。蒋介石只好表示同意多数人的意见,将中央党部和国民政府迁往武汉,但其内心十分恼怒和恐惧。他暗自忿忿然道:“见人面目,受人气焰,羞辱情况,令人难堪!”4 日,蒋仍慨叹“党员散漫,将为敌党各个击破,被人强迫,不能忍受,痛苦何堪言状,人心至此,革命云乎哉。”5 日,复云:“汉方日逼日紧,倒行逆施,无所不至,余之穷境,或将陷于‘莫须有’三字之地!”①一连数日间,蒋介石心境异常恶劣。据《邵元冲日记》,蒋接连多次致电前敌总指挥何应钦:“谓共产派在武汉破坏军事更烈,非克复南京自立基础,决难立足。”②很显然,蒋介石已打算放弃两湖,极力经营长江下游军事,考虑另创新局,以与武汉分庭抗礼。

6 日,谭延闿、何香凝、李烈钧、丁惟汾、陈果夫等人离赣赴鄂。这意味着持续两个多月的南昌中央寿终正寝。据统计,南昌中央政治会议自 1 月 3 日至 3 月 4 日,共开会 17 次,先后有 17 位委员与会;南昌中央常务委员会自 1 月 8 日至 3 月 1 日,共开会 9 次,先后有 19 位委员与会。两会均出席过的委员有下列 14 位:丁惟汾、朱培德、何香凝、

① 《困勉记》第 6 卷,3—4 页;《蒋中正“总统”档案:事略稿本》(1),106 页。
② 王仰清、许映湖标注:《邵元冲日记》,310—311 页,上海,上海人民出版社,1990。

李烈钧、林祖涵、柏文蔚、张静江、陈公博、陈果夫、程潜、蒋介石、邓演达、谭延闿、顾孟余。其中出席中常会次数在七成以上者有丁惟汾、陈果夫、张静江、谭延闿、蒋介石；出席中政会次数在八成以上者有丁惟汾、谭延闿、陈果夫、蒋介石、张静江、陈公博。[①]

3月10日至17日，二届三中全会在武汉召开。蒋介石和张静江没有出席。会议由鲍罗廷和国民党左派势力掌控。会议主要内容：(一)中央常务委员会取消主席制，推选常务委员9人，汪精卫票数第一，谭延闿第二，蒋介石第三；(二)中央政治会议恢复为政治委员会，委员15人，主席团7人，汪、谭列第一、第二，没有蒋的位置；(三)军事委员会主席团7人，汪精卫位居第一，唐生智位居第二，蒋介石位居第六；(四)国民政府常务委员5人，孙科居首，没有蒋的位置；(五)中央组织部部长由汪精卫兼(吴玉章代理)。[②] 蒋介石原来的职位如中常会主席、中央组织部部长、军人部部长，均被撤销或被替代，只保留国民革命军总司令一职，而总司令的权限，复由全会通过的条例加以限制，如规定总司令是军委会委员之一，其出伐动员令须由军委会议决，国民党中常会通过等。此外，为了改变蒋介石利用黄埔军校培植个人势力的状况，会议还决议军事政治学校及各分校，均改校长制为委员制。

---

① 王正华：《国民政府北迁鄂赣之争议》，载《近代中国》(台北)第114期，1996年8月。

② 蒋永敬：《鲍罗廷与武汉政权》，47—48页，台北，传记文学出版社，1972。

第五节 “四一二”反共“清党”

武汉二届三中全会的结果，基本上恢复到了“三二〇”事件和二中全会以前左派掌权的局面。全会大大削弱了蒋介石的权力，但亦因此成为蒋介石大踏步走向“清党”反共的转折点。在三中全会以前，一直跟着蒋介石工作的郭沫若虽然对蒋在个别地方工人运动问题上的处置手法心存疑问，却并未发现蒋有明显异常的表现。但在三中全会以后，郭沫若感到蒋介石开始大踏步地走向极端。很明显，蒋因三中全会所导致的权力失落感和政治恐惧感，实在是太大了。[①] 会议前后蒋介石所记日记，其愤恨之情溢于言表：

3 月 8 日：“处境困难已极，似有非辞去不可之势。革命至此，痛心何如！”

3 月 9 日：“此次逆潮，甚激且久，共产党合国际全力以倒余，帝国主义亦合国际全力以谋余，余个人成败，实不足计，惟以党国之命运为念，自当特加审慎。”

3 月 10 日：“共产党自以为阴谋之毒，不知其狡计皆为人利用。鲍氏之肉，尚足食乎。”

3 月 17 日：“近日武汉徐谦等捣乱甚烈，闻秘书长李仲公被捕，中央会议各种方案及选举等，全为 C. P. 所操纵。（中央陆军军官学校）武汉分校学生被校中禁闭者数十人。妨碍军事，削夺兵权，排斥有历史之党员，无所不至……武汉败类亡国亡党，在所不恤，且必倒我个人以为

① 郭沫若：《请看今日之蒋介石》（1927 年 4 月 9 日），载《近代史资料》1954 年第 2 期；杨奎松：《蒋介石从“三二〇”到“四一二”的心路历程》，载《史学月刊》2002 年第 7 期。

快，其用心之险如此，然亦见其不自量也。”①

鲍罗廷等人确实低估了蒋介石的能量及其反应。他们天真地以为可以借助中央全会之类的党权力量来削弱乃至剥夺蒋介石日趋膨胀的军权，以为通过动员群众大张旗鼓地开展恢复党权运动，高呼几句“打倒独裁”“打倒蒋介石”之类的口号，就真能透过革命舆论压力而达到“迎汪倒蒋”的目的，不知权力的取得和维系最终离不开枪杆子。党权与军权的较量，说白了，即是以文人对付武人，以笔杆对付枪杆，其胜负不卜可知。这正是蒋介石暗自嘲笑他们“不自量”的根由所在。就在三中全会闭幕当日，蒋介石在九江巡阅一艘名为“楚有”的军舰。闻礼炮声，蒋顿感“气为之一壮”，窃叹不论武汉方面施用何等伎俩，而陆海军之归附我者，则日有加矣。② 这正是蒋介石另立中央的资本。

蒋介石虽然拥有自信的资本，但在拿下上海、南京以前，尚不敢公开对抗武汉。故他虽对武汉中央深怀愤懑，但没有公开指责和否认二届三中全会的决议案。3 月 18 日，蒋在日记中写道：“阅汉口中央执行委员会议决案，甚觉难堪”，“压迫侮辱至矣，然为党国计，惟有勉从耳”。为表明态度，他致电苏俄顾问加伦：“关于武汉方面军政党务之意见，请随时见告，中正只求于革命有利而已。”又致电谭延闿，声明“以后对于党政诸事概不发言”，请加伦在汉代为解决一切。③

同时，何应钦、蒋伯诚、顾祝同、潘宜之、杨虎、邵元冲等一批人商议，南京收复后请蒋介石来南京主持大计。他们认为，“以半年来之努力奋斗，其结果不过为造成共产党扰乱地方之基础”，谈起来“多激昂唏嘘”，认为“此问题不解决，恐军心解体”。他们觉得要解决此问题，必须蒋介石拿出主张，一切始有办法。但鉴于蒋介石态度尚游移，他们还不敢明确表达自己的主张。3 月 21 日，张静江告诉邵元冲等人：“介石对于与共产党分离事，已具决心，南京定后，即当来宁共商应付。”④

因财政部长宋子文将蒋介石的军饷暂扣不发，蒋介石于百般无奈

①《蒋中正“总统”档案：事略稿本》(1)，116—129 页。

②《蒋中正“总统”档案：事略稿本》(1)，129 页。

③《蒋中正“总统”档案：事略稿本》(1)，130 页；《蒋中正电复谭延闿以后对党政诸事概不发言已电加伦将军在汉代解决》(1927 年 3 月 19 日)，见《蒋中正“总统”档案》，《筹笔》(北伐时期)，台北，“国史馆”藏。

④《邵元冲日记》，310—312 页。

中竟然想出一招:邀请"宋太夫人"和"孔宋夫人"来游庐山,乘机向她们诉说宋子文扣饷之事,并说动宋氏婆媳前往汉口,最终诱使宋子文暗地发给200万元,秘密运往九江,从而使蒋军饷无虑。蒋拿到这笔钱后,即乘舰东下亲自督战京沪。3月21日,克复上海,23日克复南京。蒋介石事后承认:"京沪如期克复,厥功为不鲜焉。"①"厥功"者,即指宋氏婆媳之功也。

在上海、南京相继克复后,武汉方面担心蒋介石有可能另立中央。3月21日,武汉国民党中央政治委员会召开会议,讨论应付方案。会议决定派外交、财政、交通三部部长赴沪,并指定孙科、顾孟余、陈友仁、宋子文、徐谦为外交委员会委员,以陈友仁为主席,研究上海方面的外交策略;派郭沫若为上海军队中的政治工作指导员。3月23日,北伐军攻克南京,武汉方面立即任命程潜等11人组成江苏省政务委员会,以程潜为主席,委员中共产党人和左派占绝对优势。27日,武汉政府电令上海各机关,所有江浙财政均须经宋子文办理,否则概不承认。4月1日,武汉中央政治委员会第8次会议根据鲍罗廷和孙科的提议,将三中全会通过的统一外交、财政各决议案,通知蒋介石以及各军,饬令遵照,并警告蒋介石不得任意委任官吏及各军军长,否则免职除名。4月2日,武汉中央常会第5次扩大会议根据孙科的提议,议决训令蒋介石离沪赴宁,专负军事方面责任;鉴于蒋介石自从到上海后,即被反动势力包围与利用,在上海形成一个反动中心,训令他对于外交未得政府明令以前,不得在沪发表任何主张,不得接受任何帝国主义口头或文字的通牒。上海所有外交、财政、交通等,都由武汉中央负完全责任。②这一切,均是为了限制蒋介石的权力,加强武汉中央对沪宁地区的控制。

对蒋介石而言,要与武汉分庭抗礼,除军事上克复南京作为新都外,还有一个至关重要的因素,即必须取得党统上的"合法性";而要取得党统上的"合法性",惟有得到国民党中央执行委员会的承认。在南

---

①《蒋中正"总统"档案:事略稿本》(1),130—131页。

②《中国国民党中央执行委员会政治委员会第八次会议速记录》《中国国民党中央执行委员会第二届常委会第五次扩大会议速记录》,见中国第二历史档案馆编《中国国民党第一、二次全国代表大会会议史料》(下),908—909、1009—1010页,南京,江苏古籍出版社,1986。

昌时，他中途截留部分中央委员，使中常会和中政会照常在南昌开会，可以“挟天子以令诸侯”。如今在南京却没有了这一优势，因为国民党中央委员大部分在武汉。在这种情况下，他必须另想办法。

国民党第二届中央监察委员中，右派及国民党元老占多数。陈果夫向蒋介石建议，不妨借助中监委中的国民党老同志，取得他们对“清党”反共的支持。[①] 3 月 19 日，蒋介石接到李石曾从上海寄来的一封信。信的具体内容不详，但据蒋之日记，蒋接信后，感到“党中领袖或有团结之望，颇引以为慰。”[②]所谓“党中领袖”，即指李石曾这样一批党内“老同志”。这些人自孙中山改组国民党以后，一直受到冷落。孙中山在国民党一大上曾公开批评党内“老同志”太过稳健。在国共合作初期，像廖仲恺、汪精卫、胡汉民、蒋介石这批国民党少壮派和中共新青年相处尚属融洽，多被中共视为左派或中派；而被中共视为右派的，多是国民党内的“老同志”。中共最初在国民党内的斗争矛头亦主要指向“老国民党员”，认为只有将那些“国民党老朽”清除出去，才能组织一个新国民党。国民党内最早反对国共合作的，也主要是一批“老同志”。当蒋介石在党内孤立无助的时候，他想到了党内“老同志”。除李石曾外，他还与蔡元培、吴稚晖等元老取得了联系。据《邵元冲日记》，3 月 24 日，张静江、邵元冲、蔡元培、蒋梦麟、马叙伦等同车由杭州出发，25 日抵沪后，即赴龙华前敌总指挥部，与白崇禧、潘宜之、黄郛、吴稚晖、李石曾等见面，“共商应付党务事宜”。吴稚晖、李石曾情绪激昂，声称屡为共产党所欺哄，非分裂不可。[③] 26 日，蒋介石抵达上海，当晚即邀吴稚晖、李石曾、蔡元培、黄郛、张静江、邵元冲等人晤谈，“计议党务”。27 日，蒋再邀吴稚晖、李石曾、蔡元培、张静江、蒋梦麟、马叙伦、邵元冲等人至总部行营，“开会讨论与共产党分裂之办法”。吴稚晖主张由中央监察委员会提出弹劾共产党案，然后再由监察委员会召集武汉之外的中央执行委员开会商量办法。吴氏还举出两个弹劾共产党的证据：一是数周前陈独秀对吴稚晖的谈话，谓共产党于 20 年内必可实行共产；

① 陈果夫：《十五年至十七年间从事党务工作的回忆》，见《陈果夫的一生》，109 页，台北，1971。

②《蒋中正“总统”档案：事略稿本》(1)，131—132 页。

③《邵元冲日记》，313 页。

二是去年双十节共产党在湖北秘密散发的传单。①

3月28日，上述诸人继续相聚讨论“清党”反共事宜。29日，程潜、古应芬、何应钦等参与共商。程潜主张慎重从事，认为唐生智不参与，将为大患。程表示愿亲赴武汉劝说唐生智倒向南京。② 是日，程潜被蒋介石任命为南京卫戍司令，但他担心被蒋介石软禁，于30日离沪返宁。返宁当晚，林伯渠受武汉政府之命，找到程潜，交给他一道密令，请他相机逮捕蒋介石。但程潜不愿意执行。③

30日，蒋介石日记载：“连日会谈党务、军事、外交，至废寝忘食。”并对宋子文诉苦说：“军事难，财政亦难，政治难，党务更难。以一身兼备数难，如何其不疲耶！”④蒋将“党务”列为数难中之最难，亦可见“清党”反共是他此时思虑的重心和焦点。

4月1日，武汉政府下令废除国民革命军总司令，改为集团军，任命蒋介石为第1集团军总司令，冯玉祥为第2集团军总司令，朱培德为总预备队总指挥，杨树庄为海军总司令。这是武汉政府削弱蒋介石军权的重大举措。蒋介石获悉这一消息后，更坚定了他“清党”反共的决心。是日，他邀白崇禧、李宗仁、李济深、黄绍竑前来共商。众皆建议蒋对党事“彻底改革”。但同时得朱培德来函，劝蒋慎重，以退为进。蒋又踌躇起来。邵元冲等埋怨说：“当局者总迟疑无所表示，疑事无成，难矣。”⑤

正当蒋介石积极准备“清党”反共之际，汪精卫自德国经苏俄回国，于4月1日抵达上海。4月2日，邵元冲闻汪精卫到上海，慨言曰：“此间日内正拟以断然手段处置者，乃不得不暂行延搁。精卫以为武汉诸人，非不可以理喻，故仍拟约彼等来宁，以会议方式解决之。”⑥

4月3日，蒋介石向军队各将领公开发表通电，声称：“中正深信汪主席既出，必能贯彻其意旨，巩固党基，集中党权……此后党务政治，既

① 《蒋中正“总统”档案：事略稿本》(1)，146页；《邵元冲日记》，313—314页。

② 《邵元冲日记》，314—315页。

③ 程潜：《对谢慕韩〈关于东征、西征和第六军被消灭的片断回忆〉一文的订正和补充》，载《湖南文史资料》1963年第4期。

④ 《蒋中正“总统”档案：事略稿本》(1)，150页。

⑤ 《蒋中正“总统”档案：事略稿本》(1)，170页；《邵元冲日记》，315页。

⑥ 《邵元冲日记》，315页。

已负责有人，后顾无忧，中正唯专心军旅，戮力北伐……自汪主席归来以后，所有军政、民政、财政、外交诸端，皆须在汪主席指挥之下，完全统一于中央。中正唯有统率各军，一致服从。”[①]同日，蒋介石、吴稚晖、李石曾、蔡元培、宋子文、白崇禧、李济深、李宗仁、黄绍竑、古应芬、邵元冲等齐集上海莫里哀路孙中山故居，与汪精卫会谈。吴稚晖告诉汪精卫：此次监察委员会提出对共产党的弹劾案，必将采取断然处置，故只系通知而非商榷。[②] 汪精卫闻之忿然。黄绍竑、李宗仁等急忙从中转圜，声称如汪另有良策，不妨共商。汪精卫乃提出3项应急之法：(1)若此时大家认为共产党破坏国民党之情形急迫，则他可负责转告陈独秀，请其制止；(2)武汉此时如有摇动军政之命令，可以不受；(3)各地共产党及工人纠察队如有反动情形，可以随时以非常手段处置之。汪精卫还建议于4月15日在南京召开二届四中全会。与会诸人只好同意暂照此条件进行。[③]

4月3日前后，汪、蒋之间单独进行了一次长谈。据蒋介石事后转述，汪精卫当时对他说：“介石，这一回东南同武汉开战时，如果你失败了，我们国民党就要从此消灭，共产党必就从此起来；如果你得胜了，国民党就要恢复民国十三年以前状况，要是恢复这种状况的时候，无论左派的军队，左派的党员，一定不会同你蒋介石合作，你蒋介石在党里的生命，怕就从此消灭。”[④]这段话反映出此时汪精卫的心态：既怕共产党的急进，也不满蒋介石的保守，企图在两者之间谋求出路。

汪、蒋会谈后，汪精卫又约见陈独秀，质问共产党是否准备“打倒国民党”取而代之？陈独秀极力否认。为了澄清事实，力辟谣言，陈独秀当即起草了一份宣言。汪精卫阅后同意与陈独秀联名发表。宣言写

---

① 《蒋中正“总统”档案：事略稿本》(1)，172—174页；另见《蒋介石专心军旅之通电》，1927年4月4日《申报》。

② 为了应付汪精卫，吴稚晖等人可能伪造了两次中央监察委员会会议记录，一次是3月28日中央监察委员会第三次全体会议第一号会议录，一次是4月2日中央监察委员会全体紧急会议录。对会议的质疑和考证，参见沈宏礼《国民党1927年两次中监委会议考辨》，载《革命史资料》第11期，上海，上海人民出版社，1990；朱华：《再谈四一二政变前国民党中监委会会议记录的真伪》，载《档案与史学》2001年第4期；杨奎松：《蒋介石从“三二〇”到“四一二”的心路历程》，载《史学月刊》2001年第7期。

③ 《邵元冲日记》，315—316页。邵氏将时间记为4月4日，应为4月3日。邵氏此一阶段日记因系追记，故误。

④ 蒋介石：《在南京总司令部第五次纪念周中的演说词》，见1927年5月8日《广州民国日报》。

道:"中国共产党坚决的承认中国国民党及国民党的三民主义在中国革命中毫无疑义的需要","中国所需要的是建立一个被压迫阶级的民主独裁来对付反革命,不是什么无产阶级独裁";又称:"中国国民党及多数同志凡是了解中国共产党的革命理论及其对于中国国民党真实态度的人,都不会怀疑孙总理的联共政策。"宣言表示,所谓共产党将组织工人政府,将入租界,贻害北伐军,将打倒国民党,以及国民党领袖将驱逐共产党,将压迫工会与纠察队等说法,均系谣言。国共两党将仍本孙总理的联共政策,亲密合作。[①]

4月5日,宣言以《国共两党领袖联合宣言》的名义公开发表。当日,汪精卫往见蒋介石。吴稚晖、李石曾、蔡元培、宋子文、李济深、李宗仁等亦在座。蒋介石对汪、陈联合发表宣言颇为惊异。因为宣言不仅以两党领袖的名义发表,而且汪居然代表国民党保证没有制裁共产党的任何意图。这无疑与4月3日商定的应急办法不相一致。吴稚晖当面讥讽汪氏以国民党党魁自居,并质问汪:"中国从此即由两党共同统治了吗?"据蒋介石《事略稿本》记:吴"径面斥汪为附逆分子,不少宽假"。[②] 气氛甚为不洽。汪精卫此次回国,本是武汉中央请他回国复职。他在上海毫无凭借,自然不敢和蒋氏盘桓。加之宋子文向他透露,李宗仁主张将他软禁起来。汪见形势不妙,走为上策,当晚即秘密登轮,次日启程赴汉。

汪精卫归国和汪陈联合宣言的发表,使国民党左派和中共以为宁汉之间的紧张气氛有缓和的可能。罗亦农在中共上海区委会上说:汪精卫"政治观念很稳定,与C. P.可以合作下去,甚至于到建设社会主义制度。"并说蒋介石本已下动员令,因汪回而收回。[③]

武汉政府虽然下了逮捕蒋介石的命令,但并未觉察到蒋介石的政变迫在眉睫,还在准备继续北伐,并定于4月5日誓师。4月4日,程潜到武汉,报告了上海方面准备"清党"的情况,李富春也致电武汉,通

---

①《国共两党领袖联合宣言》,见1927年4月5日《申报》。

②《书汪精卫铣电后》,见《吴稚晖先生全集》第9卷,858页,台北,"中央文物供应社",1969;《蒋中正"总统"档案:事略稿本》(1),175页。

③《中共上海区委召开活动分子会议记录》,见上海市档案馆编:《上海工人三次武装起义》,447页,上海,上海人民出版社,1983。

告蒋介石、何应钦即将来宁另立中央的消息。武汉政府方才警觉和紧张起来，将原定的北伐誓师典礼延期。4 月 7 日，武汉中央政治委员会召开紧急会议，决定将中央党部和国民政府迁往南京，迁移日期另行决定。会议指派顾孟余、邓演达和谭平山三人负责迁都的宣传工作，下令军事委员会制订以南京为中心的作战计划。武汉政府决定迁都的理由大致基于这样几方面的考虑：一是外交方面的考虑，认为英、美、日有可能联合武力干涉中国革命，封锁京、津、沪等口岸，武汉政府必须先发制人，以为迁都南京，坐镇京沪，帝国主义就不敢明白进攻，也便于应付长江下游的外交；二是财政方面的考虑，因长江下游是中国富庶之区，迁都有助于控制下游数省财源；三是政治方面的考虑，团结下游革命力量，就近控制蒋介石；四是军事方面的考虑，以为京汉路北伐不成问题，下期北伐的重点将转移至津浦线，迁都南京后，便于沿津浦线北伐。4 月 7 日，武汉政府当即举行了东下誓师典礼，决定派张发奎率第 4 军和第 11 军赴南京加强防御。4 月 9 日，第 4 军登轮，准备出发东征。但是此时有人提出，不应该把铁军调到南京去，理由是长江下游离帝国主义太近，会引起冲突和干涉；另外，汪精卫已经从国外回来，将要来武汉，担心和蒋介石矛盾激化后，汪有可能被蒋扣留（不知汪已于 6 日启程来汉）。结果，第 4 军和第 11 军东征计划搁浅，迁都南京的决议也成了一纸空文。[①] 事后分析，即使东征计划不搁浅，也为时已晚。因为蒋介石在京沪两地早已布置就绪，只因汪精卫回国才有所延迟。

中共方面又是如何应对的呢？

3 月 25 日，陈独秀在中共党内会议上指出："中国革命如不把代表资产阶级的武装打倒，中国就不想要革命……上海现在资产阶级与右派勾结，党军也很右倾。我们如果情愿抛弃上海，就很容易；如果争斗，就要马上动作。"[②]陈独秀显然已认识到问题的严重性和紧迫性。他与彭述之、周恩来、罗亦农等研究后认为，除坚决采取反蒋行动外，别无出路。"右派军队来缴械，我们就与之决斗，此决斗或许胜利，即失败则蒋介石的政治生命也完全断绝。"因为事关重大，陈独秀派彭述之赴武汉

---

① 参见杨天石主编《中华民国史》第二编第五卷，382—383 页。

②《特委会议记录》，见《上海工人三次武装起义》，389 页。

与共产国际代表及多数中共中央委员商讨。与此同时,陈独秀和中共上海区委积极准备对策。

陈独秀准备采取的第一项对策是扩大反帝运动,实行总同盟罢工,收回上海租界。他指示上海区委:"反英运动要扩大,可逼蒋对民众的进攻减少。"[①]但当上海区委正式部署收回租界行动时,陈独秀又犹疑起来,最终使收回租界的计划胎死腹中。

陈独秀准备采取的第二项对策是保存工人武装。上海区委决定将工人纠察队的大部分兵力集中起来,严阵以待,以防御战对付右派军队的进攻。但这一计划被共产国际否决。3 月 31 日,共产国际指示中共:鉴于力量对比处于非常不利的地位,不要仓促进行公开斗争,必要时将武器隐藏起来。

中共上海区委曾企图寻求联盟力量。军事方面曾联络过薛岳、刘峙等将领,但都未能成功。政治方面,试图"拿住"新成立的上海临时市政府,"造成工商政府,由 C. P. 操纵",其后又有意"以市政府与蒋冲突"。[②] 但上海临时市政府名义上得到武汉国民党中央的支持,实际上只是一个空架子,显然不足以和蒋介石的军事力量相抗衡。

上海形势日益紧急,而中共中央和共产国际代表因远在武汉,消息不灵而不能及时采取有效对策。4 月上旬,中共中央和共产国际代表连续召开三次会议,讨论江浙和上海局势。大约在 4 月 10 日的会议上,维经斯基和罗易[③]均认为蒋介石"还有办法",主张派人赴沪见蒋。会议决定派李立三、陈延年、聂荣臻和维经斯基去上海,与赵世炎、周恩来组成特务委员会,决定沪区工作计划,报告中央。但这一切,显然为时已晚。[④]

蒋介石与共产党已势如水火,再难相容。蒋认为武汉中央的种种做法都是鲍罗廷和中共在幕后操纵,故而对鲍罗廷和中共深怀愤恨。蒋介石此时最担心的是共产党人随时可能在上海采取暴烈行动冲击租

---

① 《中共上海区委会议记录》,见《上海工人三次武装起义》,392 页。

② 《上海区委主席团会议记录》,见《上海工人三次武装起义》,215、219 页。

③ 罗易(1887—1954),生于印度加尔各答,在共产国际"二大"上当选为执委会委员、主席团委员,1926 年 11 月,共产国际执委会通过由他起草的关于中国革命问题的提纲及决议案,会后受共产国际派遣,任驻中国的特别代表,同时还被任命为共产国际驻中国代表团的首席代表。

④ 参见杨天石主编《中华民国史》第二编第五卷,385—390 页。

界，引发外国干涉。他到上海后，曾对各国记者说："本人到沪时，由吴淞口经过黄浦江，到高昌庙登岸，目击各国军舰及兵士甚多，租界以内，有外国兵士及各种障碍物防守，一若有备战之形势。因此即一变本人未到以前对上海之感想。租界乃系我国之领土，故本人不禁发生种种之刺激。当直鲁军在上海时，租界方面并无外兵及障碍物，而国民革命军到上海以后，即有外兵及障碍物。观察租界当局之意，以为我国民革命军似无保护外侨生命财产之能力。本人对于此点，认为莫大之耻辱。"但他同时明确表示："取消不平等条约及收回租界，决不用武力及暴动，当由中央政府采用外交正当手续办理。"[①]蒋介石此时思虑的重心，是与武汉分庭抗礼和清除共产党人，为此，他必须极力避免外力干涉。尤其是预料即将与苏俄关系破裂后，新政权更有必要取得列强各国的同情与承认。因此他在对外关系上，不得不格外小心谨慎。尚在3月初，蒋介石即致电何应钦、白崇禧："我军如攻上海，至龙华、南翔、吴淞之线，宜暂为停止；闻共党有组织上海革命政府之议，凡类此之机关，应即勒令取消也。"[②]

到3月下旬，有关上海工人纠察队将要冲击租界的谣言四起。中共上海区委当时也确实显得相当兴奋和活跃，反复强调：我们党"已到夺取领导权的时期"，要求党员在群众中大力宣传C. P.，宣传这次革命是C. P.领导的，还要求在3个月内征收5万党员，准备"公开取政"，"包办革命"，弄得上海街头共产党呼声很高，市民到处打听C. P.，很想知道内幕。[③] 这一切，自然令蒋介石高度警觉。

当时上海总工会所属的工人纠察队其实只有两三千人，受其影响的工人约25万，在全沪工人中所占的比例并不大。中共因未能掌握正规武力，故相当重视这支工人武装。中共上海区委坦言："上海工人有有力武装，上海工人的政治地位与一切行动都有保障，同时CP也跟随有力。如果工人武装被解除，则工人又将入于过去黑暗之域。因此，维

①《蒋中正"总统"档案：事略稿本》(1)，150—163页。

②《蒋中正"总统"档案：事略稿本》(1)，105页。

③《中共上海区委召开活动分子大会记录》《中共上海区委行动大纲》《中共上海区委各部委书记联席会议记录》《中共上海区委召开扩大活动分子会议记录》，见《上海工人三次武装起义》，338、348、369、374、398、400页。

持工人武装为目前最重要的问题。"3 月 26 日，上海区委获悉江西赣州总工会委员长陈赞贤被杀，国民党左派所控制的南昌、九江市党部被捣毁和解散，情绪更加愤激。他们决定：随时随地准备与右派军队发生总决斗。他们确信："如果上海工人把右派打倒，租界收回，在革命的前途非常伟大。"①

正当中共上海区委群情激愤之际，莫斯科方面于 3 月 27 日来电指示："长时间地举行总罢工要求归还租界，在现阶段是有害的，因为这可能使上海工人处于孤立状态并便于当局对工人采取新的暴力。最好是组织示威性的罢工，抗议在南京的暴行，而租界问题要同国民政府商量。"中共中央复电申诉，莫斯科方面于 28 日再度来电，不容分辩地训令："请你们务必严格遵循我们关于不准在现在举行要求归还租界的总罢工或起义的指示。请你们务必千方百计避免与上海国民军及其长官发生冲突。"②

这时武汉方面训令蒋介石克日离沪赴宁，并且决定迁都南京。蒋介石再也沉不住气了。蒋介石认识到，若武汉中央迅速迁都南京，无论政治上、军事上，蒋都将陷入被动挨打的困境，意味着他将失去与武汉抗衡的立足点甚至安身立命之处。4 月 9 日，蒋介石下令查封了受武汉邓演达直接领导的上海总政治部机关。4 月 12 日，蒋密令新成立的淞沪戒严司令部正副司令白崇禧、周凤歧，以制止械斗为名，利用青红帮做前锋，在一天之内迅速将上海工人纠察队的武装缴收。13 日，蒋介石草拟一份《告国民党同志书》，历数共产党的种种"阴谋"，声称其 12 日行动为护党救国运动。③ 16 日，召开政治会议，议决在南京成立国民政府与中央党部。17 日，通电发表 4 月 9 日中央监察委员会全体紧急会议议决案，议决举发共产党"谋叛"证据，并指名通缉共产党首要名单。"清党"反共运动迅速在蒋介石势力所及的江、浙、皖、闽、粤、桂等省区铺开，在之后一年多的时间里，数以万计的中共党员、青年团员及国民党左派青年被捕被杀（"清党"运动在各省的情形，留待第八章第三

① 《中共上海区委召开活动分子会议记录》，见《上海工人三次武装起义》，397、399、401、406—409 页。

② 《1927 年 3 月 27 日征询政治局委员意见》，见《联共（布）、共产国际与中国国民革命运动（1926—1927）》（下），168—169 页。

③ 《蒋中正"总统"档案：事略稿本》（1），185—209 页。

节叙述）。

4 月 18 日，南京国民政府宣告成立。国民政府于是一分为二，形成宁汉对峙的局面。若将“西山会议派”先前在上海成立的中央党部算入，国民党实际上是一分为三，沪、宁、汉互为犄角，形成三足鼎立之势。

第八章

南北三政权的鼎立

1927年6月出版的《现代评论》有一篇文章概叹说:"中国的事情,无日不在急转直下之中,平时要几十年才唱完的戏,现在几年几月就完……国民党是进步党的否定,共产党又是国民党的否定。从前国民党不能统一中国,因为它太左;现在,如果它不能统一中国,那是因为它太右……眼看南北统一了,又东西分裂,这是何等的悲剧!"①

南方革命局势的变化,实际上形成了三个国民党中央(宁、汉、沪)、两个国民政府(宁、汉)分庭抗礼的局面。与此同时,北方军政亦出现了新的格局:吴佩孚、孙传芳两大军事实力派相继失势,中央政府由奉系一派独掌。张作霖建立的"军政府"最终为北洋统治画上了句号。宁、汉两个国民政府在互相对峙的同时,又与奉系掌控下的北京政府形成鼎立之势。这一情势虽然仅维持了数月,却是中国近代史上独一无二之政局。三个独立的政权都以中国国家政权自居,并各自拥有独立的军队和不同的政治制度。在当时共产国际的认知中,三个政权分别具有不同的阶级基础:北京政权代表封建地主阶级利益,南京政权代表资产阶级利益,武汉政权代表工农和小资产阶级利益。② 北京政权以北方各省为地盘;南京政权以东南数省为中心;武汉政权则控制着湘、鄂、赣三省,并在6月中旬以前得到了北方的冯玉祥和阎锡山集团的承认和支持。中国共产党只在武汉政府控制的地区能够公开活动。

---

① 无名:《从南北到东西》,载《现代评论》第6卷第131期,1927年6月11日。

②《维经斯基在共产国际执行委员会主席团会议上的报告》(1927年6月22日),见《联共(布)、共产国际与中国国民革命运动(1926—1927)》(下),324—325页。

第一节　北京政府

自1926年4月段祺瑞执政府垮台后，直、奉两大势力围绕中央政权的组建，展开了一场明争暗斗。双方虽然均同意元首空缺，由内阁代行总统职权，但内阁如何组成，双方意见颇不一致。先是由颜惠庆组阁，名义上是由直奉两系共同掌控，实际是以直系人马为中心，奉系自然暗怀不满。两个月后，颜惠庆辞去总理及外交总长兼职，改由海军总长杜锡珪兼代国务总理摄政。杜阁仍为直系吴佩孚所操纵。奉系为了表示与直系合作，也为了在军事上形成共同“反赤”的局面，只好默许由吴佩孚主持。当时舆论认为，自段祺瑞政府垮台后，北京的中央政府即已名存实亡。《大公报》的社评写道：“北京之无政府也久矣。杜阁虽为吴子玉(佩孚)所卵翼，实则吴本身即未曾以政府相待，任免疆吏，且以大帅一道电令行之，并备案手续亦未履行。此种现象，乃民国成立以来所未有。”社评还申言：“今日任何人组织政府，实质上决不能有异于军阀之副官。”①

内阁既有名而无实，组阁者之兴味也大不如前。此时中央财政早已负债累累，甚至借债度日也几乎告贷无门。军警政教各方索薪索饷，使内阁穷于应付。吴佩孚军事上的惨败更加重了杜锡珪内阁的信誉危机。1926年中秋节前军警围攻国务院的闹饷风波，使早萌退意的杜锡珪决定立即辞职。据当时舆论分析，此次杜锡珪通电辞职，其意迥非寻常官僚以退为进者可比，而确有其不愿续留之原因。因“军事无终止

① 晦：《今后之政府与实力派》，见1926年9月24日天津《大公报》。

期,军阀不能无款供应,而以言筹款,政府能力实等于零”。又因吴佩孚挫败于湖北,孙传芳有事于江西,杜锡珪背后之两大势力的地位均非复昔比。奉系成了北方唯一的实力派。与奉系向少渊源的杜锡珪自觉无可再留,不如通电辞职,较为体面。①

杜锡珪几次三番地劝说顾维钧出面收拾残局。顾维钧派人赴沈阳探询奉系意图。奉系主要谋士杨宇霆、郑谦等主张对中央不取虚名,专收实权,对各省则得寸进尺。张作霖采纳此议,表示对中央政治仍守盟约,不加过问。顾维钧又派人征询吴佩孚的意见。吴佩孚正当兵败之余,听说接替人选是与直系素有渊源的顾维钧,自然没有意见。10 月 1 日,北京内阁再次改组,由顾维钧代国务总理,内阁人选进行了局部调整:原外交总长蔡廷干辞职,顾维钧兼任外长;原内务总长张国淦坚辞,由汤尔和接任;财政总长由张宗昌保举潘复担任,潘复未到任前,由财政次长夏仁虎暂行代理。内阁其余人员未动。顾维钧的用意是,以潘复应付直鲁联军,以夏仁虎交涉奉系,“如两无办法,政府亦可告无罪”。当时各方视内阁为无足轻重之摆设,仅靠它对外维持外交,对内筹措饷款,所以一息尚存。②

据顾维钧称,他决定出马接任的一个重要考量,是修约交涉已进入关键时刻,不容政府中断。其时,清政府同比利时、日本、西班牙等国签订的不平等条约均先后满期。顾维钧内阁试图通过外交谈判的途径,解除不平等条约对中国的束缚。在期满各约中,《中比通商条约》首当其冲。该约签署于 1865 年,规定每 10 年可修改 1 次,到 1926 年 10 月,第 6 次 10 年期满。是年 4 月,北京政府外交部曾照会比利时政府,声明旧约到期失效,要求缔结平等新约,但比利时方面有意推宕。顾维钧主阁后,再次照会比国政府,要求 6 个月内订立新约,仍遭拒绝。北京政府在一再催促无果的情况下,乃自行宣布条约失效,并将中比交涉案一系列文件公之于众,并陆续颁布了一批法令,废除比利时在华特权。此举乃自鸦片战争以来,中国政府首次不顾列强之危言恫吓,毅然决定废止的一项不平等条约。而这个政府却是一个脆弱不堪的政府。

---

① 北京特讯:《停摆中之杜阁形势》,见 1926 年 9 月 24 日天津《大公报》。
② 杨天石主编:《中华民国史》第二编第五卷,156—159 页。

《大公报》发表评论说:“北京政府既无法律根据,又无实力后援,要算天下最没有办法的了,却是自从宣布比约失效,忽然同国民一致起来。”评论认为,在北方没人敢出来负责的时候,顾维钧内阁要是敢做,或许能长久干下去,因顾维钧本靠外交上台,或许能借着外交而不下台。[①]

不过,形势的发展并不尽如人所料。当吴佩孚、孙传芳相继被北伐军击败后,北方为奉系所独控。京津一带,全在奉军势力之下;长江以北,亦唯奉系马首是瞻。在这种情况下,北方政局自然落入奉系一派之手。当时舆论多以为张作霖将为总统,或先以王士珍或段祺瑞为过渡。不过,当时舆论分析,张作霖虽欲总统自为,亦有其难为之处,即“政府无法产出是也”。“欲选举乎,无其机关;欲推戴乎,不易多数。”“况登台以后,外交如何应付,战事如何进行,军饷如何筹措,均皆问题繁难,煞费脑力。”[②]11 月 10 日,张作霖由奉天启程入关,次日抵达天津后,邀请北洋各派代表商讨对策。张宗昌、吴俊升、汤玉麟等奉鲁系将领及吴佩孚、孙传芳、阎锡山等人的代表均有出席。会谈结果,决定先军事,后政治。政治方面,对中央政局采取不干涉主义;军事方面,直鲁联军援孙传芳,奉军援吴佩孚,共同对付“南赤”。虽然张宗昌等对南下扩张地盘早已跃跃欲试,但张作霖感到北伐军气势逼人,北洋各派之间暂不宜自伤元气,故决定先争取吴、孙对奉鲁军南下的赞同。11 月 19 日,孙传芳微服至天津,与张作霖磋商奉鲁军南下问题。20 日,在孙传芳的提议下,推张作霖为全国“讨赤”联合军总司令,吴佩孚、孙传芳、张宗昌、阎锡山为副总司令。杨宇霆认为,“讨赤”二字,范围太狭,建议改称“安国”,众皆赞同。22 日,顾维钧鉴于天津方面各实力派协议改造中央,准备退职,特赴天津晤张作霖,请张氏速觅人替之。张氏表示慰留。26 日,财政部部长潘复与杜锡珪之间因借款计划发生剧烈争执。顾内阁有难以为继之势。28 日,顾维钧及全体阁员联名致电各实力派巨头表示辞职。

由于内阁成了为军阀筹措军饷和办理外交的附庸,中央政府的地位大为跌落,最终导致列强亦不愿承认。11 月初,当英国新任驻华公

① 《小言》,见 1926 年 11 月 10 日天津《大公报》。
② 《论北方政局》,见 1926 年 11 月 10 日天津《大公报》。

使到任时,英国政府训令其公使,须俟中国选出大总统后,方可将所携国书呈递,而对目前北京之摄政内阁,只能递交一国书抄本。据《京津泰晤士报》社论的解释,英国政府的这一做法,“系英政府对所谓代表中国中央政府之摄政内阁,已不予承认”。其他如日本、比利时、美国等国事实上亦有不承认北京政府之意。[①] 与此同时,列强对日益强大之广州国民政府,虽仍以地方当局视之,实则态度有渐渐南倾之势。

11月30日,孙传芳领衔通电,推戴张作霖为安国军总司令。12月1日,张作霖在天津就任安国军总司令职。安国军本是一军事联盟,而张作霖却摆出一副问鼎政府元首宝座的姿态。12月10日,安国军总部发表其组织机构和人事名单,以杨宇霆为总参谋长,下设三厅八处,俨然军政府。12月27日,张作霖由津赴京。入京时的仪式,张氏秘嘱军警以迎接元首之礼行之。据李大钊当时的分析,张氏此次入京,本拟以临时总统或临时大元帅名义,在1927年元旦宣布主政,而且准备于元旦之日在太和殿接受外交团各国使节之贺礼。孰料入京之后,坏消息接踵而至,一是吴佩孚将靳云鹗解职,而张作霖原有将靳云鹗收归己用之意,因靳云鹗与南方党军及西北国民军均有相当之联络,张作霖想借靳氏而为南北间之缓冲。而吴佩孚将靳氏解职,张作霖觉得是故意与他为难,也暗示直系不支持他主政。而更为重要的,是外交团方面丝毫没有支持张作霖主政的意思,各国公使为了避免正式承认之嫌,拒绝了元旦赴太和殿出席张氏就职典礼的邀请,而只答应各自以私人身份赴张作霖所寓的顺承王府祝贺新年。至此,张作霖的主政之念被暂时冷却。[②]

张作霖被迫取消主政计划后,决定暂时维持顾维钧内阁。1927年1月12日,顾内阁实行改组,由胡维德、汤尔和、张景惠、杜锡珪、罗文干、任可澄、杨文恺、潘复分别出任内务、财政、陆军、海军、司法、教育、农商、交通各部总长,顾维钧本人以外交总长兼署国务总理。1月20日,张作霖在安国军总司令部设立外交、政治、财政三讨论会,聘请孙宝琦、陆宗舆、曹汝霖、叶恭绰、梁士诒等各界名流耆硕数十人为三讨论会

---

① 《英公使国书问题》,见1926年11月16日天津《大公报》。

② 《李大钊关于主持北京政治分会报告书》(1927年1月25日),见中国第二历史档案馆编《中华民国史档案资料汇编》第4辑(二),1018—1020页,南京,江苏古籍出版社,1991。

的正、副会长及委员。[①] 2月7日，三讨论会正式成立。张作霖成立三讨论会的目的，当时舆论曾有如下分析："张作霖去岁入京，本挟有极大之野心，欲攫取大总统之地位，嗣见形势不佳，杨宇霆乃为之划策，力主张氏坐镇北京，乘机观变。张氏见其总统目的既不能达到，极形愤懑，遂拟于去腊回奉。杨宇霆及张学良等恐张氏回奉，则总统之梦想更无万一之希望，杨等乃包围张氏，力止张行。杨氏又为之划策，组织政治、经济、法制三讨论会，即将梁士诒、曹汝霖、陆宗舆、颜惠庆等百余人，罗网于三讨论会中，或为委员长，或为委员，意欲即就伊等改组内阁，而作张作霖取得总统地位之准备。"[②]张作霖最初拟就颜惠庆、梁士诒两人中择一人为国务总理，尤希望梁士诒、曹汝霖为之聚敛民财，不意颜、梁、曹等深知在此民穷财匮之际，力尽搜刮，亦必无成，即能获得少许，亦将尽入奉系囊中，故皆相顾莫前。不仅如此，颜、梁、曹等欲借三讨论会以分掠张氏之实权，并有意拥戴段祺瑞复出。张氏见颜、梁、曹等不能为己所用，遂以敷衍了之。总统梦既无由实现，三讨论会亦形同虚设。顾维钧内阁遂得以苟延残喘。

顾维钧内阁改组的当天，便宣布自1927年2月1日起，征收华盛顿条约附加税，普通进口货征收2.5%，奢侈品征收5%。北京内阁不再等待遥遥无期的关税会议的批准，独自决定开征附加税。至于征收办法，北京政府想通过由外国人管理的海关统一征收，但遭到海关总税务司安格联的断然拒绝。北京政府亦不示弱，毅然宣布将安格联免职，改派易纨士代理。中国政府独自宣布将海关总税务司免职，是总税务司任用外国人以来的头一次。一个软弱不堪的政府竟扳倒了一位操纵中国金融财政的洋巨头，国人于惊愕之余，大呼痛快。《晨报》发表评论说："安格联向有太上财政总长之称，既握海关全权，又负保管内外债之责，操纵金融，左右财政，历来当局，无不仰其鼻息。而安格联之允诺，可以生死内阁；安格联之言动，又可以高低公债。虽安之滥用职权有以致此，而官僚、财阀迷信外人，实为主因。举国人心之愤慨，已非一日，

① 《张作霖组设外交财政政治三讨论会函》(1927年1月19日)，见中国第二历史档案馆编《中华民国史档案资料汇编》第3辑"政治"(二)，1505—1506页，南京，江苏古籍出版社，1991。

② 《〈商务日报〉刊载张作霖在北京进退维谷》，见《中华民国史档案资料汇编》第3辑"政治"(二)，1507—1508页。

此次当局毅然罢免,无不痛快!”①

北京政府罢免安格联之举,遭到列强各国驻华公使的强烈抗议和抵制。国内金融界也因罢免安格联命令公布后各项公债暴跌而对政府施加压力。在这种情况下,北京内阁被迫让步,同意不强迫海关执行征收附加税的命令;安格联准假回国,一年内仍予以总税务司待遇;在此期间,安格联的工作由易纨士接替。

再说奉系内部,杨宇霆的党羽,希望由杨氏出而组阁,冀得利益均沾。张学良察觉后,恐杨氏专权,将有尾大不掉之势,乃进言其父阻之。张作霖一度动念将杨宇霆免职。杨宇霆在组阁无望的情况下,又转而想自组一新国民党,俟势力壮大后,离张作霖而独立。但其表面则仍敷衍张氏。

张学良见乃父之总统目的未达到,自己极欲一试身手,遂向其父自告奋勇攻打河南,解决吴佩孚,以扩张奉系的势力范围。张作霖征求杨宇霆的意见,杨氏期期以为不可,相反力主联合吴佩孚。无奈张学良固执己见,张作霖终以爱子情切,姑容允之。张学良出师后,直渡黄河,长驱入豫。此次奉吴的河南战争是北洋军阀史上最后一次较具规模的混战。奉系依靠优势兵力和利用吴军内部裂隙取得了胜利,但在战争中也受到了重创。吴佩孚的直系残余自此土崩瓦解。奉系成为硕果仅存的一支军阀势力。

奉系军阀自掌控北京政局后,对“赤化”势力的镇压不遗余力。1926 年 4 月 26 日,奉系军阀以“宣传赤化”罪名查封京报馆,逮捕并枪杀了该报社长邵飘萍。同年 8 月 6 日,《社会日报》主笔林白水因在文章中触犯了张宗昌等人,也被扣上“宣传赤化”的罪名而被处死。1927 年 3 月 1 日,苏俄商船赴汉口装运茶叶时,在浦口被张宗昌的直鲁联军查出载有鲍罗廷之妻及苏俄外交官员数人而被扣留。

1927 年 4 月 6 日,京师警察厅出动武装警察、宪兵等 300 余人,包围位于北京东交民巷的苏俄驻华使馆,逮捕苏俄使馆工作人员及国共党员 50 余人,内有著名共产党人李大钊。4 月 28 日,安国军总司令部

① 1927 年 2 月 8 日《晨报》;杨天石主编:《中华民国史》第二编第五卷,183—184 页。

成立的特别法庭宣布将李大钊等20人判处死刑。

南方革命阵营的分裂、宁汉之间的严重对立与激烈斗争，给奉系军阀提供了一个喘息的机会。蒋介石“清党”反共后，奉系总参议杨宇霆力主南北妥协，张学良等年轻一辈将领亦主张与晋阎、宁蒋合作，改换招牌，并请阎锡山在奉系和南京政府之间斡旋。奉系新派将领希望以此稳住残局，但旧派将领反对与南京和谈，主张将奉军撤回关外。

6月3日阎锡山宣布易帜后，将斡旋宁奉和议当作自己最重要的政治筹码。阎锡山向奉方提出，宁奉合作的先决条件，是奉方易帜，除赞同三民主义外，应悬挂青天白日旗，改称国民革命军。但奉方坚持与宁方对等议和。为了与国民党的三民主义相抗衡，奉系也抛出一个“四民主义”，即在民族、民权、民生之外，增加“民德”。

6月16日，在奉系主持召开并有孙传芳、张宗昌等人参加的高级将领会议上，杨宇霆提出，为了抵御北伐军，各派军队应统一于安国军的旗帜之下，一致服从安国军总司令的命令。孙传芳立即表态说：军事与政治相联贯，即政治方面亦应受总司令的统一支配，建议对北京政府进行改组，组建强有力的“安国军政府”，由张作霖出任政府大元帅。张宗昌亦极力鼓动张作霖道：“今日之事，战亡，不战亦亡，不如痛快干去；且升格之后，即或退出关外，有此大元帅之称号，犹可仿孙中山在广东办法，易于号召。”[①]于是有人提议拥戴张作霖为临时总统，有人主张仍用临时执政的名义。会议最后决定，即日由孙传芳领衔发表通电，拥护张作霖为陆海军大元帅，将从前的直鲁军、苏军、镇威军、吉军、黑军等名目，一律取消，统称安国军，由张作霖重新编制；同时决定在大元帅之下设一内阁，特任潘复正式组阁。6月18日，张作霖在北京怀仁堂就任陆海军大元帅，正式登上了国家最高权力的宝座，其政府的正式名称为“中华民国军政府”。

依照张作霖颁发的《中华民国军政府组织令》，陆海军大元帅除统率中华民国陆海军外，并于军政时期代表中华民国行使行政权。军政府设国务员辅佐大元帅执行政务，国务员包括国务总理以及外交、军

①《国闻周报》第4卷第24期；来新夏等：《北洋军阀史》下册，1039页，天津，南开大学出版社，2000。

事、内务、财政、司法、教育、实业、农工和交通等部总长。军政府之上没有任何代议机关或民意机构。大元帅总揽大权,不对任何机构负责。所有国务员均由大元帅任免。大元帅的权力显然高于此前的总统。张作霖继袁世凯之后建立了一种新的军事独裁制度。

1927 年 6 月 20 日,张作霖组建的新内阁出笼:外交总长王荫泰,军事总长何丰林,内务总长沈瑞麟,财政总长阎泽溥,司法总长姚震,教育总长刘哲,实业总长张景惠,农工总长刘尚清,交通总长潘复兼任。从名单可以看出,旧有的内阁成员几乎均辞,连相对独立的外交系名流,也放弃了因袭外交部长的传统,拒绝执掌外交部。新内阁班子除沈瑞麟、姚震两人外,余均为奉系人马。

张作霖新政府急于得到外国列强的承认。张氏在宣誓就任陆海军大元帅之当日下午,亲自约请各国公使到外交部举行茶话会。各国公使收到请柬后,十分踌躇,为避免造成觐贺新元首的印象,他们均穿便服前往参加。数日之后,他们以同样谨慎的态度,回答了外交部关于大元帅就职及新内阁组建的正式公文,在简短的外交照会中,公使们小心翼翼地避免了任何承认新政府的词句,其冷淡程度超过了以往历届北洋政府的遭遇。[①]

列强对北京政府的法理地位事实上早已漠视。据《大公报》的看法,“北方自执政制度消灭,国际上已陷于取消承认之地位。中外政府仅为事实上之往来,而公式之交际,殆已等于停止”。[②]

由于连年内战,北洋政权的统治区域越来越小,财政税收随之锐减。大小军阀虽竭泽而渔,无奈民穷财匮已至极限。财政危机使张作霖军政府濒临穷途末路。为解燃眉之急,张作霖请号称“财神”的梁士诒出面向天津银行界借款。各银行纷纷以闭门停业来应付。在内外交困的情况下,张作霖只好请阎锡山出面继续“斡旋南北,议和罢兵”。

奉系的求和表示,得到了蒋介石的积极回应。蒋在致张宗昌函中,声称讨共宗旨,大体既同,自无不可商量之处,但坚持必须以改旗易帜为先决条件。而奉方则提出:宁、奉各自成一团体,国家大政可以合作,内

① 杨天石主编:《中华民国史》第二编第五卷,501—506 页。
②《内外大势之注意点》,见 1926 年 12 月 16 日天津《大公报》。

部之事彼此不过问，宁方不自居正统，奉方亦不自称中央。奉方的意图，是要与宁方对等合作，并提出以长江为界，划江而治，遭到宁方的拒绝。

就在张作霖谋和无果之时，南京政府方面因内部纷争，蒋介石于1927年8月13日宣布下野。张作霖获悉后，决定重整旗鼓，乘机反攻。8月24日，孙传芳命令郑俊彦、刘士林、马玉仁等，率部兵分三路由浦口、大河口和扬州三处渡江，进击南京国民革命军。南京方面调集兵力组织抵抗。双方在龙潭展开了一场激战。最后以孙传芳军的彻底失败而告终。

龙潭战役后，张作霖估计南京国民党军一时无力大举北进，决定在津浦路南段采取守势，转而向河南方面进攻冯玉祥。冯玉祥为摆脱困境，以许诺直隶、京津地盘为条件，争取与阎锡山结盟，共同对付奉军。9月29日，阎锡山发出誓师讨奉通电。10月4日，张作霖亦明令讨伐阎锡山。晋奉关系彻底破裂。

晋奉开战后，冯玉祥为配合晋军作战，也于10月中旬向张宗昌的直鲁联军展开攻击。晋军对奉作战，先胜后负，最后双方在娘子关、雁门关一线形成相持状态。西北军对直鲁联军之战，则先负后胜，在兰封一战中俘获直鲁联军3万余人。在徐州战役中，西北军与何应钦的国民革命军联合作战。张宗昌、孙传芳率残部北逃。

1928年2月，重新上台的蒋介石在南京主持召开了国民党二届四中全会。会议决定继续北伐。4月7日，蒋介石以国民革命军总司令的名义下达总攻击令。北伐军进入山东后，进展顺利，5月1日一举占领济南。未料日本以保护其侨民为借口，悍然动武，于5月3日制造了震惊中外的“济南惨案”。日本的侵华行径激起了中国各界的民族义愤，也导致奉系内部发生分化。常荫槐、潘复等奉系人物鉴于国内政争致外人乘隙，劝张作霖顺应潮流，停战言和，免为后世唾骂。孙传芳亦表示不能再负责前线军事：“现在济南事变，日人侮我太甚，本人受良心之督责，不愿再事内争。”[1]在战场失利和一致对外的舆论压力下，张作霖于5月9日发表了停战议和通电。

---

① 《张作霖致潘复电》，见1928年5月17日《申报》。

张作霖通电言和,主要是为了保持奉系在华北的残局。但是,日本政府企图乘机迫使奉系退出关外。日本的意图是,既不允许关内势力染指东北,也不希望奉系向关内发展,对于张作霖试图控制北京并组阁一事,并不热心支持,反而一再警告他克制武力扩张倾向,专力于东三省的整顿,反对一切可能加强中国东北与内地联系的政治军事行动。①

自二次北伐再起,日本政府即决定乘机向张作霖进一步逼索满蒙特权,同时强迫奉军出关,以免南京国民政府势力乘胜推进至东北地区。5 月 16 日,日本内阁会议决定:必须绝对阻止北伐军进入关外。17 日,日本公使芳泽向张作霖递交备忘录,劝告奉军立即自动撤回东北。

在日本武力恫吓和南京北伐军步步进逼的情况下,奉系内部主张和谈撤军的新派势力渐占上风。当时奉系将领中,主战最力的是其旁系鲁军首领张宗昌。他为了夺回失去的地盘,不惜引狼入室,公然声称欢迎日本出兵华北,以阻止北伐军占领京津,并反对张作霖的息争议和通电,决心拼命再打。张学良、杨宇霆则主张有条件地与南京政府言和撤兵。他们与南京方面代表秘密接触,一面轮番向张作霖进言。一直在和战之间游移不定的张作霖作出最后抉择。5 月 30 日,张作霖在北京怀仁堂召集高级将领会议。张学良、杨宇霆、张作相、孙传芳、潘复等军政要人出席。会上,张作霖决定以大元帅名义下达总退却令。6 月 2 日,张作霖发表通电宣布:"整饬所部退出京师,所有中央政务暂交国务院摄理,军事归各军团长负责。此后政治问题,悉听国民裁决。"②奉系对北京中央政权的控制就此结束。

6 月 3 日,张作霖乘专列离京回奉。4 日凌晨,专列行至沈阳近郊皇姑屯时,被日本关东军埋设的炸弹炸毁。张氏身受重伤,旋即殒命。张作霖被炸身亡的消息在奉系内部引起极大恐慌,京津一带的奉军斗志全无,纷纷溃退。张学良与杨宇霆率部于 6 月 4 日当天退出北京,撤往冀东滦州一带。同日,蒋介石任命阎锡山为京津卫戍总司令,令其早日收复京津。6 月 6 日,阎锡山所属孙楚、商震两部先后进入北京。6

① 杨天石主编:《中华民国史》第二编第五卷,300—301 页。
②《张作霖通电》,见 1928 年 6 月 3 日《申报》。

月 12 日，阎军傅作义部接管天津。孙传芳只身逃奔关外。

6 月 15 日，南京政府发表宣言，宣告北伐胜利结束，统一已告完成。

张作霖被炸身亡后，张学良于 7 月 4 日宣布就任东三省保安总司令，接掌东北统治大权。南京政府鉴于日本在东三省的势力根深蒂固，担心对关外用兵会引发中日战争，因此决定用和平途径解决东北问题。张学良虽对与蒋介石南京政府的合作前景不甚乐观，但权衡当时的内外情势，特别是与日本之间不共戴天的杀父之仇，他在“自治”与“易帜”的问题上，最终选择了后者。12 月 29 日，张学良、张作相等联名通电全国，正式宣布东三省及热河“易帜”。

第二节 武汉政府

1926年11月26日，国民党中央政治会议正式作出中央党部与国民政府北迁武汉的决议。12月2日，中央党部停止办公。12月5日，国民政府停止办公。7日，国民党中央发表北迁通电，宣称半月内可到武昌办事。12月10日国民政府四部部长及鲍罗廷等一行抵达武汉。13日，在武汉宣布成立“中国国民党中央执行委员暨国民政府委员临时联席会议”，暂时代替中央政治会议执行最高职权。1927年1月1日，临时联席会议宣布，国民政府财政、外交、交通、司法四部开始在武汉行使职权。2月21日武汉临时联席会议宣布即日结束，中央党部与国民政府正式开始在武汉办公。

从1926年12月13日临时联席会议成立，到1927年9月20日宁、汉、沪三方合流，武汉国民政府存在的时间只有9个多月。这9个多月大致可以划分为3个阶段：

从1926年12月13日联席会议成立至1927年3月10日国民党二届三中全会召开，为武汉国民政府的初期。这一阶段，因迁都之争，蒋介石以南昌为中心，与武汉形成对峙。武汉方面以临时联席会议代行最高职权，南昌方面以中央政治会议行使最高权力，双方形成分庭抗礼之势，但国民政府在名义上是统一的。

从1927年3月10日二届三中全会召开至1927年4月18日蒋介石在南京建立国民政府，是武汉国民政府的全盛时期。这一阶段，南昌的分庭抗礼局面已经结束，而南京的分裂局面尚未形成，国民政府的辖区名义上发展到15个省市。

从1927年4月18日南京国民政府成立至同年9月20日宁、汉、沪合流，是武汉国民政府的衰落期。这一阶段，国民政府一分为二，上海、江苏、浙江、福建、安徽、广东、广西、贵州、四川相继脱离武汉国民政府。7月15日汪精卫分共以后，武汉国民政府名存实亡。9月20日宁、汉、沪合流，武汉国民政府终结。

一　第一阶段

武汉临时联席会议执掌最高权力期间，在外交、经济、交通等方面均有建树。蒋介石亦承认："在中央迁鄂停止办公期间，武汉为全国中枢，外交内政急待应付……联席会议成立后，在外交上，如汉口、九江英租界之收回，如财政统一之实施，湖南金融之整理，如交通行政之改善，落落大端，均能在革命之基础上展开建设之卷头，增进党国之地位。"[①]

迁都武汉后，国民政府的外交目标是更正不平等条约，争取国际承认，进行方针大体是：以民众运动为后盾，尽量用外交手段达到目的，以避免列强借口发动武装干涉。其主要策略是分化列强，各个击破。具体而言，是拉拢日本，中立美国，集中力量对付英国。当时武汉市民中流传着这样一句口头禅："外国人有好有坏，苏俄最好，德国次之，英国最可恶。"在"集中目标反英"的口号下，反日情绪大为低落。武汉时期几乎没有发生过抵制日货的运动。[②]

这个时期列强的对华政策，亦随着中国南北局势的变化而调整。南方革命力量的发展壮大，使列强意识到新的国民政府有可能统一全国，而北洋军阀的分裂和混战，使北京中央政府早已名存实亡，在这种情况下，死守支持北京、敌视南方的旧政策显然是不明智的。同时，列强各国为了维护自己在国民政府辖区内的既得利益，也需要同南方国民政府直接接触和交涉，于是摆出中立、观望的姿态，开始逐步调整同中国南北政权的关系。对1926年4月段祺瑞执政府垮台后频繁更替的北京内阁，列强一直未发正式承认照会，只作为"事实政权"与之交

①《复汉口市民反英运动委员会电》，见《蒋介石言论集》，49—50页，上海中央图书局编印，1927年2月。

② 张国焘：《我的回忆》(二)，173页。

涉；对于南方国民政府，列强虽不承认，但亦不拒绝与之建立实际交涉关系。北伐以前，广州国民政府鉴于本身尚局促一隅，暂时没有要求各国给予正式承认，只要求各国仿照民国初年的先例，实行就地交涉。

在列强各国中，美国对国民政府的政策较为积极和灵活。北伐开始后，美国通知意大利等国，表示美国虽然尚未考虑承认广州政府，但如果那个政权控制了中国大部分地区，美国无疑要考虑承认。相比之下，英国对华外交的步调在北伐之初显得有些紊乱。英国驻华公使认为，广州政府控制在极端派之手，应采取不承认、不谈判、不借款的方针。但英国政府外交部倾向于承认广州国民政府为独立于北京政府控制区域之外的地方行政机构。

北伐军进入长江流域后，列强对华政策又做了新的调整。1926 年 9 月下旬，美国公使马慕瑞对广州进行“非正式访问”，成为国民政府成立后第一位到访的外国公使。马慕瑞发现，广州政府把宣传反帝作为鼓动民众政治热情和取得民众支持的有效手段，但政府要员在同他私下谈话时很“通情达理”。于是美国政府对国民革命阵营采取逐步考察、接近、软硬兼施和伺机分化的政策，一方面频频与国民政府交涉联系，要求它保护所辖地区的美国利益，另一方面又密切注视着蒋介石的动向，与权势日益增长的蒋介石直接办外交。

日本方面，币原外相派其心腹佐分利贞男同国民党各派要人接触。佐分利于 1926 年 12 月中旬赶到武汉与陈友仁会谈后发现，国民党人的公开讲话，同他们的真实意图并不一致。他们实际上希望以“充分合理的方式”修订不平等条约，而不是全面废约。经过一番紧张的奔波和活动，佐分利与国民政府方面达成了若干秘密谅解：日本在华严守绝对中立；国民政府支配大部分地区或在北京设立政府时，日本予以承认；只要不危害日本在满洲和远东的地位，日本就不干涉俄国对国民政府的援助；国民政府不危害长江流域日本工商业，承认日本在东三省的既得利益。

英国方面亦不甘落于美、日之后。由于驻华公使麻克类倾向于支援军阀抵抗北伐军，抵制和违抗伦敦方面企图软化南方的政策，英国外交部下令更换了驻华公使。1926 年 11 月 19 日，张伯伦授权驻汉口总领事，在国民政府提出承认要求时可表示：一旦国民党建立了充分名实相副的政府，并对前政府的一切条约和义务负全责时，英国政府准备承认国民党新政府。张伯伦还训令英国驻国民政府辖区的官员，尽量以同情友好的精神同各地国民党事实政权打交道。英国驻华新公使蓝普森到中国后，鉴于中国迅速变动的南北局势，决定在去北京赴任前，先往汉口与国民政府领导人晤谈，试探有无可能达成友好谅解。12月中旬，蓝普森与刚刚由广州抵达武汉的国民政府代理外交部长陈友仁就外交承认和条约问题举行了7次非正式会谈。陈友仁表示，国民政府为目前代表中国之唯一政府，现时管辖区域虽未及全国，但英国在华之主要利益，实集中于国民政府统治的南方及长江流域，希望英政府以远大眼光度量英国在远东的地位。蓝普森则表示，目前尚不能承认国民政府是区域性的或全国统一的政府。蓝普森认为，前一种承认，将要承担分裂中国的责任，并将得罪中国的其他政权；后一种承认，则与实际情况不符，因为国民党政权尚未在全国或中国大部分地区建立持久而有效的统治。另外，英国担心国民政府会拒绝继承旧政府的条约义务。关于条约问题，蓝普森只同意修订旧条约的某些条款。英国政府则考虑作较大让步。张伯伦在12月15日电告蓝普森说，英国政府原则上对陈友仁所提出的取消旧条约，谈判一个全新条约的方案没有异议，只要将旧条约的效力保持到新条约谈成为止。可惜陈友仁未坚持原案，而蓝普森仍未让步。

在蓝陈会谈的同时，英国首席参赞欧马利于12月18日在北京外交团会议上宣读了《英国对华政策声明》，呼吁各国对强有力的国民运动予以同情和谅解，表示一俟中国人自行组成有权之政府时，即与之谈判修订条约及其他悬案，一俟中国自行制定并颁布新的国家税则时，即承认中国关税自主。声明还提出，立即无条件允准中国各地征收华盛顿会议许诺的附加税，税款由各地中国当局自行支配。英国此时抢先发表这样的声明，意在造成英国是列强对华“宽大”政策的带头人的形象，借以摆脱在中国革命洪流中首当其冲的困境。

由于英国在华利益集中于中国南方及长江流域，故其争取国民政府之友好与谅解亦较积极。12月下旬，蓝普森建议英国政府与国民政府继续谈判,因为这至少可以促使国民政府抑制民众的反英行动。他担心国民政府有可能全面废约,并注意到国民政府内部"温和派"与"极端派"之间的分化与分歧:"温和派"希望与英国和解,而"极端派"则倾向于采取排货、罢工等无情的政策。英国方面如果希望"温和派"得势,就必须迅速与其谈判,如能达成某种协议,则将会增强"温和派"反对"极端派"的力量。①

对于英国方面发表的对华政策声明,武汉政府认为,英国提议准征二五附加税,将有利于控制包括上海在内的多数口岸的张作霖和孙传芳等军阀,是英帝国主义的恶毒阴谋。鉴此,鲍罗廷在武汉临时联席会议上提议,应向全国民众揭穿英国假仁慈的面目,加强对民众和军队的反英宣传,在避免武装冲突的前提下,加紧促进民众的对英斗争。在此前后,恰逢天津、上海两地的英租界发生压迫国民党的事件。鉴此,汉口、武昌各界民众于 12 月 26 日分别举行了有 20 万人和 10 万人参加的群众反英大会,一致决议实行对英经济绝交,要求政府立即收回妨害革命的租界,还组织成立了"武昌市民反英运动委员会",在武汉掀起了一场声势浩大的反英运动。

正是在这样一种背景下,发生了汉口"一三事件"与收回汉口、九江英租界事件。

1927 年 1 月 1 日至 3 日,武汉各界民众连续欢庆北伐胜利和国民政府迁汉,举行大规模的集会游行。3 日中午,在汉口临近英租界的江汉关前,参加集会的中国民众与试图驱逐他们的英国水兵和巡捕发生冲突,被刺伤数人,其中 2 人重伤。事件发生后,武汉政府一面派人劝民众离开租界,并派大队军警试图维持秩序,一面由外交部向英租界当局严重交涉,要求英方撤退武装水兵,否则政府不负保障英人安全的责任。4 日上午,中英双方达成协议,英方将水兵尽数撤退,中方负责维持租界地区秩序。下午,英兵撤退后,大批民众自发拥入租界。租界巡捕自动放弃职守。中方加派军警开入租界维持秩序。5 日,武汉约 30 万市民举行对英示威大会,李立三任指挥。大会一致议决,自即日起严

① 杨天石主编:《中华民国史》第二编第五卷,297—316 页。

厉禁止买卖英国货。会后游行群众再次冲入租界。英租界巡捕及公务人员等逃避一空。武汉政府乃决定成立“英租界临时管理委员会”，接管租界内一切公安市政事宜。

几乎与汉口同时，九江也发生了收回英租界事件。1月3日下午，英人控制的九江海关扣押中国小船，引起民众愤慨。民众冲开与海关相连的英租界铁丝网，虽因英国水兵和闻讯赶来的中国军警阻止而散，但汉口英租界事件的消息传来后，九江租界英人十分恐慌，5日，将租界妇孺撤上英轮。6日，英海关人员与民众再度发生冲突，民众群起涌入租界。驻守九江的贺耀组部派兵入租界平息骚动。英领事和水兵撤上军舰，请贺耀组负责看管租界财产。国民政府随后派人组成九江英租界临时管理委员会，予以接管。

英国当局未放一枪就撤离了汉、浔两地租界，原因甚多。英国政府训令驻华文武官员尽量避免同南方革命军发生大的武装冲突。英国驻华文武官员亦感到在华英军兵力单薄，如果开枪，势必激化与中国军民之间的矛盾，英人生命财产将受到可怕的损害。其时正值长江枯水季节，英军无法调集重型军舰和足够的兵力到汉口作战。况且，即使能够守住租界，英国对华经济贸易也会因中国民众的过激排货而造成瘫痪。鉴此，英国外交部于1月6日训令蓝普森，不妨同陈友仁讨论包括租界地位在内的调整条约关系问题。1月8日，张伯伦进一步训令欧马利同国民政府谈判放弃汉口、九江英租界事宜。英国外交部专家还拟定了方案，认为租界已成过时之物，由中国人接管其行政和治安责任，对所有人都好。但上海公共租界例外。①

武汉国民政府在收回汉口九江租界问题上的方针是，既要引导民众情绪，维护胜利成果，同时又要保持和发展必要的对外关系，特别是经济贸易关系。为此，陈友仁向英国总领事声明，民众运动是反对英国水兵的暴行，对一般英国侨民绝无仇视之意，不必自相惊忧。国民政府于1月7日命令工人纠察队完全撤出英租界，另组警务处维持秩序，不准群众在英界停留，并将英界内的各种反英标语洗除。国民政府还致

① 杨天石主编：《中华民国史》第二编第五卷，316—324页。

电所辖各省,要求保护英人生命财产。外交部又于1月10日发表通告,暂停一切反英、反教运动。国民政府试图限制民众运动,希望通过谈判使英方接受既成事实,并进一步改善相互关系。

经过反复交涉和谈判,2月19、20日,武汉政府与英方代表就收回汉、浔租界问题签订协定。3月15日,汉口、九江英租界的行政管理权正式收归武汉国民政府之手。这是武汉国民政府外交上取得的一大成果。这次外交的胜利,提高了武汉联席会议的声望。此后,随着革命阵营内部的分化和政治形势的急剧变化,国民政府在外交方面未能取得更大胜利。

二 第二阶段

1927年3月10日至17日,国民党二届三中全会在武汉召开。全会出席代表中,国民党左派占压倒优势。会议为了防止党内个人独裁,恢复和提高党权,对国民党的高层人事及制度进行了重大改革。首先,废除了二届二中全会设置的中央常务委员会主席职,实行常务委员集体领导制度,并提高常务委员会的职权,规定在中央执行委员会全体会议闭会期间,由常务委员会对党务、政治、军事行使最终议决权,其中党务由常务委员会直接处理,政治、军事则为议决后交国民政府执行。其次,废除了中央政治委员会主席职,设置由7人组成的主席团,并对中政会的职权作出限制,将政治委员会与军事委员会置于中央执行委员会之下,明确规定"政治委员会为中央执行委员会下之最高政治指导机关",而且政治委员会对于政治问题议决后,不能直接交付国民政府执行,而必须交由中央执行委员会指导国民政府执行。①

二届三中全会还对1925年7月1日公布的《中华民国国民政府组织法》进行了修改。新的国民政府组织法与1925年的组织法相比,主要的不同点是:第一,不再设政府主席,实行由5人组成的常务委员会集体领导制。第二,在原有外交、财政、军事(军事部实际一直没有成立)、交通、司法等部之外,增设劳工、农政、实业、教育、卫生等部。其中

---

①《统一党的领导机关决议案》《修正政治委员会及分会组织条例》,见荣孟源主编《中国国民党历次代表大会及中央全会资料》(上),316—317、320—321页,北京,光明日报出版社,1985。

教育、卫生两部实际没有成立,实业部只公布了组织法。武汉国民政府时期实际运作的,主要是外交、财政、交通、司法、劳工、农政等部。第三,将原规定国民政府委员会必须全体委员过半数才能召开,改为国民政府所在地委员过半数即可召开。这是考虑到被选为国民政府委员的蒋介石、何应钦、李宗仁、李济深等人或因军务不能来汉,或因政治原因拒绝来汉时,国民政府委员会能正常行使其职能。除此之外,组织法进一步强调国民政府"受中国国民党中央执行委员会之指导及监督"。国民政府的重大措施,必须经国民党中央讨论议决后,再交国民政府执行,"未经中央执行委员会议决之重要政务,国民政府无权执行"。国民政府委员与常务委员由中央执行委员会选举和指定。

全会还修正了军事委员会组织法,将军事委员会重新置于中央执行委员会之下,体现"以党治军"原则。军事委员会的隶属关系有一变化过程。最初军事委员会置于国民党中央执行委员会之下。广州国民政府成立时,将军事委员会改隶于国民政府。二届三中全会为了抑制蒋介石的军事独裁,又将军事委员会恢复为中央执行委员会直属下的一个特别委员会,规定军事委员会委员由中央执行委员会选举产生,人选由两部分人组成,一是从高级军官中选出委员 9 至 13 人,二是从非军职的中央委员中选出委员 6 人;军事委员会设主席团,人数规定为 7 人,由中央执行委员会全体会议指定之;军事委员会及其主席团所议决的重要议案,必须经中央执行委员会通过才能生效;军事委员会提出总司令、前敌总指挥、军长等人选,必须经中央执行委员会通过并任命;军事委员会及其主席团只能直接任命师长及其以下各军官;军事委员会主席团之决议及命令,必须有主席团委员 4 人签名才能生效。全会还对国民革命军总司令的权力加以限制,规定国民革命军总司令仅为军事委员会委员之一,并对中央执行委员会负责;出征动员令,必须经军事委员会议决,并经中央执行委员会通过后,交总司令执行之;原隶属于总司令部的总政治部,改为直隶于军事委员会,并规定总政治部主任由中央执行委员会全体会议任免。①

① 《中央执行委员会军事委员会组织大纲》《军事委员会总政治部组织大纲》《国民革命军总司令条例》,见荣孟源主编《中国国民党历次代表大会及中央全会资料》(上),第 321—326 页。

全会还通过了《统一外交决议案》，规定党员不得擅自发表变更党的外交政策的主张，或直接间接与列强接洽任何条件；所有外交人员，均由外交部直接任免。军事长官与地方政府均不得再有任免交涉员之事。此外，会议还决定将军事政治学校及各分校之校长制改为委员制。诸如此类，均是为了限制和削弱蒋介石的权力，恢复和提高党权。

二届三中全会改选了国民党中央常务委员会委员、中央政治委员会委员、中央军事委员会委员、中央各部部长和国民政府委员。名单如下：①

中央常务委员会：汪精卫、谭延闿、蒋中正、孙科、顾孟余、谭平山、陈公博、徐谦、吴玉章；

中央政治委员会：除常务委员 9 人兼任政治委员外，另有宋子文、宋庆龄、陈友仁、邓演达、王法勤、林祖涵；

中央政治委员会主席团：汪精卫、谭延闿、孙科、顾孟余、徐谦、谭平山、宋子文；

中央军事委员会：谭延闿、朱培德、唐生智、李宗仁、程潜、蒋中正、李济深、汪精卫、冯玉祥、张发奎、何应钦、孙科、邓演达、宋子文、徐谦、顾孟余；

中央军事委员会主席团：汪精卫、唐生智、程潜、谭延闿、邓演达、蒋中正、徐谦；

国民政府委员：汪精卫、孙科、宋子文、于右任、徐谦、冯玉祥、程潜、谭延闿、陈友仁、李宗仁、谭平山、钮永建、朱培德、唐生智、李济深、宋庆龄、顾孟余、蒋中正、柏文蔚、王法勤、吴玉章、何应钦、孙庚、彭泽民、经亨颐、黄绍竑、杨树庄、陈调元；

国民政府常务委员：孙科、徐谦、汪精卫、谭延闿、宋子文；

中央各部部长：组织部部长汪精卫，宣传部部长顾孟余，农民部部长邓演达，工人部部长陈公博，商民部部长陈其瑗（后改为王法勤），妇女部部长何香凝，青年部部长孙科，海外部部长彭泽民；

国民政府各部部长：外交部部长陈友仁（代理）、财政部部长宋子

---

①《第二届第三次中央全会》，见荣孟源主编《中国国民党历次代表大会及中央全会资料》（上），第 302—304 页。

文、交通部部长孙科、司法部部长徐谦、教育部部长顾孟余、实业部部长孔祥熙、农政部部长谭平山、劳工部部长苏兆征、卫生部部长刘瑞恒。

1927年3月14日至4月29日期间，国民党二届中央执行委员会共举行过9次常委扩大会议和16次政治委员会会议。参加常委扩大会议的人员主要有：谭延闿、徐谦、孙科、顾孟余、陈公博、吴玉章、宋庆龄、林祖涵、于树德、王法勤、陈其瑗、詹大悲、谢晋、恽代英、经亨颐、邓懋修、邓演达、毛泽东等人。参加政治会议的人员主要有：孙科、谭延闿、徐谦、顾孟余、宋庆龄、吴玉章、王法勤、陈友仁、陈公博、林祖涵、邓演达。这些人基本上是这个时期武汉国民政府与国民党中央的决策人物，内中除中共党员外，基本上是清一色的国民党左派。在汪精卫回国以前，邓演达、孙科、徐谦是武汉政府的台柱人物；汪精卫回国以后，武汉政府中的国民党左派自然以汪为核心。

二届三中全会的另一主题，是重新调整国共关系。1926 年 5 月，国民党二届二中全会曾决定组织国共两党联席会议，审查两党党员之间的冲突与纠纷，但此会实际上一直没有召开。二届三中全会通过《统一革命势力决议案》，决定立即召开两党联席会议。两党联席会议的职能与以前所定不同，主要讨论两党间的合作办法，特别是以下问题：一、共同指导和统一民众运动，尤其是农工运动；二、共同指导和解决国内少数民族问题；三、共同担负政治责任，由第三国际派共产党负责同志加入国民政府及省政府；四、设法使两党机关报之互相批评与记载，不违背合作精神。[①] 但在汪精卫回国以前，两党联席会议并未立即召开。汪精卫抵达武汉后，在 4 月 13 日第 12 次政治委员会议上提出："鉴于近来形势，有解决两党根本问题之必要，一是国民党与共产党的问题，一是国民党员与共产党员如何合作的问题。"4 月 16 日，中共代表陈独秀、张国焘、瞿秋白，共产国际代表罗易、鲍罗廷与以汪精卫为首的国民党中央各部部长，首次举行了"国共两党联席谈话会"。会议商讨的内容十分广泛，外交、商务、交通、劳工等问题均有讨论，"都是关于应付现在时局的方法"，显然越出了协调两党关系的既定范围。在武汉政府后

① 《统一革命势力决议案》，见荣孟源主编《中国国民党历次代表大会及中央全会资料》(上)，317—318 页。

期，两党联席会议召开十分频繁，“或每日一次，或间日一次，开会时间往往延至四五小时，对于国内外一切问题，皆提出讨论，共同解决”。[①]

除两党联席会议外，中共党员还参加了国民党中央、国民政府各部和各省政府的工作。谭平山当选为国民党中央常务委员会委员、中央政治委员会委员、中央政治委员会主席团委员、国民政府委员和国民政府农政部部长；吴玉章当选为中央常务委员会委员、中央政治委员会委员和国民政府委员；林祖涵当选为中央政治委员会委员；苏兆征当选为国民政府劳工部部长。按照张国焘的说法，二届三中全会后，国共关系由国民党党内的合作，进展到了在国民政府中的合作。这是国共关系的一个重要演变。而导演这一幕的人是鲍罗廷。鲍罗廷的目的是要将国民党左派、各军首领以及中共领导下的工农势力，组合成一个反蒋战线。[②] 在当时局外人的观察中，由于鲍罗廷与中共党人在武汉政府中发挥了举足轻重的作用，武汉政府被视为国共联合政府。

不过，在武汉政府的最高决策机构中，对中共所发挥的实际影响也不能作过高的估计。如共产国际代表罗易在1927年4月18日致共产国际执委会的报告中即认为：在目前形势下，“涉及革命未来的决定是由国民党作出的，共产党不可能成为反对党，特别是当共产党参政的时候。因此，共产党必须接受国民党的一切决定。这就使共产党成了国民党的附庸，有碍于它的发展”。罗易甚至认为共产党已经丧失了政治独立性。[③] 在他看来，国共两党联席委员会没有给中共带来有益的作用，相反给国民党提供了一个使共产党人服从国民党政策的机会，共产党人常常在毫无准备、没有党的指示的情况下出席这样或那样的联席会议，导致联席会议将一些关系到革命前途的重大政治问题的决定强加给了共产党。[④] 罗易的说法虽有夸大其词的成分，但也具有相当的

---

①《中国国民党中央执行委员会政治委员会第15次会议速记录》，见中国第二历史档案馆编《中国国民党第一、二次全国代表大会会议史料》（下），1079—1080页，南京，江苏古籍出版社1986；《武汉国民党政委会主席团宣言》（1927年7月18日），见湖北政法史志编纂委员会编《武汉国共联合政府法制文献选编》，40页，北京，农村读物出版社，1987。

② 张国焘：《我的回忆》（二），187页。

③《罗易给共产国际执行委员会的电报》（1927年4月18日），见《联共（布）、共产国际与中国国民革命运动（1926—1927）》（下），203—204页。

④《罗易就中国形势给共产国际执行委员会政治书记处和斯大林的书面报告》（1927年5月28日），见《联共（布）、共产国际与中国国民革命运动（1926—1927）》（下），291页。

事实基础。据张国焘回忆，国共两党联席会议到后期逐渐流于谈话会的性质，往往是汪精卫在那里叙述一些工农运动过火的事实，再由健谈的陈独秀起而唱和一番，加以若干轻描淡写的答辩而已。① 应该说，中共在武汉时期的影响，主要表现在湘、鄂、赣三省的地方组织和工农运动之中。

国民党二届三中全会是武汉反蒋运动最精彩的一幕。表面观之，胜利无疑属于武汉，然而这一局面未能维持多久。三中全会之后，蒋介石不再掩饰他的反共决心，并加快了他的反共步伐。三中全会闭幕后不到一个月，蒋介石即发动了"四一二"政变，紧接着在南京另立国民政府，与武汉分庭抗礼。

三　第三阶段

武汉方面获悉蒋介石发动"四一二"政变的消息后，于 15 日召开国民党中央常务委员会扩大会议，会议决定开除蒋介石党籍，免去其本兼各职，按反革命罪条例惩治。会后，40 位国民党中央委员、国民政府委员和军事委员会委员联名发表通电，谴责蒋介石自立中央的行为。但武汉政府在政治声讨之余，对是否向南京政府发动军事征讨，意见不一。一派主张东征讨蒋，一派主张北伐讨奉。东征则担心奉军南犯，北伐又顾虑蒋军来攻。两派不同的意见，不仅存在于武汉国民党领导人之间，也存在于苏俄顾问、共产国际代表和中国共产党人之间。如鲍罗廷与加伦以及刚来中国的共产国际执委罗易之间即存有分歧。② 经过反复论辩，最后北伐的主张占上风，决定先肃清在河南的张作霖部队，把冯玉祥的西北军接出来，将对付张作霖于京汉线上的责任托付给冯玉祥，然后再专力东征讨蒋。当时，冯玉祥的西北军号称 30 万人，认为是一支可以和奉系匹敌的力量。此外，阎锡山的 10 余万军队也有可能争取过来。鉴此，武汉政府毅然决定北伐。

---

① 张国焘:《我的回忆》(二)，283 页。

② 有关苏俄与共产国际代表鲍罗廷、加伦与罗易之间在北伐与东征问题的争论，可参见[美]罗伯特・诺思、津尼亚・尤丁编著，王淇等译《罗易赴华使命》，北京，中国人民大学出版社，1981;《联共(布)、共产国际与中国国民革命运动(1926—1927)》(下)。

4月19日,武汉政府举行北伐誓师典礼。次日,各军开始由京汉路进入河南。5月13日,下令总攻击。武汉政府的计划是:以唐生智的第1集团军沿京汉路北上,以冯玉祥的第2集团军由陇海路东出。5月下旬,第1集团军攻占临颍,第2集团军进占洛阳,对奉军形成夹攻之势。奉军被迫放弃郑州、开封,退守河北。6月1日,北伐军与冯玉祥军会师郑州。形势对武汉政府的北伐军似乎有利。但此前相约从正太、京绥两线进攻奉军的阎锡山并没有践约出兵。汪精卫在总结武汉军队北伐状况时不无遗憾地说:"所不足的是第3集团军爽了约,如果当奉军由郑州后退的时候,第3集团军出兵断其后路,我们早已到北京城了。"[①]实际上,此时阎锡山已决意倒向蒋介石一边。6月5日,山西召开"国民大会",决议拥护南京国民政府和蒋介石,并推举阎锡山为国民革命军北方总司令。翌日,阎锡山举行就职典礼,并发表宣言,正式宣布易帜。阎锡山易帜后,即遵照南京方面的命令,改组国民党山西省党部,成立"清党委员会",实行"清党"反共。阎锡山的公开拥蒋,对武汉国民政府是一个沉重的打击。

作为国民党左派政权,或国共联合政权,武汉政府给当时人留下的最深印象,无疑是其浓厚、激进的党治色彩。武汉时期的党治形态虽然与广州时期一脉相承,但党治特征更为突显和鲜明。张君劢于1926年10月底考察武汉时,即注意到国民党统治下的一切无不以"党化"为依归,不仅军队党化,政治党化,即报纸、教育和文官体制等均笼罩在"党化"之下。[②]

在中央,武汉国民政府组织法第一条即明确规定"国民政府受中国国民党中央执行委员会之指导及监督掌理全国政务"。[③] 在地方,广州国民政府曾于1926年1月24日通告国民党所属各级党部不得干涉地方财政和一切行政。但这一规定不久即被修正。1926年10月,国民党中央

---

① 《中国国民党中央执行委员会政治委员会第二十八次会议速记录》,见《中国国民党第一、二次全国代表大会会议史料》(下),第1230页。

② 张君劢:《武汉见闻》,10—12页,国立政治大学1926年11月出版。

③ 武汉时期公布的《中华民国国民政府组织法修正案》,比广州时期公布的《中华民国国民政府组织法》更为明确具体。广州时期的《中华民国国民政府组织法》第一条为"国民政府受中国国民党之指导及监督掌理全国政务"。见《武汉国共联合政府法制文献选编》,66—67页。

与各省区代表联席会议通过《省党部与省政府之关系议决案》，规定省级党政关系视各省情形不同而分为3种办法：(1)省政府在省党部指导之下；(2)省政府在中央特派政治委员及省党部指导之下；(3)省政府与省党部合作。[①] 1个月后，国民政府又公布《修正省政府组织法》，内中第1条规定："省政府于中国国民党中央执行委员会及省执行委员会指导监督之下，受国民政府之命令，管理全省政务。"[②]这一规定意味着省政府被置于三重指导监督之下，其中省党部居其一。实际上，随着北伐的迅猛推进，在党军克服区域内，一般先设立省党部，然后才成立省政府。省政府多由省党部筹备组建，省政府委员亦多由省党部委员兼任。[③]省党部大多能指导和监督省政府。[④] 如1927年4月10日湖北省政府成立时，省党部执行委员董必武、徐谦、孙科、李汉俊、张国恩、孔庚、邓初民和监察委员邓演达均当选为省政府委员。除财政厅厅长外，各厅厅长均由兼有省党部委员身份的政府委员担任。省党部与省政府基本上是一班人马。[⑤] 省政府成立前夕，省党部发布训令，训勉省政府澄清吏治，打倒土豪劣绅，实行农工政府。[⑥] "训令"本身即说明该省党部对省政府的关系是前者指导监督后者的关系。再从该时期湖北省党部实际所行使的职能来看，上自组建政府，下至妇女放足，权力辐射到政治、经济、文化教育乃至社会生活的各领域，几乎无所不在。

政治录用机制和党员对政治资源的控制程度，是衡量一个执政党党治力度的重要指标。1926年9月，国民党广东省党部呈请中政会，要求"非本党党员不得在行政机关服务"，希图以法律形式确保国民党

① 中国第二历史档案馆编:《国民党政府政治制度档案史料选编》(下)，546页，合肥，安徽教育出版社，1994。

②《国民党政府政治制度档案史料选编》(下)，547页。

③ 在正式省政府成立之前，一般组织临时政治会议作为过渡性的政治指导机关，如湖北、江西、浙江、上海等均是。参见陈惠芬《北伐时期的政治分会——中央与地方的权力纠葛》，载《台湾师范大学历史学报》第24期，1996年6月。

④ 如在湖南，省党部权力很大，省政府完全处于从属地位。夏曦在国民党二届三中全会上所作的《湖南政治党务报告》中称:"省党部对于湖南一省政治，均有一定政策，从政策上逐渐取得一省政治之领导地位"，"对于省政治之措施，省党部均能居指导地位"，"凡关重大问题，省党部有所决议，省政府即予执行;省政府有所疑难，亦必函请省党部决议"。见蒋永敬编《北伐时期的政治史料》，332—334页，台北，正中书局，1981。

⑤ 曾成贵:《国共合作的国民党湖北省党部略史》，载陈本立主编《湖北历史文化论集》，238页，北京，档案出版社，1998。

⑥《中国国民党湖北省执行委员会对湖北省政府成立训令》，见1927年4月10日《汉口民国日报》。

党员对政治资源的全面垄断。当时国民政府虽担心"恐开以入党为终南捷径之嫌",但仍通令各机关,"文职委任以上,武职尉官以上,应以本党党员为准"。[①] 这一政令虽公布于广州国民政府时期,而实际推行则主要在武汉政府时期。委任和尉官分别为当时文武官员的最低层级,故这一规定实际上从制度上确立了党籍作为入仕从政的先决条件。它意味着凡想在国民政府统治区域从政做官者,必须先加入国民党。在中国历史上,这是继科举取士之后,首开入党做官的先河。

武汉政府时期尚有一引人注目之点,乃司法党化。司法党化的主要推动者徐谦曾随冯玉祥访问过苏俄,1926 年 8 月归国后,出任广州国民政府司法行政委员会主席兼大理院院长,国民政府北迁武汉前后出任司法部部长。徐谦试图按照苏俄模式进行司法改革,提倡建立党化、民众化与革命化的司法。他反对"司法独立"和"司法官不党"的观念,主张通过"司法革命"以建立"革命司法",要求司法机关必须与政治方针相统一,司法人员应受政治党务训练。国民党中政会接受徐谦的建议,推行司法改革,废除一些旧的与国民党党纲相冲突的司法法规,如禁止集会、结社、罢工自由,否认卑幼对尊亲的正当防卫权,承认纳妾,普通人民可由军人审问处罚等旧条文均议决废止;制定新法律,如《反革命罪条例》《处分逆产条例》以及湖南、湖北、江西等省所制定的惩治土豪劣绅条例和惩治贪官污吏条例等;废止法官不党的法令,规定非有社会名誉之党员兼有三年以上法律经验者,不得为法官;规定律师也必须是党员;修正法院名称,改四级三审制为二级二审制,中央设最高法院,省级设控诉法院,县市设县市法院,乡镇设人民法院;采用参审制及陪审制,县市法院及中央法院在庭长、审判官之外,并设陪审员参与审判;人民法院除设审判官外,另设参审员,如有关党员、农民、工人、商人或妇女诉讼时,分别由人民法院所在地之党部、农民协会、工会、商民协会和党部妇女部推选出参审员参审。[②] 除此之外,各省在审判土豪劣绅时,其审判委员会的组成,一般均由地方党部、工会、农协、妇协、商

---

① 《国民党政府政治制度档案史料选编》(下),202—203 页。

② 徐谦:《在武汉国民政府第 13 次会议上的报告》《崭然一新之革命化的司法制度》,见《武汉国共联合政府法制文献选编》,第 47—51、58—60 页。

协、学联等各方面代表参加。这些规定充分体现了司法党化和人民化的原则，但司法党化和人民化的结果，也为党、政、军各界以及民众团体干涉乃至干扰司法开辟了极大的空间。司法党化实际成了党的决定优先于司法机关的裁决；"民意就是革命法律"，实际鼓舞民众团体超越"参审"的范围而走向直接进行法外处决，以至于发展到国民党各级地方党部和工会、农会等民众组织可以随意抓人、杀人。统计当时《湖南民报》和《汉口民国日报》报道的处决土豪劣绅案件，湖南、湖北分别处决了 88 名和 78 名土豪劣绅，其中由民众团体直接处决的最多（湖南 44％，湖北 39％），其次是由党政机关处决的（湖南 34％，湖北 28％），由特别法庭处决的最少（湖南 22％，湖北 33％）。[①] 实际上，当时对什么是"反革命"，什么是"土豪劣绅"，虽然定有相关条例，但缺乏具体严谨的定性准则。徐谦自己很快发现："所谓土豪劣绅，毫无标准。现在所举发的土豪劣绅，多半是寻仇复恨。"王法勤在国民党中政会上也报告说：革命军事裁判所"押的人之中，有些人我们知道决不是反革命，只是因为说话不谨慎，就被捉进去了。"林祖涵亦报告说："军事委员会常常接到各地区分部同农民协会的呈文，一时请捉这一个，一时又请通缉那一个，真成了他们的执行机关，而且有一些案件都是他们已经办了的。"武汉市公安局有次拘押的 4 个人中，一个是土豪，一个是劣绅，一个是人家的逃妾，一个是迷路的少女。[②] 在这种情况下，武汉政府不得不颁布《关于逮捕手续的命令》和《禁止民众团体及民众自由执行死刑条例》等法规加以约束，并训令县党部以下各级党部不得自由逮捕惩罚，不得直接干涉地方行政。徐谦本人也不得不对"人民审判"的意义重新加以阐释："要晓得人民审判只是一种宣传，偶然有一两件重大的事，为使人民注意起见，组织人民审判委员会是可以的。若是永远成立，其结果必弄到什么人什么事都不过问，拍拍掌，举举手，就可以

---

① 这些数字只是两报报道的数字，并非实际处决的数字，实际处决数字应该更多。参见柳镛泰《国民革命时期公产、公堂问题——两湖与广东农民运动之比较》，载《民国研究》（南京大学学报特辑）总第 5 辑，12 页，1999。

②《中国国民党中央执行委员会政治委员会第二十一次、第二十二次、第二十五会议速记录》，见《中国国民党第一、二次全国代表大会会议史料》（下），1171、1182、1185、1219 页。

枪决。”[①]

除司法党化外，教育党化亦是武汉政府推行的一大要政。“党化教育”的口号，始于广州国民政府时期。1927 年 2 月武汉国民政府公布的《教育方针草案》，将“党化教育”的内容进一步演绎为“革命化、民主化、科学化、社会化”，要求学校不仅要造就各项专门人才，而且要求学生“在校、出校均能做党的工作”。在教学内容上，对旧有教科书进行审查，删除了那些宣传封建思想和迷信观念的内容，增加了国民革命的相关常识；禁止教会学校讲授《圣经》及相关教义，不准在校内举行宗教仪式，规定教会学校校长必须由中国人担任。武汉政府十分重视工农教育，如开办各类工人补习班、工人子弟班、农民夜校、农民补习学校、妇女补习学校、妇女平民夜校、平民读书处等。由于革命事业急需大量人才，而旧式学校出身者往往不能适应革命的需要，于是培养人才成了当务之急。武汉政府时期开设了各类干部学校和干部训练班，如武汉中央军事政治学校、总政治部宣传员训练班、湖北文官临时养成所、司法部法官政治党务训练班、全国农协农政训练班、湖北省农村合作人才训练班、中央农民运动讲习所、中央妇女党务训练班、湖北省及汉口特别市党部工人运动讲习所、湖北省党部党务干部学校、湖北农民训练班、全国总工会高级劳动学校、湖北省总工会纠察训练班、汉口市妇协妇女运动讲习所等。[②]

四 财政危机

南京政府成立后，武汉政府的统治区域缩小为湘、鄂、赣三省。在政治、经济、军事、外交乃至民众心理等多种因素的综合作用下，南京政府逐渐占了上风，而武汉则相形见绌。

财政是一个政权赖以生存和发展的命脉。而一个战时政权的最大负担无疑是其庞大的军饷开支。北伐出师之际，国民革命军不过 8 个军，10 万人左右，打到长江流域时，迅速发展到三四十个军，数十万人。

---

① 《中国国民党中央执行委员会政治委员会第二十五次会议速记录》，见《中国国民党第一、二次全国代表大会会议史料》（下），1219 页。

② 刘继增、毛磊、袁继成：《武汉国民政府史》，226—242 页，武汉，湖北人民出版社，1986。

军费开支亦随之猛增。1926 年 12 月时，月需军饷 564 万余元，到 1927 年4月增至1 189万余元。[①] 军费占武汉政府全部支出的百分之七八十。支出如此浩大，收入情况却不佳。1927 年 3 月是武汉政府的全盛时期，号称领有十数省地盘，实际上真正对它有过贡献的只有粤、湘、鄂、赣四省。北伐初期，广东本是党军最主要的筹饷基地，该省每月供给北伐军的款项，多时达 400 万元。但自蒋介石在南昌另树一帜之后，李济深站在蒋介石一边，其款项便只解给蒋，而不缴至武汉政府。宁汉分裂后，武汉政府的地盘只剩下湘、鄂、赣三省。三省之中，湖南由唐生智主宰一切，财政为其截留，尚感入不敷出。林祖涵于 1927 年 4 月底 5 月初赴湖南调查后向国民党中央报告说："湖南的财政，以前每月可收入三百六十万，现在因为天灾人祸，收入顿减，仅有七十余万，但支出仍需两百四五十万左右。而税源枯窘，杂捐如烟酒、印花、屠宰税等，差不多完全没有。于是，财政当局想课遗产、登记两种新税，然也无济于事。至于金融方面，不但现洋缺乏，就连纸币也不多见。因此他们请求中央予以充分的援助。"[②]与湖南相比，江西的情形亦不相上下。据陈其瑗于 1927 年 5 月 12 日向国民党中央报告，江西"四月份仅收入九十万，被李烈钧押了五十万出去，实际收入只剩下四十万，而支出则要一百七十万左右，最少也要一百六十万，收支相抵还差七十万。所以江西的财政，在最近三个月内，每月要赔七十万，这是很坏的现象"。[③]

湖南、江西既如此，武汉政府的财政便主要依靠湖北一省。湖北的财源主要有二：一是武汉的工商税，一是所谓特税。自北伐军占领武汉后，受民众运动等因素的影响，不少工厂停工、商店关门，生产消费均大为减少，工商税收亦因之锐减。所谓特税，即鸦片烟税。广州时期国民党所颁政纲本主张禁烟，而此时不但不再提禁烟，连军需亦须仰仗鸦片烟税。湖北过去每月可收烟税二三百万，自北伐战起，先是孙传芳盘踞东南，封锁武汉，接着是四川军阀叛变和宁汉分裂，原从川黔经武汉行销上海的鸦片，其来源与去路均被堵塞。武汉政府所能征收的鸦片过

① 余捷琼：《民国十六年武汉的集中现金风潮》，载《社会科学杂志》第 7 卷第 4 期，1936 年 8 月。

②《中国国民党中央执行委员会政治委员会第 17 次会议速记录》，见《中国国民党第一、二次全国代表大会会议史料》(下)，1103—1104 页。

③《中国国民党第一、二次全国代表大会会议史料》(下)，1146 页。

境税自然大受影响。[①] 天津《大公报》记者于 1927 年 2 月视察汉口时注意到:"汉口地方向有美国支加哥(即芝加哥)之目,贯通南北东西,所以商业出入很大,据说每年在市面周转有四千万元之多,去年政局一变,交通阻塞,货运停顿,又加工潮,人心不安,年底市面短钱庄不下千七八百万,钱庄短银行不下五六百万。如此情形,金融完全停滞,市面和死了一般,百多家钱庄,开门者不过三四十家,真正做生意者,不过十来家。汉口钱庄势力远在银行之上,钱业一抱消极,百业都失掉周转中心。"[②]

1927 年 4 月 5 日,财政部处长张肇元向国民党中央政治委员会报告说:"现在财政是困难已极,上海虽然克复了,但关税方面尚无具体办法。目前预算要一千二百万,湖北的收入还不到三百万。"[③]

为了增加财政收入,维持庞大的军费和政府开支,4 月 15 日,武汉国民党中常会根据鲍罗廷的提议,决定组织战时经济委员会,以汪精卫、谭延闿、孙科、宋子文、苏兆征等五人为委员,试图采取特殊办法渡过难关。

战时经济委员会采取的第一项措施,是实行现金集中,由武汉政府控制并掌握硬通货,作为准备金,以维持纸币信用。具体做法是,先将汉口各银行存款封存起来,各银行一律停止兑现,一切汇兑都由中央银行经理,非经财政部特许,绝对禁止现洋、现银出口。为了保证计划的执行,武汉政府派出军警对各银行进行监视。但由此一来,武汉立即成为纸币世界,导致物价飞涨。人们纷纷以高价购买铜元,甚至竞相购买邮票保值。不少商店关门歇业,转为黑市交易。由于在汉口的各外国银行并不听武汉政府的命令,一些商人乃绕过中央银行而走外国银行的偏门,这样一来,在汉口便出现两种不同的汇兑率。上海、北京、天津、南京、广东等地银行宣布停止与武汉金融往来,声称"一致对汉口经济绝交"。蒋介石发出布告,规定凡汉口的中国、交通两行钞票不得在他省兑现,并禁止长江下游各地的现金运往武汉,对武汉实行经济封锁。20 世纪 20 年代的武汉号称是"内地贸易之总汇",在国内贸易网

---

① 陈公博:《苦笑录》,129—130 页,香港大学亚洲研究中心,1979。

② 冷观:《南行视察记》,见 1927 年 3 月 6 日天津《大公报》。

③《中国国民党中央执行委员会政治委员会第 9 次会议速记录》,见《中国国民党第一、二次全国代表大会会议史料》(下),1014 页。

络中具有特别的地位,而对外贸易则须借径于上海,金融之缓急,亦主要视沪、津等埠为转移。因此,当沪、京、津等埠银钱界宣布与武汉断绝金融关系后,对武汉的商业与贸易造成了严重的影响。"凡平时恃汉埠以为集散之货物完全梗塞,所有汉埠经济上之价值,贸易上之地位,亦随以消灭无余。"[①]故外埠舆论咸认武汉政府此举"其愚实甚"。如《国闻周报》著论批评说:"禁止现金出口,停止中央、中交等银行钞票兑现,封锁库存现金,虽意在救一时之急,然国内外汇兑,必因之停止;国内外货物,必因之停运。完全断绝国内外之经济关系,使全国大部分金融枢纽之汉口,立于孤立地位。自行封锁焉,人民生计影响之大,社会经济关系之巨,姑不必论,在此金融封锁下之武汉政府,诚不知其政治军事将何以支持也。饮鸩止渴,渴止而毒发矣。电传党政府封锁各银行现金,不过四百万元,车薪杯水,何足救党政府之急,而数千万之滥钞,从此流毒于湘鄂,为人民所负担矣。"[②]

现金集中的计划既归于失败,武汉政府只得大量发行公债。鉴于湘、鄂、赣三省负担已经很重,决定由前敌军人将公债带到河南、山东、直隶、陕西四省去发行。从 4 月 15 日起,向四省发行公债 900 万。5 月,又发行有奖债券 500 万元。但公债发行十分寥落。据孙科报告,武汉政府 5 月的月支出达1 000多万,而月收入不到 180 万,100 万有奖债券只卖出了十几万。[③] 5 月 2 日,升任财政部代部长的张肇元在国民党中政会上诉苦说:"我们只有一千四百万纸币,都发完了。既无现洋,又无纸币,还有什么生意?"[④]5 月 30 日,张肇元在中政会再次报告说,湖南的财政已经是山穷水尽,省政府的旧债有5 000多万,新债有 700 多万,每月总是入不敷出,钱粮预征到了民国 20 年;而江西的兑换券已经用得如同白纸一样。[⑤] 物价腾贵,纸币贬值,工商业主纷纷转移资金,汉口的金融混乱到无法收拾和整理。武汉国民政府的财政濒于绝境。

---

① 谦益:《论汉口之金融封锁》,载《钱业月报》第 7 卷第 6 号,1927 年 7 月。

②《汉口金融》,载《国闻周报》第 4 卷第 15 期,1927 年 4 月。

③《中国国民党中央执行委员会政治委员会第 29 次会议速记录》,见《中国国民党第一、二次全国代表大会会议史料》(下),1250 页。

④《中国国民党第一、二次全国代表大会会议史料》(下),1107 页。

⑤《中国国民党中央执行委员会政治委员会第 29 次会议速记录》,见《中国国民党第一、二次全国代表大会会议史料》(下),1222 页。

财政危机波及社会生活的各个方面。首先是工厂倒闭,工人失业。至4月下旬,武汉失业工人多达30万。其次是生活资源恐慌,与百姓日常生活息息相关的米、煤等出现紧缺。6月13日,张肇元向国民党中政会报告说:“武汉现在很是缺米,二十几家米店,只有七家有存货,仅能维持三天的民食,要赶快想一个办法。”① 6月15日,孙科在中政会的报告更为悲观:“如果不设法增加收入,革命是断断维持不下去!”②

五　工农运动“过火”

武汉政府财政枯竭,与两湖地区的工农运动也有很大关系。据宋子文报告,湖北财政收入锐减的原因有三:一是军队管理着一部分财政机关;二是工潮发生,资本外流;三是对外交通阻隔,商务冷淡。宋氏并透露由于工潮原因而导致资本家将现款运往上海者,数逾1 500万,实为湖北财政之一大致命伤。另据湖南省财政局局长张开琏报告,湖南财政收入减少,也与湖南农运有关。因农民协会打击土豪劣绅,富户纷纷逃走,田赋无人缴纳,钱粮亦受影响。③

武汉时期工农运动主要在两湖地区展开。运动由中共直接主导。中共在武汉政府中的影响,以及武汉政府被时人视为“赤化”政府,其实主要表现在工农运动上。工农运动中,又以农民运动最为猛烈。国共两党在武汉时期的分歧,也主要表现在农民问题上。中共一直以能组织轰轰烈烈的农民运动而自傲。而国民党左派领导人对中共独掌民众运动,亦难免心怀嫉意。如谭延闿和汪精卫向陈独秀抱怨说:“工农运动不属于国民党,而属于共产党和红色工会国际。只有加入了共产党或红色工会国际的人,才能控制运动。”④

武汉时期的农民运动中,湖南发展得最快,也最为猛烈,其中又以

---

①《中国国民党中央执行委员会政治委员会第29次会议速记录》,见《中国国民党第一、二次全国代表大会会议史料》(下),1241页。

②《中国国民党中央执行委员会政治委员会第29次会议速记录》,见《中国国民党第一、二次全国代表大会会议史料》(下),1250页。

③ 李云汉:《从“容共”到“清党”》,影印版,677页,台北,及人书局,1987。

④《中共中央执行委员会中央局会议记录》(1927年4月20日),见《联共(布)、共产国际与中国国民革命运动(1926—1927)》(下),207—208页。

打土豪劣绅最具声色，也最为当时保守势力所忌恨。1926 年底，湖南农民运动“过激”之说，已开始在武汉流传。所谓“过激”，本是指农民运动发生了“左”倾蛮干行为。但亦有反对者故意夸大其词的成分。到 1927 年 3 月，武汉国民党上层人物虽侧重于谈论反蒋问题，而街谈巷议则多流传着农运“过火”的故事。一些国民党人物受到这种传说的影响，也开始对农运产生反感。尤其是一些湘籍军官们，因家庭多系地主，其家属难免受到农运的直接打击，对农运尤为反感。4 月以后，农运“过火”的声浪逐渐高过反蒋的呼声。①

面对农运过激的说法，中共内部意见也不尽一致。如毛泽东对急风暴雨式的农村阶级斗争极为赞赏，认为“矫枉必须过正”。1927 年 4 月间，中共中央由上海迁到武汉以后，对于这个问题也议论纷纭。大致有两种看法：一是主张深入革命，乘势将农运推到土地革命的阶段去，不应受农运行动过激之说的影响；二是认为为了农运本身的顺利发展，纠正某些偏激行动是必要的。②

共产国际很重视农民土地问题。1926 年 11 月，共产国际执委会第 7 次扩大全会通过《关于中国形势问题的决议》中，提出“土地国有化”是无产阶级土地纲领的基本要求，为了实现这一要求，现在就应在国民政府统治区实行土地革命。会后，共产国际派罗易前来中国，具体指导中共中央贯彻实行这一决议。罗易于 1927 年 4 月 2 日到达武汉后，与维经斯基和多里奥组成共产国际执委会代表团，取代早已名存实亡的共产国际执委会远东局。罗易名义上是共产国际驻中国的最高代表，但与鲍罗廷并无统属关系。鲍罗廷久任国民党顾问，驾轻就熟地操纵着武汉国民政府的政治运作。新来乍到的罗易很快即发现鲍罗廷在武汉具有不可动摇的支配地位，不仅中共中央受其左右，国民党左派领导人亦受其影响。而且鲍罗廷不允许罗易“同国民党发生任何关系”。罗易感到自己实际上处于与总的政治形势相隔绝的孤立境地。③ 鲍罗廷熟知中国革命情形，考虑问题多从实际政治形势出发，策划具体措施

① 张国焘：《我的回忆》(二)，208—220 页。

② 张国焘：《我的回忆》(二)，222 页。

③《罗易就中国形势给共产国际执行委员会政治书记处和斯大林的书面报告》(1927 年 5 月 28 日)，见《联共(布)、共产国际与中国国民革命运动(1926—1927)》(下)，292—293 页。

时，注重各方力量的对比，以争取胜利为目标；罗易不熟悉中国情形，考虑问题多从理论教条入手，往往着眼于政治原则。罗易对鲍罗廷的大权独揽深怀不满，在很多问题的看法上与鲍罗廷存有较大分歧。罗易认为，国民革命已经发展为土地革命。共产党人必须支持农民的斗争，不能为了换取同小资产阶级的联合而背叛农民，只有强有力地推行土地革命，并在斗争中显示出无产阶级的真正力量，才能真正吸引住小资产阶级。鲍罗廷不赞成在土地问题上采取激进政策。他认为，武汉军队的指挥人员多是土地所有者。这些指挥人员担心，“他们在前线同敌人作战，而后方却在抢占土地，甚至不会给他们留下一小块‘葬身’之地”。实行土地革命，必须考虑政治形势，避免指挥人员和军队发生分化。在鲍罗廷看来，最好的办法是将土地革命先搁置起来，等北伐军打到北京以后再说。[①]

1927 年 4 月 20 日，鲍罗廷在国民党中政会上提议，自从东南的反动气焰高涨，帝国主义者增加了进攻我们的力量，为了应付这种恶劣的环境，有必要暂时采取战略退却的办法。具体做法是：由政府与工会合组一个委员会，执行工人中的革命纪律，审判并处罚违犯革命纪律的工人；政府立即与主要外国商店和银行协商，使之能在各地公开贸易；规定外国商店和银行内的工人不得罢工。鲍罗廷解释这么做的目的，是为了使帝国主义者无所借口，因为他们传言在武汉政府之下，外国侨民不能继续经商。国民党中政会通过了鲍罗廷的提议，并进一步规定外国学校及教堂等房产均受国民政府法令保护，无论何人不得强行占据。[②] 会后，国民党中央特派林祖涵、陈其瑗分赴湖南、江西两省传达和贯彻国民党中央的“战略退却”方针。

1927 年 4 月 27 日至 5 月 9 日中共五大在汉口召开。会上，围绕土地问题展开了激烈争论。由于罗易与鲍罗廷之间存有分歧，中共中央领导人感到左右为难。大会虽然接受了共产国际第 7 次扩大会议关于中国问题和土地问题的决议，但没有制定实行这些决议的具体措施。

① 《鲍罗廷关于中国政治局势的报告》（1927 年 5 月初），见《联共（布）、共产国际与中国国民革命运动（1926—1927）》（下），225—226 页。

② 《中国国民党中央执行委员会政治委员会十四次会议速记录》，见《中国国民党第一、二次全国代表大会会议史料》（下），1074—1075 页。

会后鲍罗廷仍坚持自己的意见，认为在目前形势下若实行土地革命会吓跑国民党左派，导致统一战线破裂，中国革命也将因此而完全失败。中共中央最终接受了鲍罗廷的意见，着手纠正工农运动的过火问题。

对中共而言，农民土地革命的推行，其争论点并不在农民斗争应采取激进或缓进的方式问题，而是农民运动发动后如何维系国共合作的问题。如果坚持与国民党左派合作，就必须将农民斗争局限在国民党左派所能容许的范围以内。而中共在武汉政府中的微妙地位，常常陷于两难境地：一方面，中共觉得武汉政权毕竟是国民党执政，自己只是参政党，没有必要以在朝的身份来约束群众运动；但另一方面，中共又感到自己的命运与武汉政府休戚相关，如果因群众运动过火而使武汉政府蒙受不利的影响，也势必殃及自己。[①] 而来自共产国际方面的指示，更使这种两难处境趋于恶化。共产国际一方面始终坚持中共留在国民党内的政策不动摇，另一方面又要求中共加深和推进革命的左倾激进政策。中共内部对共产国际的政策，有表示拥护者，有表示怀疑者。拥护者的主张又不完全一致，有的主张既要维持国共合作的武汉局面，就不能谈加深革命，应即纠正工农运动的"过火"行为；有的则认为只有加深革命，进而解决土地问题，才能巩固国共合作。至于怀疑论者，有的主张不要幻想什么国共合作，中共应建立苏维埃政权；有的主张中共不必留在国民党内，但仍以贯彻国民革命和建立真正民主共和国为主旨，为将来建设苏维埃铺平道路。[②]

武汉的左派政权本极脆弱，作为左派领袖的汪精卫更是一直动摇不定。他既反对蒋介石的军事独裁，也畏惧中共的革命锋芒。他后来声称自己在武汉时期一直陷于左右派的夹攻之中。其实他在左右夹攻中日趋右转。1927 年 5 月上旬，汪精卫与陈独秀有过一次谈话。汪声称："现在的问题是，谁领导群众？群众跟谁走？跟国民党走还是跟共产党走？国际关系和军队状况的恶化，无论过去还是现在都是共产党人的过错。"汪还提出，两个党并存是不合适的，如果领导权属于国民党

① 张国焘：《我的回忆》（二），208—209 页。
② 张国焘：《我的回忆》（二），226 页。

左派，共产党跟随他们走，那就不需要共产党。① 很显然，汪精卫此时已经开始考虑与共产党分手了。

5月12日至13日，中共中央政治局与共产国际执委会代表举行联席会议，讨论如何处理与国民党左派的关系问题。陈独秀在会上通报了与汪精卫的谈话内容。鲍罗廷得知汪精卫的态度发生变化后，当即提出，必须改善同国民党左派的关系，目前唯一的出路就是向小资产阶级作出让步。会议最后通过了《国共两党在小资产阶级问题上的关系的决议》，具体贯彻鲍罗廷提出的"向小资产阶级作出让步"的意见，如建立仲裁法庭，解决小企业主和雇工之间的冲突；限制店员的过高要求，防止工人干涉企业行政；不限制同帝国主义进行商业贸易；商人享有一般的政治权利和公民权等。② 这是中共中央对工农运动进行急刹车的开始。

武汉国民党方面，4月2日举行中常会第5次扩大会议，会议推邓演达、徐谦、顾孟余、毛泽东、谭平山5人组成土地委员会，责成该委员会研究一个实行分土地给农民的步骤和方案。该委员会在5月6日以前，共举行过6次扩大会议，先后起草了《保障革命军人土地条例》《佃农保护法》《处分逆产条例》《解决土地问题决议》等法规条例。国民党左派领导人虽然对解决土地问题的意义表示肯定，但对要具体付诸实施疑虑重重。国民党中政会最终只通过并公布了《佃农保护法》和《处分逆产条例》，而《保障革命军人土地条例》则只通过而未公布，《解决土地问题决议》决定暂时保留而未通过。③

从5月份起，汪精卫、孙科、顾孟余、谭延闿等国民党领导人指责工农运动"过火"的言论经常在中政会上发泄。武汉国民党中央与国民政府也陆续颁布了一系列纠正民众团体过火行为的条例和训令。5月9日，公布《禁止民众团体及民众执行死刑条例》，规定判处死刑应报告政府核准；各地民众团体拿获反革命派或土豪劣绅，应交政府惩办，不得自由处决。5月14日，公布《取缔擅行逮捕令》和《禁止擅行没收人民

① 《中共中央政治局和共产国际执行委员会代表联席会议记录》（1927年5月12—13日），见《联共（布）、共产国际与中国国民革命运动（1926—1927）》（下），248—249页。

② ［美］罗伯特·诺思、津尼亚·尤丁编著，王淇等译：《罗易赴华使命》，275页。

③ 杨天石主编：《中华民国史》第二编第五卷，440—447页。

财产令》。5月18日，国民党中政会第22次会议讨论通过陈公博起草的解决店员与店东间、工人与厂主间各种冲突的训令及办法，其中规定制止工人及店员之过度要求，并禁止其干涉厂店之管理；严禁工会与纠察队对店主或工厂主擅自逮捕或其他压迫。[①] 5月20日，武汉国民党中央训令各级党部，纠正农运“过火”行为和制裁越轨行动，规定必须剥削压迫农民行迹显著、证据确凿者，始得交由法定机关依法惩办，而“乡里公正及丰裕之户”不反对国民革命者，皆在国民政府保护之列。5月24日，武汉国民政府令各省政府分饬所属各机关，严禁侵犯军人的土地财产。5月30日，武汉国民党中央训令各县党部，不得干涉地方行政，如再有自由逮捕惩罚人民情事，定将该县党部解散。事实上，自5月中旬起，武汉国民党中央陆续惩处了汉阳县、黄冈县以及河南省的各级国民党党部和民众团体。[②] 曾以“左派”自居的武汉国民党领导人在内外交困的情况下，日趋右倾动摇，以民众运动失控为由，逐渐走上了限制、取缔乃至镇压民众运动的道路。在国民党中政会上，谴责工农运动的声音日趋高昂和愤激。

六 武装叛乱

当武汉政府日趋右倾的时候，军队中一些对工农运动不满的军官率先揭举反共旗帜，发动了武装叛乱。

首先发难的是夏斗寅。夏斗寅原是李书城的旧部，1925年在军阀萧耀南手下当过旅长，北伐军攻占湖南时，被迫投诚，被任命为国民革命军鄂军第1师师长。1927年初，该师移防宜昌，改番号为独立第14师，下辖4团1营，共13 000余人。独立14师本是武汉政府用以戒备四川军阀东侵的部队，其部军官多为鄂籍地主出身，仇视工农运动。夏斗寅本人一直觊觎军长职务，与唐生智有矛盾。旅居沪宁的鄂籍绅商几度派人，几番凑款，促夏举兵反共。蒋介石亦派人策动夏氏。5月13日，夏斗寅发表讨共通电，趁武汉政府的主力部队北上河南与奉军作战

① 《中国国民党中央执行委员会政治委员会第二十次、第二十二次会议速记录》，见《中国国民党第一、二次全国代表大会会议史料》(下)，1140、1174—1176页。

② 杨天石主编：《中华民国史》第二编第五卷，535—538页。

吃紧之际,率部向防务空虚的武汉进攻,企图一举推翻武汉政府。16日,夏部占据咸宁,进逼武昌。武汉政府急派第24师师长叶挺率所属部队迎击。武汉中央军事政治学校的学生也组成中央独立师参与作战,很快将夏军击溃。

夏斗寅叛乱刚刚平息,许克祥又在长沙发动叛乱。许克祥为唐生智所属的第35军第33团团长。5月21日晚,许克祥率领千余人进攻国民党湖南省党部、省总工会、省农民协会、省农民运动讲习所等机关团体,并解除了工人纠察队和农民自卫军的武装,捣毁了省特别法庭,释放了所有被监押的土豪劣绅,枪杀了大批共产党员和工人、农民。因当日的电报代日韵目为"马",故这一事变又被称为"马日事变"。许克祥于事变之次日致电武汉国民党中央,声称因"工农运动操之过激,忍无可忍,遂致酿成武装同志起而自决自卫",随即成立湖南救党临时主席团、救党委员会,召开救党扩大联席会议,宣布在全省范围内厉行"清党"。

与夏斗寅试图推翻武汉政府不同的是,许克祥的矛头直指中共及其领导下的农工运动。正因为此,武汉国民党人多采取隔岸观火甚至幸灾乐祸的态度,认为是中共闯出来的祸,埋怨中共没有及早纠正工农运动的"过火"行为,以致激成事变。24日夜,武汉国民政府电告长沙,一方面要求军队维持治安,同时要求农工纠察队严守秩序,不得报复。25日晨,中政会主席团决定派谭平山、陈公博、彭泽湘、周鳌山、邓绍汾五人组织特别委员会,代表中央驰往长沙查办。汪精卫要求特派员去的任务,"不止是要解决一时的纠纷,并要切实执行中央屡次的训令同决议案,谋一个根本的解决,对于民众既得的利益要加以保障,过度的行为须加以制裁"。① 特别委员于26日出发,鲍罗廷主动要求一同前往。27日,鲍罗廷等一行抵达岳州后被挡驾,只好中途折返。

中共中央对马日事变感到十分悲愤。以湖南数百万有组织的农民和工人,竟如此束手待毙、不堪一击,表示无比遗憾,并责备中共湖南区委过于麻痹大意。事变发生后,中共湖南区委曾决定组织工农义勇队

① 《中国国民党中央执行委员会政治委员会二十四次会议速记录》,见《中国国民党第一、二次全国代表大会会议史料》(下),1203页。

进攻长沙，准备反击许克祥，因获悉武汉方面派人前往解决，遂停止进攻。

5月24日，中共中央政治局开会，罗易与鲍罗廷之间又发生了一场争论。鲍罗廷认为，现在的国民党左派还是好的，一切错误都是工农运动"过火"，现在必须向左派让步，继续与他们合作，而不是离开或者推翻国民党中央；必须抑制工农运动，工人纠察队必须解除武装，农民运动只要能做到减租减息、乡村自治等，便是胜利。罗易则认为，武汉国民党中央已是土劣、地主、军阀的代表，应该号召群众起来推翻他们，实行工农民主独裁。蔡和森对他们二人分歧的印象是："老鲍是有办法而无原则，罗易是有原则而无办法。"①在"原则"和"办法"的分歧面前，中共中央选择了鲍罗廷的"办法"。5月25日，中共中央政治局通过《工人政治行动决议案》和《对于湖南工农运动的态度》两个文件，前者规定政治停工须得总工会令，非十分重大政治示威，决不下停工令；非得政府令，商店不得停市；非得政府令，工会不得拘捕、审判非工人。后者提出，必须切实矫正湖南农运中的幼稚行为。26日，中共中央政治局继续开会，认为还不能立即和敌人发生武装冲突，必须同左派国民党领导人建立更密切的关系，以便联手反对国民党内的军阀反动势力。27日，中共中央政治局再次开会，决议实行策略性退却。6月1日，中共中央政治局通过《农民运动策略大纲》，一方面认为农民与地主之间的急剧冲突，是革命发展的必然现象，并非所谓"过火"，但同时又批评农民运动中的"无组织行动"，如自由逮捕、罚戴高帽子、游街示众、均分财物、罚款等，都带有中国原始的平民暴动的性质。②

5月30日，孙科在国民党中政会上发言称："湖南的农民协会要全体停止活动，不然，不得了。"又说："工会随便的查封产业，简直就是无政府的状态。""成天的嚷无产阶级领导革命，哪里有这一回事。如果真是无产阶级在领导革命，上海、广东、长沙各处的工农运动，也不会一下

① 蔡和森：《机会主义史》，见《蔡和森的十二篇文章》，76—77页，北京，人民出版社，1980。

② 《罗易就中国形势给共产国际执行委员会政治书记处和斯大林的书面报告》（1927年5月28日），见《联共（布）、共产国际与中国国民革命运动（1926—1927）》（下），285页；杨天石主编：《中华民国史》第二编第五卷，544—546页。

子就被军队压下去了。”[①] 5 月 31 日，汪精卫、谭延闿致电湖南省代主席张翼鹏，声称：“湘省农工运动幼稚失当，中央早思制裁”，“对于此次军队与农工纠察队冲突，亦能谅解。从此统一党的威权，对于农工运动，加以严格训练、取缔，未始非湘省前途之福”。[②] 实际上对事变表示容许和肯定。

湖南农民协会派遣请愿代表团前往武汉向国民党中央请愿，要求明令讨伐许克祥。6 月 13 日，军事委员会开会，程潜、唐生智、谭延闿、毛泽东等参加了会议。毛泽东在会上严正批驳了农民协会抢军队枪械的说法，但也承认农民协会确有扰害军人家属的举动。毛泽东解释农民协会扰害军人家属的原因，是“农民协会有哥老会在内把持，他们既不知道国民党是什么，也不知道共产党是什么，只晓得作杀人放火的勾当”。[③] 讨论的结果，会议决定对马日事变不用武力解决。唐生智表示愿意亲赴长沙，以和平的方法改组农民协会。同日，国民党中政会召开会议，决定责成唐生智全权办理此案。武汉国民党中央之所以如此仰赖唐生智，乃因为自宁汉分裂以后，唐生智实际上成为武汉政权下的第一号军事实权人物。当时武汉政府的武装部队总数约 10 万人，其中 5 万人集中在湖南和湖北两省，名义上隶属于国民政府，实际上是效忠于唐生智个人。换言之，唐生智实际上是两湖的军事主宰。[④]

6 月 26 日，唐生智抵达长沙，随即向武汉国民党中央报告处置湖南事件所拟办法：党部及民众团体着即停止活动；许克祥记过一次，留营效力。27 日，国民党中政会开会讨论唐生智所拟办法。会上，只有于右任提出，对于许克祥，未免处置太轻了。而汪精卫则表示，只要唐生智能镇压下去，可以照准。会议乃决议电复唐生智，照所拟办法施行。在此之前，唐生智对中共在湖南的活动一直表示支持和容忍，即使在马日事变发生后，仍表示拥护孙中山的农工政策，决不压迫农工群

---

①《中国国民党中央执行委员会政治委员会二十五次会议速记录》，见《中国国民党第一、二次全国代表大会会议史料》(下)，1223—1225 页。

②《中央汪、谭两主席电》，引自杨天石主编《中华民国史》第二编第五卷，561 页。

③《中国国民党中央执行委员会政治委员会二十八次会议速记录》，见《中国国民党第一、二次全国代表大会会议史料》(下)，1232—1233 页。

④《罗易就中国形势给共产国际执行委员会政治书记处和斯大林的书面报告》(1927 年 5 月 28 日)，见《联共(布)、共产国际与中国国民革命运动(1926—1927)》(下)，278 页。

众，甚至声称“反共产就是反革命”。但当唐生智抵达长沙后，态度为之一变，公然表示反共，声称“湖南以前种种惨劫，完全是湖南的共产党所造成”。[①] 6月29日，国民党中政会批准唐生智提出的改组湖南省政府、省党部的人选名单。[②] 一场军队镇压农工运动的叛乱，就这样宣告结束。张国焘认为，马日事变是军队镇压农工运动获得成功的一次行动，是汪精卫明显向右转的一个标志，也是武汉整个局势转变的标志。[③]

马日事变之后不久，江西又发生了遣送共产党人事件。自蒋介石离开南昌以后，武汉国民政府任命朱培德为江西省政府主席。宁汉分裂后，朱培德虽站在武汉一方，但仍和南京方面保持联系。朱培德第3军下属第9师师长曾万钟有受蒋介石运动之嫌疑，被政治工作人员举发，朱培德只好将曾万钟撤换，但因此而引发军队将领与政治工作人员之间的矛盾。一些军官借故告假，一些士兵也说他们的饷银寄回湖南后，被农民协会所扣，还有的军官诉说其湖南的老家被抄。军官们纷纷质问朱培德：究竟是为国民党作战，还是为共产党作战？朱觉得自己军队中起了分化，弄得军心涣散，士无斗志，甚是不安。马日事变发生后，朱培德难免受到影响。5月29日，朱培德要求军中与武装同志有矛盾的几位政治工作人员暂时离开江西，以免引起不好的后果。未料此举在政治工作人员中引起强烈反弹。他们表示，要走大家走，要留大家留。在双方弄成僵局的情况下，朱培德乃决定请他们都走。30日，第3军全部政治工作人员142人被遣送出境。6月4日，朱又开列了一张20人的名单，多为江西省党部、南昌市党部以及农工团体的代表人物。朱拿出3万元作旅费和家属安置费，请他们离开江西。随后出动军警，查封了江西省总工会、市党部、学生会、农民协会和民国日报社。6日，朱培德布告称，凡共产党员应完全退出，个人之身体财产，政府当负责保护；省内一切农工运动着暂时停止，听候中央指导；各民众团体及民众对于共产党及农工运动之人，不得寻仇报复，并不得轻以共产党员名

① 《唐生智在湖南省政府纪念周演讲词》，载《湖南省政府公报》1927年7月5日。

② 《中国国民党中央执行委员会政治委员会三十二、三十三次会议速记录》，见《中国国民党第一、二次全国代表大会会议史料》（下），1281、1293—1294页。

③ 张国焘：《我的回忆》（二），248页。

目诬陷他人，违者军法从事。[①]

七 冯玉祥见风使舵

两湖、江西事件接连发生之后，善于见风使舵的冯玉祥也趁机倒向蒋介石一边，使武汉政府的地位更形不利。宁汉对峙以来，冯玉祥成为举足轻重的力量，自然也成为宁汉双方竞相拉拢的对象。北伐前期，冯玉祥的政治态度趋向积极，1926 年 9 月就任国民军联军总司令后，借助苏俄的军事援助和共产党人、国民党左派的帮助，接纳共产党人在其军队中开展政治工作，对其辖区内的工农运动和共产党人的活动也表现出相当的宽容态度。宁汉分裂后，冯玉祥仍与武汉方面相配合，率国民军联军参加了第二次北伐。当武汉军队与冯玉祥的军队合力攻下河南后，面临着是否继续北伐的问题。如果要继续北伐，必须从徐州和郑州两面同时进兵，如果南京方面不向北攻，武汉方面孤军北上，万一山东方面有一支敌军侧击，非大败不可。况且后方防务空虚后，南京方面也难免不袭其后方。既然进不可攻，武汉方面乃决定后撤退守，将河南让给冯玉祥。6 月 5 日，武汉国民党中央决定派汪精卫、徐谦、谭延闿、顾孟余、孙科等政治委员会主席团到郑州与冯玉祥会商。6 月 10 日，双方在郑州举行会议。会议决定：豫、陕、甘三省均为冯玉祥防地，唐生智等部回师武汉；冯玉祥的第 2 集团军改编为 7 个方面军；成立三省政府委员会，分别以冯玉祥、于右任、刘郁芬为主席；撤销原来的北京、西安政治分会，另成立开封政治分会，以冯玉祥为分会主席。至此，冯玉祥不仅掌握了豫、陕、甘三省的党政大权，而且部队扩充至四五十万人，成为一支最具实力的军事力量。

在武汉看来，把河南交给了冯玉祥，冯玉祥一定会对武汉政府表示同情。但冯是旧军阀出身，素以见风使舵、倒戈转向著称。当宁汉双方竞相争取他的时候，他更会权衡利弊，待价而沽。二次北伐过程中，眼见武汉政府江河日下，而南京政府则有蒸蒸日上之势，冯玉祥开始考虑

---

① 《中国国民党中央执行委员会政治委员会二十八次会议速记录》，见《中国国民党第一、二次全国代表大会会议史料》(下)，1236—1237 页；杨天石主编：《中华民国史》第二编第五卷，569—570 页。

将砝码押向南京一边。郑州会议上，汪精卫等人虽然极力迎合冯玉祥的意旨，希望冯能尊重武汉政府的地位。可是冯对朝不保夕的武汉意存轻视。武汉方面虽然同意冯玉祥的部队大幅扩编，而军费却不能解决。郑州会议前，冯玉祥要求武汉方面每月拨给军费 300 万元，而武汉政府仅允月拨 150 万元，实际仅给了 60 万元的纸币和国库券。郑州会议后，冯又要求发给步枪 10 万支、子弹 50 万发、大炮 500 门、现款 200 万元。汪精卫回电叫苦不迭地说，武汉政府所属全部军队也没有此数。在这种情况下，冯玉祥迅速将目光转向蒋介石。郑州会议甫一结束，冯玉祥立即与蒋介石联系，主动要求与蒋介石面谈。6 月 19 日，冯玉祥赶赴徐州与蒋介石晤面。次日起双方举行会谈。会上，蒋介石当场赠送冯玉祥现款 50 万元，并答应每月协济冯玉祥军饷 250 万元。① 就这样，冯玉祥投向了蒋介石的怀抱。徐州会议后，冯玉祥致电汪精卫、谭延闿等，要求武汉方面设法使鲍罗廷回国，而在武汉之国民政府委员，除愿出洋休息者外，均可与宁方合而为一。22 日，冯玉祥回到开封后，下令省政府严防共产党。28 日，又致电豫、陕、甘三省政府委员，要他们与南京一致行动。7 月 7 日，冯在洛阳宣布对付共产党人办法：愿意走者发给川资，不愿走者必须宣言脱离共产党。他将 240 名政治工作人员，每人给付 50 元至 100 元不等的川资后，用大刀队押送至武胜关，强迫遣散。②

徐州会议彻底改变了宁汉两方的均衡局面。冯玉祥倒向南京，对武汉国民政府几乎是致命的一击。徐州会议后，蒋介石一面经由冯玉祥向武汉施加压力，一面从南京调集部队溯江而上，摆出武力解决武汉的姿态。在内外交困的情况下，武汉国民党人感到，为了维护自身在国民党内的法统地位，除了东征讨蒋，实在无自存之法。而东征若无政治主张，军事未必能操胜券，而政治主张"倘使不能高调过于南京，也不能低调过于南京。武汉是共产政府，这是南京所宣传的。如果要南京不

① 姚金果、苏杭、杨云若：《共产国际、联共（布）与中国大革命》，362 页，福州，福建人民出版社，2002。蒋介石应允每月给冯的军饷数目，或说是 200 万元。参见毛以亨《俄蒙回忆录》，245 页，香港，亚洲出版社，1954。

② 杨天石主编：《中华民国史》第二编第五卷，577—578 页。

战解体，那么莫过于分共。于是分共遂成为东征的先决条件”。[①] 正在这个时候，共产国际代表罗易一个出乎意外的鲁莽举动，为汪精卫的分共提供了一个很好的借口。

八　五月紧急指示

作为共产国际的驻华代表，罗易在中国革命的危急时刻，一直力图挽救行将倒悬的局势。马日事变前后，罗易就认为武汉国民党中央已经右倾，并代表资产阶级和封建地主的利益。武汉和南京之间已经没有多大差别。但罗易仍然对汪精卫个人怀有好感，认为汪精卫是武汉国民党中央委员会内唯一的左派。他寄希望于汪精卫来挽救日益迫近的危机。

5 月 31 日，联共（布）中央政治局给鲍罗廷、罗易及苏联驻汉口总领事柳克斯 3 人发出一份电报，通称“五月紧急指示”。大意是：

（一）不进行土地革命，就不可能取得胜利；不进行土地革命，国民党中央就会变成不可靠将领手中的可怜玩物。必须反对过火行为，但不能用军队，而要通过农会。

（二）对手工业者、商人和小地主作出让步是必要的，同这些阶层联合是必要的，只应没收大、中地主的土地，不要触及军官和士兵的土地。

（三）国民党中央的一些老领导人会动摇和妥协，应从下面多吸收一些新的工农领导人加入国民党中央，更新国民党上层人士。

（四）动员 2 万共产党员和两湖 5 万革命工农，组建几个新军，组建自己可靠的军队。

（五）要成立以著名国民党人和非共产党人为首的革命军事法庭，惩办那些迫害工农的军官。[②]

莫斯科的这一电报似乎没有明了马日事变已使中共处于四面受敌的地位，以为鲍罗廷等人还能左右武汉政局，所以电令鲍罗廷和罗易指

---

① 陈公博：《苦笑录》，129 页，香港大学亚洲研究中心，1979。

② 《1927 年 5 月 30 日征询政治局委员意见》，见《联共（布）、共产国际与中国国民革命运动（1926—1927）》（下），298—300 页。

导中共奋起进攻和反击，以夺取国民革命的领导权。6 月 1 日鲍罗廷接到莫斯科的电报后，认为“荒唐可笑”，唯一的办法是“暂缓执行”。他既没有让罗易看电报的内容，也未同中共中央政治局商量，就指示陈独秀向莫斯科回电说：“命令收到，一旦可行，立即照办。”①

鲍罗廷和中共中央对莫斯科指示的态度，令罗易十分不满。来华以后，罗易的主张在中共中央政治局一直无法得到贯彻，心中不免郁闷。他指责鲍罗廷独断专行，俨然是中国共产党的“太上皇”，也抱怨中共中央为鲍罗廷所左右，听信鲍罗廷个人而无视共产国际的指示。他不再指望陈独秀领导下的中共中央能够挽救危机，转而寄希望于他所信任的“国民党唯一左派”汪精卫。6 月 4 日，罗易与汪精卫进行了一次谈话。汪向罗易抱怨，没有人把莫斯科的意见通报他们。汪问罗易：在武汉，究竟是谁代表莫斯科，是鲍罗廷还是罗易？为了取得汪精卫的信任和看重，罗易决定进行最后一次努力。他希望在汪的身上创造出一些奇迹来，以证明他的主张正确和鲍罗廷等人的看法错误。6 月 5 日，罗易将莫斯科的电报拿给了汪看。

但罗易此举不仅没有拉住汪精卫，反而为汪精卫分共提供了一个很好的借口。就在汪精卫看到“五月紧急指示”的同一天，武汉国民党中政会决定解除鲍罗廷的顾问合同。鲍罗廷获知后，对罗易大加斥责，并报告莫斯科，要求撤回罗易。

6 月 7 日，中共中央政治局开会讨论“五月指示”。张国焘回忆，当莫斯科电报在会议上宣读时，所有与会者都有啼笑皆非之感，一致觉得这是无法执行的。② 陈独秀发言说：莫斯科不了解中国的实际情况。多数国民党领导人不想听有关土地革命的任何意见，而且国民党的领导是由国民党的代表大会选举产生的，中共怎么能改变它，以加入新的工农领导人呢？至于组建新的军队和革命法庭，固然很好，但未必能够贯彻执行。谭平山也说：“我们不应过高估计莫斯科的电报，它们是想让我们振作精神……解决土地问题，这是一项重大任务，完成这一任务

---

①《罗易给联共(布)中央政治局的电报》，见《联共(布)、共产国际与中国国民革命运动(1926—1927)》(下)，300 页。

② 张国焘：《我的回忆》(二)，249 页。

需要做充分准备,仅有响亮的口号是不行的。”[①]

6月15日,中共中央政治局再次就“五月指示”召开会议。会后,陈独秀根据政治局的意见致电莫斯科,表示共产国际的指示是正确而重要的,但在短时期内不可能实现;“整个军队对农民运动的过火行为都抱有敌意”,“必须采取让步政策”;“用改组的办法驱逐汪精卫尤其困难”,“必须与国民党和国民革命军将领保持良好关系”。[②] 6月26日,中共中央政治局与共产国际执委会代表举行联席会议。会上,陈独秀提出,我们面前有两条路:右的道路和左的道路,前者意味着放弃一切,后者意味着采取激进行动。这两条路等待我们的都是死亡。此外还有一条路,即继续目前的局面,这也是不可能的。这意味着此时的中共中央已经感到无路可走。与会人员就是否遵照莫斯科的指示行事,展开了激烈争论。陈独秀、张国焘等人表示莫斯科的指示不能接受。[③] 6月28日,据周恩来报告,何键正在汉口酝酿着另一个“马日事变”。中共中央召开紧急会议,商讨对策。会议决定,为了消除何键制造事端的借口,自动将工人纠察队解散并缴械。缴械后,汉口各重要工会的会所或被军队占领,或被军队捣毁。

6月下旬,汪精卫与谭平山谈话,要他与苏兆征立即辞去国民政府部长职务。30日,谭平山公开发表启事,声称由于未能“纳农运于正轨”,引咎辞职。7月8日,共产国际致电中共中央,批评谭平山的离职是错误的,怯懦的,指示共产党人必须示威地退出国民政府,但必须留在国民党内。[④] 在国共关系濒于破裂的关头,共产国际仍要求中共不计成败地留在国民党内,其用意是欲使汪精卫等不便立即分共。为此,莫斯科还专门致电汪精卫和国民党中央政治委员会主席团,希望国民党立即进行土地革命,从工人、农民中吸收新的领袖,并允诺再给武汉

---

①《罗易给联共(布)中央政治局的电报》,见《联共(布)、共产国际与中国国民革命运动(1926—1927)》(下),308—310页。

②[美]罗伯特·诺思、津尼亚·尤丁编著,王淇等译:《罗易赴华使命》,324—325页。

③《希塔罗夫关于中共中央政治局与共产国际执行委员会代表联席会议的报告》(1927年6月26日),见《联共(布)、共产国际与中国国民革命运动(1926—1927)》(下),357—363页。

④《联共(布)中央政治局紧急会议第116号记录》(1927年7月8日),见《联共(布)、共产国际与中国国民革命运动(1926—1927)》(下),397—398页。

政府汇款200万卢布，以组建若干由工农组成的忠于革命的可能部队。[①] 7月10日，布哈林公开发表文章，严厉批评陈独秀和中共中央政治局犯了机会主义错误。7月12日，中共中央根据共产国际指示进行改组，陈独秀停职，成立由张国焘、周恩来、李维汉、张太雷、李立三组成的中央常务委员会。新的中央决定，在张发奎的军队中发动军事暴动，在工农运动较好的湘、鄂、赣、粤四省举行秋收暴动。7月13日，中共中央发表对政局宣言，指责武汉政府公开的准备政变，宣布撤出参加国民政府的共产党员，但不退出国民党，不抛弃与国民党的合作政策。同日，谭平山、苏兆征联名发表态度强硬的辞职书，宣布辞去农政和劳工两部部长。

九　“七一五”分共

7月15日，汪精卫主持召开国民党中常会第20次扩大会议。会上，汪报告了从罗易处读到共产国际电报的经过，认为这个电报有五层意思，都是很厉害的，随便实行哪一条，国民党就完了。他说：“现在不是容共的问题，乃是将国民党变成共产党的问题，国民党的同志想起来，能不痛心！”孙科、顾孟余积极支持汪精卫对共产党加以相当的制裁，于右任、彭泽民婉转表示了不同意见，其他人则沉默不语。会议决定在一个月内召集二届四中全会，讨论分共，同时决定制裁中共党员违反国民党主义政策的言论和行动。[②] 7月16日，《汉口民国日报》公布《保护共产党员个人身体自由之训令》及《保护农工之训令》，以贯彻汪精卫所标榜的“和平分共”政策。7月19日，武汉国民党中央发表《容共政策之最近经过》，指责中共撤回参加国民政府的党员，是破坏“容共”政策的最大表示，声称既然退出国民政府，则在国民革命军中及各级政府机关中亦无须存在。7月23日，武汉国民党中央发出通告，定于8月15日召开二届四中全会，讨论政治委员会主席团提出的统一本

---

①《联共(布)中央政治局会议第113号记录》(1926年6月27日)，见《联共(布)、共产国际与中国国民革命运动(1926—1927)》(下)，364—365页。

②《中国国民党中央执行委员会第二届常务委员会第二十次扩大会议速记录》，引自杨天石主编《中华民国史》第二编第五卷，587—588页。

党决议案。该决议案提出：凡列名本党之共产党员，在本党各级党部、各级政府及国民革命军有职务者，应自即日起，声明脱离共产党，否则一律停止职务；在国民革命时期以内，共产党员不得有妨碍国民革命之行动，并不得以本党名义作共产党之工作；本党党员未经本党中央许可，不得加入他党，违者以叛党论处。7 月 25 日，武汉国民党中央发表《告中国共产党书》，要求共产党"自憬"，放弃对国民党的敌视态度，否则将执行相当的纪律。同日，通令各省党部、政府与军部，严防共产党活动。

8 月 1 日，中共在南昌发动武装起义，标志着国共关系彻底破裂。在国民党看来，"清党"运动是对中共的一种制裁，是"护党救国"和实现国家统一的成功之举；而在中共看来，"清党"运动是国民党人违反孙中山的遗训，背叛国民革命的行为，标志着国民革命从此失败。

第三节　南京政府

南京国民政府成立前夕，原拟召集国民党中央执行委员会全体会议来确立其法理地位，无奈附从南京的国民党中央执行委员不足法定人数。胡汉民乃建议另换名目，召开国民党中央政治会议来议决成立，因中央政治会议没有法定人数限制。1927 年 4 月 17 日，南京接连召开中政会第 73、74 次会议，决议国民政府奠都南京，并于次日举行成立典礼，算是从法理上确立了南京国民政府的地位。按照国民党党章，中政会是无权改造和另立中央的。南京方面对此也十分了然，故声称是国民政府"迁都"南京。4 月 18 日在成立典礼之后举行的庆祝大会，其名目即为"庆祝国民政府迁都南京与恢复党权"大会。这既表示并非另立，也意味着同时否认汉口的中央党部和国民政府。

在国民党"党统"上缺乏合法性的南京政府最终仍能立足，在很大程度上与其控扼了"党军"主力资源有关。通过北伐，蒋介石一举暴得大名，其个人声威倍增。中共中央谈道："江西下后，国民政府已得了中国的一半，革命军胜利的声浪震撼全国，虽妇人孺子亦能举蒋介石之名并附会以许多神话。"[①]当时普通民众多以为国民党政府是随着蒋介石走的："他在广东，政府就在广东；他在南京，政府就在南京。"[②]北方报纸舆论亦视蒋介石为南方政权和"党军"的象征性人物。南京高举"反共"旗帜，不仅借此团聚了国民党内外的保守势力，并对武汉阵营起着

---

① 《中央局关于全国政治情形及党的策略的报告》(1926 年 12 月 5 日)，见《中共中央文件选集》(二)，371—372 页。

② 《中国国民党中执会第二届常委会第十一次扩大会议速记录》，中国社会科学院近代史所图书馆特藏室缩微胶卷。

重要的分化作用,也由此而争取到列强的援助。当时舆论多认为武汉政府代表共产党的势力,南京政府代表国民党的势力。[①] 汪精卫在国民党中常会上介绍武汉政府所面临的外交困境时说:“帝国主义谓武汉无力量,甚至有谓武汉政府是俄国的,南京政府是中国的。”[②]阎锡山对武汉政府特派员孔庚解释他倒向南京的原因时也声称:“据一般人的说法,武汉是共产党的政府,南京才是真正国民党的政府。”而且以为南京的国民党中央监察委员会比武汉的国民党中央执行委员会的权力大,因为“执行委员会作错了事,监察委员会可以取消”。[③]

一 “清党”运动的展开

蒋介石“清党”反共不仅在共产党人心中埋下了刻骨仇恨的种子,也在激进青年知识分子心目中投下了恐怖的阴影。不过当时因有蔡元培、吴稚晖、李石曾等国民党元老兼名流学者直接参与发起了这场运动,为蒋介石“清党”反共和另立中央赢得了一定的社会道义基础。《现代评论》杂志当时发表文章指出:

> 南京政府的领袖人物,的确不止一个蒋介石,还有吴稚晖、蔡元培、李石曾一排人物。他们这几位老先生,就是烧成灰烬,谁也认识他们是中国国民党的领袖。政党是人造的,政策是人为的,无论如何,一个政党的中心人物,总要算是那一个政党的命脉。那末,汉口方面……如若还要在一般人的眼光中,证明他们是正统的国民党,除了积极的拥护三民主义以外,还得拉拢这几位老先生,叫他们作一点宣传。现在他们几位国民党的老前辈,不独不替汉口鼓吹,反做了南京政府的中心人物。在我们局外的人看起来,不能不觉得国民党的中心势力,在南京而不在汉口。[④]

---

① 辅仁:《中国政局的鸟瞰》,载《现代评论》第5卷第127期,1927年5月14日。
② 《中国国民党中执会第二届常委会第十一次扩大会议速记录》。
③ 《中国国民党中央执行委员会政治委员会第三十三次会议速记录》,见《中国国民党第一、二次全国代表大会会议史料》(下),1289—1290页。
④ 辅仁:《中国政局的鸟瞰》,载《现代评论》第5卷第127期,1927年5月14日。

胡适也谈到，当时北京的一些青年大学生非常崇拜蔡元培等学者教授，他们不相信支持南京"清党"的蔡元培和吴敬恒也会做坏事。蒋介石在上海发动"清党"之际，胡适正由美返国。途经日本时，一位美国哈佛大学教授向他询问蒋介石"清党"真相。胡适告之曰："蒋介石将军清党反共举动能得著一班元老的支持，你们外国朋友也许不认得吴敬恒、蔡元培是什么人，但我知道这几个人，很佩服他们的见识与人格。这个新政府能得到这一班元老的支持，是站得住的。"[①]不过，当时到底有多少青年学生如胡适所说的那样，因为崇拜蔡元培、吴稚晖而认同蒋介石"清党"，也很难说。如号称与吴稚晖有忘年之交的青年曹聚仁即毫不客气地指责吴氏"助纣为虐"，是"社会革命的叛徒"。一向态度平和的周作人看到许多"青年朋友的横死"，而且大都不是死于战场，而是"死在所谓最正大的清党运动里"，感到南京新政权与北京旧政权并没有多少不同。《现代评论》则直接呼喊"不要杀了！"[②]胡适本人在明了"清党"真相之后，对国民党的看法也逐渐发生了改变。[③]

"四一二"政变之后，南京国民党中央着手阐释"清党"理论并建立统一的"清党"机构。1927 年 4 月 26 日，南京中常会决议通令各级党部彻底实行"清党"，并同时发表宣言，解释"清党"意义。5 月 5 日，南京中常会决定组织中央"清党"委员会，任命邓泽如、吴倚沧、曾养甫、何思源（何辞职，易为萧佛成）、段锡朋、冷欣、郑异为"清党"委员会委员，统一主持"清党"工作，并议决"清党"原则数条：（1）在"清党"时期停止入党；（2）所有党员必须经过 3 个月审查后，再发党证；（3）土豪劣绅、贪官污吏、投机分子、反动分子及一切腐化、恶化分子一律清除出党；（4）所有党员须每半个月向所属党部报告其工作，无故 1 月不报告者，予以警告，3 月不报告者取消党员资格。5 月 7 日，中央"清党"委员会正式成立。5 月 10 日，中央"清党"委员会根据前述"清党"原则，拟定《清党条例》11 条，提交国民党中常会通过。[④] 随后，中央"清党"委员会次第委派各省市"清党"委员，展开"清党"行动。为了区别于"四一二"前后

① 引自吴相湘《胡适但开风气不为师》，见《民国百人传》第 1 册，153 页，台北，传记文学社，1971。
② 英子：《不要杀了！》，载《现代评论》第 5 卷第 128 期，1927 年 5 月 21 日。
③ 参见罗志田《乱世潜流：民族主义与民国政治》，243—249 页，上海，上海古籍出版社，2001。
④《蒋中正"总统"档案：事略稿本》（1），418—422 页。

各地发生的政变式“清党”，蒋介石称这次“清党”为“第二期清党”。他说：“第一期清党”为“紧急处分”，目的在于“打倒共产党领袖及其著名活动分子”；“第二期清党”为“根本整理”，其范围“遍及一般跨党分子”。

由于“清党”原则所定“清党”对象十分宽泛，加之所谓“腐化”“恶化”的含义又十分模糊含混，给实际“清党”工作带来极大的困扰。国共合作之际，共产党在国民党内的党团组织活动是秘密进行的。除少数中共要人外，绝大多数跨党的中共党员和青年团员的身份并未公开。当蒋介石“清党”令下，除少数已暴露的“共党首要分子”外，要从号称百万国民党党员中分辨出谁是共产党，谁是“纯粹”的国民党员，实在不是一件容易的事。据张国焘回忆，陈立夫曾在抗战时期的一次会议上追述“清党”情形时谈到，“清党”时最大的困难，是分不清谁是共产党，谁又不是共产党，他于是想出一个办法，在各地召集国民党大会时，要左倾的站在左边，其余的站在右边，然后要他们相互打起来，这样站左边的受到了应得的惩罚。[①] 张国焘这段带有几分传奇色彩的忆述，竟在陈立夫晚年回忆录中得到了印证。陈在回忆录中写道：“吴倚沧、我哥哥和我最关心的是如何找出谁是共产党，因为，中国共产党从来没有将他们党员名单交给我们过，因此，我们根本没有办法分辨谁是共产党，谁是‘纯粹’的国民党员……我告诉吴倚沧，唯一可做的就是打斗，因为一打了起来，国民党和共产党两边的人自然就会分出鸿沟来。”[②]

在蒋介石严令整肃“共党分子”，而“共党分子”又难以分辨的情形下，注定这场声势凶猛的“清党”运动不可避免地将扩大化。日本东洋文库保存下来的一份“清党”文件中记载，在广州的一次“清党”行动中，军警将凡是穿西装、中山装和学生服的，以及头发向后梳的，统统予以逮捕。[③] 由于这场“清党”主要不是通过“党力”进行的政治性“清党”，而是凭借武力展开的一场血腥的武装镇压，手握兵器的武人比文职的党人更暴戾，也更无节制。在上海，“清党”委员会由陈群、杨虎二人负责，国民党上海市党部无权过问。陈群将市党部的一名国民党“忠贞党

---

① 张国焘：《我的回忆》（二），207 页。
②《成败之鉴：陈立夫回忆录》，97—98 页，台北，正中书局，1994。
③《国共合作“清党”运动及工农运动文钞》，日本东洋文库缩微胶卷。

员”张君毅捕去，市党部虽一再向警备司令部交涉亦无效。张君毅最终被杀害。当时在国民党上海市党部任组织秘书的吴开先亲历了上海“清党”时的纷乱情形。他事后向陈立夫言及“无辜人民之遭害者不计其数”，“言之至为痛心”。[①]

在这场以“清党”为名的白色恐怖运动中，到底有多少人被捕被杀，自然不可能有精确的统计，而一般的估计又出入甚大。目前所见主要有以下几种不同的统计数字：

来自中共六大所作的不完全统计，1927 年 4 月至 1928 年上半年，在“清党”名义下被杀害的有 31 万多人，其中共产党员 2.6 万余人。[②]

来自当时全国各地慈善救济机关所作的不完全统计，在 1927 年 4 月至 1928 年 7 月间，全国各省被国民党逮捕和杀害的人数总计81 055人，其中被杀害者40 643人，被逮捕者40 412人。[③]

来自《大公报》比较笼统的说法，到 1930 年，已有数以十万计的人被杀害。[④]

以上几种估计数字出入甚大，其准确性难以考辨。但有一点是可以肯定的，即在这场清洗运动中，被捕被杀的非共产党员人数远远超过了中共党员人数。

南京国民党中央所定的“清党”目标，除共产党人外，也兼及“西山会议派”和国家主义派。实际上，“清党”打击的对象，远远越出了这一范围。除吴开先所言“不计其数”的“无辜人民”外，一大批国民党青年亦在这场运动中受到整肃。国民党江苏省党部即称：“清党运动发生以后，本党多数革命忠实分子却失其保障，随时有被土劣贪污构陷罗织之危险，其情形之悲惨，有如丧家之犬。”[⑤]“丧家之犬”形象地描述了当时一批国民党中下层党员人人自危的心态和境遇。如果说“第一期清党”的武力滥化，是因为当局难以分辨打击对象，不得已而为之的话，“第二

① 《成败之鉴：陈立夫回忆录》，104 页。

② 引自林代昭主编《中国近现代人事制度》，390 页，北京，劳动人事出版社，1989。

③ 《中国共产运动之新鬼》，见 1928 年 10 月 15 日《新晨报》；[日]土田哲夫：《中国国民党的统计的研究(1924—1949 年)》，《史海》第 39 号，东京，学芸大学史学会，1992。

④ [美]易劳逸著，陈谦平等译《流产的革命》，17 页，北京，中国青年出版社，1992。

⑤ 《苏省党部宣传部昨发表清党二周年纪念宣传大纲》，见 1929 年 4 月 13 日《中央日报》。

期清党"则几乎演变为一种当局失控的社会性行为。"共产分子"身份之模糊性与不易确定性,只会加剧这场运动的任意性和专断性。据当时报纸的密集报道,诬人为共,是最易置人于死地的"高招"。往日与人有隙者,诬人为共可以泄私恨;平常与人有利害冲突者,诬人为共可以除对手;[①]甚至索婚不遂,亦借端诬人为共[②]。言行稍有不慎,"红帽子"即有可能临头。

正是"清党"运动中普遍存在的投机、专断、任意、武力、强暴等,在重创共产党的同时,也对国民党自残不浅。除部分国民党青年与"共产党同归于尽"外,还有相当多的国民党员因"清党"而灰心、悲观失望,以至脱党。1928 年江苏省党部举办国民党员总登记时,"党员对党灰心,不来登记者占十之三四,存观望登记者十之四五,因受反宣传不登记者十之二三"。[③] 同样,广州市登记的国民党员不及全市原有党员的 10%,广东全省申请登记者亦不过原有党员总数的 35%。[④] 在汉口,"清党"前有党员 3 万多人,登记时仅5 000人。[⑤] 在长沙,"清党"前号称有党员 19 万,"清党"后仅剩下"合格党员"1 526 人。这 1 500 多名"合格党员"中,"农工两界寥寥无几"。[⑥] "清党"前夕,国民党员总数号称 100 万,"清党"后,据 1929 年 10 月统计,减至 65 万。[⑦]

减少的 30 多万党员中,最有可能是两部分人:一部分是思想急进的城市青年学生党员,一部分是基层农工党员。前者有可能被清洗,后者有可能因恐惧而自动脱党。实际上,被清除和自动脱党者可能还不止 30 万。因为在大批农工党员脱党和左派青年被清洗的同时,又有数以万计的"投机分子"涌入国民党内。例如四川全省"清党"后登记党员数逾 10 万,是"清党"前该省党员人数的数倍。[⑧] 河北经过"清党",党

---

①《罗贡华自述被捕的经过》,见 1928 的 3 月 28 日《中央日报》。

②《中央最近处分党员案》,见 1929 年 6 月 22 日《中央日报》。

③《江苏省党务报告》,见 1929 年 3 月 21 日上海《民国日报》。

④《广州市党务总报告》《广东省党务总报告》,分别见 1929 年 3 月 25 日、3 月 24 日上海《民国日报》。

⑤ 中国国民党汉口特别市党务指导委员会编:《总登记报告书》,文书类第 10 页,编者自印,1928 年 10 月。

⑥《长沙市之党员统计》,见 1929 年 1 月 4 日《广州民国日报》。

⑦《中国国民党中央执行委员会统计处报告第 2 类第 2 号——党员统计(省市部分)》,附表,出版地不详,1930。

⑧《四川旅京党员对于川省党政的意见》《四川党政情形》,见 1928 年 3 月 2 日《中央日报》;谢作民:《四川的现状》,见《中央党务月刊》第 85 期,1935 年 8 月。

员数量，“竟以不过六千同志的数目而拉到二万七千之多”。[①]

当时国民党内有人评曰：国民党“军事上虽得胜利，政治上却糟得不堪，土豪劣绅、投机分子潜形混入本党，冒充党员借词诬害忠实同志比比皆是。武汉赤化，固属事实，而宁方腐化亦无可为讳”。“民众对于本党的信仰，在这时间，可算剥蚀尽净！”[②]

对国民党而言，“清党”运动实际上是一场党内人才逆淘汰运动。一方面，一批对革命有信仰、有理想和有热情的党员受清洗，有的因致力于农工运动而被当作共产党惨遭杀害。如浙江豪绅地主“借清党之名，谬指各地之宣传主张减租者为共产党员，向各机关告发。各机关于接受告诉之后，大事搜捕，至无辜受累者难以数计”。[③] 这等于提醒那些尚留在国民党内的成员，不要再以激进的方法来解决社会和经济问题。另一方面，那些借党为私的投机腐化分子和土豪劣绅群相涌入或原封不动地留在党内。国民党江苏省党部在“清党”报告中写道：“反革命之势稍杀，不革命之势代兴。土豪借名“清党”，实施报复而图复燃。共党要犯逸走，忠实遭污，清浊不分，是非颠倒。意志薄弱者视革命为畏途，感情热烈者，伤本党之无望，而投机腐化，纷至沓来”，从而导致“党德沦亡”，“党权日坠”，“党机毁灭”，“民众对党的信仰全失”。[④] 8月22日，白崇禧在军事委员会纪念周发表演说指出：“此次清党后，即发生许多以党营私之假革命党，尤其在上海一隅，更加其甚，借清党之名，奸人妻子，掳人财物，敲诈剥削，随便杀人，以致人民怨声载道。上海是舆论中心，故民众对本党已渐失信仰。”[⑤]蒋介石也承认：“清党时期，倏逾半年，共产党之逆迹固已大暴国中，本党之精神亦日见湮没。”[⑥]

“清党”的另一严重后果，是国民党的地方组织遭到极大破坏。国共合作时期，国民党省以下地方党务多由共产党人“包办”。“清党”一起，国民党的地方组织首当其冲，很快陷入瘫痪状态。当时《中央日报》

① 适宜：《河北党务面面观》，见 1929 年 4 月 16 日《北平民国日报》。
② 何民魂：《痛念与自惕》，见 1928 年 3 月 15 日《中央日报》。
③ 洪瑞坚：《浙江之二五减租》，68—69 页，正中书局，1936。
④《江苏省党务报告》，见 1929 年 3 月 21 日上海《民国日报》。
⑤《军事委员会纪念周纪》，见 1927 年 8 月 26 日上海《民国日报》。
⑥ 蒋介石：《关于党务的提案》，见 1928 年 2 月 12 日《中央日报》。

报道:“几个月来,党务受了不少的摧折……各地的党务今日改弦,明日更张,停顿的停顿,攘夺的攘夺,完全沉入于阴晦悲观的景象中。”[①]在地方党部中,省市党部居于举足轻重的地位。“清党”一起,原由共产党人控制的一些省市党部职位也就成了国民党各派觊觎的目标。为了打倒政敌,各派之间互相攻击对方为共产党。昨日刚以“共产分子”罪名置对手于死地者,今日又可能被其他的竞争对手以同样的手段打下去,你争我夺,互相倾轧,弄成循环报复的局面。[②]

“清党”以前,国民党将自身组织的涣散归咎于共产党在国民党内分化所致,孰料“清党”以后,纠纷有增无减。“在未分共以前的计划,只想把党的精神、党的组织权力作一整个的振刷运动。谁知分共以后,党的纠纷更多,党的威信尤见低落。”“自从清党以后……党的组织反日益涣散,党员不受党的支配,不受纪律的制裁……因之党的组织乃愈来愈涣散而几乎看不见党的整个行动和整个意志的表现。”“清党以后,共产党固然清了出去,但是党的纪律也似乎清除了。”[③]

与省党部相比,县以下基层组织和党员受到“清党”运动的冲击似乎更大。国共合作时期,国民党员多不愿下基层,基层组织多由共产党人主持。“清党”后,形势发生逆转,除极少数地方的县以下基层组织仍掌握在国民党左派和共产党人手中外,多数县以下基层组织成为土豪劣绅的天下。国民党在大城市主要依靠军队“清党”,而在省城以下的广大乡村社会,土豪劣绅自发成为“清党”的主力。“清党”为土豪劣绅提供了恢复其旧有权势地位并进而侵夺国民党党权的一次良机。《中央日报》社论写道:“清党达到我们目的了,但苏皖闽浙各地,土豪劣绅也乘时蠢起,捏词诬告本党青年忠实同志为 C. P. ,从事农工运动者为共党……忠实同志致遭残杀的到处皆是,信仰不坚被金钱软化堕落的更多。”[④]在四川,“清党”前各地办党人员大多为“共党少年”;“清党”后,国民党四川省党部委派各县的团总或团练局长去填充“共党少年”

① 《一周间的大事》,见 1928 年 4 月 1 日《中央日报》。
② 雪崖:《省党部的地位问题》,见 1928 年 3 月 30 日《中央日报》。
③ 张楚珩:《国民党与党员》,载《三民半月刊》创刊号,1928 年 9 月 1 日;《沪市执委会第 6 次纪念周》,见 1929 年 4 月 10 日《中央日报》。
④ 何民魂:《痛念与自惕》,见 1928 年 3 月 15 日《中央日报》。

被清洗后所留下的空缺。这些团总和团练局长均为土豪劣绅。他们“打着清共招牌，乘机混迹党部，陷害忠实同志，收买流氓地痞，实行招募党员，以造势力”。[1] 在广东，“各县市党部自清党后，差不多都被不明党义党纪的腐化分子所包办，而且他们极尽其毒辣阴狠，排除异己的能事去诬陷忠实同志，弄到各县市执委几乎多于党员，如革命空气非常紧张的琼崖等处的县市党部，听说只剩下了寥寥无几的党员。不消说，党务亦陷入停顿的现象了”。[2] 在江苏，“从清党后，八九个月来党的工作，差不多仅有很少数的健全下级党部，仅见到很少数的忠实而努力的同志，民众对党的信仰很微细，党领导民众的能力薄弱，甚至离开民众，甚至为民众厌弃，甚至做出危害民众的情事……有的借办党以渔利，有的借办党去争权利，去拉地位，甚至去勾结官吏，包揽词讼，欺侮民众，一般人批评党部几几乎变成衙门，热心的革命党员几几乎都变成新的土豪和新的劣绅”。[3] 土豪劣绅的重新崛起，并对国民党基层党权的侵夺，使一个曾以“扶助农工”为职志的国民党迅速向一个新的军绅政权蜕变。

对国民党中央而言，土豪劣绅和投机腐化分子对基层党权的侵夺，显然非其发动“清党”的初衷。南京政权建立后，蒋介石面临的一个最大难题是“党权付托不到相当的人”。因为共产党被清除后，国民党内“明了党义而能专心于党务者极少”。蒋介石指责说，“清党”后“各级党部的职员大部未曾受过训练，不明白党，不明白社会、国家、世界大势”，党员“犹之乌合之众”。[4] 当时各省市党部给南京国民党中央的报告中，也大呼党务人才奇缺。在地方党权托付无人的情况下，国民党中央唯有听任土豪劣绅和投机腐化分子侵夺和分掠地方权力资源，在地方社会借党为恶。另一方面，蒋介石鉴于“清党”后国民党“党力”的严重虚脱和裂变涣散，更进而倚赖其武力的支撑，将军事力量直接转化为政治和社会的组织力量。

---

① 《四川旅京党员对于川省党政的意见》《四川党政情形》，见 1928 年 3 月 2 日《中央日报》；谢作民：《四川的现状》，载《中央党务月刊》第 85 期，1935 年 8 月。

② 《一月来的广东》，见 1928 年 4 月 7 日《中央日报》。

③ 《江苏党务整理先声》，见 1928 年 2 月 4 日《中央日报》。

④ 蒋介石：《整理党务计划案》，见 1928 年 2 月 12 日《中央日报》。

二　武主文从

南京政府成立后，两广、贵州、四川均声明拥护。这样一来，南京政府的势力范围包括江苏、浙江、福建、广东、广西、安徽(部分)、江西(部分)、贵州、四川等省，比武汉政府所控制的地域要大得多。从军事上看，南京蒋介石集团拥有约 15 万人的军队，川军还有约 10 万人的军队，而武汉政府的兵力总数仅 10 万。而且与蒋介石对军队的直接控制相比，武汉政府的军队主要控制在并不十分可靠的唐生智之手。财政方面，对上海和广州的控制，使南京政权处于有利的地位。上海的银行总计向蒋介石提供了 2 000 万元的货款。故当时共产国际代表罗易承认："分裂暂时使蒋介石在各个方面都变得比武汉更强大了。"[①]

宁汉分裂后，天津《大公报》的社评对宁汉之争的性质及互动策略评述说：宁汉之争，内容十分复杂，"盖一方为国共之争，一方为文武之争，一方又为中央执行委员与监察委员之争。按宁方专标榜反共，而反对蒋者不全为共派；武汉专言讨蒋，而反对武汉之设施者，绝不仅为蒋。宁方明知反蒋者之不仅为共，但除徐谦、邓演达外，对其他之人，绝不攻击……又汉方明知反武汉者，不仅为蒋，但只攻蒋一人，而不及其他……故由局外观察，双方皆避实击虚，俱不彻底。又自国民党之纪律言，蒋无法否认中央执行(委员)会之威权，而中央执行(委员)会亦不能置监察(委)员之纠弹于不理。现在南京不能开中央执行(委员)会，仅以旧政治委员会处理一切，于法律上立脚不稳；而武汉命令讨蒋，即对于监察委员之纠弹，一字不提，则亦有站不住之处。"[②]

《大公报》的社评还认为，民国以来的中国政治大势，可以归结为"文武主从之争"。[③] 辛亥革命本是文人革命，但随后袁世凯凭借北洋军与孙中山所凭借的国会相较量，最终演化为武主文从的局面。而孙中山于 1924 年改组国民党，集大权于以文人为核心的中央执行委员

---

①《罗易给共产国际执行委员会的电报》(1927 年 4 月 18 日)、《罗易就中国形势给共产国际执行委员会政治书记处和斯大林的书面报告》(1927 年 5 月 28 日)，见《联共(布)、共产国际与中国国民革命运动(1926—1927)》(下)，201、277—278 页。

②《党潮变成慢性症》，见 1927 年 5 月 6 日天津《大公报》。

③《文武主从论》，见 1927 年 6 月 20 日天津《大公报》。

会，并借苏俄“赤军”经验建“党军”，以党权制约军权，意在恢复文主武从的政治。但这局面未能维持多久，北伐开始后，军权随着北伐的迅猛推进而急速蹿升，又形成蒋介石借“党军”坐大的局面。南昌与武汉“迁都之争”实即军权与党权之争，也是军权与党权的首次公开较量。宁汉分裂后，军权与党权最终分庭抗礼。《大公报》认为，南方的党权与军权之争，实际仍是文武之争。对宁汉之争具有文武之争的性质，当时南方党人内部亦有相似的看法。蒋介石发动“四一二”政变时，当时尚站在武汉一方的宋子文，最初的反应就是觉得文人被武人制裁了。他亲口对一位来华的美国哈佛大学教授说：“国民革命的主旨是以党治军，就是以文人制裁武人。现在都完了！文人制裁武人的局面全被推翻了。”[①]

宁汉分裂后，武汉方面有东征讨蒋之议，退守江北的孙传芳亦有南犯之势。蒋介石考虑到武汉方面被奉军压迫，估计近期不会东下，乃决定对武汉暂取守势，先扫清江北的北洋军阀，打下徐州、济南后，再回来同武汉作战。[②] 5月18日，南京北伐军克复滁县，21日克复蚌埠，23日克复扬州，6月2日克复徐州。

在宁汉对立的形势下，北方冯玉祥、阎锡山的态度颇为各方所瞩目。6月10日，武汉方面汪精卫、徐谦、谭延闿、顾孟余、孙科等赴郑州与冯玉祥举行会议，试图拉拢冯。6月14日，蒋介石筹划军事局势，拟有两策：“如冯（玉祥）能坐镇武汉，阎（锡山）能出兵京津，则我军可占济南，此一策也；否则，冯联共以谋我，阎如出洛（阳），张（作霖）如出郑（州），则我军应出武汉以捣其巢穴；若冯不联共，阎不入京，我军能以小部占胶济路更妥，或以小部守临城、沂州一线，以主力集结于蚌埠、徐州、临城、临淮、浦口一带，以观变化。”从这一筹划可以看出，此时蒋介石对冯玉祥的倾向尚捉摸不定。但两天之后，刚刚与武汉派要人会晤于郑州的冯玉祥，竟主动约蒋介石相会。喜出望外的蒋介石乃将自己的计划全盘电致冯玉祥：“取消武汉政府，以阎取京（北京），革命军取鲁，冯氏取汉。”6月17日，蒋介石抵徐州。19日，冯玉祥抵徐州。20

① 胡适：《追念吴稚晖先生》，载《自由中国》第10卷第1号，1954年1月1日。

② 《蒋中正“总统”档案：事略稿本》(1)，386页。

日至21日,双方在徐州举行会议,相约联手北伐,并于21日联名发表通电。会后,蒋介石十分欣慰地说:徐州会议是南京国民政府成败存亡的关键,从此"中国的政治重心,在南京国民政府"。[①] 24日,南京召开中央政治会议,任命已于6月初宣布易帜的阎锡山为北方总司令。至此,北方之冯、阎完全倒向南京。

按蒋介石的原定计划,北伐占领徐州后,即回师解决武汉。而蒋介石部下将领多主张乘胜北进,先定北方,再图武汉。但蒋决意抽兵南下对付武汉,并希望冯玉祥与之联手,以达到取消武汉政府之目的。但冯玉祥主张先完成北伐,将政府问题暂搁置起来。蒋介石《事略稿本》7月11日记:"冯电公,促速北伐,以调兵回宁为非,而于武汉,则并未提处置与责备;又公前嘱其缓出洛阳,以资夹击,闻竟以此电出示共方。公谓吾不知其何意。"次日,冯玉祥致电宁、汉两方,要求双方化除意见,联合北伐,并申言"凡有妨碍北伐者,即是反革命"。[②] 蒋介石获悉冯玉祥对武汉的绥靖态度后,有些不满。他致电在洛阳的孔祥熙,请他劝告冯玉祥"以严正态度对武汉作最后之忠告,如其不从,则应直取武汉"。[③]

冯玉祥有意在宁汉之间居调人地位。他明确告诉孔祥熙:"因种种关系,我不能攻武汉。"[④] 7月14日,冯玉祥会同徐谦、孔祥熙,通电劝告宁汉双方停止军事行动,并提议在开封召集紧急会议,"所有本党领袖,除共产党跨党者外,宜共同集合,专讨论党的问题","会议所公认负咎之人均服从决议,各自下野"。[⑤] 7月15日,武汉国民党中央实行分共,但对蒋介石的态度依然强硬,甚至说"宁流血,不妥协;宁赤化,不软化"。[⑥] 16日,蒋介石获悉"武汉兵东下益亟",18日又接冯玉祥电,称"武汉剑拔弩张,非言词所能制",请南京方面指示方略。[⑦] 南京方面以胡汉民、吴稚晖、钮永建等人的名义复电冯玉祥,要冯转告汪精卫停止

---

① 《蒋中正"总统"档案:事略稿本》(1),512、519、559页。
② 中国第二历史档案馆编:《冯玉祥日记》(二),347页,南京,江苏古籍出版社,1992。
③ 《蒋中正"总统"档案:事略稿本》(1),583—584页。
④ 《冯玉祥日记》(二),346页。
⑤ 《宁洛汉互商合作之要电》,见1927年8月18日《广州民国日报》。
⑥ 《南北与宁汉》,载《国闻周报》第4卷第26期,1927年7月。
⑦ 《蒋中正"总统"档案:事略稿本》(1),591、593页。

东征,如能"幡然携手尤善"。22日,冯玉祥致电宁、汉两方,提出4点意见:(1)武汉所定分离共产党,解除鲍罗廷职,应请明令宣示;(2)统一国民党中央,或政府迁宁,或设南京政治分会;(3)各领袖先在开封开预备会,决定此次党潮,孰应下野,孰应继任,由第四次中央全会任免;(4)未解决前,双方停止军事行动,以赣皖为缓冲地。[①]

7月24日,武汉方面汪精卫、谭延闿、唐生智、孙科联名复电冯玉祥:(1)分共及解除鲍罗廷职,均已实行;(2)迁都南京,中央早已决定;(3)中央会议须在国民政府所在地召开;(4)如有和平统一方法,自不必出于一战。但汪精卫又强调:"中央党部及政府之统系,不可失坠,此必以死争。"[②]与此同时,唐生智暗地里派遣私人代表赴南京,向南京方面表示决不参加攻宁军事,并提出两个交换条件,一是鄂、赣两省归其范围,二是每月补助300万元。蒋、胡表示,条件可商办,但要求唐生智答复对武汉政府的处置办法。[③]

7月24日,徐州又为直鲁军攻陷,南京北伐军全线动摇,纷纷自鲁南撤退。李宗仁等建议退守淮河南岸天险,待武汉局势澄清,再图规复。但蒋介石力主及时夺回徐州,并决定亲自率部反攻。蒋当日致电冯玉祥说:"徐州为我两军联络枢纽,亟应克复,弟定明日往前线督战,望兄亦派得力部队向徐州夹击。"25日又致电李济深,谓对汉只可暂取守势,待克复徐州后,再行进取。26日,蒋再致电冯玉祥,请冯制止武汉军队东下,并要求冯玉祥派得力部队协助攻徐,谓:"以现局论之,宁失宁粤,不愿委弃徐州,以断我两军之联络。"允诺待徐州克复后,由冯玉祥部队接防镇守。27日,蒋介石在日记中表示,冯玉祥有5万部队驻屯在信阳、襄阳,随时可以南下对付武汉,使武汉不敢东下攻宁,认为冯"攻汉联宁态度近益明了",甚感欣慰。未料次日蒋又获悉冯玉祥与武汉通电时对武汉称"中央政府",十分恼怒,认为冯玉祥的做法"殊失体统,军人岂能执持两端乎?!"[④]

---

① 陈训正:《国民革命军战史初稿》(下),516—517页,台北,近代中国史料丛刊第79辑;杨天石主编:《中华民国史》第二编第五卷,602—603页。

②《宁洛汉互商合作之要电》,见1927年8月18日《广州民国日报》。

③《蒋中正"总统"档案:事略稿本》(1),606、616页。

④《蒋中正"总统"档案:事略稿本》(1),605—622页。

蒋介石亲自督战，本以为克复徐州如瓮中捉鳖，稳操胜券，未料直鲁军诱敌深入之后，突然发起反攻。8月2日，蒋军大败。蒋反省其失败之因有四：轻敌骄急，一也；交通不完，补充不齐，二也；部队尚未各就各位，就先定攻击日期，三也；亲自到前线督战，致使各方军事政治不能兼顾，四也。8月3日，蒋自悔用兵不当，向南京国民政府电请处分，谓："此次攻徐不克，丧师失地，辱职待罪，务请从重处治，以伸法纪。"[①]自8月5日至18日，宁方部队从徐州至浦口，溃退700余里，成为北伐以来最大的一次败绩。

三　宁、汉、沪合流

对南京而言，武汉既已分共，觉得自己在反共这一点上已占得先机，也占得了面子，不妨礼让一步。8月2日，南京方面由胡汉民、钮永建、吴稚晖、李烈钧联名电冯，声称只要汪精卫践履他先前的承诺，在南京召开四中全会，则汉方之重要分子来宁执柄大政，亦所欢迎。对武汉而言，反共已经输给了南京，维持中央的"党统"地位乃成了最后的一道底线。不过汪精卫也认识到，既与共产党破裂，势非与南京提携，将无以自存。中共8月1日发动南昌起义后，武汉方面更感到危急万状。3日，汪精卫、谭延闿、唐生智、孙科、程潜、朱培德联名致电冯玉祥，表示同意召开中央执监委员大会。汪精卫并声称，如宁方果能尊重中央，则他个人之进退，无关轻重。

宁方内部，桂系与蒋介石关系本不融洽。据蒋介石《事略稿本》记：白崇禧曾于6月10日电蒋，直言指责蒋氏独裁。蒋接电后，连呼咄咄不止，慨曰："于党事未过问，犹疑我独裁，人心如此，政局如彼，不知何以善其后也。"[②]在对待武汉政府的态度上，桂系李宗仁、白崇禧亦不同意蒋介石的激烈做法，表示只要武汉反共，于愿已足，不愿同室操戈，自相残杀。蒋介石反攻徐州失利后，又将战略重心转向对汉，重新拟定对汉作战计划，并致电冯玉祥，请冯联手出兵从速解决武汉。8月5日，

① 《蒋中正"总统"档案：事略稿本》(1)，637—639页。
② 《蒋中正"总统"档案：事略稿本》(1)，508—509页。

获悉中共发动南昌起义，第 4 军、第 11 军相继脱离武汉政权，蒋介石幸灾乐祸地说："伪党崩溃之期不远矣。"①

8 月 6 日，蒋介石返南京。7 日，冯玉祥电蒋，转告汪精卫愿意来宁合作。蒋复电表示同意。8 日，李宗仁领衔致电汪精卫与谭延闿，声称读了 8 月 3 日汪精卫等人致冯玉祥的电报后"喜极而涕"，申言共产党既已退出，则国民党"只有整个善后，并无两派争执"，当前大计在于北伐，要求武汉方面及早到南京召开中央全会。② 该电联署人排名，白崇禧、何应钦、蒋介石分别排在第二、三、四位，意味着电报表达的意见，主要是桂系李、白的主张。桂系与武汉暗通款曲，蒋介石自有察觉。据《事略稿本》记：是日，蒋介石决定今后采取"和汉对奉"政策，但又获悉汪精卫玩弄两面手法，一面通过冯玉祥求和，一面又暗中运动李宗仁倒蒋，大骂汪精卫"诚非人类也"。③

8 月 10 日，汪精卫等复电李宗仁，重申武汉的中央党部和国民政府为"党国之最高机关"，但表示可以通过中央全会解决"个人责任""机关改组"及"统一全国之政府"等问题。11 日，南京召开中央政治会议与军事委员会议，研究对汉策略。与会各方意见不一，"军人主张缓和，文人主张待时"。12 日，又召开中央执监委员联席会议。会上，何应钦与李宗仁力主与武汉遣使议和。李宗仁等认为，只要蒋介石去职，即可消除宁、汉合作的障碍，因而压迫蒋辞职。此际正值蒋介石刚刚受挫徐州，声威有折。蒋表示："余惟有以中央执监委员会之主张为依归"，愿与中央执监委员同进退。李宗仁与白崇禧当面讥讽说："总司令应大权独断，何以须随执监委为进退？"散会后，李宗仁与白崇禧又嘱人前去质问蒋，逼蒋"自决出处，以避目标"。蒋介石感到桂系实在欺人太甚，极度愤慨之下，想一举解决桂系。他分析，宁沪驻军都是他的嫡系第 1 军，要消灭桂系的驻沪部队并非难事；但他思虑再三，还是决计引退，以免"贻其豆相煎之诮，重蹈太平天国之覆辙"。当晚 12 时，蒋离宁赴沪。中途过苏州时，访张静江，报告经过，张氏主张和桂系"决斗"。至上海

① 《蒋中正"总统"档案：事略稿本》(1)，647—649 页。
② 《革命文献》第 17 辑，总第 3104 页；杨天石主编：《中华民国史》第二编第五卷，607 页。
③ 《蒋中正"总统"档案：事略稿本》(1)，652—653 页。

后,蒋又访宋庆龄,并与吴稚晖、黄郛、张静江等人商议对策。宋庆龄劝他辞职出洋,黄郛亦劝退甚坚,张、吴则力主勿退,谓虽至决裂,亦在所不恤。蒋担心与桂系决裂,将给共产党造机会,最终还是决计引退。8月15日,蒋介石正式发表辞职下野宣言。下野后,蒋反思自己此次失败的原因有三:一是“组织不完,系统不明,用人不慎,分子复杂”,二是“军事时期而兼行训政宪政”,三是“攻鲁策略不定”。自认为“对人忽略,对事大意,客气浮急,谦让而不强毅,所以失败也”。[①] 9月28日,蒋介石赴日考察。

蒋介石下野后,胡汉民、张静江、蔡元培、吴稚晖、李石曾、黄郛等亦相继宣布辞职。南京方面一时群龙无首。孙传芳乘机反攻。江北很快为孙军占领。武汉东征军亦于8月21日占领安庆。面对两面受敌的形势,桂系与何应钦的部队不得不合力支撑危局。上海方面,由白崇禧出任上海卫戍司令,并以白的参谋长张定璠为上海市市长。8月22日,白崇禧公开发表谈话,严厉指责蒋介石所领导的“第二期清党”不得民心。负责上海“清党”的杨虎、陈群见势不佳,溜之大吉。

蒋介石下野后,宁汉合流的进程加快。8月15日,李济深、黄绍竑电请武汉政府即行迁宁。16日,李宗仁再电汪精卫,请其中止东下之师,并派胡宗铎赴汉口迎接汪、谭等武汉方面要人到南京“柄政”。17日,武汉国民党中央政治委员会召开第47次会议,汪精卫提出,南京政府已经停止办公,事实上已不存在,建议迁都南京。19日,武汉国民党中央常务委员会举行第25次扩大会议,正式通过迁都宣言,并撤销对蒋介石、胡汉民、吴稚晖、蔡元培、张静江等人开除党籍的处分。会后,汪精卫、谭延闿邀李宗仁赴九江商议具体合作办法。22日晚,李宗仁与汉方中委汪精卫、谭延闿、孙科、陈公博、唐生智、朱培德、程潜等在九江举行会议。李表示欢迎汪等赴南京组织政府,但希望汪能发表一项与南京合作的宣言。汪表示一切问题等至南京召开二届四中全会解决。经过讨论,双方达成协议:武汉政府于9月3日以前迁往南京,与南京政府合而为一;9月15日召开二届四中全会。为了使宁方军队放

① 《蒋中正“总统”档案:事略稿本》(1),655—659、706页。

心，谭延闿、孙科于23日偕李宗仁东下，汪精卫等其他汉方中委继续留在九江，准备东迁。至此，宁汉两方初步达成谅解。[①]

在宁汉酝酿合流的过程中，上海的“西山会议派”亦试图与宁汉两方谋求合作。当蒋介石尚在筹划“清党”时，上海“西山会议派”曾主动表示愿意与之合作“清党”，但是时蒋介石基于种种考虑，认为尚不宜取消“打倒西山会议派”口号。故“四一二”上海“清党”时，“西山会议派”在上海环龙路44号之中央党部亦同时被查封。直至5月25日蒋介石对黄埔同学会发表讲话时，才公开表示“西山会议派”这个称呼是中共造出来的，“打倒西山会议派”这个口号也是中共提出来的，申言“西山会议派”并非个个都落伍。6月6日，南京中央政治会议主席胡汉民于中央党部纪念周上正式宣布，以后不容再有“打倒西山会议派”的口号。次日，南京国民党中央常务委员及各部部长联席会议，决议恢复“西山会议派”诸人的国民党党籍。“西山会议派”亦召开中央执行委员会临时会议，同意与南京中央协议统一，并推举张继、覃振、刘积学3人为接洽委员，负责与南京方面联络协商。随后，宁、沪两方之中央执监委员往返相商党务统一办法，双方同意“举出同等人数筹备第三届全国代表大会”。

武汉分共后，“西山会议派”又主动与汪精卫集团联系。8月初，许崇智派人到汉口见汪。汪随即复函许崇智，提出两点意见：汉沪双方先开预备会，充分交换意见；汉方召开二届四中全会，请沪方派同志参加。“西山会议派”同意开预备会，但不同意汉方召开四中全会。汪精卫则坚持只能接受“西山会议派”的个人，而不能容纳“西山会议派”的整个机关。

在与宁、沪交涉过程中，汪精卫为首的武汉派处处以国民党“正统”自居。宁、沪两方对此十分反感。“西山会议派”申言：“同属一家，无正统与非正统之可争；先后反共，更无谁胜谁负之可夸。”[②]蒋介石下野后，“西山会议派”也要求汪精卫下野。南京所属的江浙地方党部群起附和，指责汪精卫“早已自绝于国人，信用人格，两俱丧失”，要汪即日下

---

① 杨天石主编：《中华民国史》第二编第五卷，610—612页。

②《张继致宁电》，见1927年8月27日上海《民国日报》。

野,以谢党国。①

9月5日,汪精卫、顾孟余、徐谦、陈公博、朱培德等汉方要人抵达南京。桂系不愿汉方以胜利者姿态接收南京,故而一面表示欢迎,一面又在南京街头遍贴反汪标语,使汪难堪。② 李宗仁还提出,若在南京召开二届四中全会及组织政府,必须邀请宁方已离职赴沪的委员胡汉民、吴稚晖、蔡元培、张静江、李石曾等回宁参加。汪等表示同意。为了表示"诚意",汪精卫等汉方委员于9月9日亲往上海"劝驾"。

9月11日,宁、汉、沪三方代表在上海举行谈话会。会上,汪精卫坚持在南京召开二届四中全会来解决党内一切纠纷。但宁、沪两方均反对召集此项会议。因宁方否认1927年3月间在武汉召开的二届三中全会,认为此会是在中共"劫持"下召开的,自无继此"非法"的三中全会之后再开四中全会之理;沪方"西山会议派"则不仅否认二届三中全会,连广州"二大"和二届中委亦不愿承认,最低限度亦须"粤二届"与"沪二届"各举同等人数筹备召开国民党"三大"。如照汪的提议召开四中全会,则"西山会议派"诸人均非武汉方面所承认的二届中央委员,势将被摒除于会外。为了打破僵局,孙科提出一项折中办法,即避开党统、法统之争,暂时由宁、汉、沪三方共同组织一个过渡性的中央最高权力机构,代行中央执行委员会的职权,先使合作告成,再图补救办法。孙科的提议得到宁、沪两方的赞同,汪精卫也未表示反对。于是三方共同商定:

由宁、汉、沪三方共同推定若干人组织中央特别委员会,代行中央执行委员会职权,负责宁、汉两政府的合并、改组以及决定中央党部各部长人选,负责统一各地方之国民党党部,并负责于3个月内筹备召开第三次全国代表大会。

9月12日,三方共推出特别委员会委员32人,候补委员9人。汉方推出之特别委员为谭延闿、孙科、何香凝、于右任、朱培德、程潜,候补委员为顾孟余、陈公博、甘乃光。宁方推出之特别委员为李宗仁、李石曾、蔡元培、王伯群、伍朝枢、李烈钧,候补委员为褚民谊、缪斌、叶楚伧。

---

①《首都各团体代表大会详记》《致汪精卫电》,均见1927年9月8日上海《民国日报》。
②《李宗仁回忆录》(下),522页,政协广西文史资料研究委员会编,1980。

沪方推出之特别委员为林森、许崇智、居正、谢持、覃振、邹鲁,候补委员为茅祖权、刘积学、傅汝霖。宁、汉、沪三方共同推出的特别委员为汪精卫、胡汉民、张继、吴稚晖、戴季陶、张静江、蒋介石、唐生智、冯玉祥、阎锡山、杨树庄、李济深、何应钦、白崇禧。

9 月 16 日,中央特别委员会在南京正式成立。特别委员会成立后,又于 16、17、19 日连续召开 3 次会议,议决如下各事项:(1)推汪精卫、蔡元培、谢持为特别委员会常务委员,叶楚伧为秘书长,各部实行委员制,由各委员互选主任一人统理部务,不设部长;(2)推丁惟汾等 47 人为国民政府委员,推汪精卫、胡汉民、李烈钧、蔡元培、谭延闿 5 人为国民政府常务委员,推孙科、伍朝枢、王伯群、王宠惠分任财政、外交、交通、司法四部部长;(3)推于右任等 67 人为军事委员会委员,推白崇禧、何应钦、朱培德、李宗仁、李济深、汪精卫、胡汉民、唐生智、冯玉祥、程潜、蒋介石、杨树庄、谭延闿为军事委员会主席团成员。9 月 20 日,国民政府委员和军事委员会委员宣誓就职。

中央特别委员会的成立及国民政府的改组,表面上结束了宁、汉、沪三足鼎立的局面,暂时整合了自“西山会议”以来分崩离析的国民党中央。但中央特别委员会本身存在着无法克服的矛盾:一是该会在国民党党章中没有法理依据,二是宁方实力委员和元老委员不予支持,三是汉方汪精卫等极力反对。在这种情形下,特别委员会不仅未能发挥其领导职能,反而使党内纠纷和冲突更趋复杂化。

组织中央特别委员会,不仅意味着否定了汪精卫召开二届四中全会的主张,也意味着否定了汉方的正统地位。汪精卫最初未以为意,故未执意反对,后经陈公博提醒,才恍然大悟。9 月 13 日,汪精卫召集汉方委员谭延闿、孙科、朱培德、顾孟余、陈公博等秘密协商,讨论对特别委员会的态度。谭延闿、孙科力陈舍此别无他途,陈公博、顾孟余则坚决反对。汪精卫感到事已无法挽回,决定消极抵制,于当夜潜赴九江,行前发表通电,表示因对共产党防制过迟,应先补过,故而宣布“引退”。随后,顾孟余、陈公博、徐谦等亦相继发表“引退”文电,抵制特别委员会。

特别委员会虽不顾汪等之抵制而成立,但反对特别委员会的声浪亦随之而起。苏、浙、南京等省市党部表示不承认特别委员会的领导地位,其反对矛头多指向特别委员会内之“西山会议派”。“西山会议派”在中央特别委员会中分据要津,而该派在政治立场和人脉关系上,素与胡汉民接近,因此中央特别委员会的幕后支柱实系隐居上海的胡汉民。原来寄希望在蒋介石下野后便可重操中央大权的汪精卫,在特别委员会中仅获得几个委员空衔,未免大失所望。他在极度“痛心”之余,暗地策动唐生智和张发奎,企图从湖北、广东两地分头起兵,用武力对抗特别委员会。

唐生智本有控制湘、鄂、皖之个人野心。宁汉议和期间,他趁机整顿后方,解决两湖境内几支非唐系武装力量,完全控制了两湖地区。为了与控制特别委员会的桂系相抗衡,唐生智需要利用汪精卫的招牌以壮自己的政治声势。汪、唐于是在反对特别委员会这一点上气味相投,一拍即合。9 月 21 日晚,两人商定成立武汉政治分会,控制湘、鄂、皖三省地盘,与南京特别委员会分庭抗礼。

南京特别委员会成立时,曾决议于 10 月 1 日以前一律取消各地的政治分会。故当武汉政治分会宣布成立后,特别委员会便据此通令取消。唐生智既有意向特别委员会挑战,自然置之不理,并于 9 月 28 日以武汉政治分会名义发表通电,指责特别委员会代行中央职权,在党章上毫无根据,且为将来破坏党的组织者开一恶例,声称不承认特别委员会有关党务、政治的决议和命令。①

桂系觊觎两湖亦久,对其竞争对手唐生智早有打击之意。谭延闿与唐生智之间有宿怨。在谭延闿的牵线下,桂系又策动程潜参加讨唐战争,允诺成功后,让程潜回湘主政。唐生智反对特别委员会,为桂系讨唐提供了一个很好的借口。10 月 20 日,南京国民政府下令褫夺唐生智本兼各职,交军事委员会依法治罪,随即任命程潜为西征军总指挥,李宗仁为副总指挥,分由长江两岸进攻安徽唐军。唐军很快被击溃。11 月 11 日,唐生智通电下野,乘轮赴日本。15 日,南京国民政府下令通缉唐生智。在此之前,汪精卫已预感战事将不利于唐生智,于

① 《武汉政治分会通电》,见 1927 年 9 月 29 日《汉口民国日报》。

10月21日离开武汉，转赴广州。

汪精卫赴广州，是因为他的支持者张发奎在9月下旬已回到了广东。张发奎有意在广东为汪精卫谋得一块东山再起的地盘。汪精卫一面策动张发奎控制广东，一面支持唐生智出兵南京。10月7日，张发奎通电反对南京特别委员会，正式打出"拥汪护党"的旗号。10月29日，汪精卫到达广州。30日，汪精卫与陈公博、何香凝等联名发表通电，宣布克日在广州召开二届四中全会，并在广州成立中央执监委员通讯处，自居中枢"正统"，反对南京中央特别委员会。11月1日，在广州的国民党中央执行委员召开会议，通过三项决议：国民党中央执行委员会从速在广州履行最高机关职责；在广州另立国民政府；召开二届四中全会，解决一切争端。这样，汪派正式在广州树起了国民党中央的大旗，与南京中央相对抗。

当时在粤的国民党中委只有六七人。这些附从汪精卫的中委有两个共同特点：一是原为广州和武汉时代之国民党左派，二是多数为粤籍，故外间称之为"粤派委员"或"粤方委员"。①

张发奎和汪精卫的回粤，对原在广东的李济深构成威胁。李济深既不赞成汪精卫在广州另立中央，也不希望汪精卫等人久居广东。李济深于是在宁粤之间斡旋，企图以召开四中全会为名，将汪派中委送出广州，然后再寻机解决张发奎部。经过李济深的居间调停，宁方同意召开四中全会。11月1日，宁方通电敦促粤、汉各方中委到南京召开二届四中全会。正在这时，因蒋介石策划联汪反桂，政治局面又为之一变。

11月8日，蒋介石自日本归国。蒋回国前，经宋子文居中联系，汪与蒋已达成谅解。10日，蒋介石电邀汪精卫赴沪共商召开四中全会预备会议事宜。汪鉴于蒋支持其反对特别委员会、恢复中央执行委员会的主张，乃决定放弃在粤开会的初衷，启程赴沪。赴沪前，汪精卫与张发奎策划了一个驱逐李济深、黄绍竑出广东的计划。11月16日，汪精卫以赴沪出席四中全会预备会议为名，挟李济深一同北上。李济深动

① "粤派委员"中，汪精卫、陈公博、陈树人、何香凝为粤籍。顾孟余原籍浙江上虞，出生于河北宛平；甘乃光出生于广西；王乐平籍隶山东；王法勤、潘云超籍隶河北。

身前，电召在广西的黄绍竑到粤，将广东军政大权交黄代理。17日晨，粤军张发奎、黄琪翔部发动兵变，将黄绍竑驻广州的桂系部队缴械。事变发生后，胡汉民、吴稚晖、李石曾、蔡元培、张静江等留居上海的一批国民党元老以及“西山会议派”、桂系等纷纷指责汪精卫与陈公博。粤变的责任未了，中共于12月11日在广州发动起义。中共暴动又为国民党内反汪派提供了一个打击汪派的借口，指责张、黄兵变与中共暴动均为汪、陈等粤派中委所促成。社会谴责舆论亦集矢于汪、陈等粤派中委。12月16日，南京国民政府下令查办汪精卫为首的粤派中委。汪精卫感到难以在国内立足，遂发表引退通电，乘轮去国。

11月22日，南京民众举行庆祝讨唐（生智）胜利大会。中央党务学校代表谷正纲等发表演说，大呼“打倒特别委员会”“恢复中央党部及国民政府”等口号，会后举行示威游行，遭到军警镇压，死伤多人。惨案发生后，蒋介石要求追究查办政府失职人员，借此打击“西山会议派”和特别委员会。时在中央特别委员会负责的“西山会议派”人士感到在南京无法立足，纷纷他往。胡汉民、孙科与伍朝枢亦于1928年1月25日出洋考察。

在这场斗争中，蒋介石采取左右逢源的权谋之术，一面利用粤变之后“西山会议派”、元老派及桂系等对汪派之谴责与弹劾，将汪逼走海外；一面又利用汪派促开二届四中全会，搞垮“西山会议派”及中央特别委员会，从而坐收渔利。1927年12月28日中央特别委员会宣告结束。1928年1月9日，蒋介石在南京通电复国民革命军总司令职。

第九章

国共两党的组织形态

1924—1927 年的国共关系，既是一种相互合作的关系，又是一种相互竞争的关系。因为相互合作，两党力量在短短的 4 年间都得到迅猛发展，国民革命的洪流由珠江流域迅速扩展到长江流域；又因为相互竞争，两党党争一直或明或暗地进行着，直至最终武力相向。中国共产党虽是一个小党、幼党，却是国民党自兴中会以来 30 多年间所遭遇到的最强劲的竞争对手。两党均"以俄为师"，其组织形态和政治文化具有许多相通和相似之处，而这种相通和相似之处，其实蕴含着激烈的矛盾和对抗。

党人、军人和商人是近代中国崛起的几大新兴社会权势群体。这些群体的崛起，是近代中国社会结构变迁过程中正统跌落、边缘蹿升的重要表征。从帝治到党治，从帝国到党国，从科举到学堂，从入仕到入党，人们的上升性社会渠道和价值取向发生了很大改变。1921 年中共的成立和 1924 年国民党的改组，为广大中小知识分子提供和开拓了一条新的政治参与渠道。1924—1927 年间，在国共合作之下的国民党周围，吸引和容纳了一大批中小知识青年。这些知识青年的纷纷涌入，大大强化了国民党的党势和声威，但随之而起的是对国民党构成新的政治参与压力。其后，在国民党"以党建国""以党治国"的历史情境下，以中小知识分子为主体的"党人"逐渐占据了社会政治运动的重心。

第一节 国共两党的党员构成

一 知识青年

国民党的改组和中国共产党的成立相距仅3年,两者引发的时代背景和历史契机几乎是同一的。考察20世纪20年代国共两党党员的社会构成,发现两党的党员构成和社会基础,其实并无太大差异。两党党员大致来自同一个社会阶层和社会群体,其主体均是五四知识青年。当时北方报界已注意到:"南方政府大可算是青年政府,南方军队大可算是学生军队,所以学生们在南方,可说是时髦之至。宣传主义用学生,侦探军情用学生,图谋内应用学生,组织政府也用学生。"[①]南方党军与党政府各机关中,"差不多俱无四十岁以上的人"。[②]

由于中共在知识青年中的吸引力远比在工人中的吸引力为大,中共早期在知识青年中发展组织工作,比在工人中发展较为顺利。李一氓回忆,北伐前后,整个中国共产党都还很"学生气"。当时中共党员之间互称为"大学同学",而把青年团员称作"中学同学"。连中共中央通告中亦称"各级同学们"。团中央转发党中央的通告,则称"转发大学讲义某某号"。[③] 这些称呼虽含有"暗语"意味,但仍然可以体察当时充溢于中共党员和青年团员中的"学生气"氛围。这个时期知识青年在中共党团组织中扮演着领导者、组织者和启蒙者的角色。

---

① 《学生界有幸有不幸》,载《现代评论》第5卷第105期,1926年12月11日。

② 《武汉消息》,载《现代评论》第5卷第107期,1926年12月25日。

③ 李一氓:《模糊的荧屏》,46页,北京,人民出版社,1992。

当国民党一大宣布改组时，北洋旧阵营一方的舆论宣扬国民党“赤化”“过激”，而在“新青年”一方，却嫌国民党不够进步。国民党方面反对国共合作的，主要是一批“老同志”。从冯自由到“西山会议派”诸人均是。这其间实不无代际冲突的因素。孙中山改组国民党时，倚赖的主要不是元老派，而是党内的少壮派和中共新青年。对国民党元老派来说，眼见这些后进少年轻而易举跃居党内高位，难免心有不服。在国共合作初期，像廖仲恺、汪精卫、胡汉民、蒋介石这批国民党少壮派和中共新青年相处尚属融洽，多被中共视为左派或中派；而被中共视为右派的，则多是国民党内的“老同志”。中共最初在国民党内的斗争矛头亦主要指向“老国民党员”，认为只有将那些“国民党老朽”清除出去，才能组织一个新国民党。[①]

在国民党内部，“老同志”和少壮派之间亦不无冲突。国共之争和国民党内部的左右之争最初几乎表现为老少之争。如国民党改组后不久，戴季陶即已深切感受到国民党旧同志与共产党新青年之间的差距：“今日最能奋斗之青年，大多数皆为共产党，而国民党旧同志之腐败退婴，已无可讳。”[②]戴于失望之余，愤而辞卸党内一切职务，一度不复与闻党事。此时年近四十的蒋介石，亦常流露出对国民党“老同志”的不满，如他曾在一次国民党中央全会上公开指责：“许多老党员，应该知道他自己已是暮气沉沉，差不多已成为古董，只能陈列着，不能有什么实用。现在最革命的差不多都是青年分子。”蒋在致张继的一函中甚至认为：“总理革命四十年而未成功，其原因甚多，然亦未始非一般老同志从旁掣肘，使总理不能径行其志之所致。”蒋在私下场合更是埋怨：“本党老同志实不行也。”[③]李云汉认为，廖仲恺被害的一个主要原因，亦与他时常流露出对国民党老同志的不满而招人怀恨有关。[④]

由于革命是青年人的事业，故青年最革命、最能奋斗之观念，渐成为国共两党的共识。与此相对，“老”也就于无形中成了“老朽”“保守”

---

① 《联共(布)、共产国际与中国国民革命运动(1920—1925)》，443—448页。

② 《戴季陶致蒋中正函》(1925年12月12日)，引自李云汉《从“容共”到“清党”》，399—400页，影印版，台北，及人书局，1987。

③ 中国第二历史档案馆编：《蒋介石年谱初稿》，590—591、625、741页，北京，档案出版社，1992。

④ 李云汉：《从“容共”到“清党”》，381页。

的代名词，以至于与“老”字相关的称谓，都难免暗含贬义。如“西山会议派”即指责中共将孙中山称为“老革命家”是别有用心，不怀善意。邹鲁指出：“犹记十三年冬，共产党在广东编平民学校教科书，称总理为老革命家，革命家而下一‘老’字，何等深刻！……其消灭本党的阴谋……可于此见出。”[①]

青年学生既被认为是最革命、最能奋斗的一群，也就不可避免地成了政党竞相争夺的对象。五四前后的中国都市社会，正游离出一大群“有些知识而又没有充分知识”、就业无道、谋生乏术、前途渺茫而对社会现实产生疏离和不满情绪的中小知识青年。他们自然也成为国共两党都想吸纳的政治资源。这个时期国共两党的有生力量正是这批中小知识青年。

以往研究者认为，国民党改组后，大量吸收农工党员入党，使农工党员占有很大的比重，其论据多举 1926 年 12 月广东省国民党党员的职业统计为例：农民约占 40%，工人占 25%，学生占 25%，商人不足 10%，其余军、警、法、政、自由职业及其他人员共占百分之几[②]。值得注意的是，广东虽是国民党改组的首善之区，但其党员构成在当时全国国民党党员中并不具有代表性和典型性。资料显示，国民党自 1924 年改组以后，虽是多种社会力量的政治联盟，但其党员主体一直是知识分子；知识分子中，又主要是青年学生。

国民党改组之初，在全国各地开展党务的主要是知识青年。[③] 据上海《民国日报》1925 年 5 月 25 日报道：“国民党自改组以来，组织日益完备，主张日益鲜明；国民了解了国民党的内容，因而挺身加入者，据现知概数，已达百万以上。其中最占多数者，就是知识阶级之学生；学

① 海滨：《〈向导〉中的“反赤”“赤”》，见居正编《“清党”实录》，431 页，近代中国史料丛刊三编第 3 辑，影印本，台北，文海出版社，1985。

② 中国国民党广东省执行委员会编印：《中国国民党广东省执行委员会各部工作报告》，1926 年 12 月；张光宇：《国民党在大革命时期的演变》，载《武汉大学学报》1988 年第 6 期；刘曼容：《孙中山与中国国民革命》，208 页，广州，广东人民出版社，1996。

③ “1924 年 1 月国民党改组前夕：北京方面加入本党者，唯有学界而已；广州方面加入本党者，多是青年学生和工人；浙江及东三省加入本党者，知识阶级及退役军人最多；湖南山东加入本党者，多为学界和工界；山西加入者，大多数为学校教员和青年学生；安徽加入本党者，以学生最为踊跃，其次为工人；上海方面加入本党者，学、商、工各界皆有之；江西党员在 1920 年以前以军政界和留学生为最多，在 1920 年以后，以内地学生及工人为最多。”见李云汉主编《中国国民党党务发展史料——组织工作》上册，4—31 页，台北，中国国民党中央党史委员会，1993。

校中也有党部、党团之组织,至少都有几万党员活动。国民党与学生间之界线,已连成一气!"该报道所称国民党当时已数愈百万无疑夸大,但它所描述的青年学生群相涌入国民党的情形,能得到其他史料的佐证。1926年1月国民党二大召开时,在12个已知党员成分的省份中,学生党员超过半数的有7个省份。谭平山在二大所作的党务报告中说:"各地多未注意本党在各种群众中的平均发展。党员多集中于城市,且多属于智识阶级。"[①]1926年2月,鲍罗廷在联共中央政治局使团会议的报告中亦谈到,国民党党员主要是城市青年学生。[②] 1926年7月北伐开始后,两湖农工运动迅猛发展。但此时湘鄂两省国民党党员以知识青年为主的格局一时并未被打破。1926年10月国民党湖南省省党部报告,该省党员的吸收,多囿于知识分子。[③] 1927年1月湖北省省党部报告,该省国民党的基础"建筑在青年学生上面,还没有深入工农群众"。出席该省第4次代表大会的代表大多数是学生。[④]

这种现象并非湘鄂两省所独具。1927年1月吴倚沧在有关国民党现状的报告中谈到,此时国民党党员人数超过100万,内中学生最多,占26%,其次为军队,占23%,自由职业者占12%,工人占11%,农民占9%,商人占3%,其他占16%。[⑤] 农、工、商党员合计尚不及学生党员所占的比例。而学生党员按比例推算,多达26万人。依当时中国教育发展程度估测,这一数字不无夸大,但青年学生在国民党党员中所占比例最大,当无疑义。以往论者以广东一省党员的构成来例证国民党党员以农工为主体的说法显然以偏概全。有人对那时的国民党党员形象作过这样一番描绘:

一个穿中山装的雄纠纠的青年,不可向迩地直率并且激烈,铁面无

---

① 荣孟源主编:《中国国民党历次代表大会及中央全会资料》(上),117页,北京,光明日报出版社,1985。

② 《鲍罗廷在联共(布)中央政治局使团会议上的报告》(1926年2月15、17日),见《联共(布)、共产国际与中国国民革命运动(1926—1927)》(上),126—127页。

③ 中国国民党湖南省党部编:《中国国民党湖南省党部第二次全省代表大会宣言及决议案》,13页,编者印,1926年10月。

④ 《省党部代表大会报告》,见1927年1月25日《汉口民国日报》。

⑤ 《吴倚沧先生之国民党现状报告》,见1927年1月15日《广州民国日报》。

私地纠弹这个，打倒那个，苦口婆心地这里演说，那里致辞，席不暇暖地上午开会，下午游行，拿的薪水总是只够糊口，交游的人总是面有菜色，居住的屋子总是只看见标语不看见墙壁，他们的行踪总是马策刀环游移不定。①

这里所描述的正是一个率直急进的青年学生形象。知识青年群趋入党，蔚为20世纪20年代一大独特的社会现象。这一现象的成因是多方面的。五四爱国运动激发了一代青年学生的政治参与意识。在时代大潮的呼唤下，知识青年对政治产生了浓厚的兴趣，进而积极主动投身于政党从事政治活动；另一方面，青年学生在五四前后的积极表现，使各政党认识到青年学生是一种大可利用的重要政治资源，亦主动挟其主义学说渗入学界，竞相争取和汲引这一股新生的社会力量。

二　主义时代

五四新文化运动标志着一个主义时代的来临，各种外来新思潮的涌入，促发了知识青年对各种主义的信仰，因怀着对主义的信仰而群相加入政党。当时舆论指称："现在的一般青年，未免太爱学时髦了……不谈政治则已，一谈政治，至少也要共产主义，再不然，还要无政府主义。"②1927年2月国民党广东省党部对部分青年学生的政治信仰进行调查，结果显示，青年学生信仰"主义"的热情甚高，"他们如果不研究主义，没有主义的信仰，人家说他是书呆子，甚至于给他一个'时代落伍者'的头衔……于是大家都立意做一个'新青年'，做一个'思想进步'的青年，越'新'越好，愈'进步'愈好。"③

这是一个值得注意的社会现象。因为此时（1926—1927年）五四新文化运动的高潮早已过去，而"主义的时代"却并未结束，至少在那时城市知识青年群体的社会时尚认同中，"新青年"和"进步青年"的标准

---

① 彭学沛：《今后的党员》，见1928年2月18日《中央日报》。
② 袁同畴：《一封谈论"恋爱问题"的信》，载1926年12月5日上海《民国日报》副刊《觉悟》。
③ 蒲良柱：《一般青年对于主义的信仰》，载《现代青年》第43期（《广州民国日报》副刊），1927年2月28日。

和表征,仍以信奉主义为归趋。而且在崇洋趋新的风气下,主义愈新,对"新青年"愈具有吸引力。1927年2月的调查还显示,"新青年"们信奉的主义非常庞杂,而且大多对所信奉的主义之内涵相当模糊。调查中发现,不少"新青年"自称信仰三民主义、社会主义、共产主义、马克思主义、列宁主义,但对这些主义实际并不甚了解,甚至对不同主义之间的概念亦混淆不清;他们大多声称曾经信奉过多种主义,或同时信奉多种主义。如其中不少人自称同时信仰三民主义、社会主义和共产主义。这自然与孙中山强调"三民主义就是社会主义,就是共产主义"以及当时国共合作的历史背景有关,但仍然反映出当时"新青年"们信仰的模糊性。[①] 广东省党部这次调查的对象多为中学毕业或肄业生,也有少数大学生。调查者称他们为"有些智识而又没有充分智识的青年"。实际上,这个时期国共两党的基本队伍正是这批"有些智识而又没有充分智识的青年"。虽然未见这个时期国民党党员教育程度的直接统计资料,但据稍后的间接资料推测,这个时期国民党党员中人数最多的是一批受过中小学或私塾教育的青年。[②]

这批知识青年何以会成为20世纪20年代国共两党的基本力量?除了"五四"前后的政治思想和社会背景,有必要把这一问题放在晚清以来中国社会文化结构变迁的大背景下来考察。其中最应注意的是科举制度的废除。比较科举制度和近代从西方引入的新教育制度,可发现科举体制有一种为后来新教育制度所不具有的消解读书人政治参与压力的机制。在帝政时代,正式编制的官僚队伍的数额有限,每年通过科举晋身仕途的人数更有限。在读书人以入仕为圭臬的时代,候补入仕人数与官僚数额的悬殊,势必会形成巨大的政治参与压力。然而在科举制度下,有一种自我消解政治参与压力的有效机制:一方面是官绅分流,使大部分读书人以"绅"的身份居于民间,给以优越于平民百姓的

① 蒲良柱:《一般青年对于主义的信仰》。有意思的是,调查中有人声称信仰"马克斯列宁主义",受到调查者的一番奚落:"更奇怪的,他居然发明了什么'马克斯列宁主义'。"这大概可算是"马克思列宁主义"一词的最早出处。

② 国民党反共"清党"后,党员重新登记。登记结果显示,67%的党员受过中学、小学、普通师范、军警学校和家庭私塾教育,13.9%的党员受过大学、专门学校、高等师范和留学教育(《民国十八年中国国民党年鉴》,中国国民党中央执行委员会党史史料编纂委员会编印,751页)。由于大批农工党员在"清党"中脱党,推测这一比例高于大革命时期国民党党员的实际教育程度。

特殊地位，使读书人入仕之途大为舒解；另一方面，科举取士没有年龄限制，使读书人感到仕途之门始终为他们开放，入仕的机会和希望始终存在。在这种心态下，即使屡考屡败，依然对下一次成功充满着无限的期盼，虽有个别科场失意者可能会产生对现存秩序的不满、疏离甚至反叛，但读书人群体性的社会不满和反抗性的政治参与压力难以形成。

科举废除后，新的教育体制既丧失了科举体制的儒学内涵所具有的社会凝聚和整合机制，也不具备科举体制所特有的那种消解政治参与压力的功能；而新学堂对读书人的批量生产，远大于私塾书院时代的师徒传授的产出。新的教育体制本与近代工业化和市场经济对各类人才的大量需求相适应，当新学堂取代旧科举后，知识分子的数量大大膨胀，而近代化进程的迟缓导致社会对各类人才的需求并没有得到相应扩充。加之“学而优则仕”的传统惯性，政界仍是多数知识分子的首选目标，从而形成比帝政时代远为巨大的政治参与压力。

三　以革命为职业

到五四时期，经新学堂十几年的培养，新一代知识分子队伍已相当壮观。据统计，在五四前夕，全国共有公立学校52 650所，学生约 450 万人，与 1910 年相比，学生人数增长了 3 倍。[①] 以中学而论，1915 年全国共有中学 444 所，学生 69770 人；到 1923 年增至 738 所，学生多达118 548人。[②] 此外，大学生和国外留学生人数亦达数万人。而那时中国的社会经济发展水平尚无法提供足够相当的职位和就业机会来吸纳源源不断从新式学堂和国外留学归来的知识青年。因此，在五四前后，中国都市社会集聚了一大批因就业无道、谋生乏术、前途渺茫而对社会现实产生疏离和不满情绪的知识青年。据 1916 年对1 655名回国留学生就业情况的调查，其中在家赋闲者多达 399 人。[③] 留学生尚且大量失业，一般中小学文化程度的知识分子谋职之难，更可想而知。

---

① 陈元晖：《中国现代教育史》，24 页，北京，人民教育出版社，1979。

② 1923 年 10 月 8 日《晨报》；吕芳上：《从学生运动到运动学生》，4—6 页，台北，“中央研究院”近代史研究所专刊（71），1994。

③《青年会与留学生之关系》，载《东方杂志》第 14 卷第 9 号，1917 年 9 月。

这一情形随着国内政局的混乱和恶化而加剧。1926 年 11 月，天津《大公报》发表社评说：学生无路可走，已成为中国社会最大的危机。社评指出，民国以来，国内外大学专门毕业学生每年以数千计，各省中学毕业学生每年以数万计。对于大学专门毕业生，“国家无最高学府以养成之，社会无学艺机关以奖进之，甚至以教员终身，亦复为饥寒交迫。其大部分欲投身社会者，则政府机关肥美重要之差缺，大小人员概都与军政要人有连，绝无容纳学校出身人才之余地；闲散职位为数无几，幸而得之，亦复枵腹从公，等于坐毙；至若私人机关，本属寥寥，而当事人物大都脑筋陈旧，厌恶学生，不但非技术人员不肯录取学生，即技术人员亦不乐用专门。故每年国内外大学专门毕业学生，除有父兄特别关系者外，欲循正当轨道，以求容纳于社会者，百不得一。若夫中学毕业学生，除一部分进入专门大学者外，更无消纳之处。”[①]

在知识分子群体中，中小知识分子人数最多而境遇最差。1923—1924 年前后的统计显示，中学毕业生能继续升学的只占 19%—20%。[②] 这就是说，80%以上的中学毕业生由于家庭经济条件，或因自身学力等因素而不能升入大学或出国留学，自然也就失去了跻入上层知识精英行列的机会，但他们对社会承认的期待和往上爬升的愿望非常强烈。他们因受过初等或中等教育而不愿认同于普通民众和甘居社会下流，但他们的知识、学力和能力又无法在竞争激烈的社会中谋得一个相当的职位。他们一方面因自身前途渺茫和社会地位不稳定而产生莫大的心理失落，同时又因目睹整个国家与社会的败落和衰颓而心怀不满。这双重的失意、焦虑、无望乃至绝望，使他们很容易被某种意向高远，甚至带有乌托邦色彩的社会政治理想所吸引。革命乃至反叛的意识，自然也最易在这一处于游离状态的知识青年群体中蕴育而生。《大公报》指出：“试问此每年递增数万以上之毕业学生，欲求学不可得，欲作事不可能，生机断绝，路路不通，予以相当之知识，迫以及身之饥寒，当年富力强之时，正心粗气浮之际，其心理若何？其愤慨若何？故在今日学校出身之失业青年，对于现在社会上政治经济之组织，咸怀极

① 前溪：《社会上最大危机》，见 1926 年 11 月 2 日天津《大公报》。
② 吕芳上：《从学生运动到运动学生》，71—72 页。

端不满之意。苟有可乘，便思破坏者，与其谓为思想所激，毋宁谓为生计所迫。近来南北学生，纷纷投效革军，冒白刃而不辞者，其数日多……每年加增数万知识阶级之失业者，即无异每年加增数万知识阶级之革命者。民国十五年矣，以抽象的统计，此种知识阶级因生计而迫于过激者，已在数十万以上。"[①]

正因为此，这个时期学运、学潮的主力军是青年学生，国共两党的有生力量也是青年学生。黄埔军校前三期通过考试选拔入学的两千多名学生中，其学历大多是高小和中学文化程度。1919—1927年间，全国学运、学潮有57%发生在中学（含师范学校），大专和小学分别为38%和5%。[②]

中小知识青年与上层知识精英相比，其学识能力毕竟稍逊一筹，故而在时代大潮中，他们一般不能成为领潮者，而只能扮演随潮和追潮者的角色。他们常常踵从于上层知识精英之后。当各种主义流行时，也难免盲目从之。其时即有人指出："一般青年多数只晓得空口谈主义（其实恐怕谈主义的资格都不够），一味盲目地跟着人家跑，究竟主义是什么东西？哪种主义适合国家社会目前的需要？……他们通通不暇顾及。"[③]这里所流露的正是上层知识精英对中小知识青年的看法。在前者看来，后者连"谈主义的资格都不够"。

五四以来，白话文运动对中小知识青年的政治参与意识的增长，其作用实不可低估。白话小说最大的读者群和白话文运动的最大支持群体，正是那些介于上层精英和下层大众之间、"有些知识而又没有充分知识"的知识青年群体。[④] 以往只有熟读文言或洋文者才能跻身于新旧精英行列，如今却做白话文也能与上层精英们一比高低。

不过，对广大中小知识青年而言，更大的机会，或许还是国民党的改组和中共的成立。要知道，从公车上书、戊戌变法，一直到兴中会、同盟会、国民党、中华革命党，实际上均是新旧上层精英在唱和，中小知识青年无缘也不够资格参与。当孙中山宣布改组国民党，国民党宣布要

---

① 前溪：《社会上最大危机》，见1926年11月2日天津《大公报》。

② 吕芳上：《从学生运动到运动学生》，18页。

③ 蒲良柱：《一般青年对于主义的信仰》。

④ 参见罗志田《权势转移：近代中国的思想、社会与学术》，191—241页，武汉，湖北人民出版社，1999。

面向大众,由一个封闭型的精英组织改组为一个开放型的群众组织时,试想这对中小知识青年们来说,该是多好的一次参与政治和跻身精英之途的机会啊！国民党党章规定:"凡志愿接受本党党纲实行本党议决"者,均得为该党党员。这意味着只要愿意接受国民党的意识形态,即使普通民众也可以加入国民党,与一些先进的上层精英互为同党,互呼"同志"。不过,真正下层的工农大众若非知识分子们"回到民间"去做耐心细致的宣传鼓动工作,是不会主动来投奔国民党的。因此,真正积极主动投入国民党怀抱者,大多是那些"有些知识而又没有充分知识"的青年们。

另外,国民党改组以后的党纲决议,已是通俗易懂的白话文,不再像《民报》时代那样深奥费解,也迎合了中小知识青年的文化程度。尽管孙中山个人对白话小说和白话诗文并不欣赏,[①]但这并未妨碍他及其领导下的国民党人运用白话文作为唤起民众的工具。李剑农指出:"辛亥以前的革命党机关报的《民报》,连高等学堂的学生都有读不懂的(特别是章太炎的文章),现在的高小毕业生——让一步说初中毕业生——大概都可以读懂中山的《三民主义》的白话经典了罢;这种最低限度的效果,恐怕就是中山也不能不承认。"[②]这些能读懂孙中山白话经典的高小和初中毕业生正是这个时期国民党的中坚力量。

本来,对中小知识青年而言,马克思的资本论、剩余价值学说、辩证法、唯物史观等不免过于深奥,但这个时期这些马恩经典原著尚未译为中文,他们不可能也无须去读。他们所接触到的至多不过是陈望道翻译的《共产党宣言》。参与中共创党的陈公博谈到,陈望道翻译的《共产党宣言》以通俗晓畅的语言文字对阶级斗争学说所作的简单明了的解释,正迎合了中小学文化程度的知识青年们的脾胃。[③] 不过,中共是一个严密的列宁主义政党,对党员要求有坚定的信仰、坚强的个人品质和铁一般的纪律约束,而且在当时一般国人的心目中,所谓"父子之亲不

---

① 吕芳上:《革命之再起:中国国民党改组前对新思潮的回应》,358—361页,台北,"中央研究院"近代史研究所,1989。

② 李剑农:《最近三十年中国政治史》,534页,上海,太平洋书店,1931。

③ 陈公博:《苦笑录》,47页,香港大学亚洲研究中心,1980。

认，夫妇之情不顾，打倒智识阶级”[①]乃至“共产共妻”等种种流言，令一些人畏避三舍。即当国民党联俄“容共”之后，外间传闻国民党已“赤化”时，孙中山亦未敢等闲视之，发动国民党的宣传机器四处辟谣，唯恐影响其“清名”。[②] 故此，这个时期中小知识青年加入国民党者远比加入共产党者为多。

中小知识青年群趋加入国民党，与国民党是一个有历史、有领袖、有势力、有地盘的政党，自然也有着密切的关系。当时国民党在广东一隅已是一个执政党。这对一个谋生无道的知识青年来说，加入国民党，或许能为自己的“饭碗”带来一线希望。当黄埔军校第1期招生时，投考资格限定在高小毕业并入过中学1年以上，或具有相当程度者，正适合众多中小知识青年的条件。计划录取324人，结果报名人数多达2 000多人，最后录取500余人。[③] 这固然说明“五四”以后青年学生们热心国是，不过也未尝不可视作知识青年就业竞争激烈之反映。这个时期的其他资料也显示，确有不少知识青年是出于谋生的动机而入国民党者。当时广州除黄埔军校外，国民党还办有各类名目的养成所、训练所和讲习所，[④]招收中小学文化程度的青年学生入所短期培训后，分配从事工运、农运和政治宣传等工作。他们入所受训，固然不乏投身革命的热情和愿望，但也兼有谋生求职的个人动机。1927年《广州民国日报》副刊《现代青年》上，刊有多名知识青年写给编辑的信。他们毫不讳言自己离开家乡至广州加入国民党，带有“糊口”的动机。一位名叫“亲先”的国民党青年，自称曾在“训育所”毕过业，也曾在“宣传所”念过书，还曾领导千百个群众参加过革命运动，但他为无法养活自己而焦虑。他声称自己本是个“革命热”的青年。他说：“依着总理遗嘱，含辛茹苦，继续冲上革命战线去努力吗？固所愿也，然而哪里有养活臭皮囊的经费？”他指望组织上能给

---

① 吴涧东：《党治考察记》，3页，上海，泰东书局，1928。

②《广州民国日报》1924年3月26日至4月8日连载《国民党中央执行委员会宣传部辟谣》公告，《中国国民党周刊》1924年3月30日第14期亦予以登载，笔者在日本东洋文库还见过一份当时国民党中央宣传部印发的同样内容的辟谣传单（油印件），孙中山还亲自发表讲话辟谣，亦可见其郑重其事的情形。

③ 李云汉：《中国国民党史述》第2编，481—487页，台北，中国国民党党史会，1994。

④ 如广东省党部先后举办过宣传员训练所、青年训育员养成所、青年夏令讲习班、妇女运动讲习所、商民运动指导员学校等。《全省第二次代表大会党务报告决议案》，见1927年1月5日《广州民国日报》。

他一个嗷饭的处所，以解决其基本的生存问题，但他又叹息“国民党太膨大而无严密之组织，决无能力以分配同志担任工作而解决其生活问题也”。据他所称，有不少与他同样境遇的青年同志在找不到嗷饭处所的时候，埋怨国民党不能解决党员的生活问题，进而埋怨国民党无能。[①] 这意味着国民党虽然在一定程度上满足了中小知识青年政治参与的欲望，却一时难以满足他们入党谋职甚至入党做官的意愿。中小知识青年的纷纷涌入，一方面大大强化了国民党的党势和声威，但随之而起的是对国民党构成新的政治参与压力。这种政治参与压力对国民党的影响将在以后较长时期内呈现出来。

四　急进化

共产党是无产阶级的政党，自成立时起即将其注意力投向工人运动，继而又扩大到动员农民。不过，在实际动员过程中，中共的意识形态宣传到底在多大程度上为社会底层的工人和农民所接受，尚值得探讨。《向导》周报曾刊登一封署名“冬原”的读者来信。来信以“冬原”家乡的情形为例，说明农民不仅看不懂《向导》，也买不起《向导》，进而指责《向导》与其说是给无产阶级看的东西，还不如说是给资产阶级看的东西。信中说：

如贵刊者，实在是给资产阶级看的东西，我们苦人不但看不懂，买也买不起了。所以我要问你们：你们是希望资产阶级觉悟让步，而尽量地给他们《向导》看呢？还是主张无产阶级起来革命而尽量地给他们《向导》看呢？……里面虽写着“工人、农民、兵士们！起来！起来！”等话，但我老实告诉你们……他们买一块豆腐要吃惊，更说不到买《向导》了。因为《向导》究竟是废纸，包油条的废纸。他们并没有听着你们叫；他们也未曾看着《向导》这样的东西。你们的文字太深了……你们那些“列宁”“马克思”“实际”“封建”“军阀”，他们确实看不懂。比较看得懂的，是“共产”两字。你们想，这是多么恐怖的“共产”！所以你们现在既

① 亲先：《“我一年来的回顾”的共鸣》，载《现代青年》第38期，1927年2月21日。

不瞎想帝国主义让步，却偏偏又要受过很好的教育的朋友才能看得懂的东西，需要革命而不知革命为何物者却偏偏不能给他看懂。这是一个什么的向导？①

这封读者来信颇能说明当时中共精英在意识形态社会化过程中的“自说自话”。启蒙者与被启蒙者之间两不搭界。启蒙者实际上是在对自己臆想中的被启蒙者布道，而真正的被启蒙者浑然不觉。《向导》周报并非免费赠阅，每份定价 6 分，对当时的农民来说，10 文一块的豆腐已不敢问津。更重要的是，《向导》周报的文字非中等文化程度者不能看懂。20 世纪 20 年代初的江苏南通，在张謇主导下大力发展实业、教育，以“地方自治”著称一时。即使在南通这样开风气之先的地区，其民众识阿拉伯数字者也不过百分之二三。② 试想在这样的社会大背景下，那些处于社会最底层的工人农民，连阿拉伯数字尚且不识，遑论“列宁”“马克思”等洋导师以及“狄克推多”“苏维埃”“帝国主义”“军阀”等洋名词了。③

实际上，那时的革命者未必不知他们所要唤起的民众之接受能力。1926 年 4 月中共中央印发了一本名为《我们今后怎样工作》的小册子，要求每个党员必读。在这本小册子中，中共中央鉴于过去宣传口号提得过高，未能深入群众，提醒今后的宣传要顾及群众心理，适合群众要求，“群众有时很糊涂，我们便不能太过聪明，使他们离开我们，这时我们不妨也随着糊涂一点，引导他们由糊涂的路走到聪明的路。”④此时

① 冬原：《豆腐涨价与向导周报》，载《向导》第 166 期，“读者之声”，1926 年 8 月。

② 1921 年张謇在《通告城区父老昨日一日之观念》中谈到，南通剧场实行对号入座，座位号为阿拉伯数字，多数市民不识，张謇遂觉不当，并慨言曰：“盖社会未受普通教育者多，识阿拉伯文数目者不过百之二三，知中国文之为右上右行，外国文之为左上左行者更减。”见《张謇全集》第 4 卷，466—467 页，南京，江苏古籍出版社，1994。

③ 如 1927 年 1 月 4 日《现代青年》第 7 期“答问”中，有读者来信询问“什么是狄克推多制？苏维埃的意义是什么？”来信读者是一名法律专科学校学生。可见即使当时的知识青年，也不全明了那些洋名词的含意。

④ 中央统战部、中央档案馆编：《中共中央第一次国内革命战争时期统一战线文件选编》，202 页，北京，档案出版社，1991。

的革命知识分子自以为比“糊涂”的群众要“聪明”，显然自我感觉良好。[①] 唤醒民众，启蒙民众，是“五四”后革命知识分子自任的一大使命。但如何唤醒？如何启蒙？显然还处在摸索之中。《向导》周报在答复“冬原”时亦承认：“不用说卖钱，不用说《向导》式的文字，即使用极通俗的言辞，无代价的向农民去说，他们也不愿意来听，即来听亦难使他们了解……可知革命的理论是一回事，革命思想的通俗化又是一回事。”“《向导》之不能通俗化，我们是承认的，然而中国革命中万分需要《向导》一类的刊物，这应该也是公认的事实，顾此则失彼；《向导》既然担起指导中国革命理论和策略的责任，自不能兼顾通俗化……马克思的《资本论》是共产主义的经典，然而一般工人又何尝能看懂呢？难道马克思也是希望资产阶级觉悟让步，而著作《资本论》给他们看吗？不过他方面革命思想之通俗化，亦是刻不容缓的事。本报读者来信亦常有提及之者。”[②]

《向导》周报以“中国革命中万分需要《向导》一类的刊物”为由，认为不能“顾此而失彼”。这实际透露出《向导》在工人农民之外，还存在着另一个潜在的读者群。这个潜在的读者群正是广大的中小知识青年。据1925年4月青年团广州地委的报告，《向导》“在广州只知识者看，一般工农群众一因国语白话，二因意义深奥，很少看得明白”。[③] 除《向导》周报外，那时广州青年团还办了一份《平民周刊》。广州团委承认，该刊虽名为《平民周刊》，但“阅者多非平民，故宣传意义，不外对非平民说：要注重平民教育”。[④]

“对非平民说”，恐怕是这个时期中共宣传刊物的共同特征。《向导》式的文字无疑适合那群趋新崇洋的“非平民”的知识青年的胃口。中共上层精英担心，《向导》周报和《平民周刊》若真通俗到能让普通工人和农民看懂，又恐失去这群知识青年读者。“顾此则失彼”即此之

① 这尚是中国知识分子与“群众”关系的初始阶段。此后，渐渐地觉得在“群众”面前自惭形秽，愧为启蒙之师，进而跟在“群众”的后面跑，乃中国知识分子与“群众”关系的第二阶段。再到后来，知识分子变成必须接受“群众”“再教育”的对象，乃中国知识分子与“群众”关系的第三阶段。此三部曲大致反映了近代以来中国知识分子与“群众”之间主客易位的过程。

②《向导》第166期，“读者之声”，1926年8月。

③ 广东省档案馆等编：《广东青年运动历史资料》第1辑，412页，编者印，1986。

④《广东青年运动历史资料》第1辑，413页。

谓也。

《向导》周报明白它所宣扬的革命理论不可能直接为工人和农民所接受。“冬原”指责它不是给无产阶级看的,而是给资产阶级看的,亦不无道理。依中共的阶级划分,中小知识青年属于小资产阶级。广大中小知识青年的作用,正是介于中共上层精英和底层民众之间,充当两者沟通的桥梁和革命的媒介。中共精英先向广大中小知识青年灌输革命理论,然后再通过他们深入民众中去动员和唤起民众。共产国际鉴于中共的相当一部分党员和工农群众都是文盲,曾要求中共广泛利用学生党员建立一支为工农服务的干部队伍,给工农群众读报讲报,宣读和讲解党的号召书和小册子。①

以今天的眼光观之,《向导》式的文字并无新奇之处,但在当时人看来,《向导》周报中充满了时髦和洋化的语言词汇,如“实际”“封建”之类的词语,在“冬原”眼中即很新鲜。据当时担任《向导》和《新青年》校对工作的郑超麟后来回忆,两刊上的一些文章带有莫斯科东方大学或上海大学讲义的味道,有的稿子甚至是直接从莫斯科带回来的。还有的文章和启事是用半文言写的。② 有意思的是,正是这些洋化和半文言的词汇颇迎合那时趋新崇洋而又半新不旧的“新青年”的胃口,以至于当时一些“新青年”以读《向导》和《中国青年》为时尚。有一名“新青年”在给上海《民国日报》编辑部的信中写道:“惭愧!像我这样年纪比较还轻,而受过中等教育程度以上的人……有时虽在读小说、诗歌、文艺一类书之外,也看过几本《中国青年》《向导》一类的杂志,但这不算我的诚意的研究,不过拿它做我文字或谈话的点缀资料罢。”③《向导》和《中国青年》的文字竟成了受过中等教育的“新青年”们用做谈话和作文的点缀资料,可见两刊在那时“新青年”心目中的“新潮”形象,以及两刊在“新青年”群体中之流行。这种流行,从另一侧面折射出当时“新青年”

① 《加拉罕在联共(布)中央政治局使团会议上的报告》(1926年2月11日),见《联共(布)、共产国际与中国国民革命运动(1926—1927)》(下),81页。

② 《郑超麟回忆录(1919—1931)》,91—92页,北京,东方出版社,1996。

③ 宫孟:《我们所应该走的路》,载1926年12月12日上海《民国日报》副刊《觉悟》。

的急进化程度。①

从《向导》和《中国青年》的读者群来看,其影响面显已远远超出了中共党员和青年团员的范围。据1925年11月维经斯基给共产国际的报告,是时《向导》的印数已达3万份,并在全国许多地方翻印。② 到1926年7月北伐前夕,《向导》销数达5万份。③ 当时《向导》是有价销售,5万之数在那时全国刊物销量中当居前列。北伐途中有人发现,即使在江西赣州这样的内地小城,一个书铺每期能代售《向导》周报七八十份,《中国青年》五六十份。④《向导》周报的大量读者来信也反映出它在当时广大"新青年"中受欢迎的程度,其中很多自称是"国民党青年"。1926年《向导汇刊》第4集出版时,其广告词写道:"本报自4年前出版至今,一向便是全国最急进的刊物。"⑤敢于以"最急进"来自我标榜和招揽,显示当时中国社会已形成了一个相当大的趋于"急进"的社会群体。

---

① 这个时期"新青年"的急进化,从他们对胡适等新文化运动领袖的态度上亦表现出来,如1927年1月24日《现代青年》第23期所刊《胡适之的高明谦让》一文,开篇即称"落伍的胡适之!"与之相对的,是他们对鲁迅的推崇,如同刊1927年1月27日第26期专门为当时鲁迅的广州之行发了一期专号,刊首语称:"中国思想界的权威,时代的战士,青年叛徒的领袖鲁迅先生应中大之聘,已于日前由厦门跑到我们赤色的广州来了!这个消息传到一般青年的耳鼓里,想没有一个不竭诚地表示热烈的欢迎的罢!"有意思的是,当鲁迅到广州后,觉得当时外省人传说中可奇可怕的赤色之都广州,仍然很旧,未见有多少新气象。鲁迅之急进似更有过之。

②《维经斯基的书面报告》(1925年11月11日),见《联共(布)、共产国际与中国国民革命运动(1920—1925)》,736页。

③《新青年》第5号封底广告,1926年7月25日。

④ 朱其华:《一九二七年底回忆》,50页,新新书局,出版时间不详。

⑤《向导》第179期封三广告,1926年10月。

第二节 从“容共”到“容国”

从兴中会、同盟会一直到1924年改组前，国民党的活动基地和党员基础主要建立在海外。1923年，国民党号称有党员20余万，其中国内党员不到5万；组织机构共计400余处，亦绝大多数设于海外。国内除广州、湖南设有分支部外，其他省区既无正式的组织机构，亦无显著的活动成绩可言。[①] 国民党改组前在国内的组织基础非常脆弱，与国内普通民众几乎不发生关系。

1924年改组后，国民党逐渐建立了从中央党部、省党部、县党部至区党部、区分部的各级组织。1926年10月的统计资料显示，国民党在全国约90%的省区和25%的县份建立了省级和县级党组织[②]；国民党党员人数增至54.4万余人，其中国内党员约占82%，海外党员约占18%[③]。显然，在改组之后两年多的时间里，国民党由一个偏隅海外的狭隘组织，发展成为一个具有相当规模的以国内民众为基础的动员型政党。

北伐开始后，随着国民党武力的迅猛推进和民众运动气势如虹的发展，国民党的势力范围由珠江流域扩展到长江流域。国民党党务组织亦风起云涌，一日千里。到1927年初，国民党党员人数号称100万

① 李云汉主编：《中国国民党党务发展史料——组织工作》（上），2—47页，台北，国民党中央党史委员会，1993；[日]土田哲夫：《中国国民党的社会构成》，载《南京大学学报》（研究生专辑·哲社版），1989年4月。

② 李云汉主编：《中国国民党党务发展史料——组织工作》（上），100—101页。

③ 陈希豪：《过去三十五年中之中国国民党》，147—149页，上海，商务印书馆，1929。

以上[①]。这是当时概略的估计。据广东、江苏、上海、长沙等省市党员人数的增长率推测，在 1926 年 10 月至 1927 年 4 月的半年间，国民党党势确实得到了惊人的扩张（见附表）。到 1927 年 4 月，仅广东、江苏、上海、长沙 4 省市的党员人数总计已达 47 万余人。以此推测，全国国民党党员 100 万之数当非虚夸。这一数字是 1924 年改组前国民党党员人数的 5 倍，大约相当于 19 世纪中国乡绅的总数。

北伐期间部分省市国民党党员人数

地区 年份	上海	江苏	长沙	广东	合计
1926 年 10 月	2 266 人	3 225 人		156 915 人	
1927 年 4 月	16 000 人	27 872 人	190 000 人	236 605 人	470 477 人

资料来源：① 上海市通志馆编印《上海市年鉴》（上），第 E30—31 页，1936；② 赵如珩编《江苏省鉴》（上），55 页，南京，1934；③《长沙市之党员统计》，载 1929 年 1 月 4 日《广州民国日报》；④ 李云汉主编《中国国民党党务发展史料——组织工作》（上），101 页，台北，中国国民党中央党史委员会，1993；⑤陈季博：《一年来广东之党务》，载 1929 年 1 月 1 日《广州民国日报》。

一　国民党组织的缺失

党员人数的多寡，是衡量一个政党组织实力的重要指标之一，但政党组织实力的充分发挥，还有赖于其内部组织结构的严密性、协调性及其实际运作的良好与否。否则如民初之际的国民党，人数虽多达 300 万，实际则如同一盘散沙，毫无“党力”可言。袁世凯下令解散，国民党顷刻化为乌有。孙中山重组中华革命党后，以宣誓押手印等办法约束党员，其结果也仅仅塑造了孙中山个人的强权党魁形象，党的组织结构依然散漫如故。1924 年国民党改组，引进苏俄列宁主义政党的组党方法，期望一改过去松弛散漫的组织习性。然而考察这个时期国民党组织的实际运作情形，发现只是袭用了列宁主义政党的组织形式，并未能很好地吸收其组织内蕴，衍为新瓶装旧酒的格局。国共两党几乎同时“以俄为师”，而共产党组织之严密性和国民党组织之松懈态，很快形成

① 刘范：《如何才能做一个国民党的党员》，载《现代青年》第 7 期，1927 年 1 月 4 日。另见《吴倚沧先生之国民党现状报告》，见 1927 年 1 月 15 日《广州民国日报》。

鲜明的反差。“四一二”政变后不久，蒋介石对国民党组织的“涣散松懈之弊”曾作过如下一番痛切的检讨：

共产党徒寄生本党，以数量言，当不逮本党同志二十分之一，然彼常能以少胜多，操纵如意者，其组织之严密胜于我，其党员之尊重纪律亦过于我也。共产党之阴谋固可诛，共产党之组织则有可采者。本党在民国13年改组之时，本已采用苏俄共产党之组织，第一次全国代表大会通过之总章，自区分部而上，系统井然，其于党员义务，亦有明白之规定，无如本党同志多不耐严格之训练，往往视党章为具文，甚或不知党章之所制定者究为何事，而各级党部乃徒为跨党分子垄断党务之工具，此最可痛心者也。①

在蒋介石反思检讨的同时，胡汉民也发表文章指出：

我常常想，中国共产党不过是五六岁的乳臭小儿，中国国民党却正当壮年，经验丰富有作为之年；论份子，中国国民党多他百倍；论势力，中国国民党也大他百倍。为什么倒被这个小鬼捣乱得乱纷纷呢？虽说是人家挑拨离间的手段非常毒辣，然而上当不上当到底也全在乎自己；虽说很多都是敌不过人家的威胁利诱而上当，然而归根结底还是因为对于主义没有彻底的了解，故没有坚决的信仰，所以也生不出一种力量来抵抗引诱和威迫……这样的党如何能不坍台？②

蒋介石、胡汉民于“清党”之际，不约而同地分析共产党“以少胜多”的原因，反省国民党组织的缺陷和共产党组织的长处，显示国共两党在组织形态上的殊异性，以及国民党内潜伏着的问题之严重性，足以使蒋、胡等人“痛定思痛”。

这个时期国民党组织的缺失，最主要表现在重上层，轻下层，基层

① 蒋介石：《对于第二期清党之意见》(1927年5月)，中国国民党中央执行委员会秘书处档案，南京，中国第二历史档案馆藏，卷号：711—5—347。

② 胡汉民：《“清党”之意义》，载《中央半月刊》第2期，1927年7月1日。

组织大多有名无实。列宁主义政党组织严密的诀窍之一，在于它有着笼罩每一党员的基层组织。国民党改组后，仿照俄共的基层"支部"设立区分部。区分部之上为区党部，区党部之上为县党部或市党部。到1926年10月，全国各地共建立有区党部4 000余处，区分部近8 000处。[①] 1927年初区分部更增至1万余处。[②] 如此庞大的基层组织，若按法理形态良好运作，将100万党员如同军队一样严密组织起来，分布于中国社会的各个阶层、各个领域，如身使臂，如臂使指，步调一致，国民党的组织实力自不可估量。

但大量资料显示，国民党基层组织的功能并未得到很好的发挥。当时有位国民党青年这样陈述："提起本党的区分部的现状，真是禁不住要痛哭流涕！环顾党内同志，试问对于整顿区分部这件工作能够加以相当的注意和努力的，能有几人！大好的区分部，同志们不去打理，变成了有头无足的畸形儿，完全失却分给同志工作的能力……"[③]国民党二大也检讨说，国民党区分部很不坚固，党员多忽略区分部的工作。即使在有"党市"之称的广州，党的基层组织亦呈散漫状况。[④] 广州中山大学为孙中山所手创，被誉为国民党的"党化大学"，标榜以"革命科学化，科学革命化"为办学方针，但该校的国民党基层组织也不健全。当时有人指出："兹姑照中大的区分部来看，能认真办理者固多，而敷搪塞责者，亦仍不乏其人。在党化最高学府的中山大学党的区分部，都尚有整理未得臻于完善之处，何况在于乡村偏僻的地方。"[⑤]

本来依照列宁主义政党的组织原理，每一名党员都应该归属于一个基层组织。1927年初，国民党中央号召党员"到区分部去！"[⑥]这个口号的提出，本身即意味着当时还有不少党员游离于基层组织之外。国民党人承认："本党党员自由脱党而逍遥法外的确是不少。"[⑦]基层组织

---

① 李云汉主编：《中国国民党党务发展史料——组织工作》（上），100—101页。
② 《吴倚沧先生之国民党现状报告》，见1927年1月15日《广州民国日报》。
③ 亲先：《"我一年来的回顾"的共鸣》，载《现代青年》第38期，1927年2月21日。
④ 中国第二历史档案馆编：《中国国民党第一、二次全国代表大会会议史料》（上），208页，南京，江苏古籍出版社，1986。
⑤ 王世燕：《对于中山大学的新希望》，载《现代青年》第61期，1927年3月22日。
⑥ 王世燕：《对于中山大学的新希望》。
⑦ 古有成：《本党整理党务决议案》，载《现代青年》第9期，1927年1月6日。

不健全，表现在区分部、区党部有名无实，没有实际活动。在广东的一些县，区分部党员会议很少举行，或举行而党员不愿到会。[①] 甚至连国民党中央党部机关工作人员所属的区分部也“毫无成绩，即例会亦不举行”。[②]

在国民党党务已公开的一些地区，党员之间争权夺利，明争暗斗；党组织对党员不具约束力。如湖北“各县市党员自公开后，有离开党去自由活动的；委员取得政权，即忘了党；各县市多有藉党为升官发财阶梯；执行党律不严，使土豪劣绅混入其间”。湖北阳新县党部自公开后，“各区党员因多不明党义之故，挟意见，分畛域，争权利，前途堪虞”。[③]

区分部、区党部之上的县市党部也多不健全。在江西，各县党部“只知征求党员，不注意于训练，甚至空悬县党部或区党部招牌，而放弃区分部之组织与党员之分配”。[④] 在湖北，各县党部对于全县党务没有整个计划，“除了纠纷和要钱以外，很少给省党部以党务的报告”，既不能切实执行上级党部的指示，又疏忽对下级党部的指导，各县市党部对于党员的训练异常缺乏，对于民众的政治指导更为放弃，公开以后，各县市党部同志积极图个人的活动和私人地位的提高，渐渐离开民众，趋于腐化。[⑤] 1927 年 1 月 13 日，蒋介石在湖北省第 4 次代表大会上发表演说，对县以下国民党组织的弊端痛加指责：

现在各地党部，都有很多缺点，最重要的是没有基本的训练和严肃的纪律。各级党部虽然规模粗具，事实上仍是一个空架子，平时不能训练党员，使党员服从党纪，徒然有一党部，有什么用处呢？老实说，没有受过严格训练的党员，就是有了几千百万，也是没有用处的。关于组织方面，党员大多数还不明白党的基本组织是什么，不注意下层的基本工

① 《党务通告汇录》，见 1924 年 4 月 12 日《广州民国日报》；《全省第二次代表大会党务报告决议案》，见 1927 年 1 月 5 日《广州民国日报》。

② 《中国国民党第一、二次全国代表大会会议史料》（上），621 页。

③ 《武昌市党部全市执监联席会》《阳新县党部代表大会》，均见 1927 年 1 月 28 日《汉口民国日报》。

④ 《江西省党部严密下级党部组织》，见 1927 年 2 月 18 日《广州民国日报》。

⑤ 《第四次代表大会关于党务之决议案》，见 1927 年 1 月 12 日《汉口民国日报》。

作,弄得党在民众中间不能引起什么影响。[①]

改组以前,国民党只见上层,不见下层;改组以后,孙中山强调要将国民党组织的重心由上层移至下层。这种下移,需要向基层投入相当的"组织成本"。这种"组织成本"主要有二:一是党务经费,二是党务人才。这个时期,国民党基层组织建设所遭遇的最大难题,正是经费困难和人才缺乏。由于国民党仿照苏俄体制在原有行政系统之外,再建立一套相应的党务组织系统。这是中国有史以来政治控制体制由单轨制向双轨制的重大转变。它意味着要将原有的政权"组织成本"增加1倍。

以广东为例,国民党中央规定,广东各县党部的经费,每月由县公署拨270元。当时广东各县县长每月的薪金有四五百元。也就是说,一个县党部整个机关的经费,仅及县长薪金的一半略多。县党部因经费有限,除书记、干事每人每月发给30元生活费外,县党部委员和各部部长都不支薪。每月仅余下十几元党务活动费,据称尚不够印一二次传单。由于县党部委员和各部部长均为义务职,势必另谋生计,也就不能全心全意为党服务。县党部的工作只好交给几个书记干事去应付。县党部委员大多散居四乡,按当时广东省党部的规定,县党部委员每周必须开会一次,一些委员每周要从几十里甚至一两百里外赶赴县党部一次,在当时的交通条件下,自然不是一件轻松的事。在这种情形下,一些热心革命的边缘知青"终于心有余而力不足,只好让那些自己有钱的大地主,和占着特殊阶级的土豪劣绅去包办。广东各县的党务,不能尽量发达,大多数是因为这个问题"。[②] 1927年1月国民党广东省第2次代表大会的决议案指出:"各地党部之组织殊为松懈,各地党部之执行委员多不健全,且尚多为不明了党义的反动派所盘踞,而一般土豪劣绅、地痞讼棍,尚多混入党籍,曲解党义,以图私利。"[③]共产国际代表的报告也提到:"农村的剥削者阶层为了应付国民党当局,都相应地进行了伪装,他们中的许多人加入了国民党,常常在县和县以下的国民党机

---

① 蒋介石:《加强党的组训与改善党政关系》,见张其昀主编《先"总统"蒋公全集》第1册,524页,台北,中国文化大学出版部,1984。

② 刘启能:《各县党部经费问题》,载《现代青年》第5期,1926年12月31日。

③ 武如:《我们对于广东今后的重要工作》,见1927年1月26日《广州民国日报》。

构中占据着领导职位。”[①]这表明国民党在向基层地域社会渗透的过程中，非但未能动摇旧有地方封建势力的基础，反而为他们所僭夺，成为土豪劣绅维持其原有权势结构的工具。

国民党组织的松懈，土豪劣绅、地痞讼棍和不良分子之混入党籍，亦与这个时期国民党吸收党员的机制不无关系。本来，俄共组织对吸收党员有严格规定：凡志愿入党者，都须经过预备期，预备期长短不一：工人和农民至少 2 个月，其他人至少 6 个月。[②] 预备党员制的作用，主要在于考察要求入党者的个人品质及其对党的信仰是否坚定，借以防止思想不纯和投机分子混入党内，确保党员队伍的质量和组织纯洁性。值得注意的是，孙中山在改组国民党时几乎照抄俄共党章，但独未采纳这一制度。

国民党既未采行预备党员制，又号称是一个代表全民利益的政党，不偏于某一特定阶级。[③] 在这种情况下，国民党吸收党员几乎来者不拒。据《广州民国日报》1924 年 3 月 27 日报道：“国民党自改组后，新加入党者已有数万人，现警局教练所员生亦全体加入。”同年 4 月 8 日该报又报道：“广州市公安局长吴铁城热心党务，该局人员加入国民党者，闻已达四千余人。”从这两则报道中可知，国民党自改组之初起即滥行集体入党。集体入党的弊端，在于不加甄选，不论优劣，不计信仰，将某一群体的所有成员网罗无遗，其结果，党员数量迅速膨胀而质量日滥。

除集体入党外，还强迫入党。如 1924 年 8 月，国民党中央根据广州市党部的要求，限令广州市教育局全体职员必须在 1 月之内加入国民党，不加入者要提出正当理由，否则撤职或停职。[④] 另据《广州民国

① 《共产国际执行委员会远东局使团关于对广州政治关系和党派关系调查结果的报告》（1926 年 9 月 12 日），见《联共（布）、共产国际与中国国民革命运动（1926—1927）》（上），459 页。

② 1922 年修订的俄共章程，对预备党员的规定更为严格：一是预备期延长，工人和红军战士至少 6 个月，农民和手工业者至少 1 年，其他人至少 2 年；二是入党介绍人，工人、农民、手工业者和红军战士入党，须有 3 年党龄的党员 3 人介绍；其他人入党，须有 5 年党龄的党员 5 人介绍。参见中共中央马恩列斯著作编译局译《苏联共产党代表大会、代表会议和中央全会决议汇编》，217—218 页，北京，人民出版社，1964。

③ 《吴倚沧先生之国民党现状报告》内称：“现在各位，须知国民党系谋全民利益的党，不是为任何特殊阶级谋利益的党”。见 1927 年 1 月 15 日《广州民国日报》；另见黄健生《你不要怀疑》，载《现代青年》第 65 期，1927 年 3 月 28 日。

④ 吕芳上：《从学生运动到运动学生》，323 页。

日报》1927 年 1 月 10 日报道："凡（广州）市政府所属机关各职工，如有未入党者，限期本月内，一律使之入党，否则将其姓名列册函送区党部办理。"

广州市教育局为了推行党化教育，将全市私塾进行整顿，并解散了一批私塾。不少塾师为保住饭碗而设法加入国民党。[①] 更有的借党招摇，利用党籍壮大宗族势力，如在广东增城县，本地人黎氏与客家人吴氏两大族姓之间矛盾甚深，"为捞取选票壮大自己势力，在县党部建立初期，便各自拉人入党，因此，党组织迅速扩大"。[②]

北伐开始后，国民党吸收党员更趋滥化。起初，"凡同情于本党的即可加入；再过一时期，即对本党不表同情，对于主义未曾了解，为暂时的利用，也就勉强拉入"。[③] 在马日事变前，长沙市号称有国民党员 19 万，而当时长沙全市人口不过 30 万人，近占全市人口的三分之二。[④] 这一数字显然夸大，但当时国民党吸收党员之滥，确已到了无以复加的地步。北伐结束后，国民党人自我反省说："党员的本身如此，即使无共产党、国家主义、无政府党等煽动宣传的侵入，已不难自坠入腐化。"[⑤]

很显然，改组后的国民党除了党员人数急剧扩充外，其组织内聚功能并未增强，其组织形态依然散漫如故。就孙中山改组国民党的初衷而言，党务组织是其改组的重心所在，然而正是在这一方面，国民党的改组是不成功的。

二　共产党组织的优势

中共加入国民党时，仅是一个人数不过 400 余人的小党，但它利用国民党改组后急谋发展的机会，很快在国民党地方组织中取得支配地位。尽管中共在国共合作初期深恐引起国民党人的妒嫉而有所自我约束，但在 1924 年 5 月中共中央执行委员会扩大会议后即渐取积极发展

① 邓华卿：《市教育局为什么要解散许多私塾呢?》，载《现代青年》第 42 期，1927 年 2 月 26 日。

② ［日］深町英夫：《改组前后中国国民党的基层组织》，载《近代中国》第 129 期，台北，近代中国杂志社，1999 年 2 月。

③ 魏然：《反动局面的形成及其责任者》，载《民意》第 2、3、4 期合刊，1929 年 3 月31 日。

④ 《长沙市之党员统计》，见 1929 年 1 月 4 日《广州民国日报》。

⑤ 魏然：《反动局面的形成及其责任者》。

路线，并迅速崭示出中共在组织建设方面的优势。

就吸收党员而论，中共明确规定："凡非对于本党主义、策略及党之纪律充分明了且恳切的愿意服务本党者，不必轻率加入。"[①]1923 年中共开始仿行苏俄的预备党员制，规定凡入党者须经过候补期：劳动者 3 个月，非劳动者 6 个月。[②] 1925 年 10 月，中共将候补期缩短为工人农民 1 个月，知识分子 3 个月。[③] 对于知识分子入党，中共早期的看法是："知识阶级因受帝国主义之经济侵略，家庭已渐次贫困；一方面读书时固常觉得经济的压迫，又一方面毕业后，亦感到社会地位的恐慌，于是也趋向于革命了。并且因其有知识之故，又往往为各阶级革命势力间之连锁，褒然为革命之中心人物。"[④]中共将"知识阶级"褒之为"革命之中心人物"和"各阶级革命势力间之连锁"，可见早期中共对"知识阶级"十分重视。同时，中共也看到知识青年"富有浪漫、自由主义、无政府主义种种思想"，故对知识青年的入党严求慎选，务必信仰坚定者才准加入，并以铁的纪律加以约束。知识青年加入中共后，很快被塑造成为坚定的革命者。

国共两党同以中小知识青年为骨干力量，但国民党既无严密的吸纳机制，亦无健全的基层组织。知识青年大批涌入后，很快呈现出两个明显的弊端：一是形成新的政治参与压力，即当众多知识青年以入党为谋职甚至入仕之阶，而国民党一时又无法解决他们中多数人的"饭碗"时，出现前面所谈到的群相"埋怨国民党无能"的局面；二是导致国民党与下层民众相脱离。中小知识青年本来置身于上层精英与下层大众之间，而其社会价值却希望认同于上层精英而不愿与下层大众为伍。加之孙中山所倡导的"扶助农工"，是以"先知先觉""后知后觉"去"扶助""不知不觉"，这与直接以工农利益代表自任的中共党人相比，虽有相近之处，毕竟又有很大不同。国共合作的形态，逐渐呈现出国民党主要做上层工作，共产党主要做下层工作的分工格局。

国共两党的"显然有别"，在当时即已引起一些国民党人的关注和

---

① 《同志们在国民党工作及态度决议案》（1924 年 2 月），见《中共中央文件选集》（一），183—184 页。
② 《中国共产党第一次修正章程》（1923 年 6 月），见《中共中央文件选集》（一），122 页。
③ 《组织问题议决案》（1925 年 10 月），见《中共中央文件选集》（一），408 页。
④ 邓中夏：《我们的力量》（1924 年 11 月），见《中共中央文件选集》（一），254 页。

忧虑。如1925年12月23日邵元冲在日记中写道："晚阅C. Y. 之决议案及组织等，具见其工作之已切近实际，吾党中散漫无绪，各逞私图，尚何言耶？"[①]邵在日记中流露出对国民党组织的沮丧和失望。

苏俄方面，当其"逼迫"中共加入国民党之后，在相当一段时间里，一直担心中共会被国民党溶化而丧失其独立自主性。苏俄的这种担心不是没有理由的。一个四五百人的小组织被分散容纳到一个有20万党员的大党中，犹如河川汇入大海，很可能被淹没得无影无踪。直到1925年4月，斯大林还担忧中共寄人篱下的处境及可能受到国民党的"虐待"。当他得知中共不仅保持了自己独立自主的组织，而且比国民党组织更严密，甚至还在很大程度上承担了国民党的党务工作时，他甚感惊讶。[②]

到国民党二大召开前后，国共两党的组织力量对比已呈逆转之势。1926年2月10日维经斯基在给共产国际执委会的报告中谈道："共产党实际上领导着国民党。小小的共产党处于国民党的机构之中，在组织和发展国民党。""共产党的影响太大了，很难划清两党之间的界限，几乎所有领导权都掌握在共产党人手里。我们在那里的同志问，是否应该使国民党摆脱共产党的影响享有更多一些自由呢？"[③]维经斯基的说法可能有浮夸的成分，但共产党在国民党内的影响增大则是事实。据谭平山称，在1926年1月国民党二大召开前后，已有大约90％的国民党地方组织处于共产党员和国民党左派的领导之下。[④]

一般认为，"中山舰事件"后，特别是蒋介石《整理党务案》提出后，中共在国民党内的影响力显著下降。这其实只是一种表象。《整理党务案》虽使中共党人退出了国民党中央几个部长级的职位，但并未影响中共对国民党地方组织的控制。中共广东区委书记陈延年在给共产国际的报告中说：经过"三二〇"事件和"五一五"之后，中共在组织上和政

① 王仰清、许映湖标注：《邵元冲日记》，223页，上海，上海人民出版社，1990。

②《维经斯基给加拉罕的信》（1925年4月22日），见《联共（布）、共产国际与中国国民革命运动（1920—1925）》，607页。

③《共产国际执行委员会主席团会议讨论中国问题的速记录》（1926年2月10日），见《联共（布）、共产国际与中国国民革命运动（1926—1927）》（上），44、60页。

④ 谭平山：《中国革命党宣言草案》，引自杰柳辛、科斯佳耶娃《大革命时期的中国共产党与国民党》，载《国外中国近代史研究》第16期，214页，北京，中国社会科学出版社，1990。

治上取得了更多的独立性，也更加深入到群众中去，在群众中加强了自己的影响。[①] 1926 年 8 月，国民党左派顾孟余在与维经斯基的一次谈话中提到，在省一级的地方党部，以及大量基层组织中，共产党人均占多数，而在另外一些地方，共产党人即使处于少数，也能通过其党团来领导国民党。[②]

同时期来自中共高层的报告进一步证实了顾孟余的这一说法。1926 年 11 月陈独秀在关于国民党问题的报告中提到：广东、上海、北京、湖南等几个重要地区的国民党组织都处于共产党“包办”之下(“包办”一词系出自中共党人之口)，以至于广东、上海的资产阶级亦情愿直接与中共合作，而觉得国民党没有什么用。在北京，“所有工作皆守常(李大钊)在那里提调，几乎 K. M. T. 就是李守常”。[③] 在湖南，“先有 C. P.，后有国民党，国民党是由 C. P. 做起来的”。1923 年冬至 1926 年 3 月，湖南国民党完全由 C. P. 包办，“C. P. 不包办，便无人来办”。北伐军克复长沙后，共产党才“渐次退到在野党的地位，把国民党重要的工作交给左派”。[④]在湖北，孙科承认，国民党在“湖北的党务基础，是建立于秘密时代，是共产党从中组织，是共产党湖北区执行委员会董用威等包办，所以多数党员不是C. P.，就是 C. Y.”。[⑤] 在上海，据当时中共上海区委的报告，上海国民党党部处于中共的“包办”之下，以至于“一般民众的心目中，上海特别市党部等于 C. P.”。[⑥] “还有许多负民校工作责任的同志，在民校的组织系统之下，不受民校指挥，不与民校上级党部发生关系，没有经过民校手续，而径自执行我们党的行动策略。”[⑦]这

---

① 《共产国际执行委员会远东局关于对广州政治关系和党派关系调查结果的报告》(1926 年 9 月 12 日)，见《联共(布)、共产国际与中国国民革命运动(1926—1927)》(上)，456 页。

② 《维经斯基同顾孟余谈话记录》(1926 年 8 月 31 日)，见《联共(布)、共产国际与中国国民革命运动(1926—1927)》(上)，422—423 页。

③ 《中共中央第一次国内革命战争时期统一战线文件选编》，291—292 页。

④ 《中国共产党湖南区第六次代表大会文件》(1926 年 10 月)，见中央档案馆、湖南省档案馆编《湖南革命历史文件汇集(省委文件)》(1923—1926)，88 页，编者自印，内部发行，1983。

⑤ 《中国国民党中央政治委员会速记录》1927 年，引自曾成贵《试论大革命时期党领导湖北农民运动的经验和教训》，载《党史研究》1986 年第 4 期。

⑥ 《中央扩大会议关于上海工作计划决议案》(1926 年 7 月)，见中央档案馆、上海档案馆编《上海革命历史文件汇集(中共上海区委文件)》(1925—1926)，306 页，编者自印，内部发行，1986。

⑦ 《上海区委通告枢字第 94 号——民校工作及应注意各点(1926 年 12 月 5 日)》，见中央档案馆、上海档案馆编《上海革命历史文件汇集(中共上海区委文件)》(1926—1927)，90—92 页，编者自印，内部发行，1986。

类情形并非中共上海区委的独特现象。如1926年8月23日,中共中央发出第12号通告,训令"各地国民党省党部市党部尤其是上海党部,应速发表很严正的宣言,公开反对孙传芳书函。内容要点是……"[①]中共中央居然能直接向国民党各省市党部下发训令,亦可见其"包办"之一斑。

对于共产党人的"包办",国民党人在表示不满的同时,又深感沮丧。戴季陶、谭延闿、唐生智等人均感叹:"K. M. T. 不行了,革命还是C. P. ","K. M. T. 没有力量,还是C. P. 力量大"。[②] 这种沮丧和忧虑甚至从国民党的大众传媒上流露出来。1926年12月31日《广州民国日报》副刊《现代青年》报道:"现在有许多国民党的党员,常常叹气说国民党的组织怎样不好,怎样散漫,怎样不严密。"[③]翌年1月4日《广州民国日报》的社论更痛切地指出:"稍有感觉的本党同志,常常呼着'本党没有严密的组织'……我们看看党的内容吧!看看我们工作所发生的困难,一方面又横看和我们同一战线的共产党,组织之严密,工作之顺利吧!我们实觉得相形见绌,实觉本党总章所规定的系统组织,不是一种事实上严密的组织,只是一种文字上严密的组织。"[④]"共产党有铁的纪律,国民党除了几条具文的纪律而外,泥的纪律的也配不上。"[⑤]

两党组织运作的巨大反差,在国民党内引发两种截然不同的反应。一种反应是为国民党自身组织的松懈而忧虑,更因共产党组织的严密而恐惧。这种忧虑和恐惧衍化为"分共""反共"的主张和行动。国民党内主张"分共""反共"者,其出发点和动机不尽一致。其中相当一部分人是出于对共产党严密组织的畏惧。国民党二大讨论国共纠纷情形时,有国民党代表谈到,两党的纠纷并非主义之争,亦非党员努力与不努力之争,实是"一部分人对共产党怕得了不得"。他们对共产党在国民党内作秘密党团活动尤生疑惧。共产党代表则声辩说,中国共产党员总数不过5 000,而国民党员有50万,"这五十万国民党为何怕起五

---

① 《中共中央第一次国内革命战争时期统一战线文件选编》,251页。
② 《C同志关于K. M. T问题报告》(1926年11月4日),见《中共中央文件选集》(二),281页。
③ 龙鼎:《国民党的组织真是不好吗?》,载《现代青年》第5期,1926年12月31日。
④ 焰生:《欢送广东第二次全省代表大会代表》,见1927年1月4日《广州民国日报》。
⑤ 李焰生:《"容共"政策与"联共"政策》,载《现代青年》第73期,1927年4月9日。

千个共产党来呢?”[①]当时国民党内流传着“一个共产党员抵得上十个国民党员”“一个民众运动者胜过一百个国民党挂名党员”等说法。[②]“西山会议派”主张“分共”,亦部分是出于对共产党严密组织的恐惧心理。

三 从“容共”到“容国”

两党组织的反差在国民党内引发的另一种反应是,部分富有革命热情的国民党青年,鉴于共产党组织严密,国民党组织疏散,转而加入共产党或青年团。他们认为:“共产党的组织严密,训练严格,国民党则反是,所以要革命,就要加入共产党。”[③]有位青年谈及他从国民党转入共产党的原因:“我只看见人家的努力勇敢,不由得我不起了羡慕,由羡慕而生信仰,由信仰而做了一个实行家,回看国民党的青年,还像暮气沉沉的睡着……”[④]另一位由国民党转入青年团的青年亦称:“C. Y. 的组织,我相信任何团体的好组织都比不上他的严密确真,他对于他的团员有整个的训练方法,其最注意的就是以铁的纪律规定团员勤阅书报,这是很好的方法,国民党就因为缺乏这样的工作,所以到了现在,许多同志都变成跨党跨团的假党员。”[⑤]

当然,国民党青年转入共产党,亦与共产党的有意吸纳有关。早在中共三大议决国共合作之初,中共中央即提出:“我们加入国民党,但仍旧保存我们的组织,并须努力从各工人团体中,从国民党左派中,吸收真有阶级觉悟的革命分子,渐渐扩大我们的组织,谨严我们的纪律,以立强大的群众共产党之基础。”[⑥]不过在国共合作初期,中共对自身组织发展持比较谨慎态度,其精力主要放在发展和扩充国民党组织上。[⑦]1924 年 5 月中共中央执行委员会扩大会议后,才逐渐转变策略,开始

① 《中国国民党第一、二次全国代表大会会议史料》(上),382—385 页。
② 曾盛琪:《怎样做一个国民党党员》,载《现代青年》第 61 期,1927 年 3 月 22 日。
③ 团:《读了“国民党左派与共产党”之后》,载《现代青年》第 8 期,1927 年 1 月 5 日。
④ 冯金高:《同情的忏悔》,载《现代青年》第 36 期,1927 年 2 月 18 日。
⑤ 张冠英:《由读遗嘱、看书籍、呼口号说到 CY》,载《现代青年》第 64 期,1927 年 3 月 26 日。
⑥ 《关于国民运动及国民党问题的议决案》(1923 年 6 月),见《中共中央文件选集》(一),116 页。
⑦ 如 1924 年 5 月中共上海地方组织的一份报告内称:“现在新党员一时实不见增加,其原因大概是:(一)因同志现注意国民党中的工作,所以对于一般人,都介绍他进国民党去了;(二)介绍为本党同志,务在严极,故新党员人数自然不易骤增。”见《中共中央文件选集》(一),203—204 页。

注意在国民党内发展组织力量。中共的做法很快引起国民党人的警觉。1924 年 6—7 月间,部分国民党员提出弹劾案,指责共产党破坏国民党,其中“罪名”之一即是共产党“在国民党原有的党员中,吸收所谓阶级觉悟的分子,成立一个国民党的左派”。8 月中旬,国民党中央全会讨论弹劾案,又有国民党代表提出:“国民党员不得任意加入其他政党,凡共产党员加入本党者,应专从本党工作,不得援引本党党员重新加入共产党及为共产党征求党员。”[①]对此,陈独秀回复说:“在国民党内成立一个左派,直算是进步,不是破坏……若指吸收有阶级觉悟的分子入共产党,这乃阶级分化、政党分化之必然的社会现象,非人力所能拦阻。而且浅薄些说,为什么只许共产党党员加入国民党,而不许国民党党员加入共产党呢?”[②]

1925 年 7 月,戴季陶在《国民革命与中国国民党》一书中也指责中共在国民党员中扩张 C. Y. 和 C. P. 的组织。对此,陈独秀并不否认,只是回复说:“在事实上,据我所知,年来由国民党员加入 C. P. 的很少很少,比较 C. P. 加入国民党的大约不及百分之二,比较由 C. P. 介绍加入国民党的大约不及千分之五。”[③]如果陈独秀所言属实的话,则此时国民党员转入中共者尚少。不过,陈回避了国民党员转入 C. Y. 的人数。而当时国民党青年改宗转党者,一般是先入 C. Y. 。

1926 年 1 月 18 日,国民党二大上有代表提出,国民党员加入共产党时,要得到该地党部的许可。此议一出,立即遭到与会中共代表的反对。张国焘声称,世界各国政党的党员,入党出党都有充分的自由。而且国民党员加入共产党的,实数不过共产党员人数的 3%。[④] 张所说 3%是否属实,尚待考证,但此问题提到国民党全国代表大会上讨论,说明已引起国民党人的高度重视。5 月 17 日,国民党二届二中全会通过《整理党务案》,规定“本党党员未受准予脱党以前,不得加入其他党籍,

① 引自李云汉《从“容共”到“清党”》,325—326 页。

② 陈独秀:《我们的回答》,载《向导》第 83 期,1924 年 9 月。

③《给戴季陶的一封信》(1925 年 9 月 11 日),见《陈独秀文章选编》(下),85 页,北京,生活·读书·新知三联书店,1984。

④《中国国民党第一、二次全国代表大会会议史料》(上),383—384 页。

如既脱本党党籍而加入他党者,不得再入本党”。[①] 以决议的形式来对国民党员改宗转党加以限制,反映出问题已有相当的严重性。《整理党务案》通过后,中共方面曾声明,今后将不从国民党员中吸收新党员,[②] 但实际并未执行。同年 9 月,共产国际执委会远东局使团在关于广州政治和党派关系的调查报告中谈到,在中山舰事件后的数月里,从国民党转到共产党里来的大学生多达 300 人。当时广州中共党员总数为 2 000人,其中学生知识分子党员约 400 人。[③] 也就是说,从国民党方面转过来的党员约占广州中共党员总数的 1/7,占知识分子党员的 3/4。这类情形自然会引起国民党高层的警觉。1926 年 9 月国民党代表邵力子在给共产国际执行委员会的报告中,对共产党人提出两点批评:一是挑拨工农群众与国民党的关系,使国民党难以赢得工农的信任;二是“竭力要把国民党的年轻左派吸收到共产党组织中去,结果是国民党内几乎没有纯粹的国民党左派”。[④]

中共中央在 1926 年 9 月的一份报告中谈到,在蒋介石视为其基本势力的黄埔军校学生中,左派分子占 80%以上。[⑤] 这些左派国民党青年实际成了中共的后备力量。谭延闿曾向陈独秀抱怨说:一些国民党左派青年“比共产党更激进。这些人不会听国民党的。当我们同他们谈话时,他们回答说:‘你们太老了,我们只听共产党的。’”谭延闿要求共产党跟这些国民党左派青年谈一谈,如果共产党通过决议,这些左派青年就会服从。[⑥] 恽代英向国民党中央政治会议报告中央军事政治学校的情形时也提到,校中一些“纯粹的国民党左派”学生太过火了,全校贴的净是“共产党万岁”“第三国际万岁”等标语,说话稍一不慎,就会被

① 《中国国民党第一、二次全国代表大会会议史料》(下),715 页。

② 《索洛维约夫向联共(布)中央政治局中国委员会提出的关于中国形势的书面报告》(1926 年 7 月 7 日),见《联共(布)、共产国际与中国国民革命运动(1926—1927)》(上),332—333 页。

③ 《共产国际执行委员会远东局使团关于对广州政治关系和党派关系调查结果的报告》(1926 年 9 月 12 日)、《共产国际执行委员会远东局使团关于广州政治关系和党派关系的调查结果和结论》(1926 年 9 月 12 日),见《联共(布)、共产国际与中国国民革命运动(1926—1927)》(上),468—469、487 页。

④ 《邵力子给共产国际执行委员会的补充报告》(不晚于 1926 年 9 月 22 日),见《联共(布)、共产国际与中国国民革命运动(1926—1927)》(上),522 页。

⑤ 《中共中央第一次国内革命战争时期统一战线文件选编》,261 页。

⑥ 《中共中央执行委员会中央局会议记录》(1927 年 4 月 20 日),见《联共(布)、共产国际与中国国民革命运动(1926—1927)》(下),207—208 页。

他们捉住关起来,他们还骂共产党有妥协性。[①] 当时共产党党员中普遍流传着这样一种说法:"国民党是C.Y.的预备学校,C.Y.是C.P.的预备学校。"[②]"西山会议派"指责中共"认国民党为预备学校,以共产党为正式班,国民党是他们的过程"。[③] 国民党左派也慨叹:"国民党已经成了入共产党的桥梁!"[④]

一种观念的普遍化,自是大量事实逐渐累积的结果。大量国民党青年转入共产党,实际上改变了国共合作的初始形式,亦即由中共党员加入国民党的单向流动,发展为国共党员之间的双向互动。国共合作之初,中共党员和青年团员人数甚少,几乎全部加入了国民党。但一年以后(1925年1月),中共四大决议:"今后我们的党员及在我们指导之下无党的产业工人,必须有工作上的需要才加入国民党。"同年10月,中共中央再次强调:"非必要时,我们的新同志不再加入国民党,不担任国民党的工作,尤其是高级党部(完全在我们势力支配之下的党部不在此限)。"[⑤]

如果上述决议认真执行了的话,则意味着1924—1927年间中共党员加入国民党的只是少数,没有加入的反而是多数。因为中共党员人数主要是在四大以后迅速增长的。在四大以前,中共党员仅950人,而到1927年中共五大时增至57 967人。[⑥] 特别是1926年4月以后的一年时间里,中共新增党员约4.5万人。新增的这部分党员可能大多没有加入国民党。

当中共决定新同志非必要时不再加入国民党后,中共党员可分为

---

①《中国国民党中央执行委员会政治委员会二十次会议速记录》,见《中国国民党第一、二次全国代表大会会议史料》(下),1154—1155页。

②《上海法界部委对中央扩大会决议案的意见书》(1926年8月29日),见中央档案馆、上海市档案馆编《上海革命历史文件汇集(中共上海区委宣传部组织部等文件)》(1925—1927),364页,编者自印,内部发行,1986。

③ 居正编:《"清党"实录》,436页,近代中国史料丛刊三编第3辑,影印本,台北,文海出版社,1985。

④ 李焰生:《"容共"政策与"联共"政策》,载《现代青年》第73期,1927年4月9日。

⑤《中共中央第一次国内革命战争时期统一战线文件选编》,90、144页。

⑥ [美]詹姆斯·R.汤森等著,顾速等译:《中国政治》,243页,南京,江苏人民出版社,1995。另,蔡和森1926年4月在远东书记处会议上报告,中共党员人数为1.2万人,其中90%加入了国民党(见《联共(布)、共产国际与中国国民革命运动(1926—1927)》(上),229—230页)。如此高的比例,似与中共中央关于"非必要时新同志不再加入国民党"的决议不相一致。可能的解释,一是蔡和森收集数据时,中共中央的决议执行时间不长,而且各地执行情况不一。据蔡观察,上海等地在中央作出决议后,加入国民党的中共党员比例在下降;另一种可能是,不少"新同志"是从国民党中吸收而来,他们加入中共后,没有脱离国民党党籍。

两部分：一部分是跨党党员，一部分是纯粹党员。国民党也同样由跨党党员和纯粹党员两部分组成。两党的跨党党员中又可分为两类：一类是先入中共，再加入国民党；另一类是先入国民党，再加入中共。前期跨党者主要是前一种情形，后期跨党者主要是后一种情形。

对中共而言，党内谁是跨党党员，谁是纯粹党员，自然心中有数；而对国民党而言，谁是跨党党员，谁是纯粹党员，并不清楚，因为中共党员的身份一直是秘密的。1926 年 5 月蒋介石要求中共将党员名册提交一份给国民党中央，但中共没有提交。1927 年 2 月，蒋介石在一次演讲中谈道："究竟哪个是真正的党员，哪个是跨党的党员，究竟哪个是忠实的中央执行委员，哪个是跨党的中央执行委员，不说各位同志不明白，要怀疑，就是我做主席的，也弄不明白。"①当时参加国民党中央执行委员会的中共党员的身份已是公开的秘密；至于普通党员的党籍分辨不清则属实情。

中共党员身份的秘密性，一直令国民党人深感不安，觉得自己在明处，对方在暗处；国民党的家底，中共一目了然；而中共对其党员发号施令，国民党却不知底细。"国民党党务，共产党员可以操纵，而共产党党务，国民党员绝对不能参加"。② 从国民党改组之日起，中共即在国民党内开展秘密党团活动。③ 国民党人认为，中共党员既以个人身份加入国民党，则不应在国民党内进行秘密党团活动，否则就是"党内有党"。当国民党发现中共党员和青年团员在国民党内有党团活动时，明确表示不能容许，认为"既有党团作用，则已失其为本党党员之实质与精神，完全不忠实于本党，且其行为尤不光明"。④ 而中共方面则认为，"既准跨党，便不能无党团之嫌疑。国民党外既然有一共产党存在，则国民党内便不能使共产派无一致之行动。况既谓之派，思想言论必有相类之处，既有党外之党，则其一致行动更无可疑"。⑤

① 蒋介石：《南昌总部第 14 次纪念周演讲词》（1927 年 2 月 21 日），见《蒋介石言论集》第 4 集，136 页。

② 李焰生：《"容共"政策与"联共"政策》，载《现代青年》第 73 期，1927 年 4 月 9 日。

③《共产党党团会议》（1924 年 1 月 18 日），见《联共（布）、共产国际与中国国民革命运动（1920—1925）》，453—454 页。

④ 张继等三监察委员弹劾共产党文，见李云汉《从"容共"到"清党"》，303—304 页。

⑤ 瞿秋白对于三监察委员弹劾案答辩词，见李云汉《从"容共"到"清党"》，326—327 页。

孙中山最初不愿与中共实行党外联合,只同意中共党员以个人身份加入国民党,意在不愿中共"独树一帜而与吾党争衡"。未料随着事态的发展,国民党人越来越感觉不安的,正是这种"党内有党"的合作方式。中共党团在国民党内的秘密运作,使国民党人深怀戒惧。[①] 本来国民党亦可采取党团的方式"回敬"中共。国民党一大所定总章中,专门列有"党团"一章,规定在秘密、公开或半公开的非党团体内组织党团,"在非党中扩大本党势力,并指挥其活动"。[②] 这与中共党团的有关规定并无二致。若此,国共双方均可能在对方党内开展秘密党团活动。邹鲁回忆,在他担任国民党中央青年部长期间,曾在广东各校员生中组织国民党党团对付共产党在青年学生中的活动;同时还派人加入共产党,去侦察对方的情形。[③]

国民党很快发现,在组织竞争方面远非中共对手。改组后,除了党员数量急剧扩充外,其组织内聚功能并未得到增强,形式上仿效俄共组织体制,实际上仍是一盘散沙。相反,中共及其青年团在人数上虽远不及国民党,其组织内聚力却相当强,在国民党内很快形成一种"反客为主"的态势。[④]国民党人渐渐感到,"所谓两党合作,事实上成为国民党的分子的个体与共产党整个的团体的联络,所谓国民党容纳共产党,事实上变为国民党分子不是为共产党所溶化,便是受共产党所包围"。[⑤]被中共视为国民党左派的甘乃光谈到,由于中共在国民党内有党团组织的运用,国民党内的纯粹党员因松弛散漫而无法与之抗衡,其结果,"则我们常常说国民党容纳共产党分子,恐怕在事实上是共产党容纳国民党分子了"。[⑥]

随着国民党左派青年大批被吸纳进共产党和社会主义青年团,国

---

① 张国焘:《我的回忆》(二),84—85 页。

②《中国国民党第一、二次全国代表大会会议史料》(上),100—101 页。

③ 邹鲁:《回顾录》,133 页,长沙,岳麓书社,2000。

④ 如西山会议派称:"从前本党容许共产党的加入,是使共产党党员附合于本党,然而他们加入以后,竟演成了反从为主的形势,转像本党附合于共产党似的"。(居正编《"清党"实录》,420 页);又如 1927 年 4 月 7 日《时事新报》发表一篇署名为"中国国民党员杨耀唐"的文章,内称:"我昨日读了两党领袖的宣言,总觉得以共产党是主,国民党是客。"(《读了国共两党领袖宣言后的怀疑及提议并勉励中国国民党忠实党员一致努力奋斗》)

⑤ 周应湘:《复 CY 的一封信》,载《现代青年》第 77 期,1927 年 4 月 14 日。

⑥ 甘乃光:《我们现在对于一般革命分子的态度》,载《现代青年》第 13 期,1927 年 1 月 11 日。

民党人感到国共合作的形式在发生变化：一方面，中共训令其新党员非必要时不再加入国民党；而另一方面，国民党青年却不断涌入共产党。"本党容纳共产党的政策，仿佛变为共产党容纳国民党的政策了！"[①]到国共合作后期，这种慨叹在国民党内几乎成了一种共鸣。《现代青年》有文这样写道：

"容共"政策，年来所得的结果怎样呢？在外说得了不少的成绩，但在内来说，我敢老实不客气地说，已经不是国民党"容共"，实是共产党"容国"了，试看国民党青年，革命性丰富一点的，因为国民党组织散漫，纪律不严之故，无人指挥，欲工作而无从，最容易被人拉入共产党，那国民党已经成了入共产党的桥梁。这种事实，谁都不能否认的。[②]

当中共将"容共"改称"联共"的时候，国民党人感到国共关系在发生主客易位，担心国民党的"容共"有演化为共产党"容国"的危险。后期国共之间的矛盾和冲突，除了意识形态之争、农工运动"过火"等因素外，国民党对中共在其党内的党团运作深怀疑惧，是一个至关重要的因素。当时一些国民党人公开说："我们并不反对 C. P. 赤的政策，所反对的是 C. P. 处处把持国民党的工作。"[③]就连鲍罗廷也感到"国民党人确实害怕国民党最终被共产党人吃掉"。[④] 在共产党的严密组织运作下，国民党人强烈感受到了其组织的生存危机。

孙中山一方面想借鉴俄共模式将国民党改造成为一个列宁主义式的严密政党，一方面又同意容纳共产党分子，这本身就存在着不可兼容与调和的矛盾。因为一个真正的列宁主义政党，是不可能容纳另一个列宁主义政党在其党内活动的。党内合作形式本身即意味着包容者不可能是一个十分严密的组织。孙中山当初要求中共党员以个人身份加入国民党，自然不希望中共在其党内进行有组织的党团活动。但这对

① 逸云：《读了〈中国共产党的敌人是谁〉以后》，载《现代青年》第 60 期，1927 年 3 月 21 日。

② 李焰生：《"容共"政策与"联共"政策》，载《现代青年》第 73 期，1927 年 4 月 9 日。

③ 陈独秀：《政治报告》（1926 年 12 月 13 日），见《中共中央文件选集》（二），384 页。

④ 《鲍罗廷给加拉罕的信》（1926 年 5 月 30 日），见《联共（布）、共产国际与中国国民革命运动（1926—1927）》（上），273 页。

具有坚定信仰和铁的纪律的中共而言，实际上是不可能的。在这种情况下，有可能出现两种结局：一种是国民党仍维持其旧有的涣散松懈的组织体制，容许中共在其党内作党团组织活动，从而逐渐丧失自己的领导权，最终可能为中共所兼并；另一种是中止两党党内合作，或共产党主动脱离国民党，或国民党强行"分共""反共"。孙中山在世时，国民党内虽不断有人反对"容共"，但孙中山自信有控驭中共的能力，故一直不曾改变其"容共"初衷。孙中山去世后，主张"分共"者不免有"违教"之嫌，非不得已不敢贸然行事。"西山会议派""分共"的失败，在一定意义上即是违背"遗教"而导致丧失党统"合法性"所致。蒋介石 1926 年 5 月 14 日日记中记曰："大党允小党在党内活动，无异自取灭亡，能不伤心？惟因总理策略既在联合各阶级共同奋斗，故余犹不愿违教分裂，忍痛至今也。"[①]可见蒋虽早有分共之心，此时亦尚不敢冒"违教"之险，以免丧失竞争党统的"合法性"王牌。直至"四一二"政变前夕，国共基本上维持着第一种局面。但这种局面难以长久维持，因为国民党是不可能放弃其领导权的。当蒋介石打下南京、上海后，个人声威倍增，反共时机趋于成熟。在这种情况下，蒋虽明知"违教"亦在所不顾了。

一个拥有百万党员的大党，所表现出来的"党力"竟不若一个仅有数万党员的小党。原因何在？仅袭用俄共组织的形式，而未能得其组织内蕴，组织形式与意识形态相脱离，当是其主要症结所在。而这又与孙中山以三民主义为体、以俄共体制为用的治党策略紧密相关。国民党"以俄为师"实际上只学到了半套表面功夫，一与"全盘俄化"的中共较量，即感软弱无力。

但中共在组织运作方面的成功，并未能保证它在此次革命中取得最终胜利。共产党的"文斗"毕竟敌不过国民党的"武斗"。合作破裂后，国共双方都总结各自的经验和教训。毛泽东从中得出了"枪杆子里面出政权"的著名论断。而蒋介石对中共最为羡慕和佩服的，即是中共的严密组织技巧和高超的民众动员能力。[②]

---

① 《蒋介石年谱初稿》，587 页。

② 即使在二十世纪三四十年代国共对峙情势下，蒋介石亦多次称赞中共的组织动员能力，甚至印发中共的相关资料，让国民党人学习。

第十章

急风骤雨：工农运动

辛亥革命推翻了上层帝制，却没有触动底层社会。而20世纪20年代的国民革命，在“打倒列强除军阀”的共同目标下，工人、农民、青年学生以及商人、妇女等各个阶层的广大民众都被动员起来。如此大规模的民众动员和民众运动在中国历史上是前所未有的。

在中国传统社会，政治为少数士大夫所从事和参与，下层民众与上层官僚机构之间缺乏紧密的联系。为政者倡导“无为而治”，而民众则以“日出而作，日入而息，凿井而饮，耕田而食”为理想境界。这一千年未变的官民关系在五四运动以后发生了剧变，上层知识精英与新兴政治集团开始关注下层民众，并试图动员和结合下层民众的力量，达成改造中国的政治目标。在这一过程中，不但新兴的工人阶级受到垂青，就是向来不被重视的农民，也被政治势力纳为重要的动员对象。大规模的社会动员无疑是20世纪20年代国民革命的最重要特征。

国民党在改组以前，基本上是一个以知识精英为主的政治集团，非常有限的一点群众基础，不是会党就是海外华侨，与中国国内绝大多数民众几乎不发生关系。孙中山对中国老百姓的政治文化素质一直持悲观态度。他将国人分成“先知先觉”“后知后觉”和“不知不觉”3种类型，视普通民众为“不知不觉”。五四运动爆发后，孙中山与朱执信、戴季陶、廖仲恺等国民党人开始对群众力量有所体认，不过仍未将这种新的体认落实和转化为国民党的政治纲领和组织行为。孙中山本人周旋于南北各派军阀之间，迷恋于单纯军事斗争。直至1924年改组后，国民党才开始由一个封闭型的精英政党，向开放型群众性政党转变。

国民党的这一转变，在很大程度上受苏俄的影响。1921年底，当马林与孙中山第一次会面时，即向孙中山宣传群众运动的必要性。大约一年后，马林再次来华，正值孙中山被陈炯明逐出广州不久。马林劝孙中山不要用武力收复广州，而应该使上海成为向全国工人和农民开展宣传工作的中心。① 1923 年 1 月，莫斯科正式确定"全力支持国民党"的政策后，通过各种途径和方式敦促国民党注意群众运动，不要迷恋单纯军事斗争。孙逸仙代表团赴俄考察时，俄方多次向蒋介石强调群众政治工作在革命中所具有的重大意义，建议国民党将注意力首先用在对工农群众的工作上，接近群众，使国民党的主义能为群众所理解和接受。② 鲍罗廷来华担任孙中山的政治顾问后，直接向孙中山阐述关于群众运动的观点，指出国民党之所以软弱，其主要原因，一是思想上和组织上一片混乱，二是完全缺乏同工农群众的联系。在鲍罗廷看来，"国民党从来不以某个阶级，更不以劳动群众为基础"。③ 鉴此，鲍罗廷建议孙中山，必须将国民党改组成为一个以劳动群众为基础的政党。孙中山接受了鲍罗廷的建议，并请鲍罗廷参与起草了国民党新党章与改组宣言。宣言称："国民党人，因不得不继续努力，以求中国民族解放，其所恃为后盾者，实为多数之民众，若知识阶级、若农夫、若工人、若商人是已。""故国民革命之运动，必恃全国农夫、工人之参加，然后可以决胜，盖无可疑者。国民党于此，一方面当对于农夫、工人之运动，以全力助其开展，辅助其经济组织，使日趋于发达，以期增进国民革命运动之实力，一方面又当对于农夫、工人要求参加国民党，相与为不断之努力，以促国民革命运动之进行。"④一大召开后，国民党对民众运动予以了前所未有的重视。中央党部先后设立了农民部、工人部、青年部、妇女部和商人部，作为领导民众运动的机构，工运、农运计划及相关的政策法规也相继出台。国民党开始步入群众运动时代。

与国民党相比，中国共产党一开始就采取了群众路线的革命方法。中共建党初期的成员虽然是清一色的知识分子，但它以马克思主义理论为指导，强调自己是中国无产阶级的先锋队。中共二大的决议就强调："我们共产党，不是知识者所组织的马克思学会，也不是少数共产主义者离开群众之空想的团体。""我们既然是为无产群众奋斗的政党，我们便要'到群众中去'，要组成一

---

① 伊罗生：《与斯内夫利特谈话记录》，见《共产国际、联共（布）与中国革命文献资料选辑（1917—1925）》，253、256 页。

②《巴拉诺夫斯基关于国民党代表团拜访托洛斯基情况的书面报告》（1923 年 11 月 27 日），见《联共（布）、共产国际与中国国民革命运动（1920—1925）》，340—341 页。

③《鲍罗廷关于华南形势的札记》（1923 年 12 月 10 日）、《鲍罗廷的札记和通报》（1924 年 2 月 16 日），见《联共（布）、共产国际与中国国民革命运动（1920—1925）》，356、364—373、420 页。

④《中国国民党第一次全国代表大会宣言》，见《中国国民党第一、二次全国代表大会会议史料》（上），85、87—88 页，南京，江苏古籍出版社，1986。

个大的'群众党'。"[①]国共合作以后，中共在国民党的旗帜下，将精力主要投向民众运动。国共两党在民众运动上大体处于既合作又竞争的地位。两党虽然都有改良民众生活的意愿，也都认识到民众是国民革命中的重要力量，但在动员民众的手段和目标上，一温和，一激进，步调不尽一致。中共以国际无产阶级革命理论为指南，在运动民众的具体方略上又得着苏俄与共产国际的直接指导，以为民众组织起来了，动员起来了，党的势力就可以深植于广大基层社会，既具有不易摧毁的力量，又可以解救和解放被压迫民众。在手段上，国民党侧重由政府自上而下，以法令来推行其扶助农工的政策；共产党则着重自下而上，在基层具体发动工人农民起来斗争。在国共合作的旗帜下，中共表面上推重国民党的领导权，实际上则有当仁不让的气概。

国民党在改组之初，也一再号召其党员"到民间去"，"从下层多做工夫"，而实际情形却是党员群相往上拱。孙中山所倡导的"扶助农工"，是以"先知先觉""后知后觉"居高临下地去"扶助""不知不觉"，这与直接以工农代表自任的中共党人相比，虽有相近之处，毕竟又有很大不同。国共合作之初，中共即告诫其党团员要眼光朝下，"不要和国民党争无谓的风头和用不着的权力，吃苦的工作我们自己争来做，占小便宜的事情让给他们"。[②] 当北伐军占领江西后，有几位中共党员出任县长，中共中央认为这是腐败堕落的表现，立令他们辞职，否则立即登报开除。[③] 由于国民党人多不愿从事下层民众运动的工作，其工作乃由加入国民党的中共党人来承担。由此一来，国共两党合作的形态，逐渐呈现出国民党主要做上层工作、共产党主要做下层工作的分工格局。1927年2月24日，顾孟余在武汉国民党中央常会上感慨说："现在可有一种危险，是国民党差不多专做上层的工作，中央党部、国民政府都是国民党的同志多。至于下层的民众运动，国民党员参加的少，共产党员参加的多，因此形成一种畸形的发展，很像国民党是在朝党，共产党是在野党的样子。"[④]

国共两党，一个关注上层，一个关注下层；一个重视军事，一个重视民众；一个注重枪杆，一个注重笔杆；一个擅长武斗，一个擅长文斗。当两党互相合作时，无疑是一对优势互补的搭档。北伐战争的迅猛推进，时论认为"一半靠

---

① 《关于共产党的组织章程决议案》（1922年7月），见《中共中央文件选集》（一），57—58页。

② 阮啸仙：《关于团粤区1年来的工作概况和经验》（1924年4月4日），见中央档案馆、广东省档案馆编《广东革命历史文件汇集（群团文件）》（1922—1924），380页，编者自印，1982。

③ 《中央局给江西地方信》（1926年12月2日），见《中共中央文件选集》（二），344—345页。

④ 顾孟余：《武汉二届三中全会提案大纲之说明》，见蒋永敬编《北伐时期的政治史料》，111页，台北，正中书局，1981。

兵力，一半靠宣传”。[①] “枪与笔联合起来，所以到处如入无人之境”。[②] 当两党互相对抗时，共产党的笔杆毕竟敌不过国民党的枪杆。合作破裂后，蒋介石认为，国共之间只能拼武力，不能拼党力，如果国民党也搞起工农运动，不管成败如何，“均逃不出共产党之掌握”。[③]

---

①《编辑余谈》，见 1926 年 9 月 4 日天津《大公报》。

② 无名：《从南北到东西》，载《现代评论》第 6 卷第 131 期，1927 年 6 月 11 日。

③ 蒋介石：《对于关税之感想》（1929 年 2 月 1 日），见张其昀主编《先“总统”蒋公全集》第 1 册，573 页，台北，中国文化大学出版部，1984。

第一节　工人运动

在政党力量介入以前，中国工人已有自发的罢工和抗议等集体行动，也有自己的团体组织，如行会、同乡帮口和秘密结社。在欧战以前，中国的工人主要是手工业工人和苦力，产业工人很少。欧战期间，英法等列强无暇顾及中国市场，中国民族工业趁此良机迅速发展，产业工人亦迅速增加。邓中夏认为，正是在欧战期间，中国产业工人阶级随着中国工业的发展而形成。[①] 事实上，现代产业工人在欧战期间虽有显著增长，但其人数仍十分有限。即使加上店员、职员、苦力和传统手工业工人，工人在全国人口中的比例亦仅占百分之四五。早期中共党人几乎是清一色的知识分子，对工人阶级的了解十分有限，只是因为信奉马克思主义，认定工人是社会最进步的阶级，代表中国未来的希望，因而以无产阶级专政为自己的奋斗目标。

一　工人无产阶级觉悟

共产党成立伊始即明白宣称自己是工人的政党，以工人阶级的利益为第一位。对处于社会底层的工人而言，第一次有政党出来代表他们的利益，并告诉他们“劳工神圣”，工人是未来中国的主人翁，该是多么有吸引力啊。然而，当中共知识分子实际投身于工人运动时，发现工人并不如他们所想象的那样“先进”，亦无明确的“阶级意识”。1921 年初，陈独秀在一篇文章中慨叹说，工人不但自己不肯运动，还以运动的

① 邓中夏：《中国职工运动简史》，1、15 页，上海，新华书店，1949。

人是多事。[1] 1923 年 7 月 1 日陈独秀在致苏俄同志的一封信中这样写道:“大部分工人还是老式手工业作坊中的手工业者。他们的思想还完全是宗法式的,对政治持否定态度。他们不问政治。现代化工人的数量很少,尽管在这些工人中政治觉悟开始发展,但他们的要求充其量只是直接改善他们的状况和本组织的自由。如果我们想要同他们谈论社会主义和共产主义,他们就会害怕而离开我们。只有极少数人加入我们的党,即便这样也是通过友好关系。懂得什么是共产主义,什么是共产党人的则更少。”[2]同年 12 月,陈独秀在《中国国民革命与社会各阶级》一文中再次指出,中国工人阶级无论在数量上还是在质量上都很幼稚,大多数还沉睡在宗法社会里,家族地方观念还非常重,具有国家觉悟和政治要求的只是少数,具有阶级觉悟并且感觉着有组织自己阶级政党的,更是少数中之极少数。[3] 1925 年 10 月,中共广东区委在有关广东工人状况的报告中也指出,工人多数无奋斗精神;工人之间派别分歧,甚至互相仇视,“一切动作皆为无阶级觉悟之动作”,“皆不知阶级为何物”。[4]

在中共的预想中,中国工人运动有几个有利条件:第一,工人集中,现代产业工人主要分布在大城市,动员起来方便;第二,工人的生活和劳动环境极其恶劣,有利于激发工人的反抗意识;第三,大城市的工人主要在外资工厂作工,直接受到帝国主义的压迫,对帝国主义有感性认识,有利于进行反帝国主义的宣传。但实际上,这些有利条件也同时含有不利的因素:工人集中于大城市,容易受到政府的控制和镇压;工人因生存条件恶劣、缺乏文化而没有政治觉悟;外资工厂的工人为了保住饭碗而不愿轻易闹事。[5]

美国学者裴宜理在研究近代上海工人时发现,组织和发动工人并非轻而易举之事,工人不是油灰腻子,党的干部不能拿在手中随意捏

---

① 陈独秀:《我们为什么要提倡劳动运动与妇女运动》(1921 年 2 月 20 日),见《陈独秀文章选编》(中),111 页,北京,生活·读书·新知三联书店编辑出版,1984。

②《陈独秀给萨法罗夫的信》,见《联共(布)、共产国际与中国国民革命运动(1920—1925)》,261 页。

③ 陈独秀:《中国国民革命与社会各阶级》(1923 年 12 月 1 日),见《中共中央文件选集》(一),161 页。

④《中共广东区委关于工人运动的报告》(1925 年 10 月),见《广东革命历史文件汇集(中共广东区委文件)》(1921—1926),45—51 页,编者自印,内部发行,1983。

⑤ 陈永发:《中国共产革命七十年》,修订版,164—165 页,台北,联经出版事业公司,2001。

弄。工人自身也不是铁板一块，因地缘、祖籍、性别、文化教育程度、工作经历等不同而存有差异。比如江南制造局的宁波技工，能读书写字，收入颇丰，工作稳定，而新来自苏北农村、在缫丝厂或纺织厂工作的年轻女工，教育阙如，工资微薄，工作条件恶劣，两者之间判然有别。[①] 另外，工人运动的组织者多为青年学生，其家庭背景、教育程度和社会地位与工人迥若天壤。对工人而言，青年学生是陌生的外来组织者，相互之间有一种天然的紧张关系。作为外来组织者，要深入工人之中并取得工人的信任并非一件容易的事。对政治的冷漠，对陌生组织者的戒心，对政府威权和工厂老板的恐惧，均可能影响工人的政治行动决心。工人之中原有的地缘、业缘和秘密结社组织也在一定程度上成为现代工人组织的障碍。对工人而言，仅有空幻美好的未来许诺是不够的，他们一定要有看得见的眼前好处，才肯参加。在军阀统治下，宣传阶级斗争和无产阶级专政的共产党自身尚不能公开活动，发动工人运动更会遭到严厉取缔和镇压。诸如此类，均是中共在早期工人运动中所面临的种种难题。

中共既然强调无产阶级先锋队的使命，工人运动乃成为中共初期所从事的主要工作。1921 年 7 月中共一大通过的第一个决议，开章明义便宣称“本党的基本任务是成立产业工会”，“党在工会里要灌输阶级斗争的精神”。决议共分 6 个部分，其中有 3 个部分谈工人问题。[②] 次年 7 月中共二大再次强调“工人阶级的利益在中国共产党占第一位”。[③] 一大后中共立即成立了一个领导工人运动的总机关，名为“中国劳动组合书记部”。为了接触和联络工人，中共以成立工人夜校、工人子弟学校作为入手的方法，并以“平民教育”的名义进行。如最早在京汉铁路北段的长辛店、江西安源和上海的小沙渡，都是以开办劳动补习学校为媒介。[④] 李立三在安源煤矿开办工人补习学校时，表面上使

---

① [美]裴宜理著，刘平译：《上海罢工：中国工人政治研究》，5—6 页，南京，江苏人民出版社，2001。

②《中国共产党第一个决议》，见中华全国总工会编《中共中央关于工人运动文件汇编》(上)，1—3 页，北京，档案出版社，1987。

③《中国共产党第二次全国代表大会关于“国际帝国主义与中国和中国共产党”的决议案》，见《中共中央关于工人运动文件汇编》(上)，7 页。

④ 邓中夏：《中国职工运动简史》，16 页，上海，新华书店，1949。

用官方规定的课本,暗地里使用自编教材,向工人灌输阶级斗争和无产阶级专政理念。为了避免官府的注意,中共最早成立的一批工人组织,其名称不叫工会,而叫"工人俱乐部",其公开宗旨是联络感情,团结互助。为了工作的顺利开展,早期中共在发动工人运动时注意利用工人既有的组织,并力争工头的合作与赞助。如长辛店开办劳动补习学校时,即拉拢了几个有力的工头。安源工人举行罢工时,也得到了帮会的同情与协助。

中共工人运动最先在铁路工人中初见绩效。中国铁路一直被以梁士诒、叶恭绰为首的交通系势力所控制。当中共向铁路工人渗透时,首先遭到交通系势力的抵制。1922 年直奉战争爆发,直胜奉败,依附奉系的交通系内阁随之倒台,由直系吴佩孚组织御用内阁。当时,李大钊的老友白坚武在吴佩孚幕下任政治处长。李大钊通过白坚武建议吴佩孚在通电发表政治主张时,列入"保护劳工"一项,为吴佩孚接受。吴佩孚知道交通系在铁路上植有浓厚基础,也知道共产党在铁路上有新兴势力,于是有意利用共产党对付交通系。共产党亦将计就计。李大钊向直系内阁的交通总长高洪恩建议每路派一密查员,得其允许。于是推荐 6 名共产党员担任京汉、京奉、京绥、陇海、正太、津浦 6 条铁路的密查员。6 个密查员在交通部虽登记有固定的人名,但并不对外宣布,中共随时根据需要指派合适的党员担任。这为中共在铁路工人中发展组织提供了极大便利。因为密查员可以免票来往坐车,等于中共任何同志都可以免票乘车;密查员的身份使铁路职员畏惧,等于为共产党员的活动提供了一个护符,密查员实际成了中共的工人运动特派员;此外,密查员每月有百元以上的薪水,除自留部分生活费外,其余均上交党组织。这在中共早期经费紧张的时候也不无小补。正是因为密查员的便利条件,中共很快在 6 条铁路上建立了相当的组织基础,特别是京汉铁路沿路都成立了工人俱乐部。[1]

---

① 邓中夏:《中国职工运动简史》,27—30 页。

二 “秘书专政”

大约从1922年1月起，中国各地相继爆发了罢工。在一年多的时间里，全国大小罢工上百次，参加人数超过30万人，形成了中国第一次罢工高潮。在这次罢工高潮中，中共所属的中国劳动组合书记部俨然成为全国工会的总领袖。第一次全国劳动大会后，劳动组合书记部由上海迁到北京，改为总部，另于上海、武汉、广东、济南设立分部。全国各地的罢工差不多都得到劳动组合书记部（总部或分部）的指导。中共派遣知识分子党员去各地发起组织工会。工会成立后，由工人充当工会主任，知识分子党员多担任工会秘书。但往往因知识分子秘书在工人中建立了威信，而于不知不觉中变成了“秘书专政”。另外，早期中共有一个十分矛盾的想法和做法：一方面以工人政党自命，积极开展工人运动；一方面又以工人觉悟程度不够，而未在工会中发展党的组织，将工人积极分子拒之于党外。即使介绍一个工会会员入党，也要郑重其事地经过数月的考察。而且入党之前，必先介绍其入劳动组合书记部，书记部似乎成了工人入党的预备机关。这实际上反映了早期中共所具有的知识精英组织的某些特性。当时吴佩孚称共产党为“学生政党”。上海一些招牌工会分子亦称共产党人为“穿长衫的”。①

1922年5月1—6日，中共用劳动组合书记部的名义，发起在广州召开了第一次全国劳动大会。中共召集此次大会的原则是，不论何党何派，只要是工会便邀请参加。结果共有12个城市百余工会的162名代表与会，其中除共产党与国民党的工会代表外，还有无政府派和没有主义信仰的招牌工会派，甚至还有工商合组的团体。由于此时国民党重视军事而轻忽民众，大会虽在广州召开，却未引起国民党当局的重视和关注。中共在会上唱了主角，如大会会场布置的三大标语口号是“打倒帝国主义”“打倒军阀”“中国共产党万岁”，各派均未提出异议。大会最初因为主席团名单问题，各派之间发生了激烈分歧，最后只好废除了主席团，由一个共产党员做大会主席，各派

---

① 邓中夏：《中国职工运动简史》，24、42—47、136—137页。

均无异言。中国劳动组合书记部受到与会代表的尊重和认可。大会通过的决议案大多委托中国劳动组合书记部处理,并决定"在中国全国总工会未成立以前,中国劳动组合书记部为全国总通讯机关"。劳动组合书记部几乎被公认为指导全国工人运动的领袖机关。中共在这次大会上的这些收获,几乎胜过了大会所通过的一些具体决议案。邓中夏认为,大会所通过的决议案,"不是太局部,便是太技术",缺少大智慧的提案。①

1923 年 2 月初,京汉铁路工人为争取成立总工会而举行大罢工。这次罢工为中国工人运动开辟了一个新的阶段,即由改良生活的经济斗争转变为争取自由的政治斗争的阶段。此前在中共的指导下,京汉铁路全路各站工人几乎都被组织起来,共成立了 16 个工人俱乐部。中共决定在此基础上成立京汉铁路总工会。吴佩孚原拟利用共产党,不意共产党却"另有异图",自然不能容忍。2 月 7 日,吴佩孚下令在京汉路的南北两地(汉口江岸和长辛店)同时对工人进行武力镇压,酿成"二七"惨案。随后,吴佩孚又在北京等地大肆搜捕共产党人。北方各铁路工会及武汉工会一律被封闭,领袖被通缉。中国劳动组合书记部被迫从北京迁往上海。两年来中共所惨淡经营的工会组织,除广州、湖南尚能保存外,其他各地皆完全倒台。中共工人运动转入一个暂时的消沉期。

当共产国际劝中共加入国民党时,正值第一次工运高潮方兴未艾。当时中共领导人都抱乐观的态度,以为可以不经过国民革命,无产阶级的革命可以马上成功。"二七"失败后,中共从中得到教训,认识到工人阶级的独立斗争是不能得到胜利的。共产国际认为中国工人阶级尚未形成独立的社会力量,不能产生一个强大的群众性的共产党。在华指导工作的马林向莫斯科报告说:中国产业工人从数量和质量上,"都不是建立群众性共产党的好材料,而对于国民革命来说则是有用的"。②陈独秀接受了共产国际的这一看法,认为工人阶级不但在数量上很幼

① 陈独秀:《中国国民革命与社会各阶级》,见《陈独秀著作选》第 2 卷,77—84 页,上海,上海人民出版社,1993。

② 马林:《致共产国际执行委员会的信》,见《共产国际、联共(布)与中国革命文献资料选辑》(1917—1925),482 页。

稚，在质量上也很幼稚；资产阶级虽然也很幼稚，但其力量究竟比农民集中，比工人雄厚；中国民主革命可先由资产阶级取得政权，然后再进行无产阶级革命。[①] 中共三大接受共产国际的决议，决定与国民党合作，并将党的工作重心由单纯领导工人运动转移到国民革命中来。

三 国共合作下的工运

国共合作初期，中共党人的工作重心集中于国民党的改组工作，而且认为既然加入多阶级的国民党做国民运动，便只好采取劳资调协的政策，不便鼓吹阶级斗争。[②] 1924 年 5 月 10—15 日，中共中央在上海召开扩大会议。会议重新检讨了在国共合作条件下的工运政策，重申工人运动是党的根本工作，若忽视了这种工作，便无异于解散共产党；认为共产党必须保持对工人运动的独立领导，不必帮助国民党在组织上渗入产业无产阶级，只可在不妨碍阶级斗争的前提下帮助国民党组织店员及手工业工会。[③]

国民党改组以前，本无所谓工人政策。改组以后，正式确立扶助农工政策，及时制定并颁布了《工会条例》，赋予工会以罢工权和言论、出版自由权，并在中央党部与地方党部中设立工人部，作为工运的领导机构。但孙中山否认中国劳资间存在阶级矛盾，反对工人进行阶级斗争，认为"中国工人现在不但是不受本国资本家的压迫，并且反想种种方法来压迫本国资本家"，"中国工人所处的地位，是驾乎本国资本家之上"。[④] 国民党在改组以前，有少数成员从事过工人运动，并建立了一批工会，据说广州就有 60 多个，如广东总工会、华侨工业联合会、机器工会等。这些工会大多劳资混合，带有行会工会色彩，与共产党所建立的阶级性工会不同。[⑤] 共产党加入国民党以后，竭力介绍自己的党员到国民党的工人部里去工作，以便在国民党的旗帜下公开开展阶级斗

① 陈独秀：《中国国民革命与社会各阶级》，见《陈独秀著作选》第 2 卷，561—568 页，上海，上海人民出版社，1993。

② 《对于民族革命运动之议决案》（1925 年 1 月），见《中共中央文件选集》（一），276 页。

③ 《中共扩大执委会工会运动问题议决案》，见《中共中央关于工人运动文件汇编》（上），34—38 页。

④ 孙中山：《在广州市工人代表会的演说》，见《孙中山全集》第 10 卷，145—150 页，北京，中华书局，1986。

⑤ 邓中夏：《中国职工运动简史》，11—12 页。

争的工运活动。

国民党中央工人部历任部长分别是廖仲恺(1924.1—1925.8)、胡汉民(1926.1—1926.?)、陈树人(1926.? —1927.3)、陈公博(1927.3—1927.7),工人部秘书长期由共产党员冯菊坡担任。当时国民党中央各部只设部长、秘书各一人,未设副部长。部长往往身兼数职,公务繁杂,实际工作多由秘书主持。在国民党中央工人部工作过的共产党员还有刘尔崧、施卜等人。此外,国民党上海执行部工农部由共产党员邓中夏、邵力子(当时是共产党员)等负责实际工作。广东、湖南、湖北、汉口等省市的国民党党部工人部亦多由共产党员或国民党左派主持。

国共合作开始后,中共为加强对工农运动的领导,专门成立了中央工农部。工农部内特设工会运动委员会(四大以后改为中央职工运动委员会),张国焘任工农部部长。中国劳动组织书记部虽仍存在,但"二七"失败后已不常用劳动组合书记部的名义去做职工运动。1925 年 10 月中央工农部取消,分设直属中央的职工运动委员会和农民运动委员会。同年 12 月,中央职工运动委员会正式成立,李立三任主任。1927 年 5 月,中共中央专门设立工人部,李立三任部长兼中央职工运动委员会书记。中共各区委、地委也设立了专门领导工运的机构,如上海、湖南在 1924 年 5 月以前就设立了劳动运动委员会。①

在国民党的统治地区广东,中共利用国民党的旗帜可以公开、合法地开展工人运动,于是中共工运工作的重点从华北转移到华南。一些共产党员和青年团员被任命为国民党工运特派员。由于他们与老国民党人的做法和作风不同,广东工人将他们称作"好国党""新国党"。②

1924 年 5 月 4 日,广州工人召开代表大会,全市 200 多个工会的代表参加。会议决定成立广州工人代表会(以下简称"工代会")作为广州地区工会的统一领导机关,由工人部长廖仲恺兼委员长。选举产生的 17 名执行委员中,共产党员占了 9 人,5 名常务执行委员中,共产党

---

① 刘明逵、唐玉良主编,曾成贵著:《中国工人运动史》第 3 卷,18—21 页,广州,广东人民出版社,1998。

② 阮啸仙:《一年来之团粤区》,见《阮啸仙文集》,131 页,广州,广东人民出版社,1984。

占了4人。[①] 刘尔崧实际主持工代会的日常工作。工代会成立后，创办工运讲习所，培养工运人才；领导和发起沙面罢工，组织工团军参加平定商团叛乱和滇桂军阀叛乱等，促进了广东全省工人运动的发展。

不过，广州工人组织没有实现完全统一。以国民党右派为支持背景的广东总工会、机器工人维持会为了抵制受中共控制的广州工代会，于1924年底相继脱离了广州工代会，从而形成左右两派工会组织的分庭抗礼。

1924年10月，冯玉祥发动北京政变，推翻了直系控制的曹锟政府。新上台的段祺瑞政府一时无暇顾及工人运动，客观上为北方工运复兴提供了机会。北京、天津、直隶、山东等省市的国民党党部均由共产党人主持，为北方工运提供了便利。在共产党人看来，国民党老党员对于工人运动简直与"门外汉差不多"，[②]因而北方工人运动的领导权全部掌握在共产党人手中。

上海是中国第一大城市，是工人最集中的地方，但中共在上海开展工运最初并不顺利。邓中夏说："中国共产党自成立以来，便在上海做职工运动，但是，总做不起来，做起来一点，便又覆灭。""'二七'失败的消沉期中，简直没法活动。"[③]原因是：一、列强与军阀官僚的政治控制力相对较强，资本家对付工人运动的经验也相对丰富；二、上海工人中，女工与童工占有很大比例，其战斗力与阶级觉悟不及成年男工；三、上海流氓帮会势力强大，招牌工会发达，后者如上海工团联合会、上海总工会等，在社会颇有影响，革命工会初时无力与之竞争；四、因交通方便，周边地区破产农民与手工业者不断涌入，造成劳动力供过于求，减弱了工人与雇主斗争的决心与信心。[④] 中共为了加强对上海工运的领导，调富有工运领导经验的李立三为上海地委劳动运动委员会书记，同

① 罗醒：《第一次国共合作时期广州工人代表会的沿革》，见《广东文史资料》第42辑，广州，广东人民出版社，1984。

② 《山东地方报告》，见中央档案馆编《中共中央政治报告选辑(1922—1926)》，47页，北京，中共中央党校出版社，1981。

③ 邓中夏：《中国职工运动简史》，155—156页。

④ 《各委员报告》《上海地方报告》，见《中共中央政治报告选辑(1922—1926)》，15—16、30—33页。

邓中夏、项英等一起领导上海工运。

1925年1月,中共在上海召开了第四次全国代表大会。大会指出,农民是工人阶级天然的同盟者,中国国民革命是世界革命的一部分,无产阶级应当参加并取得其领导地位。会议通过了《对职工运动之议决案》,认为工人阶级当前最重要的任务是发展自己独立的职工运动;对于国民党所指导和影响的工会,要积极从中开展活动,争取群众,以取得其领导权。决议还制订了工人运动的具体计划,要求以产业工人运动为重点,同时加强大城市手工业工人运动。

四大结束后,中共发起在广州召开了第二次全国劳动大会。此次大会的与会代表不像第一次大会那样复杂。此时无政府派已退出工运舞台,流氓招牌工会被大会摈斥。大会中最活跃的是中共所领导的工会,其次是与国民党有关系的工会。也有不少无党派工会的代表参加。大会决议加入赤色职工国际,并成立中华全国总工会。林伟民当选为中华全国总工会的执行委员长,刘少奇、邓培、郑泽生为副执行委员长。中共在总工会内设立党团。邓中夏任书记。

第二次全国劳动大会闭幕后不到20天,上海就爆发了惊天动地的五卅运动。此次运动是中共领导的第一次具有全国性规模和影响的群众运动。在这次运动中,中共真正取得了中国工人运动的主导权,中共工人运动实现了真正的突破。运动极大地促进了全国各地工会组织的建立和发展。在五卅运动中建立起来的上海总工会一跃成为上海工界的权威,原有的由国民党右派控制的上海工团联合会迅速失势,乃至解散。成批的学生和工人因敬佩中共在五卅运动中的杰出表现而加入中共。中共党员人数由不到1000人,猛增到上万人(1925年底)。

在这场运动中,中共意外地发现,向罢工工人提供救济金,是使工人运动持久、壮大和力量整合的一个重要手段。一位参与过五卅罢工的老工人回忆说:"我对罢工没什么认识……人们上街游行,我就跟在后头……在四个月的罢工中,我们得了不少罢工补贴。我们想:'不上班也能拿钱,真是大好事!'我们根本没有其他认识。当工厂复工后,大家又回去上班了。"一些工人当时并不知道是共产党在领导这场罢工。

“我们当时之所以那么做，是因为我们认为做得对。”①当时工人对工会的认识也相当模糊，有的以为工会是发救济费的，有的以为工会是专搞罢工的，却不清楚工会是工人自身的阶级组织。由于上海总工会在罢工运动中建立了很高的权威，以至于工人只相信总工会而不相信自己所属的基层工会。当上海总工会于9月18日被奉系军阀查封而转入秘密活动后，工人们感到群龙无首。上海总工会的会员人数由高峰时的20万人降至1926年6月的4万人，下辖工会亦由117个减至75个。②

上海五卅运动爆发不久，广州和香港的工人起而响应，并将大罢工坚持了长达16个月之久。省港大罢工得到了国民党与广州国民政府的积极支持。据邓中夏说：“当时国民党因刘杨战争刚毕，新胜之余，对于民众运动极为援助，特别是刘杨战争之中，铁路工人与海员工人罢工给予他们军事上很大的便利。所以使得他们怀好感，省港罢工起，共产党要求国民党经济援助，他们很慷慨的承认而且实行了。”③省港大罢工促进了广东工人运动的发展。1926年6月冯菊坡总结广东工人运动的成绩时，认为取得了七大进步：由无组织到有组织，由上层组织到下层组织，由职业组合到产业组合，由经济斗争到政治斗争，由阶级行动到民族行动，由领袖结合到群众结合，由局部组织到全省组织。④

四 广东工运的多元化

不过，广东工人运动仍未能实现统一，工会派别虽有所简化，但右翼的机器工会、广东总工会仍试图与左翼的广州工代会分庭抗礼。据1926年5月前后的统计，广州地区工会总数已达到150多个，其中属于工代会的有120多个，属于机器工会的有6个，属于广东总工会的有30多个。⑤由于工会太分散，各工会之间为了争夺会员、争夺会费和公共福利费而

① 上海社会科学院历史研究所工人运动档案，引自裴宜理著、刘平译《上海罢工：中国工人政治研究》，207页。

② 刘明逵、唐玉良主编，曾成贵著：《中国工人运动史》第3卷，199—200页。

③ 邓中夏：《中国职工运动简史》，273—274页。

④ 冯菊坡：《广东职工运动之进步》，载《人民周刊》第14期，1926年6月10日。

⑤《广州工会运动的报告》（1926年夏），见中央档案馆、广东省档案馆编《广东革命历史文件汇集》（1921—1926），325页，编者自印，1983。

常常发生暴力冲突。“几乎每天都可以听到工人在冲突中遇害的消息。”“广州工人建立工会时，其第一件事是成立检查小组，检查小组的第一个任务，不是收集公共福利费，而是开展争夺会员的运动。一个工会一成立，立即派检查小组或者宣传小组进行争取会员的工作。搞宣传的人所带的不是宣传品，而是各拿一根又粗又长的木棍，如有工人不愿意加入工会，他必将受到木棍的棒打，因为工人们加入工会之后，他们一方面可以获得工人的进会费和每月的公费；另一方面又可得到工厂主所给的公共福利费。如果一个商店的工人参加了两个工会，立即就会发生争夺公共福利费的冲突，有时候为了争夺会员而发生巨大的斗争。为了得到上面所说的好处，许多人竞相组织工会。”广州的工会大多财力充足，有的工会拥有高达数万美元的基金，其工会领导人每月月薪多达 200 多美元。①

据中共广东区委的报告，北伐前夕的广东工人运动虽然取得了惊人的成就，但也存在许多危机。第一，工人组织主要是依靠政治力量建立起来的，缺乏坚实的基础。当时国民党中央工人部、广东省党部工人部、广东省政府农工厅工人部都掌握在中共党员之手，任何工会的成立都必须通过他们的审查。故所有新成立的工会都不得不加入广州工代会。中共广东区委担心，如果广东一旦由国民党右派掌权，那些依靠政治力量建立起来的工会组织基础也会随之瓦解。第二，中共在广东的工人运动，主要在工会的办公室中进行工作，在工人群众中没有进行多少工作。“因为我们的负责同志只在办公室中进行工作，没有主动地与工人群众进行接触，甚至那些在工人中有威信的同志也脱离了群众，因此完全缺少对工人群众的宣传教育工作，工会的组织力量很弱。”中共广东区委担心，如果有一天发生政局变动，这些工会就会马上解散。第三，中共在广东工人中的组织基础薄弱。据广东区委报告，广州工代会所属的工人群众虽多达 15 万人，但其中只有 300 名中共党员。所以广东区委认为，“我们虽然占领了工人的领导机构，实际上我们还没有完全地领导工人群众”。此外，北伐前夕的广东工人运动开始出现了“过火”倾向。这主要

---

①《广州工会运动的报告》（1926 年夏），见《广东革命历史文件汇集》（1921—1926），341—343 页。

表现在工人们提出的经济要求太高，如普遍要求八小时工作制，要求不上夜班，要求成倍地增加工资，以及封闭商店，骚扰厂主等，致使“小商人和小贩非常不安，社会人士对工人们更为讨厌”，进而引发不利于共产党的社会舆论，也引起国民党人开始对工人运动产生不满。①

1926 年 5 月 1 日，第三次全国劳动大会在广州召开。大会选举产生了中华全国总工会第二届执行委员会。苏兆征、邓中夏、刘少奇、李立三、朱少连、何耀全、刘文松、项英、陆枝当选为常务委员。苏兆征为委员长，刘少奇为秘书部长，李立三为组织部部长，邓中夏为宣传部部长。大会明确规定工人阶级目前的任务是支援广州国民政府北伐。第三次全国劳动大会召开之后不久，中共中央职工运动委员会又召开了全国职工运动讨论会。会议强调在工人运动中，要正确处理共产党与工会的关系，加强党的领导。会议还要求各地秘密组织工人自卫团，为建立正式的工人武装做准备。

北伐出师后，需要庞大的后勤运输队伍。广东和省港罢工工人积极支援北伐。数千名工人担任运输队，仅省港罢工委员会就派遣了3 400余名工友参加。

五　两湖工运的激进化

北伐战争的迅猛推进，为沿途各省工人运动的发展创造了机遇和有利条件。在湖南，唐生智在北伐初期表现得很左倾，对中共领导的工农运动采取支持态度。中共湖南区委透过省总工会和国民党湖南省党部工人部指导工人运动，如开办工会职员讲习班、工人运动讲习所，培养和派遣数十名工运特派员具体指导各地建立工会，并取缔招牌工会，打击“反动”工会，确保了湖南全省工人组织掌控在中共之手，避免了广东工运出现的分裂局面。其次，在全省范围内建立工人纠察队。湖南工人武装的普遍建立是湖南工运的一大特色。此外，工运与农运互相配合，互相支持，是湖南工运的又一独特之点。在一些工农势力较大的县，出现了工会、农会与县长共同主政的局面。农民问题交农协，工人

① 《广州工会运动的报告》（1926 年夏），见《广东革命历史文件汇集》（1921—1926），343—346 页。

问题交工会,一些县政府不能解决的纠纷,由工会、农会来解决,"而县政府则门前可以罗雀,简直等于一种装饰品"。[①] 据统计,自1926年8月下旬湖南全省总工会改组成立至同年12月中旬,湖南工人参加政治运动235次,参加人数33万余人,另有经济斗争如罢工等108次。[②]

在湖北,工人运动以武汉三镇为中心展开。党军未到之前,汉口、武昌只有10余个工会;党军攻占汉口不到1个月,便出现了100多个工会。两个多月后,又增至300多个工会(一说200多个)。据不完全统计,从1926年10月到1927年4月,武汉地区总共发生了300多次罢工,平均每天约1.5次。[③] 天津《大公报》记者于1926年11月下旬从汉口发回的通信中这样写道:

两周来汉口之社会,颇呈不安之现象,所谓"店员工会成立,停止营业一天"之标语,几无店无之,故千百成群,整队游行者,亦日必数起。据湖北全省总工会最近报告,党军到武汉后,工会次第成立者,确已增至三百余处之多,入会的工友在二十余万以上。总工会每次开会,辄有人满之患。该会近已提议购置地皮建筑一可容五千人之大礼堂,以免与会者兴向隅之叹。该会委员长为向忠发,会中设有秘书、宣传等部,职员约四十余人,纠察军三千数百人……惟该会既总揽三百余工会之全权,仅四十余职员办理事件,终有应接不暇之势,每日自早八时起,至夜十二时止,所办案件,动百余起,尤以劳资争议者为多。前日第四次代表大会,据报各工会因发生劳资争议,而具函到会要求援助者,共有五十余起之多,且报告罢工者五十余处,于极短时间得圆满解决者四十余处。盖今日之汉口,无论男女,工作何业,已成"无工不组会,无会不罢工"之时代,且各业"工贵"(汉口社会,原仅有"新贵"之名词,近因劳工神圣,故有"工贵"之流行语)群起奋争解决经济之压迫,俾资生计之维持,赖总工会之援助,而又都得最后之胜利。二十万工贵,诚不能不

① 《中共湖南区委关于召集省民会议宣言》,载《战士》第39期,1927年4月3日。

② 《湖南工人运动大事记》,见湖南省总工会等编《湖南工运史料选编》第2册,622页,编者自印,1985。

③ 王永玺:《中国工会史》,166—167页,北京,中共党史出版社,1992。

感受总工会之赐。[①]

《大公报》记者虽担心中流以上阶级因工人运动而感受痛苦，但他对汉口工人运动的报道基本上是写实的，特别是注意到“工贵”之流行语以及湖北总工会之应接不暇的忙碌情形，为我们描绘出了一幅生动鲜活的工运画卷。

1927 年 2 月中下旬，《大公报》记者再次前往汉口调查。相隔 3 个月之后，《大公报》记者注意到汉口工会的情形发生了一些微妙的变化：

汉口工会在北方听得最是吓人。我在汉口的时候，工会气焰已经小得多了。自从蒋介石到过汉口一次，公开演说，说是许多商人亦是被压迫者，总工会也出布告叫工人须服从厂主正当规则，不得倚工会横行，否则工会不为保护，所以工商两界比较渐渐相安。不过汉口地方本系五方杂处，人情素坏，平时久受压迫，忽然解放下来，一般无业游民借组织工会为名，榨取劳工，包办工潮，原所难免；商界知识本是不够，经此非常之变，重以政府当局侧重保护劳工，他们愈觉得惶惑震恐。等到一阵狂潮过去，工会自身已有不能支持之势，因为工会若是实际上不给工人好处，工会已失却存在的权威，而事实上汉口地面历年受军阀剥削，本已徒有外表，再加工潮一闹，中人以上之资产阶级，多已逃之夭夭，中人以下也只有尽几个本钱赔干了事……从前工会有四五百，我在汉口询问，据说只有二百四十多个，还有关门解散的。[②]

北伐时期，两湖工人运动出现了一些“过火”现象，如工会和工人纠察队擅自捕人、封店、罚款，随便断绝交通，在经济上提出过分要求，有的要求足以致企业于倒闭的境地，如要求缩短工时到每日 4 小时以下，工资加到骇人的地步。[③] 在武汉地区，由于工人频繁举行大规模的集会和游行，甚至一月开工只有十四五日。一方面工厂开工不足，另一方

① 《汉口工会运动之写真》，见 1926 年 12 月 1 日天津《大公报》。

② 冷观：《南行视察记》，见 1927 年 3 月 6 日天津《大公报》。

③ 刘少奇：《关于大革命历史教训中的一个问题》，见《党史研究资料》(2)，314 页，成都，四川人民出版社，1981。

面工人又提出过高的经济要求，加上其他因素，致使生产额大幅度下降。据国民党中央工人部1927年6月对武汉纺织业进行的调查，因工潮或厂主潜逃而倒闭的纱厂有泰安、大丰、宝丰等多家，继续维持的有申新、第一、裕华等数家。申新、裕华纱厂1927年3月的生产额比1926年9月下降了30％，第一纱厂下降了55％。①

武汉工人以店员和码头工人为主。在武汉地区的劳资纠纷中，店员与店主之间的冲突占了相当一部分。因国共两党将店员划归工人之列，店员工会便在党军所到之处被广泛建立起来。店员运动也成为工人运动的重要组成部分，在有些地区甚至成为工人运动的核心。一度担任国民党中央工人部长的陈公博对此深有体会地说：在把工业社会当中极强烈的工农运动搬到中国以后，由于没有大资产阶级作对象，只好以小资产阶级为对象；在城市当中没有大工厂作工运的大本营，便以商店为工运的中心。极南的广州以至长江中心的武汉、九江，表面虽然工人运动很强烈，但骨子里实在还是店员运动。②

据国民党中央商民部1927年5月调查所得，武汉店员总工会拥有15个分会，会员总数达32 000人。③ 人数虽然不太多，但在当时湖北总工会下属的各行业总工会中，店员总工会最为活跃，影响也最大。④店员自组工会后，便与店东立于对立地位。因店东属于商人，劳资冲突乃在很大程度上表现为工商冲突。在武汉地区的工潮中，数量众多且迁延难决的罢工，多由店员发起。因商业店铺与市民日常生活密切相关，店员一罢工，便波及整个市面，社会影响十分巨大。天津《大公报》记者在汉口考察时发现："此次汉口最受打击的是中产商人，大家最痛心疾首的是店员工会。据说会中规定，店东不得随便歇业，不得任便辞退店员。这样一来，笑话闹得非常之多，大有不把东家吃倒不许散伙之象。"⑤1927年6月武汉国民党中央政治委员会第31次会议上，谭延

---

①《中央工人部调查武汉纺织生产及营业概况报告书》(1927年6月29日)，台北，中国国民党中央党史馆藏，《五部档》，案卷号：11787。

② 陈公博：《国民革命的危机和我们的错误》，34—35页，出版者不详，1928。

③ 周从孟：《武汉店员现状调查表》(1927年5月)，台北，中国国民党中央党史馆藏，《五部档》，案卷号：12535。

④ 肖抱真：《我经历的武汉店员总工会》，见《武汉文史资料选辑》总第15辑，1984。

⑤ 冷观：《南行视察记》，见1927年3月6日天津《大公报》。

阊指出，现在湖南、湖北的小店家简直不能做生意，认为工商间冲突的最大原因是店员工会，而国民党中央将店员算作工人，又是错误之源。[①]

六 上海工运与暴动

除武汉外，北伐时期工人运动的另一集中地是上海。为了加强对上海工运的领导，中共中央对上海总工会的组织进行了调整和充实。在执行委员会内设常务委员会，以汪寿华为主席，项英为组织部主任，何味辛为宣传部主任。47 名执行委员和候补执行委员中，共产党员占了 35 名。[②] 1926 年夏秋之际，上海米价上涨，百物腾贵，工人生活十分艰难。上海总工会及时领导各业工人开展经济斗争，掀起了五卅运动之后一场新的罢工潮。在这次罢工潮中，上海工人组织得到了恢复和发展。到 1926 年 9 月，上海全市的工会恢复到 90 个，正式入会、交纳会费的工人虽只有 5 万人，而团结在工会周围的工人则达到 20 万人。[③]

为了配合北伐战争，中共上海区委决定在上海发动一次民众暴动。中共上海区委认为，工人的组织和战斗力还不强大，不宜单独行动，在这种状况下，不幻想立即在上海通过暴动建立平民政权，只求能够尽量减少军阀孙传芳的统治势力，建立一个资产阶级式的自治市政府。当时上海反对孙传芳的还有这样两方面的力量：一是以虞洽卿、王晓籁为代表的商人资产阶级派，二是以钮永建、吴稚晖为代表的国民党左派。钮永建于 1926 年 9 月间被国民党中央任命为驻沪军事特派员。他与上海各界头面人物建立了联系，通过杜月笙、黄金荣、张啸林等人，拉起了一支以流氓无产者、落伍军人和青洪帮分子为骨干的队伍，号称数千人。钮永建表示要工人帮助他，要工人听他的号令起来动作，但不大愿意非国民党的商人参加政权。虞洽卿是上海民族资产阶级的代表人

①《中国国民党中央执行委员会政治委员会第三十一次会议速记录》(1927 年 6 月 22 日)，见《中国国民党第一、二次全国代表大会会议史料》(下)，1275 页。

② 刘明逵、唐玉良主编，曾成贵著：《中国工人运动史》第 3 卷，431—432 页。

③ 沈以行等：《上海工人运动史》上卷，298 页，沈阳，辽宁人民出版社，1991。

物，因孙传芳支持傅筱庵从他手中夺走了上海总商会会长的职位，又下令解散了他所控制的商界保卫团，因而与孙传芳产生矛盾，主张商、工两界共同行动，反对孙传芳的统治，恢复保卫团，由市民管理市政，但有点轻视国民党。中共上海区委的策略是与国民党左派和商人合作。具体计划是：组织 300 到 500 武装工人、两三千游民、市内部分保卫团、国民党方面的水警一起发动武装暴动，工人罢工、商人罢市与其相配合；暴动成功后，由国民党左派领袖和商人领袖合力组织临时市政府机关直接执政。中共自己则不拿政权，只求得到民众自由，发展工人运动与民众运动。①

1926 年 10 月 16 日，浙江省省长夏超在杭州宣布独立，输诚广州国民政府，隔绝了上海孙传芳的军队与其主力之间的联系。上海工人武装起义出现了有利时机。但 10 月 22 日，夏超独立失败。次日，中共上海区委获悉这一消息，但同时又得知九江已被北伐军克复(实际是 11 月 5 日才克复)，因而还是决定与钮永建联合发动起义。23 日下午 5 时，中共上海区委下达起义命令。由于风声泄漏，警方早有准备。黄浦江上的军舰未能及时发出起义的号炮。计划投入起义的工人武装 300 人，实际参加行动的只有 80 人。钮永建所派的武装队伍在进发途中被警方发觉后一哄而散。虞洽卿的保卫团则临阵退缩，没有参加行动。

上海工人的第一次武装起义未及真正发动即归于失败。② 从这次起义中，中共上海区委认识到：“我们过于(高)估量了资产阶级，其实他们终究是不能做革命主力的，我们要完全相信自己”，“以后上海的运动，应很坚决地认定只有工人阶级可以主动，否则一无所有”。③

第一次起义失败后，中共上海区委又着手研究和准备发动第二次起义。第二次起义的政治目标并没有改变，仍是要建立上海市民自治

---

①《上海自治市的运动计划》，见上海市档案馆、中央档案馆编《上海革命历史文件汇集(中共上海区委文件)》(1925—1926)，407—410 页，编者自印，内部发行，1985。

②《中共上海区委宣传部政治宣传大纲》，见上海市档案馆编《上海工人三次武装起义》，64 页，上海人民出版社，1983。

③《中共上海区委各部书记临时联席会议记录》《中共上海区委召开活动分子会议记录》，见《上海工人三次武装起义》，48、57 页。

政府，由资产阶级左派出来掌握政权。但对于暴动的主力与领导，不再寄希望于资产阶级和国民党左派；运动的方式，改为全部以民众式的暴动来达成。由于北伐军夺取九江后没有立即东下，暴动计划一度暂停，改为领导工人参加和平的市民自治运动。在发展和健全各级工会组织的同时，也加紧对工人进行军事培训。

1927 年 2 月 16 日，新的上海区委召开第一次全体会议，决定独立领导一次以工人为主的武装暴动，表现并树立工人阶级的势力，通过强有力的群众运动，遏制蒋介石对列强的妥协。暴动的政治目标，不再强调帮助资产阶级建立自治政府，而是有了自己夺权并掌握一部分政权的准备。

2 月 17 日，北伐军占领杭州。同日，中共中央决定发动罢工。但还未等到中共中央和上海区委作出适当部署，上海全市的总同盟罢工便爆发了。2 月 18 日晚，上海总工会召开代表大会。会间传来北伐军占领嘉兴的消息，与会者群情振奋，一致决议自 19 日起举行全沪工人总罢工，目标是援助北伐军，打击孙传芳，夺取上海，并强调此次罢工是政治性罢工，绝对不能有经济要求。19 日，罢工人数达到 15 万，20 日增至 27 万，21 日又增至 35 万，22 日达到 36 万以上。① 其时上海小报中有两首打油诗，这样描述当时的罢工情景：

其一

传来一片罢工声，资本家先吃一惊；
巷尾街头人踯躅，电车今日不通行。②

其二

绿衣使者往来频，何事于今不问津；
秋水望穿鸿雁杳，等闲急煞有情人。③

---

① 刘明逵、唐玉良主编，曾成贵著：《中国工人运动史》第 3 卷，461—464 页。

② 原注："党军下杭州，沪上工界罢工响应之。大工厂十九停工。华租界电车亦多停驶。行人乃大感不便。"豹谢：《海上新竹枝词》，见 1927 年 2 月 25 日上海《小日报》。

③ 原注："邮差罢工，信件搁置。一般日以情书往来者，今将望穿秋水矣。"豹谢：《时事新诗经》，见 1927 年 2 月 27 日上海《小日报》。

总同盟罢工实现后,中共中央决定将总同盟罢工转为武装起义,起义的目标是建立一个民主的、革命的和各阶级联合执政的市政府。为此,中共方面与钮永建、王晓籁等经过谈判达成协议。2 月 22 日中午,由汪寿华、罗亦农、钮永建、杨杏佛、虞洽卿、王晓籁、章郁庵、王承伟、刘荣简、周孝公、张曙时组成的上海市民临时革命委员会正式成立,并宣布于当日晚实行武装暴动。按照中共的设计,起义的发动以工人为主,管理时偏重资产阶级,临时革命委员会中由钮永建出面号召。由于武装起义的计划是中共事先独自决定的,钮永建等疑心受中共利用,心存戒备。

起义按时发动了,少数工人纠察队真刀实枪地与军警发生了巷战,并占领了警察署,但因准备不足,部署不周,指挥不敏,大部分工人纠察队员未能采取行动。23 日,中共中央与上海区委决定停止暴动,并下令工人复工。事后,中共上海区委总结这次起义的经验教训,认为也有相当的收获:临时革命委员会虽因起义失败而未能行使职权,但罗亦农以共产党的名义参与其中,公开在政权中占得委员一席,为中共从来未有之创举;汪寿华以上海总工会的名义加入,代表工会参政,也是前所未有之举动;而海军在中共的秘密疏通下参与起义,同样是数年来难得的行动。[①]

上海第二次起义失败后,中共中央又迅即成立特别委员会,统一领导和部署第三次武装起义。特别委员会由中共中央总书记陈独秀、中共中央政治局委员彭述之、中央军委委员兼上海区委军事委员会书记周恩来、上海区委书记罗亦农、上海区委组织部部长赵世炎、上海区委职工部部长兼上海总工会代理委员长汪寿华、上海区委宣传部部长尹宽等组成。中央特委作为上海第三次武装起义的最高决策和指挥机构,它的成立和陈独秀的亲自参加,表明中共中央对实行武装起义夺取政权有了新的认识。特委成立后的近一个月时间里,先后开过 31 次会议,对起义部署作了充分的准备。特委总结了前两次的教训,特别是接受了共产国际第七次扩大会议关于中国问题的决议,确认中国革命不

---

①《中共上海区委秘书处通讯》,见《上海工人三次武装起义》,267 页。

必走资产阶级革命的老路，应当争取非资本主义的前途，决定把扩大武装、夺取政权作为第三次武装起义的指导方针。中央特委下设特别宣委和特别军委，特别军委之下又设有运输、消息、策反、纠察队、自卫队、特别队等组织机构，并举办军事训练班，训练武装起义的骨干。3月16日，上海总工会召开工人代表大会。大会作出两项决定：一是至诚拥护中国共产党；二是服从上海总工会的命令，做到能在6小时内实行全沪工人总同盟罢工。从3月18日起，在上海产业工人、学生、店员和小商人群众中，用公开签名征求的办法发展党员。这也是中共过去所未有的。

3月16日，北伐军攻克了江苏溧阳、宜兴、金坛、丹阳等地，同时，嘉兴方面的北伐军开始进军上海。3月20日晚，北伐军逼近龙华。当夜12时，上海总工会决定于次日12时开始总罢工。21日，声势浩大的总同盟罢工开始。原定罢工令下后，6小时之内罢下工来。实行的结果是，大部分地区在3个小时内即达到了目标。是日总计约有70余工厂的10万工人参加罢工。总罢工的领导者赵世炎描述当时的罢工情景说："各工厂、各作坊、各机关、各大商店、各手工工场、车站、轮埠、码头全体工人罢工……铁路截断了，电话局被占领，电报局亦被占领，电灯线断，自来水断，完全肃静的空气笼罩了全城市，只有断续不已的枪声与群众的革命呼声。"①

按照预定计划，全市实现总罢工后，立即转入武装起义。周恩来、赵世炎分别担任第三次武装起义的正、副总指挥。陈独秀在中央特委坐镇，并与周恩来保持直接联系。全市7个地区的罢工工人在武装纠察队、自卫队的带领下，纷纷向预定目标发起攻击。至22日下午，上海全市均为罢工工人所占领，完全推翻了奉鲁军在上海的统治。

按照中共中央特委的设计和部署，早在第三次武装起义爆发之前，就为召开市民代表大会和成立临时市政府做了充分准备。3月12日，上海召开了第一次临时市民代表会议，有200余团体的代表出席。会

① 施英：《上海工人三月暴动纪实》，载《向导》第193期，1927年4月。

议选出执行委员 31 人，其中共产党员和共青团员占 15 人。3 月 22 日，召开了第二次市民代表会议，有1 000余团体的代表出席。大会通过了经国民党上海政治分会同意的临时市政府委员 19 人名单，其中有共产党员和共青团员 10 人。3 月 23 日，上海临时市政府迁入原上海县署办公，推选白崇禧、钮永建、杨杏佛、王晓籁、汪寿华为常务委员，林钧为秘书长。3 月 24 日，武汉国民党中央电告上海市党部，承认上海市民代表大会为上海市民正式代表机关，承认市民代表大会产生的市政府委员会。3 月 29 日，上海市临时政府举行就职典礼。4 月 6 日，市政府委员会议推选产生了市政府各机关负责人：财政局局长王晓籁，建设局局长杨杏佛，教育局局长丁晓先，土地局局长叶惠钧，劳动局局长汪寿华，卫生局局长陆文韶，市政府秘书长林钧。3 月 29 日，市政府委员宣誓就职。[①]

上海临时市政府的成立，遭到蒋介石与白崇禧的反对。钮永建、虞洽卿、陈光甫、杨杏佛、王晓籁等先后提出辞职。4 月 8 日，蒋介石另指派吴稚晖、钮永建、何应钦、白崇禧、叶楚伧、吴忠信、陈果夫、杨杏佛、蔡元培等组织上海临时政治委员会，行使上海市一切军事、政治、财政事务的管理权。

上海第三次武装起义成功后，中共上海区委发出行动大纲，要求每个工厂都要成立工会，每个工人都要加入工会，各个工会立即公开，并设机关办公。3 月 24 日，上海总工会迁入闸北湖州会馆公开办公。27 日，召开工人代表大会，选举执行委员。28 日，选举常务执行委员，汪寿华当选为委员长。起义胜利后，工人加入工会和成立新工会的热情空前高涨。1927 年 1 月，全市有工会 187 个，会员 7.6 万多人。到 1927 年 3 月，工会猛增至 502 个，会员达到 82 万多人。[②] 当时全沪工人总计 125 万，加入工会的工人约占 2/3，达到了 20 世纪 20 年代上海工会发展的顶点。

武装起义的胜利，也为工人生活条件的改善创造了机会。上海总

---

① 刘明逵、唐玉良主编，曾成贵著：《中国工人运动史》第 3 卷，487—493 页。

②《全上海工人统计与会员变迁比较表》《一年来所属工会数目增减表》，见中央档案馆、上海市档案馆编《上海革命历史文件汇集（上海各群众团体文件）》（1924—1927），362—364 页，编者自印，内部发行，1989。

工会拟定22条工人最低限度经济总要求，印发给全市各工会，指示各工会斟酌本单位情形，提出各自的经济条件，要求厂主承认。“各厂主鉴于工人力量之增高，政治环境之趋势，除了很顽强的几个厂主外，大多数都与工人条件以完满的答复。可以说，20天内上海工人将得到的经济条件，要比以前任何工潮的结果为多。”[①]工人们长期积压的反抗情绪，乘着武装起义的胜利，得到极大限度的释放。受到局势的鼓舞和中共宣传的影响，工人真以为他们的时代已经到来，一时间，工人大有翻身得解放的陶醉感觉，却不知他们的成功也加速了反对力量的聚集。当时上海小报上有一首打油诗这样写道：

时世造英豪，竞争教尔曹；
万般皆下品，惟有劳工高。
少小须爱国，宣传可立身；
满街争演讲，尽是罢课人。
利向争中得，条件如意书；
薪资须足用，谁管店空虚。
女工衫子短，袖捋逞雌风；
先去求解放，将来压老公。[②]

七 工运的逆转

北伐期间，与长江中下游地区工人运动蓬勃发展形成鲜明反差的是，华北与东北地区的工人运动十分消沉；华南地区的工人运动在北伐出师后亦出现逆转趋势。北方的消沉直接导因于北洋军阀的严密防范和镇压，两广的逆转则情况较为复杂。

北伐出师后，李济深以国民革命军总参谋长兼第4军军长的身份坐镇后方。1926年11月，广东省政府改组，李济深任省政府常务委员

---

① 《上海总工会呈第四次全国劳动代表大会的报告书》，见《上海革命历史文件汇集（上海各群众团体文件）》（1924—1927），341页。

② 清霜：《上海新打油诗》，见1927年4月16日上海《小日报》。

兼军事厅厅长。国民党中央党部和国民政府于1926年12月迁往武汉后,在广州成立政治委员会广州分会,李济深任主席。这样一来,李济深掌握了广东的党、政、军大权。李是国民党内有实力的右派。在国民政府北迁以前,广东省政府在工人运动与反工人运动两大势力之间一度保持中立。当国民政府北迁后,广东省政府"似乎连中立也不守,似乎不客气地对于工潮用政治力量甚至有时还有军警力量加以取缔了"。①

北伐前,广东是国民革命的中心。北伐出师后,革命的主要力量相继投入前线,留在广东的革命力量相对较前薄弱。北伐前,广东的工人组织主要是依靠政治力量自上而下建立起来的,缺乏坚实的基础。当时国民党中央工人部、国民党广东省党部工人部、广东省政府农工厅工人部都掌握在中共党员之手。北伐开始后,主导广东地区民众运动的共产党和国民党左派人物被大举动员参加北伐,其后任的民众运动的主导者大部分由右派或中间派人物来担任。

北伐以前,工人运动对支持国民党东征北伐、统一广东作出了贡献,自然迎合了广州政治人物的政治和军事需要。当蒋介石决心北伐后,后方的政治稳定成为他的首要考虑。北伐出师前夕,国民革命军总司令部请求国民党中常会赋予总司令部政治部对战时宣传、印刷(出版)、运输等机关的监督和指挥权,并要求将战区内的农会、工会、商会、学生会等机构受总司令部指导。② 国民党中常会同意将工会指导权交给总司令部后,总司令部对工会和工人运动采取的实质性对策,是由1926年7月18日召开的总司令部总政治部后方政治工作会议通过的决议案体现的。为了控制北伐期间兵工厂、自来水厂、粤汉铁路、电灯厂等公共部门的罢工,此次会议决定立即召开由工人部、省港罢工委员会、工代会、总工会、农工厅等部门代表参加的会议。③ 接着于7月27日召开政治工作联席会议,制定了限制罢工和工会纠纷,严禁私斗等项条例,内容包括禁止兵工厂、自来水厂、电灯厂等公共领域的所有罢工,

---

① 邓中夏:《一九二六年之广州工潮》,见《邓中夏文集》,361页,北京,人民出版社,1983。

②《中国国民党中央执行委员会常务委员会第三十七次会议录》(6月25日),见《中国国民党第一、二次全国代表大会会议史料》(上),587页。

③《总政治部召集后方政治工作会议》,见1926年7月19日《广州民国日报》。

私有事业的罢工亦须事先向国民革命军总政治部报告其理由。《严禁私斗条例》中还有禁止工会内部纠纷和帮派对立，工会集会严禁携带武器，即使在平时也不容许携带棍棒等规定。政治工作会议同时制定了限制各种自由集会的条例。

1926 年 8 月 6 日，国民党中央政治会议通过《解决雇主雇工争执仲裁会条例》和《劳工仲裁会条例》。据称这两个条例是蒋介石命令代理中央组织部部长陈果夫起草的。条例规定：资本家（雇主）和工人之间出现争议时，通过由一名政府代表和劳资双方各派一名代表组成的仲裁会仲裁解决，一旦提交仲裁会后不得进行罢工和歇业。仲裁会作出决定后，如果对决定不服，可上诉到国民政府，但须服从国民政府的判决。[①] 通过仲裁会解决纠纷，与为了加强后方治安、防止罢工和歇业的总司令部的立场密切相关。蒋介石和广东国民政府试图通过对民众运动进行统制来实现北伐军事优先的路线。[②]

国民政府北迁引发迁都之争后，蒋介石与共产党对抗的倾向越来越明显。蒋介石反共，首先从中共领导的工人运动下手。先是 1927 年 3 月，在其支持和指使下，相继发生了杀害江西赣州总工会委员长、共产党员陈赞贤的“赣州惨案”、杀害九江工人纠察队队员的“九江惨案”，继而演变为解除上海工人纠察队武装、屠杀数百名工人和共产党员的“四一二”政变。面对蒋介石正规军队的残酷镇压，中共领导的工人纠察队几乎无还手之力。

应该说，北伐时期中共领导的工人运动的蓬勃发展，与北伐战争的军事进程有着密切的关系。中国现代产业工人集中于少数大城市，为中共发动工人运动提供了活动空间，但大城市往往也是统治者控制力最强的地区。中共工人运动的开展，有赖于国民党控制地区为其提供了一个相对宽松和合法的环境。当国民党“清党”反共以后，中共工人运动便不容易再找到合法和半合法的活动空间。

① 《解决雇主雇工争执条例》《劳工仲裁会条例》，中国第二历史档案馆藏档案，案卷号：19—183；《昨日中央政治会议通过解决工人纠纷案》，见 1926 年 8 月 7 日《广州民国日报》。
② 裴京汉：《北伐与广东地区劳动运动》，载《南京大学学报》2004 年第 3 期。

国民党分共后,中共党员人数由 5 万多人减至 1 万余人。除部分被国民党杀害外,尚有相当一部分动摇脱党,其中工人农民脱党的远比知识分子为多。这也从一个侧面说明,北伐时期的工农运动,在很大程度上是由中共发动起来的,民众自发的成分其实甚微。

第二节　农民运动

相对工人问题而言，中国农民问题要古老得多。不过，受马克思主义理论的影响，中共早期的注意力主要集中于工人问题和工人运动，对农民问题与农民运动则相对忽视。最初几处由中共党员发起的农民运动，如沈玄庐在浙江萧山，彭湃在广东海陆丰，刘东轩、谢怀德在湖南衡山等，均是党员个人的自发行为，并非党的有组织行动。① 中共一大明确提出党的基本任务是成立产业工会。中共二大对“工人运动”“青年运动”和“妇女运动”均有专门的议决案，独未对农民问题形成决议。中共三大首次就农民问题作出了一个决议案，但决议案只是简略地提到有必要结合农民以反抗帝国主义和军阀，以及保护农民之利益以促进国民革命运动，至于如何结合、如何保护，均未提及。

1923 年 11 月，中共三届一中全会通过《国民运动进行计划决议案》，首次提出“国民运动是我党目前全部工作”，并解释“国民运动”包括工人运动、农民运动、学生运动和妇女运动。这意味着中共不再局限于开展工人运动。不过，中共强调共产党的基础应该建立在工人阶级之上，国民党的基础应该建立在农民上面。对于工人与农民，也分别采取不同的政策：对于产业工人，应发展其阶级意识；对于农民，则以教育

① 1923 年湖南衡山的农民运动，湖南党团组织虽有参与，但亦未对它实行有力的领导。青年团湖南区委委员长戴晓云在一封信中这样写道：“自刘冬生兄回衡山着手农民运动后，湘区 S 校（引者注：指青年团）连接冬生数次信，催湘区派人赴衡助理一切。湘 C、S 两校（引者注：指党、团）共商数次，因无相当人可派，而有的人，他又不肯就道，如是弟遂受湘区 C、S 两区校之命来此地矣。”《晓云致中夏的信》（1923 年 10 月 5 日），见中央档案馆、湖南省档案馆编《湖南革命历史文件汇集（群团文件）》（1919—1924），106 页，编者自印，内部发行，1984。

及自治入手,以"全农民利益"为号召,不宜鼓吹佃农对地主展开经济斗争。[①] 这似有将农民推给国民党、将工人据为己有的意图。

一 中共对农民问题的看法

早期中共领导人对农民与农民运动多少存有偏见。1923年8月出版的第34期《向导》周报中,陈独秀公开答复一位主张大规模开展乡村共产主义运动的人士,认为其想法太浪漫了,"因为共产主义运动须以工厂工人为主力军,小农的中国,自耕农居半数以上,这种小资产阶级他们私有权的观念异常坚固,如何能做共产主义运动"。[②] 同年12月,陈独秀在《中国国民革命与社会各阶级》一文中,虽然承认"国民革命若不得农民之加入,终不能成功一个大的民众革命",但更多地注意农民身上的种种缺点,并认为这些缺点影响农民参加革命运动:居处散漫,势力不易集中;文化低,生活欲望简单,易于趋向保守;中国土地广大,农民易于迁徙苟安;农民私有观念极其坚固,约占农民半数的自耕农都是中小资产阶级,他们的利益与共产主义的社会革命发生根本冲突;无地的佃农,也只是半无产阶级;雇工虽属于无产阶级,但其人数少而不集中。[③]

中共领导人在农民问题上的态度,实际上与共产国际的立场相背离。1923年5月共产国际执委会给中共三大发出指示,明确要求中共在进行民族革命和建立反帝战线之际,必须同时进行反对封建主义残余的农民土地革命,包括没收地主和寺庙土地无偿分给农民,废除现行征税制度,建立农民自治机构等。指示称:"全部政策的中心问题乃是农民问题","只有把中国人民的基本群众,即占有小块土地的农民吸引到运动中来,中国革命才能取得胜利"。指示还要求中共推动国民党支持土地革命,在国民党占领地区实行有利于贫苦农民的没收土地

---

①《中共三届一中会议国民运动进行计划决议案》(1923年11月),见《中共中央关于工人运动文件选编》(上),29页。

②《读者之声》,载《向导》第34期,1923年8月。

③ 陈独秀:《中国国民革命与社会各阶级》(1923年12月1日),见《中共中央文件选集》(一),159—160页。

政策。[①]

对比中共三大所作出的农民问题决议案，可知中共中央并没有接受共产国际的这一指示。在中共领导人看来，共产国际的指示无疑太激烈了，不符合中国的国情。

1924 年 1 月国民党改组时，鲍罗廷建议孙中山在一大宣言中宣布，在国民党执政后，赎买或剥夺大土地所有者和不耕种者的土地，由国家建立土地储备，分配和提供给无地农民。这一建议不仅孙中山没有采纳，李大钊、谭平山、毛泽东等中共党人也不表示支持。毛泽东认为："现在我们的组织还不那么强有力，我们的影响实际上还没有达到群众那里，特别是还没有达到农村。我们能否确定，现在就可以反对土地所有者和那些拥有土地、但自己不耕种的人。而我们的提纲现在还不能被农村那些真正干活的人看到。这就是说，如果提出这个口号，我们就会立即遭到这些公职人员或商人的反对，而这个口号实际上又不能吸引农民群众。"他还说："我们凭经验知道，当我们还不能组织无地的农民去反对大土地所有者时，我们必然遭到失败。例如，在湖南长沙、浙江省杭州、湖南省衡山、广东省惠州就发生过这种情况。在这些地方，我们起先组织不识字的农民，然后领导他们同较富裕的、较大的土地所有者进行斗争，结果怎么样呢？我们的组织立刻遭到破坏，被查封，而所有这些农民不仅未认识到我们是在为他们的利益而斗争，甚至还仇视我们。他们说：如果不把我们组织起来，就不会发生任何灾难，任何不幸。所以，只要我们还不确信我们在农村拥有强有力的基层组织，只要我们在很长时期内没有进行宣传，我们就不能下决心采取激进的步骤反对较富裕的土地所有者。一般地说，在中国，社会分化还没有达到能够进行这种斗争的程度。"[②]这表明，即使是毛泽东，也并不是一开始就主张和赞同激进的农民运动路线。在毛泽东看来，中国农村的社会分化还没有达到进行激烈的阶级斗争的程度。不过，毛并不反对激进的农民运动，只是觉得主客观条件还不成熟。他认为，开展激进的

① 《布哈林对共产国际执委会东方部给中国共产党第三次代表大会的指示草案的修正案》，见《联共(布)、共产国际与中国国民革命运动(1920—1925)》，254—255 页。

② 《共产党党团会议》(1924 年 1 月 18 日)，见《联共(布)、共产国际与中国国民革命运动(1920—1925)》，469—470 页。

农民运动，必须党的组织坚强有力并深入到了农村基层群众之中。在1924年前后，国共两党显然都不具备这一条件。

1925年1月中共四大通过《对于农民运动之议决案》，第一次明确指出农民问题在无产阶级领导的世界革命中占有一个重要的地位；农民天然是工人阶级的同盟者；中国共产党要领导中国革命至于成功，必须尽可能地、系统地鼓动并组织各地农民逐渐从事经济的和政治的斗争。这是中共开始重视农民运动的一个纲领性文件。不过，在工运与农运两者之间，中共仍将重心放在工人运动上，认为"工人运动是中国国民运动中的基本"，是"国民运动发展的中心"。对于工人，强调中共是工人阶级的唯一指导者，力求将各种产业工人完全组织在共产党的指导之下，成为纯阶级性的独立组织；对于农民，则提出要替国民党的农民政策负责，在国民党的名义下去组织和团结农民，在此过程中，使农民"渐渐知道本党是真为他们利益而奋斗的党"。[①] 这是中共在工运与农运政策上的一个重要区别。

值得注意的是，中共四大首次提出要在农民运动中注意启发农民的阶级觉悟。不过，与明确提出要向工人灌输阶级斗争精神相比，中共初期的农运政策显得比较温和，如主张从目前实际问题入手去宣传和组织农民，反对预征钱粮，反对苛捐杂税，地方政府订定田税税额时须经农民协会同意，武装农民以防匪祸，以及要求政府兴办水利，创立农民借贷银行等。虽也提出要鼓动农民反对土豪劣绅，要结合中农、佃农、贫农、雇农以反对大地主，但又认为不宜轻率由农会议决实行减租运动，更没有提出土地问题。

1925年5月，第二次全国劳动大会通过《工农联合的决议案》。决议案认为，农民是工人阶级的第一个同盟者，无产阶级倘若不联合农民，革命便难成功。但决议同时又强调："政治的中心总是在城市，因此斗争的中心，也是着重在城市，所以工人阶级应当努力去领导农民来参加这个斗争。"[②]这种以工人为主、农民为辅的观念，也体现在机构的设

---

①《中国共产党第四次全国代表大会文件》（1925年1月），见《中共中央文件选集》（一），269、274、284、292—297页。

②《工农联合的决议案》（1925年5月），见《中共中央文件选集》（一），345—346页。

置上。在一大后中共立即成立了一个领导工人运动的总机关，名为“中国劳动组合书记部”，却未曾成立中央农民部之类的组织。

1926 年 7 月，中共中央第三次扩大执行委员会通过《农民运动议决案》，首次提出要努力取得农民运动的指导权，但同时又认为“现在农民协会的组织，尚不能带有阶级色彩（如单提出雇农组织或佃农组织）”；“农村中阶级关系复杂，故不必提出‘农民阶级’字样，此时只宜宣传‘全体农民起来反抗贪官污吏劣绅土豪，反抗军阀政府的苛税勒捐’这一口号”；“团结佃农、雇农、自耕农与中小地主，使不积极作恶的大地主中立，只攻击极反动的大地主，如成为劣绅土豪者，不可简单提出打倒地主口号”；对于乡村中的迷信及宗族伦理道德关系，不可积极反对，“有时为使自己生活农民化，冀求容易接近农民，且有暂时附和群众迷信形式之必要”；对于农民的武装自卫要求，认为是必要的，但不要超出自卫的范围（如干涉行政、收缴民团枪械等），不可有常备的组织，以免与地主民团及驻军发生冲突。[①] 由此观之，在北伐以前，中共中央的农运政策十分温和。

二 国民党对农民问题的看法

孙中山对农村与农民问题早有自己的主张。民国成立之初，孙中山就提出要用征收地价税和按征税地价收买土地的方法，达到“平均地权”的目的，亦即在承认土地私有的原则下，从事温和的土地改革。鲍罗廷来华后，曾多次建议孙中山采取激烈的农工政策以获得群众的支持。孙中山虽然没有接纳鲍罗廷有关土地革命的激进主张，但其“国民革命必恃全国农夫、工人之参加，然后可以决胜”，并“对农夫、工人之运动，以全力助其开展”的“群众路线”思想，多少受了鲍罗廷的影响。当孙中山到东江攻打陈炯明时，亲眼看见了彭湃所领导的农民运动，体认到农民运动对国民革命的助益以及瓦解军阀权力基础的作用。不过在孙中山“耕者有其田”的政策构想中，希望通过和平的方式解决农民土地问题，反对暴力和阶级斗争。1924 年 8 月初，孙中山、廖仲恺就中国

---

① 《农民运动议决案》（1926 年 7 月），见《中共中央文件选集》（二），142—149 页。

农民问题与国民党中央农民部的外籍顾问弗兰克进行过一次激烈的论辩。孙中山称:"我决心将所有现在掌握在地主手里的土地转交给农民掌握和所有",但"在当前组织农民协会的形势下,进行任何反对地主的宣传都是策略性的错误"。孙中山担心"那样做会使地主在农民之前先组织起来"。廖仲恺则解释说:"中国农村的情况很特殊,宗族关系还没有打破,地主、豪绅和农民往往是同一家族的成员,有同一个姓氏……地主与农民之间的关系更像叔侄关系,而不像两个敌人之间的关系。"尽管弗兰克极力反对这些看法,但孙和廖仍然确信,在组织农民协会时期,不应进行任何公开反对地主的阶级斗争宣传。①

孙中山也许没有想到,农民一旦被组织动员起来,地主与农民之间因利益冲突而引起的对抗行动就很难避免。在农民问题上,国民党向来只有政策而无行动。孙中山自己承认:"迄今为止,我和国民党还没有与农民接触。在国民运动中出现这一大的疏忽,主要是由我的拥护者们的社会成分造成的。""我本人是资产阶级出身,我的大部分拥护者属于大学生阶层、城市知识分子,有相当一部分属于商界。因此,我们没有合适的人去深入农村,在那里扎根。"②这一任务正好由加入国民党的共产党人来承担。国共合作后,国民党的农民政策很快被共产党人转化为实际行动。

国民党一大闭幕后的第二天,孙中山主持的国民党中央党部第一次会议就决定设立中央农民部,规定农民部的职责是:详细调查农民状况和农民组织,制定农民运动计划,召集农民会议,向农民进行宣传等。3 月 19 日,国民党中央执行委员会审议通过了农民部提出的《制定农民运动计划案》,该案提出分别组织自耕农、佃农、雇农等协会及农民自卫团。6 月 16 日,国民党中央执委会又通过农民部提出的《农民协会章程总则草案》,并于 24 日将《农民协会章程》呈报给孙中山。孙中山审定后,将章程以大元帅令颁行。章程将农民协会的目的、会员条件、组织机构、组织纪律、会员权利和义务等作了详细规定。章程开宗明义

---

①《就中国农民问题与孙逸仙和廖仲恺的谈话》(1924 年 8 月 10 日),见《联共(布)、共产国际与中国国民革命运动(1920—1925)》,515—516 页。

②《就中国农民问题与孙逸仙和廖仲恺的谈话》(1924 年 8 月 10 日)。

指出：农民协会乃“合全国受压迫之贫苦农民而组织之，其目的在谋农民之自卫，并实行改良农村组织，增进农人生活”。[①] 将贫苦农民统合于“农民协会”之中，不再细分自耕农、佃农、雇农等多种协会。6 月 30 日，国民党中央执委会通过农民部提出的《农民运动第一步实施方案》，一是选择与广州交通较便、在政治上军事上重要及农民运动有一定基础的地方，派遣 20 名特派员前往开展农民运动；二是组织农民运动讲习所，培养农民运动指导人才。

1924 年 7 月 15 日，《广州民国日报》发表经国民党中央执委会审议和孙中山批准的《政府对农民运动宣言》。宣言指出：农民协会的性质为不受任何拘束、完全独立的团体；农民协会对于横暴官吏有请求罢免之权，但无直接行政之权；农民协会可以特许组织农民自卫军，但只限于自卫，防御兵匪。宣言实际上是对农民协会章程的阐释，宣示革命政府从事农民运动的决心，也规定了农民协会的权力限度和范围。

在改组之后一年左右的时间里，国民党中央就农民运动的组织机构、人事安排、人才培训、规章制度、实施计划等作出了一系列决议，从政策和制度上为农民运动的开展奠定了基础。据不完全统计，在 1924—1925 年间，国民党中央和广东省党政当局为制定有关农运的方针政策、计划、机构设置、人事安排、处理农运案件和具体问题等，先后在 40 余次中央级会议和 20 余次省级会议上，通过各种议决案 80 余项，发布相关函电、布告、训令、宣言等 40 余件。[②] 这个时期，国民党中央比较坚决地执行了扶助农运的方针，并对摧残农运的各种势力予以打压，维护了农会和农民的利益，使广东农运迅速崛起。1925 年 4 月蔡和森在《向导》上发表评论说：“从去年国民党中央农民部颁行农民协会章程及设办农民运动讲习所、派出特派员实地宣传之后，广东遂开始有了系统的农民运动。”[③]相对于共产党而言，国民党的农民运动起步较晚，但在政策制定，机构设置与人才培养等方面，均反映出国民党对

① 《农民协会章程》，载《中国国民党周刊》第 27 期，1924 年 6 月 29 日。
② 梁尚贤：《关于“国民党与广东农民运动”》，载《广东党史》2001 年第 2 期。
③ 和森：《今年五一之广东农民运动》，载《向导》第 112 期，1925 年 4 月。

农民运动的重视。这是国民党与农民关系最好的时期。张国焘认为,国民党重视农民问题有过于工人问题,甚至有些重农轻工的观念,如国民党的文件中总是先农后工地称作“农工运动”“扶助农工”,而中共文件中,则先工后农地称作“工农运动”。①

三　共产党在国民党旗帜下开展农运

如果国民党重农轻工、共产党重工轻农这个说法大体成立的话,也是各自政党内部相对而言。因为国民党对农民运动的扶助,主要表现在政策制度层面,农运的具体推行主要由加入国民党的共产党人承担。1926 年 6 月,中共广东区委在《广东农民运动报告》中写道:国民党中央农民部、广东省农民部、省农民协会和农民运动特派员等,实际均受中共广东区委农民运动委员会(1924 年 8 月成立)的指挥。② “我们实际做了农民运动,把名誉送给国民党,可以说是我们成功不居。若是我们不去做农民运动,所谓农民协会不知道现在还在什么地方。”“从表面看,广东农民运动好像是国民党的工作,做好了是国民党的名誉,但是自从农民运动起首,直到现在,都是我们同志做实际工作。换句话说,就是广东农民运动的实际责任是我们同志负担,名誉却完完全全送给国民党去了。” ③

农民运动的开展,绝不是光有政策或命令就能发动,还要有各种主客观条件配合。20 世纪 20 年代的农民运动主要是政党支持与动员下的产物。虽然农民运动的开展必须具备一定的社会经济背景,如农村

① 张国焘:《我的回忆》(二),212—213 页。

② 梁尚贤认为,说中共广东区委农委指挥了省农民部和省农民协会,可以理解,因为第一届省党部的两任农民部长彭湃、罗绮园都是农委的成员,省农民协会的常务委员也是彭湃、罗绮园和阮啸仙三人;说农委指挥了国民党中央农民部,就有点言过其实。也有学者解释说,国民党中央农民部在 1926 年 7 月以前的两任秘书彭湃(1924 年 4 月至 11 月)、罗绮园(1924 年 11 月至 1926 年 7 月)均是中共党员,秘书具有相当的权力,部长不在时,可以代行部长之责。历任部长或任期不长,或兼职过多,部务常由秘书负责。彭湃任农民部秘书时,与部长黄居素发生冲突,黄氏企图将彭湃撤职,但彭湃获得鲍罗廷和中共的支持,反而迫使黄氏去职。这次冲突事件显示了共产党人在农民部中的重要性。这种局面直到 1926 年 5 月《整理党务案》实行后才改变,中共广东区委的报告作于 1926 年 6 月,故中共广东区委所述,并非言过其实。参见梁尚贤《关于“国民党与广东农民运动”》,载《广东党史》2001 年第 2 期;梁尚贤《“彭湃把持农民部”说辩析》,载《近代史研究》2004 年第 5 期;郑建生《动员农民:广东农民运动之研究(1922—1927)》,31 页,台湾师范大学历史研究所硕士学位论文,1992。

③《广东农民运动报告》(1926 年 6 月),见广州农民运动讲习所旧址纪念馆编《广东农民运动资料选编》,55、104—105 页,北京,人民出版社,1986。

的不安，农民生活的恶化，农民自身的觉醒等，但在基本相同的社会土壤下，农民运动先在国民党控制下的广东崛起，与国民党的支持密切相关。中共广东区委分析广东农民运动兴起的原因时，除提到“我们同志的努力”外，亦承认“在国民党的帮助之下，使农民运动收了许多效果；在国民党统治之下，农民得到了相当的自由能够公开组织”。① 国民党有政权，有军队，但无农运人才；共产党无政权，无军队，却有农运人才。正是合国共双方之力，才会有广东农运的规模和声势。共产党利用国民党的名义开展农民运动，壮大了自己的力量；国民党借助共产党的人才开展农民运动，造成了国民革命的群众基础。国民党中央农民部最初规划广东农民运动时是有所选择的，即选择那些交通比较便利、政治军事上重要或有一定农民运动基础的县地先行发动。在 1924 年 2 月东征之前，农民协会主要集中在珠江三角洲地区；东征以后，随着国民党控制的地盘日渐扩大，广东其他地区的农民协会才逐渐发展起来。

广东各地农会除个别是农民自发组织外，大多数是由国共两党的农运干部下乡指导和推动下成立的。1926 年 9 月，国民党中央农民部派往广东各地的农运特派员就有 76 人。② 另据中共广东区委报告，“国民党中央党部农民部的特派员差不多百分之九十九是我们同志”。③ 不过，农运干部所以能和当地的地主士绅分庭抗礼，主要借助国民党中央和广东省政府的法理权威。农运干部多为农民运动讲习所毕业生。从 1924 年 7 月至 1926 年 9 月，以国民党中央农民部的名义，由共产党人主持在广州开办了 6 届农民运动讲习所，总计毕业学生 797 名，大部分分配至广东各县从事农民运动，小部分分派到其他各省做农运工作。农运的范围和农民协会成立的数目，随着农讲所毕业生的增加而扩大；农讲所毕业生分配较多的县，农民协会成立的数量也相应较多。

中共广东区委指出，一方面由于农民的分散、迷信、胆小，以及地方主义和家族主义意识浓厚等因素，“要农民起来革命，实在是很不容易

① 《广东农民运动报告》(1926 年 6 月)，见《广东农民运动资料选编》，第 55 页。
② 张自强:《广东农民运动》，17 页，中华全国基督教协进会印，1927。
③ 《广东农民运动报告》(1926 年 6 月)，见《广东农民运动资料选编》，55 页。

的事情”。另一方面，农民因久受地主劣绅的压迫，痛苦已极，图思反抗，又很容易接受革命的宣传，农运干部“往往不到半点钟便可以使他们成立农民协会。”[①]不过，各地乡村的差异性颇大，即使同一县属的乡村，情形也不尽相同，农运干部所遇到的问题也迥然有别。有的地区没有土豪劣绅之类的人物，贫富差距不大，农运开展的空间也不大。即使成立农会，农民对农会少有兴趣，农会只是一块招牌而已。有的地区农民受地主压迫不严重，但受土匪骚扰，痛苦不堪，农运干部只好迁就现实，不以反抗土豪劣绅和减租作宣传，而以联络御匪为号召来组织农民，农民协会实际成了防匪的组织。[②]

除了政治经济因素外，农村社会中原有的组织结构在很大程度上制约着农民运动的开展。广东人的宗族观念浓厚，宗族之间喜欢械斗。中共广东区委描述：“广东的人从前野蛮得很有点程度：我们平常对于《三国演义》、说唐小说，大概都认为莫须有的事情，没有哪个注意他的。广东人则不然，广东刘、关、张的结合，比什么人结合都亲密，天大的事情都可以调和……罗姓的人见了姓苏的，马上把面孔黑起来，据说他们是根据《说唐》上罗成被苏定国杀死的原故。还有何、李、莫三姓的人也是结拜了的，亲密得很。”刘、关、张或何、李、莫三姓中，只要一姓与别族别郡发生冲突，其他二姓必定帮打。“广东人的氏族关系，实大于他们的地方关系。”[③]宗族之间的对立，直接影响到农民运动的开展。相互对立的两个宗族中，如有一方组织了民团，另一方则组织农会与之对抗。有的地方，乡农民协会几乎成了某一姓氏的宗族组织。[④] 1926 年 1 月，广东普宁农民与城内方姓地主发生冲突。县城人口 2 万多，方姓占了十分之九。方姓地主乃用家族主义煽动全城的人，提出“方姓的人联合起来，打倒农会”“城内的人应当联合起来打倒乡下的人”等口号。农民和农会方面亦提出“打倒方姓”“打倒城内的人”相号召。[⑤] 宗族组

---

① 《广东农民运动报告》（1926 年 6 月），见《广东农民运动资料选编》，54 页。

② 郑建生：《动员农民：广东农民运动之研究（1922—1927）》，82—83 页，台湾师范大学历史研究所硕士学位论文，1992。

③ 《广东农民运动报告》（1926 年 6 月），见《广东农民运动资料选编》，24—25 页。

④ 郑建生：《动员农民：广东农民运动之研究（1922—1927）》，第 86—89 页。

⑤ 《广东农民运动报告》（1926 年 6 月），见《广东农民运动资料选编》，91—92 页。

织与地方观念对农民的凝聚力,远超过新兴的农民协会。农运工作者常常难以发动农民向同族的地主展开斗争。不过由于乡间常有强族压迫欺侮弱族的现象以及氏族间的争执,有时也成为农运干部组织动员农民的契机和突破口。只是这样一来,农民运动的本旨难免受到扭曲。

地缘意识对农民运动的影响在广东亦较为明显。"广东人对于主客关系分得很利害,要是某个地方的农会是先在本地人里面组织的,客籍的人就一定不会加入;要是先在客籍人方面组织的,本地人也不加入。"①

四 广东农运的兴衰

在北伐以前,广东农民运动的工作大致可分为两部分:一是改良农民自身生活,二是参与各种政治运动。前者包括反抗土豪劣绅、贪官污吏,与民团争斗,与土匪争斗,同驻防军争斗,还有社会经济方面的内容,如反抗苛捐,业佃纠纷,减租运动,禁烟禁赌,筑路办学等。②

农民运动开展后,地主乡绅的利益首当其冲。地主乡绅与农民协会的激烈冲突自属难免。广东各地的民团,因是土豪劣绅的武力,与农会农军的对抗也最为激烈。除此之外,广东农运还遭到其他势力的阻碍和摧残,这些势力包括县长、商界、学界、驻防军、土匪等。据广东省农民协会对1925年5月至7月间发生在广东各地的164宗农案统计,农民协会的冲突对象依次为:与民团冲突(15.9%),与绅士冲突(13.3%),与土匪冲突(9.8%),与田主冲突(9.8%),与官吏冲突(7.3%),与学校冲突(7.3%),与军队冲突(6.1%)等。③

在广东,出于田赋税收等方面的考虑,国民政府对地方行政没有进行大的改革,县政人事基本维持旧局。尽管国民党中央和广东省政府明白宣示要支持农民运动,但没有"咸与维新"的县长往往出于自身利益的考虑而阳奉阴违。他们大多仍固守"为政不得罪巨室"的传统信条,与地方乡绅相勾结。根据章程,农民协会为不受任何拘束、完全独

---

①《广东农民运动报告》(1926年6月),见《广东农民运动资料选编》,26页。
②《广东农民运动报告》(1926年6月),见《广东农民运动资料选编》,56—62页。
③ 张自强:《广东农民运动》,47—48页。

立的团体，县政府无权对其指挥和领导；相反，章程赋予农民协会对横暴官吏有请求罢免之权，县长无形中反受农民协会的监督。农会有时难免越权干涉行政、财政和司法，直接冒犯或侵蚀县长的权力和权威，因而导致县长对农会的不满。当农会与地主发生冲突时，县长常常站在地主一边。①

商界对农会的恶感，来自农会的减租减息宣传。因为不少商人同时也是地主兼高利贷者。学界对农会怀恶感，则因教育经费多赖农民交纳的田租、捐税维持。在广宁减租运动中，“所有的学生可以说通通都站在地主方面，因为他们通通都是地主的儿子之故”。② 驻防军与农会的冲突，亦因为农民要求取消苛捐杂税而直接影响其军饷。

除改良农民自身生活方面的工作外，广东农民协会还积极参与各种政治运动，如帮助孙中山北伐，帮助广州政府镇压商团叛乱，帮助党军东征，帮助政府统一广东，响应孙中山召集国民会议的主张，援助省港大罢工等等。这些活动都是在政党力量发动下进行的。1926 年 6 月中共广东区委报告：“各地农会，在每次政治上的运动，都能积极参加，甚至还能联络各界指挥当地群众，使各界都信仰农民协会。”“所以广东农会，现已占国民革命很重要的地位了。”不过广东区委也承认：“两年来农民运动，对于政治方面的工作做得太多，对于经济方面，各处地方上农民切身利益的建设工作做得很少，所以结果一方面使许多人以为农民协会常是多事，同时农民群众亦觉不到农会对他们自己有好多利益。”③这一情形反映出农民运动实际上在很大程度上是政党在运动农民、利用农民为自己的政治目标服务，农民自身的利益反而退居其次，甚至被边缘化。

北伐前夕，广东农会组织已遍及全省，有组织的农民约 65 万。④ 但由于农会多由农运特派员自上而下地发起乃至包办，农会自身往往缺乏独立自主性，“什么事情都要靠到省农民协会的特派员代为办理”。

---

① 张自强：《广东农民运动》，41—43 页。

②《广东农民运动报告》（1926 年 6 月），见《广东农民运动资料选编》，71 页。

③《广东农民运动报告》（1926 年 6 月），见《广东农民运动资料选编》，56—62、97 页。

④《全国农民协会统计表》（1926 年 6 月），见《第一次国内革命战争时期的农民运动资料》，65 页，北京，人民出版社，1983。

不过，“各级农会往往并不听省农会的命令，常因很小的事情，自己乱发通告，并不经省农会通过。报告常不确实，往往发生很大的毛病，本来没有很大的事情，报告时总是夸大其词。花县便是一个很显然的例子：本来民团怕他们，但他们报告反说民团包围，并有土匪的二百多支驳壳，农会危险万状，结果使省农会也跟到做出很大的错误。”①从广东区委的报告可以看出，农民和农会并不完全处于被动和消极的地位。他们也通过种种手段利用省农会和农运特派员谋取他们的利益。换言之，在政党利用农民为自己的政治目标服务的同时，农民也在利用政党的力量为自己的利益服务。

中共广东区委的报告还指出，广东农会本身也存在不少弱点，如组织松懈，缺乏训练，轻举妄动，忽视建设事业，贪图眼前小利益等。农民与农会的关系很不密切，农民“到了有事的时候，才来找到农会，没有事情的时候便不顾协会是怎样；农民不认识协会是他们自己的，结果使少数执行委员同秘书把持协会”。农会很少开会训练农民，农民很少向农会交纳会费；各区农会往往不知道自己有多少会员。有的农会执委借农会招牌谋取个人利益而忽视农会会员的利益。有的农会甚至成为地方乡绅土豪进行权力斗争的工具。广东区委指出：“农会常自动去同民团冲突，缴民团的枪，多半是小土豪跑进农会，利用农会来打倒大土豪。”有的农会不顾政治环境、客观条件和本身的实力，刚一成立，就想打倒土豪劣绅，夺取乡村政权。当时广东民间流传着“民团是一等土豪劣绅，农会是二等土豪劣绅”的说法。②

在一般人的想象和揣测中，民团是地主乡绅的武装，实力超过农会武装，农会与民团的冲突，民团一定是进攻的一方。但据中共广东区委报告：“民团同农会的冲突，农会常站在发难的方面，抱着挑战的态度”；“只看见省农会发表宣言的上面有打倒劣绅土豪的口号，便自动去打起来，打了还要报告说是奉命而行”；“很有好多地方的农民协会都犯了干涉行政、实行逮捕人的错误”，“动不动就要捉人解省，亦有农会把捉来

① 《广东农民运动报告》（1926年6月），见《广东农民运动资料选编》，101页。

② 《广东农民运动报告》（1926年6月），见《广东农民运动资料选编》，63、98页。

的人拿去枪毙”。[①] 在北伐以前,中共中央和广东区委显然都不支持广东农民运动中的这些激烈行为,认为是“左倾幼稚病”的表现。

值得注意的是,国民党二大所通过的农民运动决议案,比国民党一大所发表的宣言要激进得多,如政治方面表示要“排除妨碍农民利益之军阀、买办阶级、贪官污吏、劣绅土豪”,“解散压迫农民之武装团体”,“制止土豪劣绅垄断乡政,扶助农民之自治团体”;经济教育方面,表示要严禁高利贷,规定最高租额与最低谷价,减少雇农作工时间,增加雇农工资,取消苛捐杂税,厉行农村义务教育与补习教育等。决议案声称:国民革命实即农民革命,要巩固国民革命的基础,惟有首先解放农民,无论政治的或经济的运动,均应以农民运动为基础,党的政策,首须着眼于农民本身的利益。决议案还要求国民党各省党部均应设立农民部,并于中国中部和北部选择相当地点,各设农民运动讲习所,培养农民运动人才,确定并扩大农民运动经费,实行中央统一的农运计划等。[②]

但这些激进的政纲尚未来得及实施,国民党内的权力格局和国共关系发生了重大变化。国民党二大闭幕之后两个月,蒋介石以中山舰事件为契机,将国民党左派领袖汪精卫排挤出局。又过了两月,通过《整理党务案》逼迫中共党人退出国民党中央各部。农民部长林祖涵及秘书罗绮园均被解除职务。人事变动之外,为了配合北伐期间的军事行动,蒋介石也开始限制后方基地广东的群众运动。

从 1926 年五六月开始,广东农民运动逐渐滑落。尽管农民协会及其会员人数仍在继续增加,但比前一时期缓慢了许多;农民协会很少再主动对地主民团势力采取攻势,相反地,地主民团势力步步进逼。整个广东农运丧失了前期的动力和活力。这种趋势的形成,原因虽多,但主要是整个政治局势的变化,直接牵动和制约了广东农运的发展。

中共广东区委谈到,在广东统一以前,国民党政府支持广东农运,乃因为自身也需要农民的支持。广东统一后,政府着手北伐,“只需要

① 《广东农民运动报告》(1926 年 6 月),见《广东农民运动资料选编》,63—64、101—102 页。

② 《农民运动决议案》(1926 年 1 月),见荣孟源主编《中国国民党历次代表大会及中央全会资料》(上),133—135 页,北京,光明日报出版社,1985。

湖南、江西各省北伐道上的农运，不再需要广东方面的农运来使农民帮助，当然要讨厌农会”。[①] 北伐出师后，广东成为政治、军事力量的后方。蒋介石明令约束广东民众不要采取激烈行动，以免影响后方社会的安定。

上层军政大势的变动，迅速波及基层政治。广东各地的地方官吏、土豪劣绅、民团土匪以及驻防军等，闻风而动，对农民运动由消极抵制转为积极进攻。据罗绮园观察：“五月十五日（通过《整理党务案》）以前，农村中的劣绅土豪，对于农民协会虽然不喜欢，然非实际利益发生冲突不敢取攻势……但五月十五日以后，情形就显然不同了，简单一句话，连农民打个呵欠，伸伸懒腰，都成了问题，都可以受罪的。”[②]北伐开始后，广东省党政机关大多转移至国民党右派之手。地方官吏和驻防军队动辄以扰乱北伐后方为借口，打压农民运动。地主民团等农运敌对势力见有机可乘，接二连三地拿农会开刀，频频制造农运惨案。政府当局对惨案的处理消极敷衍，驻防军队亦袖手旁观。在这种情势下，中共中央指示广东区委采取退却战略，“以和平的手段，合法的手续”开展农运。[③] 广东农运因而丧失前一阶段的斗争锐气，由积极攻势转为消极守势，最后趋于衰落、消沉乃至停滞。[④]

五　湖南农运的狂飙

国民党在对北伐后方农运采取限制措施的同时，对北伐前方农运却采取支持和鼓励态度。当广东农运趋于停滞的时候，北伐军所经过的两湖地区，农民运动却如狂飙突起。湖南湘江两岸尤为蓬勃和激烈。

受中央政策的影响，湖南中共党团组织在很长时间内都将精力集中在城市工运上，农村工作做得很少。1925 年 1 月，社会主义青年团湖南区委报告说：“农民运动太没有做，有些意见或议案都不能实行，明

① 《广东农民运动报告》（1926 年 6 月），见《广东农民运动资料选编》，62、98—99 页。
② 绮园：《三个月来的会务报告》，载《犁头》第 19、20 期合刊，1926 年 11 月。
③ 《中央第二次扩大会议对于广东农民运动议决案》（1926 年 7 月），见《广东农民运动资料选编》，114 页。
④ 参见郑建生《动员农民：广东农民运动之研究（1922—1927）》，133—177 页。

白的说,无人去执行。”[①]1925 年春,毛泽东从上海回到湖南韶山养病时,在家乡附近通过办夜校等方法,联络了千余农民,成立乡农民协会 20 余处。这是湖南农运的先声。“湖南有组织之农民运动始于 1925 年冬季”。[②] 其时,湖南党团组织发动一批乡村小学教师和城市青年学生利用寒暑假下乡或回乡向农民进行宣传和动员,开办农运工作训练班,相继成立了一批农会。不过,除湘南各县农运开展较为顺利外,湘中、湘西等地多处于秘密状态,活动有限。直到北伐前夕,湖南农运的基础仍相当薄弱,农会会员总计不过 3.8 万人。[③]

北伐军大举入湘后,沿途农民踊跃支援北伐。湖南农民支援北伐,少数是自发自动的,大部分是被动员起来的。前者因为湖南人仇视“北兵”,而且农民想趁机得到枪支。后者得力于中共党团员的发动。当时北伐军队中的政工人员多是中共党团员,湖南国民党地方党部亦掌握在中共党人之手。在他们的积极宣传和推动下,北伐沿途的农民为革命军做向导,做侦探,做挑夫,提供后勤运输服务,还有的直接参战。这个时期,各界对农会多有好评。因为农民主要被动员支援北伐,打倒军阀为第一优先,农村中尚未开展阶级斗争。

从 1926 年 10 月起,湖南农运开始进入一个新的阶段。“农民觉得他们参战有功,需要报酬了;就是没有参战的各县,也觉得党人的宣传应该兑现了。”[④]于是开始要求谋取农民自身利益,如经济上要求减租、减息、减捐税,政治上要求改造团防局,希望有一个好政府等。湖南农民一旦组织起来,速度之快,规模之大,迅速超过广东和其他各省。1926 年 11 月,全省 75 县和 2 个特别区中,有 51 县(区)成立了县级农协,农会会员由两个月前的 20 余万激增至 136 万多人。到 1927 年 1

---

①《团湖南区委兼长沙地委对于团第三次大会之意见》(1925 年 1 月 16 日),见中央档案馆、湖南省档案馆编《湖南革命历史文件汇集(群团文件)》(1925),第 15 页,编者自印,内部发行,1985。

②《湖南农民运动概况》,见人民出版社编《第一次国内革命战争时期的农民运动资料》,361 页,北京,人民出版社,1983。

③《十五年五月份湖南农民运动报告》,台北,中国国民党中央党史馆藏,《五部档》,案卷号:10918;《全国农民协会统计表》(1926 年 6 月),见《第一次国内革命战争时期的农民运动资料》,65 页。

④ 湘农:《湖南的农民》,载《向导》第 181 期,1927 年 1 月。

月,农会会员增至200万,能指挥的群众增加到上千万。[①] 当时,湖南全省人口约3 000万,因农民入农会时,每家只上一个人的名字,故会员200万,实际群众有上千万,差不多占到湖南农民总数的一半。这个时期,毛泽东主持的第六届农民运动讲习所毕业的湖南学生多数回到原籍开展农运。农民运动的目标由打倒军阀转向打倒土豪劣绅。武汉国民政府农政部1927年6月调查显示,全国有5个省(粤、湘、鄂、赣、豫)成立了省级农民协会,全国农会会员总数约940万,分布在17个省区,其中湖南最多,有451万;湖北次之,为250万;广东、陕西并列第三,各70万;此外江西约38万,河南约24万,江苏亦有20万—30万。[②] 湖南一跃成为全国农运最发达的省份,不仅农运规模远超过其他省,农运的激烈程度也走在各省前列。

1927年1月4日至2月5日,毛泽东在湘潭、湘乡、衡山、醴陵、长沙五个农运发达的县进行了32天的考察。他在考察报告中写道:"农民既有了广大的组织,便开始行动起来,于是在去年十月至今年一月四个月中造成一个空前的农村大革命。""他们主要攻击目标为土豪劣绅、不法地主,旁及农村中各种宗法思想制度,城里的贪官污吏,乡村的恶劣习惯。这个攻击形势,简直是急风暴雨,顺之者存,违之者灭,结果把几千年封建地主特权,打得个落花流水。他们的体面威风扫地以尽。绅士权力既倒,农会便成了唯一的权力机关,真正办到了一切权力归农会。"[③]

毛泽东将湖南农民运动称作"农村大革命",意指湖南农运超出了一般农民运动的意义。时任全国农民协会秘书长的夏明翰认为,湖南农民运动是"中国农民运动最好的一部分"。他在1927年5月的一次演讲中谈道:湖南"有农民的地方便有农民协会","乡村中除了土豪劣绅外,都已加入了农民协会","没有那个敢说农协的坏话","农民协会的议决案成了乡村的法律";"富农以至地主都要请求加入农协,这可以

---

① 《湖南农民运动概况》,见《第一次国内革命战争时期的农民运动资料》,361页;《中共湖南区委通告》(1927年2月),见中央档案馆、湖南省档案馆编《湖南革命历史文件汇集(省委文件)》(1927年),54页,编者自印,内部发行,1987。

② 《一九二七年全国农民协会会员统计》,见《第一次国内革命战争时期的农民运动资料》,66页。

③ 毛泽东:《湖南农民运动考察报告》,载《向导》第191期,1927年3月。

说,是地主屈服农民了。地主既屈服农民,那末'减租''免税'的要求,便不成问题。不但地主不敢加租增税,简直不敢催租催税了;你给他多少,他就收多少,再也不敢多要了。所以目前湖南农民的要求不是'减租''免税',而是'土地问题'"。[①]

1927年4月,林祖涵奉武汉国民党中央之命赴湖南宣示农运政策并调查农民土地问题。他回到武汉后,向国民党中央报告说:"湖南省农民协会之成立,自我军收复长沙始,其经过时间,尚不及一年,但其进步,则颇有出人意料之外者。现各县成立农民协会者共有65县,业有组织之农民约六百万……农运之在湖南,除湘西一带极边远之少数县份外,几普及全湘。"林祖涵还说,湖南农民运动实际超出了减租减息的范围,已热烈而自动地提出土地问题,其比较普通的做法有五种:一是按人口分田,二是平均佃权,三是清丈田亩,四是插标占田,五是直接分谷。[②]

在同时期的广东农民运动中,土地问题基本上没有触及。广东农民协会虽然最早提出要打倒土豪劣绅,但广东却没有制定专门的法案和成立特别法庭对土豪劣绅施行处决。两湖则分别于1927年1月和3月制定了土豪劣绅惩治条例,并在省、县两级成立特别法庭,广泛开展对土豪劣绅的拘捕和处决。旧有的乡村权势与乡村统治秩序受到猛烈冲击。农民协会成为实质性的新的乡村权力机关。两湖相比,湖南又比湖北来得激烈。

湖南农民运动为什么会特别迅猛和激烈?

农村革命风暴的兴起,无疑是农民长期以来受地主豪绅欺凌压迫的反弹和爆发。如果没有农民长久蓄积的强烈仇恨和反抗要求,任何个人和政党都不可能掀起一场农村革命风暴。这是湖南农运的深层背景。但湖南农民遭受地主压迫是多少年来一直存在的事实,而且湖南农民所受的压迫并不明显比其他省区的农民所受的压迫更严重。湖南农运的迅起与激烈,显然还有一些特定的历史条件。

---

① 夏明翰:《湖南的农村革命》,台北,中国国民党中央党史馆藏,《一般档》,案卷号:484—130。该文还发表于《汉口民国日报副刊》第14号(1927年5月17日),文字略有出入。

② 林祖涵:《调查湖南土地问题、财政问题、党务状况报告》(1927年5月2日),台北,中国国民党中央党史馆藏,《汉口档》,案卷号:13163。

湖南民风强悍，富有斗争精神。近代以来，湖南曾是民间反清团体天地会等秘密会社的重要活动地区。太平天国进入湖南时，仅湘南一地就有五六万农民和会党参加太平军。辛亥革命时期，湖南是武昌起义的首应之省，亦有大批会党和农民参加了革命党和新军。到北伐时期，中共湖南区委对会党采取联络争取政策，而在会党看来，农运提出的“打倒土豪劣绅”“打倒贪官污吏”等口号，与他们向来所奉行的“劫富济贫”的宗旨相接近。湖南农运十分发达的州县，过去多是秘密会社的重要活动地区。当农运走向高潮时，散布在湖南各地的秘密会社的会众纷纷加入了农民协会。①

湖南知识界在戊戌维新和辛亥革命中的积极表现和激进思想，亦是北伐时期湖南农运的历史传承之一。湖南各地农运的领导者，是一批具有中等学历的激进知识青年。他们是在清季时务学堂、南学会和民初省自治运动、省宪制定运动等一系列全国性或地域性的改革和革命运动中熏陶成长起来的。湖南的省宪虽然名不符实，但多少为那些激进知识青年提供了一些合法和半合法的活动空间。湖南农民运动中有不少失学失业青年、小学教师、私塾先生、行医郎中等加入农会。据1926年11月的统计，湖南各县农协会员中，小学教师有11 185名，占农会会员总数的8%。② 这些人的生存境遇虽然比普通农民强，但生活亦十分困窘，有时连富裕农民都瞧不起他们。一份以江浙两省为主的调查显示：当时小学教师的平均月薪是十三四元，如果他们上有父母，下有子女，一个六口之家，每月最低生活费需要26元。故有半数左右的小学教师负有债务。③ 私塾先生与失学失业青年的境遇更可想见。他们对现存社会秩序同样深怀不满。与普通农民相比，他们毕竟受过一定的教育，反抗性的政治参与意识比农民强，在农民运动中往往担当基层农协干部的角色。中共湖南区委虽然对各地在“小资产阶级的半知识分子”中大力发展组织，而没有“多多介绍贫农加入”而感到遗憾，

① 范忠程：《大革命时期湖南农民运动再思考》，载《湖南师范大学社会科学学报》2002年第5期。

② 《中共湖南区委通告》（1927年2月），见《湖南革命历史文件汇集（省委文件）》（1927年），55—58页。

③ 俞子夷：《小学教员生活状况调查》，载《教育杂志》第15卷第21期，1923年1月。

但也承认小学教师入党“很有作用”。[①] 他们对湖南农运的高涨扮演了推波助澜的角色。

北伐军入湘,以摧枯拉朽之势击溃了吴佩孚支持的叶开鑫的湘军。北伐不是一场单纯的军事战争,也是一场规模宏大的革命宣传和政治动员。战争冲击了旧的封建统治基础,也起到了唤醒民众的作用。北伐军主力经过的地区,往往成为农运最发达的地区。

与广东有所不同的是,“湖南先有 C. P. ,后有国民党;国民党是由 C. P. 做起来的”,[②]在相当一段时间里,湖南国民党党务完全由共产党人包办和主导。1926 年 8 月湖南国民党第二次全省代表大会召开,90 名与会代表中,跨党的共产党员占了 43 人,与中共接近的国民党左派 13 人,中立而受中共影响者 23 人,国民党右派 11 人。中共湖南区委说:“大会所有决议,重要的均照我们的通过,人选亦照我们的实现。”[③] 1927 年 1 月,国民党湖南省党部派出 203 名农运工作人前往各县,其中跨党的共产党员 182 人,纯国民党员 21 人。[④] “各地农运县协均在我们手里”。[⑤] 处于湖南国民党地方组织核心地位的中共党人,是湖南农运的重要推动力量。

与李济深控制广东、压制农运不同,唐生智掌控湖南后公开支持农民运动。1926 年 7 月,湖南省政府正式成立不久,即通令撤销地主豪绅控制的各县旧农会,重新组建新的农民协会。随后,省政府又接连颁布了保护农民运动的布告、训令和条例,明令维护农民的合法权益,并资助农民运动经费。唐生智的政治野心很大。中共亦有意利用之。1926 年 9 月,唐为了取得中共的帮助和苏俄的军援,同意废止和改造湖南的团防制度。两个月后,唐又秘密和中共达成政治协定,一方面同意接受中共的政治领导,让中共党员担任其军队中的政治工作,另一方

① 《中共湖南区委通告》(1927 年 2 月),见《湖南革命历史文件汇集(省委文件)》(1927 年),58 页。

② 《中国共产党湖南区第六次代表大会关于湖南区 C. P. 与 K. M. T. 关系的决议案》(1926 年 10 月),见《湖南革命历史文件汇集(省委文件)》(1923—1926),88 页。

③ 《中共湖南区委给中央的报告》,见《湖南革命历史文件汇集(省委文件)》(1923—1926 年),92—94 页。

④ 《湘区一月份农民运动报告》(1927 年 2 月),见《湖南革命历史文件汇集(省委文件)》(1927 年),62 页。

⑤ 《中共湖南区委通告》(1927 年 2 月),见《湖南革命历史文件汇集(省委文件)》(1927 年),58 页。

面也答应在选派各县县长时，完全尊重中共湖南区委的意见。[①] 正因为如此，湖南地方官吏与驻军不像广东那样与农民运动相对抗。政府的公开支持，使农民运动合法化。农民没有了顾忌，胆子自然就大了，声势亦因之高涨；相反，地主豪绅一时间偃旗息鼓，气焰也随之低落。

从农民运动的组织妨碍因素观察，广东与两湖有一显著差别：广东农村土地中，公田占了相当大的比重。广东各县公田一般占耕地总数的 30%—40%，多的占到 50%—80%；公田中又有 90%是族田。而两湖地区的公田仅占耕地面积的 15%左右，其中族田在公田中所占的比例不到一半。公田、公产越多的地方，旧的乡村权力结构越稳固，农民运动的阻力越大。宗族公产多的地区尤其如此。宗族公产多，宗族凝聚力强，宗族组织与宗族观念对族人的约束力亦强。公产收入丰厚，地主豪绅所掌握的以公产收入为基础的民团武装亦强大。广东旧的乡村权势比两湖地区强大而且稳定得多。民团更是广东农民运动的一个最大阻力。两湖地区因公田少，受惠的农民少，宗族势力不如广东强盛，公产管理权也容易转移到农民协会之手。农民协会夺得公产管理权后，用来办教育，办消费合作社，扩充农民自卫武装，用作农民协会的活动经费等，又无形中促进了农民协会组织的扩大。湖南地主豪绅虽也控制着团防局武装，但力量不如广东民团强大，而且很多地方的团防武装被军队收编，农民运动的阻力相对较小。[②]

农民要么难以发动起来，一旦发动起来，又往往不易控制。这也几乎是所有民众运动的一个共性。随着湖南农民运动走向高潮，幼稚“过火”行为在所难免。有些过火行为是地主豪绅造谣，有些过火行为则是事实。湖南农运最具声色、也最招非议的一幕，是打倒土豪劣绅运动。打倒土豪劣绅的办法包括逮捕、监禁、审判、算账、罚款、戴高帽游乡，乃至处死。按照《惩治土豪劣绅条例》，“土豪”指征收重租并在灾害时不减租的恶霸地主，并非所有地主；“劣绅”指那些欺压农民的恶劣绅士，并非所有士绅。也就是说，“土豪劣绅”并不是“阶级概念”，而只是“行

---

① 彭泽湘：《自述》，见中国革命博物馆党史研究室编《党史研究资料》第 5 集，209 页，成都，四川人民出版社，1985。

② 柳镛泰：《国民革命时期公产、公堂问题——两湖与广东农民运动之比较》，载《民国研究》（南京大学学报特辑）总第 5 辑（1999 年）；张国焘：《我的回忆》（二），214 页。

为概念”。[①] 但当农运日趋激烈后，打击对象扩大化，一般地主绅士亦难免殃及。张国焘谈到，当时审判土豪劣绅的方式，多系举行群众大会进行。在大会中，只要有人认定被审判者是土豪劣绅，则往往无人敢加以反对。惩罚的方法，愈激烈就愈容易通过。[②] 夏明翰也谈到，一些地主仅仅因为说了农协的坏话，农民便号召一百多人至数百人到他家去吃酒席。“许多地主的财产，因为吃酒席的农民太多，便是一餐酒席弄完了。”[③]

除了打土豪劣绅，减租减息、谷米阻禁和破除旧习俗等方面亦存在过激行为。后者如毁庙宇，打菩萨，拆祠堂，鼓动妇女反对夫权，逼寡妇改嫁，强迫妇女剪发，禁止抬轿子等。中共中央在 1927 年 6 月上旬连续发出通告，指出湘鄂赣农民运动中“发现许多无组织的行动”，如自由逮捕，罚戴高帽子，游街示众，吃排家饭，禁米出境，均分财物，“平产”式的没收财物，罚款式的写捐，强迫实行禁烟禁酒等“道德运动”，强迫捣毁神像祖宗牌等，导致军官、小地主与小商人的反感与反动，甚至导致农民协会内部农民之间发生互斗。[④]

1926 年底，湖南农民运动过激之说，开始在武汉流传。毛泽东为了弄清真相，于 1926 年底回湘调查。在进行一个多月的实地考察后，撰成《湖南农民运动考察报告》，公开为湖南农民运动辩护。他认为，所谓过火现象，为阶级斗争中所必不可免。革命乃一个阶级推翻另一个阶级的暴力行动，若非东风压倒西风，便是西风压倒东风。农民在历史上长期遭受各种压迫，矫枉必须过正，不过正则不能矫枉。毛泽东的意见得到中共湖南区委的热烈响应。夏明翰稍后所作的《湖南的农村革命》，几乎是毛泽东《湖南农民运动考察报告》的翻版。他赞赏和讴歌农民的过激行为，认为没有农民的这种行动，中国的革命就不会成功，并声称：“对敌人宽恕，便是对自己残忍。”[⑤]中共湖南区委此前一度承认

---

① 参见柳镛泰《国民革命时期公产、公堂问题——两湖与广东农民运动之比较》。

② 张国焘：《我的回忆》(二)，216 页。

③ 夏明翰：《湖南的农村革命》，台北，中国国民党中央党史馆藏，《一般档》，案卷号：484—130。

④《中央通告农字第五号》(1927 年 6 月)、《中央通告农字第七号》(1927 年 6 月)，见《中共中央文件选集》(三)，143—151 页。

⑤ 夏明翰：《湖南的农村革命》，台北，中国国民党中央党史馆藏，《一般档》，案卷号：484—130。

农运“的确太左稚”，并通告禁止农协罚款捕人等事。听了毛泽东的意见后，“才感贫农猛烈的打击土豪劣绅，实有必要，非如此不足以推翻现在乡村之封建政治。”[①]因而继续将湖南农运向激进方向推进。3 月底，湖南省农民协会根据毛泽东有关“痞子”是“革命先锋”的看法，提出“失业的农民”是革命中“最勇敢的先锋队”，并强调农民有武装自卫之权。4 月中旬，湖南各地农民协会加紧改造旧团防的工作，对土豪劣绅进行法外处决。尤其是处决湖南大名士叶德辉，使全国社会舆论产生极大的震撼。

中共湖南区委在湖南农民运动中起了主导作用。但当全省农民起来后，湖南党组织很快感到无法完全控制运动的发展。中共党组织在农村的发展速度远不如农民运动的扩张速度。湖南虽是中共组织发展较快的省份，该省党员人数一般占全国党员总数的 20%以上，但和湖南农运的发展相比，却远远落后了。1927 年 1 月，湖南有共产党员 6 000多人，其中农民党员1 759人，是时全省农会会员 200 万，农民党员与农会会员的比例为 1∶1 137。中共湖南区委慨叹说：“一千人中还只有同志一人，又怎样去领导呢?”是时中共的组织触角只伸入到县农协一级，“区农协间有我们的同志，乡农协没有人，我们的命令，只能到区而不能到乡”。[②] 农村党员人数既少，又多是政治上比较幼稚的新党员，面对波澜壮阔的农民运动，实在是力不从心。中共中央为了发展农民党员，放宽对农民入党的条件，“以是否忠实而勇敢的为农民利益斗争为标准，不必问其有无宗法社会思想及迷信”。[③] 强调勇敢和斗争性，难免淡化政治上和组织上的纯洁性。1927 年 2 月以后的两三个月时间里，湖南的中共党员人数骤增至 2 万左右。[④] 重视党员数量的增加，放松了质量的要求。农民党员本来文化程度低，入党后又来不及接受党的教育训练，虽然革命热情高，斗争性强，但其理论政策水平、组织

---

① 《湘区一月份农民运动报告》（1927 年 2 月），见《湖南革命历史文件汇集（省委文件）》（1927 年），60 页。

② 《中共湖南区委通告》（1927 年 2 月）、《湘区一月份农民运动报告》（1927 年 2 月），见《湖南革命历史文件汇集（省委文件）》（1927 年），58、64 页。

③ 《农民运动议决案》（1926 年 7 月），见《中共中央文件选集》（二），148 页。

④ 中共湖南省委党史委编：《湖南人民革命史》，228 页，长沙，湖南人民出版社，1991。

领导能力和思想道德修养并不比普通农民高多少。让这样一批党员去组织指导农运，看起来轰轰烈烈，其实基础并不稳固。

这个时期共产党人从事农运工作，一般是打着国民党的旗号进行的。1924 年 5 月中共湖南区委报告称：“一切社会运动，如劳动运动、农人运动、妇女运动、学生运动、平民教育运动……等概统一于国民党之下。”[①]1926 年 10 月中共湖南区委又谈道：“国民党在我们手里包办了，我们所有的主张都经过国民党，在民众中没有独立的主张，因此民众分不清 C. P. 与国民党。我们在民众中还没有能够建立独立的信仰来。”[②]中共一面“包办”了国民党，一面又未能在民众中建立起自己的信仰。这种看似矛盾的现象在国共合作时期相当普遍地存在，而且一直延续到国共关系破裂。[③] 国共分家时，如火如荼的工农运动在极短的时间内急剧跌落和瓦解。这除了国民党的武力镇压外，亦与这种“民众分不清 C. P. 与国民党”的情况有着直接关系。

湖南农运局势的逆转，发生在 1927 年四五月间，尤以 5 月 21 日的马日事变为界标。事变看似突发，其实它是农运危机蓄积已久的结果。

“无湘不成军”。近代以来，湖南人热衷于投身军旅，攒到钱后便回老家购置田产。唐生智的湘军是武汉政府的武力支柱，其军官和湖南农村中的地主富农有着千丝万缕的联系。当时武汉流行着这样一种说法：“国民革命军，士兵多数是农民，军官多数是地主。”[④]北伐初期，农民被动员起来为军队做向导、做侦察、做挑夫，集中精力支援北伐，尚未在农村进行阶级斗争，故军官对农会没有恶感。当农运转向打倒土豪劣绅之后，势必波及湘军中下级军官及其家属的利益。军官们在不断收到从湖南乡间传来的其家属遭农会打击的消息后，反农运的呼声一时陡然高涨起来。由于唐生智在相当一段时间内对农民运动采取了积极支持的态度，所部军官只好含恨容忍。但容忍终究要爆发。当军官

① 《湘区报告》（1924 年 5 月），见《湖南革命历史文件汇集（省委文件）》（1923—1926），9 页。

② 《中国共产党湖南区第六次代表大会关于湖南区 C. P. 与 K. M. T. 关系的决议案》，见《湖南革命历史文件汇集（省委文件）》（1923—1926），89 页。

③ 如中共广东省委在 1927 年 10 月制定的农民运动工作大纲中指出：过去我们在农民群众中工作，多系打着国民党的旗帜，以后应该坚决的用共产党的名义和旗帜去公开领导。见《广东农民运动资料选编》，134 页。

④ 张国焘：《我的回忆》（二），221 页。

们不断向唐生智诉说他们在乡间的家属遭到这样那样的打击后，唐生智对农运的态度亦由支持转为反感。马日事变遂成为转折的契机。

中共湖南区委没有重视强化农民武装的工作。后来在中共内部检讨工作时，湖南农协的工作常受到这样的批评："斗争确是激进的，武装准备却是落后的。"①农民自卫队一般只以梭镖为武器，长沙工人纠察队亦只有 204 支破枪。当马日事变来临时，工人纠察队和农民自卫队武装完全不堪一击。中共中央权衡当时形势，也只好同意武汉政府和平解决马日事变。湖南虽然因此免于战祸，农民运动却遭到毁灭性的打击。军警的大规模搜捕与屠杀，地主豪绅乘机反攻倒算，湖南全省笼罩在一片白色恐怖中。各级农协迅速解体。农民分化为 3 种态度：革命的，畏缩的，反水的。其中畏缩的占大多数。中共湖南党组织亦被打散。事变前，全省中共党员超过 2 万，占全国党员总数的1/3，事变后收集起来的不过 5 000 左右。其实，连这些数字也未必可靠。湖南省委在相隔 3 个多月之后承认："湖南的党经过五月事变的打击，差不多完全瓦解了。"②很难想象，一场 600 万农民参与的轰轰烈烈、惊天动地的运动，竟在一夜之间因许克祥一个团的打击而迅速土崩瓦解。

除广东、湖南之外，湖北、江西、河南等省的农民运动亦一度具有相当的规模，但远不及湖南。湖北在农运高潮时期，全省有 44 县成立了农协或农协筹备处，农运特派员2 100多人，农会会员达 284 万。③ 但在汪精卫分共后，农民运动亦很快归于沉寂。

农民问题是一个古老而又复杂的问题。与中国传统农民起义不同，20 世纪 20 年代的农民运动是在政党主导下变革乡村权力关系的革命运动。但这场由国共两党共同推动下的农民运动，却最终成为动摇两党合作基础的一个重要因素。其中一个关键点在于，共产党的农民运动是以阶级斗争为中心。而国民党对农民运动的态度，主要以政治、军事形势的需要为考量，当农民运动有利于其政权统一和巩固时则予以支持，不利于其政权稳定时则加以限制和压制。中共在农民运动

① 张国焘：《我的回忆》(二)，224 页。
② 《湖南组织报告(5 月—8 月)》(1927 年 9 月 5 日)，见《湖南革命历史文件汇集(省委文件)》(1927 年)，125—126 页。
③ 曾成贵：《试论大革命时期党领导湖北农民运动的经验和教训》，载《党史研究》1986 年第 4 期。

中虽然扮演了主导者的角色,但毕竟是在国民党的保护伞下,打着国民党的旗号进行的。农民运动的兴衰起伏,与国民党高层军政人物的支持与否,有着密切的关系。由于中共不重视政权和军队,只是片面地注重民众运动,国民党一旦反动,民众运动即迅速解体。毛泽东在八七紧急会议上检讨说:“从前我们骂中山专做军事运动,我们则恰恰相反,不做军事运动,专做民众运动。蒋(介石)唐(生智)都是拿着枪杆子起家的,我们独不管。”“以后要非常注意军事,须知政权是由枪杆子中取得的。”[①]八七会议后不久,中共湖南省委开会讨论暴动和农民土地问题。毛泽东再次强调:“要发动暴动,单靠农民的力量是不行的,必须有一军事的帮助。有一两团的兵力,这个就可起来,否则终归于失败。”“我们党从前的错误,就是忽略了军事。现在应以百分之六十的精力注意军事运动,实行在枪杆上夺取政权,建设政权。”[②]这是国民革命留给共产党的惨痛教训。

---

①《毛泽东关于共产国际代表报告的发言》,见中共中央党史资料征集委员会、中央档案馆编《八七会议》,58页,北京,中共党史资料出版社,1986。

②《彭公达关于湖南秋暴经过的报告》,载《中央政治通讯》第12期,1927年10月27日;金冲及:《从迅猛兴起到跌入低谷——大革命时期湖南农民运动的前前后后》,载《近代史研究》2004年第6期。

第三节　工农运动的中介群体

长期以来，我们习惯于一种非黑即白的二元化思维：中与西，新与旧，传统与现代，精英与大众，激进与保守，专制与民主，左派与右派，乃至革命与反革命……，极度简化了历史与现实的复杂维度。其实更多情形是一个多元并存的系谱。黑白之间，还有一个广泛复杂的灰色空间。新旧之间，可能存在半新不旧、新旧参半的过渡状态。左右之间，也常有中立以及中间偏左或中间偏右等倾向。我们的思维习惯于二元，眼光多投注两极，而相对漠视中层组织、中介群体、中间势力、中道立场与过渡形态。

本节试图探讨中共早期工农运动中的"中介"问题，并以此呈现其早期革命实践的复杂面相。中共早期革命虽有马列主义的理论指导和苏俄共产国际的实际指导，但一旦深入底层社会，发现纷繁复杂的社会世相远非马列理论所能应对。当他们深入工厂时，发现在工人与资本家之间，还有一个重要的中介群体—工头。发动工人运动时，很难避开工头而直接与工人接触。当他们深入农村动员农民时，面对汪洋大海般的乡土民众，党的力量显得太过弱小，而不得不借助合适的人群充当革命的"经纪人"。正是这些"经纪人"实际成为中共深入底层社会、动员底层民众的组织末端之触角，在中共早期革命中充当了十分重要的"中介"角色。①

---

① 中共早期工农运动中的"中介"相当普遍地存在，本节主要以上海、湖南分别作为当时工运、农运的代表进行考察。

一　工头与工人运动

五四时期,张东荪曾撰文讲述中国的“包办制度”和“头目制度”。他指出,包办制度在中国普遍存在,无论工厂、商店、学校、官衙,无论经济、政治、军事、教育,都是采取包办制度,“中国无处不取包办主义”。他总结包办制度的特征是:有一个媒介物,把两面的人隔开,从一方面讲,双方都可以与这个媒介物交涉,不必直接发生关系;从另一方面讲,双方因为不能直接授受,反而被媒介物所左右了。他举例说,官厅收税采取包税制,包税的人介于官厅与百姓之间,无论对于官厅,还是对于百姓,他都很有势力,官厅也怕他三分。①

张东荪特别指出劳动界的头目制度是典型的包办制度:

> 在各国,都是资本家虐待劳动者,在中国则不然,所以各国讲人道主义的书籍都是痛骂雇主的不道德,但是在我们中国,据我耳闻目睹,资本家的跋扈是很少的;雇主的暴虐也是很少的;即使有这种情形,劳动者也容易想法子去抵抗他们。独有一种制度是制劳动者的死命的,就是下层社会的寡头制度,也就是头目制度,所以我敢说中国的劳动者受资本家的虐待少而受头目的虐待多。这种头目制度虽则是各国都有的,但恐怕都没有像中国这样的厉害。②

张东荪认为,工厂的头目,介于工人与资本家之间,一方面可以挟制资本家,另一方面又可以压抑工人。他甚至认为包办制度与头目制度是当时中国产业发达的唯一障碍物。“若是从劳动方面讲,既然真讲人道正义,便当先推翻头目,若是一味地反抗资本家还是隔靴搔痒。”③

张东荪所说的工厂的“头目”,一般称作“工头”。工头制是中国近代企业中一种普遍存在的劳动组织制度。这种劳动组织的特点是,与工人有关的一切责任都由工头承担。资本家退居幕后。工头掌管工人

---

① 东荪:《头目制度与包办制度之打破》,载《解放与改造》1919 年 11 月第 1 卷 5 期,2—3 页。
② 东荪:《头目制度与包办制度之打破》,载《解放与改造》1919 年 11 月第 1 卷 5 期,1 页。
③ 东荪:《头目制度与包办制度之打破》,载《解放与改造》1919 年 11 月第 1 卷 5 期,3 页。

的招募和解雇大权，监督工人从事生产劳动，并从企业发给工人的工资中克扣一部分归为己有。工头制的存在，与当时劳动力市场不发达，企业管理组织不成熟等因素有关。工头制首先出现于在华外资企业，19世纪末在生产机械化程度较高的中国企业中也开始实行，二十世纪一二十年代在中国企业中普遍存在。[①] 但工头制的弊端也在五四以后受到知识界和企业界的关注。如1919年9月《解放与改造》杂志创刊号即有文指出："就沪上劳动界情形言之，工厂中之工人，虽为数不少，然皆俯伏于工头积威之下，为生计所迫，低首听命，而莫可如何者，在在皆是。"[②]

就社会身份而言，"工厂中之工头，乃介乎工人及雇主之间，既非纯粹属于工人阶级，但亦不完全属于雇主方面"。[③] 但工头与工人的关系更为密切。大部分工人是工头招来的，多是工头的同乡或亲戚朋友，与工头有一定的人身依附关系，不仅在厂内劳动时要听工头的指挥，下班后的活动也要受工头的管束。工头的规矩极严。多数工人不得不服从和依附工头。因工头是工人与资本家之间的中介。资本家必须透过工头招雇和管理工人，工人也必须透过工头与资本家打交道。工人如有错误被资本家开除，工头可与资本家说情，恢复其工作，也可能维护工人的利益；所以工人也最怕工头，一切都要工头出面，方敢在其后面行动。工人只敢参加工头所组织的团体与活动，而对于非工头出面组织的团体与活动则不敢向前。[④]

中共既以无产阶级先锋队自命，工人运动乃成为中共初期所从事的主要工作。为了接触和联络工人，中共有两个常用的手段：一是以开办工人夜校、工人子弟学校作为入手的方法；二是联络工头，力争工头的合作与支持。

上海是中国第一大城市，也是工人最集中的地方，但中共在上海开

---

① 工头制从20世纪20年代末开始走下坡路，但仍有很多企业一直到1949年仍采取工头制。相关论述参见王处辉：《中国近代企业劳动组织中之包工制度新论》，载《南开经济研究》1995年第5期。

② 南陔：《工团主义之研究》，载《解放与改造》1919年9月第1卷1期，6页。

③ 屠哲隐：《工头之训练》，载《工商管理月刊》1934年7月第1卷第3期，17页。

④《吴淞独支三个月铁路工作报告》（1926年7月4日），《对南市工人政治态度的调查与分析》（1925年12月），见中央档案馆、上海市档案馆编《上海革命历史文件汇集》（下文简称《上海文件》），561—562、356—357页，编者自印，1986年，甲4。

展工运最初并不顺利。邓中夏说:“中国共产党自成立以来,便在上海做职工运动,但是,总做不起来,做起来一点,便又覆灭。”[①]中共在上海开展工运遇到的最大障碍,是帮口和工头。工人几乎都归属于某一帮口。这种帮口大多是地域性的。帮口首领往往也是工头。中共上海区委对于是否要与工头建立“联合战线”,党内意见最初不一。有的认为工头剥削工人,工头的利益与工人的利益无关,故不能联合工头。也有的认为包探和工贼式的大工头必须反对,而普通小工头则可联合。而更多的人则主张只有联合和拉住工头,才能借重工头去号召组织工人。对于帮口,主张既不要排除,也不要整个联合,组织上要拉入其分子。[②]在这种情况下,上海区委不得不认可通过帮口介绍工人党员的方式,甚至认为借助帮口,拿住帮口之工头,是发展组织的一条捷径。[③]

上海区委最初感到透过工头来组织工人非常容易[④],但很快发现,这种做法大大强化了工头在工人中的权威,更使工人唯工头之命是从。工头利用工会和党组织所赋予的新的身份,由“封建”式的帮口首领,摇身一变为现代“工人领袖”或党的支部书记。他们借助新的政治身份压迫工人。然而,工会和党组织始终仅拿住几个工头,而没有真正深入工人群众,也无法避开工头直接与工人接触。对工人群众的实际要求和真实意愿实际并不清楚。由工头转化而来的“工人领袖”,在党组织与工人群众之间,难免上下其手,即一面挟党的权威以令工人,一面借工人群众的名义胁迫工会和党。很多工人仍拘泥于旧式的组织形式(如帮派、弟兄、同乡等),对新式工会的功能和党组织的政治意义,实际并不了解。[⑤]

1926年八九月间发生的小沙渡日厂工潮,就是党组织被“工人领袖”胁迫的一个典型例证。

---

① 邓中夏:《中国职工运动简史》,155—156页。

② 《上海区委主席团会议记录》(1926年4月26日),见《上海文件》乙2,42—53页。

③ 《上海区委全体委员会议记录》(1926年6月2日)、《上海区委全体委员会议记录》(1926年6月18日),见《上海文件》乙2,197、278页。

④ 1926年6月2日罗亦农在上海区委会议上称:“上海组织工作因帮口多,很易进行。”《上海区委全体委员会议记录》(1926年6月2日),见《上海文件》乙2,197页。

⑤ 《上海工委宋林关于最近五月来上海职工运动的报告》(1926年10月1日),见《上海文件》甲3,500—501页。

是次工潮，涉及日厂12家，8月20日开始，9月16日以失败告终。上海区委最初无意发动罢工。罢工完全是应工头的要求，也自始至终受工头的操控。工头之所以想罢工，一个重要的考虑，是他们鉴于1925年五卅运动的经验，以为只要发起大规模的罢工，必能得到社会各方的捐款救济。他们好从中"揩油"。上海区委将这一现象称之为"五卅恶习"。五卅运动期间，数十万工人之所以能持续罢工达数月之久，一个重要的原因，即来自社会各方的巨额捐款，得以维持罢工工人的基本生活。据统计，五卅运动期间，国内外各方为支援上海工人罢工而募集的捐款，超过300万大洋。① 大约相当于中央政府全年经费开支的一半。巨额的捐款，大部用于工人的生活补贴，但工头也从中"揩油"不少。所以这次小沙渡日厂罢工，据上海区委事后分析，"许多(工人)领袖以为罢工便是他们'揩油'的机会来了。……最初只是靠着几个(工人)领袖开些名单来，组织纠察队，没有问到真正的群众，以致纠察队很多是虚额领钱。……(工人)领袖们的坏习惯太多。这些坏习惯可以说在五卅运动中养成。事情还没有做好，就以要钱揩油，视为正当。他们都说(五卅时)刘华、蔡珊好，其实刘华那时能多给他们点钱，也是一个使他们说好的原因，因为那时比较有钱。这次工会与党都没有钱，他们就常常表示不满。"②"根本问题，在党与工会不能在事前制止(工人)领袖的自由行动，以致我们被各方面逼到不得不罢工。在罢工期间，党与工会也是无力指挥工人领袖，不能深入到工人群众中去，不能得工人群众的拥护，如纠察队等都如此。所以我们这次失败，完全在失掉群众，只是应付要钱及想法子等。""群众要上工，而我们天天得到(工人)领袖们的报告说可以支持。如指挥处，除与(工人)领袖接洽外，对工人群众毫无接近，群众完全不知道罢工的条件与策略，以致天天发生恐慌，而我们不知道。"③

中共与工人群众的联系，实际上被"工人领袖"所阻隔。所以上海区委最终认识到："上级机关与工人群众之间，往往被少数工人领袖从

① 李健民：《五卅惨案后的反英运动》，台北"中央研究院"近代史研究所专刊，1986年，164—168页。
②《小沙渡日厂罢工的经过与教训》(1926年9月20日)，见《上海文件》甲1，357—358页。
③《上海区委召开日厂罢工总结批评会记录》(1926年9月20日)，见《上海文件》乙3，466—467页。

中隔断,不通声气,致工会不能得群众之了解,工会在群众中不能取得真实的力量。”[1]工头转化为“工人领袖”后,他原来的帮口组织实际仍存,但他因假借共产党和工会的名义,其组织力量比从前更大。“现在他拿C.P.工会名义去活动,我们实际尚未抓到群众。”[2]其结果,共产党在利用帮口工头的同时,反被帮口工头所利用。

虽然如此,上海区委仍不能不通过联络帮口工头以推动工人运动。如码头工人方面,中共一直未能打入,于是决定找码头工人中的青帮工头,请他们吃酒。[3] 据1926年5月4日区委主席团会议记录:码头总工会近来发展很快,青帮联络到八九个码头首领。[4] 5月11日的区委主席团会议记录:已打入35个码头,尚有14个未打入。[5]

当时上海工人,同一工厂也常分好几种帮口或派别。各帮口派别各有其首领,平日互不相下。一旦甲派的首领做了工头,便利用其地位与势力,压制乙派的工人。乙派工人起而反抗,故而经常发生械斗。[6]如小沙渡纱厂工人有山东帮与江北帮的对立;[7]杨树浦码头工人有清江帮与泰州帮的对立;[8]闸北丝厂工人则分江南帮与江北帮。[9] 在中共看来,帮口之间的分化与对峙,十分妨碍无产阶级队伍的团结。上海区委虽然在工人中发布“工人是一家”“反对地方主义”等宣传口号,但实际收效甚微。[10] 为了化解帮口之间的矛盾,中共经常在不同帮口之间,充当调人的角色。如小沙渡的山东帮与江北帮势如水火。以前山东帮曾被日本资本家利用,后因他们太嚣张,日本资本家又转而利用江北帮排斥山东帮。中共在小沙渡组织工会时,最先在江北帮中发展。这样一来,山东帮难免对工会怀有抵触情绪。中共担心江北帮与山东帮之间矛盾激化,将直接导致山东帮反对工会和党组织。后经中共方面极

---

① 《今后上海职工运动的改进计划》(1926年10月1日),见《上海文件》甲1,380—381页。
② 《上海区委召开各部委书记会议记录》(1926年6月26日),见《上海文件》乙2,333页。
③ 《上海区委主席团会议记录》(1926年4月30日),见《上海文件》乙2,59页。
④ 《上海区委主席团会议记录》(1926年5月4日),见《上海文件》乙2,79页。
⑤ 《上海区委主席团会议记录》(1926年5月11日),见《上海文件》乙2,104—105页。
⑥ 壬:《上海罢工风潮》,载《现代评论》1926年7月第4卷第83期,2页。
⑦ 《上海区委主席团会议记录》(1926年6月25日),见《上海文件》乙2,312页。
⑧ 《上海区委主席团会议记录》(1926年7月20日),见《上海文件》乙3,118页。
⑨ 《上海区委召开各部委书记会议记录》(1926年9月12日),见《上海文件》乙3,396页。
⑩ 《上海区委会议记录》(1925年8月28日),见《上海文件》乙1,128页。

力调解，想法让江北帮断绝与日本资本家的关系，并在山东帮中建立工会，两帮关系才趋于缓和。[①]

中共虽然有意联络和拉拢工头，但并非所有工头都愿意受其笼络。对于那些不接受笼络的工头，中共会加以“走狗”“工贼”“流氓”之名，毫不手软地加以打击。有一个时期，工会专门组织“打狗队”以暴力对待，不过更多的时候是软硬兼施。中共所称的“流氓”，主要指帮会头目。如 1926 年 5 月 11 日的上海区委主席团会议记录：联络流氓有成绩，浦东大流氓已由顾顺章拜他为先生，范孟叔也拜他做老头子；今天再请各流氓吃饭。[②] 6 月 12 日上海各部委书记会议记录：小沙渡工潮，由上海总工会请酒联络流氓。[③] 9 月 7 日上海区委主席团会议记录：码头工人方面，要与工头、红头、账房进行联合战线；要注重找流氓、包探，要利用他们的组织。[④] 10 月 1 日上海职工运动总报告也指出：“在工人本身方面的联合战线，在小沙渡曾由上总（上海总工会）宴请包探与流氓，结果对上总表示服从，允许帮忙；在码头工人方面，也与码头包探及较有势力的流氓与工头相周旋，结果也很好。”[⑤]

由于资本家也千方百计拉拢“流氓”、工头，一些“流氓”、工头常常会在资本家与工会之间左右摇摆，待价而沽，哪边出价高，就倒向哪一边。受其影响，所属工人亦随之摇摆。张东荪所描述的普遍存在的“被媒介物所左右”的包办制度，在中共早期工人运动中同样存在。作为革命的经纪人，工头既可能成为革命所需要的工人领袖，也可能成为阻隔中共与工人群众联系的障碍。

二　乡村小学教师与农民运动

农民中有一个非常重要却长期被学界忽视的群体——乡村小学

① 《上海区委主席团会议记录》（1926 年 6 月 25 日），见《上海文件》乙 2，312 页；《上海区委主席团会议记录》（1926 年 7 月 9 日）、《上海区委召开各部委书记会议记录》（1926 年 7 月 10 日），见《上海文件》乙 3，31—32、49 页。

② 《上海区委主席团会议记录》（1926 年 5 月 11 日），见《上海文件》乙 2，104—105 页。

③ 《上海区委召开各部委书记会议记录》（1926 年 6 月 12 日），见《上海文件》乙 2，227 页。

④ 《上海区委主席团会议记录》（1926 年 9 月 7 日），见《上海文件》乙 3，364—365 页。

⑤ 《上海工委宋林关于最近五月来上海职工运动的报告》（1926 年 10 月 1 日），见《上海文件》甲 3，472 页。

教师。

帝制时代,皇帝任命的地方官员到县级为止。县衙以下的基层社会,实际存在着3个非正式的权力系统在运作:一是附属于县衙的职业化吏役群体。如清代州县吏役人数,大县逾千,小县数百。[①] 二是里甲、保甲等乡约地保群体。这一群体每县亦有数十至数百人不等。[②] 三是由具有生员以上功名及退休官吏组成的乡绅群体。据张仲礼研究,19世纪前半期中国士绅总数达到100余万,[③]平均每县有六七百名。

当中共试图深入乡村社会动员农民起来革命时,面临两个最大的难题:一是将广大而分散的农民组织起来,需要巨大的组织力量;二是势必遭到原有乡村权势力量的抵制。

据《湖南农民协会暂行章程》,农民协会分省、县、区、乡、村五级。[④] 帝制时代"皇权不下县"。直到民国初年,国家正式的行政层级仍止于县。而区、乡、村农民协会的建立,意味着农民协会的组织触角比国家行政下沉了3个层级。政治组织每下沉一个层级,组织成本将呈几何级数增长。农民协会虽非正式的行政机构,其组织成本也低得多,但仍需要相当的组织资源。各级农协如何组织,依靠谁来组织,更具体点说,找哪些人担任各级农协"委员",是农民运动开展的一个首要问题。

过去我们只关注以国民党名义先后在广州和武汉开办的农民运动讲习所,以为农民运动讲习所培训的大批学员充当了各省农民运动的组织力量。其实经过农民运动讲习所培训并派往各省的农运特派员,远远不能满足北伐时期农民运动急速发展的需要。在湖南,据称先后派出的农运特派员多达400余人。[⑤] 这些农运特派员并非都毕业于农民运动讲习所,其人数也已经大大超过了其他省,但据中共湖南区委在1927年初的保守估算,每一县农协平均6人,每一区农协平均1人,每

① 吴吉远:《试论清代吏役的作用和地位》,载《清史研究》1993年第3期。

② 参阅丛翰香主编《近代冀鲁豫乡村》,中国社会科学出版社,1995年。

③ 张仲礼:《中国绅士》,137页,上海社会科学院出版社,1991。

④《湖南农民协会暂行章程》(1926年),见中国革命博物馆、湖南省博物馆编《湖南农民运动资料汇编》,124页,人民出版社,1988。

⑤ 夏曦:《在国民党二届三中全会上湖南政治党务报告》(1927年3月12日),见《湖南农民运动资料汇编》,239页。

一乡农协平均 0.5 人，则全省需要专职的农运工作者 3775 人。[①] 也就是说，400 余名农运特派员只能基本满足县一级农协干部的需要，而区、乡、村农协需要更大的组织力量。“每一区农协平均 1 人，每一乡农协平均 0.5 人”，这样的配置在实际运作中是远远不够的。

正是在这样的背景下，中共中央提出以乡村小学教师充当农运的基层组织媒介，并于 1925 年底专门作出《乡村教师运动决议案》：

为要发展我们的乡村工作，我们应当首先注意于在乡村中智识比较进步而有领袖地位的乡村教师，提高他们的觉悟程度，介绍他们加入我们的团体。乡村中教师多系青年，穷苦被压迫不能升学的师范中学学生，他们在乡村中，过很苦的生活，受恶劣的风俗习惯所束缚，压制，所以应当很容易同情于我们的主张。……乡村教师往往可以做我们农民运动的着手处。[②]

实际上，在中央决议案出台之前，中共湖南区委在农民运动议决案中已有指出：乡村小学教师和手工业者，文化程度多比真正农民略高，而“乡村小学教师的生活状况，与佃农及手工业者相差不多，而容易领受革命要求与革命知识，我们要从这种人中找出农民运动的领袖人物”。[③] 随后又多次强调“农村小学教师实际是天然地站在输送新思想于农村的地位”。[④] 中共在湖南最早的一批党团员，多为城市青年学生和小学教师。毛泽东本人也当过小学教师，当其在湘潭、湘乡等地着手建党和开展农运时，亦从联络乡村小学教师入手，“先从土豪劣绅手中夺取农村的学校阵地”，作为开展革命的立足点。[⑤] 中共在其他省区也有以“抓到地方教育权，安插我们的同学当教员，作农民运动的基础”的

① 《中共湘区一月份农民运动报告》（1927 年），见《湖南农民运动资料汇编》，458 页。

② 《乡村教师运动决议案》（1925 年 12 月 23 日），见中央档案馆编：《中共中央文件选集》（一），541 页，中共中央党校出版社，1989。

③ 《中共湘区关于农民运动议决案》（1925 年 10 月），见《湖南农民运动资料汇编》，60 页。

④ 《湖南农民运动目前的策略》（1926 年），见《湖南农民运动资料汇编》，189 页。

⑤ 《贺尔康日记》（1925 年），见《湖南农民运动资料汇编》，389—394 页。另参见湘乡县纪建办编《毛主席考察湘乡农民运动以及考察前后农运情况的调查总结》（1968 年），油印件，衡山县档案馆藏，案卷号：301。

做法。[①] 只是这一策略以湖南做得最好。

毛泽东的《湖南农民运动考察报告》，最初发表的版本中，附有一个“湖南各县农会会员统计表”。表内详细列举了各县农协会员成分，除雇农、佃农、半自耕农、自耕农、手工业者、小商人和妇女外，还列有“小学教师”一项。这一项很独特，也最值得注意。最多如衡阳县，有 2256 名小学教师加入农会。其次如长沙县有 1425 人，此外华容县有 1216 人，湘潭县有 1100 人，宁乡县有 600 人，湘乡县有 540 人。其他县亦有数十到数百人不等。[②] 按理，小学教师不属于真正农民，为什么会有如此多的小学教师加入农会中？他们在农民运动中扮演着什么样的角色？

近代以来，湖南的教育相对比较发达。尤其在曾国藩的湘军时代，出外做官的人很多，官绅们为了光宗耀祖，大修祠堂，大办族学，废科举兴新学后，“族与族之间互相竞争，于是招收外人，扩大范围，成为正式的学校”。与科举时代相比，就读新学的读书人数量有增无减。[③] 据 1923—1924 年的统计，湖南全省小学（包括初小、高小）有 15246 所，教职员有 33491 人。平均一所小学约两名教职员。当时湖南共有 75 县，平均每县有小学 203 所，有教职员 446 人。长沙、浏阳等县，初级小学有近千所，湘潭、宁乡、平江、湘阴、澧县等县有五六百所。[④] 小学教育比较发达的地区，也是农运比较活跃的地区。在这些地区，小学教师大多加入到了农民运动的行列中。五四时期凡新式教育比较发达的地区，新青年、新学生比较多，新文化、新思想的传播比较快，其后中共党团组织也比较发达。农运同样如此。小学教师的参与程度，与农运的兴盛程度有着密切的联系。

民国初年，乡村小学教师一般为高小毕业因经济原因而不能继续升学的年轻学生，也有科举出身的年老的举贡生员。[⑤] 积极投身农运

① 《中共宿县独支的报告》（1926 年 10 月 19 日），见中共安徽省党史工作委员会、安徽省档案馆编《安徽早期党团组织史料选》，150 页，1987 内部编印。

② 《湖南各县农民协会会员统计表》（1926 年 11 月），见《湖南农民运动资料汇编》，144—148 页。

③ 傅任敢：《湖南教育一瞥》，载《独立评论》1933 年第 78 号，10 页。

④ 张唯一：《民国以来湖南教育行政概观》，见《湖南大公报十稘纪念册》，2—3 页，湖南大公报编辑部辑印，1925。

⑤ 祝其乐：《乡村教师问题》，载《中华教育界》1923 年第 13 卷第 10 期，1—11 页。

的主要是前者。中共称他们为“半知识分子”。正是这批小学教师，实际成为北伐时期湖南农民运动的基层骨干力量。所谓穿破鞋、打破伞的游民和贫农，只是充当革命的马前卒和急先锋，而真正发挥领导作用的区、乡农协委员大多是乡村小学教师。“许多小学校也已经变成了各地方农民运动的机关。”①在农运发达的县，由于乡村小学教师大批投身农民运动，导致学校停课，甚至“因教师兼做农运工作，荒废课业，引起一般人渐不信任学校”。②

据 1927 年 2 月中共湖南区委的报告：“各地农协，县协在我们手里；区农协有我们的同志；乡农协没有人。我们的命令，只能到区，不能到乡。”③另有资料显示，“其时之农运工作人才，十之三为省党部农民部特派员，十之五为当地小学教师，余则为游民无产者”。④ 大体言之，县级农协委员多为省党部下派的农运特派员，区级农协委员一般为当地小学教师充任，乡级农协委员则部分为小学教师，部分为游民和手工业者。

中共湖南区委承认：“各地我们的发展：(一)多有偏于一隅的；(二)多找些小资产阶级的半知识分子和乡绅。因此，第一就发生了部落的毛病，第二就只占有上层，不能打入群众中去。”⑤所谓“小资产阶级的半知识分子”正是小学教师。长沙县一位亲身经历者忆述：“当时所依靠的，多半是当地的小学教员，真正贫雇农主动发起的可以说没有。”⑥

以小学教师为主体的“半知识分子”积极投身农民运动，也有自身的利益考量。这批人受过一定的或旧或新的教育，自视为斯文人，自我角色定位不同于普通农民。⑦ 然而他们既难以进城谋职谋生，而在农

---

①《湖南农民运动目前的策略》(1926 年)，见《湖南农民运动资料汇编》，189 页。

② 杏书：《关于农运的一个报告》(1926 年)，见《湖南农民运动资料汇编》，453 页。

③《中共湘区发展党在农民中的组织计划》(1927 年 2 月 16 日)，见《湖南农民运动资料汇编》，104 页。

④ 李执中：《农民问题与痞子运动：湖南农运之分析的报告》，载《中央半月刊》1927 年第 4 期，64 页。

⑤《中共湘区发展党在农民中的组织计划》(1927 年 2 月 16 日)，见《湖南农民运动资料汇编》，104 页。

⑥ 廖白皋：《龙喜乡农民运动的兴起》，见中共长沙县委党史办等编《大革命时期长沙农民运动》，174 页，湖南人民出版社，1989。

⑦ 1924 年，李景汉在京兆农村调查时发现，凡受过高等小学教育的人就不肯在田间工作(李景汉：《京兆农村的状况》，载《现代评论》1926 年 4 月第 3 卷第 71 期)。在一些内地农村，“粗识文字的小学毕业生便可以打起知识分子的幌子，俨然以绅士自居，出入公门，鱼肉乡里，任意欺骗老百姓。”(《甘肃省 31 年全省行政会议汇刊》，第 34 页，甘肃省政府秘书处 1942 年编印。)

村除了开馆教书,亦无其他出路。而这个时期乡村小学教师的收入十分微薄,年俸仅100元左右,社会声望和地位也相当低。[①] 在广东一些地方,小学教员自称"老四",因当地有"一穷,二死,三麻疯,四教书"之俗语。他们因"受过教育,有知识,有思想,以故对于环境易起刺激和悲观,且欲望比农夫工人高,所以其痛苦深"。[②] 乡村权势资源控制在少数豪绅大地主之手,没有他们置喙的余地。中共党团组织的向下渗透和农民运动的兴起,无疑为他们提供了一个很好的改变自身地位的机会:

> 小学教师,自有他们的职业,因为从前饱受土豪劣绅的压迫,故趁此时机,出而组织农协,……此派多被选为区农协执委,于中小地主及正绅、佃农、自耕农及手工业者,极获信仰。[③]

小学教师投身农民运动,对农民运动产生了什么影响,自是一个值得考察的问题。资料显示,"湖南的农民运动,一起来便是政治的争斗"。[④] 湖南农运将打倒"土豪劣绅"作为首要目标,明显带有争夺乡村权势的意味。所谓"土豪劣绅",实际是乡村的既得利益阶层,是乡村社会的当权派。年轻的"半知识分子"们趁机起来造他们的反,赶跑或打倒他们之后,自己可以取而代之。所以,有些地方的农运,是从反对垄断全乡教育大权的劣绅开始的。[⑤] 对普通农民而言,减租或分田地也许更有实际意义,而对小学教师而言,打"土豪劣绅"更有吸引力。"一切权力归农会",并非归于普通农会会员,而是归于少数农会"委员"之手。所以湖南农运的中心工作首先是基层权力的重组,而权力重组的最大受益群体,即是这批以小学教师为主体的基层农会"委员"。

除了打击土豪劣绅,湖南农运中另一项颇具影响的工作是"平粜阻

---

① 祝其乐:《乡村教师问题》,载《中华教育界》1923年第13卷第10期,1—11页。

② 陈修:《对于小学教员的研究》(1921年),见《海陆丰革命史料(1920—1927)》第1辑,30、32页,广东人民出版社,1986。

③ 李执中:《农民问题与痞子运动:湖南农运之分析的报告》,载《中央半月刊》1927年第4期,64页。

④ 唐生智:《在国民党二届三中全会上关于湖南的政治报告》(1927年3月),见《湖南农民运动资料汇编》,242页。

⑤ 廖白皋:《龙喜乡农民运动的兴起》,见《大革命时期长沙农民运动》,173页。

禁"。其时外界对湖南农运的印象："平粜阻禁是最惹人注视，说农协坏的一件事。"[1]中共湖南区委也认为："平价阻禁，为农协中最普通之争斗，……因平价阻禁而引起政府及社会对农运之反感最甚。"但中共湖南区委认为平价阻禁为贫农所最需要者，"平价阻禁运动之普遍，亦可证明现在农协是在贫农手中"。[2] 中共湖南区委似乎急于向中央证明农协是在贫农手中。其实，相对于贫农，平粜阻禁与小学教师的利益更密切相关。因为"一般手工业者、小学教师，必须买米"。[3] 一般农民毕竟自己种田，至少可以部分粮食自给，而小学教师则完全要靠买米生活，所以他们对"不准谷米出境、不准抬高谷价、不准囤谷居奇"最为积极，而对"不准加租加押""不准退佃"等与农民切身利益相关的活动热情反而次之。[4] 实际上，中共湖南区委在1927年1月发布的通告明确指出："现在因各地阻禁平粜的结果，谷价日见低落，金融闭塞，自耕农、佃农等小资产阶级的农民，将有脱离农协之趋势。"[5]也就是说，阻禁平粜反而使自耕农、佃农等农民的利益受损。因为"从前自耕农、佃农等，都是用谷米兑换油、盐、棉花等杂货，以调济生活。现在因谷米不能出境，谷价低落，各地商店都拒绝不要谷米，都要现钱才有货卖，农民无现钱就不能购买货物，就感觉十分困难"。[6] 所以，平粜阻禁的最大受益群体，只是小学教师、手工业者和雇农等部分人。而这部分人，虽然只占农会会员的少数，却是基层农协的骨干力量。[7]

在1927年3月召开的国民党二届三中全会上，唐生智转述当时流行的对湖南农运的一种说法："安分的农民没有参加，而为一般不耕田

① 罗难：《农民运动与反宣传》（1927年1月7日），见《湖南农民运动资料汇编》，310页。

② 《中共湘区一月份农民运动报告》（1927年），见《湖南农民运动资料汇编》，456页。

③ 夏曦：《在国民党二届三中全会上湖南政治党务报告》（1927年3月12日），见《湖南农民运动资料汇编》，237页。

④ 毛泽东：《湖南农民运动考察报告》，见竹内实编《毛泽东集》第1卷，222—225页，日本，中国共产主义研究小组刊印，1976。

⑤ 《中共湖南区委关于阻禁平粜问题的通告》（1927年1月16日），见《湖南农民运动资料汇编》，608—609页。

⑥ 《中共湖南区委关于阻禁平粜问题的通告》（1927年1月16日），见《湖南农民运动资料汇编》，608—609页。

⑦ 以农运发达的湘乡县为例，其农会会员成分为：佃农占48.0%，自耕农和半自耕农占28.4%，雇农占8.6%，手工业者占14.7%，小学教师占0.3%。《湖南各县农民协会会员统计表》，见《湖南农民运动资料汇编》，144页。

的人和一般不努力耕田的人所领导的农民运动。”[①]这一说法并非完全捏造。掌握基层农会权力的小学教师，还有一批手工业者，均是“不耕田的人”。而“不努力耕田的人”则指在农运中充当打手和急先锋的一批“游民”。这两部分人确实是湖南农运中的骨干和积极分子。忽视小学教师在湖南农运中所扮演的革命经纪人角色，就难以理解湖南农运为何以打倒“土豪劣绅”和“平粜阻禁”为首要目标。

湖南农运鼎盛时，县以下各级农会集基层行政、司法、武力和民间性的社会权力于一身，在湖南一度形成“两套政权”的局面——省政府的统治权与县以下农会的统治权。各级农会组织一度几乎取代了县以下的政权系统。据柳直荀描述，到 1927 年 5 月马日事变前，湖南实际已形成“工农专政”的局面，“城市中的工会，乡村中的农民协会，简直是当时第二政府”。[②] 不过，中共的组织只能延伸到县一级农会，中共的指令只能下达到区一级农会。在区、乡两级，农会权力实际为少数农会委员所把持和包办。这一时期，中共的组织触角尚未直接深入到农民群众中去，与农民直接打交道。作为基层革命的经纪人，小学教师在打击“土豪劣绅”之后，成为新的乡村基层权力的掌控者。随着农民运动的急速扩张，中共对基层农会的控制越来越力不从心。基层农会更加肆意而为，革命经纪人的权力更加膨胀。而普通的农会会员未必能真正尝到权力的滋味。[③] 在这种情况下，那些普通农会会员有可能袖手旁观，甚至如广东出现“农民对于协会工作，永不发生兴趣”的现象。[④]

一般的看法，帝制时代，县衙以上通过官僚实现政治控制，县衙以下通过乡绅实现社会整合。绅士既与朝廷官僚体系休戚与共，又与基层民众保持着密切联系，成为官民之间的缓冲与中介。作为官系统触角的延伸，绅士配合官府向人民征收赋税，维持地方治安；作

① 唐生智：《在国民党二届三中全会上关于湖南的政治报告》（1927 年 3 月），见《湖南农民运动资料汇编》，241 页。

② 直荀：《马日事变的回忆》（1928 年 5 月），见《第一次国内革命战争时期的农民运动资料》，445 页。

③《广东农民运动报告》即指出：“农民不认识协会是他们自己的，结果使少数执行委员同秘书把持协会。”广州农民运动讲习所旧址纪念馆编：《广东农民运动资料选编》，100 页，人民出版社，1986。

④《广东农民运动报告》，见《广东农民运动资料选编》，63 页。

为基层民众的代言人，绅士在一定程度上又是地方利益的代表，有时甚至会与损害地方利益的官府发生冲突。正是绅士在官民之间上下沟通，才形成一种良性互动关系。当然这是一种理想状态，实际情形未必尽然。

科举废除，帝制倾覆后，士绅的“继替常轨”中断。清末最后一代士绅经过一二十年的自然递减，至二十世纪二三十年代所剩无几。不仅如此，民国建立后，科举功名身份不再具有帝制时代所具有的法理性权威，丧失了皇权体制的庇护。“前清举人”“前清进士”成为历史遗存，而不再成为获取社会优势地位和权势资源的凭借和依据。1926 年，彭湃在《海丰农民运动报告》中写道：“二十年前，乡中有许多贡爷、秀才、读书穿鞋的斯文人。现在不但没有人读书，连穿鞋的人都绝迹了。”[①]

民国建立后，官僚政治仍止于县，无法进一步“下沉”，而基层社会原有的乡绅自治却迅速劣化和裂变。在这种情况下，以知识分子为主体组成的新型政党和政治力量开始“深入民间”。五四以后，国民党，青年党，共产党，还有无政府派，都有“深入民间”的意向和行动。但“深入民间”知易行难。即使最具践行力的中共，亦感困难重重。无论城市，还是乡村，中共都面临两大难题：一是底层社会“无限”，而自身组织力量有限，如何将“一盘散沙”的底层民众组织起来？二是底层社会原有的权势力量及其网络，是摧毁破坏，还是改造利用？

五四开始，知识界“社会改造”的呼声强劲。中共更进一步，以“社会革命”为目标。辛亥革命停留于“政治革命”的阶段。“政治革命”是“小革命”，而“社会革命”是“大革命”。“大革命”的目标是要将社会实行“天翻地覆”式的变革。但当进入实践层面，中共发现革命理想太过高远，而自身力不从心。在这种情况下，中共不得不调整策略，放低姿态，城市工运无法展开工人与资本家的直接对抗，只好联络工头，借助工头的力量组织动员工人。乡村社会的动员，也无法直接展开农民阶

---

① 彭湃：《海丰农民运动》，见《海陆丰革命史料（1920—1927）》第 1 辑，132 页。

级与地主阶级的对决，只好借助小学教师为基层农会的组织力量。工头和小学教师实际成为中共早期革命的“经纪人”。不借助这些“经纪人”，中共很难直接与工人、农民打交道，更无法将工人、农民组织动员起来。然而，这些“经纪人”都有自身的利益考量和利益诉求，而不可能完全听从党的指令，有时还反过来利用党的名义和组织资源为自身寻租谋利，以至偏离革命目标。一场试图颠覆和改造社会的革命，仍未能摆脱当时中国社会普遍存在的包办制度，也未能避免“被媒介物所左右”的结局。

第十一章

三大政党的“革命”观念及其政治文化

近代中国以“革命”频发而著称。美国研究革命现象的著名学者詹隼(Chalmers Johnson)称:“19世纪与20世纪的中国革命,是所有历史个案中最大且最复杂的革命样本。”[①]邹谠也认为,中国革命是历史上参加人数最多,发展最复杂,成功与失败的经验最丰富,时间也极长的集体政治行动。[②]

在中国革命史上,20世纪20年代是一个重要的转折时期。清末以来持续十余年之久的“革命”与“改良”之争因辛亥革命而告终。然而经过民初短暂的民主宪政的不成功尝试后,革命的呼声再度在中国掀起。与晚清由单一党派主导革命不同的是,20世纪20年代的革命激变为多个党派的共同诉求。国民党的“国民革命”、共产党的“阶级革命”与青年党的“全民革命”几乎同时并起。虽然三党在革命目标和革命对象的设定上不尽相同,但都竞相揭橥“革命”大旗,且均以“革命党”自居。革命由过去的一党独导,发展为多党竞举的局面。

在三大党派的大力宣导下,不仅“革命”一词成为20世纪20年代中国使用频率极高的政论词汇之一,而且迅速汇聚成一种具有广泛影响且逐渐凝固的普遍观念,即革命是救亡图存、解决内忧外患、实现国家统一和推动社会进步的根本手段,改良及其他救国途径(如教育救国、实业救国、学术救国等)被视为缓不济急和舍本逐末。革命高于一切,甚至以革命为社会行为的唯一规范和价值评判的最高标准。“革命”话语及其意识形态开始渗入到社会大众层面,并影响社会大众的观念和心态。

与之相随,“反革命”则被建构成为一种最大之“恶”,随即又升级为最恶之

① 詹隼:《革命:理论与实践》,中文版序言,台北,时报文化出版公司,1997。
② 邹谠:《研究二十世纪中国政治的新路向》,载《香港社会科学学报》1994年第3期。

"罪"。"革命"与"反革命"形成非黑即白的二元对立,二者之间不允许存留任何灰色地带和妥协空间。当时流行的一句口号"不革命就是反革命",即是这一情形的生动写照。政治改革道路的不同选择不再被定义为"革命"与"改良"之争,或激进与温和之别,而是被建构为"革命"与"反革命"的圣魔两立,水火不容。"革命"与"反革命"被扩大化为非常宽广层面的各种社会力量之间的阶级较量。与此同时,不同政党以及同一政党内部的不同派系之间,竞相争夺并试图垄断对"革命"话语的诠释,同时将"反革命"的头衔加诸不同政见者和政治敌对党派之上,唯己独"革",唯己最"革",唯己真"革",甚至视革命同路人为危险的竞争对手。与清末相比,20 世纪 20 年代的"革命"与"反革命"话语既带有浓烈的专断性,又富有浓烈的任意性,在此基础上开始凝固成一种新的"革命"政治文化。

20 世纪 20 年代的中国革命,本是一场由不同党派、群体以及精英与大众所共同发声(赞成或反对)、组合(推动或抗阻)而成的运动。我们有必要尽力"复原"和"再现"那个年代里不同党派"众声喧哗"的状态。中国青年党的"革命"虽然停留在口头和笔端,没有付诸实际行动,但在当时中国社会,尤其是部分青年知识分子中仍产生了一定影响。前面各章主要关注国共两党的革命实践,本章拟从观念史的层面,将 20 世纪 20 年代的中国革命放到国、共、青三大政党党际互动的历史场域中进行观察和思考,侧重对三党各自所表述的"革命"话语予以比较分析。

第一节　从“一党独革”到“多党竞革”

中日甲午战争以后，中国开始出现两股从事改革运动的新力量，一派主张以暴力推翻朝廷，另一派则主张在朝廷主导下推行改革。前者以孙中山为代表，后者以康有为、梁启超为代表。孙中山最初将自己的行为定义为“造反”，后受《易经》中“汤武革命，顺乎天而应乎人”一语之启示，改以“革命”相号召，并自称“革命党”。[①]

对“革命”一词在晚清言论界所出现的次数及其所指涉的含义进行量化统计的结果显示，在1894—1898年间，“革命”一词只是零星出现，且主要指涉法国革命；1898年戊戌变法失败后，“革命”一词开始出现新的含义，如代表彻底变革的“宗教革命”“诗界革命”和用暴力推翻旧王朝的“排满革命”等。1901年以后，“革命”一词开始在中国士大夫著述及报刊言论中较为频繁地出现。[②] 1902年，梁启超就晚清知识界对“西学”→“变法”→“民权”→“革命”的认知变化情形作过一精彩的描述：

> 二十年前，闻西学而骇者比比然也，及言变法者起，则不骇西学而骇变法矣；十年以前，闻变法而骇者比比然也（王安石变法，为世诟病，

① 冯自由《革命逸史》初集记：1895年广州起义失败后，孙中山与陈少白等流亡日本，抵达神户时，见当地报纸载有“支那革命党首领孙逸仙抵日”之消息。孙中山对陈少白说：“革命二字出于《易经》汤武革命，顺乎天而应乎人一语，日人称吾党为革命党，意义甚佳，吾党以后即称革命党可也。”但此事不见于孙中山本人记述。冯氏之事后忆述未必可信。据安井三吉、陈德仁等学者考查当时日本报纸，亦未见此种记载。参见陈锡祺主编《孙中山年谱长编》（上），100—102页，北京，中华书局，1991。

② 金观涛：《观念起源的猜想与证明——兼评〈“革命”的现代性：中国革命话语考论〉》，载《“中央研究院”近代史研究所集刊》，第42期，台北，2003。

数百年来，变法二字，为一极不美之名词。若于十年前在京师尤习闻此言，今则消灭久矣），及言民权者起，则不骇变法而骇民权矣；一二年前，闻民权而骇者比比然也，及言革命者起，则不骇民权而骇革命矣。今日我国学界之思潮，大抵不骇革命者，千而得一焉；骇革命不骇民权者，百而得一焉……[①]

梁氏之言，极生动地说明了“西学”“变法”“民权”“革命”等话语在晚清中国交相递嬗的情形：学界由最初的“骇西学”“骇变法”，进而“骇民权”“骇革命”。而且“骇革命”也很快转化为“不骇”。两年之后，梁启超即观察到这一变化：“近数年来中国之言论，复杂不可殚数。若革命论者，可谓其最有力之一种也已矣。”[②]梁启超不知是否预料到，“骇革命”之后再无可“骇”。当“革命”一旦代替“民权”，“革命”却找不到别的替代，从此历久而不衰。[③] 晚清知识界对革命由“骇”转为“不骇”，从恐惧革命到竞言革命，使“革命”成为一种强势言论，似乎仅是数载之间的事，不能不慨叹晚清言论界嬗变之速。不过，此时革命尚未成为政治正确的评判标准。在庚子勤王前后，革命与不革命，还处于革新进步的同一阵营之内，可以平等地进行对话。就当时多数趋新士绅而言，“革政”比“革命”更容易接受，其原因并不一定是前者的方式较为温和，反倒是所带来的变化更具实质意义，而且不必给社会造成巨大灾难。当时革命党人也并不以“革命”自囿，而排斥其他方式和派系。[④]

1910 年，孙中山在美国旧金山对华侨演讲《中国革命之难易》时，声称“‘革命’二字，近日已成为普通名词”。“革命”既成“普通名词”，至少表明此时知识界“言革命”之普遍。不过，孙中山也注意到：“在美华侨，多有不解革命之义者，动以‘革命’二字为不美之名称，口不敢道之，

① 中国之新民（梁启超）：《敬告我同业诸君》，载《新民丛报》第 17 号，1902 年 10 月。

② 中国之新民（梁启超）：《中国历史上革命之研究》，载《新民丛报》第 46—48 合刊号，1904 年 2 月。

③ 吕芳上在《从改革与革命到告别革命：近代中国政治发展的省思》一文中提出：从今天来看当时戏剧性的历史转变，我们不禁要追问：接受“革命”这一口号的心理障碍是什么？为什么一旦“革命”代替了“民权”，“革命”却找不到别的替代？载孙康宜、吕芳上编《变：新局面的创革》，台湾，东海大学通识教育中心丛刊，第 10 号，2001。

④ 桑兵：《庚子勤王与晚清政局》，14—15 页，北京大学出版社，2004。

耳不敢闻之。”[①]在美华侨参与孙中山革命最早，未料直至辛亥革命前夕他们之中尚“多有不解革命之义者”。以此推测国内普通大众，其以“‘革命’二字为不美之名称”亦当属情理之中事。

辛亥以前，同盟会是中国唯一以“革命”为诉求的团体。当时他们的革命目标比较单纯，主要集中于武力“排满”。民国建立后，“革命军兴，革命党消”成了一时的舆论倾向，无论是一般民众，还是革命党人内部，多认为帝制推翻后，革命亦应随之结束，主张在中国建立西方式的代议制度和政党政治。一时间，全国数百个号称“党”“会”的小党派乘时兴起。据张玉法研究，几乎所有的西方政党类型都可以在当时的中国找到。[②] 同盟会由秘密转为公开，旋即又联合其他 5 个政团改组为国民党，政纲由激进转趋温和，性质亦由革命党转变为致力于国会政治的民主政党。是时孙中山也一度大力推崇两党轮流执政的西式政党政治。但这一理想未能实现。国民党于 1913 年 11 月被袁世凯解散。

1914 年 6 月孙中山于日本东京重组中华革命党，首次在党的名称中公开标示“革命”，厘定“军政”“训政”“宪政”三阶段的“革命方略”，宣布自革命军起义之日至宪法颁布之时，均为“革命时期”，在此时期内，一切军国庶政，悉归革命党负完全责任。孙中山的政党观，由推崇两党轮流执政的西方政党政治，转变为革命党一党治国，但孙中山这一重造革命党的初衷，格于环境，并未能立刻达成。1916 年 6 月，袁世凯病死，中华革命党由东京迁回上海，重新致力于恢复共和代议制度，实际暂时停止了革命。1917 年以后，孙中山开始打出“护法”的旗帜，以恢复民国元年的约法为目标，但其护法事业连遭挫折。在这种情况下，孙中山认识到以和平方法争取政权已不可能，再次明确提出：改造中国的第一步，只有革命。[③] 1919 年 10 月，中华革命党改名为中国国民党。革命再次成为孙中山及其国民党人改造中国的重要途径和手段。

① 孙中山：《在旧金山丽蝉戏院的演说》（1910 年 2 月 28 日），见《孙中山全集》第 1 卷，441 页，北京，中华书局，1981。

② 张玉法：《民国初年的政党》，39 页，台北，“中央研究院”近代史研究所专刊，1985。

③ 孙中山：《改造中国之第一步》（1919 年 10 月 8 日），见《国父全集》第 2 册，382 页，台北，中国国民党中央党史会，1973。

与清末之际革命与改良互争雄长不同的是,到20世纪20年代初,革命为中国多数党派所认同。除中国国民党外,新起的中国共产党和中国青年党亦以革命为诉求。革命的局势由清末的"一党独革"演变为"多党竞革"的局面。这一局面的形成,意味着北洋军阀之失道,已经超过了19世纪末的晚清朝廷。康、梁等人当年尚寄希望于清政府推行渐进性改革。而袁世凯死后,北洋体系内再也未能产生一个足以慑服各方、统一全国的强势人物,中国出现了一个近代以来前所未有的政治格局,即中央政府失去对全国局势的驾驭力,形成大小军阀分裂割据、频繁混战的局面。这一局面的持续,使中国人几乎整体性地陷入绝望。

另外,民国肇建十余年间,因民主宪政的不成功试验,特别是1923年曹锟贿选,使约法、国会声名狼藉,助长了知识界对共和民主宪政的失望和再起革命的信念。正如《大公报》社论所称:"试问半世以来,中国所谓共和者,果于其义有合否耶?是共和者,不特无毫末之益,而害之于国与民者,且百十倍于清之季世。假共和不如真专制,已成为国民之一般信念。"[①]《东方杂志》在当时中国言论界大体属于比较稳健和偏于保守的刊物。即使是这样的刊物,是时也发表了一系列文章,肯定革命与暴力的正面作用。[②]

与《东方杂志》相比,《新青年》自属于激进刊物(有一个变化过程)。该刊自1915年创刊,至1926年终刊,前后持续十年有余。统计该刊"革命"等词出现频度的变化,大致呈现出这样的轨迹:

前五四时期(1915—1918):"革命""自由""科学""平等""民主"等词的出现频度大体相当,均在1%以下。"自由""革命""科学"三词的出现频度略超过"平等""民主"等词。

五四时期(1919—1922):除"民主"一词的出现频度略有下降外,其

① 《不可测》(社评),见1927年6月10日天津《大公报》。

② 如有一位署名"化鲁"的作者即在《东方杂志》接连发表文章呼吁革命:"政治建设也唯有经过大革命与破坏后才能成功。再说得彻底些,平和是不能无代价得来的,平和的代价就只是鲜红的血";"现在该不是爱平和的时候了,政局已弄得走投无路,便要忍耐也无可忍耐了。暴力虽不能驱除暴力,但正规的力是可以驱除暴力的。我们所需要的就是国民的正规的力。""现在的中国非经过武力的革命,不能收拾。武力革命的结果,必不免趋入极端。"见化鲁《"爱平和的"的中国人》《棒喝主义与中国》,载《东方杂志》第20卷第12、19号,1923年6、10月。

他各词的出现频度均呈上升趋势，而“革命”一词的出现频度开始明显超过其他各词。值得注意的是，“民主”出现的次数不到“科学”的1/10，不及“革命”的 1/20。①

后五四时期(1923—1926)：“革命”一词的出现频度急剧蹿升，成为压倒一切的中心词。“科学”“民主”“自由”“平等”等均相对沦为边缘，为“革命”让路。1923—1926 年间，《新青年》杂志共发表各类文章 128 篇，平均每篇出现“革命”一词多达 25 次以上。这无疑是 20 年代革命在中国再起的一个重要表征。

《新青年》杂志“革命”等语词历年出现频度统计

卷次	卷一	卷二	卷三	卷四	卷五	卷六	卷七	卷八	卷九	季刊	不定期刊
年代起止	1915.9 1916.2	1916.9 1917.2	1917.3 1917.8	1918.1 1918.6	1918.7 1918.12	1919.1 1919.11	1919.12 1920.5	1920.9 1921.4	1921.5 1922.7	1923.6 1924.12	1925.4 1926.7
文章篇数	770	631	128								
革命	0.78%	2.45%	25.14%								
科学	0.76%	1.55%	2.66%								
民主	0.15%	0.12%	0.54%								
平等	0.26%	1.02%	0.67%								
自由	0.82%	1.59%	2.18%								

注：本表语词频度，是语词出现次数与各期文章总篇数之比。表中数据是根据北京大学出版社、北大未名科技文化发展公司 1998 年出版的《新青年》电子版用词频率统计而得。但该电子版有少量误录，统计结果亦难免有一点误差。

中国共产党、中国青年党的成立和中国国民党的改组几乎是同时进行的(分别为 1921 年、1923 年和 1924 年)。三党之间的分歧不在

① 关于五四时期“民主”与“科学”的不对称问题，金观涛、刘青峰曾有专文予以析论。据金、刘统计，《新青年》杂志中，“科学”一词出现了 1913 次，而“民主”只出现了 305 次，加上“德谟克拉西”和“德先生”的次数，共有 513 次，只是“科学”出现频度的 1/4 强。如果把用于翻译 democracy 的“民治”(194 次)、“民权”(30 次)和“平民主义”(53 次)等词加入，总共也不到“科学”一词出现频度的一小半。参见金观涛、刘青峰《〈新青年〉民主观念的演变》，载《二十一世纪》，香港，1999 年第 12 期。

"要不要革命",而在"如何革命"以及革命究竟要达成什么样的目标。国、共两党将他们合作进行的革命称作"国民革命",口号是"打倒军阀,打倒帝国主义";中国青年党自称其革命为"全民革命",口号是"内除国贼,外抗强权"。表面观之,相互之间并无显著区别,实则三党各自的诠释大有不同。

中国共产党成立之初,申称其革命的性质是社会主义的,革命的任务是"推翻资本家阶级的政权","消灭资本家私有制","承认无产阶级专政"。[①] 中共二大对此作了修改,分别提出最高纲领和最低纲领:最高纲领是建立无产阶级专政,渐次达到一个共产主义社会;最低纲领是进行反帝反封建的民主革命,建立一个"真正的民主共和国",进行的方法是援助国民党继续"民主革命"。不久,中共将"民主革命"改称"国民革命"。据陈独秀解释,之所以改名,乃鉴于"民主革命"这个口号"未免偏于纯资产阶级的",而"国民革命"这个口号更适合于半殖民地各阶级联合革命的需要。[②] 其后,毛泽东等人又进一步阐释了中国"国民革命"与西方资产阶级"民主革命"之间的区别,认为前者是殖民地半殖民地的小资产阶级、半无产阶级和无产阶级这3个阶级合作的革命,革命的对象是帝国主义和军阀官僚买办地主,革命的目的是"建设一个革命民众合作统治的国家";后者是资产阶级一个阶级的革命,革命的对象是封建贵族,革命的目的是建立资产阶级统治的国家。[③]

共产党人运用阶级分析方法,认为不同的阶级因其经济地位不同,其对革命的态度亦判然有别:"越向上层的资产阶级越富于妥协性,越向下层的无产阶级越富于革命性",无产阶级是最革命、最先进的阶级。中共坚信自己是全世界最先进阶级的代表,是人类未来命运的主宰,因而具有强烈的阶级优越感和历史使命感。中共认为,国民革命是社会革命的过渡,国民革命强调联合,社会革命强调分化。共产党先帮助资产阶级小资产阶级完成国民革命,然后再进行无产阶级的社会革命。在他们看来,孙中山及其国民党所进行的革命如同俄国的二月革命,而

① 《中国共产党第一个纲领》(1921年7月),见《中共中央文件选集》(一),5页,北京,中共中央党校出版社,1982。

② 陈独秀:《本报三年来革命政策之概观》,载《向导》第128期,1925年9月。

③ 毛泽东:《国民党右派分离的原因及其对于革命前途的影响》,载《政治周报》第4期,1926年1月。

他们的目标则要发动十月革命，建立无产阶级自己的政权。中共话语中的"国民革命"，实质上是"阶级革命"。

"国民革命"口号提出后，很快为孙中山和国民党人所认同。[①] 但孙中山和国民党人对"国民革命"的理解和解释与中共并不一致。孙中山的政治理想和革命目标，是要建立一个独立的主权国家和一个在政治、经济上比西方更平等的改良社会。他不同意在中国实行苏俄式的社会主义。他在《孙文越飞联合宣言》中，明确声明"共产组织，甚至苏维埃制度，事实均不能引用于中国"，尽管声明多少含有想要避免刺激列强的意图，但从其前后大量相关言论观之，亦未尝不是其本心的真实表白。在孙中山看来，苏俄的共产主义并无优长新奇之处，他的三民主义比共产主义更具包容性，更适合中国国情。中国的问题是如何用温和的和缓进的方法，预防西方资本主义的弊病，而不是用共产主义去提倡阶级斗争。

但孙中山联俄"容共"以后，其思想仍难免受到苏俄意识形态的影响。当时外间舆论传言国民党已"赤化"。国民党中央宣传部专门发表"辟谣"声明，声称"国民党之本体不变，主义不变，政纲之原则不变。此次改组，乃改党之组织，采用俄国委员制"。[②] 以今人"后见之明"的眼光看，1924 年国民党改组，其路线基本上是以"三民主义为体，俄共组织为用"，主要借鉴苏俄的治党建军经验。[③] 不过，所谓"主义不变"，其实并非完全未变。国民党一大通过两个关键性的文件，一是国民党新党章，一是大会宣言。这两个文件均由苏俄顾问鲍罗廷参与起草，前者是以 1919 年 12 月俄共(布)第 8 次全国代表会议颁发的《俄国共产党(布尔什维克)章程》为蓝本，后者是以 1923 年 11 月 28 日共产国际通过的《关于中国民族解放运动和国民党问题的决议》为蓝本。[④] 宣言对

① 据考证，"国民革命"这一名词最早出现于 1906 年由孙中山、黄兴、章太炎等起草的《军政府宣言》中，但此后 16 年间未见再使用，直到 1922 年中共重新赋予其新的内涵后，才逐渐风靡。参见金冲及《第一次国共合作的建立》，载沙健孙主编《中国共产党通史》第 2 卷，115—116 页，长沙，湖南教育出版社，1996。

②《中国国民党周刊》第 14 期，1924 年 3 月 30 日。

③ 参见王奇生《党员、党权与党争：1924—1949 年中国国民党的组织形态》第一章，上海，上海书店出版社，2003。

④《共产国际执行委员会主席团关于中国民族解放运动和国民党问题的决议》(1923 年 11 月 28 日)、《加拉罕给契切林的信》(1924 年 2 月 9 日)，见《联共(布)、共产国际与中国国民革命运动(1920—1925)》，342—345、412 页。

孙中山的三民主义作了新的解释,最明显之处有二:

一是在民族主义和民权主义的解释中,引入了阶级的概念和理论,指出民族主义对不同的阶级具有不同的意义;民权主义不是从人权和公民权的角度去分析,而是把它视为一个革命的原则,民权只赋予那些坚持革命政权观点的人,批评"近世所谓民权制度,往往为资产阶级所专有,适成为压迫平民之工具,若国民党之民权主义,则为一般平民所共有,非少数人所得而私也。于此有当知者,国民党之民权主义,与所谓'天赋人权'者殊科,而唯求所以适合于现在中国革命之需要"。

二是在民族主义和民权主义的解释中,加入了反帝的内容。"盖民族主义,对于任何阶级,其意义皆不外免除帝国主义之侵略……盖民国之民权,唯民国之国民乃能享之,必不轻授此权于反对民国之人,使得借以破坏民国。详言之,则凡真正反对帝国主义之个人及团体,均得享有一切自由及权利;而凡卖国罔民以效忠于帝国主义及军阀者,无论其为团体或个人,皆不得享有此等自由及权利。"①换言之,能否享有自由权利,端视反不反对帝国主义而定。

仅从语义上看,国共两党高呼的"打倒帝国主义"口号,与中国青年党提出的"外抗强权"口号,似无多大差别,但前者实际上隐含着列宁主义的世界革命观,至少在相互关联的两个方面透示着俄式革命的潜在效应:第一,将中国革命与西方帝国主义宗主国的无产阶级革命斗争衔接在一起,组成一条世界革命阵线,带给中国的革命分子一种前所未有的"使命感"。他们的奋斗不仅仅是为了中国的民族解放,也为了全世界受压迫的无产阶级。第二,革命的任务和范围扩大,不仅要推翻中国的过去(封建主义),也要打倒西方的现状(资本帝国主义),所以革命不再像过去以为的短时间内就能结束。②

中共提出:"中国革命是世界革命的一部分"。这一命题也得到了国民党人的认同。国民党召开第一次全国代表大会时,孙中山即申言:

---

①《中国国民党第一次全国代表大会宣言》,见《中国国民党第一、二次全国代表大会会议史料》(上),85—87页。

② 参见吕芳上《从改革与革命到告别革命:近代中国政治发展的省思》,载孙康宜、吕芳上编《变:新局面的创革》,台湾,东海大学通识教育中心丛刊,第10号,2001。

此次国民党要从新担负革命的责任，对内推倒军阀，对外反抗帝国主义，"将全世界受帝国主义所压迫的人民来联络一致，共同动作，互相扶助，将世界受压迫的人民都来解放"。[①]孙中山逝世后，国民党召开第二次全国代表大会，其《宣言》更明确指出："中国国民革命，实为世界革命之一大部分，其努力之目标，在打倒帝国主义。""吾人所指为中国之生路者则如下：其一，对外当打倒帝国主义。其必要之手段：一曰联合世界革命之先进国。二曰联合世界上一切被压迫之民族。三曰联合帝国主义者本国内大多数被压迫之人民。其二，对内当打倒一切帝国主义之工具。首为军阀，次则官僚、买办阶级、土豪。"[②]依此，"国民革命"的含义实际已经大大超出了它的字面意义：民族的革命扩大为世界的革命，"国民"的革命转化成了阶级的革命。

在某种意义上，中国青年党的"全民革命"主张，正是针对国共两党的"世界革命"和"阶级革命"而发。中国青年党在其建党宣言中，首先批评了中共的无产阶级专政理论不符合国情，认为工人仅占全国人口的4%强，以如此少数的工人实行专政，万不可能。况且全国农、工、商、学各界同受军阀压迫，独倡一阶级专政，会失去大多数民众的同情，不能进行大规模的革命。[③] 其次，青年党认为当时中国的主要矛盾是西方列强与中华民族的矛盾，而不是国内资本家与工人之间的阶级矛盾，在中国新式产业尚未发展、劳资阶级不甚悬殊的时期，主张阶级斗争会助长混乱，妨碍国家统一。"中国目下的急务是被压迫的中国与压迫的列强争斗，力求国家的生存，而后全国人民无论有产的或无产的，才有所托命，否则国内阶级争斗利害一分，便使对外争斗的力量减少一分。"[④]

青年党自称其宗旨是："本国家主义的精神，采全民革命之手段，以外抗强权，力争中华民国之独立与自由，内除国贼，建设全民福利的国

①《对于中国国民党宣言旨趣之说明》(1924年1月23日)，见《孙中山全集》第9卷，126页。

②《中国国民党第二次全国代表大会宣言》，见《中国国民党第一、二次全国代表大会会议史料》(上)，442、447页。

③《中国青年党建党宣言》，见李义彬编《中国青年党》，95—96页，北京，中国社会科学出版社，1982。

④《国家主义青年团宣言主张及简约》，见李义彬编《中国青年党》，117—118页。

家”。[①]“内除国贼,外抗强权”本是五四爱国运动中所提出的口号,而青年党进一步将其阐释为“对内为民主革命,对外为民族革命”。[②]具体的进行方法,则“联合农工商学各界,先求‘全民武装’,进而实行‘全民革命’,以造成‘全民福利’之国家,而不偏于任何阶级”。[③]

值得注意的是,在中国青年党看来,国共两党的革命是“不彻底的”,甚至称不上是“真革命”,而是“假革命”。其理由有二:一是国共“联此军阀以倒彼军阀”;二是国共“联赤帝国主义以倒白帝国主义”。前者指联冯玉祥、唐生智等人,后者指联苏俄。在中国青年党人眼中,冯、唐固然是旧军阀,苏俄也是变相的“新帝国主义”。青年党人自认其革命主张比国共两党更激进,更鲜明,更彻底。因为他们反对联络任何军阀,也反对依靠任何欧美国家,主张“内求统一,外求独立”,“内不妥协,外不亲善”。[④]

自“军阀”与“帝国主义”被国共两党确定为中国革命的主要敌人后,“打倒军阀,打倒帝国主义”的主张很快为多数中国人所接受。但什么是“军阀”,什么是“帝国主义”,一般民众心目中固然没有一个清晰的界定,即使在国共两党的言说中,亦带有浓厚的任意性。冯玉祥、唐生智等人由军阀一变而为“革命将军”,几乎是旦夕之间的事。冯玉祥发动北京政变,孙中山誉之为“中央革命”。其实,冯的倒戈行为不仅有悖北洋体系的传统行事准则,在操守上亦颇遭谴责,“社会上谅之者甚少”。[⑤]北伐出师后,唐生智等一大批旧军人相继归附到国民革命军行列,被国民革命军委以要职。青年党对此颇不以为然。他们认为:“考此辈军阀,来助革命军北伐,不外两种心理:或系师出无名而欲借名义以自重,或系日暮途穷,而欲得点钱财以自保。此种人而欲其了解主义,以始终从事革命,实行救国,岂不是大笑话!在南方政府之意或不过暂时利用之以张声势,以图进展。殊不知此辈为投机利用而来者!

---

① 李璜:《谈谈我们》,见方庆秋主编《中国青年党》,10—11页,北京,档案出版社,1988。
② 曾琦:《答穆济波书》,载《醒狮》第6号,1924年11月15日。
③《曾琦致郑伯奇》,载《醒狮》第7号,1924年11月22日。
④《全国国家主义团体联合会宣言及简章》《中国国家主义青年团第一次全国代表大会对于时局宣言》,见李义彬编《中国青年党》,122—123、126—136页。
⑤《冯玉祥辞职原因》,见1924年11月13日《申报》。

一旦稍有利可图，有地可据，则群起争赃；争之不平，则破裂随之，或内哄或倒戈，而大局因以瓦解！”[①]青年党在北伐初期的这一预言，在北伐以后大体为新一轮的军阀混战所证实。

近年来大量苏联档案解密以及相关研究成果表明，20 世纪 20 年代苏俄在中国的所作所为，包括援助中国革命，均有其自身利益的优先考量。即就共产国际所领导的世界革命而论，联合全世界帝国主义国家的无产阶级起来革命，其最大受惠者亦首先是号称世界革命中心的苏俄。但在当时联俄师俄的气氛下，国共两党几乎都不曾警觉苏俄援助中国革命背后所隐含的终极关怀，即或有所怀疑，亦出于党派当下现实利益的考量而策略性地加以运用。

当时中国知识界亲俄的风气亦相当盛。青年党指出：“就国人之亲俄程度而言，其人数之多，范围之广，种类之复杂，诚有令人惊叹者。”[②]1925 年，北方的《晨报》和《京报》副刊围绕苏俄是不是帝国主义，应该“联俄”还是应该“仇俄”，曾组织过一场大论辩。参与论辩的大都是高层次的知识人，意见则正反两分，主张“亲俄”与主张“仇俄”几乎难决胜负。[③] 当时，胡适的“许多朋友”也邀请他加入“反赤化”的讨论。而胡适表示：“许多少年人[对苏俄]的‘盲从’固然不好，然而许多学者们[对苏俄]的‘武断’也是不好的。”[④]言下之意，“亲俄”的多是年轻一辈的学生，“仇俄”的多是年长一些的学者。在胡适看来，“亲俄”与“仇俄”的两极化，双方均有“盲从”和“武断”的成分，而他似乎更同情于“亲俄”一方。国共两党的“亲俄”与青年党的“仇俄”，实际均是当时中国民众（主要是知识界）对苏俄态度两极化的反映。中国青年党反对与苏俄亲善，认为共产国际由苏俄发起，受苏俄操纵，以苏俄利益为中心，是苏俄借以称霸世界之利器。[⑤] 青年党还指责苏俄“派兵占领我外蒙，侵犯我中

① 《中国国家主义青年团第一次全国代表大会对于时局宣言》，见李义彬编《中国青年党》，132—133 页。

② 一卒：《新俄祸》，载《醒狮》第 40 号，1925 年 7 月 11 日。

③ 论辩双方的文章，收在章进编《联俄与仇俄问题讨论集》（上海，北新书局，1927）一书中。该书原拟出版上、下两册，但只见上册。

④ 胡适：《欧游道中寄书》，载《胡适文存》第 3 集第 1 卷，76—77 页，上海，亚东图书馆，1930。

⑤ 李琯卿：《论中国革命与第三国际之关系并踵忠告蒋介石》，载《醒狮》第 92 号，1926 年 7 月 18 日；曾琦：《蒋介石不敢复言打倒帝国主义矣》，载《醒狮》第 100 号，1926 年 9 月 11 日。

东路权,虐待我旅俄侨胞,干涉我国内政,翻悔其既承认取消之不平等条约”。[①] 这些指责中,既有主观武断的成分,也具有一定的客观事实基础。

“帝国主义”这一概念在列宁的论述中乃指资本主义发展的最高阶段及其所表现出来的垄断性、寄生性和垂死性。但这一概念引入中国后,几乎成为西方列强侵略的代名词,而且逐渐形成一种把中国的一切问题都归咎于帝国主义侵略压迫的极端民族主义倾向。青年党沿用五四时期的“外抗强权”而拒绝采纳“打倒帝国主义”的口号,意在警觉“帝国主义”概念背后的世界革命观。青年党认为,苏俄主张的“世界革命”,其实质是“使全世界各弱小国家归顺苏俄”。[②]故青年党对国、共所主张的“中国革命是世界革命一部分”的观念,颇不以为然。在青年党看来,世界革命的目标,是要把全世界压迫弱小民族侵略弱小国家的各帝国主义者一起打倒,不仅渺不可期,从策略上讲也是不现实的。因为帝国主义在世界上本不是一个整个的组织,相互之间含有竞争冲突的成分甚多。对于中国的侵略也不是国际的,而是国别的,中国若想解除不平等条约的束缚,只有利用列强间冲突抵触的形式,从中分化应付,断不能高唱打倒一切帝国主义,反促成列强的团结一致。[③] 而在陈独秀看来,青年党的最大错误,在于“误认中国国民革命乃整个一国家的孤独运动,不认识虽在国民革命运动中,国外也有友军,国内尽有敌人。”[④]青年党则认为:“打倒帝国主义为一事,排除帝国主义在华之势力又为一事。前者为世界革命(即共产革命)之口号,后者为国民革命(即全民革命)之职志。吾人主张‘外抗强权’,即属于后者而非前者。”[⑤]

除青年党外,当时中国社会及知识界,其实亦有不少人视“打倒帝国主义”为苏俄世界革命的战略口号。梁启超即明确指出:“党中口号皆由第三国际指定,什么‘打倒帝国主义’‘打倒资本阶级’等等,哪一句

---

① 《中国国家主义青年团第一次全国代表大会对于时局宣言》,见李义彬编《中国青年党》,129 页。
② 李琯卿:《论“打倒帝国主义”口号不适宜于今日中国》,载《醒狮》第 95 号,1926 年 8 月 7 日。
③ 《中国青年党暨国家主义青年团第五次全国代表大会宣言》,见方庆秋主编《中国青年党》,115 页。
④ 独秀:《国民党新右派之反动倾向》,载《向导》第 139 期,1925 年 12 月。
⑤ 曾琦:《蒋介石不敢复言打倒帝国主义矣》,载《醒狮》第 100 号,1926 年 9 月11 日。

不是由莫斯科的喊筒吹出来的。"[①]《国闻周报》社评亦称:"反帝国主义,反帝国主义,非二十世纪之时髦名词耶。然此时髦名词苏俄可用之,中国则不宜。"[②]

实际上,无论是"外抗强权,内除国贼",还是"打倒帝国主义,打倒军阀",都带有浓烈的民族主义意味。至于说某一党派比另一党派更具民族主义,其实很难落到实处。真正对实际政治起作用的,恐怕更多是各政治力量对民族主义加以政治运用的策略。[③]

---

① 梁启超:《与令娴女士等书》(1927 年 5 月 5 日),见《梁启超论文集》,735 页,北京,燕山出版社,1997。

② 天生:《呜呼中国之反对帝国主义运动》,载《国闻周报》第 1 卷第 6 期,1924。

③ 罗志田:《乱世潜流:民族主义与民国政治》,"自序",上海,上海古籍出版社,2001。

第二节　三大政党的党际互动

在20世纪20年代，中国3个以“革命”为主旨的党派之间，实际经历了多次分合互动的过程。粗线条的描述大致是：先是中国青年党与中国共产党的部分成员从少年中国学会分化而出，同属“五四”一代的共、青两党十分一致地视辛亥一代的国民党为“落伍”。继而是中国共产党加入中国国民党，形成国共合作共同致力于国民革命的局面。在北伐前后，以中国青年党为一方，以国共两党为另一方，双方在意识形态领域互为论敌，形成激烈的“主义之争”，导致国共两党联手打压青年党的局面。国共关系破裂后，中国青年党一面继续反对共产党的“赤化”，一面坚持反对国民党的“一党专政”；中国国民党则在武力“清共”的同时，亦强力钳制青年党；中国共产党也是两手出击，将主要矛头对准国民党的同时，也不忘兼顾青年党。于是形成国、共、青3个党派循环敌对和相互抗衡的局面。

中共创建之初，本无意与其他党派建立任何关系，决定对现有各政党采取独立、攻击和排他的态度。[①] 当共产国际表示要让中共加入国民党的时候，中共党内最初几乎是一致的表示反对。反对的理由主要有：共产党与国民党的革命宗旨不同；国民党未曾发表党纲，在广东以外的各省人民看来，国民党仍是一个争权夺利的政党；共产党倘加入该党，则在社会上，尤其是青年社会的信仰全失，永无发展的机会。[②] 依照中共的这一说法，似乎中共在成立之初即已得青年社会的信仰，而加

①《中国共产党第一个决议》(1921年7月)，见《中共中央文件选集》(一)，8页。
②《陈独秀致吴廷康的信》(1922年4月6日)，见《中共中央文件选集》(一)，15页。

入国民党则会失去这一信仰群体的支持。这反映了早期中共的过于乐观和自信。

当 1923 年中共党员开始加入国民党时，国民党号称有 20 余万党员，而中共党员人数不过 400 多人。但中共不仅没有顾虑可能被国民党吞并和溶化，相反抱有要充当革命动力去推动国民党革命的意图。孙中山固然轻视中共弱小而不愿与之对等合作，而中共实际上更瞧不起国民党。在中共"新青年"眼中，国民党人已是"老朽不堪"的前时代人物，是落伍者，加入国民党，意味着共产党退化。[①]

中国青年党自 1923 年 12 月成立后，至 1929 年 8 月才公开党名。在此期间，青年党对外以"中国国家主义青年团"的面目出现。[②] 该党最初的计划是："先行办报，从主义和政策的宣传，以吸引青年知识分子；期之三年，有了可以信赖的干部同志，站住脚后，然后再将青年党公开出来，以与国共两党相周旋。"[③]1924 年 10 月，中国青年党在上海创办《醒狮》周刊，宣传其国家主义主张。

值得注意的是，中国青年党不仅自称"革命党"，而且以"新革命党"自诩，称"新"是为了区别于国民党之"旧"。[④] 与中共党人的心态一样，在青年党人眼中，国民党人已是"过去人物"，"早失信用"，"既有二三先觉之士，亦无支配全党之能，若欧美政党之旗帜鲜明，纪律严明者，殆难以望诸彼辈"。亦充分流露出对国民党的藐视之态。他们还批评中共与国民党合作是一种依赖行为，"与过去人物同为一丘之貉"，有失革命党的独立精神。[⑤]

如以代际来划分，老大的国民党与新生的共产党和青年党大致分别代表了辛亥一代和五四一代。共、青两党中不少人原来同属

---

① 《郑超麟回忆录(1919—1931)》，87—88 页，北京，东方出版社，1996。

② 1925 年冬，中国青年党中央党部由巴黎移至上海，1926 年 7 月在上海召开第一次全国代表大会，对外则以"中国国家主义青年团第一次全国代表大会"名义发表宣言。

③ 李璜：《学钝室回忆录》(上)，112—115 页，台北，传记文学出版社，1973。

④ 中国青年党创始人曾琦 1924 年 7 月 27 日日记载：是日开党员大会，"拭泪演说新革命党之精神及党员应有之修养，约一小时"。(《曾慕韩(琦)先生日记选》，台北：文海出版社)1929 年 8 月《中国青年党公开党名宣言》称："同与北洋派立于相反地位之国民党，亦以分子复杂之故，日演其火并之剧，所表现于国民之前者，无非矛盾滑稽之事：忽而讨段(祺瑞)，忽而联段，忽而护法，忽而违法，行为日趋腐化，信用亦已荡然。旧革命党既失国人之望，新革命党自应运而生，征诸各国，莫不皆然。此本党诞生之一般原因也。"见李义彬编《中国青年党》，219 页。

⑤ 《中国青年党建党宣言》，见李义彬编《中国青年党》，96 页。

少年中国学会，最初为了寻找一条改造中国的道路而聚集在一起，最后又因选择何种主义作为改造中国的道路而分道扬镳。青年党在建党初期，曾经一度提议与中共建立“神圣联合”，而中共却无意于此。1924年11月，该党党魁曾琦在致郑伯奇的一封信中谈道：“国内共产一派之青年既加入国民党而实行‘国民革命’，在理宜与吾辈无冲突，故不佞在欧尝倡‘神圣联合’之说，盖以彼此明明尚有共同之大敌在前，即军阀与列强是也，乃彼等对于国家主义仍日肆攻击，竭力诋诬，一若军阀可恕，官僚可赦，政客可逭，而爱国派不容稍宽者。呜呼！匹夫无罪，爱国其罪，党见如此，奈之何哉！亦惟有‘各行其是’而已。”①

五卅运动发生后，中国青年党又向国民党提出“神圣联合”的建议，申言：“凡主义不同、主张不合之党，皆可各保其组织，特于某一时期，某一事件，各党协商一共同之意见，而各竭其全力以相助。如此，则既无妨于各党鲜明之旗帜，又可以救共同托命之祖国。时至今日，外患已迫，吾人极愿仿法国政党之所为，与国民党及其他爱国团体实行‘神圣联合’以‘一致对外’。苟该党能放弃其联军阀之政策，则对内亦可一致进行革命。盖吾人虽不赞成‘各党混合’，却极主张‘新党联合’也。”②但国、共两党没有回应青年党的提议。

中共对青年党的态度，实际也有一个变化过程：最初尚承认它是一个谋求中国独立的革命党派，只是觉得他们把士商阶级看得太重，而忽略农工平民的力量，因而批评青年党的国家主义是“士大夫救国论”“秀才造反论”。虽语含讥讽，但“救国”“造反”仍多少含有肯定的意味。当青年党公开发表批评中共和苏俄的言论后，中共开始指责青年党“把革命事业放下，反转只顾和比较革命的人为难，像那些帝国主义、军阀的走狗一样”。③ 此后，两党彼此以对方为主要论敌，笔战愈来愈猛。随着论战的升级，中共于是径称青年党为“反动派”和“反革命”，“像走狗”也升级为正式“走狗”。同样，青年党亦称中共为苏俄的“走狗”，将中共

---

①《通信（曾琦致郑伯奇）》，载《醒狮》第7号，1924年11月22日。
② 曾琦：《神圣联合与一致对外》，载《醒狮》第35号，1925年6月6日。
③ 代英：《评醒狮派》，载《中国青年》第76期，1925年4月25日。

与军阀、官僚、奸商、卖国贼等归为同类，后来又将“反革命”的头衔回敬给中共。

北伐前后，青年党以《醒狮》周刊为“喉舌”，共产党以《中国青年》和《向导》周刊为阵地。这个时期的“主义之争”实际主要在共产党和青年党之间展开。国、共、青三党相比，国民党实际最不擅长理论宣传。北伐前后，国民党几乎没有一个堪与《向导》《醒狮》相匹敌的理论“喉舌”。国民党虽有《广州民国日报》和上海《民国日报》等大型党报，但两报均侧重新闻报道，不似中共的《向导》《新青年》《中国青年》以及青年党的《醒狮》那样专门致力于意识形态理论宣传。《广州民国日报》的社论文字有时竟照搬《向导》上的言论。① 国民党人甚至承认：“共产党机关报《向导》周刊所发的言论，中国国民党各级党部无不视为金科玉律，奉行惟谨，而真正宣传中国国民党主义之刊物，转寂然无所闻。”②其时有国民党青年埋怨国民党除了三民主义教条和偶尔发几个宣言、训令外，没有一个像中共《向导》那样的中枢言论机关，亦缺少面向青年的政治理论读物。③ 一位国民党青年感叹说：“我们这几年来所看见的刊物是些什么？我们谁都不能否认是《向导》《中国青年》《人民周刊》《少年先锋》……然而这些刊物只是为共产主义而宣传。”④国共之间，很少在舆论宣传上公开对峙。共产党不时发表一点批评国民党的言论，虽然也会引起国民党人的不快和反感，但除偶尔表示抗议外（如对陈独秀反对北伐的言论），国民党基本上不予回应。而且在 1925 年下半年至 1926 年上半年间，国民党中央宣传部部长一度由共产党人毛泽东代理。西山会议派也承认：“本党宣传工夫不如共产派，很可虑的。”⑤这个时期中共的几位领袖人物如陈独秀、蔡和森、彭述之、瞿秋白等，将相当多的精力投放在意识形态宣传上。《向导》周刊几乎每期都有总书记陈独秀

① 《广东青年运动历史资料》第 1 辑，412 页，广东省档案馆编印，1986。

② 王季文：《中国国民党革命理论之研究》，1927 年，出版地不详，第三编第一章。

③ 丽婉女士：《告国民党青年》，朱节山：《对现代青年的要求》，分别载《现代青年》第 19、25 期，1927 年 1 月 18、26 日。

④ 格孚：《一封信》，载《现代青年》第 69 期，1927 年 4 月 4 日。

⑤ 武：《对青年军人所说的一席话》，见居正编《“清党”实录》，468 页，近代中国史料丛刊三编第 3 辑，影印本，台北，文海出版社，1985。

的文章,有时整个一期全是他的文章。[1] 而国民党方面,自孙中山去世后,几乎无人在思想理论宣传方面堪与中共的陈独秀、蔡和森、瞿秋白等人相抗衡。唯有戴季陶一人公开著书立说,试图与中共进行意识形态对垒。

青年党在意识形态宣传方面堪称是中共的论战对手。青年党党魁(中央执行委员会委员长)曾琦亲自主编《醒狮》周刊,将主要精力致力于文字宣传。如陈独秀之于《向导》一样,《醒狮》周刊几乎每期都有曾琦的文字。曾琦甚至模仿陈独秀在《向导》发表的《寸铁》,亦在《醒狮》开辟一个《笔枪墨剑》专栏。《向导》于 1922 年 9 月创刊,到 1925 年 11 月,印数已达 3 万份,到 1926 年 7 月,自称销数达 5 万份。[2]《醒狮》于 1924 年 10 月创刊,半年后销数达到八九千份,一年后增至 2 万份以上。[3] 这个数字虽然比不上《向导》,但以当时中国报刊的出版销售行情论,也是相当可观。因两刊均以青年学生为对象,青年党显然对中共构成了潜在威胁。[4] 国、共、青三党的党员构成虽各有侧重,但青年学生均是他们竞相吸纳的对象(国、共两党基本上以青年学生以骨干,同时大量吸收工、农分子,而青年党则完全偏重青年学生)。

青年党与国民党的关系,远不如青、共关系之剑拔弩张。尽管青年党睥视国民党为"旧革命党",亦不时对国民党加以批评,但在青年党看来,国家主义的全民革命理论与三民主义的国民革命理论尚有相通之处,不像与共产主义的阶级革命理论那样水火不容。1926 年 1 月,曾琦明确指出:"国家主义者与共产主义者,在理论与方法上无往而不冲突,故吾人对于共产党,实无调和之可能……若夫国民党之三民主义,依孙中山先生原有之解释,与吾人实无何等冲突,予已屡次言之。唯其

---

① 初步统计,《向导》上仅署名"独秀""实庵"的文章就有 226 篇,此外还有"寸铁"短文 402 篇。1984 年出版的《陈独秀文章选编》(三联书店)中,收录陈独秀在 1924 年 1 月至 1927 年 4 月间所发文章 438 篇。既是"选编",实际发表的当不止此数。

②《维经斯基的书面报告》(1925 年 11 月 11 日),见《联共(布)、共产国际与中国国民革命运动(1920—1925)》,736 页;《新青年》第 5 号(1926 年 7 月 25 日)封底广告。

③ 左舜生:《记曾慕韩》,李璜:《学钝室回忆录》,见李义彬编《中国青年党》,105、113 页。

④ 1925 年 11 月中共中央发出第 65 号党内通告:"我们现在对于国家主义派及国民党右派之思想上的争斗,非常重要,必须在此种争斗上得到胜利,我们在学生运动中才能得到胜利,学生青年在国民运动中占重要的地位。"见团中央青运史研究室、中央档案馆编《中共中央青年运动文件选编》,76 页,北京,中国青年出版社,1988。

政纲当有待于商榷，而策略则尤不敢苟同：容许共产党跨党，一也；亲俄，二也；联军阀以制军阀，三也。此三者，无论从何方面观察，皆有害而无利。”①

国民党对青年党，虽不如中共那样花大力气去攻击，但毕竟没有好感，加之受中共的影响，视青年党人为“思想落后之徒”，有时亦不能不摆出敌对的姿态。如 1926 年 10 月 16 日国民党中央执行委员会即训令各级党部、党报对“甘受帝国主义与军阀官僚豢养”的国家主义派努力反攻，“以期扑灭邪说”。② 在此之前，国民党中央曾通饬广东各地禁止《醒狮》报销售。广州中山大学的国家主义派教授，也被迫辞职。

随着北伐战争的推进，国共两党势力由珠江流域扩展到长江流域，青年党在粤、湘、鄂、赣、皖、川等省份的处境也日趋艰难。青年党手中没有武力，北伐军所到之处难免受到打压，学校被关闭，报纸被禁止，人员被拘禁，言论与活动受钳制，不得不转入地下状态。③

当国共两党联手打压青年党的同时，国共两党的关系也随着北伐的推进而日趋紧张。国共两党决裂后，青年党曾有意与国民党合作反共，但国民党方面并没有因反共而立即改变对青年党的排斥态度。1927 年 7 月，青年党召开第二次全国代表大会。与会代表多数主张继续在夹攻中奋斗，一面反对共产党的“赤化”，一面反对国民党的“党治”。④ 国民党亦在武力“清共”的同时，对青年党人加以钳制。对南京当局而言，除了在绝俄反共这一点上与青年党有所相似外，青年党坚决反对一党专政的立场，以及它在中国各地所进行的党务组织活动，对主张“一切权力属于国民党”的南京新政权构成直接的威胁。故国、青两党的敌对和对峙状态一直延续到 20 世纪 30 年代。

① 曾琦：《国家主义者与国民党》，载《醒狮》第 66 号，1926 年 1 月 9 日。
② 《中国国民党中央执行委员会反对国家主义派命令》，见李义彬编《中国青年党》，53—54 页。
③ 李璜：《谈谈我们》，陈启天等：《近代国家主义运动史》，见方庆秋主编《中国青年党》，12、63 页。
④ 陈启天：《寄园回忆录》，151—152 页，台北，商务印书馆，1965。

第三节 “革命”与“反革命”

在当时一些自由主义知识分子眼中，国、共、青三党的政治理念并非如它们相互关系那样水火难容或分合诡变。如在当时胡适的印象中，“国民党、共产党及国家主义党，均为中国青年学生所提倡，然打倒军阀与解除外人之压迫，实为以上三党之共同宗旨”。[①] 事实上，无论是三民主义、共产主义，还是国家主义，也无论是国民革命、阶级革命，还是全民革命，在 20 世纪 20 年代各自都获得了一大批青年知识分子的支持和响应。[②] 胡适还认为，以 1923 年为界标，中国现代思想可以划分为前后两个时期：之前思想倾向于个人主义，之后思想倾向于集团主义。他说：“1923 年以后，无论为民族主义运动，或共产革命运动，皆属于这个反个人主义的倾向。”[③]在胡适看来，国、共、青三党都强调党和国家利益至上，强调集团主义，反对个人主义。但国、青两党的“集团主义”与共产党人的宗旨有着根本的不同。

值得注意的是，20 世纪 20 年代 3 个以“革命”为共同诉求的民族主义政党，它们相互之间其实是争多而合少。与清末“革命派”和“改良派”之争相比，这个时期同聚在“革命”大旗下的三大党派，其争斗反显

---

① 《胡适在英宣言》，见 1926 年 11 月 11 日天津《大公报》。

② 到 1927 年国民党“清党”前夕，中共有党员近 6 万人，团员约 3 万人；国民党号称有数十万党员，甚至有百万党员之说；青年党到底有多少党员，未见具体统计，但自称直接受其影响的青年至少有 10 万人。参见王奇生《党员、党权与党争：1924—1927 年中国国民党的组织形态》，29—30、39—40、85 页，上海，上海书店出版社，2003；陈永发《中国共产革命七十年》（上），59 页，台北，联经出版事业公司，2001；方庆秋主编《中国青年党》，66 页。

③ 胡适日记，1933 年 12 月 22 日，见曹伯言整理《胡适日记全编》（6），257 页，合肥，安徽教育出版社，2001。

得更为激烈,也更为严酷。一方面,"革命"一词已异化成为至高无上的符咒[①],"人人都认为自己是革命者"[②]。"革命!怎样一个好听的名词!怎样使我的热血沸腾着呵!""革命,是的,我们要革命!"[③]这种对革命的美好遐想和顶礼膜拜,使革命与自由、翻身、解放等字眼紧密相连。革命被建构为一种最高的道德和使命实践的正当性。任何对革命的犹疑、迟疑、质疑和怀疑态度,都有可能被戴上一顶"假革命""非革命""不革命",乃至"反革命"的帽子。一般人如果批评、质疑或亵渎革命,可能会同时得罪共产党、国民党和青年党。1922 年陈炯明叛变孙中山,胡适发表时评说是"一种革命",即遭到国民党人的痛诋。[④] 1924 年段祺瑞声称以"革命"的名义集总统和总理之权于一身,出任北京中央政府之"临时执政",即遭到国、共、青三党的同声谴责。[⑤]革命在中国社会已成为一种神圣不可侵犯的主流话语,以至于无人敢于公开标示、揭举"反对革命"的旗帜。[⑥] 杨荫杭在 1921 年时注意到一个有趣的现象:孙文反对北方,则曰"革命";而北方反对孙文,则曰"共弃"。[⑦] 其后,南方国民革命军举兵北伐,北方军阀则以"反赤化"为自己的军事行动正名。[⑧] 军阀一方不以"反革命"为名,而以"反赤化"相号,至少在当时一般民众心目中,"革命"已深具政治正义性与合道性。当时普通社会对国民党的最大异议是"赤化"而非"革命"[⑨],而国民党方面亦极力辩白

---

① 1926 年冬,一位英国记者特地来华观察正在北伐进行中的国民革命。当他在汉口与国民政府要人谈话时,惊讶地发现:"不到 5 分钟就要受他们提醒,这政府是革命的。'革命'两字在他们口中相同于一种符咒。"见[英]蓝孙姆《国民革命外纪》,47 页,上海,北新书局,1929。

② [美]费正清主编,章建刚等译:《剑桥中华民国史》(第一部),678 页,上海,上海人民出版社,1991。

③ 张闻天:《青春的梦》(三幕剧),载《少年中国》第 4 卷第 12 期,1924 年 5 月。

④ 罗志田:《乱世潜流:民族主义与民国政治》,126 页,上海,上海古籍出版社,2001。

⑤ 如青年党曾琦即直接质疑段祺瑞"不足以言革命"。见曾琦《异哉段祺瑞之革命》,载《醒狮》第 12 号,1924 年 12 月 27 日。

⑥ 少数如梁启超者,(1927 年初)仍一如既往地公开表示反对暴力革命:"我对于现状不满足,认为必要改革乃至必要革命,但我无论何时何事,对于那些暴力的无理性无效率的革命论及革命手段,总是要反对。"(梁启超:《北海谈话记》,见《梁启超论文集》,683 页,北京,燕山出版社,1997)在北伐前后的知识界,像梁启超这样公开表示反对革命者已极为少见(私下反对者又另当别论)。

⑦ 杨荫杭:《说革》,见 1921 年 5 月 2 日《申报》,收入杨荫杭《老圃遗文辑》,290 页,武汉,长江文艺出版社,1993。

⑧ 张季鸾当时曾就"赤化"下过一个定义:"赤化云者,简言之,赤俄化之谓也。何谓赤俄化,即受第三国际之指导,与赤俄同其主义与政策之谓也。"见张季鸾《反赤化运动之批判》,载《国闻周报》第 3 卷第 27 期,1926 年 7 月。

⑨ 北伐初期,《大公报》即明言:"广东国民党招致反对最大之点,为主张俄式之党治主义。"见《时局杂感》(社评),见 1926 年 9 月 13 日天津《大公报》。

自己是“革命”而非“赤化”[1]。

《向导》周刊(1922—1927)是中共中央的政治机关报。“革命”是该刊出现最频的中心词语。[2] 依类别而言,该刊以“革命”为冠称的语词几乎涉及一切领域。“革命的”(或“革命之”)成为最常用的修饰词。“革命”的含义被极度泛化,并被建构为一种神圣的、进步的、正义的,同时意含理想与抱负、解放与自由、毁灭与新生的代码符号。与之相随,“革命化”“革命性”“很革命”“最革命”“更革命”“真革命”“半革命”“假革命”“非革命”“不革命”“反革命”等概念也应运而生。可以说,20世纪20年代是大量与革命相关的新词汇进入中国语言的时代。20世纪50—70年代在中国流行的各类“革命”语词,几乎都能在这个时期的《向导》周刊中找到。革命中各种命名的变化,预示着20世纪大部分时间里中国政治舞台上翻云覆雨的变化。

不过,在不同的政党之间,乃至同一政党的不同派系和人物之间,对“革命”的定义和阐释时有差异,而且变动不居。1923年1月,陈独秀撰写专文论述“革命”与“反革命”。陈氏虽然发表过大量涉论革命的文字,但专门从学理上阐发“革命”则不多见。陈独秀强调,对“革命”的定义应以社会组织进化为条件,不应以武力暴动为特征。他认为,人类社会的兵争之祸有四:一是外患,二是内乱,三是革命,四是反革命。这四者都以武力暴动为手段。而革命与反革命的区别,在于前者是社会组织进化的战争,后者是社会组织退化的战争。革命是社会组织进化过程中之“顿变”现象。革命是一种神圣事业,是推进人类社会组织进化之最有力的方法。但另一方面,陈独秀又认为,革命既以“进化”为准则,则判断一个阶级、一个党派革命与否,其标准不是绝对的和静止不变的。“一个阶级一个党派在前是革命的,在后是反革命的。动的社会进化日在新陈代谢之中。一个静的阶级党派,对于障碍他进化的旧阶

---

① 国民党中央宣传部曾多次发表“赤化”辟谣声明,参见《中国国民党周刊》第14期,1924年3月20日。

② “革命”一词在《每周评论》中出现190次,出现频度为0.0812%;在《少年中国》中出现738次,出现频度为0.0490%;在《新潮》中出现397次,出现频度为0.0481%;在《新青年》中出现5526次,出现频度为0.2043%;在《向导》中出现10691次,出现频度为0.7818%。此处字词频度是语词出现次数与全刊总字数之比。此据北京大学出版社、北大未名科技文化发展公司1998—1999年出版的《每周评论》《少年中国》《新潮》《向导》电子版统计而得出。但该电子版有少量误录,统计结果亦难免有一点误差。

级党派，他是新的、革命的，同时对于比他更进化的阶级党派，他便变成旧的、反革命的及新的阶级党派进化的障碍物了。”换言之，一个阶级或一个党派有可能同时兼具“革命”与“反革命”的双重属性。“一个党派的理想，一个人的行为，同时能建革命的功劳，也能造反革命的罪恶。”陈独秀举例说，秦始皇以武力兼并六国，建设统一的政制，建设统一的文字，这是革命的，至于焚书坑儒压迫言论，便是反革命的了。康梁一派人在戊戌变政时代是属于革命性质的，辛亥革命以后则完全取反革命的行动了。民主派在资产阶级革命时代是革命的，到了无产阶级革命时代，便是反革命的了。①

毛泽东在其《湖南农民运动考察报告》中则认为：“革命是暴动，是一个阶级推翻一个阶级的暴烈的行动。”②由于毛泽东不是专门从学理上阐释“革命”，自然不能脱离这一论断的语境而断章取义。不过，毛泽东强调革命的阶级性和暴力性则是显而易见的。

与毛泽东对“革命”的狭义诠释相比，蒋介石对“革命”的演绎则要宽泛得多：“人类应为的工作，不单关于政治要革命，社会也要革命，科学也要革命。政治不革命，政治不能进步；社会不革命，社会不能进步；科学不革命，科学也不能进步。多一番革命，便多一番进步，便多一番改良；不革命即不能进步，不会改良。所以革命是一件很好的事情，各界若各做各的事情，不同向革命的路上走，那是大错而特错。现在的潮流，已成为革命的潮流，无论何事都要革命。政府不良，人民要革政府的命；学校不良，学生要革学校的命；个人自身不良，自己也要革自己的命，这才可免归于退化之列……能革自己的命，才能革他人的命。”③像蒋介石这样对“革命”之宽泛无边的解义，说明“革命”话语在日趋神圣、理想和道德正义化的同时，也潜伏着粗疏、浮泛和任意化的趋势。

正是这种神圣化与任意化的两极悖论，导致不同的政党和不同的派系竞相争夺和垄断对“革命”话语的阐释权，争夺“革命”的正统，并试

---

① 独秀：《革命与反革命》，载《向导》第 16 期，1923 年 1 月。

② 毛泽东：《湖南农民运动考察报告》，见《毛泽东选集》第一卷，17 页，北京，人民出版社，1991。

③ 蒋介石：《在广东第六次全省教育大会代表讲话》（1926 年 5 月 3 日），见《蒋介石言论集》第 2 集，459—460 页。

图建立各自对"革命"话语的霸权地位，唯己独革，唯己最革，唯己真革，而贬斥对手和潜在同盟者为"不革命""假革命"乃至"反革命"。国民党一再自称是中国"唯一的革命政党"。孙中山"容共"的一个重要考量，即担心中共"独树一帜与吾党争衡"。蒋介石在中山舰事件之后，直接要求中共承认"国民党是国民革命的唯一指挥者"，宣称"革命是非专政不行的，一定要有一个主义、一个党来专政的"。[①] 但在共产党和青年党看来，国民党已经是"腐化""落伍"的"旧革命党"，自己才是"新革命党"。中共还按照社会人群的经济地位，分别划分出反革命、半反革命、中立、革命和最革命等不同阶级，坚信自己是最革命、最先进阶级的代表。革命直接与阶级结缘。革命被解释为一个阶级推翻另一个阶级的统治，阶级对立、阶级斗争被视为革命的直接动因，于是一些阶级被认定为革命的动力，一些阶级被认定是革命的对象。即使自己并未意识到属于什么阶级，也被不容分说地予以归类；在自己公开表明对革命的真实态度以前，早已被先天性地归入到了某一政治阵营。[②]

主张革命和反对革命本是政治态度的不同抉择，最初并无善恶或对错之分，然而当革命成为一个时代的共同诉求之后，当革命成为各方竞逐的神圣符码之后，当革命成为社会行为的唯一规范和价值评判的最高标准之后，"反革命"被建构为一种最大之"恶"和最恶之"罪"，从此再没有人愿意被污名或被标签为"反革命"。1922 年，杨荫杭注意到各派军阀所发电报与文告中，攻击他党之辞，"一则曰卖国，再则曰违背道德、违背法律"。"骂人卖国"尤为各派之通用手段，"凡异己者，即以此头衔加之"。[③] 说明"卖国"在当时是一种人所共弃的政治污名。而是时"反革命"一词刚刚出现于中国的政治话语中，尚未成为流行语。查五四前后出版的几种流行刊物，《每周评论》（1918.12—1919.8）中未见出现"反革命""不革命"等词；《新潮》（1919.1—1922.3）中出现"反革

① 中国第二历史档案馆编：《蒋介石年谱初稿》，592—593 页，北京，档案出版社，1992。

② 毛泽东《中国社会各阶级的分析》一文称："无论哪一个国内，天造地设，都有三等人：上等、中等、下等。详细点分析则有五等：大资产阶级、中产阶级、小资产阶级、半无产阶级、无产阶级。……五种人各有不同的经济地位，各有不同的阶级性。因此对于现代的革命，乃发生反革命、半反革命、对革命守中立、参加革命和为革命主力军之种种不同的态度。"载《中国农民》第 2 期，1926 年 2 月 1 日。

③ 杨荫杭：《解决时局谈》，见 1922 年 2 月 24—26 日《申报》，收入杨荫杭《老圃遗文辑》，528—530 页。

命""不革命"各1次;《少年中国》(1919.7—1924.5)中出现"反革命"一词2次,"不革命"一词3次;《新青年》杂志第1—7卷(1915.9—1920.5)中未见"反革命"和"不革命",第8卷(1920.9—1921.4)开始出现"反革命"20次;《向导》周刊(1922.9—1927.7)出现"反革命"一词899次,"不革命"一词45次。由此推断,"反革命"一词大约在1919年前后才出现于中国人的言说中,开始流行大概是1924年以后的事。

"反革命"一词源自苏俄布尔什维克的谴责性语言。20世纪20年代国内使用该词最早也最频的是中国共产党。青年党指责中共说:"共产党人动辄自炫新奇而以复古讥人,自诩进步而以反动骂人,自夸革命而以反革命诬人。国人之怯懦者往往为其气焰所慑,屏息而不敢辩。"[①]中共话语的这种威慑力和影响力,国民党人更深有体会:"自从共产党加入了中国国民党,动辄拿'革命'和'反革命'字样劫持中国国民党员,强使接受共产党所定的一切口号。一般党员为力避'反革命'嫌疑计,不论何种问题,总要以最革命自居,而以'反革命'为大戒。"[②]"四一二"政变后,蒋介石宣布禁止使用"左派""右派"等"怪名词"。他说:"年来共产党分化我党政策,无所不用其极,造作'左派''右派''西山会议派''新右派'等等名词,任意加于本党同志之上。受之者如被符魇,立即瘫痪而退。"[③]胡汉民在"清党"反共后,对中共的口号威力仍心存余悸,认为口号是中共的一大利器,"即社会上耳熟口顺恬不为怪者……多半为共产党所制造","国民党人忽焉不察,随声呼喝,不久而社会观听为之动摇,遂至党内外误会,纷乱之事,层见层出。智者莫由究诘,勇者无法自存"。[④] 富有煽动性的名词口号能产生如此巨大之威力,早期中共宣传造势和动员群众之能量,恐怕尚超乎我们既有认知之上。

不过,一个口号或一个名词之能否产生威力,亦当视时空语境而定。如"反革命"之名只有赐封给那些认同革命的人,才会有被污或受侮之感,而对那些本来就不认同革命的人来说,"反革命"话语的威慑力

① 曾琦:《共产党之复古反动与反革命》,载《醒狮》第68号,1926年1月23日。
② 王季文:《中国国民党革命理论之研究》第三编第一章。
③ 蒋介石:《谨告全国国民党同志书》(1927年4月),见《蒋介石言论集》第4集,258页。
④ 引自蒋永敬《胡汉民先生年谱》,395页,台北,中国国民党中央党史会,1978。

可能就会大打折扣。1927年2月7日,国共合作下的武汉国民政府司法部制定了一个《反革命罪条例》。这是中国历史上首次正式立法将"反革命"定为一种刑事罪名。该条例刚刚制定,尚待审议,2月10日,湖北人民审判委员会即初试牛刀,运用该条例审讯数月前在武昌城顽强抵抗国民革命军的北军将领刘玉春和陈嘉谟,控告他们犯有"残害人民""占据城池"及"反革命"等罪状。当审判委员会主席徐谦指责刘玉春为"反革命"时,刘玉春反驳说:"我从未入革命党,何言反革命,中国人民四万万,隶革命军者不过二十余万,其余者皆反革命耶。"[①]刘氏言下之意,只有革命的人才有反革命的资格,而本来就不革命的人,也无所谓反革命。这是一个颇堪注意的论理,被认为"反革命"的人,并不认为自己"反革命"。而在当时国共两党的言说中,"不革命就是反革命"。如蒋介石训诫黄埔学生说:"古人云:'不为圣贤,便为禽兽'。余更续数语曰:'不为信徒,便为叛逆'。更进一言曰:'不为同志,便为寇仇'。""不为革命,便为叛逆。""所以不革命这句话,简直就是说反革命罢了。没有不革命的人,而不做反革命的。"[②]

毛泽东与彭述之当时分别担任国、共两党的中央宣传部部长(毛为代理),主掌两党的意识形态诠释与宣导。两人的下列表述大体相似。彭述之斩钉截铁地说:"现在已经到了一个历史的最坚决的时期了:不革命,便要反革命。"[③]毛泽东也义正词严地指出:"中国革命派、反革命派已到了短兵相接时候……在中国现在时候,一切中立派的人、中立派的报都一定迅速变其态度,或者向左跑入革命派,或者向右跑入反革命派,从前灰色的中立的面具现在是不能再戴着了。"[④]毛泽东还进一步将这种两极分化理论运用于对世界革命形势的分析:"现在世界上局面,乃革命反革命两大势力作最后争斗的局面。这两大势力竖起两面大旗:一面是赤色的革命的大旗,第三国际高擎著,号召全世界被压迫民族与被压迫阶级都集于其旗帜之下,站在一边;一面是白色的反革命

① 刘玉春:《百战归田录》线装本卷二,23页,1930。

② 《蒋介石年谱初稿》,348、549页。

③ 述之:《目前革命中的联合战线问题》,载《向导》第185期,1927年1月。

④ 子任(毛泽东):《上海民国日报反动的原因及国民党中央对该报的处置》,载《政治周报》第3期,1926年1月。

的大旗，国际联盟高擎著，号召全世界反革命分子都集于其旗帜之下，站在另一边。那些中间阶级，在西洋如所谓第二国际等类，在中国如所谓国家主义派等类，必须赶快的分化，或者向左跑入革命派，或者向右跑入反革命派，没有他们‘独立’的余地。”①

不仅社会人群被不容分说地划分为“革命”与“反革命”两大对立阵营，连文学也被一分为二：一类是“革命的文学”，一类是“反革命的文学”。20世纪20年代末，当郭沫若提出“革命文学”的口号时，即认为一个作家如果不是创作“革命的文学”，就必定创作“反革命的文学”。②

国共两党精英的革命话语内涵虽大有出入，但其内在逻辑思路却有着惊人的一致：“革命”与“反革命”被构建为非白即黑、非圣即魔、不是即非的二元对立，二者之间不允许存留任何灰色地带和妥协空间；“中立派”“中间派”“骑墙派”“第三种人”或难于自存，或备受谴责和排斥，甚至认为“不革命”比“反革命”更可恶、更危险，因为“不革命则真意未可知，尚有反复余地，至反革命斯无复能反复矣”。③ 政治改革道路的不同选择不再被定义为“革命”与“改良”之争，或激进与温和之别，而是被建构为“革命”与“反革命”的你死我活。而且“反革命”是一个极为灵活的概念，可以随着革命形势的发展而不断囊括许多不同的敌对阶层。如中共对国民党左、右派的划分和定性即经历了这样一个变化的过程：最初将右派、左派都划在革命阵营之内；后来称左派为革命派，右派为不革命派；再后来则称左派为革命派，右派为反革命派。

1927年1月，《汉口民国日报》发表一篇名为《什么是反革命》的文章，林林总总、虚虚实实罗列了32项反革命罪名；随后不久，作者觉得尚遗落不少，又列举出21项，总计多达53项，不仅涉及政治、文化、思想、社会、经济等领域，更泛化到伦理道德和个人私生活、性格、品行等层面，如助长军阀、勾结帝国主义、破坏工农运动、反对联俄联共等固属“反革命”之正宗，连个人主义、自私自利、畏难苟安、委曲求全、阳奉阴违、好逸恶劳、行动暧昧、模棱两可、吸食鸦片、赌博嫖娼，甚至骄傲自

① 毛泽东：《中国社会各阶级的分析》，载《中国农民》第2期，1926年2月1日。

② 《革命与文学》，见饶鸿兢等编《创造社资料》，125—134页，福州，福建人民出版社，1985。

③ 《罪等》（社评），见1927年6月2日天津《大公报》。

信、感情冲动、意志不坚、重视个人感情、抱家庭乡土宗族观念,以及党员不纳党费、不参加会议等等亦被归入到“反革命”行列,普化、激化到几乎令人动则得咎的地步。[①] “革命”与“反革命”被想象成非常宽广层面的各种社会力量交织在一起的对立较量。当国民党二届三中全会作出“应严重处罚贪官污吏、土豪劣绅及一切反革命者”之决议后,《国闻周报》即发表评论说:“‘官吏豪绅’四字尚有范围,‘一切反革命者’六字颇难解释。”[②]颇难解释,实指其内涵宽泛无边也。其时《大公报》亦发表社评曰:“国人喜言革命,而不革命者实居多数……乃今之言曰:‘不革命即是反革命’,令人已无回翔余地。”[③]

北伐进程中,随着国共斗争和国民党内部分化的加剧,“反革命”也成为对立各方互相攻讦的武器。当宁汉分裂时,即有舆论指出:“今武汉与沪宁二派,同是国民党,向来同一主张,谁主谁客,举世莫辨,乃武汉以沪宁派为反革命,而大张挞伐,沪宁又以武汉派为反革命,而极口诋諆。”[④]当时人还注意到:“大凡要陷害他人,只须任封一个‘反动’和‘反革命’的罪号,便足置对方于死地而有余。”[⑤]中山舰事件发生后,邓演达指责蒋介石的做法“疑近于反革命行动”。而蒋介石正色厉声反驳说:“革命党应事事以革命行动出之,总理之主张废除约法与余之主张修正党代表制,如他人为之,则为反革命,而以总理与余为之,则无论何人,应认为革命应取之态度。”[⑥]到“四一二”政变前夕,蒋介石更声称“我只知道我是革命的,倘使有人要妨碍我的革命,反对我的革命,那我就革他的命。我只知道革命的意义就是这样,谁要反对我革命的,谁就是反革命!”[⑦]蒋显然充分意识到,谁垄断了“革命”话语的诠释权,谁就可以封任何人为“反革命”,就可以剥夺对方存在的合法性。1927年下半年国共分裂后,南京国民政府取得正统地位。这时国民党试图建构

---

① 英竞:《什么是反革命》《还有些反革命啊(一)》《还有些反革命啊(二)》,分别见1927年1月24日,2月9、10日《汉口民国日报》。

② 前溪:《农民问题案评论》,载《国闻周报》第4卷第13期,1927年4月10日。

③《罪等》(社评),见1927年6月2日天津《大公报》。

④《反革命》(社评),见1927年5月5日天津《大公报》。

⑤ 大不韪:《党军治下之江西》,载《醒狮》第118号,1927年1月7日。

⑥《蒋介石年谱初稿》,553页。

⑦ 蒋介石:《在南昌总部特别党部成立大会演讲词》(1927年2月19日),见“清党”运动急进会编《“清党”运动》,4页,编者印,1927。

一元的论述体系，只有在国民党领导下，遵从三民主义的国民革命，才是真革命，否则便是反革命。在这一过程中，“革命”话语日趋于专断，同时又隐含着相当的任意性。[①]

值得注意的是，当时置身于革命之外的北方舆论界对南方国共两党的“革命”话语之任意性与专断性，给予了高度敏锐的观察。如天津《大公报》曾发表社评，对南方的“革命”与“反革命”话语详加评议说：

近来所传各种口号中，有所谓打倒一切反革命者。反革命当指反对革命之行动言。或曰：非也。不革命即是反革命。然何不云打倒一切不革命，而必曰打倒一切反革命？知反革命与不革命异义。或曰：苟非反革命，何以不革命？不革命是果，反革命是因。既云打倒一切反革命，则不革命者自在应行打倒之列可知。今即假定反革命兼积极、消极两面而言，试问今之所谓革命者，性质何属？易言之，即是社会革命或是单纯政治革命。而主张社会革命者，反对单纯的政治革命；主张单纯的政治革命者，反对社会革命。二者当然同时具有革命与反革命两重资格。即同时主张政治革命与社会革命者，或主张由政治革命以推行其社会革命，或主张由社会革命以完成其政治革命，其所取径，完全相反，是亦可互斥为反革命。即同是主张社会革命者，或以启世界改造之绪，或以奠中国改造之基，此其根柢，亦绝对相反，是亦可互斥为反革命。凡此所云，皆革命而非不革命者也。主客不同，正反立异。……然则同是革命，所遇之人，主张不同，我之所谓革命，即彼之所谓反革命；同是一种革命，所遇之人，主张忽变，是彼前之所谓革命，又即彼今之所谓反革命，如是欲求客观的为反革命下一明确之定义，必革命先限定一种主张……谁革命谁反革命，本已不易辨识，主张革命者，既不一其类，一类之主张，又时有反复，尽中国皆革命之人，亦尽中国皆反革命之人……今之言打倒一切反革命者，纯是主观的，直率言之，别人皆不足言革命，我乃是革命，

---

① 关于近代中国革命话语的专断性和任意性，黄金麟《革命与反革命：“清党”再思考》（台北《新史学》2000 年第 11 卷第 1 期）一文做过很好的个案揭示。

反对我即是反对革命……如此革命,何怪于人之不革命。微特不革命,恐真正反革命者,将由是而起矣。[①]

时人已注意到“谁革命谁反革命”之不易辨识,不同的革命主张、不同的革命目标、不同的革命取径和不同的革命手段,均相互隐含着“反革命”的因子,或同时具有“革命”与“反革命”的双重属性。而“革命”与“反革命”之因人而异、因时而变,更令人感叹“革命”与“反革命”毫无客观准则之可言。

然而正是在这样一种毫无客观准则的情势下,中国历史上第一个《反革命治罪条例》出笼,第一次将“反革命”作为一种刑事罪名列入法律。法律条文贵在严谨,而将一个极度泛化和不确定性的政治概念“绳之以法”,本身即隐含着浓烈的吊诡意味。查 1927 年 3 月武汉国民政府公布的《反革命罪条例》,内中共列举 11 项“反革命”行为(且多处以极刑),其中包括言论、文字的“反革命罪”和“反革命未遂罪”等具有相当主观任意性的条文。[②] 更值得注意的是,国、共分家后,两党的很多政策法规都作了相应调整,而对反革命治罪法,两党则基本上原封不动地沿袭下来。南京国民政府方面始称《暂行反革命治罪法》(1928),其后易名为《危害民国紧急治罪法》(1931),[③]镇压对象主要是共产党,但也波及青年党及其他党内外“异议分子”。鲁迅曾就此写过一篇杂文,文中这样写道:“我以为法律上的许多罪名,都是花言巧语,只消以一语包括之,曰:可恶罪。譬如,有人觉得一个人可恶,要给他吃点苦罢,就有这样的法子:倘在广州而又是‘清党’之前,则可以暗暗地宣传他是无政府主义者,那么,共产青年自然会说他‘反革命’,有罪;若在‘清党’之后呢,要说他是 C. P. 或 C. Y. ,没有证据,则可以指为‘亲共派’,那么,清党委员会自然会说他‘反革命’,有罪。”[④]

---

① 《反革命》(社评),见 1927 年 5 月 5 日天津《大公报》。

② 《反革命罪条例》(1927 年 3 月 30 日),见湖北政法史志编纂委员会编《武汉国共联合政府法制文献选编》,167—168 页,北京,农村读物出版社,1987。

③ 参见谢振民编著《中华民国立法史》(下),959—962 页,北京,中国政法大学出版社,2000 年重印本。

④ 鲁迅:《可恶罪》,载《语丝》第 154 期,1927 年 10 月 22 日。

1929 年，陈德征向国民党第三次全国代表大会提交了一个名为《严厉处置反革命分子》的提案，内中要求法院可以无须审问，径凭国民党党部一纸证明，便可对“反革命分子”定罪处刑。这一做法无疑是“反革命”罪无限上纲和无限滥化的极致表征，其根源实际又是 20 世纪 20 年代盲目揄扬“革命”所导致的结果。

自清末至 20 世纪 20 年代，随着革命在中国的潮涨潮落，革命话语亦一直处于流变与演化之中。20 世纪 20 年代国、共、青三党都主张革命而反对改良，认为革命是一了百了地解决国家和民族问题的根本手段。一方面，这种对革命的积极认证和遐想式期待，使革命日趋神圣化、正义化和真理化。革命被建构成为一种与自由、解放、翻身、新生等意涵相关联的主流政治文化。另一方面，国、共、青三党分别以各自的政治利益和意识形态为依归来诠释其“革命”行径，使革命话语在日趋神圣化与正义化的同时，又意含着浓烈的任意性和专断性成分。

就青年党而言，“革命”自始至终只停留在纸面和口头上。国民党自“清党”反共以后，日益脱离革命轨道，但国民党人仍然继续诵念总理遗教：“革命尚未成功，同志仍须努力。”

三党之中，唯有共产党人一直高举革命的大旗，直至将革命进行到底。

主要参考文献

一　档案

1. 湖南省档案馆藏:中共湖南省委员会(党的创建和大革命时期)全宗
2. 日本东洋文库缩微胶卷:国共合作"清党"运动及工农运动文钞
3. 上海市档案馆藏:D1、D6、D7 全宗
4. 台北,"国史馆"藏:蒋中正档案
5. 台北,中国国民党中央党史馆藏:五部档、汉口档、一般档、中政会档
6. 武汉市档案馆藏:国民党中央执行委员会及其政治委员会全宗
7. 中国第二历史档案馆藏:国民党中央秘书处全宗、国民党中央组织部全宗、国民党中央宣传部全宗、蒋中正全宗、广州和武汉国民政府全宗

二　报刊

1. 晨报,北京
2. 大公报,天津
3. 广州民国日报
4. 汉口民国日报
5. 晶报,上海
6. 民国日报,上海
7. 申报,上海
8. 时事新报,上海

9. 顺天时报,北京
10. 小日报,上海
11. 新申报,上海
12. 益世报,天津
13. 中南晚报,上海
14. 中央日报,南京
15. 北京大学日刊,北京
16. 晨报副刊,北京
17. 东方杂志,上海
18. 国民党周刊(中国国民党周刊),广州
19. 国闻周报,上海
20. 教育杂志,上海
21. 觉悟,天津
22. 犁头,广州
23. 钱业月报,上海
24. 人民周刊,广州
25. 少年中国,北京
26. 现代评论,北京、上海
27. 现代青年,广州
28. 向导周报,上海、北京、广州、杭州、武汉
29. 新青年,上海、广州
30. 星期评论,上海
31. 醒狮,上海
32. 语丝,北京、上海
33. 战士,长沙
34. 政治周报,广州
35. 中国农民,广州
36. 中国青年,上海
37. 中央半月刊,上海
38. 中央政治通讯,上海

三　专书

1. 白崇禧先生访问录.台北“中央研究院”近代史研究所,1984

2. 勃拉戈达托夫. 中国革命纪事. 李辉译. 北京:生活·读书·新知三联书店,1982

3. 蔡和森的十二篇文章. 北京. 人民出版社,1980

4. 曹伯言整理. 胡适日记全编. 合肥:安徽教育出版社,2001

5. 陈达. 中国劳工问题. 上海:商务印书馆,1929

6. 陈独秀文章选编. 北京:三联书店,1984

7. 陈公博. 国民革命的危机和我们的错误. 出版者不详,1928

8. 陈公博. 苦笑录. 香港:香港大学亚洲研究中心,1979

9. 陈启天. 寄园回忆录. 台北:商务印书馆,1965

10. 陈希豪. 过去三十五年中之中国国民党. 上海:商务印书馆,1929

11. 陈锡祺主编. 孙中山年谱长编. 北京:中华书局,1991

12. 陈永发. 中国共产革命七十年. 修订版. 台北:联经出版事业公司,2001

13. 陈之迈. 中国政府. 上海:商务印书馆,1946

14. 陈志让. 军绅政权. 香港:三联书店,1979

15. 成败之鉴:陈立夫回忆录. 台北:正中书局,1994

16. 从上海市长到"台湾省主席":吴国桢口述回忆. 上海:上海人民出版社,1999

17. 崔书琴. 孙中山与共产主义. 香港:亚洲出版社,1954

18. 戴季陶. 国民革命与中国国民党. 上海:季陶办事处,1925

19. 戴季陶. 孙文主义之哲学的基础. 上海:民智书局,1925

20. 邓中夏. 中国职工运动简史. 北京:人民出版社,1949

21. 邓中夏文集. 北京:人民出版社,1983

22. 第一次国共合作时期的黄埔军校. 北京:文史资料出版社,1984

23. 第一次国共合作在北京. 北京:北京出版社,1989

24. 第一次国内革命战争时期的农民运动资料. 北京:人民出版社,1983

25. 方汉奇主编. 邵飘萍选集. 北京:中国人民大学出版社,1988

26. 费正清主编. 剑桥中华民国史. 章建刚等译. 上海:上海人民出版社,1991

27. 冯玉祥. 我的生活. 哈尔滨:黑龙江人民出版社,1981

28. 冯自由. 革命逸史. 北京:中华书局,1981

29. 顾维钧回忆录. 北京:中华书局,1983

30. 广东革命历史博物馆编. 黄埔军校史料. 广州:广东人民出版社,1985

31. 广东省档案馆,中共广东省委党史研究委员会编. 广东区党、团研究史料(1921—1926). 广州:广东人民出版社,1983

32. 广东省档案馆等编. 广东青年运动历史资料. 编者印，1986
33. 广东哲学社会科学研究所历史研究室编. 省港大罢工资料. 广州：广东人民出版社，1980
34. 广州农民运动讲习所旧址纪念馆编. 广东农民运动资料选编. 北京：人民出版社，1986
35. 郭恒钰. 共产国际与中国革命. 台北：东大图书公司，1989
36. 郭沫若. 革命春秋. 北京：人民文学出版社，1979
37. 胡汉民. 革命理论与革命工作. 上海：民智书局，1932
38. 胡适文存. 上海：亚东图书馆，1930
39. 湖北政法史志编纂委员会编. 武汉国共联合政府法制文献选编. 北京：农村读物出版社，1987
40. 湖南省总工会等编. 湖南工运史料选编. 编者印，1985
41. 黄修荣. 国民革命史. 重庆：重庆出版社，1992
42. 蒋介石言论集. 第 1—4 集. 北京：中华书局未刊稿，1964
43. 蒋永敬. 百年老店国民党沧桑史. 台北：传记文学出版社，1993
44. 蒋永敬. 鲍罗廷与武汉政权. 台北：传记文学出版社，1972
45. 蒋永敬. 北伐时期的政治史料. 台北：正中书局，1981
46. 蒋永敬. 胡汉民先生年谱. 台北：中国国民党中央党史会，1978
47. 蒋中正"总统"档案：事略稿本(1)，(2). 台北："国史馆"，2003
48. 居正编. "清党"实录. 近代中国史料丛刊三编第 3 辑. 影印本. 台北：文海出版社，1985
49. 瞿秋白文集. 北京：人民出版社，1989
50. 孔另境. 五卅外交史. 上海：永祥印书馆，1946
51. 来新夏等. 北洋军阀史. 天津：南开大学出版社，2000
52. 蓝孙姆. 国民革命外纪. 上海：北新书局，1929
53. 李璜. 学钝室回忆录. 台北：传记文学出版社，1973
54. 李剑农. 戊戌以后三十年中国政治史. 北京：中华书局，1965
55. 李剑农. 最近三十年中国政治史. 上海：太平洋书店，1931
56. 李健民. 五卅惨案后的反英运动. 台北"中央研究院"近代史研究所，1986
57. 李品仙回忆录. 台北：中外图书出版社，1975
58. 李新，萧超然等编著. 中国新民主主义革命史长编(国民革命的兴起). 上海：上海人民出版社，1991
59. 李一氓. 模糊的荧屏. 北京：人民出版社，1992

60. 李玉贞主编,杜魏华副主编. 马林与第一次国共合作. 北京:光明日报出版社,1989
61. 李云汉. 从"容共"到"清党". 影印版,台北:及人书局,1987
62. 李云汉主编. 中国国民党党务发展史料(组织工作). 台北:中国国民党中央党史委员会,1993
63. 李云汉. 中国国民党史述. 台北:中国国民党中央党史会,1994
64. 李振华辑. 近代中国国内外大事记(民国十三年至十六年). 台北:文海出版社影印,1979
65. 李宗仁回忆录. 南宁:政协广西文史资料研究委员会,1980
66. 联俄与仇俄问题讨论集. 上海:北新书店,1927
67. 梁启超论文集. 北京:燕山出版社,1997
68. 刘继增等. 武汉国民政府史. 武汉:湖北人民出版社,1986
69. 刘曼容. 孙中山与中国国民革命. 广州:广东人民出版社,1996
70. 刘明逵,唐玉良,曾成贵. 中国工人运动史. 广州:广东人民出版社,1998
71. 刘维开. 中国国民党职名录. 台北:中国国民党党史会,1994
72. 刘玉春. 百战归田录. 线装本. 著者自印. 出版地不详,1930
73. 吕芳上. 从学生运动到运动学生. 台北"中研院"近代史研究所,1994
74. 吕芳上. 革命之再起:中国国民党改组前对新思潮的回应. 台北"中研院"近代史研究所,1989
75. 罗伯特·诺思,津尼亚·尤丁. 罗易赴华使命. 王淇等译. 北京:中国人民大学出版社,1981
76. 罗家伦主编. 国父年谱. 台北:中国国民党中央党史会,1969
77. 罗志田. 乱世潜流:民族主义与民国政治. 上海:上海古籍出版社,2001
78. 罗志田. 权势转移:近代中国的思想,社会与学术. 武汉:湖北人民出版社,1999
79. 毛以亨. 俄蒙回忆录. 香港:亚洲出版社,1954
80. 毛泽东选集(合订一卷本). 北京:人民出版社,1967
81. 裴宜理. 上海罢工. 刘平译. 南京:江苏人民出版社,2001
82. 切列潘诺夫. 中国国民革命军的北伐. 北京:中国社会科学出版社,1981
83. "清党"运动急进会编. "清党"运动. 编者印 出版地不详,1927
84. 饶鸿兢等编. 创造社资料. 福州:福建人民出版社,1985
85. 任建树,张铨. 五卅运动简史. 上海:上海人民出版社,1985
86. 荣孟源,章伯锋主编. 近代稗海. 第 4,5 辑. 成都:四川人民出版社,1985

87. 阮啸仙文集. 广州:广东人民出版社,1984
88. 沙健孙主编. 中国共产党通史. 第2卷. 长沙:湖南教育出版社,1996
89. 上海社会科学院历史研究所编. 五卅运动史料. 上海:上海人民出版社,1981
90. 上海市档案馆编. 上海工人三次武装起义. 上海:上海人民出版社,1983
91. 上海市档案馆编. 五卅运动. 上海:上海人民出版社,1991
92. 上海中央图书局编. 蒋介石言论集. 上海:编者印,1927
93. 邵元冲日记. 上海:上海人民出版社,1990
94. 沈以行等. 上海工人运动史. 沈阳:辽宁人民出版社,1991
95. 沈亦云. 亦云回忆. 台北:传记文学出版社,1968
96. 孙敦恒,闻海选编. 三一八运动资料. 北京:人民出版社,1984
97. 孙武霞,许俊基编. 共产国际与中国革命资料选辑(1919—1924). 北京:人民出版社,1985
98. 孙中山集外集补编. 上海:上海人民出版社,1994
99. 孙中山全集. 北京:中华书局,1981—1986
100. 汤志钧编. 章太炎年谱长编. 北京:中华书局,1979
101. 唐宝林,林茂生. 陈独秀年谱. 上海:上海人民出版社,1988
102. 团中央青运史研究室,中央档案馆编. 中共中央青年运动文件选编. 北京:中国青年出版社,1988
103. 王季文. 中国国民党革命理论之研究. 出版者不详,1927
104. 王建朗. 中国废除不平等条约的历程. 南昌:江西人民出版社,2000
105. 王健英编. 中国共产党组织史资料汇编. 北京:红旗出版社,1983
106. 王奇生. 党员,党权与党争:1924—1949年中国国民党的组织形态. 上海:上海书店出版社,2003
107. 王永玺. 中国工会史. 北京:中共党史出版社,1992
108. 王正华. 国民政府之建立与初期成就. 台湾:商务印书馆,1986
109. 王宗华. 中国大革命史. 北京:人民出版社,1990
110. 维·马·普里马科夫. 冯玉祥与国民军. 曾宪权译. 北京:中国社会科学出版社,1982
111. 吴涧东. 党治考察记. 上海:泰东书局,1928
112. 吴稚晖先生全集. 台北:"中央文物供应社",1969
113. 吴祖明. 中国大革命与亚洲. 北京:档案出版社,1997
114. 狭间直树,1920年代的中国. 东京:汲古书院,1995

115. 香港华字日报社编. 广东扣械潮. 编者印，1924
116. 谢幼田. 联俄“容共”与西山会议. 香港：集成图书公司，2001
117. 谢振民. 中华民国立法史. 北京：中国政法大学出版社. 重印本，2000
118. 徐矛. 中华民国政治制度史. 上海：上海人民出版社，1992
119. 薛衔天等编. 中苏国家关系史资料汇编（1917—1924）. 北京：中国社会科学出版社，1993
120. 杨天石. 蒋氏秘档与蒋介石真相. 北京：社会科学文献出版社，2002
121. 杨天石主编. 中华民国史. 第二编第五卷. 北京：中华书局，1996
122. 杨荫杭. 老圃遗文辑. 武汉：长江文艺出版社，1993
123. 姚金果，苏杭，杨云若. 共产国际，联共（布）与中国大革命. 福州：福建人民出版社，2002
124. 易劳逸. 流产的革命. 陈谦平等译. 北京：中国青年出版社，1992
125. 曾广兴，王全营. 北伐战争在河南. 郑州：河南人民出版社，1985
126. 曾庆榴. 广州国民政府. 广州：广东人民出版社，1996
127. 曾宪林等. 北伐战争史. 成都：四川人民出版社，1991
128. 张国忱编. 苏联阴谋文证汇编. 线装本. 北京. 出版者不详，1927
129. 张国焘. 我的回忆. 北京：东方出版社，1991
130. 张静如，刘志强，王德京编著. 中国新民主主义革命史长编（北伐战争）. 上海：上海人民出版社，1994
131. 张君劢. 武汉见闻. 国立政治大学出版，1926
132. 张其昀主编. 先“总统”蒋公全集. 台北：中国文化大学出版部，1984
133. 张玉法. 民国初年的政党. 台北“中研院”近代史研究所，1985
134. 张自强. 广东农民运动. 中华全国基督教协进会印. 出版地不详，1927
135. 章伯锋. 北洋军阀. 武汉：武汉出版社，1988
136. 郑超麟回忆录. 北京：东方出版社，1996
137. 郑孝胥日记. 北京：中华书局，1993
138. 中共中央党史研究室第一研究部编. 共产国际，联共（布）与中国革命文献资料选辑（1917—1925）. 北京：北京图书馆出版社，1997
139. 中共中央党史研究室第一研究部编. 联共（布），共产国际与中国国民革命运动（1920—1925）. 北京：北京图书馆出版社，1997
140 中共中央党史研究室第一研究部编. 联共（布），共产国际与中国国民革命运动（1926—1927）. 北京：北京图书馆出版社，1998
141. 中共中央党史资料征集委员会编. 共产主义小组. 北京：中共党史资料出

版社,1987

142. 中共中央党史资料征集委员会,中央档案馆编. 八七会议. 北京:中共党史资料出版社,1986

143. 中共中央档案馆编. 中共中央文件选集(一). 北京:中共中央党校出版社,1982

144. 中共中央马恩列斯著作编译局译. 苏联共产党代表大会,代表会议和中央全会决议汇编. 北京:人民出版社,1964

145. 中共中央文献研究室编. 毛泽东年谱. 北京:人民出版社,1993

146. 中国第二历史档案馆编. 冯玉祥日记. 南京:江苏古籍出版社,1992

147. 中国第二历史档案馆编. 国民党政府政治制度档案史料选编. 合肥:安徽教育出版社,1994

148. 中国第二历史档案馆编. 蒋介石年谱初稿. 北京:档案出版社,1992

149. 中国第二历史档案馆编. 善后会议. 北京:档案出版社,1985

150. 中国第二历史档案馆编. 中国国民党第一,二次全国代表大会会议史料. 南京:江苏古籍出版社,1986

151. 中国第二历史档案馆编. 中华民国史档案资料汇编. 第三辑(政治). 南京:江苏古籍出版社,1991

152. 中国第二历史档案馆编. 中华民国史档案资料汇编. 第四辑(二). 南京:江苏古籍出版社,1991

153. 中国二历史档案馆编. 中华民国史档案资料汇编. 第三辑(民众运动). 南京:江苏古籍出版社,1991

154. 中国二历史档案馆编. 中华民国史档案资料汇编. 第三辑(外交). 南京:江苏古籍出版社,1991

155. 中国国民党中央党史史料编纂委员会编. 革命文献. 第3,8,9,12,16,17,70辑. 台北:"中央文物供应社",1953—1976

156. 中国国民党广东省执行委员会编. 中国国民党广东省执行委员会各部工作报告. 编者印,1926

157. 中国国民党湖南省党部编. 中国国民党湖南省党部第二次全省代表大会宣言及决议案. 编者印,1926

158. 中国国民党中央执行委员会党史史料编纂委员会编. 民国十八年中国国民党年鉴. 编者印,1930

159. 中国国民党中央执行委员会党史委员会编. 国父全集. 台北:编者印,1973

160. 中国国民党中央执行委员会训练委员会编. 中国国民党历次会议宣言及重要决议案汇编. 编者印,1941
161. 中华民国史料研究中心编. 一九二〇年代的中国. 台北:编者印,2002
162. 中华全国总工会编. 中共中央关于工人运动文件汇编. 北京:档案出版社,1987
163. 中华全国总工会编. 中共中央关于工人运动文件选编. 北京:档案出版社,1987
164. 中日关系史料:排日问题. 台北"中研院"近代史研究所,1993
165. 中央档案馆编. 中共中央政治报告选辑(1922—1926). 北京:中共中央党校出版社,1981

166. 中央档案馆,广东省档案馆编. 广东革命历史文件汇集. 广州:编者印,1982
167. 中央档案馆,湖南省档案馆编. 湖南革命历史文件汇集. 长沙:编者印,1983
168. 中央档案馆,上海市档案馆编. 上海革命历史文件汇集. 上海:编者印,1988
169. 中央统战部,中央档案馆编. 中共中央第一次国内革命战争时期统一战线文件选编. 北京:档案出版社,1991
170. 周恩来选集. 北京:人民出版社,1980
171. 朱其华. 一九二七年底回忆. 新新书局. 出版时地不详
172. 邹鲁. 回顾录. 长沙:岳麓书社,2000

四　文章

1. 北京李代表意见书. 中国国民党周刊第 10 期,1924
2. 陈独秀. 论国民政府之北伐. 向导周报第 161 期,1926
3. 陈惠芬. 北伐时期的政治分会——中央与地方的权力纠葛. 台湾师范大学历史学报(台北)第 24 期,1996
4. 独秀. 革命与反革命. 向导周报第 16 期,1923
5. 范忠程. 大革命时期湖南农民运动再思考. 湖南师范大学社会科学学报,2002(5)
6. 冯菊坡. 广东职工运动之进步. 人民周刊第 14 期,1926
7. 冯筱才. 罢市与抵货运动中的江浙商人:以"五四"、"五卅"为中心. 近代史研究,2003(1)

8. 冯筱才.沪案交涉,五卅运动与1925年的执政府.历史研究,2004(1)
9. 郭沫若.请看今日之蒋介石.近代史资料,1954(2)
10. 汉口工会运动之写真.天津大公报,1926.12.1
11. 何柱国.孙,段,张联合推倒曹,吴的经过.文史资料选辑(合订本)第18册.北京:中国文史出版社,1986
12. 胡汉民.“清党”之意义.中央半月刊第2期,1927
13. 胡汉民自传.革命文献第3辑.台北:1955
14. 胡适在英宣言.天津大公报,1926.11.11
15. 黄金麟.革命与反革命:“清党”再思考.新史学(台北)第11卷第1期,2000
16. 黄彦.关于国民党“一大”宣言的几个问题.孙中山和他的时代.北京:中华书局,1988
17. 蒋介石日记类钞.民国档案1998(4)—1999(1)
18. 杰柳辛,科斯佳耶娃.大革命时期的中国共产党与国民党.国外中国近代史研究第16期,1990
19. 金冲及.从迅猛兴起到跌入低谷——大革命时期湖南农民运动的前前后后.近代史研究,2004(6)
20. 金观涛.观念起源的猜想与证明——兼评《“革命”的现代性:中国革命话语考论》.“中央研究院”近代史研究所集刊(台北)第42期,2003
21. 金观涛,刘青峰.《新青年》民主观念的演变.二十一世纪(香港)12月号,1999
22. 冷观.南行视察记.天津大公报,1927.3.6
23. 李达嘉.上海商人与五卅运动.大陆杂志(台北)第79卷第1期,1989
24. 李朴生.参加党务工作的酸甜苦辣.传记文学(台北)第8卷第3期,1966
25. 李焰生.“容共”政策与“联共”政策.现代青年第73期,1927
26. 李育民.中国共产党早期反帝目标探析.湖南师范大学社会科学学报,2002(1)
27. 梁尚贤.“彭湃把持农民部”说辩析.近代史研究,2004(5)
28. 梁尚贤.关于“国民党与广东农民运动”.广东党史,2001(2)
29. 林桂圃.中国国民党的中央政治会议.国衡半月刊第1卷第12—13期,1935
30. 刘敬忠,王树才.试论冯玉祥及国民军在1925—1927年的政治态度.历史研究,2000(5)

31. 刘少奇. 关于大革命历史教训中的一个问题. 党史研究资料第 2 辑. 成都: 四川人民出版社, 1981
32. 柳镛泰. 国民革命时期公产, 公堂问题——两湖与广东农民运动之比较. 民国研究(南京大学学报特辑)总第 5 辑, 1999
33. 鲁振祥. 三大政策研究中的几个问题. 孙中山和他的时代. 北京: 中华书局, 1988
34. 吕芳上. 寻求新的革命策略——国民党广州时期的发展. "中央研究院"近代史研究所集刊(台北)第 22 期(上), 1993
35. 罗醒. 第一次国共合作时期广州工人代表会的沿革. 广东文史资料第 42 辑. 广州: 广东人民出版社, 1984
36. 罗志田. 南北新旧与北伐成功的再诠释. 新史学(台北)第 5 卷第 1 期. 1994
37. 马雪芹. 中国国民党"二大"时全国组织发展状况略考. 河南师范大学学报, 1996(6)
38. 毛泽东. 湖南农民运动考察报告. 向导周报第 191 期, 1927
39. 毛泽东. 中国社会各阶级的分析. 中国农民第 2 期, 1926
40. 闵斗基. 中国国民党的"改进"与"改组". 东洋学报(东京)第 72 卷第 1, 2 号. 1990 年
41. 裴京汉. 北伐与广东地区劳动运动. 南京大学学报, 2004(3)
42. 彭泽湘. 自述. 党史研究资料第 5 辑. 成都: 四川人民出版社, 1985
43. 邱捷. 广州商团与商团事变. 历史研究, 2002(2)
44. 邱捷. 越飞与所谓"孙吴合作". 近代史研究, 1998(3)
45. 社评. 赤化与反革命. 天津大公报, 1926. 9. 17
46. 社评. 南北势力变迁. 天津大公报, 1927. 6. 6
47. 社评. 宣传与革命. 天津大公报, 1927. 6. 13
48. 深町英夫. 改组前后中国国民党的基层组织. 近代中国(台北)第 129 期, 1999
49. 沈宏礼. 国民党 1927 年两次中监委会议考辨. 革命史资料第 11 期. 上海, 1990
50. 四民. 南北两方的宣传. 上海小日报, 1927. 3. 13
51. 孙彩霞. 军阀与善后会议. 近代史研究, 1989(6)
52. 唐生智. 从辛亥革命到北伐战争. 文史资料选辑(全国)总第 103 辑. 北京: 文史资料出版社, 1995

53. 天马. 主义值钱. 天津大公报,1926.10.17
54. 土田哲夫. 中国国民党的统计的研究(1924—1949 年). 史海(东京)第 39 号,1992
55. 土田哲夫. 中国国民党的社会构成. 南京大学学报(研究生专辑),1989
56. 王栋. 20 世纪 20 年代不平等条约口号之检讨. 史学月刊,2002(5)
57. 王立新. 华盛顿体系与中国国民革命:二十年代中美关系新探. 历史研究,2001(2)
58. 王奇生. 北伐中的漫画与漫画中的北伐. 南京大学学报,2004(3)
59. 王奇生. 从“容共”到“容国”:1924—1927 年国共党际关系再考察. 近代史研究,2001(4)
60. 王正华. 国民政府北迁鄂赣之争议. 近代中国(台北)第 114 期,1996
61. 无名. 从南北到东西. 现代评论第 6 卷第 131 期,1927
62. 吴倚伧先生之国民党现状报告. 广州民国日报,1927.1.15
63. 吴元康. 出席善后会议的国民党党员考. 安徽史学,2001(4)
64. 吴元康. 孙中山何时公开反对段祺瑞善后会议. 安徽史学,2000(1)
65. 狭间直树. “三大政策”与黄埔军校. 历史研究,1988(2)
66. 肖抱真. 我经历的武汉店员总工会. 武汉文史资料选辑总第 15 辑,1984
67. 徐鼎新等. “五卅”运动与上海的资产阶级. 上海社会科学院学术季刊,1985(2)
68. 杨奎松. “容共”,还是“分共”? ——1925 年国民党因“容共”而分裂之缘起与经过. 近代史研究,2002(4)
69. 杨奎松. 蒋介石从“三二〇”到“四一二”的心路历程. 史学月刊,2002(6—7)
70. 杨奎松. 孙中山的西北军事计划及其夭折. 历史研究,1996(3)
71. 杨奎松. 孙中山与共产党. 近代史研究,2001(3)
72. 杨奎松. 走向“三二〇”之路. 历史研究,2002(6)
73. 杨天宏. 地方意识兴起与中国政治的区域化:北伐前夕中央与地方政治关系分析. 西南民族学院学报,2001(10)
74. 杨天宏. 国民党与善后会议关系考析. 近代史研究,2000(3)
75. 杨天宏. 走向衰亡的民初国会. 四川师范大学学报,2001(2)
76. 杨天石. “中山舰事件”之谜. 历史研究,1988(2)
77. 杨雨青. 国民军与俄共(布)中央政治局中国委员会. 近代史研究,2000(3)
78. 余捷琼. 民国十六年武汉的集中现金风潮. 社会科学杂志第 7 卷第 4 期,1936

79. 余敏玲.俄国档案中的留苏学生蒋经国."中央研究院"近代史研究所集刊(台北)第29期,1998
80. 余敏玲.蒋介石与联俄政策之再思."中央研究院"近代史研究所集刊(台北)第34期,2000
81. 曾成贵.试论大革命时期党领导湖北农民运动的经验和教训.党史研究,1986(4)
82. 曾琦.国家主义者与国民党.醒狮第66号,1926
83. 张光宇.国民党在大革命时期的演变.武汉大学学报,1988(6)
84. 张季鸾.反赤化运动之批判.国闻周报第3卷第27期,1926
85. 张俊义.英国政府与1924年广州商团叛乱.广东社会科学,2000(3)
86. 张连红.大革命时期的冯玉祥与孙中山.安徽史学,1994 (1)
87. 张忠正.美国官方对孙逸仙与苏俄接触的态度.近代中国(台北)第133期,1999
88. 郑建生.动员农民:广东农民运动之研究(1922—1927).台湾师范大学历史研究所硕士学位论文,1992
89. 郑文起.论五卅运动前后上海学生运动的统一和分化.学术月刊,2000(3)
90. 中国国民党改组宣言.国民党周刊第1期,1923
91. 中央执行委员会宣传部辟谣通告.中国国民党周刊第14期,1924
92. 周谷.孙中山早期与俄国革命党人的来往.传记文学(台北)第58卷第3期,1991
93. 朱华.再谈四一二政变前国民党中监委会会议记录的真伪.档案与史学,2001(4)
94. 邹谠.研究二十世纪中国政治的新路向.香港社会科学学报,1994(3)

人名索引

A

B

C

M

N

O

P

Q

R

S

X